Das Reichsjustizministerium unter Otto Thierack (1942-1945)

Rechtshistorische Reihe

Band 472

Zur Qualitätssicherung und Peer Review der vorliegenden Publikation

Die Qualität der in dieser Reihe erscheinenden Arbeiten wird vor der Publikation durch einen der Herausgeber der Reihe geprüft.

Notes on the quality assurance and peer review of this publication

Prior to publication, the quality of the work published in this series is reviewed by one of the editors of the series.

Werner Schubert (Hrsg.)

Das Reichsjustizministerium unter Otto Thierack (1942-1945)

Teil 1:

Amt für Neuordnung der Deutschen Gerichtsverfassung (Berichte von 1943/44 über den Besuch von 13 Oberlandesgerichten)

Amt für Nachwuchsfragen (Juni/Juli 1944)

PL ACADEMIC RESEARCH

Bibliografische Information der Deutschen Nationalbibliothek
Die Deutsche Nationalbibliothek verzeichnet diese Publikation in der Deutschen Nationalbibliografie; detaillierte bibliografische Daten sind im Internet über http://dnb.d-nb.de abrufbar.

Umschlagabbildung:
Justitia. Allegorie der Gerechtigkeit. Druck aus dem 17. Jahrhundert.

ISSN 0344-290X
ISBN 978-3-631-73530-5 (Print)
E-ISBN 978-3-631-73547-3 (E-PDF)
E-ISBN 978-3-631-73548-0 (EPUB)
E-ISBN 978-3-631-73549-7 (MOBI)
DOI 10.3726/b11851

PL Academic Research ist ein Imprint der Peter Lang GmbH.

Peter Lang – Frankfurt am Main · Bern · Bruxelles · New York · Oxford · Warszawa · Wien

Diese Publikation wurde begutachtet.

www.peterlang.com

Inhaltsverzeichnis

Einleitung

I. Die Quellen und der Umfang der Edition

Der vorliegende Band bringt im ersten Teil die Berichte über die Bereisung von OLG-Bezirken durch das Amt des Reichsjustizministeriums zur „Neuordnung der Deutschen Gerichtsverfassung" zwischen Juni 1943 und Mai 1944[1]. Die Reiseberichte enthalten eine Zusammenfassung der Ergebnisse der Aussprache zwischen meist zwei Mitgliedern des „Amtes", die auch die Berichte abfassten, mit den OLG-Präsidenten, den LG-Präsidenten und weiteren Richtern des OLG-Bezirks. Über die Besuche der OLG-Bezirke wurden jeweils Einzelakten angelegt[2], die weitere Materialien über die OLG-Bezirke und Stellungnahmen einzelner Gerichte oder Richter des Bezirks enthalten. Diese Akten konnten schon wegen ihres Umfanges nicht in die Edition einbezogen werden. Es sei jedoch darauf hingewiesen, dass in ihnen wichtige Materialien zur Geschichte der jeweiligen OLG-Bezirke und ihrer Richterschaft insbesondere zur NS-Zeit enthalten sind. Als Beispiel für die in einigen Akten enthaltenen Meinungsäußerungen werden die Gutachten der Stellungnahmen des OLG-Präsidenten von Zweibrücken und der Präsidenten der sechs Landgerichte dieses Bezirks zu der Stellung des Richters wiedergegeben. Ferner wird wiedergegeben das Teilmanuskript – vielleicht auch nur dessen Entwurf – der Ansprache Thieracks auf der Chefpräsidententagung auf der „Reichsburg Kochem" am 23.5.1944 (vgl. W. Schubert, Das Reichsjustizministerium und die höheren Justizbehörden in der NS-Zeit (1935–1944), Frankfurt a.M. 2015, 542 ff.).[3] Insgesamt sind die Reiseberichte durchaus eine Veröffentlichung wert. Sie zeigen einerseits die Intensität auf, mit welcher der Justizminister Thierack die Justizreform im nationalsozialistischen Sinne

1 Die Berichte über die Bereisung von 13 Oberlandesgerichten befinden sich im BA Berlin, R 3001/20219 ff.; bei einigen Berichten wurden die näheren Angaben über den Wegfall der Amtsgerichte weggelassen.
2 Die Einzelakten über die Bereisung befinden sich im BA Berlin 3001/20219 ff.
3 Enthalten in der Akte des BA Berlin R 3001/24165.

betrieben hat, insbesondere was die Stellung der Richter angeht, und andererseits die Vielfalt der Meinungen, die – im Rahmen des Nationalsozialismus – über die Justizreform bestanden.

Der zweite Teil des Bandes dokumentiert die beiden Arbeitstagungen des zum 1.1.1944 eingerichteten „Amtes für Nachwuchsfragen" im Juni und Juli 1944 in Leitmeritz.[4] Aus Platzgründen konnten nur die wesentlichen Teile des Eingangsvortrags des von Dresden kommenden OLG-Rats Scheffler, die Zusammenfassungen der umfangreichen Referate und die aufschlussreichen Aussprachen zu den Referaten wiedergegeben werden.

Die Edition versteht sich als Ergänzung des Bandes der Reihe „Akademie für Deutsches Recht 1933–1945", Bd. VI, Frankfurt a.M. 1997, der bereits wichtige Materialien des Amtes „Neuordnung der Deutschen Gerichtsverfassung" enthält (u.a. Niederschriften über die Sitzungen des Amtes und Leitsätze zur Gerichtsverfassung und zu einem Richtergesetz).

II. Die Berichte über die Reisen in 13 OLG-Bezirke

Am 20.8.1942 lösten Thierack als neuer Justizminister Franz Schlegelberger, der das Ministerium bis dahin nach dem Tod Gürtners kommissarisch geleitet hatte, und Curt Rothenberger als Staatssekretär den damaligen Amtsinhaber Freisler ab, der zum Präsidenten des Volksgerichtshofs ernannt wurde. Gleichzeitig erging ein „Erlass des Führers"[5]: „Zur Erfüllung der Aufgaben des Großdeutschen Reiches ist eine starke Rechtspflege erforderlich. Ich beauftrage und ermächtige daher den Reichsminister der Justiz, nach meinen Richtlinien

4 Die Materialien befinden sich im BA Berlin R 3001/2449f.; nicht berücksichtigt wurden die Referate über Betreuung von Schwerverletzten und Kriegsgefangenen, über die Nachschulung von geprüften Assessoren, die durch den Kriegsdienst dem Beruf entfremdet sind, über die wirtschaftliche Förderung der Referendare und Assessoren sowie die Versorgung des Nachwuchses mit Schrifttum.

5 RGBl. I 1942,535.- Über Thierack *Sarah Schädler*, „Justizkrise" und „Justizreform" im Nationalsozialismus. Das Reichsjustizministerium unter dem Reichsjustizminister Thierack (1933–1945), Tübingen 2009; *Konstanze Braun*, Dr. Otto Thierack (1889–1946), Frankfurt a.M. 2005.

und Weisungen im Einvernehmen mit dem Reichsminister und Chef der Reichskanzlei und dem Leiter der Partei-Kanzlei eine nationalsozialistische Rechtspflege aufzubauen und alle dafür erforderlichen Maßnahmen zu treffen. Er kann hierbei vom bestehenden Recht abweichen." Auf der Arbeitstagung des Reichsjustizministeriums mit den OLG-Präsidenten und den Generalstaatsanwälten am 29.9.1942 erläuterten Thierack und Rothenberger[6] ihr Programm zum Aufbau einer nationalsozialistischen Rechtspflege.

Zum 1.1.1943 wurden im Justizministerium drei „Ämter" gebildet, das Amt „Rechtsprechung durch das Volk", „Richter und Rechtspfleger" und „Neuordnung der Deutschen Gerichtsverfassung". Parallel wurden zu einer Zeit, als die meisten Akademie-Ausschüsse ihre Arbeiten hatten einstellen müssen, drei neue Ausschüsse gegründet: „Rechtsprechung durch das Volk", „Richter und Rechtspfleger" und „Wahrheitsforschung im Streitverfahren" (Vorsitzender: Ministerialdirektor Altstötter). Letzterer legte im Oktober 1943 eine Denkschrift zur Reform des Zivilprozesses vor, die für das Reichsjustizministerium Grundlage war für den „Entwurf einer Verordnung zur Änderung des Verfahrens in bürgerlichen Rechtsstreitigkeiten"[7]. Vom Amt des RJM „Richter und Rechtspfleger" liegen zwar keine Beratungsprotokolle vor, wohl aber Entwürfe zu einem Gesetz und einer entsprechenden Verordnung über das Amt des Rechtspflegers.

Am umfangreichsten waren die Arbeiten des Amtes „Neuordnung der Deutschen Gerichtsverfassung", das die parteipolitisch und weltanschaulich wichtigsten Fragen behandelte[8]. Die letzten Sitzungen des Amtes dürften im Juni 1944 stattgefunden haben; Anfang August 1944 wurde die Weiterarbeit weitgehend stillgelegt. Das Amt beriet und verabschiedete Leitsätze zur „Neuordnung der Deutschen Gerichtsverfassung", zur Organisation der Staatsanwaltschaft und

---

6 Über Rothenberger *Susanne Schott*, Curt Rothenberger – eine politische Biographie, Diss. iur. Halle Wittenberg 2001. – Zur nationalsozialistischen Justizreform *Schädler*, (Fn. 4), 159 ff.

7 Hierzu und zum Folgenden die Materialien bei W. Schubert, Akademie für Deutsches Recht 1933–1945, Protokolle der Ausschüsse, Bd. VI, Zivilprozess und Gerichtsverfassung, Frankfurt a.M. 1997, 79 ff., 373 ff.

8 Quellen bei *Schubert* (Fn. 6), 514 ff.

zu einem „Deutschen Richtergesetz". Die Gerichtsverfassung sollte dahin reformiert werden, dass unter Wegfall der Amts- und Landgerichte erstinstanzliche Eingangsgerichte mit umfassender Zuständigkeit etabliert werden sollten. Ohne Rücksicht auf den Streitwert sollte in Zivilsachen in der Regel ein Einzelrichter entscheiden. Die „wesentlichste" Aufgabe der Obergerichte sollte bestehen in der „Nachprüfung wegen der rechtlichen oder tatsächlichen Bedeutung der Sache für die Volksgemeinschaft oder die unmittelbar Beteiligten". „Vornehmste Aufgabe des Reichsgerichts" sollte sein, „im Interesse der Volksgemeinschaft Einheitlichkeit der Rechtsprechung zu wahren und die Rechtsentwicklung zu fördern". Zur Unabhängigkeit des Richters heißt es in Ziff. 9 der Richtlinien zu einem Richtergesetz:[9] „Niemand darf den Richter in der Ausübung seines Amtes behindern oder beeinflussen, niemand in sein Amt eingreifen. Sein Spruch fordert Achtung und Gehorsam. Für ihn ist er nur dem Führer verantwortlich". Das Erfordernis einer nationalsozialistischen Haltung des Richter wurde wie folgt umschrieben: „Der Richter ist Nationalsozialist. – Stellt das oberste Richterdienstgericht fest, dass der Richter in seiner Entscheidung gegen die Grundsätze der nationalsozialistischen Weltanschauung verstoßen hat und danach oder auf Grund anderer Tatsachen nicht mehr die Gewähr dafür bietet, dass er das Recht als Nationalsozialist anwenden wird, so ist er in den Ruhestand zu versetzen. Die Entscheidung trifft der Führer. – Dabei kann der Richter seines Amtes vorläufig enthoben werden."

Zur Vorbereitung seiner Vorschläge bereiste das Amt zwischen Juni 1943 und Mai 1944 mehrere OLG-Bezirke. Die Reisen in die OLG-Bezirke hatten den Zweck[10], „die Auswirkung der vorläufigen Arbeitsergebnisse des Amtes in den einzelnen OLG-Bezirken an Ort und Stelle nachzuprüfen, neue Gesichtspunkte für die Referate zu gewinnen, durch Besprechungen mit den örtlichen Richtern zur Kritik an der Arbeit des Amtes und zu Gegen- und Ergänzungsvorschlägen

9 *Schubert* (Fn. 6), 818 „Zum Verhältnis des Richters zum Führer" hinsichtlich der Unabhängigkeit des Richters vgl. die Anlage von Bergmann zum Tagungsbericht vom 16.3.1944 (S. 787 ff.).

10 Unten Seite X – Zum Arbeitsplan vgl. ferner die Akte des Bundesarchivs R 3001/72948.

auf dem Gebiet der Neuordnung der Gerichtsverfassung und des Richterstandes anzuregen und so die Fühlung des Amtes mit der Praxis sicher zu stellen". Zur Vorbereitung der Gespräche arbeitete das Amt detaillierte Fragebögen aus[11], und zwar nicht nur zur künftigen Gerichtsorganisation, sondern auch zur Stellung des Richters. Die „Bereisungen" wurden durchgeführt von Spitzenbeamten des RJM, die auch die Reiseberichte abfassten. Diese lehnen sich zwar an die Stichpunkte der Fragebögen an, gehen aber im Übrigen detailliert auf die jeweiligen Beratungen und Vorschläge ein. In der vorliegenden Edition werden die Berichte über die „Bereisungen" von 13 OLG-Bezirken wiedergegeben. Weitere Bereisungen waren geplant, sind aber wohl wegen anderer dringender Arbeiten und der Verschärfung der Kriegslage unterblieben.

Die Berichte lassen erkennen, dass in den Besprechungen – wenn auch im Rahmen der nationalsozialistischen Rechtspolitik und der aus den Fragebögen ersichtlichen Pläne des RJM – eine offene Aussprache über eine Justizreform stattfand. Gebilligt wurde weitgehend eine dreigliedrige Gerichtsbarkeit, die grundsätzlich alle Zuständigkeiten umfassen sollte; mitunter plädierte eine Minderheit für die Beibehaltung der Amtsgerichte (Breslau, Jena und Zweibrücken). Grundsätzlich sollte beim einheitlichen Eingangsgericht nicht der Einzelrichter entscheiden. Jedoch wünschten fast alle Oberlandesgerichte, in Zivilsachen die Möglichkeit vorzusehen, dass in Ausnahmefällen ein Richterkollegium aus drei Richtern einen Rechtsstreit sollte entscheiden können. In Strafsachen sollte bei schwereren Delikten ebenfalls ein Richterkollegium entscheiden, unter Umständen mit Beteiligung von Laienrichtern. Im Übrigen wurde die vom RJM betriebene Einführung von Schöffenrichtern in Bagatellsachen[12] sehr zurückhaltend beurteilt.

---

11 Eine genaue Datierung der beiden Fragebögen war nicht möglich; die meisten Reiseberichte richteten sich nach dem umfangreicheren Fragebogen.

12 Die Frage der Schöffengerichte behandelten das „Amt Rechtsprechung durch das Volk" und der parallele Ausschuss der Akademie für Deutsches Recht (*Schubert* [Fn. 7], 527 ff.; 557 ff.); vgl. auch den Entwurf der großen Strafprozesskommission des Reichsjustizministeriums zu einer Friedens- und Schiedsrichterordnung von 1939

Einhellige Meinung war es, die nach Meinung der Richter in der Bevölkerung wenig geschätzten Sondergerichte nach dem Krieg aufzugeben. Allgemein wurde gewünscht, den Abstimmungsgrundsatz beizubehalten und nicht das Führerprinzip zu übernehmen. Mit dem allgemeinen Eingangsgericht war die Abschaffung des Anwaltszwangs zu verbinden. Jedoch sollte der Richter die Möglichkeit haben, eine Vertretung durch Anwälte anzuordnen. Auch wurde die Meinung vertreten, dass ein Anwaltszwang bestehen sollte bei umfangreichen Sachen und vor allem in Ehescheidungsprozessen. Das Verfahren vor dem erstinstanzlichen Zivilgericht sollte sich grundsätzlich nach dem amtsgerichtlichen Verfahren richten, wobei teilweise eine Lockerung der richterlichen Befugnisse zur Sachverhaltsermittlung erwünscht wurde. Auf die Bindung des Richters an das Gesetz wurde großen Wert gelegt; Generalklauseln und § 2 StGB würden genügen (Bamberg). Von einer „allgemeinen Auflockerung der Bindung an das Gesetz" war nach dem OLG Bamberg „entschieden" abzuraten. Von der Lenkung der Rechtspflege sollte nur „mit großer Zurückhaltung Gebrauch gemacht werden" (Dresden); sie sollte keine „Dauereinrichtung" sein (Breslau). Vielfach wurde gewünscht, dass von speziellen Anweisungen kein Gebrauch gemacht werden sollte. Die auf den Einzelfall bezogenen Weisungen hätten – so das OLG Jena – großen Schaden verursacht. Weisungen im Einzelfall – so das OLG Innsbruck „würden das Ende der Rechtsprechung bedeuten". Eine Lenkung sollte sich nur auf die allgemeine Ausrichtung beziehen, nicht aber zu Eingriffen in den Einzelfall führen (Hamm). Im Bericht für das OLG Karlsruhe wurde auf die Tatsache hingewiesen, dass „auch in Einzelfällen gelenkt werde". Auch die Richterschaft des OLG-Bezirks Zweibrücken legt großen Wert auf die Unabhängigkeit/Weisungsfreiheit des Richters.

Als Rechtsmittel sollten die Berufung und die Revision bestehen bleiben, nach Meinung einiger Gerichte jedoch von einer Zulassung abhängig sein (bei Urteilen des Eingangsgerichts durch den iudex ad quem).

(Text und Materialien bei W. Schubert, Quellen zur Reform des Straf- und Strafprozessrechts, III. Abt., Bde. 1–3, Berlin 1991–1993).

Fast alle Berichte berührten die Stellung des Richters in der Öffentlichkeit im Verhältnis zur Verwaltung und zum Militär. Einig war man sich darüber, dass der Ratstitel der Richter entfallen und der Richter aus der allgemeinen Beamtenschaft herausgehoben werden sollte mit einer eigenen Besoldungsordnung. Dagegen wurde die Zusammenfassung der Richterschaft in förmlichen Richterkorps entschieden abgelehnt oder mit großer Skepsis beurteilt. Das OLG Breslau sprach insoweit von einem „Wunschbild". Von einigen Oberlandesgerichten wurde das Problem der Doppelspitze (OLG-Präsident/Generalstaatsanwalt) angesprochen. Behandelt wurden Fragen der Schaffung von „Richtergehilfen", der „Weltfremdheit" und „Rekrutierung der Richter (Lebensschule)" sowie des Mindestalters von Richtern.

Ein Teil der Reformthemen und der Reformvorschläge waren epocheübergreifend und gehen bis auf die Zeit des Kaiserreichs und der Weimarer Zeit zurück. Auch nach 1949 spielten sie eine erhebliche Rolle, wie insbesondere in den Beratungen und Vorschlägen der Kommission des Bundesministeriums der Justiz zur Vorbereitung einer Reform der Zivilgerichtsbarkeit (1955–1961)[13] und die Arbeiten am Richtergesetz von 1961, die bereits Ende 1949 aufgenommen wurden[14].

III. Das „Amt für Nachwuchsfragen"

Dem erst Anfang 1944 begründeten Amt für Nachwuchsfragen oblagen die „zentrale Behandlung aller Fragen des Nachwuchses für den höheren Justizdienst, namentlich Nachschulung, Auswahl und Rückführung der Kriegsteilnehmer und Kriegsversehrten in den Justizdienst"[15]. Die Arbeiten sollten umfassen: allgemeine Nachwuchsfragen (Ausbildungsziel, Nachwuchsbestand und -bedarf,

13 Hierzu ausführlich *André Book*, Die Justizreform in der Frühzeit der Bundesrepublik. Die Beratungen der Kommission zur Vorbereitung einer Reform der Zivilgerichtsbarkeit in den Jahren 1955–1961, Frankfurt a.M. 2005.

14 Hierzu 2018 der *Hrsg*. demnächst in einer Quellenedition zum Richtergesetz von 1961, in der auch die Quellen zu dessen § 116 (freiwilliger Eintritt von Richtern und Staatsanwälten, die in der Strafrechtspflege während der Zeit des Zweiten Weltkrieges mitgewirkt haben, in den Ruhestand) enthalten sein werden.

15 Vgl. hierzu den „Geschäftsplan" bei *Schubert* (Fn. 8), 833 f, und unten S. X

Nachwuchsgewinnung, Fühlungnahme mit Partei, Staat, Wehrmacht, Wirtschaft) und die Planung der Maßnahmen für den Nachwuchs (für Studenten, Gerichtsreferendare sowie für Assessoren und ferner die Planung der Sondermaßnahmen für die Kriegsteilnehmer). Sachbearbeiter (Referenten) waren der OLG-Rat Scheffler und der Landgerichtsrat Zeller. Hinzu kamen Mitarbeiter aus den Abteilungen I–VIII des Reichsjustizministeriums.

Die Referate auf den Tagungen des Amtes im Juni und Juli 1944 in Leitmeritz befassten sich u.a. mit den Zielen der Ausbildung für den höheren Justizdienst (Haag, Scheffler), mit den Ursachen des Nachwuchsmangels, der kriminologischen Schulung, der rassen-, erb- und kriminalbiologischen Schulung und der Beschäftigung des Assessors innerhalb und außerhalb des Justizdienstes. Entsprechend dem Grundsatzreferat von Haag sollte „das Ziel der Ausbildung im höheren Justizdienst" die „weltanschaulich geschlossene, fachlich wissenschaftlich gebildete, politisch praktisch gerichtete Persönlichkeit" sein. Erziehung und Ausbildung sollten „auf der übereinstimmenden nationalsozialistischen Weltanschauung" ruhen und grundlegender Maßstab die „völkische Erziehung" sein. Der „in der nationalsozialistischen Weltanschauung geschlossene völkische Erziehungsmaßstab forderte" – so Haag – „eine soldatische Haltung sowie den Glauben, den Willen und die Tatbereitschaft des nat.soz. politischen Kämpfers". Die Rechtsgeschichte und Rechtsphilosophie sollten „noch mehr als bisher in den Vordergrund treten". Scheffler, der ein Internat für Studenten ablehnte, befasste sich in seinem Referat mit den drei Bereichen, die für die Ausbildung maßgebend sein sollten: Verstand, Urteilskraft und Verhältnis von Persönlichkeit und Gemeinschaft.

Nicht näher eingegangen wird im vorliegenden Band auf die von Thierack und Rothenberger betriebene Einrichtung von studentischen Arbeitsgemeinschaften, die in den Beratungen des Amtes keine größere Rolle spielten. Über diese Arbeitsgemeinschaften wird im Folgeband über die Arbeitstagungen des Reichsjustizministeriums in der „Reichsburg Kochem" zu berichten sein, wo vom 21.-24.4.1944 eine Tagung mit 70 Arbeitsgemeinschaftsleitern stattgefunden hat.

IV. Lebensdaten der OLG-Präsidenten und der an den Besuchsreisen sowie an den Beratungen des Amtes für Nachwuchsfragen beteiligten Juristen des Reichsjustizministeriums

1. Lebensdaten der Präsidenten der 13 besuchten Oberlandesgerichte

Becker, Ernst-Bruno (1877–1955). Präsident des OLG Jena von 1925–1945.

Beyer, Rudolf Theodor (1891; Todesdatum unbekannt). Präsident des OLG Dresden von 1939–1945.

David, Herbert (1900–1970). Präsident des OLG Leitmeritz von 1939–1945.

Draeger, Friedrich Ernst Max (1885–1945). Präsident des OLG Königsberg von 1937–1945. Am 29.3.1945 wegen „Desertion" vom Volksgerichtshof zum Tode verurteilt; Hinrichtung am 20.4.1945.

Dürig, Ernst Rudolf Hermann (1888–1951). Präsident des OLG Bamberg von 1939–1945. Vertretung des OLG-Präsidenten von Leitmeritz 1944–1945.

Jung, Friedrich Walter (1890–1978). Präsident des OLG Breslau von 1943–1945; vorher Generalstaatsanwalt am Kammergericht Berlin.

Küstner, Hermann Otto (1886–1970). Präsident des OLG Stuttgart von 1935–1945.

Meldt, Friedrich Josef (1885–1953). Präsident des OLG Graz von 1938–1945.

Reinle, Heinrich (1892–1945, Selbstmord). Präsident des OLG Karlsruhe von 1937–1945.

Sattelmacher, Paul Heinrich Theodor (geb. 1879 – verstorben 1947 im Speziallager Nr.2 in Buchenwald). Präsident des OLG Naumburg von 1933–1945.

Semmler, Hans Friedrich August (1902–1977). Präsident des OLG Hamm von 1943–1945.

Siegel, Karl (1884–1969). Präsident des OLG Zweibrücken von 1933–1945.

Stritzl, Oskar (1885–1974). Präsident des OLG Innsbruck von 1939–1945.

Biographien der Oberlandesgerichtspräsidenten finden sich in: Moritz von Köckritz, Die deutschen Oberlandesgerichtspräsidenten im Nationalsozialismus (1933–1945), Frankfurt a.M. 2011.

2. Mitglieder des Amtes „Neuordnung der Deutschen Gerichtsverfassung"

Altstötter, Josef (1892–1979). 1943–1945 MinR im RJM. Verurteilung im Nürnberger Juristenprozess zu fünf Jahren Zuchthaus.

Bälz, Rudolf (geb. August 1891; Todesdatum nicht bekannt). 1924 Regierungsrat im Württ. Justizministerium (1899 Oberregierungsrat). 1935 Ministerialrat im Reichsjustizministerium, später Ministerialdirigent.

Fechner, Fritz (1900–1994). 1943 MinR im Reichsjustizministerium; zuletzt Ministerialdirektor im Bundesministerium für Finanzen.

Stagel, Friedrich (1889 in Wien; gestorben nach 1945). Im Reichsjustizministerium Ministerialdirigent. Personalakte bis 1945 im Bundesarchiv Berlin-Lichterfelde.

Staud, Eberhard (1892–1964). 1943 Ministerialdirigent im Reichsjustizministerium. Über Staud *W. Schubert, Quellen zur Reform des Straf- und Strafprozessrechts, III 1, Berlin 1991, S. XXVIII f.*

Vogel, Heinrich (1904–1968), Oberregierungsrat im Reichsjustizministerium; 1948 Rat am OLG Hamm.

Über die meisten Juristen Kurzbiographien bei W. Schubert, Akademie für Deutsches Recht 1933–1945, Bd. VI, Frankfurt a.M. 1997, S. 92 ff.

3. *Referenten und Mitglieder des Amtes für Nachwuchsfragen*

Anders, Georg (1895–1972). 1932 MinR im preuss. Justizministerium, 1935–1945 im Reichsjustizministerium. 1949–1962 im Bundesministerium des Innern (ab 1957 Staatssekretär).

Bergmann, Ernst (geb. 1894). Senatspräsident am OLG Hamm.

Creifelds, Carl (1907–1994). 1941 Kammergerichtsrat. Von 1949–1963 bei der Berliner Senatsverwaltung. Begründer des „Rechtslexikons“, (21. Auflage 2014). Über ihn Hans Dieter Beck, Juristen im Portrait, München 1988, Festschrift zum 225jährigen Jubiläum des Verlages C. H. Beck, S. 93 ff.

Deynet, August (1899–1979). 1934 Kammergerichtsrat. 1950–1958 Präsident des OLG Koblenz.

Grussendorf, Werner (geb. Sept. 1895; Todesdatum nicht bekannt). 1936 Ministerialrat im Reichsjustizministerium.

Haag, Ferdinand (1898; verstorben nach 1945). 1934 Staatsanwalt in Bonn. 1938 Erster Staatsanwalt in Köln, 1939 am OLG Köln, 1941 am OLG Kattowitz. 1943 Senatspräsident am OLG Darmstadt; Februar 1944 Ministerialrat im Reichsjustizministerium.

Hoffmann (nicht näher identifizierbar). Oberregierungsrat.

Hornig, Erich (geb. Dez. 1901; gest. 1995). 1934 Amtsgerichtsrat in Leipzig. 1940 Kammergerichtsrat, später Senatspräsident. 1946 Rat am OLG Celle. 1948 Ministerialrat, 1952 Ministerialdirigent im niedersächsischen Justizministerium.

Jung, Heinz (Heinrich)(1892–1959). 1936–1945 Generalstaatsanwalt beim OLG Dresden. Über ihn Gerald Hacke, in: Christine Pieper/M. Schmaltzner/Gerhard Naser (Hg.) Braune Karrieren. Dresdner Täter und Akteure im Nationalsozialismus, Dresden 2012, S. 120 ff.

Kuhbier, Kurt Heinz (geb. 1904, Todesdatum nicht bekannt). 1941 OLG-Rat in Danzig. Personalakte im BA Berlin-Lichterfelde R 3001/65118.

Meinhof, Carl Gerhard (1896-April 1945). OLG-Rat in Hamburg.

Mielke, Eberhard [?](geb. 1903; Todesdatum nicht bekannt). Ministerialrat im Reichsjustizministerium.

Scheffler, Friedrich Hugo (geb. 1904 in Chemnitz, Sohn eines Oberlehrers; Todesdatum nicht bekannt). 1937 Promotion in Leipzig. 2. Staatsprüfung 1930 in Dresden mit „sehr gut". 1934 LG-Rat in Chemnitz, 1938 in Dresden; hier 1939 OLG-Rat (zum 1.6.1944 Senatspräsident am OLG Dresden). Ab 10.1.1944 zu Dienstleistungen in das RJM abgeordnet. Seit 1.3.1938 Leiter von Referendararbeitsgemeinschaften. Beste Beurteilungen durch den OLG-Präsidenten: Außergewöhnlich befähigter Jurist; vorzügliches Urteilsvermögen; besondere pädagogische Fähigkeit. – Quellen: Personalakte im Bundesarchiv Berlin-Lichterfelde, R 3001/73820.

Thees, Hans (1901–1949). 1938–1944 Referent für das Privatversicherungsrecht im Reichsjustizministerium, zuletzt Ministerialrat. 1947 Leiter der Rechtsabteilung des Zonenamtes des Reichsaufsichtsamts für das Versicherungswesen.

Wogatzky, Hans August Ferdinand (geb. 1905, Todesdatum nicht bekannt). Landgerichtsdirektor in Hamburg.

Zeller, Friedrich (1912–1982). Landgerichtsrat am LG München II.

Erster Teil: Berichte über die Bereisung von OLG-Bezirken durch das Amt des Reichsjustizministeriums für die „Neuordnung der Deutschen Gerichtsverfassung“ (1943/44)

A. *Vorbereitung der Bereisungen*

I. *Zweck und Durchführung der Bereisungen*

Zweck der Bereisung von OLG-Bezirken durch das Amt ist, die Auswirkung der vorläufigen Arbeitsergebnisse des Amtes in den einzelnen OLG-Bezirken an Ort und Stelle nachzuprüfen, neue Gesichtspunkte für die Referate zu gewinnen, durch Besprechungen mit den örtlichen Richtern zur Kritik an der Arbeit des Amtes und zu Gegen- und Ergänzungsvorschlägen auf dem Gebiet der Neuordnung der Gerichtsverfassung und des Richterstandes anzuregen und so die Fühlung des Amtes mit der Praxis sicherzustellen.

Zu den Besprechungen sind nach der mündlichen Weisung des Herrn Staatssekretärs vom 23.8.1943 außer den Chefpräsidenten, Landgerichtspräsidenten und geeigneten Amtsgerichtsvorständen auch andere Richter zuzuziehen, die über besondere Erfahrung auf dem Arbeitsgebiet des Amtes verfügen oder sonst ihr Interesse und ihre Eignung für die Mitarbeit bei den geplanten Reformen dargetan haben.

Durchführung im Allgemeinen. Soweit die Geschäftslage es gestattet, sollen – je nach Größe, Entfernung und Verkehrsverhältnissen der einzelnen OLG-Bezirke – im Monat 3–4 OLG-Bezirke bereist werden, etwa in jeder Monatshälfte 2 benachbarte Bezirke zusammengefaßt oder in jedem Monatsdrittel 1 Bezirk. Ein starres Schema kann nicht aufgestellt werden; die Zeitfolge richtet sich auch danach, wann die örtlichen Organe verfügbar sind. Nach den Erfahrungen bei der Bereisung des OLG-Bezirks Stuttgart werden dabei für die einzelne Reise mindestens 5 Tage, bei größeren Entfernungen und Bezirken unter den gegenwärtigen Verkehrsverhältnissen mindestens 6 bis 8 Tage einschließlich An- und Rückreise anzusetzen sein.

Zur sachgemäßen Durchführung und Ausnutzung der Zeit müssen Reiseplan, Reisezweck und die Teilnehmer aus den Bezirken mit dem zuständigen Chefpräsidenten zuvor genau festgelegt werden, damit die örtlichen Stellen greifbar sind und sich vorbereiten und nicht nur Verlegenheitsauskünfte erteilt werden. Zu diesem Zweck werden ihnen die Fragebogen Anl. 1 und 2 rechtzeitig zugeleitet.

Anlage II: Kürzerer Fragebogen

1. Fragen zur künftigen Gerichtsorganisation

1. Bedarf die augenblickliche Gerichtsorganisation nach Beendigung des Krieges der Umgestaltung, empfiehlt sich insbes. der Übergang vom viergliedrigen zum dreigliedrigen Gerichtsaufbau mit einem einheitlichen Eingangsgericht an Stelle der jetzigen zwei Eingangsgerichte? Sprechen hierfür insbes. Gründe der Personalpolitik (Einsparung von Kräften) oder sonstige wesentliche Belange der Rechtspflege?

2. Bei grundsätzlicher Bejahung der Frage zu a):

Wie ist das einheitliche Eingangsgericht im einzelnen zu gestalten?

a) Anpassung an die Grenzen der Partei- und Verwaltungsbezirke? Größe der Gerichtsbezirke und Zahl der Gerichtseingesessenen? Sitz in der Kreisstadt? Einfluß der Verkehrsverhältnisse?

b) Bezeichnung der Gerichte?

c) Muß durch besondere Maßnahmen verhindert werden, dass sich aus der Beseitigung der kleineren Amtsgerichte überwiegende Nachteile für die Rechtspflege und das rechtsuchende Publikum ergeben (Lockerung der Ortsnähe und Ortsverbundenheit, „Landfremdheit" des Gerichts, Verstädterung der Rechtspflege, schwere Zugänglichkeit des Gerichts)? Reichen hierzu ggf. die Einrichtung von Sprech- und Gerichtstagen und eine größere Beweglichkeit des Gerichts (Motorisierung, Reiserichter) aus?

d) Soll das Gericht an einem Ort zentralisiert werden oder müssen aus den zu c genannten oder anderen Gründen Außenstellen (Zweigstellen, Rechtspflegeämter oder dgl.) vorgesehen werden? Wenn ja, für welche Aufgaben (Rechtsantragsstellen, Angelegenheiten der freiwilligen Gerichtsbarkeit usw.) und mit welcher Besetzung (Rechtspfleger, Richter)?

e) Wird die Einrichtung des Friedens- (Schöffen-) Richters zu einer wesentlichen Entlastung der Gerichte führen?

f) Welche Zuständigkeiten sollen dem Eingangsgericht übertragen werden? Die gesamten Zuständigkeiten der Amts- und Landgerichte? Auch die Zuständigkeiten der besonderen und Sondergerichte (Anerbengerichte, Arbeitsgerichte, Erbgesundheitsgerichte usw., Sondergerichte in Strafsachen mit Ausnahme des Volksgerichtshofs)?

g) Sollen alle Einangsgerichte dieselbe Zutändigkeit besitzen oder sollen gewisse Gruppen von Sachen (welche?) bei einem Gericht für die Bezirke mehrerer Gerichte zusammengefaßt werden? Sollen derartige Zusammenfassungen ggf. allgemein oder von Fall zu Fall im Justizverwaltungswege angeordnet werden?

h) Wie soll das Eingangsgericht besetzt werden? In Zivilsachen? In Strafsachen? Empfiehlt sich das Einzelrichter- oder das Kollegialsystem? Sollen in gewissen Sachen (welchen?) Laien zugezogen werden? Soll, soweit das Gericht kollegial besetzt sein sollte, das Führerprinzip gelten? Empfiehlt es sich vielleicht, dem Einzelrichter von Fall zu Fall jüngere Richter als Gehilfen beizuordnen (Richtergehilfen)?

i) Wie sollen die Geschäfte innerhalb des einzelnen Gerichts auf die Richter verteilt werden? Nach Buchstaben? Nach Materien? Nach Bezirken?

Sollen feste Richtlinien über die für die Geschäftsverteilung maßgebenden Grundsätze aufgestellt werden oder soll die Regelung den örtlichen Stellen über lassen bleiben?

k) Wie kann bei einem einheitlichen Eingangsgericht die Frage des Anwaltszwanges geregelt werden?

l) Soll jedes Eingangsgericht einen eigenen Präsidenten erhalten, dem die gesamte Dienstaufsicht – also auch die über die Richter – obliegt? Sollen die Dienstaufsichtsbefugnisse für mehrere Eingangsgerichte ganz oder zum Teil bei einem von ihnen ausgeübt werden? Soll zwischen den Präsidenten der Eingangsgerichte und dem Oberlandesgerichtspräsidenten eine weitere Dienstaufsichtsinstanz gebildet werden?

3. Falls die Frage zu a) verneint wird:

a) Empfielt sich nicht wenigstens die Beseitigung der kleineren Amtsgerichte?

b) Wie kann in diesem Fall eine sinnvolle Aufgabenteilung zwischen Amts- und Landgerichten durchgeführt werden?

c) Kann insbesondere bei Aufrechterhaltung der jetzigen Gerichtsgliederung der Mangel, dass zusammengehörende Rechtsfragen in verschiedenen Verfahren durch verschiedene Gerichte entschieden werden, zweckmäßig beseitigt werden?

4. Wie ist der Rechtsmittelzug im künftigen Gerichtsaufbau zu gestalten? In Zivilsachen, in Strafsachen? Kann die jetzige Zuständigkeit des Oberlandesgerichts für die Rechtsmittel in Zivilsachen beibehalten werden? Können etwa bestehende Schwierigkeiten und Mängel durch geeignete Maßnahmen behoben werden?

5. Welche Eingangsgerichte könnten unter Zugrundelegung der augenblicklichen Kreiseinteilung für die einzelnen Bezirke gebildet werden? Lassen sich Angaben über den voraussichtlichen Geschäftsanfall bei diesen Gerichten machen? Würden die augenblicklich vorhandenen Gebäude und sonstigen Einrichtungen für die Aufnahme der Eingangsgerichte ausreichen?

2. Fragen zur künftigen Stellung des Richters

1. Welche Stellung nehmen die Richter zur Bindung an das Gesetz ein? Sind Fälle bekannt geworden, in denen die Anwendung des Gesetzes zu untragbaren Ergebnissen geführt hat und eine Entscheidung gegen das Gesetz dem gesunden Volksempfinden besser entsprochen hätte?

2. Welche Erfahrungen wurden mit der Lenkung der Rechtspflege durch die Präsidenten der Gerichte gemacht? In welcher Form vollzieht sie sich? Wie wird sie von den Richtern aufgenommen? Und welche Ergebnisse hat sie?

3. Wie ist der Zusammenhalt der Richter im Bezirk? Lassen sich Ansätze für die Bildung eines Richterkorps erkennen? Und worin liegen sie? Mit welchen Maßnahmen könnte man die Bildung eines Richterkorps fördern?

4. Wie ist das Ansehen der Richterschaft nach außen, im Verhältnis zur übrigen Beamtenschaft, zur Partei, zur Wehrmacht, zu Wirtschaftskreisen usw.? Was könnte geschehen, um das Ansehen der Richterschaft zu heben?

5. Wie ist das Ansehen der Rechtspflege in den breiten Massen? Welche Umstände sind dafür maßgebend? Was könnte geschehen, um das Vertrauen zur Rechtspflege zu stärken?

6. Ist es empfehlenswert, für die Anstellung als Richter ein Mindestalter ausdrücklich oder in der tatsächlichen Handhabung vorzusehen und welches?

7. Welche Vorschläge können gemacht werden, um eine größere Vertrautheit der Richter mit dem Leben zu erreichen? Ist es zweckmäßig und durchführbar, Richter im größeren Umfang zwischen dem Assessorexamen und der Anstellung oder auch nach der Anstellung in anderen Berufen tätig sein zu lassen?

8. Ist es zweckmäßig und durchführbar, Richter in größerem Umfang aus freien Berufen zu entnehmen? Welche Berufe kommen dafür in Frage, welche Voraussetzungen müßten dafür geschaffen werden?

9. In welcher Form kann man die Richteranwärter nach dem Assessorexamen und gegebenenfalls nach anderweitiger Tätigkeit in freien Berufen vor der Ernennung zum Richter innerhalb der Justiz einsetzen. Ist es angängig, sie als Richtergehilfen ohne Stimmrecht, also nur beratend, in der Vorbereitung der Verhandlung, in der Sitzung und bei der Absetzung der Entscheidungen zu verwenden?

10. Welche Amtsbezeichnungen sind für die Richter (und für die Gerichtsvorstände) zweckmäßig? (Beibehaltung des Ratstitels oder Bezeichnung lediglich als Richter unter Beifügung des Gerichts, an dem der Richter tätig ist)? Welche Auswirkungen würde eine Aufgabe des Ratstitels für das Ansehen der Richterschaft im Verhältnis zur Beamtenschaft usw. haben?

11. Wie ist die Besoldungs- und rangmäßige Stellung der Richter im Verhältnis zueinander zweckmäßig zu gestalten? Sind auch weiterhin Beförderungsstellen (außer denen der Gerichtsvorstände) erforderlich oder empfiehlt sich mit Rücksicht auf die innere Selbständigkeit der Richter ihre grundsätzliche Gleichstellung oder ihre Aufteilung in drei besoldungsmäßig nur schwach differenzierte Kategorien (Richter am Kreisgericht, Richter am Gaugericht, Richter am Reichsgericht)? Wie wären die Kammer- und Senatsvorsitzenden zu behandeln?

12. Ist ein Wechsel der Richter zwischen Obergericht und Kreisgericht empfehlenwert und in welcher Weise?

III. Längerer Fragebogen

1. Fragen zur künftigen Gerichtsorganisation

1. Bedarf die heutige Gerichtsorganisation *nach dem Kriege* der Umgestaltung, empfiehlt sich insbesondere der *Übergang vom dreigliedrigen zum viergliedrigen Gerichtsaufbau* mit einem einzigen statt der jetzigen zwei Eingangsgerichte und einem einheitlichen Rechtsmittelzug. Sprechen hierfür z.B. Gründe der Personalpolitik (Einsparung von Kräften, Besserstellung des Richters usw.) oder sonstige

wesentliche Belange der Rechtspflege (größere Übersichtlichkeit des Gerichtsaufbaues, Möglichkeit, zusammengehörende Sachen in *einem* Verfahren und in der Hand *eines* Richters zusammenzufassen usw.)?

Ist der Übergang zum dreigliedrigen Gerichtsaufbau, wenn er nicht *erforderlich* sein sollte, doch zweckmäßig oder wenigstens unbedenklich?

Oder sprechen überwiegend Gründe (Vorteile des kleinen Amtsgerichts) für die Aufrechterhaltung der jetzigen Organisation?

2. a)Welche einheitlichen *Eingangsgerichte* könnten – bei Zugrundelegung der jetzigen Kreiseinteilung – für den dortigen Bezirk gebildet werden?

b) Könnten ihre *Bezirke* den Grenzen der Verwaltungs- und Parteikreise angepaßt, kann ihr *Sitz* am selben Ort wie die untere Verwaltungsbehörde und die Kreisleitung der Partei gelegt werden? Wäre eine derartige Organisation wenigstens anzustreben?

c) Welche *Größe* würden diese Berichtsbezirke haben? Wieviel *Gerichtseingesessene*? Wie würden im Frieden voraussichtlich die *Verkehrsverhältnisse* sein?

d) Wie groß würde der voraussichtliche *Geschäftsanfall* bei dem einzelnen Eingangsgericht etwa sein

aa) bei vorkriegsmäßigem,

bb) bei heutigem Geschäftsgang?

Wieviel Richterkräfte werden für das einzelne Eingangsgericht schätzungsweise benötigt?

3. Wie wäre das einheitliche Eingangsgericht im einzelnen zweckmäßig aufzubauen? Insbesondere:

a) Welche Bezeichnung wird für das Eingangsgericht vorgeschlagen? Welche für die Rechtsmittelgerichte?

b) Muß und kann durch besondere Maßnahmen verhindert werden, dass sich aus der *Beseitigung der kleinen Amtsgerichte* wesentliche Nachteile für die Rechtspflege und das rechtsuchende Publikum ergeben (Lockerung der Ortsnähe und Ortsverbundenheit des Richters; „Landfremdheit" und Verstädterung der Rechtspflege; schlechte Zugänglichkeit des Gerichts?) Reichen hierzu gegebenenfalls die Einrichtung von *Sprech- und Gerichtstagen* und eine größere *Beweglichkeit des Gerichts* (Motorisierung, „Reiserichter") aus? Ist die Geschäftsverteilung nach Bezirken (siehe unten zu h) ein geeignetes Mittel, die Ortsverbundenheit des Richters zu erhalten und zu festigen?

c) Soll das Gericht an *einem* Ort zentralisiert werden oder müssen aus den zu b) genannten oder anderen Gründen *Außenstellen* (Zweigstellen, Rechtspflegeämter oder dgl.) vorgesehen werden? Wenn ja, für welche Aufgabengebiete (Entgegennahme von Anträgen, Angelegenheiten der freiwilligen Gerichtsbarkeit – außer Streitsachen -, Grundbuchsachen, Registersachen, Vollstreckungssachen usw.) und mit welcher ständigen Besetzung (Richter, Rechtspfleger)? Wo wären ggf. derartige Zweigstellen vorzusehen?

d) Sollen dem Eingangsgericht die gesamten heutigen *Zuständigkeiten der Amts- und Landgerichte* übertragen werden? Wird die Übertragung wesentlicher Aufgaben auf Laienrichter *(Schöffenrichter, Friedensrichter)* für zweckmäßig gehalten?

Besteht ein Interesse daran, neben dem einheitlichen Eingangsgericht *„besondere Gerichte"* als selbständige Gerichtskörper bestehen zu lassen (Arbeitsgerichte, Anerbengerichte, Erbgesundheitsgerichte u. dgl.) oder sollen deren Zuständigkeiten möglichst auf das Eingangsgericht übertragen werden, ggf. unter Beibehaltung gewisser verfahrensrechtlicher Sondervorschriften?

f) Müssen für Strafsachen bestimmter Art die aufgrund der Zuständigkeitsverordnung vom 21.2.1940 (RGBl. I S. 405) errichteten *Sondergerichte* beibehalten werden oder empfiehlt sich zu gegebener Zeit ihr völliger oder teilweiser Abbau oder ihr Einbau in die ordentliche Gerichtsbarkeit, ggf. unter Beibehaltung verfahrensrechtlicher Sondervorschriften und Zusammenfassung der in Betracht kommenden Verfahren bei einem Eingangsgericht für größere Bezirke?

g) Sollen alle Eingangsgerichte *dieselbe Zuständigkeit* erhalten oder sollen gewisse Gruppen von Sachen (welche?) bei einem Gericht für die Bezirke mehrerer Gerichte zusammengefaßt werden? Soll das ggf. allgemein durch Gesetz oder Verordnung oder im Wege der Geschäftsverteilung geschehen?

h) Wie sollen die *Geschäfte* innerhalb des einzelnen Gerichts auf die Richter *verteilt* werden? Nach Buchstaben? Nach Materien? Nach Bezirken?

Sollen durch Gesetz oder Verordnung bindende Grundsätze hierüber aufgestellt werden?

Soll die Regelung von Fall zu Fall getroffen werden und weitgehend dem Ermessen der für die Aufstellung des Geschäftsverteilungsplanes zuständigen örtlichen Stellen vorbehalten bleiben?

i) Wie soll das Eingangsgericht *besetzt* werden? In Zivilsachen? In Strafsachen? Welche Besetzung ist für die Rechtsmittelgerichte vorzusehen?

Empfiehlt sich insbesondere die strenge Durchführung des *Einzelrichtersystems* oder ist in bestimmten Sachen (welchen?) die *kollegiale Besetzung* vorzuziehen?

Sollen in gewissen Straf- oder Zivilsachen *Laien* mitwirken? Stets oder von Fall zu Fall nach dem Ermessen des Richters?

k) Empfiehlt es sich, dem Einzelrichter, soweit das möglich ist, jüngere Rechtswahrer, die das Assessorenexamen abgelegt haben (*Richtergehilfen*), beizuordnen, die nach seinen Weisungen, also grundsätzlich ohne eigene Entscheidungsbefugnis, die Verhandlung vorzubereiten, den Richter zu beraten und die Entscheidung abzusetzen hätten?

l) Soll, soweit das Gericht kollegial besetzt sein sollte, der Vorsitzer allein entscheiden oder soll der *Abstimmungsgrundsatz* gelten?

m) Nach welchen Grundsätzen soll das Verfahren in bürgerlichen Rechtsstreitigkeiten (Verfahren in Streitsachen) bei dem Eingangsgericht durchgeführt werden? Nach denen des heutigen amtsgerichtlichen oder des landgerichtlichen Prozesses? Wird die Beibehaltung der heutigen Unterschiede ganz oder zum Teil für erforderlich gehalten?

Wie soll insbesondere die Frage des *Anwaltszwanges* geregelt werden?

n) Soll jedes Eingangsgericht einen eigenen Vorstandsbeamten erhalten, dem die gesamte *Dienstaufsicht* – also auch die über die Richter – obliegt? Sollen die Dienstaufsichtsbefugnisse für mehrere Eingangsgerichte ganz oder zum Teil bei einem von ihnen ausgeübt werden? Soll etwa zwischen den Vorstandsbeamten des Eingangsgerichts und dem OLG-Präsidenten eine weitere Dienstaufsichtsinstanz als reine Justizverwaltungsbehörde (also ohne Gericht) gebildet werden?

4. Welcher *Rechtsmittelzug* empfiehlt sich für den künftigen Gerichtsaufbau? In Zivilsachen? In Strafsachen? Hat sich die jetzige Zuständigkeit des OL-Gerichts als des alleinigen Rechtsmittelgerichts in bürgerlichen Rechtssachen bewährt oder haben sich Unzuträglichkeiten ergeben, die in Zukunft behoben werden müßten?

5. Falls die Errichtung von Eingangsgerichten abgelehnt werden sollte:

a) Empfiehlt sich nicht wenigstens die Beseitigung der kleineren Amtsgerichte?

b) Wie kann in diesem Fall eine sinnvolle Aufgabenteilung zwischen Amts- und Landgerichten durchgeführt werden?

c) Kann insbesondere bei Aufrechterhaltung des jetzigen Gerichtsaufbaues der Mangel, dass zusammengehörende Rechtsfragen in verschiedenen Verfahren durch verschiedene Gerichte entschieden werden müssen, zweckmäßig beseitigt werden?

2. *Fragen zur künftigen Stellung des Richters*

1. Welche Mängel weist die Rechtspflege in ihrer bisherigen Gestalt auf? (Mangelndes Vertrauen zur Rechtspflege? Weltfremdheit der Richter? Mangelndes Ansehen, mangelnde Geschlossenheit der Richterschaft?)

2. Wie können Aufgabe, Ausbildung und Stellung der Richter zweckentsprechender gestaltet werden (Verhältnis des Richters zu den Gesetzen, rechtsschöpferische Tätigkeit, Gestaltungsbefugnis, Unabhängigkeit bzw. Weisungsfreiheit, Lenkung usw.)?

Insbesondere:

3. Ist es empfehlenswert, für die Anstellung als Richter ein Mindestalter ausdrücklich oder in der tatsächlichen Handhabung vorzusehen und welches?

4. Welche Vorschläge können gemacht werden, um eine größere Vertrautheit der Richter mit dem Leben zu erreichen? Ist es zweckmäßig und durchführbar, Richter in größerem Umfang zwischen dem Assessorexamen und der Anstellung oder auch erst nach der Anstellung in anderen Berufen tätig sein zu lassen?

5. Ist es zweckmäßig und durchführbar, Richter in größerem Umfang den freien Berufen zu entnehmen? Welche Berufe kommen dafür in Frage, welche Voraussetzungen müßten dafür geschaffen werden?

6. In welcher Form könnten die Richteranwärter nach dem Assessorexamen und gegebenenfalls nach anderweiter Tätigkeit in freien Berufen vor der Ernennung zum Richter innerhalb der Justiz eingesetzt werden? Ist es angängig, sie als Richtergehilfen ohne Stimmrecht, also nur beratend, bei der Vorbereitung der Verhandlung, in der Sitzung und bei der Absetzung der Entscheidungen zu verwenden?

7. Welche Amtsbezeichnungen sind für die Richter (und für die Gerichtsvorstände) zweckmäßig? (Beibehaltung des Ratstitels oder Bezeichnung lediglich als Richter unter Beifügung des Gerichts, an dem der Richter tätig ist?) Welche Auswirkungen würde eine Aufgabe des Ratstitels für das Ansehen der Richterschaft im Verhältnis zur Beamtenschaft usw. haben?

8. Wie ist die besoldungs- und rangmäßige Stellung der Richter im Verhältnis zueinander zweckmäßig zu gestalten? Sind auch weiterhin Beförderungsstellen (außer denen der Gerichtsvorstände) erforderlich oder empfiehlt sich mit Rücksicht auf die innere Selbständigkeit der Richter ihre grundsätzliche Gleichstellung oder ihre Aufteilung in drei besoldungsmäßig nur schwach differenzierte Kategorien (Richter am Kreisgericht, Richter am Gaugericht, Richter am Reichsgericht)? Wie wären die Kammer- und Senatsvorsitzenden zu behandeln?

9. Ist ein Wechsel der Richter zwischen Obergericht und Kreisgericht empfehlenswert und in welcher Weise?

10. In welcher Weise läßt sich die Bildung eines Richterkorps fördern?

B. Berichte über die Bereisungen

I. Bericht über den Besuch des OLG-Bezirks Bamberg (14.-20.10.1943)

In der Zeit vom 14. bis 20. Oktober 1943 haben MinDir. Bälz und MinRat Fechner in Begleitung des OLG-Rats Dr. Schlund vom OL-Gericht in Bamberg den Bezirk des Oberlandesgerichts Bamberg bereist und mit dem OLG-Präsidenten, den Landgerichtspräsidenten und einigen weiteren Richtern das „Amt für Neuordnung der Deutschen Gerichtsverfassung" betreffende Fragen erörtert. Zu diesem Zweck fanden folgende Sitzungen statt:

Am 14. Oktober in *Hof*, anwesend (außer den oben genannten): OLG-Präs. Dr. Dürig, LG-Präs. Drescher, Hof, Oberamtsrichter Dr. Stübing, Selb;

am 15. Oktober in *Bayreuth*, anwesend OLG-Präs. Dr. Dürig, LG-Präs. Brehm, Bayreuth, AG-Direktor Engel, Bayreuth;

am 16. Oktober in *Bamberg*, anwesend OLG-Präs. Dr. Dürig, Vizepräsident Stammler, LG-Präs. Schneider, Bamberg, LG-Präs. Göpfert, Coburg und LG-Dir. Kircher, Coburg;

am 18. Oktober in *Würzburg*, anwesend LG-Präs. Dietel, LG-Dir. Forster, AG-Dir. Ross, Aschaffenburg, bis vor kurzem Oberamtsrichter in Kitzingen, LG-Rat Dr. Iftner und LG-Rat Neumann, bis auf AG-Dir. Ross alle aus Würzburg;

am 19. Oktober in *Aschaffenburg*, anwesend LG-Präs. Wertsch, LG-Dir. Sperrer, LG-Rat Becker, alle Aschaffenburg, und Oberamtsrichter Dr. Kraus, Miltenberg;

am 20. Oktober in Schweinfurt, anwesend LG-Präs. Pfuegl, LG-Dir. Schiller und LG-Dir. Ruppert, alle Schweinfurt.

Den Erörterungen wurde der bei den Akten befindliche Fragebogen zugrunde gelegt, der den beteiligten Herren einige Zeit vorher übermittelt worden war. Dieses System hat sich auch hier bewährt. (Geringfügiger Irrtum bleibt vorbehalten).

Als Ergebnis der Besprechungen ist folgendes festzustellen:

I. Zur Gerichtsorganisation

1. Vorbemerkungen. Der OLG-Bezirk Bamberg umfaßt bei rd. 1.650.000 Gerichtseingesessenen 7 Landgerichte (durchschnittliche Größe 235.000 Gerichtseingesessene) und 57 Amtsgerichte (durchschnittliche Größe also unter 30.000 Gerichtseingesessene). Von den Amtsgerichten sind 25 in St-, Z- oder G-Gerichte umgewandelt, sodass nur mehr 32 Amtsgerichte in vollem Umfang fortgeführt werden (geringfügiger Irrtum bleibt vorbehalten). Gerichts-, Partei- und Verwaltungsbezirke decken sich nicht. Der OLG-Bezirk umfaßt Teile mehrerer Gaue und Regierungsbezirke, deren Grenzen sich mit denen des OLG-Bezirks vielfach überschneiden. Ähnlich ist die Lage in den unteren Organisationsstufen. Die Kreise der Partei sind im Allgemeinen wesentlich größer als die Landratsämter und die Bezirke der Gerichte. Der Sitz der Kreisleitung befindet sich vielfach an anderen Orten als der des Landrats. Zur Zeit wird eine Reihe von Landratsämtern von anderen Kreisen aus verwaltet. Mit einer späteren grundlegenden Neuordnung der Verhältnisse kann und muß gerechnet werden. Auch die augenblickliche Einteilung der Parteibezirke wird dabei nicht ohne weiteres den Ausgangspunkt bilden können.

Die Verkehrsverhältnisse im OLG-Bezirk sind unterschiedlich. Während sie in den westlichen Bezirken durchweg als gut bezeichnet werden können, fehlt es im Osten (Bayreuth, Hof) vor allem an den wünschenswerten Ost-West-Verbindungen. Das amtliche Kraftfahrzeugnetz ist stark ausgebaut und unter friedensmäßigen Verhältnissen recht leistungsfähig. In den gebirgigen östlichen Gebieten des Bezirks ist allerdings im Winter mit einem zeitweiligen Versagen des Omnibusverkehrs beinahe regelmäßig zu rechnen. Die Schneeverwehungen behindern ihn manchmal wochenlang. – Über die Geschäftslage im Bamberger Bezirk geben die bei den Akten befindlichen Unterlagen im einzelnen Auskunft.

2. Dreigliedriger oder viergliedriger Aufbau der Gerichte. Dem dreigliedrigen Gerichtsaufbau stimmen die meisten der befragten Richter zu. Sie führten zur Begründung an, dass der dreigliedrige Gerichtsaufbau *klarer* und *übersichtlicher* sei als der viergliedrige; dass er im Grunde der *historischen Entwicklung* entspräche, da er an den ursprünglichen Gerichtsaufbau in den einzelnen Ländern wieder anknüpfe; dass er es ermögliche, *zusammengehörende Sachen* in der Hand eines Richters und in einem Verfahren *zusammenzufassen*; dass er zu erheblichen *Einsparungen* an Richterkräften führen werde, die zum Teil auf 35 bis 50 Prozent und mehr geschätzt wurden; dass er der *Vereinfachung der Verwaltung* diene; dass er sich den bei anderen Verwaltungszweigen bestehenden Bestrebungen anpasse; dass er letzten Endes der folgerichtige Abschluß der auf dem Gebiet der Gerichtsorganisation in den letzten Jahren getroffenen im ganzen bewährten Maßnahmen sei. Dabei wurde allerdings der dringende Wunsch geäußert, dass während des Krieges von grundlegenden Organisationsänderungen möglichst abgesehen werde.

LG-Präs. Dietel, Würzburg, erklärte sich *gegen die Dreigliederung*. Auch der jetzige Aufbau sei nicht unübersichtlich. Er sei seiner Überzeugung nach sogar klarer als ein dreigliedriger Aufbau mit Friedensrichtern, Zweigstellen, Rechtspflegeämtern, der Zusammenfassung gewisser Sachen bei mehreren Gerichten usw. Seiner Überzeugung nach könne das Kollegialsystem nicht entbehrt werden. Seine Beibehaltung sei eben nur bei größeren Gerichten möglich, die als alleinige Eingangsgerichte wieder der erforderlichen Ortsverbundenheit ermangeln würden. Das Einzelrichtersystem könne leicht zu widersprechenden Entscheidungen und zu Schwankungen in der Rechtsprechung führen. Das Kollegialsystem biete die beste Gewähr für eine einheitliche Rechtsprechung. Den Mängeln der jetzigen Regelung könne durch Beseitigung der kleinen und kleinsten Amtsgerichte und durch Änderung des § 23 GVG begegnet werden. Gerichte, die nicht wenigstens 30–40.000 Gerichtseingesessene umfaßten, seien aufzuheben. Für die Abgrenzung zwischen amts- und landgerichtlicher Zuständigkeit werde freilich auch bei einer Änderung des § 23 GVG im wesentlichen der Streitwert maßgebend bleiben. Das sei aber unbedenklich, denn diese Abgrenzung beruhe auf langen Erfahrungen und habe sich bei aller Kritik im Grunde bewährt.

LG-Rat Dr. Iftner, Würzburg, stimmte dem dreigliedrigen Gerichtsaufbau nur unter der Voraussetzung zu, dass eine durchschnittliche Größe des Eingangsgerichts von 35 bis 40.000 Gerichtseingesessenen nicht überschritten werde.

Auch LG-Dir. Schiller und LG-Dir. Ruppert, Schweinfurt, hatten Bedenken gegen den dreigliedrigen Gerichtsaufbau. Sie glaubten, dass er zu Verkehrsschwierigkeiten für das Publikum, zu einer Verteuerung der Rechtspflege und zu wirtschaftlichen Schäden der durch die Aufhebung von Amtsgerichten betroffenen Orte führen werde. Außerdem meinten sie, dass das OLG als einzige Rechtsmittelinstanz gegenüber den Entscheidungen des Eingangsgerichts sich auf die Dauer nicht bewähren werde.

3. Durchführung der Dreigliederung. Anhand von Karten und anderen Unterlagen wurde erörtert, wie sich die Dreigliederung unter Zugrundelegung der augenblicklichen Partei- und Verwaltungskreise in den einzelnen LG-Bezirken etwa auswirken werde.

Die Grenzen der genannten Eingangsgerichte würden mit denen der Partei und Verwaltungsbezirke noch nicht übereinstimmen. Die augenblickliche Grenzziehung gestattet die nach allgemeiner Ansicht erstrebenswerte Angleichung nicht, ohne die Interessen der Rechtspflege zu gefährden.

Vorschläge für die einzelnen LG-Bezirke

a) Aschaffenburg. Eingangsgerichte: Aschaffenburg. Miltenberg.
b) Bamberg. Eingangsgerichte in Bamberg, Forchheim, Haßfurt.
c) Bayreuth: Bayreuth, Kulmbach, Pegnitz.
d) Coburg. Eingangsgerichte in Coburg, Kronach, Lichtenfels.
e) Hof. Eingangsgerichte: Hof, Münchberg, Selb.
f) Schweinfurt. Eingangsgerichte: Schweinfurt, Bad Neustadt, Bad Kissingen.
g) Würzburg. Eingangsgerichte: Würzburg, Kitzingen, Gmünden.

4. Bezeichnung der künftigen Gerichte

Ganz allgemein wurde der Benennung „Kreisgericht“, „Obergericht“, „Reichsgericht“ der Vorzug gegeben. Für den Fall, dass die Verwendung des Wortes „Kreisgericht“ zu einer Verwechslung mit dem Kreisgericht der NSDAP oder zu anderen Schwierigkeiten führen könne, wurde vorgeschlagen, das Eingangsgericht zu bezeichnen als „das Gericht“, „Amtsgericht“, „Landgericht“ (die frühere bayerische Bezeichnung für das Gericht erster Instanz), „Bezirksgericht“, „Untergericht“ und „Hauptgericht“.

5. Ausgleich für den Fortfall der kleinen Amtsgerichte

Der Fortfall der kleinen Amtsgerichte wurde vielfach bedauert. Auf der anderen Seite wurde betont, dass der Wert des kleinen Amtsgerichts oft überschätzt werde und dass seine Beurteilung auf romantischen Vorstellungen beruhe, die der Wirklichkeit nicht mehr entsprächen; ein besonderer Ausgleich für den Fortfall des kleinen Gerichts sei daher bei den fortgeschrittenen Verkehrsverhältnissen nicht oder nur sparsam erforderlich. *Zweigstellen der Gerichte,* die für Vormundschaftssachen, Grundbuchsachen, als Rechtsantragsstellen und gegebenenfalls auch für die sonstigen Zuständigkeiten des Rechtspflegers zuständig sein müßten, dürften nur dort eingerichtet werden, wo das unabweislich sei. Die Zweigstellen führten zu Leerlauf, weil es schwierig sei, die dort beschäftigten Beamten völlig auszulasten. Sie bedürften auch einer besonders strengen Dienstaufsicht, weil sonst bei dem noch nicht überall völlig zureichenden Rechtspflegerpersonal mit einer Vernachlässigung des Dienstes und anderen Unzuträglichkeiten gerechnet werden müsse (so vor allem LG-Präs. Bamberg). Die Grundbuchsachen könnten nur dann sachgemäß bei den Zweigstellen bearbeitet werden, wenn auch ein Notar bei dieser Zweigstelle seinen Sitz habe, anderenfalls müßten sie an das Gericht selbst gelegt werden.

Im Gegensatz hierzu traten vor allem LG-Präs. Brehm und AG-Dir. Engel, Bayreuth, lebhaft für die Einrichtung von Zweigstellen ein.

Dass der Richter möglichst viel *Gerichts- und Sprechtage* abhalte, wurde allgemein für Zweckmäßig gehalten. Allerdings wurde aufgrund der neuesten Erfahrungen auch geltend gemacht, dass zu den Gerichtstagen kaum jemand komme, der nicht ausdrücklich geladen sei. Der „Reiserichter“ i.e.S. begegnete vielfach Bedenken (namentlich Bamberg und Würzburg). Es wurde ausgeführt, dass die Ausübung der Rechtspflege „gleichsam im Umherziehen“ sich nachteilig auswirken würde und dass in aller Regel dem Publikum auch durchaus zugemutet werden könne, zum Gericht zu kommen. Ältere Richter würden vielfach für eine umfangreiche Reisetätigkeit nicht mehr geeignet sein. Vor allem sei zu befürchten, dass der Richter auf den Reisen unter Zeitdruck stehe und infolgedessen weniger gründlich arbeite, als an seinem Amtssitz. Gerade die Erfahrungen der augenblicklichen Zeit hätten die Berechtigung dieser Bedenken bestätigt.

Oberamtsrichter Dr. Stübing, Selb, erklärte, dass bei Beseitigung der kleinen Amtsgerichte strenge Maßnahmen gegen das *Winkeladvokatentum* erforderlich werden würden.

6. Zuständigkeit des Eingangsgerichts

Ganz allgemein wurde der Wunsch geäußert, dass das einheitliche Eingangsgericht die gesamte Zuständigkeit der heutigen Amts- und Landgerichte in sich vereinigen solle. Der Abtrennung größerer Aufgabengebiete zugunsten des *Schöffenrichters* (Friedensrichters) wurde durchweg widerraten. Fast ausnahmslos wurde ausgeführt, dass der Schöffenrichtergedanke großen Bedenken begegne. Es werde kaum möglich sein, geeignete Personen zu finden, die über die nötige innere und äußere Unabhängigkeit, die zur Wahrnehmung des Schöffenrichteramtes erforderlich sei, verfügten. Das Volk wünsche den rechtsgelehrten Richter; es lehne den Laien, bei dem es oft irgendwelches Interesse zur Sache vermute, ab. Bagatellsachen seien nicht immer einfach. Fehlentscheidungen des Schöffenrichters würden ganz allgemein der Justiz zur Last gelegt werden. Eine gewisse Ausnahme machten in dieser Hinsicht LG-Präs. Brehm und AG-Dir. Engel, Bayreuth. Sie hielten die Übertragung begrenzter Aufgabengebiete auf den Schöffenrichter nicht für unzweckmäßig, vorausgesetzt, dass es gelinge, die Personenfrage zu lösen, was ihrer Ansicht nach nicht unmöglich sei.

7. Beseitigung der besonderen Gerichte

Die Aufrechterhaltung der jetzt bestehenden besonderen Gerichte wurde überall als unzweckmäßig bezeichnet. Es wurde betont, dass jede Absplitterung von Aufgaben der ordentlichen Gerichtsbarkeit abträglich sei und deshalb auch, soweit möglich, rückgängig gemacht werden solle.

8. Sondergerichtsbarkeit in Strafsachen

Zur Zeit bestehen im OLG-Bezirk drei Sondergerichte (Bamberg, Bayreuth und Würzburg). Nach Ansicht des OLG-Präs. Ist diese Zahl nicht durch die Geschäftslage, sondern durch die besondere Gliederung des Bezirks bedingt, namentlich dadurch, dass er sich über mehrere Gaue der NSDAP erstreckt.

Die allgemeine Auffassung ging dahin, dass die Sondergerichtsbarkeit nach Wiedereintritt normaler Verhältnisse abgebaut werden könne und müsse, wobei der Frage, ob gewisse verfahrensrechtliche Sondervorschriften beibehalten werden sollten, oder ob es sich empfehle, die einschlägigen Sachen bei bestimmten Gerichten (Gerichte der Gauhauptstädte) zusammenzufassen, nicht vorgegriffen werden solle.

9. Zusammenfassung von Zuständigkeiten

Nach nahezu einheitlicher Auffassung sollen alle Gerichte möglichst dieselbe Zuständigkeit besitzen und Zusammenfassungen bestimmter Sachen bei einzelnen Gerichten vermieden werden. Ausnahmen sollen nur aus ganz zwingenden Gründen gemacht werden. Sie sollen etwa in Betracht kommen für die schwere Kriminalität, Erbgesundheitssachen, Angelegenheiten des gewerblichen Rechtsschutzes, Binnenschiffahrtssachen, Personenstandssachen und Handelsregistersachen. LG-Präs. Schneider, Bamberg, glaubte, dass im Interesse einer einheitlichen Rechtsprechung auch die Zusammenfassung in Ehesachen erwünscht sei. Die LG-Präsidenten von Würzburg und Aschaffenburg, aber mit der Ausnahme der Binnenschiffahrtssachen – lehnten jede Zusammenfassung auf den Aufgabengebieten der heutigen ordentlichen Gerichtsbarkeit grundsätzlich ab.

10. Geschäftsverteilung

Die Mehrzahl der befragten Herren sprach sich dafür aus, dass die Geschäftsverteilung in mehr ländlichen Bezirken nach Bezirken, in städtischen, vor allem in großstädtischen Bezirken, dagegen nach Materien durchgeführt werde. Ausnahmen von der Geschäftsverteilung nach Bezirken sollen nur in zwingenden Fällen, z.B. für die schwere Kriminalität und Erbgesundheitssachen, dagegen grundsätzlich nicht für Anerbensachen und Arbeitssachen, zugelassen werden. Andererseits wurden auch wiederholt Bedenken gegen die Geschäftsverteilung nach Bezirken vorgetragen. So wurde betont, dass sie die Güte der Rechtsprechung gefährde, weil ein gesundes Spezialistentum erforderlich sei. Sie führe auch zu technischen Schwierigkeiten, weil die eine Häufung der Sitzungen bedinge und die Auslastung der einzelnen Richterkräfte erschwere (Bamberg, Bayreuth, Schweinfurt und Würzburg).

3. Besetzung des Gerichts

Das Gericht erster Instanz soll in Zivilsachen regelmäßig mit *einem* Richter besetzt sein. Verschiedentlich wurde vorgeschlagen, der Richter müsse die Sache wegen ihrer besonderen Schwierigkeit oder Bedeutung an ein Kollegium abgeben können, andererseits auch, dass für gewisse Sachen das Kollegium die Regel sei, der Vorsitzer aber die Entscheidung durch den Einzelrichter solle anordnen können (LG-Präs. Drescher, Hof, Oberamtsrichter Dr. Stübing, Selb, LG-Räte Dr. Iftner und Neumann, Würzburg, LG-Präs. Pfluegl, LG-Dir. Schiller und Ruppert, Schweinfurt). In Strafsachen soll in erster Instanz im allgemeinen *ein* Berufsrichter entscheiden, während in schweren Sachen, in denen es „um Leben und Tod“ geht, das Gericht mit mehreren, etwa drei, Berufsrichtern besetzt sein soll. Die Rechtsmittelgerichte sollen stets durch ein Kollegium entscheiden.

In der Frage der *Laienbeteiligung* gingen die Ansichten der befragten Richter etwas auseinander. Im allgemeinen waren sie der Überzeugung, dass die Mitwirkung von Laien die Güte der Rechtsprechung nicht fördere. In Zivilsachen könne sie aber da von Wert sein, wo es sich um ganz bestimmte Sachgebiete handle, auf denen der Laie besondere Sachkunde besitze. Als derartige Sachgebiete wurden insbesondere die Handelssachen, die Angelegenheiten des gewerblichen Rechtsschutzes, Anerbensachen und Erbgesundheitssachen bezeichnet. In Strafsachen trat die Mehrzahl für Laienmitwirkung in der schweren Kriminalität ein. Sie sei dort zweckmäßig, weil sie einmal einem gewissen Streben des Volkes nach Mitwirkung in der Rechtspflege Rechnung trage und zum anderen auch geeignet sei, die Autorität des Urteilsspruches zu erhöhen. Völlig ablehnend sprachen sich LG-Präs. Schneider, Bamberg, LG-Dir. Kircher, Coburg und OLG-Rat Dr. Schlund, ferner für Strafsachen die Richter des LG Aschaffenburg, sowie LG-Präs. Pfluegl und LG-Präs. Ditel aus.

Im allgemeinen wurde es für zweckmäßig gehalten, dass die etwaige Mitwirkung von Laien von Fall zu Fall durch den Richter angeordnet werde, während insbesondere OLG-Präs. Dürig der Ansicht war, dass eine feste Regelung am Platze sei.

4. Richtergehilfen

Die Mitwirkung sogenannter Richtergehilfen wurde von den Herren begrüßt. Sie betonten aber, dass sie sich davon keine Entlastung des Gerichts versprächen, sondern, da der Richtergehilfe im allgemeinen noch Lernender sei, die Einrichtung lediglich im Ausbildungsinteresse für zweckmäßig hielten. Von einzelnen Herren wurden Zweifel geäußert, ob die Assessoren geneigt sein würden, sich in die nachgeordnete Stellung eines Richtergehilfen einzufügen. Sie dürften als solche daher nur am Anfang ihrer Laufbahn beschäftigt werden. LG-Rat Dr. Iftner regte die Prüfung der Frage an, ob dem Richtergehilfen einzelne Sachen nach Weisung des Richters zur selbständigen Erledigung übertragen werden können.

5. Abstimmungsgrundsatz oder Führerprinzip

Ausnahmslos wurde das Abstimmungsprinzip für richtig gehalten und zwar sowohl für die Berufsrichter wie auch für Laien. Es sei lediglich, so wurde verschiedentlich betont, erforderlich, dass eine Überstimmung der Berufsrichter durch die Laien ausgeschlossen werde (namentlich Bamberg, Coburg und Würzburg).

6. Anwaltszwang

Im allgemeinen wurde anerkannt, dass es möglich sei, den starren Anwaltszwang durch eine Anordnung des Gerichts von Fall zu Fall zu ersetzen. Von verschiedenen Seiten wurden aber Bedenken gegen eine solche Regelung geäußert. So wurde vor allem angeführt, dass das Gericht dadurch vor eine äußerst schwierige Frage gestellt werde und nur zu leicht Mißdeutungen ausgesetzt sei. („anwaltsfreundliche" und „anwaltsfeindliche" Richter). Es sei auch zu befürchten, dass die Praxis der einzelnen Gerichte sehr unterschiedlich sei (OLG-Präs. Dr. Dürig, LG Bayreuth, LG Würzburg). Soweit die elastische Regelung abgelehnt wurde, hielt man die Aufrechterhaltung des Anwaltszwanges nach einem bestimmten Katalog, in vermögensrechtlichen Angelegenheiten nach dem Streitwert, für möglich.

7. Justizverwaltung

Die Dienstaufsicht über das Eingangsgericht, und zwar auch über die Richter, soll nach allgemeiner Auffassung dem Vorstand des Eingangsgerichts obliegen. Die LG-Präsidenten von Aschaffenburg, Bamberg und Coburg äußerten zunächst Bedenken dagegen, dass der Vorstand des Eingangsgerichts auch die Dienstaufsicht über die Richter ausüben solle. Sie befürchten, dass daraus namentlich bei kleineren Gerichten Schwierigkeiten und Reibungen entstehen könnten. Im Verlauf der Aussprache ließen sie diese Bedenken fallen. Eine reine Verwaltungs-Zwischeninstanz zwischen dem Vorstand des Eingangsgerichts und dem Präsidenten des Obergerichts wurde ausnahmslos abgelehnt und als überflüssig, wenn nicht schädlich bezeichnet.

8. Rechtsmittelzug

Für *Zivilsachen* wurde im allgemeinen eine zweite Tatsacheninstanz in etwa dem jetzigen Umfang und gegen die Berufungsentscheidungen die Revision gewünscht. Regelmäßig wurde eine besondere Zulassung des Rechtsmittels für zweckmäßig gehalten. Dabei ging die Meinung der Mehrheit dahin, dass die Zulassung durch den judex ad quem ausgesprochen werden solle. Werde sie dem judex a quo übertragen, so sei mit einer ungesunden Häufung (!) der Zulassungen zu rechnen. LG-Präs. Dietel glaubte, dass die Zulassung der Berufung durch den judex ad quem die Zulassung der Revision durch den judex ad quo zweckmäßig sei. Vizepräsident Stammler erkannte an, dass die Zulassung durch den judex ad quem nur geringe Arbeitsersparnisse gegenüber der unbeschränkten Zulässigkeit des Rechtsmittelzuges bringe. Dr. Stübig schlug vor, dass die Zulässigkeit des Rechtsmittels in vermögensrechtlichen Angelegenheiten von der wirtschaftlichen Bedeutung der Sache für die Partei (Verhältnis zwischen dem Streit- oder Beschwerdewert zum steuerpflichtigen Einkommen) abhängen solle. OLG-Präs. Dr. Dürig hielt die Abgrenzung nach dem Streitwert nach wie vor für die glücklichste Lösung. Verschiedentlich wurde angeregt, beide Systeme derart miteinander zu verbinden, dass die Rechtsmittel in gewissen Sachen stets in den anderen nur aufgrund ausdrücklicher Zulassung gegeben sein sollten.

Für Strafsachen wurde im allgemeinen die Berufung gegen Entscheidungen des Einzelrichters, die Revision gegen Entscheidungen des Kollegialgerichts vorgeschlagen. Die Revision solle gegenüber dem jetzigen Recht aufgelockert werden.

In Aschaffenburg wurde angeregt, dass alle Rechtsmittel einheitlich als Beschwerde bezeichnet werden sollten.

II. Fragen zur Stellung des künftigen Richters

1. Vertrauenskrise. Dass eine „Vertrauenskrise" der Justiz bestehe, wurde durchweg verneint, soweit das Vertrauen des *Volkes* zur Rechtspflege in Betracht komme. Das Volk in seiner Gesamtheit habe Vertrauen zur Rechtsprechung der Gerichte. Das gelte besonders für das flache Land und die kleineren Städte. Aber auch in Großstädten könne keinesfalls von einem Mißtrauen gesprochen werden, wenn Beweise positiven Vertrauens, wie sie sich auf dem Lande fänden, hier auch regelmäßig fehlten. Die Allgemeinheit habe von der sogenannten Vertrauenskrise erst durch die vielfachen Erörterungen in Fachkreisen erfahren. Wo gelegentlich andere Verhältnisse beständen, seien sie künstlich hervorgerufen, insbesondere

durch ungerechtfertigte Angriffe seitens politischer Stellen, in der Presse, Film und Theater. Die Gerichte seien nicht in der Lage, sich dieser Angriffe selbst zu erwehren, die infolgedessen stellenweise Einfluß auf die allgemeine Meinungsbildung gewännen. Dazu komme noch, dass gelegentlich auch die Befürchtung bestehe, außerhalb der Justiz stehende Machtfaktoren, namentlich die Partei, seien in der Lage, Einfluß auf die Entscheidungen der Gerichte zu nehmen.

2. Verhältnis der Rechtspflege zur Partei und zu anderen Behörden. Die Stellung der Justiz gegenüber der Partei wurde im Oberlandesgerichtsbezirk Bamberg im allgemeinen als schwach bezeichnet. So ist aber nach den meisten Darstellungen auch die Stellung der anderen Behörden. Zwischen diesen und den Organen der Rechtspflege bestehen gute Verhältnisse, ohne dass die Rechtspflege allerdings überall das wünschenswerte Ansehen genösse. Das liegt zum Teil daran, dass die allgemeinen Lebensverhältnisse des Richters zu eng seien.

3. „Weltfremdheit" der Richter. Dass der Richter den Vorwurf der Weltfremdheit verdiene, wurde allgemein verneint. Der Richterstand rekrutiere sich aus allen Bevölkerungskreisen und wahre nach Möglichkeit den Zusammenhalt mit der Umwelt. Weltfremde Menschen fänden sich in ihm seltener als in anderen Berufen, die durchweg viel einseitiger zusammengesetzt und auch enger in ihrer Betätigung seien. Allerdings sei es wünschenswert, dass dem Richter auch ein entsprechendes Gehalt und zeitlich mehr Gelegenheit zur Fortbildung in den in Betracht kommenden Wissenszweigen gegeben werde, als das jetzt der Fall sei.

4. Bindung an das Gesetz. Die Bindung des Richters an das Gesetz wurde ausnahmslos für erforderlich gehalten. Fälle, in denen diese Bindung zu unerträglichen Ergebnissen geführt hätte, sind nicht beobachtet worden. Die Generalklauseln der Gesetze und § 2 StGB genügen nach allgemeiner Auffassung, um stets eine sachentsprechende Entscheidung zu ermöglichen. Wünschenswert sei es, wenn den Gerichten in weiterem Umfange als jetzt die Befugnis zu *rechtgestaltenden Entscheidungen* gegeben werde, wobei aber eine genaue und feste Abgrenzung der gesetzlichen Voraussetzungen erforderlich sei. Von einer allgemeinen Auflockerung der Bindung an das Gesetz müsse dagegen entschieden abgeraten werden. Sie mache die wünschenswerte Einheitlichkeit der Rechtsprechung unmöglich und führe praktisch zu Willkürentscheidungen.

5. Lenkung der Rechtspflege. Die Lenkung der Rechtspflege wird im Oberlandesgerichtsbezirk Bamberg in der üblichen Form, aber mit großer Zurückhaltung geübt. Zu den Vorbesprechungen beim Oberlandesgerichtspräsidenten wird die Ansicht der Richter über die zu fällenden Entscheidungen nicht eingeholt, sondern es wird dort nur der voraussichtliche Antrag des Staatsanwalts vorgelegt und geprüft, über den der Staatsanwalt allerdings in aller Regel vorher mit dem Gericht Fühlung genommen hat. Auch sonst wird alles vermieden, was in dem Richter das Gefühl erwecken könnte, dass er zu einer bestimmten Entscheidung angewiesen werden solle. In dieser Form sei die Lenkung, so wurde ausgeführt, jedenfalls nicht zu entbehren und auch unbedenklich. Mit wenigen Ausnahmen werde das auch von den Richtern anerkannt, die in der Lenkung im allgemeinen eine Art kollegialer Beratung sähen.

Mißlich sei es, dass der Staatsanwalt an den ihm erteilten Weisungen oft ohne Rücksicht auf das Ergebnis der Verhandlung stur festhalte.

6. Mindestalter für die Anstellung als Richter. Im allgemeinen wurde die Ansicht vertreten, dass der Richter zweckmäßig erst in einem Alter von 30 bis 32 Jahren berufen werden solle. Gegen die Festsetzung einer bindenden Altersgrenze bestanden aber vielfach Bedenken. Die Festsetzung wurde als „liberalistisch" bezeichnet, es wurde auch darauf hingewiesen, dass es mißlich sei, wenn die Verwaltung unnötigen Bindungen unterworfen sei. Diese Bedenken wurden aber für den Fall zurückgestellt, dass die Bindung geeignet sei, die Stellung des Richters als erhöht verantwortlich gegenüber den eigentlichen Beamten hervorzuheben.

7. Lebensschule. Im Anschluß an die frühere bayerische Regelung wurde fast ausnahmslos (anders LG-Präs. Dietel, Würzburg) die sofortige Verwendung des Assessors als Richter abgelehnt. Es wurde geltend gemacht, dass der Richter einer Reife und Erfahrung bedürfe, die er sich in aller Regel erst in einem gewissen Alter und nach Erfahrungen im Berufsleben erworben haben könne. Es sei daher erwünscht, aber auch erforderlich, dass der Assessor vor seiner Berufung zum Richter in anderer Form beschäftigt werde. In Betracht komme neben der weiteren Ausbildung bei den Gerichten („Richtergehilfe", „Rechtskonzipient" des früheren bayerischen Rechts) vor allem die Beschäftigung als Anwalt. Dort könne der angehende Richter wertvollste, in seinem künftigen Beruf praktisch zu verwendende Erfahrungen, namentlich Menschenkenntnis, sammeln und lernen, wie sich der Prozeß vom Standpunkt der Partei ausnehme und auswirke. Die Tätigkeit in anderen Berufen (Verwaltung, Wirtschaft) möge auch in gewisser Hinsicht von Wert sein, bringe aber auch große Gefahren mit sich. Vor allem werde das dort erworbene Spezialwissen für die spätere richterliche Tätigkeit wenig ergiebig und die Art der Berufstätigkeit in ihren Auswirkungen auf die vom Richter verlangte innere Haltung sogar oft geradezu schädlich sein. Jede Tätigkeit außerhalb der Justiz sei außerdem geeignet, gerade die tüchtigen Kräfte dort zu binden und so der Justiz zu entziehen. Das gelte besonders bei der jetzigen wenig angesehenen und allen beamtenmäßigen Bindungen unterworfenen Stellung des Richters. Nicht zu übersehen sei auch, dass die Berufung zum Richter häufig erst möglich sein werde, wenn die betr. Rechtswahrer bereits irgendwo seßhaft geworden seien. Sie würden dann in aller Regel keine Neigung mehr zu einem Ortswechsel haben und es vorziehen, in ihrem augenblicklichen Beruf zu bleiben, wenn ihre Ernennung zum Richter eine Umsiedlung erfordere. Der junge Mensch werde auch den Richterberuf oft ablehnen, wenn er in anderen Verwaltungen schneller zu eigenverantwortlicher, materiell entsprechend ausgestatteter Tätigkeit kommen könne. Landgerichtsrat Dr. Iftner, Würzburg, trug vor, dass diese und ähnliche Bedenken ihm gerade aus Kreisen des Rechtswahrernachwuchses zugänglich gemacht worden seien. Er regte im übrigen an, den Assessor in der Zeit zwischen den Examen und der Berufung zum Richter vor allem als Staatsanwalt zu verwenden, dessen Stellung und Tätigkeit als Vorstufe und Schulung für den künftigen Richter besonders geeignet seien.

8. Entnahme des Richters aus anderen Berufen. Dass in Einzelfällen auch besonders geeignete Persönlichkeiten aus anderen Berufskreisen zum Richter berufen werden können, wurde nicht abgelehnt. Im allgemeinen wurde aber bezweifelt, dass es – von ganz besonderen Ausnahmen abgesehen – möglich sein werde, auf diesem Wege brauchbare Richter zu gewinnen. Die wirklich tüchtigen Menschen würden nicht kommen, mit den übrigen sei wenig anzufangen. Ganz entschieden wurde davon abgeraten, häufiger und regelmäßig Richter auf diesem Wege zu berufen. Die Folge werde sonst sein, dass sich niemand mehr bereit finden werde, „von der Pike auf" in der Justiz zu dienen. Auf den justizeigenen Richternachwuchs könne aber nicht verzichtet werden, zumal sehr zweifelhaft sei, ob die länger in anderen Berufen tätig gewesenen Rechtswahrer sich das für den Richter erforderliche Fachwissen und die bei ihm unerläßliche innere Haltung und Einstellung bewahrt hätten. Die günstigen Folgen der Berufung solcher Rechtswahrer für die Justiz würden im allgemeinen überschätzt.

9. Amtsbezeichnung. Der Ratstitel werde allgemein als überflüssig oder sogar unerwünscht bezeichnet. Im allgemeinen wurde die Amtsbezeichnung „Richter bei dem und dem Gericht" für zweckmäßig gehalten, vereinzelt auch einfach die Bezeichnung „Richter". Die Amtsvorstände und Vorsitzenden von Kollegialgerichten sollen nach allgemeiner Auffassung durch eine entsprechende Amtsbezeichnung hervorgehoben werden. Vizepräsident Sammler, Bamberg, äußerte Zweifel, ob die Anrede mit der Amtsbezeichnung überhaupt noch zeitgemäß sei.

10. Besoldungs- und rangmäßige Stellung. Die besoldungsmäßige Heraushebung der Oberrichter, Reichsrichter, Gerichtsvorstände usw. wurde als zweckmäßig anerkannt, hinsichtlich der Oberrichter allerdings vereinzelt nur unter gewissen Bedenken.

Gegenüber der Schaffung von Beförderungsstellen innerhalb desselben Gerichts bestand Neigung zur Zurückhaltung. Derartige Beförderungsstellen sollen nur da in Betracht kommen, wo entsprechende Funktionen mit ihnen verbunden sind (Gerichtsvorstand, Vertreter des Vorstandes, Kammer- oder Senatsvorsitzender usw.); s. dazu auch Nr. 11.

11. Wechsel zwischen der Tätigkeit bei Eingangs- und beim Rechtsmittelgericht. Richter beim Obergericht darf nach allgemeiner Auffassung nur werden, wer vorher beim Eingangsgericht tätig gewesen ist, Richter beim Reichsgericht nur ein früherer Richter beim Obergericht. Eine spätere Verwendung des Rechtsmittelrichters beim Eingangsgericht unterlag keinen Bedenken (anderer Ansicht LG-Präs. Drescher, Hof). Voraussetzung dafür wäre, dass den Oberrichterstellen gleichgestellte Beförderungsstellen auch beim Eingangsgericht vorhanden sind.

12. Amtstracht, Uniform. Eine Richteruniform, die bei allen dienstlichen Anlässen außerhalb der Sitzung zu tragen sei, wurde als erwünscht bezeichnet. Sie sei geeignet, das Ansehen des Richters nach außen zu heben. Für die Behördenvorstände sei sie nahezu unerläßlich. Ihr Fehlen führe jetzt oft zu größten Unzuträglichkeiten. Durch Parteiuniformen könne sie nicht ersetzt werden. In der Sitzung solle es bei der jetzigen Amtstracht bleiben, die dem Richter angemessen und im Volksbewußtsein verwurzelt sei. Bedenken gegen die Beibehaltung der Richterrobe wurden vom Vizepräsidenten Stammler, Bamberg, LG-Präs. Wertsch, Aschaffenburg, und auch vom

LG-Präs. Dietel, Würzburg, geäußert. LG-Präs. Wertsch wies darauf hin, dass der Richter an seiner Amtstracht etwaige Kriegsauszeichnungen müsse tragen können.

13. Richterkorps. Ansätze zur Bildung eines Richterkorps, vergleichbar dem Offizierkorps oder dem Parteiführerkorps, sind im Bamberger Bezirk nicht festzustellen. Verschiedentlich wurden Bedenken geäußert, ob seine Bildung erstrebenswert sei (OLG-Präs. Dr. Dürig, LG-Präs. Schneider, Bamberg, LG-Präs. Göpfert, Coburg). In dieser Hinsicht wurde geltend gemacht, dass der „Korpsgeist" zwangsläufig zu einer gewissen Abschließung führe und einseitig mache, der Richter aber allgemein bewandert und mit allen Volksschichten möglichst verbunden sein solle. Die geistige und haltungsmäßige Einheitlichkeit und Gleichförmigkeit, die dem Korpsgedanken entspräche, sei auch deshalb unerwünscht, weil erfahrungsgemäß gerade die persönlich stark und eigenartig entwickelten Richter am meisten Anklang beim rechtsuchenden Publikum fänden. Landgerichtsdirektor Kircher, Coburg, warf die Frage auf, welche äußere Haltung denn eigentlich der vom Richter geforderten inneren Haltung entsprechen solle; in der Übereinstimmung zwischen äußerer und innerer Haltung aber liege das eigentliche Wesen der Korpsbildung.

Auch hinsichtlich der Frage, ob es überhaupt praktisch möglich sei, ein Richterkorps zu bilden, bestanden durchweg erhebliche Zweifel. Sie erstreckten sich z.B. auf die Frage, ob und in welchem Umfange es möglich sein werde, auf gereifte Persönlichkeiten, die für die Berufung zum Richter allein in Betracht kämen, erzieherisch einzuwirken, wie es die Bildung eines Richterkorps aber letztlich voraussehe. Die damit notwendig verbundene Beschränkung der persönlichen Freiheit werde abschreckend auf den Nachwuchs wirken und auch dem älteren Richter die sowieso schon geringe Berufsfreude noch mehr nehmen. In jedem Fall erfordere die Bildung eines Richterkorps viel Zeit. Als Mittel zu ihr kämen etwa in Betracht: Der gesellschaftliche Zusammenschluß der Richter; ihre Zusammenfassung zu Tagungen und Lehrgängen; namentlich die ideelle Hebung des Richterstandes und sowohl in ihm selbst wie in der Volksgemeinschaft die Vertiefung der Überzeugung von seiner Notwendigkeit und seinem Werte. Dazu gehöre wieder eine entsprechende materielle Stellung des Richters und vor allem die Pflege und Entwicklung der Erkenntnis, dass nur der Richter berufen sei, über die höchsten Güter wie Leben und Tod, Ehre und Freiheit zu entscheiden.

Böhmisch-Leipa, den 2 November 1943 gez. Bälz – Fechner

II. Bericht über den Besuch des OLG-Bezirks Breslau (18.-23.11.1943)

Vom 18. Bis zum 23. November 1943 ist der Bezirk des Oberlandesgerichts Breslau von Ministerialdirigent Bälz und Oberregierungsrat Dr. Vogel bereist worden. Vom OLG Breslau hat OLG-Rat Dr. Theuner an der Fahrt nach Glogau am 20. November 1943 und OLG-Rat Dr. Eggel an den Besprechungen in Glatz, Hirschberg und Schweidnitz am 22. und 23. November 1943 teilgenommen.

Am 19. November 1943 hat im OLG-Bezirk Breslau mit dem OLG-Präsidenten eine eingehende Besprechung der für das Amt in Betracht kommenden Fragen stattgefunden. Anschließend daran hat unter Hinzuziehung der Land- und Amtsgerichtspräsidenten sowie anderer Herren aus dem OLG, dem LG und dem AG Breslau eine Besprechung stattgefunden, zu der außerdem Richter aus dem LG Brieg und den Amtsgerichten Neumark und Strehlen hinzugezogen worden sind.

Im einzelnen haben folgende Sitzungen stattgefunden, an denen außer den Mitgliedern des Amtes teilgenommen haben:

1. *Am 19. November 1943 vormittags im OLG Breslau:* OLG-Präs. Jung, SenPräs. Schneider, SenPräs. Winkler, OLG-Rat Dr. Theuner, OLG-Rat Dr. Eggel, sämtlich OLG Breslau; LG-Präs. Dr. Soehngen, LG-Dir. Brunn, LG-Dir. Dr. Schönfeld, LG-Rat Nolte, LG Breslau; AG-Präs. Gröhe, AG-Dir. Fortong, AG Breslau; AG-Rat Sauer, AG Neumark; AG-Dir. Kretschmer, LG-Rat Ahlich, LG Brieg; Oberamtsrichter Pohl, AG Strehlen.

Nur an einem Teil der Sitzung hat LG-Dir. Weber vom LG Breslau teilgenommen.

2. *Am 19. November nachmittags in Oels:* OLG-Rat Dr. Eggel, LG-Rat Dr. Hirsch, OLG Breslau; LG-Präs. Leske, AG-Rat Dr. Nixdorf, LG Oels; Oberamtsrichter Dr. Schultz, AG Trebnitz; AG-Rat Dr. Beile, AG Militsch; Oberamtsrichter Woller, AG Oels; AG-Rat Partheil, AG Nanslau.

3. *Am 20. November 1943 in Glogau:* OLG-Rat Dr. Theuner, OLG Breslau; LG-Präs. Jüngst, LG-Dir. Dr. Klein, LG-Dir. Dr. Hennig, LG Glogau; AG-Rat Weiler, AG Halbau; AG-Rat Granz, AG Guhrau; Oberamtsrichter Stein, AG Sagam; AG-Dir. Dr. Kluge, AG Glogau, *am 22. November vormittags in Glatz:* OLG-Rat Dr. Eggel, OLG Breslau; LG-Präs. Hennerici, LG-Dir. Dr. Göbel, LG-Rat Dr. Möllmann, LG Glatz; Oberamtsrichter Gierich, AG Glatz; AG-Rat Ruscheweyh, AG Neurode; AG-Rat Gollos, AG Habelschwerdt;

am 22. November nachmittags in Hirschberg: OLG-Rat Dr. Eggel, OLG Breslau; LG-Präs. Dr. Tzschaschel, LG-Dir. Hoffmann; LG Hirschberg; AG-Rat Roquette, AG Schmiedeberg; AG-Dir. Olawski, AG-Rat Dr. Kutzner, AG Hirschberg; LG-Rat Dalichau, AG Löwenberg; AG-Rat Dr. Wilm, AG Hermsdorf;

am 23. November vormittags in Hirschberg (Fortsetzung): Die selben Teilnehmer wie am Tage vorher;

am 23. November nachmittags in Schweidnitz: OLG-Rat Dr. Eggel, OLG Breslau; LG-Präs. Dr. Merle, LG-Dir. Beer, LG-Rat Dehmel, LG Schweidnitz; Oberamtsrichter Dr. Felsmann, AG Reichenbach (Eulengeb.); AG-Dir. Seeliger, AG Waldenburg; AG-Rat Kottmann, AG Wüstegiersdorf.

In den Besprechungen sind die beiden großen Fragenkomplexe, die das Amt beschäftigen, nämlich die Neuordnung der Gerichtsverfassung und die zukünftige Richterstellung erörtert worden. Die Besprechungen wurden unter Zugrundelegung der von dem Amt ausgearbeiteten und vorher bekanntgegebenen Fragebogen durchgeführt. Sowohl der Fragebogen als auch das eingeschlagene Verfahren haben sich bewährt. Die Erörterungen haben erwiesen, dass die befragten Richter durch die vorher schriftlich gestellten Fragen auf die wesentlichen Gesichtspunkte hingeführt und zur selbständigen geistigen Mitarbeit angeregt worden waren. Von dem OLG-Präsidenten war der Fragebogen auch allen besuchten Landgerichtspräsidenten so rechtzeitig zugeleitet worden, dass die zu den Besprechungen herangezogenen Richter, die von ihren Behördenleitern ihrerseits Abschriften des Fragebogens erhalten hatten, genügend Zeit zur Vorbereitung auf die Besprechung gefunden hatten. Zum Teil hatten die LG-Präsidenten auch schon mit ihren Richtern Vorbesprechungen abgehalten. Das Ergebnis war fast überall eine starke Anteilnahme an den aufgeworfenen Fragen, die in manchmal recht lebhafter Diskussion und mit zum Teil erfreulich selbständiger Stellungnahme behandelt wurden.

Die Notwendigkeit, auf die wenig zahlreichen und ungünstigen Verkehrsmöglichkeiten Rücksicht zu nehmen, zwangen leider mehrfach dazu, die Erörterungen auf große Linien zu beschränken und von der wünschenswerten Vertiefung abzusehen.

Infolge Erkrankung von MinDirig. Bälz mußte die Reise nach der Besprechung in Schweidnitz abgebrochen und der Besuch der Landgerichte Liegnitz und Görlitz abgesagt werden.

I. Zur künftigen Gerichtsorganisation:

Der Bezirk des OLG Breslau umfaßt die Provinz Niederschlesien und einen Teil des Landkreises Sorau (Lausitz) aus der Provinz Mark Brandenburg. In dem Bezirk werden 3.289.165 Gerichtseingesessene betreut.

Der OLG-Bezirk ist in 9 LG-Bezirke, nämlich Breslau, Brieg, Glatz, Glogau, Görlitz, Hirschberg, Liegnitz, Oels und Schweidnitz aufgeteilt. Diese Bezirke sind in 85 Amtsgerichte untergliedert.

Die Amtsgerichte befinden sich durchweg in der Kreisstadt. Ganz ist dieser Gedanke aber nicht durchführbar gewesen. Abweichungen waren vor allem bedingt durch den zum Teil bergigen Charakter der Landschaft, durch den die Verkehrsverhältnisse maßgeblich beeinflußt werden.

Unter Berücksichtigung der von dem Amt bekanntgegebenen Richtlinien und nach eingehender Besprechung im OLG Breslau ist für die zukünftigen Eingangsgerichte im OLG-Bezirk folgende Aufteilung vorgeschlagen worden:

I. Im bisherigen LG-Bezirk Breslau: Breslau, Neumarkt, Wohlau
II. LG-Bezirk Brieg: Brieg, Ohlau, Strehlen
III. LGBez. Glatz: Glatz, Bad Reinerz, Neurode, Habelschwerdt, Bad Landeck, Frankenstein, Münsterberg
IV. LGBez. Glogau: Glogau, Fraustadt, Guhrau, Grünberg, Neusalz, Sagan, Sprottau

V. LGBez. Görlitz: Görlitz, Lauban, Rothenburg oder Niesky, Weißwasser, Hoyerswerda
VI. LGBez. Hirschberg; Hirschberg, Hermsdorf, Schmiedeberg, Landeshut, Löwenberg, Greiffenberg
VII. LGBez. Liegnitz: Liegnitz, Lüben, Jauer, Goldberg, Haynau, Bunzlau
VIII. LGBez. Oels: Oels, Namslau, Trebnitz, Militsch, Gr. Wartenberg oder Festenberg
IX. LG-Bezirk Schweidnitz: Schweidnitz, Striegau, Waldenburg, Zobten

II. Zu den Einzelfragen der zukünftigen Gerichtsorganisation ist folgendes Ergebnis der Besprechungen festzuhalten:

1. Ob ein drei- oder viergliedriger Gerichtsaufbau zukünftig zugrunde zu legen ist, ist nicht einheitlich beantwortet worden. OLG-Präsident Dr. Jung setzte sich sehr für die *Vier*gliederung ein. Zur Begründung wies er darauf hin, dass die Justiz nur einen Rückhalt im Volke gewinnen werde, wenn sie auf dem Amtsgericht der bisherigen Art aufbaue. Die Zusammenfassung eines größeren Bezirkes zu einem Kreisgericht sei nicht richtig. Die jetzt vorgesehenen Reisen würden voraussichtlich doch bald unterbleiben. Daher sei ein Amtsgericht vorzuziehen, das allerdings nicht zu klein sein dürfe, ein Bezirk mit etwa 25.000–30.000 Einwohnern sei möglich. Wenn über dieses Amtsgericht unmittelbar das Obergericht gestellt würde, so wäre dies zu sehr belastet und auch zu weit von den Rechtsuchenden entfernt. Die Zwischenschaltung anderer Stellen sei daher notwendig. Für diese Zwischenstellen spreche weiter die Notwendigkeit, in bestimmten Sachen *Kollegial*gerichte beizubehalten. Kammern seien sowohl in Zivil- als auch in Strafsachen nicht zu entbehren. Vor allem müßten in wirtschaftlich schwierigen Sachen Kollegialgerichte entscheiden können. Auch in größeren Strafsachen müßten diese bestehen bleiben.

In der Besprechung im OLG schloß sich die Mehrzahl der befragten Richter im wesentlichen dieser Auffassung an. Die Gründe waren durchweg die gleichen wie sie von dem Chefpräsidenten angeführt worden waren. Es wurde jedoch hervorgehoben, dass die Frage der Drei- oder Viergliederung auch wesentlich beeinflußt wird durch die Auswahl der zukünftigen Richter. Außerdem ist darauf hingewiesen worden, wie sehr sich das Volk gegen die Aufhebung der kleinen Amtsgerichte gewandt habe und wie sehr es an seinem örtlichen Richter hänge. Der Chefpräsident gebrauchte den Ausdruck, dass der grüne Ast der Justiz abgesägt würde, wenn das Amtsgericht in seiner jetzigen Form verschwinden würde.

In den Besprechungen in den LG-Bezirken war die Auffassung zur Drei- oder Viergliederung der Gerichte nicht so einheitlich wie in Breslau selbst. Von dem LG-Präs. in *Oels* ist die Auffassung vertreten worden, dass eine *Drei*gliederung wünschenswert sei. Er wies jedoch darauf hin, dass auch das Amtsgericht außerordentlich wichtige Funktionen der Rechtspflege zu erfüllen hat. In seinem LG-Bezirk bezeichnete der LG-Präs. einen Bezirk mit 50.000–100.000 Gerichtseingesessenen als undurchführbar. Er schlug vor, mit Rücksicht auf die Verkehrsverhältnisse des

Bezirkes Eingangsgerichte mit etwa 20.000–30.000 Gerichtseingesessenen zu schaffen und das Gericht mit 4–5 Richtern zu besetzen.

In dem *LG-Bezirk Glogau* ist die *Drei*gliederung grundsätzlich begrüßt worden. Es ist jedoch auch in diesem Bezirk auf die schlechten Verkehrsverhältnisse hingewiesen worden. Diese verbieten Bezirke mit 80.000–100.000 Gerichtseingesessenen. So müßte z.B. in dem jetzigen Bezirk des AG Halbau ein Eingangsgericht mit etwa 20.000 Gerichtseingesessenen geschaffen werden. Die Zwerggerichte müßten verschwinden. Der Bezirk des LG Glogau kann nach der Ansicht des LG-Präs. in 5 Bezirke aufgeteilt werden: Glogau, Grünberg, Neusalz, Sagan, Steinau. Neben diesen Gerichten seien Zweigstellen nicht mehr nötig. Nur müßten an einigen Orten Gerichtstage abgehalten werden. Die vorgeschlagene Neueinteilung deckt sich nicht mit der jetzigen Kreiseinteilung. Nach Ansicht des LG-Präs. ist eine Gleichschaltung der Gerichtsbezirke mit den Kreisen auch nicht durchführbar. Dieser Auffassung ist der LG-Präs. gewesen trotz seiner grundsätzlichen Einstellung, dass es erwünscht ist, die Eingangsgerichte in einer Kreisstadt zu errichten. Lediglich die Verkehrs- und Wirtschaftsverhältnisse, die in seinem Bezirk zu berücksichtigen sind, haben seinen abweichenden Vorschlag veranlaßt.

In dem *LG-Bezirk Glatz* ging die Meinung über die Drei- oder Viergliederung hin und her. Als Ergebnis einer sehr eingehenden und angeregten Besprechung wurde zusammengefaßt, dass die *Vier*gliederung der Grundsatz bleiben müßte und dass die *Drei*gliederung so viele Ausnahmen verlangte, dass sie nicht mehr berechtigt erscheine. Die Begründung für diese Ansicht wurde darin gesehen, dass auf jeden Fall gefordert werden müßte, dass der Richter selbst an dem Schwerpunkt seiner Tätigkeit sitzen müßte. Der Rechtspfleger hätte dem Richter schon viel genommen, es dürfe nicht der Zustand entstehen, dass er sich vollständig zwischen das Volk und den Richter schiebe. Ein einheitliches Eingangsgericht sei nötig, doch müsse es wohl als ein Rückschritt angesehen werden, wenn alle Eingangsgerichte mit den gleichen Funktionen ausgestattet würden. Jetzt seien schon einzelne Amtsgerichte vor den übrigen herausgehoben, z.B. sei die Gerichtskasse schon für mehrere Amtsgerichte zusammengefaßt. Auch für schwere Strafsachen und bedeutende Zivilsachen, die Kammerentscheidungen erforderten, sei die Zusammenfassung bei einem Gericht zweckmäßig. Dem Vorstand dieses gehobenen Eingangsgerichts könnte auch die Dienstaufsicht über die anderen Eingangsgerichte mit anvertraut werden. Die Gerichtsbezirke deckten sich im LG-Bezirk Glatz im wesentlichen mit den Kreisen. Lediglich bei dem Kreis Strehlen sei eine Abweichung vorhanden. Schwierigkeiten mache Landeck, das verkehrsmäßig zu Glatz gehöre, aber zum Kreise Habelschwerdt zähle.

Ergebnis der Besprechung im *LG Hirschberg* war, dass die *Drei*gliederung als nicht zwingend, aber durchführbar angesehen worden ist. Aber auch diese Auffassung ist nicht einheitlich gewesen. Ein Richter vertrat mit aller Entschiedenheit die Ansicht, dass die Unmittelbarkeit der Rechtspflege, die beim kleinen Amtsgericht gewährleistet ist und der bei diesen Gerichten uneingeschränkt durchzuführende Grundsatz des mündlichen Verfahrens zu wichtig ist, als dass er der Dreigliederung zum Opfer gebracht werden kann. Die praktische Durchführung der Dreigliederung in dem LG-Bezirk Hirschberg wird gewisse Schwierigkeiten zu überwinden haben. So begegnet die Aufgliederung des Bezirks Landeshut Schwierigkeiten. Der Kreis wird hierbei in Mitleidenschaft gezogen werden.

In der Besprechung in *Schweidnitz* entschieden sich die Richter für die *Drei*gliederung. Hier wurde die Auffassung vertreten, dass unter Berücksichtigung der örtlichen Verhältnisse dieses Bezirks die Amtsgerichte, die mindestens 12.000 Gerichtseingesessene betreuen, bestehen bleiben müßten. Der LG-Präs. entwickelte den Plan, dass die Eingangsgerichte in Gruppen zusamenngefaßt werden müßten. Wenn Kammern notwendig wären, und dies sei in den wichtigeren Sachen unvermeidbar, so müsse der Richter des Eingangsgerichts Referent in der Kammer sein, der die Sache an die Kammer gebracht hat.

Die Aufteilung des Bezirks in Anlehnung an die politische Gliederung ist schwierig. Z.B. ist Striegau nicht Kreisstadt, müßte aber nach den Verhältnissen Gerichtssitz sein. Der AG-Bezirk Zobten ist ein ausgesprochen landwirtschaftlicher Bezirk, der in seiner jetzigen Zusammensetzung bestehen bleiben muß. Der Gerichtsbezirk umfaßt aber Teile der Kreise Breslau, Schweidnitz und Reichenbach. Der Amtsgerichtsbezirk Freiburg setzt sich aus Teilen der Kreise Schweidnitz und Waldenburg zusammen.

2. *Die Größe der vorgeschlagenen Gerichtsbezirke* war nicht einheitlich. Der *Chefpräsident* hielt Gerichte mit 25.000–30.000 Gerichtseingesessenen für das richtige. Er war der Auffassung, dass bei einer derartigen Gerichtsorganisation noch jeder Richter mit allen vorkommenden Sachen befaßt werden kann. Dies ist nach seiner Auffassung aber ein unbedingtes Erfordernis. Auch die FGG-Sachen müßten in erster Linie vom Richter bearbeitet werden, der Rechtspfleger dürfte kein eigenes Amt für sich beanspruchen, der Richter muß vielmehr alle Sachen, die an sich nach den Entlastungsbestimmungen von dem Rechtspfleger wahrgenommen können, an sich ziehen können.

LG-Präs. Leske in *Oels* hielt in seinem Bezirk eine Aufteilung in Eingangsgerichte mit 20.000–30.000 Gerichtseingesessenen für durchführbar, das Gericht müßte dann mir 4–5 Richtern besetzt werden, es könnte am Sitze des Kreises und der Kreisleitung der Partei errichtet werden.

Für den LG-Bezirk *Glogau* wurde ein Eingangsgericht von etwa 20.000 Gerichtseingesessenen gefordert. Der jetzige Bezirk müßte in mindestens 5 Eingangsgerichte aufgeteilt werden. Diese wären Glogau, Grünberg, Neusalz, Steinau und Sagan. Diese Aufteilung ist heute schon durchführbar. Zweigstellen einzurichten ist dann nicht nötig. Es müßten aber an einigen Orten Gerichtstage abgehalten werden. Mit den politischen Kreisen deckt sich diese Aufteilung nicht. Eine solche übereinstimmende Aufteilung ist nach Ansicht der ortsansässigen Richter auch zur Zeit nicht durchführbar. Hinzu kommen Schwierigkeiten, die sich daraus ergeben, dass die politische Neueinteilung noch im Flusse ist und dass daher die jetzige Aufteilung in Kreise schwerlich zur Grundlage der Schaffung von Gerichtsbezirken gemacht werden kann.

Im LG-Bezirk *Glatz* decken sich die Kreisgrenzen zur Zeit nicht vollständig mit dem Gerichtsbezirk. Beim Kreis Strehlen ist eine Abweichung, Landeck gehört verkehrsmäßig zu Glatz, ist aber dem Kreis Habelschwerdt zugeteilt. Im Bezirk Hirschberg macht die Unterbringung des AG Landeshut Schwierigkeiten, der Kreis Jauer greift in diesen Bezirk hinein.

Für den LG-Bezirk *Schweidnitz* wurde gefordert, die kleinen Amtsgerichte mit weniger als 12.000 Gerichtseingesessenen verschwinden zu lassen, die Bezirke mit mehr Gerichtseingesessenen aber bestehen zu lassen. Der Bezirk soll nach dem Vorschlage des LG-Präs. in Schweidnitz wie folgt aufgeteilt werden: Der AG-Bezirk Freiburg kann zur Zweigstelle werden. Die Zweigstelle Friedland muß aufgerundet und zum Eingangsgericht gemacht werden. Die Zweigstelle Gottesberg kann vollständig fortfallen. Der AG-Bezirk Wüstegiersdorf muß bestehen bleiben. Die Zweigstelle Nimptsch muß selbständiges Eingangsgericht werden. Die AG-Bezirke Reichenbach, Schweidnitz, Striegau, Waldenburg und Zobten müssen bestehen bleiben. Abweichungen von den Kreisen ergeben sich dabei besonders für Nimptsch (Teile des Kreises Reichenbach und Strehlen), Striegau (Teile aus Schweidnitz und Neumarkt) und vor allem bei Zobten, das aus Teilen der Kreise Breslau, Schweidnitz und Reichenbach zu bilden ist.

Die Verkehrsverhältnisse sind in diesen Gegenden nicht einheitlich. Der Verlauf der Gebirgszüge bestimmt den Verkehr entscheidend. Daran wird wahrscheinlich auch nicht viel geändert werden, wenn in Friedenszeiten die Motorisierung des Verkehrs wieder zur Auswirkung kommt.

3. *Geschäftsanfall* [weggelassen]

4. Die *Bezeichnung für das Eingangsgericht* ist nicht im einzelnen erörtert worden. Wo die Sprache darauf gekommen ist, wurde im wesentlichen der Wunsch geäußert, das Eingangsgericht kurz als Gericht zu bezeichnen, während die höhere Instanz als Obergericht gewünscht wurde.

Allgemein wurden die Vorteile des kleinen Amtsgerichts gerühmt und bedauert, dass bei dem zukünftigen Eingangsgericht wohl einen Teil dieser Vorzüge verzichtet werden müßte. Besonders Chefpräsident Dr. Jung war ein eifriger Verfechter der Vorzüge des kleinen Amtsgerichts und zwar nicht nur im Interesse der Rechtsuchenden, sondern auch aus dem Gesichtspunkt, dass der Richter für seine Ausbildung aus ihr Vorteile ziehen könnte. Chefpräsident Jung forderte mit aller Energie, dass der Richter mit allen vorkommenden Sachen befaßt werden muß und er jederzeit in der Lage sein muß, sich mit den Rechtsuchenden unmittelbar zu unterhalten.

Die Vorteile des kleinen Amtsgerichts könnten nur erhalten bleiben, wenn in Zukunft Gerichtstage in den verschiedenen Orten des Sprengels abgehalten werden. In einzelnen Bezirken müßten auch Z-Gerichte eingerichtet werden. Dies gilt z.B. in dem LG-Bezirk Breslau und für die Orte Kanth und Winzig. In dem LG-Bezirk Brieg kommt man dagegen ohne Gerichtstage und Zweigstellen aus.

Im LG-Bezirk Glogau werden keine Zweigstellen für erforderlich erachtet, wohl aber ist die Einrichtung von Gerichtstagen an einigen Orten notwendig.

Grundsätzlich wurde in allen Besprechungen die Auffassung vertreten, dass man möglichst von Gerichts- und Sprechtagen Gebrauch machen sollte, diese Einrichtung hätte sich ausgezeichnet bewährt.

Über die Auswirkungen der Motorisierung wurden geteilte Auffassungen vertreten. Manche Richter gaben der Hoffnung Ausdruck, dass mit einem Kraftwagen, der allgemein als ein unbedingtes Erfordernis für den Richter der Zukunft angesehen wurde, eine gewisse Vertrautheit des Richters mit den besonderen örtlichen Gegebenheiten noch gewährleistet bleiben könnte. Andere Richter wiederum waren in diesem Punkt sehr zweifelnd und wiesen einmal darauf hin, dass durch gelegentliche Besuche mit einem Auto niemals eine so innige Vertrautheit erreicht werden kann, wie sie ganz von selbst kommt, wenn der Richter in dem Ort wohnt, und zum anderen äußerten sie die Befürchtung, dass bei dem Richter mit der Zeit auch die Lust zum Autofahren zurückgehen wird und das er deshalb wahrscheinlich allmählich immer seltener in den Bezirk kommen wird, der nicht unmittelbar in der Nähe des Gerichtsortes selbst liegt.

5. Weit überwiegend ist die Ansicht vertreten worden, dass das Gericht an *einem* Ort *zentralisiert* werden muß. Aber auch die gegenteilige Meinung hat Anhänger gefunden. Einzelne Richter hielten es für durchaus vertretbar, wenn der Richter in einem Ort seines Sprengels wohnte, der nicht Gerichtsort war und nur zu den Sitzungen mit dem Auto in die Gerichtsstadt fahren würde. Die überwiegende Ansicht lehnte jedoch diese Möglichkeit ab, weil dann die Vorteile, die man sich gerade für den Richter aus der Zentralisierung in der Kreisstadt verspreche, verloren gehen würde (geselliges Beisammensein mit Kollegen, anderen höheren Beamten, den maßgeblichen Stellen der Partei und der sonstigen Staatsverwaltung, kulturelle Anregungen, höhere Schulen usw.).

Mehrfach wurde mit aller Entschiedenheit die Einrichtung von besonderen Rechtspflegeämtern, die durch Rechtspfleger verwaltet werden, abgelehnt. Es wurde die Befürchtung geäußert, dass hierdurch die unmittelbare Fühlung zwischen Richter und Volk verloren gehe und dass darüber hinaus der Richter nicht nur volksfremd, sondern auch rechtsfremd würde, wenn ihm alle die Fragen, die den einfachen Volksgenossen täglich bewegen, und wie sie insbesondere in der freiwilligen Gerichtsbarkeit ihren Niederschlag finden, vorenthalten würden. Besonders entschieden hat sich der Chefpräsident für eine unmittelbare Fühlungnahme zwischen Richter und Rechtsuchenden eingesetzt.

6. In den Besprechungen brach immer wieder der Gedanke durch, *einzelne Gerichte* aus den übrigen Eingangsgerichten *herauszuheben* und ihnen *besondere Zuständigkeiten* zu übertragen. Begründet wurde dies durchweg damit, dass die Dienstaufsicht zweckmäßigerweise nicht beim Eingangsgericht liegen sollte und dass andererseits die Zwischenschaltung eines gehobenen Eingangsgerichts zwischen die übrigen und das Obergericht der Entlastung des Obergerichts dienen würde. Sonst wäre verwaltungsmäßig die Arbeit, die mit der Überwachung der gesamten Eingangsgerichte eines Obergerichtsbezirks zusammenhängt, nur mit einem großen Verwaltungskörper im Obergericht zu erledigen.

Die überwiegende Ansicht in dem OLG-Bezirk Breslau hielt nicht viel von der Errichtung eines Schöffen- oder Friedensrichters. Es wurde behauptet, dass die Bevölkerung nur eine geringe Neigung für eine solche Einrichtung bewiesen hätte.

7. Bei der Erörterung der besonderen Gerichte war die Stellungnahme uneinheitlich. Durchweg wurden die Anerbengerichte und die Erbgesundheitsgerichte für notwendig gehalten. Darüber hinaus wurden mehrfach besondere Kammern gefordert, die sich mit handelsrechtlichen Fragen befassen sollten. Auch wurde in Vorschlag gebracht, besondere Ehekammern zu schaffen.

8. Die Notwendigkeit der *Sondergerichte* in den gegenwärtigen Kriegsverhältnissen wurde allgemein anerkannt. Ebenso einhellig war aber die Überzeugung, dass die Sondergerichte nach Wiederherstellung normaler Verhältnisse schnellstens in den ordentlichen Gerichtsaufbau eingebaut werden müßten. Die Sondergerichte wurden allgemein als eine Beeinträchtigung der sonstigen Strafgerichte angesehen. Sie belasteten das Vertrauen des Volkes zur Justiz stark. Nach Ansicht vieler Richter wird die Schlagkraft der Sondergerichte heute dadurch gemindert, dass sie mit zu vielen Sachen befaßt werden, die zum Teil ohne Schwierigkeiten durch die anderen Organe der Strafrechtspflege abgeurteilt werden können. Es wurde sogar die Ansicht geäußert, dass nach der jetzigen Regelung das Sondergericht zu einem „Lappaliengericht“ geworden sei.

9. Grundsätzlich ist für alle Eingangsgerichte dieselbe Zuständigkeit zu fordern. Ausnahmen müssen aber gemacht werden, z.B. bei Erbgesundheitssachen, vielleicht auch Arbeitsgerichtssachen. Für Patent-, Urheber- und Musterschutzsachen wurde ebenfalls eine Zusammenfassung für erforderlich gehalten.

Eine gesetzliche Regelung für die Zusammenfassung wurde nicht für notwendig gehalten. Allgemein wurde die Ansicht vertreten, dass die Zusammenfassung im Wege der Geschäftsverteilung vorgenommen werden kann.

10. Die *Besetzung des Eingangsgerichts in Zivilsachen* wurde verschieden beurteilt. Grundsätzlich ist die Ansicht vertreten worden, dass der Einzelrichter in Zivilsachen vorherrschend sein müsse. Für manche Zivilsachen, z.B. Patentsachen, Handelssachen, wurde aber eine Verhandlung vor der Kammer für angezeigt gehalten.

In *Strafsachen* wurde dieselbe Lösung vorgeschlagen: grundsätzlich Einzelrichter, bei größeren Strafsachen und zwar vor allem in der mittleren und schweren Kriminalität: Kammerentscheidung.

Die Mitwirkung von Laien in Strafsachen wurde teilweise abgelehnt, teilweise begrüßt. Chefpräsident Dr. Jung sprach sich für die Laien in Strafsachen aus. Ihre Mitwirkung gibt dem Richter wichtige Anhaltspunkte. Andererseits lernen die Laien die Justiz kennen.

Für Zivilsachen wurden die Laien besonders für Handelssachen gefordert.

Eine Zuziehung von Laien solle für die betreffenden Gebiete im Gesetz allgemein vorgeschrieben werden, nicht etwa dem einzelnen Richter von Fall zu Fall überlassen werden.

11. Die Einrichtung des *Richtergehilfen* wurde von Chefpräsident Dr. Jung begrüßt. Von verschiedenen Richtern wurden Bedenken dagegen geäußert. Diese wurden damit begründet, dass der Richtergehilfe zu lange unselbständig sei und dass die Gefahr entstehe, dass durch diese Einrichtung der Nachwuchs abgehalten werde, sich der Richterlaufbahn zuzuwenden.

12. Allgemein sprachen sich die befragten Richter für den *Abstimmungsgrundsatz im Kollegialgericht* aus, allerdings wurde auch die Ansicht vertreten, dass dem Vorsitzenden eine ausschlaggebende Rolle bei der Meinungsbildung des Gerichts in der Zukunft einräumt werden müsse (SenPräs. Dr. Schneider). Besonders bei der Mitwirkung von Laien wurde gefordert, dass der Vorsitzende die ausschlaggebende Stimme haben müßte.

13. Ob dem Leiter eines jeden Eingangsgerichts die volle *Dienstaufsicht* übertragen werden sollte, ist nicht einheitlich beantwortet worden. Chefpräsident Dr. Jung sprach sich dafür aus, andere Richter hielten die Gefahr naheliegend, dass die persönliche Bindung zwischen dem Leiter des Eingangsgerichts und seinen Richtern zu eng wäre, als dass eine ordnungsmäßige Dienstaufsicht gewährleistet werden könnte. Die Richter, die diese Ansicht vertraten, sprachen sich für die Einschaltung einer Zwischenstufe zwischen dem Eingangsgericht und dem Obergericht aus, die etwa dem heutigen Landgerichtspräsidenten entsprechen würde.

14. Zur Frage des *Anwaltszwanges* wurde allgemein eine Einigung dahin erzielt, dass der bisherige starre Anwaltszwang aufgelockert werden soll. Das Gericht müsse einen Anwalt immer dann zuziehen, wenn die Parteien es wollten, es brauche ihn aber nicht auszuschalten, wenn die Partei dies wünsche. Wenn der Richter den Anwalt für notwendig erachte, könne er ihn von sich anfordern. Ein Anwaltszwang, wie er etwa beim jetzigen Landgericht besteht, wurde für das Eingangsgericht nicht für notwendig und zweckmäßig erachtet.

I. Die künftige Stellung des Richters

1. In den Besprechungen wurde immer wieder hervorgehoben, dass das Verhältnis zwischen den Rechtsuchenden und dem Richter ungetrübt ist und dass nach wie vor im Volke der Glaube an die Objektivität und an das Pflichtgefühl des Richters vorhanden ist.

Ebenso wurde aber allgemein betont, dass die Stellung des Richters bei Veranstaltungen allgemeiner Art nicht mit der anderer Verwaltungs- oder Parteistellen konkurrieren kann. Es wurde allgemein betont, dass es als selbstverständlich angesehen werde, dass der Richter hinter die Vertreter der Verwaltungszweige zurücktritt. In der Besprechung im OLG Breslau wurde ein Fall aus dem Wartheland geschildert, wo der Landrat den Richter mit anderen Beamten des Kreises zum Appell hatte antreten lassen.

2. Die *Heraushebung des Richters aus der allgemeinen Beamtenschaft* wurde als ein sehr zweckmäßiger Weg zur Hebung des Richterstandes angesehen. Ob allerdings dieser Weg durchführbar ist, wurde stark in Zweifel gezogen, insbesondere wurde auf den zu erwartenden Widerstand der Angehörigen anderer Verwaltungen hingewiesen. Hervorgehoben wurde weiter, dass Voraussetzung für die Hebung der Richter eine ganz bedeutende Verminderung der Richterzahl ist.

3. Ein Mindestalter für den Richter wurde für zweckmäßig gehalten, dabei jedoch darauf hingewiesen, dass eine solche schematische Grenze auch ihre mißliche Seite habe. Junge begabte Rechtswahrer würden leicht vom Richterberufe abgelenkt

werden, wenn sie nicht alsbald nach Ablegung der Großen Staatsprüfung die Richterlaufbahn einschlagen könnten.

Als Mindestalter wurden 35 Jahre genannt, diese Zahl fand jedoch Widerspruch, von vielen Seiten wurde sie als zu hoch empfunden.

Als glücklich wurde der Ausweg empfunden, für den Regelfall eine Altersgrenze gelten zu lassen, jedoch die Möglichkeit vorzusehen, hiervon ausnahmsweise abzuweichen.

Zur Hebung des Richterstandes wurde angeregt, abfällige Kritik an einem Richterspruch unter Strafe zu stellen. Die Möglichkeit abwegige Richtersprüche zu kontrollieren, sei in ausreichendem Maße gegeben, es sei nicht notwendig, den Richter noch öffentlich unter Kritik zu stellen und dadurch dem Ansehen der Rechtspflege Abbruch zu tun.

4. Bis zur Anstellung soll der Betätigung des zukünftigen Richters Spielraum gelassen werden. Eine Beschäftigung in der Wirtschaft wurde von manchen Herren als obligatorisch gefordert, dabei jedoch betont, dass gegen die Durchführbarkeit verschiedene Bedenken bestehen. Besonders wurde auf die Gefahr hingewiesen, dass junge Rechtswahrer, die ursprünglich sich dem Richterberufe widmen wollten, sehr leicht in der Wirtschaft hängen bleiben könnten, so dass das Angebot an wirklich erstklassigen Kräften mit der Zeit wahrscheinlich immer geringer werden würde.

Als sehr wünschenswert wurde auch hingestellt, aus anderen Berufsständen Personen zu wählen und in den Richterberuf aufzunehmen. Wenn aber dieser Wunsch verwirklicht werden solle, so müsse zunächst einmal die Frage der Bezahlung und des Ansehens des Richters befriedigend gelöst werden. Wie wenig dies bisher gelungen sei, betonte Chefpräsident Jung durch Anführung einer Rundfrage, die kürzlich bei Studenten der Rechtswissenschaft gehalten wurde. Unter 100 nach ihren späteren Berufswünschen befragten Studenten fand sich keiner, der Richter werden wollte, und nur 6, die den Beruf eines Staatsanwalts für erstrebenswert hielten. Von dem LGDir. Schönfeld in Breslau wurde hervorgehoben, dass er in seiner Hochschulpraxis mehrfach mit Kriegsversehrten über den Richterberuf gesprochen habe. Wiederholt sei ihm gegenüber die Ansicht geäußert worden, dass der Richterberuf nur als letzter Ausweg gewählt werden würde.

5. Hinsichtlich der *Besoldung* und des *Ranges* der Richter wurde die Ansicht vertreten, dass der Richter am Eingangsgericht und der am Obergericht gleichzustellen sind. Doch müßten gewisse Beförderungsstellen geschaffen werden, wenn nicht die Gefahr entstehen soll, dass jedes Streben verloren geht. Die Vorsitzer sollen gehaltlich gehoben werden.

6. Ein Wechsel zwischen dem Eingangsgericht und dem Obergericht ist für den Richter als sehr nützlich angesehen worden. Es wurde aber dabei darauf Wert gelegt, dass der Richter bodenständig bleibt.

7. Zum Richterkorps wurde ausgeführt, dass der Gedanke begrüßenswert wäre, doch zunächst in der Praxis nur als Wunschbild angesehen würde.

Über die Bildung des Richterkorps bestehen in der Richterschaft offenbar bisher noch keinerlei klare Vorstellungen. Als Wichtigstes wird immer wieder betont, dass der Richter seine richterliche Unabhängigkeit behalten muß. Ob die Uniform als geeignetes Mittel zur Bildung des Richterkorps angesehen werden kann, wird verschieden beantwortet. Chefpräsident Dr. Jung lehnt die Richteruniform als allgemeine Einrichtung ab, er ist der Auffassung, dass eine solche Uniform sogar schädlich sein kann. Hierzu hat er auf die Erfahrungen in den Ostgebieten verwiesen. Lediglich für offizielle Veranstaltungen wird die Einführung einer besonderen Uniform für vielleicht zweckmäßig gehalten.

Schulungskurse sind für die Bildung des Richterkorps als notwendig angesehen worden.

Dem Gerichtsvorstand muß die Pflicht auferlegt werden, den Korpsgeist zu bilden und zu pflegen. Er muß darauf hinwirken, dass bei den Richtern eine gemeinschaftliche Weltanschauung, ein gemeinsamer Alltag und mit der Zeit auch eine gemeinsame Tradition entsteht.

Die Notwendigkeit von Reisen zur Ausweitung des Horizontes wurde bejaht. Die Auswertung des Gesehenen und Erlaubten [Erlebten ?] sollte in Vorträgen vor Berufskameraden erfolgen.

Eine besondere Ehrengerichtsbarkeit der Richter wurde teils gewünscht und als geeignetes Mittel zur Bildung des Richterkorps angesehen, teils entschieden abgelehnt.

Ob die Robe bleiben soll und als geeignetes Mittel zur Schaffung eines Korpsgeistes angesehen werden kann, ist nicht zweifelsfrei. In der Besprechung in Glatz wurde hervorgehoben, dass gerade die Robe zu abfälligen Bemerkungen gegen den Richterstand Anlaß gegeben hat und den Vergleich mit den Pastoren veranlaßt habe.

Besonders hervorgehoben wurde bei den Erörterungen über die Schaffung des Richterkorps die Notwendigkeit, dass auch eine gesellschaftliche Zusammenführung der Richter notwendig sei. Diese darf sich nicht nur auf die Richter selbst erstrecken, sondern muß sich auch *auf ihre nächsten Familienangehörigen,* vor allem auf ihre Frauen mit ausdehnen.

Die Schwierigkeit zur Schaffung eines Richterkorps wurde vor allem darin gesehen, dass die Justiz erst sehr spät beginnen kann, auf die Richter einzuwirken. Partei und Wehrmacht bekommen ein jüngeres und damit bildungsfähigeres Material als die Justiz, die erst einen etwa 30-jährigen Menschen erhält, dem sie dann noch Korpsgeist vermitteln soll.

III. Bericht über den Besuch des OLG-Bezirks Dresden (21.-27.9.1943)

A. In der Zeit vom 21. bis 27. September 1943 wurde der OLG-Bezirk Dresden bereist, um in Besprechungen mit dem OLG-Präsidenten, den LG-Präsidenten und von diesen bezeichneten weiteren Richtern das Amt fur die Neuordnung der Deutschen Gerichtsverfassung interessierende Fragen zu klären. An der Reise haben für das Amt Ministerialdirigent Bälz und Ministerialrat Fechner, ferner am 21. September Senatspräsident Dr. Bergmann teilgenommen. Im Verlauf der Reise wurden sämtliche Landgerichte mit Ausnahme des Landgerichts Freiberg besucht. Die ebenfalls geplante Besprechung mit dem LG-Präsidenten in Freiberg mußte wegen dessen Erkrankung aufgegeben werden.

Die Besprechungen wurden an Hand der Fragebogen durchgeführt, die dem bei den Akten befindlichen Arbeitsplan des Amtes als Anlagen beigefügt sind. Die Fragebogen waren vorher versandt worden, so dass eine gewisse Vorbereitung der Erörterungen durch die besuchten Richter möglich war. Dies hat sich bewährt. Es haben sich lediglich einige Änderungen und Umstellungen des Fragebogens als zweckmäßig erwiesen. Dem ist Rechnung getragen worden.

B. Bevor im einzelnen auf die Besprechungen eingegangen wird, sei folgendes vorausgeschickt:

Der OLG-Bezirk Dresden hat rd. 5.230.000 Gerichtseingesessene. Er umfaßt 7 Landgerichte (Bautzen, Chemnitz, Dresden, Freiberg, Leipzig, Plauen und Zwickau) und 105 Amtsgerichte. Von den Amtsgerichten sind 6 stillgelegt, 8 in G-Gerichte und 34 in Z-Gerichte umgewandelt, so dass z.Zt. noch 57 Amtsgerichte voll in Betrieb sind. Sondergerichte befinden sich in Dresden, Chemnitz und Leipzig.

Das Land Sachsen gliedert sich verwaltungsmäßig in 27 Landkreise und 22 Stadtkreise. Ihre Grenzen decken sich mit denen der Parteikreise, oft aber nicht mit den Gerichtsgrenzen, obwohl diese, wie berichtet wurde, zum Teil ursprünglich für die Bildung der Kreise maßgebend gewesen sein sollen. Über die Verhältnisse gibt im einzelnen eine bei den Akten befindliche, beim OLG Dresden angefertigte Aufstellung (Anlage 1) Aufschluß, aus der die einzelnen Land- und Stadtkreise mit ihrer Wohnsitzbevölkerung, den von ihnen umfaßten Gerichtsbezirken und den auf diese entfallenden wesentlichsten Geschäftszahlen der Gerichte (abgestellt auf das Jahr 1938) ersichtlich sind. Sowohl die Kreise wie auch die Bezirke der Gerichte entsprechen nicht überall der neuesten Entwicklung, sind vielmehr stellenweise überholt und abänderungsbedürftig.

Sachsen hat ein gutes Verkehrsnetz. Die Eisenbahnverbindungen werden durch ein das ganze Land umspannendes staatliches Kraftverkehrsunternehmen ergänzt, das nahezu alle ländlichen Gebiete mit den Städten verbindet. Zur Zeit ist der Verkehr dieser Kraftomnibusse naturgemäß stark eingeschränkt, aber immer noch von beachtlicher Bedeutung.

Als Ergebnis der Besprechungen kann zunächst zusammenfassend (Einzelheiten siehe unter D) Folgendes festgehalten werden:

1. Die *Dreigliederung* der Gerichte wurde durchweg für durchführbar gehalten. Die meisten Herren sahen in ihr einen Fortschritt gegenüber dem heutigen

Gerichtsaufbau, während einige wenige dazu neigten, der jetzigen Organisation den Vorzug zu geben, wobei sie insbesondere auf die Nachteile hinwiesen, die mit dem Verlust der kleineren Amtsgerichte verbunden seien. Lediglich der LG-Präs. in Leipzig nahm insofern eine Sonderstellung ein, als er nachdrücklich vorschlug, den viergliedrigen Gerichtsaufbau beizubehalten und lediglich die Zuständigkeit zwischen Amts- und Landgericht anders zu verteilen (Amtsgericht: freiwillige Gerichtsbarkeit, Familiensachen und bisherige vermögensrechtliche Zuständigkeit – Landgericht: Rechtsmittelsachen und die übrigen streitigen Rechtsangelegenheiten erster Instanz).

2. Allgemein wurde anerkannt, dass die *Gerichtsbezirke* an die Grenzen der Landkreise und der Kreise der Partei anzulehnen seien. Nur vereinzelt (Plauen) wurde geltend gemacht, dass diese Kreise wenigstens in ihrer jetzigen Gestalt, zu groß seien und deshalb mehrere Gerichte auf einen Kreis entfallen müßten. Der Oberlandesgerichtspräsident regte umgekehrt die Prüfung an, ob nicht mehrere Kreise zusammengefaßt werden könnten (siehe hierzu unter D, 1a). Überall wurde betont, dass die jetzigen Kreisgrenzen nicht allen Anforderungen entsprächen.

3. Der dreigliedrige Gerichtsaufbau setzt nach allgemeiner Auffassung friedensmäßige *Verkehrsverhältnisse* voraus. Er erfordert weiter, dass für die Bearbeitung der Grundbuchsachen und der meisten sonstigen Angelegenheiten der freiwilligen Gerichtsbarkeit *Zweigstellen* eingerichtet werden, die mit einem Rechtspfleger zu besetzen sind und regelmäßig von dem Richter besucht werden. Der Richter muß auch sonst den Bezirk *bereisen*, *Gerichtstage abhalten* und *Termine an Ort und Stelle* durchführen.

4. Dem Eingangsgericht sollen die Zuständigkeiten der jetzt bestehenden *besonderen Gerichte* übertragen werden, insbesondere also die Zuständigkeiten der Arbeitsgerichte und Erbgesundheitsgerichte. Im allgemeinen wurde der Wunsch geäußert, dass auch die *Sondergerichtsbarkeit in Strafsachen* nach dem Kriege entfallen möge, wobei allerdings stellenweise gefordert wurde, dass die besonderen Verfahrensvorschriften auf die einschlägigen Sachen weiterhin angewendet würden.

5. Die allgemeine Auffassung ging dahin, dass nach Möglichkeit alle *Eingangsgerichte die gleiche Zuständigkeit besitzen sollten* und von der Zusammenfassung gewisser Sachen bei einzelnen Gerichten tunlichst abzusehen sei. Dabei wurde aber anerkannt, dass derartige Zusammenfassungen nicht ganz entbehrt werden könnten. Sie würden insbesondere für die schwere Kriminalität, sodann in Zivilsachen für die Angelegenheiten des gewerblichen Rechtsschutzes, Erbgesundheitssachen, und zum Teil auch für Handels- und Arbeitssachen gefordert oder als erwünscht bezeichnet.

6. Wenn auch die Vorzüge der kollegialen Beratung teilweise stark betont wurden, so ging die weit überwiegende Meinung doch dahin, dass das Eingangsgericht in Zivilsachen grundsätzlich durch *einen einzigen Richter* zu entscheiden habe, während in Strafsachen für die schwere Kriminalität die Strafkammer gefordert wurde, die mit mehreren Berufsrichtern zu besetzen sei. Gegen die *Zuziehung von Laien (Schöffen) in Strafsachen* bestanden vielfach Bedenken, andererseits wurde diese Zuziehung von einigen Richtern (vor allem LG-Präs. Jessen, Chemnitz) auch lebhaft

gefordert. In *Zivilsachen* wurde die Mitwirkung von Laien dann als wünschenswert bezeichnet, wenn diese Laien auf dem in Betracht kommenden Tatsachengebiet über besondere praktische Erfahrungen verfügen (Handelssachen, Angelegenheiten des gewerblichen Rechtsschutzes, Anerbensachen, Erbgesundheitssachen, ferner auch Arbeitssachen). Allerdings wurde hierzu der Wunsch vorgetragen, dass die Zuziehung der Laien im Einzelfall weitgehend vom Ermessen des Richters abhängig gemacht werden solle.

7. Die allgemeine Auffassung ging dahin, dass das kollegial besetzte Gericht nach *Abstimmungsgrundsätzen*, nicht durch den Vorsitzenden allein, entscheiden solle. Das solle auch bei Laienbeteiligung gelten.

8. Die Verwendung von *Richtergehilfen* wurde ausnahmslos begrüßt. Es wurde darauf hingewiesen, dass dem Richtergehilfen gewisse Angelegenheiten (Requisitionen u. dgl.) auch zur selbständigen Erledigung zugewiesen werden könnten.

9. Für die ländlichen Bezirke, zum Teil auch (Bautzen) für die Mittelstädte wurde die *Geschäftsverteilung* nach dem Regionalprinzip gefordert, während im übrigen die Verteilung nach Materien für richtig gehalten wurde. Durchberechungen des reinen Regionalprinzips wurden etwa in Erbgesundheitssachen, Angelegenheiten des gewerblichen Rechtsschutzes, stellenweise für Arbeits- und Handelssachen sowie für die schwere Kriminalität verlangt. Die Geschäftsverteilung soll nicht durch starre Anordnungen gebunden, sondern elastisch gehalten werden.

10. In der Frage des *Anwaltszwanges* wurde nach Aussprache über die verschiedenen Möglichkeiten im allgemeinen der Auffassung zugestimmt, dass von einem starren Anwaltszwang abzusehen und dem Gericht die Möglichkeit gegeben werden solle, im Einzelfall die Bestellung eines Anwalts anzuordnen.

11. Ausnahmslos wurde gefordert, dass jedes Eingangsgericht einen eigenen Vorstandsbeamten erhalte, dem die *Dienstaufsicht* auch über die Richter übertragen werden solle. Dagegen bildete sich in der Frage, ob diese Vorstandsbeamten dem OLG-Präsidenten unmittelbar zu unterstellen seien oder ob zwischen sie und das OL-Gericht eine weitere Dienstaufsichtsinstanz einzuschalten sei, keine völlig einhellige Meinung. Die Mehrzahl der befragten Richter war aber doch wohl der Auffassung, dass die unmittelbare Unterstellung unter den OLG-Präsidenten mindestens möglich sei. Der Oberlandesgerichtspräsident hielt eine gewisse Zusammenfassung bei einzelnen Kreisgerichtsvorstandsbeamten für erwünscht.

12. Im allgemeinen wurde die Beibehaltung des jetzigen *Rechtsmittelzuges* in Zivilsachen für zweckmäßig gehalten. Gewisse Bedenken wurden verschiedentlich gegen die ausgedehnte Zuständigkeit des OL-Gerichts in Rechtsmittelsachen vorgetragen. Insbesondere wurde die räumliche Entfernung des Oberlandesgerichtsbezirks in Dresden von einzelnen Teilen seines Bezirkes als Nachteil hervorgehoben und angeregt, dass den hieraus erwachsenden Schwierigkeiten später durch eine Teilung des Bezirkes begegnet werde.

13. Die *Bindung des Richters an das Gesetz* wurde ausnahmslos für erforderlich gehalten. Fälle, in denen diese Bindung zu unerträglichen Ergebnissen geführt habe, konnten kaum namhaft gemacht werden. Durchweg wurde anerkannt, dass der Richter in der Lage sei, Entscheidungen, die dem gesunden Volksempfinden gröblich

widersprächen, zu vermeiden. Es sei aber erwünscht, wenn der Richter in weiterem Umfange, als das geltende Recht das vorsehe, die Befugnis zu rechtsgestaltenden Entscheidungen erhalte.

14. Die *Lenkung der richterlichen Rechtspflege* wird auf strafrechtlichem Gebiet vom OLG-Präsidenten unter Anhörung des Generalstaatsanwalts für den ganzen Bezirk in Form von „Vor- und Nachschauen" einheitlich durchgeführt. Sie hat sich nach Mitteilung des AG-Präsidenten bewährt und ist unter den augenblicklichen Verhältnissen kaum zu entbehren. Die Richter sehen dies ein und erkennen im allgemeinen an, dass die Lenkung ihnen oft auch Vorteile bietet und ihre Aufgabe erleichtert; im allgemeinen wünschen sie jedoch, dass aus der Lenkung in ihrer heutigen Form keine Dauereinrichtung werde, sondern dass sie nach dem Krieg zu gegebener Zeit abgebaut werden möge.

Die *Richterbriefe* werden ganz ausnahmslos begrüßt. Bei einem LG wurde in diesem Zusammenhang die Bitte geäußert, man möge den Gerichten, die Entscheidungen zur Veröffentlichung in der Deutschen Justiz oder zur Verwertung in den Richterbriefen eingeschickt hätten, auch, wenn diese Entscheidungen nicht verwendet würden, irgendwie zu erkennen geben, ob sie gebilligt würden oder ob und aus welchen Gründen das nicht der Fall sei.

15. Ansätze für die *Bildung eines Richterkorps* lassen sich bisher nirgendwo erkennen. Die Entwicklung zu einem einheitlichen Richtertyp und einer korpsmäßigen Verbundenheit der Richter untereinander würde begrüßt werden. Als Mittel zu einer solchen Entwicklung wurden z.B. der gesellschaftliche Zusammenschluß der Richter, Einwirkungen erzieherischer Art auch hinsichtlich des Privatlebens, Ausbildung durch die Partei auf Ordensburgen, die Ableistung des Militärdienstes, eigene Ehrengerichtsbarkeit, Sicherung der wirtschaftlichen Stellung, Einführung einer Amtstracht (Uniform außerhalb der Sitzungen) und dgl. hervorgehoben. Der gesellige Zusammenschluß der Richter sei im Gegensatz zu früheren Zeiten jetzt nur noch gering. Das beruhe einmal auf den Erschwernissen, die der Krieg mit sich gebracht habe. Vor allem aber sei entscheidend gewesen, dass gesellige, auf die Richterschaft beschränkte Zusammenkünfte vielfach als rückständig bewertet und demgemäß namentlich auch vom NSRB, verurteilt worden seien. Diese Entwicklung sei außerordentlich zu bedauern. Es sei erwünscht, wenn in autoritativer Form der Wunsch nach einer Förderung des gesellschaftlichen Zusammenschlusses der Richter geäußert würde.

16. Klagen über die *Stellung der Justiz gegenüber anderen Behörden und über ihr Ansehen bei den breiten Massen* der Bevölkerung wurden im allgemeinen nicht vorgetragen. Es wurde aber geltend gemacht, dass die Justiz vielfach, namentlich bei öffentlichen Veranstaltungen, nicht ihrer Bedeutung und Stellung gemäß berücksichtigt werde und regelmäßig hinter gewissen Verwaltungsbehörden und Parteistellen zurücktreten müsse. Der Grund wurde darin gefunden, dass in Sachsen von jeher die Verwaltung die erste Rolle eingenommen habe und dass die inneren Berührungspunkte zwischen den verschiedenen Verwaltungsbehörden und den Parteidienststellen größer seien als zwischen diesen Behörden und der Justiz.

Bei den breiten Massen genieße die Justiz Vertrauen, wenngleich gewisse Krisenerscheinungen auch hier nicht verkannt werden könnten.

17. Ein *gewisses Mindestalter für den künftigen Richter* wurde im allgemeinen als zweckmäßig anerkannt, wobei in der Regel 30 Jahre, daneben aber auch 32 oder sogar 35 Jahre genannt wurden.

18. Allgemein wurde der Behauptung widersprochen, dass die *Richter weltfremd* seien. Es wurde hervorgehoben, dass kein anderer Beruf so sehr mit allen Erscheinungen und Zweigen des Lebens in Berührung komme wie gerade der des Richters. Deswegen sei die beste *Lebensschule* für den angehenden Richter in der sorgfältigen und gründlichen Ausbildung im Gerichtsdienst selbst zu finden. Es komme aber auch darauf an, dem Richter neben der beruflichen Tätigkeit genügend Freizeit zu gewähren, in der er seinen Blick weiten und Erfahrungen sammeln kann. Arbeitsmäßig und wirtschaftlich müsse er so gestellt sein, dass er reisen könne. Wünschenswert sei ferner die Einrichtung von Ausbildungskursen, in der der Richter über solche justizfremden Fragen unterrichtet werden könne, die für ihn öfter von Bedeutung würden (Buchführung, Zweige der Technik, Besichtigung von Fabriken und Betrieben aller Art). Im übrigen sei nichts dagegen zu erinnern, dass der angehende Richter sich auch während eines gewissen, aber nicht zu langen Zeitraumes durch praktische Tätigkeit außerhalb der Justiz in der Wirtschaft und in anderen Verwaltungen Einblick in andere Verhältnisse verschaffe. Dagegen sei es nicht zweckmäßig, dass er etwa mehrere Jahre lang dort beschäftigt werde, da er dann Gefahr laufe, der Justiz entfremdet zu werden, auch werde das Ergebnis solcher Tätigkeit für den späteren Richterdienst leicht überschätzt.

19. Bedenken dagegen, in geeigneten Einzelfällen bewährte *Industrielle, Wirtschaftsführer, Beamte anderer Verwaltungszweige und [?] in die Richterlaufbahn* zu übernehmen, insbesondere jüngere Kräfte, wurden nicht geäußert. Es wurde aber ausnahmslos davor gewarnt, dass die Justiz sich von vornherein darauf festlege, etwa einen gewissen größeren Prozentsatz an Kräften so zu gewinnen. Einmal wurde angenommen, dass wirklich tüchtige Richter auf diese Weise nur in wenigen Ausnahmefällen gewonnen werden könnten (der wirklich tüchtige Wirtschaftsführer oder Beamte anderer Verwaltungen werde nur in den seltensten Fällen zur Justiz kommen; ein tüchtiger Wirtschaftsführer, Verwaltungsmann usw. sei noch längst kein guter Richter usw.), und zum anderen wurde befürchtet, dass der „justizeigene" Nachwuchs abgeschreckt werde, wenn ein Übertritt aus anderen Berufen zur Justiz zu einer gewissen Regel werde und förderlicher erscheine, als der Dienst in der Justiz von unten auf.

20. Im allgemeinen bestand Neigung, die *Amtsbezeichnungen der Richter* zu vereinfachen und insbesondere auf den Ratstitel zu verzichten. Die Anrede „Richter" ohne jeden Zusatz wurde aber vielfach als unerwünscht bezeichnet. Sie könne als Anrede mit dem Familiennahmen aufgefaßt werden, sei zu „nackt" usw. Ein Ausweg wurde in den Amtsbezeichnungen „Richter beim Kreisgericht", „beim Obergericht", „Reichsgericht" gefunden, denen die Anrede „Kreisrichter", „Oberrichter", „Reichsrichter" entsprechen könne.

21. Ganz allgemein wurde der Wunsch geäußert, dass *innerhalb desselben Gerichts*, insbesondere beim Eingangsgericht, *Beförderungsstellen* geschaffen würden. Im übrigen wurde durchweg anerkannt, dass es zweckmäßig sei, die Richter am Obergericht gehaltlich besser zu stellen als die in der Eingangsstufe beim Kreisgericht. Richter am Obergericht solle nur werden, wer bereits Richter am Eingangsgericht gewesen sei. Andererseits solle dem Oberrichter der spätere Rücktritt zum Eingangsgericht nicht verschlossen sein, was wiederum durch das Vorhandensein von Beförderungsstellen beim Eingangsgericht erleichtert werde.

Besprechungen im einzelnen

Im einzelnen ist die Zusammenfassung zu B. durch folgendes zu ergänzen:

1. Besprechung in Dresden am 21.9.1943

Am Vormittag wurde der OLG-Präsident aufgesucht, mit dem in Anwesenheit seines Sachbearbeiters, OLG-Rat Dr. Schulze, eine Vorbesprechung stattfand. Am Nachmittag wurden dann die einschlägigen Fragen in größerem Kreise erörtert. Dabei waren anwesend:

OLG-Präsident Beyer, SenPräsident Dr. Fiselius als Vertreter des LG-Präsidenten, AG-Präsident Dr. Eichler, AG-Direktor Dr. Boden, OLG-Rat Dr. Schulze, AG-Rat Dr. Stößner, außerdem die Angehörigen des Amtes.

a) OLG-Präs. Beyer hatte Zweifel, ob es zweckmäßig sei, das Eingangsgericht auf den *Bezirk eines politischen Kreises* zu beschränken. Er befürchtet hieraus u.U. eine zu große Abhängigkeit des Richters von den politischen Stellen. Er stellte die Frage zur Prüfung, ob es möglich sei, das Eingangsgericht für den Bezirk mehrerer Kreise unter Schaffung von mit Richtern besetzten Zweigstellen am Sitze der einzelnen Kreisstädte zu errichten. Allgemein wurde anerkannt, dass eine Überschneidung der Kreisgrenzen durch die Gerichtsbezirke vermieden werden müsse. Die Richterzahl müsse in einem gesunden Verhältnis zur Bevölkerungszahl stehen, um eine zu große Belastung des Richters zu vermeiden. Unter Zugrundelegung friedensmäßiger Beschäftigungsverhältnisse werde man von etwa 15.000 Gerichtseingesessenen je Richter auszugehen haben.

Als *Bezeichnung wurden für die künftigen Gerichte* die Namen „Gericht, Obergericht, Reichsgericht", ferner für das Eingangsgericht „Landgericht" oder auch „Amtsgericht" vorgeschlagen. Im allgemeinen war man der Ansicht, dass für das Eingangsgericht der Name „Kreisgericht" zwar am besten passe, dass aber bei seiner Wahl Schwierigkeiten mit der Partei zu befürchten seien.

b) OLG-Präs. Dr. Beyer trat für die *Aufrechterhaltung der Sondergerichte in Strafsachen* ein, wobei ein gewisser Einbau in die ordentliche Gerichtsbarkeit unter Beibehaltung des Verfahrens nicht ausgeschlossen sei.

c) SenPräs. Fiselius regte die Prüfung der Frage an, ob in Zivilsachen dem Richter, wenn er das für erforderlich halte, die Möglichkeit gegeben werden solle, durch seinen Antrag oder seine Anordnung die *Sache an die Kammer zu bringen* oder

Beiordnung eines Beisitzers zu erwirken. OLG-Präs. Beyer befürchtete, dass sich aus einer solchen Regelung technische Schwierigkeiten ergeben würden; der „Richterkönig" müsse allein entscheiden können.

d) Die Zuziehung von *Laienrichtern* in Strafsachen wurde nicht empfohlen, dagegen ihre Beibehaltung bzw. Heranziehung in bestimmten Zivilsachen.

Ob bei ihrer Zuziehung das *Abstimmungsprinzip* gelten solle, erschien zweifelhaft. Im allgemeinen wurde aber befürchtet, dass die Durchführung des Führergrundsatzes die Mitwirkungsbereitschaft gerade der geeigneten Laien gefährden könne.

e) AG-Präs. Dr. Eichler hielt für nicht vermögensrechtliche Streitigkeiten, insbesondere für Ehesachen, die Aufrechterhaltung des *Anwaltszwanges* beim Eingangsgericht für geboten.

f) OLG-Präs. Dr. Beyer befürchtete, dass sich Schwierigkeiten ergeben könnten, wenn alle Kreisgerichtspräsidenten unmittelbar dem OLG-Präs. unterstellt würden. Er hielt daher die *Zusammenfassung mehrerer Kreisgerichtspräsidenten* unter einem gehobenen Kreisgerichtspräsidenten als dem „primus inter pares" für zweckmäßig. Dem gehobenen Kreisgerichtspräsidenten solle nicht die Dienstaufsicht über die übrigen Bezirke obliegen, sondern er solle darauf beschränkt sein, in Fragen allgemeiner Art die Aufträge des OLG-Präs. weiterzuleiten und die eingehenden Berichte zusammenzufassen und auszuwerten.

g) Über die vornehmlich die *Stellung des Richters* betreffenden Erörterungen ist ein besonderer Bericht angefertigt worden. Eine Abschrift liegt bei. [nicht dem Bericht beigefügt]

h) Unter Zugrundelegung der augenblicklichen Kreiseinteilung konnten im Bezirk des jetzigen LG Dresden folgende Eingangsgerichte gebildet werden, die nach Ansicht der Dresdner Herren den Belangen des rechtsuchenden Publikums gerecht werden würden: Dresden, Pirna, Riesa, Meißen.

Im Ergebnis wird also die Errichtung von 4 Eingangsgerichten an Stelle der jetzigen 16 vorgeschlagen.

2. Besprechung in Zwickau am 22.9.1943

An der Besprechung haben außer den Angehörigen des Amtes teilgenommen: LG-Präs. Dr. Speck, Zwickau, LG-Dir. Peter, Zwickau, AG-Dir. Dr. Wagner, Zwickau, LG-Präs. Dr. Brückner, Plauen, LG-Dir. Raschig, Plauen, OLG-Rat Dr. Schulze, Dresden.

a) LG-Präs. Dr. Speck betonte, dass die *jetzige Gerichtsorganisation auch große Vorteile* aufweise. Die Beseitigung der kleineren Amtsgerichte bringe die Gefahr der Verstädterung der Rechtspflege und wirtschaftlicher Schäden für den bisherigen Gerichtssitz mit sich. Sie widerspreche insofern der Tendenz, das flache Land zu stärken und damit Abströmen der Bevölkerung in die Städte zu bekämpfen. Der Richter am kleinen Amtsgericht stehe durchweg in einem besonders erfreulichen Vertrauensverhältnis zum rechtsuchenden Publikum, wie es der „Reiserichter" vermutlich niemals werde erwerben können. Auch finanzielle Einsparungen seien nach seiner Ansicht durch die Beseitigung der kleinen Gerichte nicht zu erzielen. LG-Präs. Brückner hob demgegenüber hervor, dass mit den Z- und G-Gerichten gute Erfahrungen gemacht seien, wobei allerdings nicht außer acht gelassen werden dürfe, dass der Geschäftsgang zur Zeit nur gering sei. Er glaube aber, dass das größere Eingangsgericht mit Zweigstellen und einem beweglichen Richter mindestens keine Verschlechterung der Rechtsprechung bedeuten werde. Die Widerstände der Bevölkerung gegen die Aufhebung von Gerichten seien naturgemäß groß, würden sich aber bestimmt bald legen.

b) Alle Anwesenden traten für den *Einbau der Sondergerichtsbarkeit* in die ordentliche Strafgerichtsbarkeit ein. Vor allem LG-Präs. Brückner betonte, dass die Strafkammer jetzt beinahe bedeutungslos geworden sei. Auch auf diesem Rechtsgebiet spiele die Frage der Ortsverbundenheit eine wesentliche Rolle. Sie spreche für die Beseitigung der Sondergerichtsbarkeit.

c) Die *Zusammenfassung der Zuständigkeit* für mehrere Gerichtsbezirke bei einem Gericht wurde auch für Entschuldungssachen angeraten.

d) In Zivilsachen ist ein Bedürfnis für die *Kollegialgerichtsbarkeit* in der ersten Instanz nicht aufgetreten, Aussprachen mit Kollegen oder mit dem Präsidenten haben auch in den Fällen genügt, in denen ein Richter den Wunsch nach vertiefter Erörterung mit einem anderen Rechtswahrer hatte.

e) Gegen die Beseitigung des *Anwaltszwanges* und seine Ersetzung durch die Anordnung des Gerichts im Einzelfall, dass ein Anwalt zu bevollmächtigen sei, hat LG-Präs. Brückner gewisse Bedenken. Er befürchtet, dass sich aus einer solchen Regelung unerwünschte Reibungen zwischen Gericht und Anwaltschaft ergeben könnten (hier „anwaltsfreundliche", hier „anwaltsfeindliche" Richter; auch sei die vorbereitende Tätigkeit des Anwalts, namentlich in Ehesachen, nicht zu unterschätzen.

f) Das geltende *Rechtsmittelsystem in Strafsachen* habe sich bewährt. Für *Zivilsachen* wurde die Zulassung des Rechtsmittels durch den judex a quo vorgeschlagen. Die jetzige Wertgrenze müsse entfallen.

g) An den *Schöffenrichter* werden keine hohen Erwartungen geknüpft. Er sei für Privatklagesachen vielleicht am Platze, nicht aber für Zivilsachen. Es bestehe auch die Gefahr, dass andere Kreise über den Schöffenrichter Einfluß auf die Rechtspflege zu gewinnen versuchen würden. In diesem Zusammenhang wurde der Ausspruch eines höheren politischen Leiters angeführt, der gesagt habe: „Da werden wir unsere Leute einsetzen".

h) Als Fälle, in denen die *Bindung an das Gesetz* dem Gericht Schwierigkeiten gemacht habe, wurden erwähnt: die Räumungs- und Teilungssachen und das Zeugnisverweigerungsrecht der Angehörigen in Statussachen. Es wurde der Wunsch geäußert, dass die Gerichte in geeigneten Fällen auch gestaltend in die Rechtsbeziehungen der Parteien müßten eingreifen können.

i) Der Wert einer *Uniform* für die Heranbildung eines Richterkorps wurde besonders betont. Die Uniform müsse bei Amtshandlungen außerhalb der Sitzung und bei offiziellen Veranstaltungen getragen werden. Bei den letzten sei sie der Parteiuniform unbedingt vorzuziehen, weil diese nicht geeignet sei, den Träger als Angehörigen der *Richterschaft* herauszustellen. In diesem Zusammenhange wurden

Klagen über die zu geringe Berücksichtigung der Justiz bei der Verleihung von Kriegsverdienstkreuzen erhoben.

k) Von einer *Vertrauenskrise der Justiz* könne in Bezug auf die breite Masse allenfalls insofern gesprochen werden, als dort stellenweise die Meinung vertreten werde, dass die Partei unzulässigen Einfluß auf die Rechtspflege nehme.

l) Der Wert von Ausbildungskursen für den angehenden Richter wurde besonders hervorgehoben. Andererseits hielt insbesondere LG-Präs. Speck auch eine längere Tätigkeit des Richteranwärters in anderen Berufen für wertvoll.

m) Als *Dienstbezeichnung* für den Richter wurde das Wort „Richter" vorgeschlagen. Die Leiter der Gerichte sollten durch ihre Bezeichnung hervorgehoben werden, wobei es sich empfehle, das Wort „Präsident" zu vermeiden und auch bei ihnen irgendwie zum Ausdruck zu bringen, dass es sich um Richter handele.

n) *LG-Präs. Brückner* hielt für seinen jetzigen Bezirk die Errichtung folgender Eingangsgerichte in Anlehnung an die Verwaltungskreise für zweckmäßig: Auerbach, Oelsnitz, Plauen, evtl. noch für die Stadtkreise Plauen und Reichenbach.

An die Stelle der jetzigen 13 Amtsgerichte würden hiernach 3 oder 5 Eingangsgerichte treten.

Der LG-Präs. in Zwickau schlug in erster Linie die Errichtung folgender Eingangsgerichte vor: Zwickau, Aue, Glauchau, Schwarzenberg, Crimmitschau, Hohenstein-Ernstthal.

Nach diesem Vorschlage, der 6 Eingangsgerichte statt der jetzigen 14 Amtsgerichte vorsieht, würden mehrere Eingangsgerichte auf einen Kreis entfallen. Soll das vermieden werden, so wären folgende Eingangsgerichte zu bilden: Zwickau, Aue, Glauchau.

Hiernach träten an die Stelle der jetzigen 14 Amtsgerichte 3 Eingangsgerichte.

3. *Besprechung in Chemnitz am 23.9.1943*

Anwesend außer den Angehörigen des Amtes: LG-Präs. Dr. Jesch, AG-Präs. MinRat Dr. Heicke, Oberamtsrichter Dr. Brömel, Burgstädt, und während eines Teiles der Besprechung AG-Rat Dr. Hein, Oederan (LG-Bezirk Freiburg).

a) LG-Präs. Dr. Jesch erklärte, dass er sehr viel *Neigung für das kleine Amtsgericht* habe. Dort gebe es den volksverbundenen und volksnahen Richter ebenso wie ein gewisses Richterkönigstum. Das kleine Amtsgericht lasse sich im dreigliedrigen Aufbau nicht halten; darin erblicke er dessen großen Nachteil. Dennoch würde er, wenn man zu einer Neuordnung schreiten wolle, bei Abwägung aller Vor- und Nachteile den dreigliedrigen Gerichtsaufbau vorziehen, weil er klarer und übersichtlicher sei. Voraussetzung sei allerdings, dass die Bezirke der Rechtsmittelgerichte nicht zu groß seien und z.B. gegenüber dem Bezirk des heutigen OLG Dresden verkleinert, etwa halbiert würden. Auch MinRat Heicke unterstrich die Vorteile des kleinen Amtsgerichts.

b) Hervorgehoben wurde, dass die Kreisstädte sehr oft nicht mehr der wirtschaftliche Mittelpunkt der Kreise seien, vor allem da, wo in den letzten Jahrzehnten die Industrialisierung große Fortschritte gemacht habe. Hier erhebe sich die Frage, ob das Eingangsgericht an den wirtschaftlichen oder den Verwaltungsmittelpunkt gelegt werden solle. Die überwiegende Meinung ging dahin, dass das Verwaltungszentrum in aller Regel vorzuziehen sei, zumal erfahrungsgemäß die Masse der Industriebevölkerung mit den Gerichten weniger zu tun habe als die Landbevölkerung.

c) Von der Errichtung von *Friedensgerichten* (Schöffenrichter) wurde eine spürbare Entlastung der Gerichte nicht erwartet. Es bestanden Bedenken, ob die Bevölkerung zum Schöffenrichter Vertrauen fassen werde. Die Schwierigkeit, geeignete Schöffenrichter zu finden, wurde unterstrichen.

Allgemein wurde die Beseitigung der *Sondergerichte in Strafsachen* nach Eintritt klarer politischer Verhältnisse als wünschenswert bezeichnet.

e) LG-Präs. Dr. Jesch erklärte, in *Zivilsachen* könne man daran denken, dass der Richter ermächtigt werde, eine Sache wegen ihrer Bedeutung oder Schwierigkeit an das *Kollegium zu verweisen.* Ob dieser Gedanke allerdings mit der Vorstellung vom künftigen Richtertyp zu vereinbaren sei, sei ihm zweifelhaft. MinRat Dr. Heicke trat für das *Kollegialgericht* in Zivilsachen *bei besonders hohen Objekten* ein.

f) LG-Präs. Dr. Jesch erklärte, dass er Anhänger der *Laienmitwirkung in Strafsachen* jeder Art sei. Der Richter gewinne durch die Aussprache mit den Schöffen, die insbesondere für die Bemessung der Strafhöhe von Wert sei, außerdem hebe die Mitwirkung von Laien das allgemeine Vertrauen zur Rechtspflege. Nachteile seien nicht zu erwarten; dass ein guter Richter zu Unrecht von den Schöffen überstimmt werde, werden nicht vorkommen.

Oberamtsrichter Brömel erklärte gleichfalls, dass er überzeugter Anhänger der Laienmitwirkung in Strafsachen sei.

g) *In Zivilsachen wurde die Mitwirkung von Laien* für Anerbensachen, Erbgesundheitssachen und Handelssachen, evtl. Arbeitssachen und Pachtsachen angeregt, für Mietsachen ausdrücklich abgelehnt.

h) Der Gedanke, den *Kreisgerichtspräsidenten* zur allgemeincn *repräsentativen Spitze der Justiz* in seinem Bezirk zu machen, wurde aufgeworfen. Alle Anwesenden sind gegen die Zwischenschaltung einer Verwaltungsinstanz zwischen den Kreisgerichts- und den Obergerichtspräsidenten.

i) Der AG-Präs. trat dafür ein, dass der *Rechtsmittelzug in allen Zivilsachen* auf zwei Instanzen beschränkt werde. Auf die Revision könne verzichtet werden. Das Reichsgericht könne über die jetzige beschränkte Berufung auch als Berufungsgericht entscheiden.

k) Die Bedeutung und Zweckmäßigkeit einer *Dienstuniform* wurde betont. In der Sitzung soll es bei dem Talar bleiben. LG-Präs. Jesch meinte, es sei erwägenswert, ob der Talar dem Richter und dem Staatsanwalt vorzubehalten sei, also von dem Schriftführer nicht getragen werden dürfe.

l) Die Bildung folgender Eingangsgerichte, die sich an die Kreisgrenzen anlehnen, wird von LG-Präs. Dr. Jesch für möglich gehalten: Chemnitz, Augustusburg, Annaberg, Stollberg, Mittweida, Rochlitz oder Burgstädt.

An die Stelle von jetzt 18 Amtsgerichten wurden hiernach 6 Eingangsgerichte treten.

4. *Besprechung in Leipzig am 24.9.1943*

Anwesend außer den Angehörigen des Amtes: LG-Präs. Dr. Lorenz, LGDir. Dr. Hentschel, LG-Dir. Lösche (Vorsitzender der Sondergerichts Leipzig), AG-Präs. Dr. Arndt, AG-Dir. Dr. Bessell, OLG-Rat Dr. Schulze.

a) LG-Präs. Lorenz teilte einleitend mit, die eingezogenen Berufskameraden klagten darüber, dass sie bei den Reformarbeiten nicht beteiligt seien, und hätten die Befürchtung geäußert, dass ihre Interessen infolgedessen nicht genügend gewahrt würden.

b) LG-Präs. Lorenz erklärte sich für die *Beibehaltung der augenblicklichen Gerichtsgliederung*, worin ihm die übrigen Herren im wesentlichen beitraten. Er schlug vor, die Mängel des jetzigen Systems (Entscheidung zusammengehörender Sachen durch verschiedene Richter in verschiedenen Verfahren bei verschiedenen Gerichten) dadurch zu beseitigen, dass die Zuständigkeiten zwischen Amts- und Landgericht anders verteilt werden. Das AG solle die Angelegenheiten der freiwilligen Gerichtsbarkeit und des Familienrechts bearbeiten, während dem Landgericht alle anderen Sachen zuzuweisen seien. Dabei sei es nicht ausgeschlossen, die ganz kleinen Amtsgerichte zu beseitigen. Neben den allgemeinen für das kleine Amtsgericht sprechenden Gesichtspunkten unterstrich LG-Präs. Lorenz, dass der dreigliedrige Gerichtsaufbau nur durchführbar sei, wenn dem Rechtspfleger umfangreiche neue Zuständigkeiten auf Kosten des Richters übertragen würden. Im Ergebnis werde dadurch der Richter in den Hintergrund gedrückt, nicht gehoben werden. LG-Dir. Hentschel möchte auch die bisher bei den Amtsgerichten befindlichen vermögensrechtlichen Streitsachen dort belassen und die für sie geltende Wertgrenze noch erhöhen, so dass das LG lediglich in Strafsachen, als Rechtsmittelgericht und in besonders umfangreichen Streitsachen zuständig bliebe. Dass für einen Landkreis jetziger Größe *ein* Eingangsgericht ausreiche, hielt er für ausgeschlossen; wichtige Städte mit starkem Wirtschaftleben würden dann ohne Gericht bleiben. Das sei nicht erträglich. Auch LG-Dir. Lösche trat für das kleine AG ein und betonte, dass sich die Ortsverbundenheit des kleinen Amtsrichters vor allem auch bei Ermittlungen in umfangreichen politischen Strafsachen bewährt habe. Die Tätigkeit des Richters am kleinen AG dürfe nicht allein nach Geschäftszahlen beurteilt werden. Zu einem ganz wesentlichen Teil sei sie mit Beratungen ausgefüllt, welche die Bevölkerung erbitte und die der beste Beweis des zu ihr bestehenden Vertrauensverhältnisses des Richters seien. Darin liege ein Aktivum der Rechtspflege, auf das nicht verzichtet werden solle.

c) Vor allem LG-Dir. Lösche, selbst Vorsitzender eines Sondergerichts, trat für die *Beibehaltung der Sondergerichtsbarkeit in Strafsachen* ein, die als Instrument besonderer Schlagkraft der Justiz erhalten bleiben müsse.

d) LG-Dir. Dr. Hentschel wünschte die *Beibehaltung des Kollegialsystems* in bürgerlichen Streitsachen bei sehr großen Objekten. In derartigen Fällen entscheide die Kammer schneller als der Einzelrichter, der seine Bedenken oft nicht ohne weiteres werde überwinden können. Evtl. könne man die kollegiale Behandlung von der Entscheidung des zunächst zuständigen Alleinrichters abhängig machen.

e) LG-Dir. Lösche setzte sich mit Nachdruck für die *Laienbeteiligung auf dem Gebiet der mittleren Kriminalität* ein. Er selbst habe in dieser Richtung die besten Erfahrungen gemacht. Nur ein „trauriger Richter" lasse sich von den Schöffen überstimmen.

f) LG-Dir. Dr. Hentschel wies darauf hin, dass die *Geschäftsverteilung nach Bezirken* zu einer Häufung der Sitzungstage führen könne, die technische Schwierigkeiten zur Folge haben würde.

g) AG-Präs. Dr. Arndt schlug vor, dass die *Zulassung der Anwälte* beim Eingangsgericht im Ergebnis ähnlich wie heute beim Arbeitsgericht geregelt werden solle, dass also ein von der Partei beauftragter Anwalt u.U. auch zurückgewiesen werden könne. LG-Dir. Hentschel erklärte, die Beseitigung des Anwaltszwanges könne dazu führen, dass von der Partei selbst manche Klagen eingereicht würden, die heute bereits im Armenrechtsverfahren mit der Ablehnung des Armenrechtsgesuchs ihre Erledigung fänden.

h) LG-Präs. Lorenz glaubte, dass eine *Hervorhebung der ganz großen Kreisgerichtspräsidenten* (Leipzig, Dresden, Chemnitz) ihrer tatsächlichen Stellung entspreche.

i) Nach Mitteilung von LG-Dir. Lösche macht die *Bindung an das Gesetz* in den Fällen Schwierigkeiten, in denen als Soldaten bewährte Angeklagte wegen einer vor ihrer Dienstzeit begangenen Straftat verurteilt und nach der zwingenden Vorschrift degradiert werden müssen. Im übrigen sei zu fordern, dass auch die Staatsanwaltschaft bei der Anklageerhebung und der Vollstreckung streng an das Gesetz gebunden werde. Zahlreiche Angriffe gegen die Justiz beruhten darauf, dass bei der Anklageerhebung mit verschiedenem Maß gemessen werde und dass Urteile in einem Fall alsbald vollstreckt würden, während im anderen jahrelang damit zugewartet werde.

k) Zum Beweis dafür, dass die Justiz *bei der Bevölkerung Vertrauen* genieße, wurde angeführt, dass sich vor einiger Zeit erhebliche Unruhe erhoben habe, als das Gerücht umgegangen sei, dass die Strafjustiz auf die Polizei übergehen solle.

AG-Dir. Bessell trat dafür ein, dass die Justizverwaltung aktiv auf die Verbreitung größerer Rechtskenntnisse in der Bevölkerung hinwirke und wies hierbei auf den von ihm bearbeiteten und herausgegebenen Leitfaden als ein Beispiel zweckmäßiger „Rechtspropaganda" hin.

l) Auch die Leipziger Richter waren der Ansicht, dass die beste *Ausbildung* für den angehenden Richter die Betätigung in der Rechtspflege sei, die die engsten und vielseitigsten Berührungen mit dem Leben aufweise. LG-Dir. Lösche forderte, dass der Richter den Arbeiter und seine Verhältnisse kennen lerne. Das könne durch intensive Betriebsbesichtigungen erreicht werden.

m) Hinsichtlich der *Bezeichnung des Richters*, der *Beförderungsstellen*, des Wechsels zwischen Kreis- und Obergericht würden im wesentlichen die gleichen Ansichten vertreten wie bei den vorher besuchten Gerichten.

n) Entsprechend seiner grundsätzlichen Einstellung zur Frage des dreigliedrigen Gerichtsaufbaues machte LG-Präs. Lorenz keine näheren Vorschläge über etwa zu errichtende neue Eingangsgerichte. Es [wurde] festgestellt, dass die Errichtung solcher Gerichte in Leipzig, Borna, Grimme und Oschatz in Beträcht käme.

5. Besprechung in Bautzen am 27.9.1943

Anwesend außer den Angehörigen des Amtes: LG-Präs. Dr. Herrmann, LG-Dir. Hedrich, AG-Dir. Dr. Kühn, AG-Rat Krause, Zittau, AG-Rat Stiefler, Sebnitz, OLG-Rat Dr. Schulze

a) Gegen die *Dreigliederung* bestanden keine Bedenken.

AG-Rat Krause wies aber auf die mit ihr verbundene Gefahr hin, dass das Rechtsmittelgericht und die obere Justizverwaltungsbehörde zu weit vom Sitz des Eingangsgerichts entfernt seien.

b) Als Sachen, für die eine *Zusammenfassung* bei bestimmten Eingangsgerichten praktisch wird, wurden die Schiffahrtssachen erwähnt.

c) AG-Rat Krause trat dafür ein, dass grundsätzlich *jedem* Richter ein *Richtergehilfe* beigeordnet werde.

d) LG-Präs. Herrmann hielt die *Geschäftsverteilung* nach Bezirken auch in den mittleren Städten, z.B. auch in Bautzen und Zittau, für durchführbar und wertvoll. LG-Dir. Hedrich unterstrich das unter besonderem Hinweis auf die Mietsachen.

e) LG-Präs. Herrmann wies darauf hin, dass es in seinem Bezirk etwa 50.000 Wenden gebe, die größtenteils die deutsche Sprache nicht verständen. Im Verkehr dieser Wenden mit dem Gericht seien sprachkundige Anwälte kaum zu entbehren. Des weiteren sei seiner Ansicht nach die Mitwirkung von Anwälten in Ehesachen unerläßlich. Müßten die Gerichte selbst das Tatsachenmaterial von den Parteien unmittelbar in Empfang nehmen, so werde das eine erhebliche Mehrbelastung für sie bedeuten. Unter diesen Umständen sei es bedenklich, den *Anwaltszwang* ganz allgemein zu beseitigen und lediglich dem Gericht die Befugnis zu geben, im Einzelfall die Bestellung eines Anwalts anzuordnen. Vielleicht könne man daran denken, dieses System für Angelegenheiten von geringerer Bedeutung einzuführen, während im übrigen an dem Anwaltszwang nach wie vor festgehalten werden müsse.

f) LG-Präs. Herrmann hielt die *Zusammenfassung der Justizverwaltungsgeschäfte* für mehrere Kreisgerichtsbezirke bei einem Kreisgericht für geboten.

g) Im allgemeinen bestanden gegen das heutige *Rechtsmittelsystem* keine Bedenken. Für die Berufung wurde aber die Zulassung, und zwar durch den judex ad quem, für zweckmäßig gehalten.

h) Als Mittel zur Herbeiführung eines *korpsmäßigen Zusammenschlusses der Richterschaft* erwähnte AG-Dir. Dr. Kühn die Formung der angehenden Richter durch die Erziehung in der Partei und der Wehrmacht. Der so geformte Mensch werde durch allgemeinen gesellschaftlichen Verkehr und die gemeinsame Berufsausübung unschwer einem Korps einzugliedern sein.

i) LG-Präs. Dr. Herrmann hielt es für zweckmäßig, dass sich der angehende Richter vor seiner Ernennung etwa ein bis zwei Jahre als Anwalt oder in anderen Verwaltungen betätige, auch die Beschäftigung in Außenposten erschien ihm erwünscht (Ostgebiete, Gouvernement, evtl. Kolonien usw.). Daneben müsse aber in jedem Falle eine längere Ausbildung als Richtergehilfe vorgesehen werden, da der Wert der *Tätigkeit außerhalb des Gerichts* nicht überschätzt werden dürfe.

k) LG-Präs. Herrmann schlug die Bildung von nachstehenden Eingangsgerichten unter Abgabe der Amtsgerichte Neustadt, Sebnitz und Stolpen nach Pirna vor: Bautzen, Löbau, Kamenz, Zittau.

Hiernach würden an die Stelle von jetzt 14 Amtsgerichten (3 jetzt zum Bezirk Bautzen gehörende Gerichte würden nach Pirna kommen) 4 Eingangsgerichte treten.

Böhmisch-Leipa, den 8. Oktober 1943 gez. Bälz, Fechner

IV. Bericht über den Besuch des OLG-Bezirks Graz, Oberkrains und der Operationszone „Adriatische Küstenlandschaft" (14.-20.5.1944)

I. Verlauf der Reise im allgemeinen.

In der Zeit vom 14.-20. Mai 1944 bereiste Ministerialdirektor *Altstötter* als Leiter des „Amtes für Neuordnung der Deutschen Gerichtsverfassung" zusammen mit Ministerialrat Dr. Stagel den OLG-Bezirk Graz, die Untersteiermark, Oberkrain und die Operationszone „Adriatische Küstenlandschaft". Die Reise wurde am 13. Mai 1944 abends von Böhmisch-Leipa aus angetreten und führte über Linz nach Graz, wo wir am 14. Mai 1944 um 20.11 Uhr ankamen. Wir wurden von OLG-Präs. Dr. *Meldt* erwartet und ins Hotel gebracht, wo selbst sich beim Abendbrot in der Zeit zwischen 21 und 22 Uhr die Gelegenheit zu einer ersten Aussprache mit dem OLG-Präs. über die zubehandelnden Fragen bot. Die Aussprache wurde am 15. Mai 1944 um 9 Uhr im Gebäude des OLG fortgesetzt. Anschließend daran begannen um 9.30 Uhr die Besprechungen im großen Rahmen mit den Vertretern der Richterschaft des OLG und des LG-Bezirks Graz. In der Zeit zwischen 13 und 14.30 Uhr wurde gemeinsam mit dem OLG-Präs. und einigen Richtern das Mittagbrot eingenommen und sodann die die Besprechungen bis 16.15 Uhr fortgesetzt. Die eintretende Pause bis 17 Uhr benutzte MinRat Dr. Stagel zu Besprechungen mit dem Beauftragten für die Rechtspflege in der Untersteiermark, LG-Rat Dr. Amlacher (Einführung der Reichs-Rechtsanwalts- und Reichs-Notarordnung in der Untersteiermark). Von 17–18.30 Uhr hielt MinDir. Altstötter im Rahmen des NSRB einen sehr stark besuchten und mit großem Beifall aufgenommenen Vortrag über „Wandlungen im Zivilrecht". Um 18.45 wurden wir zusammen mit dem OLG-Präs. und Dr. Amlacher vom Gauleiter und Reichsstatthalter Dr. Uiberraither empfangen. Der Empfang dehnte sich bis 20.30 Uhr aus. Der Gauleiter legte in längeren Ausführungen dar, wie er den Auftrag des Führers, die Untersteiermark als Mark des Reichs wieder deutsch zu machen, ausführe. Über die Justiz im besonderen führte er aus, dass diese dort fürs erste in der Hand *der Polizei* geblieben sei, bis die Verhältnisse die Einrichtung eines geordneten Justizaufbaus gestattet hätten. *Sodann* habe der *„Beauftragte für die Zivilrechtspflege"* zunächst diesen Teil der Rechtspflege aufgebaut und *später dann als „Beauftragter für die Rechtspflege" auch die nichtpolitische Strafjustiz* zu seinem Aufgabenkreis dazu übernommen. Er habe verschiedene Neuerungen eingeführt, die sich den im Reiche geplanten Reformen des Justizwesens anpassen und sich dabei von dem Bestreben leiten lassen, die seinerseitige Eingliederung der untersteiermärkischen Justiz in die Reichsjustizverwaltung nicht zu erschweren. Der Gauleiter würde es sehr begrüßen, wenn die Reformarbeiten im Reich so vorwärts getrieben werden könnten, dass die fortschrittlichen Einrichtungen in der Untersteiermark nicht vorübergehend rückgängig gemacht werden müßten, wenn der Gauleiter dem Führer die Eingliederung dieses Gebiets in das Reich vorschlagen könne.

Um 21 Uhr vereinigte ein Kameradschaftsabend die Reiseteilnehmer und die Teilnehmer an den Besprechungen in Graz zu einem zwanglosen Beisammensein.

Am 16. Mai 1944 wurde um 10 Uhr im Dienstwagen des OLG-Präs. die Fahrt in die Untersteiermark angetreten. Sie führte zunächst in die noch zum LG-Bezirk Graz gehörenden Gerichtsorte Wilden und Leibnitz. In Wilden ist das in einem verhältnismäßig schönen, aber vernachlässigten Gebäude untergebrachte Gericht stillgelegt. In Leibnitz bietet das neue und große Gerichtsgebäude Platz für die Aufnahme auch des in Aussicht genommenen großen Eingangsgerichts, wenn das Finanzamt die jetzt benützten Räume frei gibt.

Um 11 Uhr langten wir in *Marburg* ein. Bei dem schönen, weitläufigen und sehr gut gehaltenen Gerichtsgebäude – mit vorbildlichen Luftschutzeinrichtungen – gaben der Beauftragte für die Rechtspflege Dr. Amlacher und seine Hilfskräfte, OStA Dr. Seehofer, LG-Rat Dr. Müller, LG-Rat Dr. Andrae und Justizsekretär Antensteiner, in Kurzreferaten Überblicke über die Rechtspflege in der Untersteiermark im allgemeinen (Amlacher), über die Einrichtung des Familienrichters (Andrae), über den Rechtspfleger in der Untersteiermark (Antensteiner), über die Strafrechtspflege (Seehofer) und über das Rechtsmittelverfahren in Zivil- und Strafsachen (Müller). Die nach der Untersteiermark abgeordneten Kräfte machten durchaus den besten Eindruck und sind offenbar ausgewählte Persönlichkeiten, nur Dr. Andrae erschien stark gehemmt.

Um 13.30 Uhr wurde die Fahrt nach *Pettau* fortgesetzt, wo in dem schönen und großen Gerichtsgebäude der aufsichtführende Richter, Dr. Standhartinger und der zweite Richter Dr. Leiner Aufklärungen über die Verhältnisse im Gerichtsbezirk und den Geschäftsgang gaben. Auf der Weiterfahrt wurde die Schulungsburg der NSDAP Wurmberg unter der Führung des Burghauptmanns besichtigt. Sodann wurde noch die mit einem Rechtspfleger besetzte Zweigstelle des Gerichts Pettau in Leonhard in den Büheln aufgesucht. Auch an diesem Ort befindet sich ein schönes, weiträumiges Gerichtsgebäude. Es beherbergt derzeit aus Luftschutzgründen auch das Marburger Grundbuch.

Den Abend verbrachten wir, einer Einladung des OStA Dr. Seehofer folgend, auf seinem in nächster Nähe der Fahrtroute nach Marburg gelegenen Weingut. Die Rückkehr nach Graz erfolgte erst in den späten Abendstunden.

Am 17. Mai führte die um 10.00 Uhr angetretene Fahrt über den Gerichtsort *Frohnleiten* zunächst nach *Bruck an der Mur*. In dem alten, aber geräumigen und gut gehaltenen Gerichtsgebäude gab der (aus Kiel stammende, den besten Eindruck erweckende) OARichter Dr. Mannzen Aufklärungen über den Gerichtsbetrieb und die Verhältnisse im Gerichtsbezirk.

Anschließend ging die Fahrt nach *Loeben*. LG und AG sowie Staatsanwaltschaft sind dort in einem uralten, in keiner Weise den Anforderungen entsprechenden ehemaligen Kloster untergebracht. Die Verhältnisse im LG-Bezirk wurden mit LG-Präs. Dr. Ossberger und OStA Fiala besprochen und sodann nebst dem Gerichtsgebäude auch das ebenfalls noch in den Klosterräumen untergebrachte Gefangenenhaus mit mustergültig eingerichteten Handwerksbetrieben, einem Verdienst des Justizoberverwalters Brucker, besichtigt. Auch die mit Bildern und Kränzen ausgestattete Todeszelle der nationalsozialistischen Kämpfer und Blutzeugen Erlbacher und Ebner sowie die zu einem Ehrenmal ausgestaltete Richtstätte im Gefängnishof wurden besichtigt.

Auf der Weiterfahrt wurde unter Führung des OA-Richters Dr. Gilligh das schöne und geräumige Gerichtsgebäude in *Knittelfeld* besichtigt und dort Mittagsrast gehalten. Nachmittags führte die Fahrt zunächst nach *Judenburg*, wo uns OA-Richter Steinlechner durch die alte, jedoch mit großen und schönen Amtsräumen ausgestattete Gerichtsgebäude führte. Im weiteren wurde beim Gerichtsort *Neumarkt* die *Grenze nach Kärnten* überschritten. Es wurden noch die Gerichte in *Friesach* und *St. Veit an der Glan* aufgesucht. Das Gerichtsgebäude in Friesach ist im Jugendstil erbaut, wodurch sein Eindruck beeinträchtigt wird. Im übrigen ist es schön und geräumig. Das ebenfalls schöne und geräumige Gebäude in St. Veit a.d. Glan wird, wenn es von den darin befindlichen fremden Ämtern (Finanzamt und Katasteramt) freigegeben wird, auch einem größeren Eingangsgericht genügend Raum bieten. Der sehr tüchtige und fleißige OA-Richter Dr. Dinkhauser hinterließ den besten Eindruck. Er versieht derzeit allein die richterlichen Geschäfte der Gerichte St. Veit a.d. Glan, Althofen, Eberstein, Friesach und Gurk, ohne sich überlastet zu fühlen.

Abends trafen wir in *Klagenfurt* ein und kamen am Abend mit einigen Richtern aus Klagenfurt zusammen.

Am 18. Mai begannen um 9.30 Uhr im schönen und sehr geräumigen Gerichtsgebäude die Besprechungen mit den Klagenfurter Richtern. Sie währten mit einer Mittagspause bis 17.30 Uhr. Anschließend besuchten wir noch das *AG Völkermarkt* im schönen, ausreichenden Gebäude. Der schon im Ruhestand gewesene, wieder in Dienst gestellte OA-Richter Dr. Markhl gab Aufschlüsse über die Verhältnisse im Gerichtsbezirk, zu dem jetzt auch die des Z-Gerichts Eberndorf und des St-Gerichts Eisenkappel gehören. Er beklagte sich bitter über die *Tätigkeit der Banden*, die der Bevölkerung, insbesondere im Gebiet von Eisenkappel, schwer zusetzen.

Der Abend des 18. Mai vereinigte uns mit der Richterschaft von Klagenfurt zu einem Kameradschaftsabend.

Der 19. Mai war dem Besuch *Oberkrains* und der *Fahrt nach Triest* gewidmet. Die Reise dorthin führte der Beauftragte für das Rechtswesen in Oberkrains und in der Operationszone „Adriatische Küstenlandschaft", RA Dr. Messiner. Es nahmen daran auch der OLG-Präs. Dr. Meldt, Dr. Amlacher und der Präsident der Rechtsanwaltskammer in Graz, Dr. Widowitz, teil. Die dem Beauftragten für das Rechtswesen in der Operationszone beigegebenen Richter, LG-Rat Dr. Sassarak und AG-Rat Dr. Kemposch, unterstützen ihn bei der Führung durch die Operationszone. Wir verließen Klagenfurt um 10 Uhr, überschritten die ehemalige Reichsgrenze auf dem 1370 m hohen Loiblpaß und gelangten nach dem in Oberkrain gelegenen Gerichtsbezirk Radmannsdorf mit schönem, sehr gut eingerichteten Gerichtsgebäude. AGR Domenig schilderte die Verhältnisse im Bezirk und den Gerichtsbezirk. Auf der Weiterfahrt überschritten wir die italienische Grenze um etwa 14 Uhr bei Ratschad und gelangten über Tarvis und Udine nach Triest, wo wir um etwa 17 Uhr einlangten. Auf der Fahrt bot sich Gelegenheit zur Besichtigung der sehr eindrucksvollen, von den Italienern angelegten Kriegsopferstätte Redipuglia. Um 19 Uhr fand eine Besprechung im prunkvollen und äußerst weiträumigen Justizpalast von Triest statt, der jetzt der Behörde des *Obersten Kommissars der Operationszone* als Amtsgebäude dient. Dr. Messiner gab Aufklärungen über die Einrichtung der Operationszone im allgemeinen und der Justizverwaltung im besonderen. Die Besprechungen dauerten bis 20.40 Uhr. Für 21 Uhr waren wir beim *Obersten Kommissar der Operationszone, Gauleiter Dr. Rainer*, zu Gast geladen und verbrachten den Abend bei ihm in größerer Gesellschaft. Dabei bot sich Gelegenheit, mit dem Gauleiter eine Reihe von die Justiz betreffenden Fragen anzusprechen.

Am 20. Mai wurden von 8.45 bis 9.30 Uhr mit Dr, Messiner Fragen des Rechtshilfeverkehrs mit der Operationszone besprochen. Anschließend wurde MinDirektor Altstötter zusammen mit Dr. Messiner vom Obersten Kommissar und Gauleiter empfangen. Um 15 Uhr wurde die Rückfahrt von Triest angetreten und auf dieser noch in Udine die Dienststelle der dortigen deutschen Berater der italienischen Gerichte, LG-Direktor Martinez und LG-Rat Dr. Mora besucht, die Aufklärungen über die Verhältnisse in der Provinz Udine (Friaul) gaben. Nach Überschreitung der Reichsgrenze bei Tarvis um etwa 19.40 Uhr langten wir um 20 Uhr in Villach ein. Dort verabschiedete sich OLG-Präs. Dr. Meldt von uns. Nach Nächtigung in Villach setzte am Morgen des 21. Mai MinDirektor Altstötter die Reise nach Kochem fort, während MinRat Dr. Stagel über Wien nach Böhmisch-Leipa zurückkehrte.

Die Reise war durch OLG-Präs. Dr. Meldt gut vorbereitet. Das gleiche gilt von den Besprechungen. Zu ihnen lagen durchweg schon schriftliche Stellungnahmen vor, die zu den Akten des Amts überreicht wurden und anliegen. Zu Beginn der Besprechungen gab OLG-Präs. Dr. Meldt jeweils eine zusammenfassende Darstellung der im Bezirk vertretenen Auffassungen unter Hervorhebung seiner persönlichen Stellungnahme, während MinDir. Altstötter die Absichten und Bestrebungen des Amts für Neuaufbau der Deutschen Gerichtsverfassung auseinandersetzte. In Graz war die Beteiligung an der Aussprache auch im übrigen sehr lebhaft und anregend, in Klagenfurt trat dagegen die Beteiligung der sonstigen Teilnehmer etwas zurück. Die Aussprachen waren besonders in Graz sehr fruchtbringend.

Die Fahrten wurden von Graz bis Villach im Dienstwagen des OLG-Präs. zurückgelegt, die Reise verlief ohne jeden Zwischenfall. Im überwiegenden Teil der Fahrt führte OLG-Präs. Dr. Meldt den Wagen selbst.

Die Reise hat ihren Zweck erreicht und kann als durchaus gelungen bezeichnet werden.

An den Besprechungen nahmen, außer MinDirektor Altstötter, MinRat Dr. Stagel und OLG-Präs. Dr. Meldt teil:

Am 15. Mai in Graz: GStA Dr. Meißner – vom OLG Vizepräs. Dr. Kwett, SenPräs. Dr. Bauer, SenPräs. Dr. Beier, SenPräs. Dr. Klar, SenPräs. Dr. Krauß, OLG-Rat Dr. Brunner, OLG-Rat Dr. Brandstetter, OLG-Rat Dr. Perchern, OLG-Rat Dr. Zafita, OLG-Rat Dr. Pucsko, OLG-Rat Dr. Pototschnig, OLG-Rat Dr. Mildner, LG-Dir. Dr. Seka, AG-Rat Dr. Weiß (Anton), AG-Rat Dr. Popelka, vom LG Präs. Dr. Schaeftlein, LG-Dir. Dr. Mally, LG-Dir. Dr. Waurisch, von AGen LG-Dir. Dr. Weiß (Fritz), derzeit Aufsichtsrichter b. AG Hartberg, OAR Dr. Ortner (Frohnleiten), vom LG Leoben Präs. Dr. Ossberger, aus der Untersteiermark LG-Rat Dr. Amlacher, OStA Dr. Seehofer, LG-Rat Dr. Müller (Alois), am 18. Mai in Klagenfurt: vom LG Klagenfurt: LG-Dir. Ohrfandl, an Stelle des erkrankten LG-Präs. Dr. Vorbeck, LG-Dir. Dr. Hellebard, LG-Dir. Dr. Blaas, LG-Dir. Dr. Puschgart, LG-Dir. Dr. Bogdan, LG-Dir. i.R. Dr. Techner (Hilfsrichter) – von AGen: AG-Dir. Dr. Krauland (Klagenfurt), AG-Dir. Dr. Krauß (Villach), SenPräs. i.R. Hilfsrichter Dr. Amlacher (Spittal a.d. Drau, der Vater des Beauftragten f.d. Rechtspflege i.d. Untersteiermark).

II. Der OLG-Bezirk. Der *OLG-Bezirk Graz* umfaßt die Reichs- und Parteigaue *Steiermark und Kärnten* und ist damit schön abgerundet. Dies wird auch so bleiben, wenn die Untersteiermark mit dem Reichsgau Steiermark und das Miestal, vielleicht auch Oberkrain mit dem Reichsgau Kärnten vereinigt sein werden. Gleichwohl streben die Kärtner von Steiermark fort und wollen die Errichtung eines eigenen Obergerichts erreichen. Sachlich besteht dafür kaum ein Anlaß. Der Gau Kärnten wird auch nach der etwaigen Einbeziehung von Oberkrain zu wenig Bevölkerung haben, als dass ein eigenes Obergericht lebensfähig sein würde. Bevölkerungsmäßig ist ein Unterschied zwischen den Steirern und Kärtnern kaum gegeben. Der Steirer ist vielleicht etwas aufgeweckter und schneller, der Kärtner etwas langsamer und schwerfälliger; dies macht sich auch in der Mundart bemerkbar, in der sich der Kärntner vom Steirer stärker abhebt. Auch ist der Kärntner vielleicht noch weniger unbotmäßig und streitsüchtig als der Steirer. Ansonsten neigt der Bevölkerungscharakter keine Verschiedenheiten. Beide Reichsgaue haben sich in der Kampfzeit des Nationalsozialismus besonders hervorgetan. Die Kärntner, die seit jeher national und freiheitlich gesinnt waren und im Gegensatz zur Bevölkerung der anderen Alpengaue klerikalen Einflüssen im allgemeinen nicht nachgaben, stellten wohl anteilsmäßig einen noch größeren Hundertsatz von Nationalsozialisten als die Steiermark, gleichwohl trugen die aktiveren Steirer schließlich doch mehr zum Siege des Nationalsozialismus in der Ostmark bei und so wurde Graz und nicht Klagenfurt zur „Stadt der Volkserhebung“. Die daraus entsprungene Eifersucht mag vielleicht auch etwas zur Abneigung der Kärntner gegen die Steirer beigetragen haben. Eine Sonderstellung nimmt in Kärnten der Bezirk von Lienz (Osttirol) ein, der früher zu Tirol gehörte, mit Rücksicht auf seine durch die Abtrennung von Südtirol herbeigeführte räumliche Trennung von Nordtirol, aber nach der Heimkehr der Alpen- und Donaugaue ins Reich mit Kärnten vereinigt wurde. Der Gauleiter von Tirol strebt die Wiedervereinigung Osttirols mit dem Reichsgau Tirol an. Die Bevölkerung des Bezirks strebt ebenfalls nach dieser Wiedervereinigung; die Lienzer fühlen sich weiter als Tiroler und nicht als Kärntner. Bis zu einem gewissen Grad mag die Abneigung in dem religiösen Gefühl der frommen Tiroler gegenüber den freidenkenden Kärntnern begründet sein. Auf der anderen Seite strebt der Bezirk Aussee, der früher zu Steiermark gehörte, und jetzt zu Oberdonau geschlagen ist, aus alter Anhänglichkeit nach Steiermark zurück; die Ausseer fühlen sich weiter als Steirer.

Größer als die bevölkerungsmäßigen Unterschiede sind die landwirtschaftlichen in den beiden Reichsgauen. *Die Obersteiermark* ist *ausgesprochenes Gebirgsland, zum Teil auch noch Mittelsteiermark.* Dagegen ist die *Ost- und Südsteiermark mehr Hügel- und Flachland* mit schon stark südlichem Einschlag. Dieser Landschaftscharakter findet sich auch in der Untersteiermark, deren slowenisch sprechende Landbevölkerung sich aber der Sprache – nicht auch der Rasse – nach von der rein deutschen Bevölkerung der übrigen Steiermark anhebt. *Kärnten ist ganz vorwiegend gebirgig* und trägt im Großglockner (3798 m) den höchsten Gipfel des Großdeutschen Reichs in seinem derzeitigen Umfang. Es hat aber auch im Drautal und im Wörtherseebecken fruchtbare ebene Landstriche von ebenfalls schon stark südlichem Gepräge. Mehr noch als die Untersteiermark ist Oberkrain, das übrigens früher nie verwaltungsmäßig mit Kärnten einen Einheit bildete, slowenischer Volksboden. Auch im südlichen Kärnten ist die slowenisch sprechende Bevölkerung stark vertreten, doch sind oder waren wenigstens diese Slowenen *stets deutsch- und kärntenfreundlich* gesinnt. Einen Beweis dafür lieferte die Volksabstimmung im Jahre 1920, die auch in Gebieten mit slowenischer Bevölkerungsmehrheit eine beträchtliche Stimmenmehrheit für das Verbleiben des Abstimmungsgebietes beim damaligen Österreich brachte.

Steiermark und Kärnten sind vorwiegend landwirtschaftliche Gebiete, wobei in den Gebirgsgegenden die Almwirtschaft und damit die Viehzucht eine große Rolle spielen. Doch ist, insbesondere in der östlichen Obersteiermark auch der Bergbau (Erzberg) und die damit zusammenhängende Industrie von ausschlaggebender Bedeutung. In Kärnten herrschen im allgemeinen ruhige wirtschaftliche Verhältnisse.

Die Verkehrsverhältnisse sind verhältnismäßig gut, waren es insbesondere in der Friedenszeit. Die Kriegsverhältnisse haben da freilich nicht unbeträchtliche Erschwerungen mit sich gebracht. Auch gibt es, insbesondere in Kärnten, viele langgezogene Gräben, die schwer zugänglich sind. Verkehrstechnisch völlig abgeschnitten liegt Mariazell, das im Winter vom übrigen Steiermark aus oft lange Zeit hindurch nicht erreichbar ist. Dagegen ist es mit dem angrenzenden Niederdonau durch eine elektrische Bahn verbunden. Seine Abtrennung von Steiermark und die Zuweisung zu Niederdonau wäre deshalb naheliegend. In Steiermark sträubt man sich aus wirtschaftlichen Gründen dagegen, weil der Kur- und Wallfahrtsort Mariazell mit seinem außerordentlich starken Fremdenverkehr viel Geld ins Land bringt. Nicht schlecht sind im besonderen die Verkehrsverhältnisse zwischen Kärnten und dem Sitz des OLG in Graz, insbesondere in Friedenszeiten. Es mag darum nicht so gut bestellt gewesen sein, als die Untersteiermark noch Ausland und die Packstraße noch nicht ausgebaut war. Damals war der Umweg über die Obersteiermark – Bruck a.d. Mur, Leoben und Neumarkter Sattel – notwendig, um von Graz nach Kärnten zu gelangen. Nun aber ist die verhältnismäßig kurze Bahnverbindung über Marburg und Unterdraunburg wieder offen und die neuzeitlich ausgebaute Packstraße bietet eine kurze und bequeme Kraftwagenverbindung zwischen Graz und Klagenfurt; in Friedenszeiten besteht auch ein günstiger Autobusverkehr auf dieser Straße zwischen den beiden Städten. Verkehrstechnisch und wirtschaftlich gehört das verwaltungs-, partei- und justizmäßig zum Reichsgau Salzburg gehörende oberste Murtal, der Lungau (Landrat in Tamsweg, Age in Tamsweg und St. Michael) zur Steiermark. Seine Abtrennung von Salzburg und die Angliederung an Steiermark wäre naheliegend.

Die gebirgigen Teile der beiden Raichsgau sind naturgemäß dünn besiedelt. Das führt dazu, dass viele Verwaltungs- und Gerichtsbezirke räumlich sehr ausgedehnt sind und doch nur über wenig Bevölkerung verfügen.

Untersteiermark, Miestal und Oberkrain. Die ehemals zu Jugoslawien gehörenden „besetzten Gebiete der Untersteiermark, Kärntens und Krains" sind noch nicht förmlich ist Reich eingegliedert. Die Untersteiermark untersteht dem Gauleiter und Reichsstatthalter von Steiermark als Chef der Zivilverwaltung, das kärntnerische Gebiet (das Miestal) und Oberkrain dem Gauleiter und Reichsstatthalter von Kärnten in gleicher Eigenschaft. *Die Rechtspflege ist von den Chefs der Zivilverwaltungen den „Beauftragten für die Rechtspflege" übertragen, und zwar in der Untersteiermark dem LG-Rat Dr. Amlacher, in Kärnten und Oberkrain dem Klagenfurter Rechtsanwalt Dr. Messiner.* Ihnen sind die erforderlichen Kräfte an Richtern, Staatsanwälten und sonstigen Beamten vom OLG-Präs. zur Verfügung gestellt. In der Untersteiermark stehen dem Beauftragten für die Rechtspflege insbesondere OStA Dr. Seehofer und LG-Rat Dr. Alois Müller zur Seite. Einen erschöpfenden Überblick über den *derzeitigen Aufbau der Gerichtsbarkeit in der Untersteiermark gibt Dr. Amlacher in einem Aufsatz im „Deutschen Recht" 1944 S. 271 Heft 17/18*, auf den der Kürze halber verwiesen werden soll. Es sei nur kurz hervorgehoben, dass in der Untersteiermark eine Reihe von Reformen schon durchgeführt sind, die für die Justizreform im Reich ins Auge gefaßt oder doch in Erwägung gezogen sind und die sich nach Angabe der in der Untersteiermark tätigen Richter dort bestens bewähren. In Betracht kommen insbesondere: *Einheitliches Eingangsgericht* (Bezeichnung „Gericht") mit fast ausschließlicher Zuständigkeit (nur die Ehescheidungen und die Handelsregisterführung sind aus besonderen örtlichen Gründen noch beim Gericht in Marburg vereinigt) und einheitlichem, frei gestalteten Verfahren; *einheitliches Rechtsmittel; Familienrichter; durchwegs Einzelrichter in erster Instanz mit Ausnahme der schweren Kriminalität; Zweimännerkammer in der Rechtsmittelinstanz, wobei der Vorsitzende allein entscheidet, der zweite Richter nur beratende Stimme* hat. Rechtsmittelinstanz ist die „Rechtsmittelstelle in Marburg" (Dr. Müller).

In Miestal und in Oberkrain heißen die mit den gerichtlichen Aufgaben betrauten Stellen noch „Dienststellen des Beauftragten für die Rechtspflege". In Miestal besteht eine solche Dienststelle in Prävali. In Oberkrain sind acht Dienststellen tätig. Es gibt keine dem LG entsprechende Stelle, wohl aber einen Beschwerdesenat für Zivilsachen, ferner zwei Strafkammern, eine für politische, die andere für unpolitische Strafsachen. Beisitzer bei der politischen Strafkammer sind ein Offizier vom SD und ein politischer Leiter; bis vor kurzem war die Strafgerichtsbarkeit ganz in Händen der Polizei.

III. Zur Gerichtsorganisation.

1. Drei- oder Viergliederung. Der *Übergang vom vier- zum dreigliedrigen Gerichtsaufbau* wird allgemein begrüßt, meist sogar sehr warm. LG-Rat Dr. Amlacher (der Beauftragte für die Rechtspflege in der Untersteiermark) geht sogar so weit, ihn geradezu als erforderlich zu bezeichnen; er könne und solle schon während des Krieges durchgeführt werden. Dr. Amlacher gab auch die Anregung, die geplante Justizreform zunächst probeweise nur in den Alpen- und Donau-Reichsgauen

einzuführen. Auch beim LG Graz findet man durchschlagende Gründe für die Auflassung der kleinen AGe, hegt aber Bedenken, ob sich der Übergang zum dreigliedrigen Aufbau sogleich und schlagartig werde durchführen lassen. Der LG-Präs. in Graz glaubt vielmehr, dass sich der dreigliedrige Aufbau ohne Schaden nur sehr allmählich durchführen lassen werde. In Klagenfurt wird der Übergang zum dreigliedrigen Aufbau zwar nicht für geradezu erforderlich, aber doch für zweckmäßig und auf alle Fälle für unbedenklich gehalten. Ähnlich erklärt man in Leoben, dass zwar zwingende Gründe für eine Änderung der gegenwärtigen Gerichtsorganisation nicht vorliegen, dass aber der Übergang zum dreigliedrigen Aufbau mit einem Eingangsgericht und einheitlichem Rechtszug sehr zweckmäßig und vor allem ganz unbedenklich wäre. Ebenso hält man beim OLG den Übergang zum dreigliedrigen Aufbau im allgemeinen für unbedenklich und sehr zweckmäßig. Nur SenPräs. Dr. Beier hat Bedenken geäußert, die er aber angesichts der Aussicht, den Richtern durch die Schaffung größerer Eingangsgerichte wesentlich erhöhte Entfaltungsmöglichkeiten auf allen Gebieten zu eröffnen, zurückstellt.

Man sieht in der Schaffung eines einheitlichen Eingangsgerichts bedeutende Vorteile sowohl für die Bevölkerung als für die Richterschaft. Die Bevölkerung werde an eine einheitlich Gerichtsstelle gewiesen, wo sie alle ihre gerichtlichen Angelegenheiten vorbringen könne. Es sprächen Gründe der *Einfachheit, Klarheit und Übersichtlichkeit* im Aufbau der Gerichte und im Rechtsmittelzug dafür. Für die bisherige Zuständigkeitsverteilung zwischen Amts- und Landgericht ließen sich einleuchtende Gründe nicht finden. Die Aufteilung nach der Höhe des Streitwerts widerspreche nationalsozialistischem Rechtsempfinden. Die Dreigliederung entspreche auch dem Behördenaufbau in der allgemeinen Verwaltung. Für den Richter entfalle die *Gefahr des Verbauerns und der Stammtischunsitten*, es mindere sich für ihn die *Gefahr ungeeigneter Eheschließungen*. Er erhalte im größeren Ort wesentlich größere Möglichkeiten der Fortbildung und der Aussprache mit Berufskameraden; er habe für seine Kinder die entsprechenden *Schulen am Ort* und werde schon deshalb dort länger seßhaft bleiben wollen. Die Zusammenfassung der Geschäfte bei einem größeren Gericht wirke auch *kräftesparend* und vermeide die Unterbeschäftigung einzelner Richter bei Zwerggerichten, die sein Ansehen bei der Bevölkerung beeinträchtige. Die Gefahr, dass die enge Verbundenheit des Richters mit der Bevölkerung und das Vertrauen zu ihm Einbuße erleide, könne durch bezirksweise Verteilung der Geschäfte und die häufige Anwesenheit des Richters in „seinem" Bezirke wesentlich herabgemindert werden, insbesondere wenn in Friedenszeiten die Verkehrsverhältnisse wieder besser seien. Wahrend des Kriegs werde freilich die Durchführung wegen der kriegsbedingten schlechteren Verkehrslage in den weiträumigen gebirgigen Teilen des OLG-Bezirks zu Schwierigkeiten kommen können. Auch dürfte die für die Neuordnung erforderliche Zahl besonders qualifizierter Richter derzeit noch nicht zur Verfügung stehen.

2. Wie könnte die künftige Gerichtseinteilung im OLG-Bezirk Graz gestaltet werden?

a) *LG-Bezirk Graz:* Eingangsgerichte in Graz, Veitsberg, Deutsch-Landsberg, Leibnitz, Radkersburg, Feldbach, Fürstenfeld, Oberwart, Hartberg, Weiz.

Insgesamt ergibt sich für den LG-Bezirk Graz ein Richterbedarf von etwa 79 Richtern gegenüber derzeit 144 Planstellen (97 bei den AGen, 47 beim LG).

b) *LG-Bezirk Leoben:* Eingangsgerichte in Leoben, Lietzen, Bruck a.d. Mur, Judenburg.

c) *LG-Bezirk Klagenfurt:* Es darf freilich nicht verkannt werden, dass die geplante Auflassung von Gerichten auf den schwersten Widerstand der führenden Kreise in Kärnten stoßen wird. Gauleiter Dr. Rainer ist überhaupt gegen die Auflassung der kleinen AGe; er meint, dass es gerade das Richtige sei, wenn der Richter verbauere. Auch die bei den Besprechungen anwesenden Richter glaubten, ihre Bedenken, die sie gegen Zusammenfassung der von ihnen vorgeschlagenen Bezirke geäußert hatten, nicht zurückstellen zu können.

Eingangsgerichte in Spittal a.d. Drau, Villach, St. Veit a.d. Glau, Klagenfurt, Völkermarkt, Wolfsberg, Lienz.

d) *Untersteiermark.*

In der *Untersteiermark*, in der früher zwei den LGen entsprechende Kreisgerichte in Marburg und Cilli sowie 22 den AGen entsprechende Bezirksgerichte bestanden, sind jetzt 10, vielfach nur mit je 1 Richter besetzte Gerichte und 11 je mit 1 Rechtspfleger besetzte Zweigstellen eingerichtet. In Marburg besteht eine „Rechtsmittelstelle". Im einzelnen sind folgende Gerichte eingerichtet:

1. Cilli, ohne Zweigstelle, mit 85.335 Einwohnern und 2 Richtern.
2. Erlachstein mit Zweigstelle Rehitsch, 26.027 Einwohner, ? Richter.
3. Luttenberg mit Zweigstelle Oberradkersburg, 40.030 Einwohner, 1 Richter.
4. Marburg, ohne Zweigstelle, 109.208 Einwohner, 9 Richter und 1 Assessor (einschl. Verwaltung und Rechtsmittelstelle).
5. Pettau mit Zweigstelle Leonhard i.d.B., 103.689 Einwohner, 5 Richter.
6. Rann mit Zweigstellen Drachenburg, Gurkfeld und Lichtenwald, Einwohnerzahl steht noch nicht fest, da Umsiedlungsgebiet, 2 Richter.
7. Schönstein mit Zweigstelle Oberburg, 36.462 Einwohner, 1 Richter.
8. Trifail mit vorläufigem Sitz in Tüffer mit Zweigstelle Ratschach, Einwohnerzahl noch unbestimmt, da Umsiedlungsgebiet, 2 Richter.
9. Windischfeistritz mit Zweigstelle Gonobitz, 39.805 Einwohner, 1 Richter.
10. Windischgraz mit Zweigstelle Mahrenberg, 30.549 Einwohner und 1 Richter.

Als Eingangsgerichte, wie sie für die Neuordnung gedacht sind, werden eine Reihe dieser Gerichte nicht lebensfähig sein. An eine genaue Planung für die künftige Gerichtseinteilung kann aber erst geschritten werden, wenn sich die Verhältnisse in dem Gebiet gefestigt haben.

e) *Oberkrain.* Hier werden die Geschäfte der Rechtspflege noch von im wesentlichen den AGen entsprechenden „Geschäftsstellen des Beauftragten für die Rechtspflege" besorgt. Solange nicht feststeht, in welcher Form das Gebiet dem Reich eingegliedert werden wird, kann von einer Planung für die künftige Gerichtseinteilung abgesehen werden.

In Kärnten wird, insbesondere auch von Seiten des Gauleiters mit besonderem Nachdruck die Schaffung eines eigenen Obergerichts in Klagenfurt gefordert, hauptsächlich aus dem oben geschilderten Gegensatz zu Steiermark. Sachliche Gründe sind dafür kaum vorhanden. Der Gau zählt lange nicht 500.000 Einwohner und es wäre daher ein eigenes Obergericht kaum lebensfähig. Bei den im Frieden ausgezeichneten Verkehrsverhältnissen kann auch die ins Treffen geführte Entfernung nach Graz keine ausschlaggebende Rolle spielen, insbesondere wenn, wie gewollt, auch das Obergericht beweglich wird und erforderlichenfalls Sitzungen in Kärnten abhält.

LG-Präs. Dr. Oersberger (Leoben) warf die Frage einer Zwischenverwaltungsstelle zwischen Obergericht und Eingangsgerichten auf und regte an, am Sitze der jetzigen LGe solche Zwischenstellen einzuschalten, also z.B. für die Obersteiermark in Leoben. Darauf wird unten noch näher eingegangen.

Der gesamte Kräftebedarf für den OLG-Bezirk Graz wird sich auf etwa 145 Richter belaufen gegenüber jetzt 292 Planstellen; dazu muß allerdings eine Reserve für Urlaube, Erkrankungen und dergleichen kommen.

3. *Aufbau des Eingangsgerichts.*

a) *Bezeichnung.* Vom LG Graz werden die Bezeichnungen „Das Gericht in ...“, „das Obergericht in ...“ und „Das Reichsgericht“ vorgeschlagen. Ebenso schlägt Klagenfurt „Gericht“ und „Obergericht“ vor. Dagegen werden vom OLG und in Leoben die Bezeichnungen „Landgericht“, „Oberlandgericht“ und „Reichsgericht“ vorgeschlagen mit der Begründung, dass die Bezeichnungen „Gericht“ und „Obergericht“ zu kahl und dürftig lauten, man erwarte aus historischen Gründen für das Gericht ein kennzeichnendes Beiwort; das Eingangsgericht spreche das allgemeine Recht, das „Landrecht“, es sei das Gericht, das „im Lande“ liege, außerdem entspreche die Bezeichnung „Landgericht“ auch dem „Landrat“ und unterscheide sich vom Kreisgericht der Partei. SenPräs. Dr. Beier schlägt „Amtsgericht“ vor oder auch „Kreisgericht“; diese zweite Bezeichnung bringt auch AG-Direktor Dr. Kraus (Villach), der meint, die Parteigerichte könnten ihre Bezeichnung ändern. In der Untersteiermark führen die dort eingerichteten erstinstanzlichen Gerichte die Bezeichnung „Gericht“ schlechtweg; auf der Amtstafel lautet die Aufschrift z.B. „Das Gericht Marburg“.

b) *Zweigstellen, Gerichtstage, Reiserichter.* Im allgemeinen ist die Stimmung *gegen die Schaffung von Zweigstellen*; solche sollen nur in Fällen unbedingten Bedarfs errichtet werden. *Besondere Bedenken* richten sich *gegen die nur mit Rechtspflegern besetzten Zweigstellen*, weil dadurch die Neigung zu Zuständigkeitsüberschreitungen begünstigt werde. Als typisches Beispiel für die Gefahren solcher Zweigstellen bezeichnete LG-Rat Dr. Müller die Zweigstelle des Gerichts Pettau (heute Ptuj/Slowenien) in Leonhard in den Büheln, wo der sehr tüchtige und rührige Rechtspfleger den Richter in seiner Vertrauensstellung bei der Bevölkerung zu verdrängen drohe. Von OA-Richter Dr. Dinkhauser (St. Veit a.d. Gl.) wurde angeführt, dass dort, wo kein Richter sitze, der Betrieb lässig geführt werde („wenn der Richter nicht da ist, ist im Lande Sonntag“). Doch wird von mancher Seite, so vom OLG, vom LG-Präs. in Leoben und von LG-Rat Dr. Amlacher gerade die Einrichtung von mit Rechtspflegern besetzten Zweigstellen empfohlen; die Zuständigkeit der Rechtspfleger solle dazu noch erweitert werden. Wie schon im einzelnen ausgeführt, wird sich im OLG-Bezirk Graz die Schaffung einzelner mit Richtern besetzter Zweigstellen teils wegen der Abgeschiedenheit mancher Bezirke (Mariazell, Eisenerz, vielleicht auch Kötschach), teils wegen der besonderen Verhältnisse und der nahen

Reichs- und Sprachgrenze (Jennersdorf, Güssing, Prävali) voraussichtlich nicht vermeiden lassen. LG-Dir. Dr. Blaas (Klagenfurt) meint freilich, dass damit das kleine AG wieder auflebe.

Allgemein wird dagegen die Abhaltung reichlich bemessener *Gerichtstage*, die sich schon jetzt in den Orten der G-Gerichte sehr bewährt haben, und einer erhöhten Reisetätigkeit der Richter das Wort geredet. Nötig sei dazu aber die Ausstattung der Eingangsgerichte mit Kraftwagen (Leoben: mit einem eigenen „Rechtsprechungswagen"), um unnötige Zeitverluste zu vermeiden. Nach den Ausführungen des OLG-Präs. werden überhaupt alle Hilfsmittel für eine entsprechende Beweglichkeit des Richters begrüßt werden. An die Orte der etwa nur mit Rechtspflegern besetzten Zweigstellen und an die Gerichtstagorte solle tunlichst immer derselbe Richter kommen, um sich entsprechende Orts- und Personalkenntnisse zu erwerben.

Überwiegend ging – und zwar im Gegensatz zu der im OLG-Bezirk Innsbruck vertretenen Auffassung – die Meinung dahin, dass das *Grundbuch stets am Sitze des Eingangsgerichts* geführt werden solle und nicht etwa bei einer Außenstelle. Es sei wohl richtig, dass der Bauer häufig das Grundbuch einsehen und es deshalb möglichst bei der Hand haben wolle, das beruhe aber nur auf Neugierde, notwendig sei diese häufige Einsichtnahme nicht. Dagegen werde das Grundbuch vom Notar und vom Gericht häufig gebraucht und solle für diese Stellen zur Hand sein. Dadurch werde auch ein unnötiger Schriftwechsel erspart. Die Einsicht nehmende Partei brauche überdies in der Regel auch gleich fachlichen Rat und den könne ihr nur ein Richter oder Notar geben. Einzelne Gegenstimmen (GStA Dr. Meißner, LG-Präs. Schaeftlein, LG-Rat Dr. Amlacher) wurden allerdings auch laut; sie wollen das Grundbuch zu den Zweigstellen, soweit solche errichtet werden, verlagert wissen.

c) *Zuständigkeit der Eingangsgerichte.*

Einhellig ist die Meinung, dass den einheitlichen Eingangsgerichten *grundsätzlich die gesamte Rechtspflege erster Instanz* in Zivil- und Strafsachen zu übertragen sei, und zwar auch die Spezialgerichtsbarkeit wie die Arbeits- und Anerbengerichtsbarkeit. Auseinander gingen die Meinungen nur hinsichtlich der Erbgesundheitsgerichte; die überwiegende Ansicht ist, dass diese, weil die Behandlung der Erbgesundheitssachen besondere Sachkunde verlange, bei einzelnen Gerichten zentralisiert werden müßten. Ebenso war die überwiegende Meinung die, dass auch andere Spezialwissen erfordernde Sachen (große Handelssachen und dergleichen) bei einzelnen größeren Gerichten zusammengefaßt werden sollten. Das gleiche wurde überwiegend hinsichtlich der schweren Kriminalität vertreten, wobei die Ansichten nur darüber verschieden waren, wo die Grenze zu ziehen sei (über 5 Jahre Freiheitsstrafe oder nur Kapitalsachen). Diese schweren Strafsachen sollten am Sitze der bisherige LGe durch Kammern entschieden werden. Die Beibehaltung der *Sondergerichte* sei dagegen *entbehrlich*. Aus Graz kommt der Vorschlag, der Beschleunigung halber solle das Gericht die sofortige Vollstreckbarkeit eines Strafurteils aussprechen können, der Ausschluß jedes Rechtsmittels wie bei den Sondergerichten sei aber als Dauermaßnahme unerwünscht.

GStA Dr. Meißner und OStA Dr. Seehofer wünschen, der StA solle außer bei dem nach den allgemeinen Vorschriften zuständigen Gericht auch bei dem Gericht am Sitze der Staatsanwaltschaft anklagen können. Dagegen wurden jedoch erhebliche Bedenken geäußert; der StA solle sich mit der nach österreichischem Recht bestehenden Delegierungsmöglichkeit *durch eine richterliche Stelle* begnügen.

d. Beteiligung von Laien und Schöffen an der Rechtsprechung. Fast durchweg ist *man gegen die Beiziehung von Laienrichtern und Schöffen* eingestellt. Es wird im allgemeinen darüber geklagt, dass man mit den Laien schlechte Erfahrungen gemacht habe; sie seien ihrer Aufgabe nicht gewachsen und Beeinflussungen durch gesellschaftliche, wirtschaftliche und genossenschaftliche Bindungen zugänglich; es fehle ihnen an der Schulung, die der Richter zur Ausübung seines Berufes brauche; Hilfe brächten sie dem Richter nicht. Einzelne Gegenstimmen wurden auch laut (SenPräs. Dr. Bauer, OLG-Rat Dr. Mildner, der gute Erfahrungen in Versicherungsschiedsgerichten gemacht hat). LG-Rat Dr. Amlacher empfiehlt, nach dem in der Untersteiermark eingeführten Beispiel für größere Strafsachen Beiziehung *eines* qualifizierten Schöffen neben zwei Berufsrichtern, und zwar sollten leitende Persönlichkeiten aus Partei und Staat oder höhere SS- oder SA-Führer beigezogen werden. In Graz wendet man sich auch gegen diesen Vorschlag. In Leoben und Klagenfurt will man den Laien und Schöffen, wenn man sie schon nicht ganz entbehren zu können glaube, nur beratende Stimme einräumen. Dagegen wendete sich jedoch AG-Rat Dr. Mannzen (Bruck a.d. Mur); nach seiner Ansicht müssen die Volksrichter beim Anerben- und Arbeitsgericht und bei den Erbgesundheitsgerichten Vollrichter sein; er habe keine schlechten Erfahrungen mit den Beisitzern gemacht. Gegen die Beiziehung der Beisitzer in Erbgesundheitssachen wurden auch sonst wesentliche Bedenken nicht geäußert, mehr schon gegen die bäuerlichen Beisitzer in Anerbensachen. Es wurde darüber geklagt, dass diese oft mit gebundener Marschroute vom Bauernführer kommen.

e. *Friedensrichter.* Aus den gleichen Gründen wie die Laienrichter und Schöffen wird auch der *Friedensrichter einmütig abgelehnt.* Es stünden dafür geeignete Persönlichkeiten nicht zur Verfügung. Die ländliche Bevölkerung stehe einer solchen Einrichtung ablehnend gegenüber, während der Richter ihr Vertrauen genieße (SenPräs. Dr. Beier).

f. *Abgabe von Aufgaben an andere Stellen.* Für eine Abgabe jetzt den Gerichten zugewiesener Geschäfte an andere Stellen besteht im allgemeinen keine Neigung. Das OLG glaubt höchstens für die Abgabe geringfügiger Strafsachen (Übertretungen) an die Verwaltungsbehörde eintreten zu können, wobei es immer noch fraglich sei, ob dies für die Bevölkerung günstig wäre, zumal da die Verwaltungsbehörden weit strenger zu ahnden pflegen als die Gerichte. Beim LG Graz weist man in diesem Zusammenhang darauf hin, dass *in den Alpen- und Donau-Reichsgauen die Übertretungen des Reichsstrafgesetzbuches schon jetzt zur Zuständigkeit der Verwaltungsbehörden* gehören; eine weitere Abgabe sei unerwünscht. In Klagenfurt hält man die Abgabe gewisser Angelegenheiten der außerstreitigen Gerichtsbarkeit an die Jugendämter und der kleinsten Strafsachen an die Polizei- oder Verwaltungsbehörde für möglich. LG-Rat Dr. Amlacher wendet sich insbesondere gegen eine etwaige Abgabe der Grundbuchgeschäfte und trat für die Beseitigung der Zweigleisigkeit

Landrat – Gericht in Verbrauchsregelungssachen ein; diese Sachen solle zuerst der Staatsanwalt sieben und die minderen dem Landrat überlassen.

In Klagenfurt und Leoben ist man der Ansicht, dass die *Zuständigkeit des Rechtspflegers erweitert* werden könne; es könne ihm übertragen werden: *Zahlungsbefehle, Zahlungsaufträge, Rechtskraftbestätigungen, die Zwangsvollstreckung in das bewegliche Vermögen, gewisse Vormundschaftsgeschäfte, Grundbuchsachen, das Handelsregister, Strafvollstreckung, die Aufnahme von Anträgen, Kostenwesen, einfache Ermittlungen und Beweisaufnahmen.* Auch LG-Rat Dr. Amlacher trat für eine Erweiterung des Wirkungskreises der Rechtspfleger ein, wie sie in der Untersteiermark schon durchgeführt worden sei.

Gegen die etwaige Übertragung gewisser richterlicher Geschäfte z.B. der Zwangsverwaltungen und Zwangsversteigerungen auf die Notare spricht nach Ansicht des SenPräs. Dr. Bauer die dadurch eintretende Verteuerung des Verfahrens.

g. *Besetzung der Gerichte.* Für Zivilsachen geht die einhellige Auffassung dahin, dass das Eingangsgericht grundsätzlich durch Einzelrichter entscheiden solle; darüber, ob und inwieweit hiervon Ausnahmen zu machen seien, gehen die Meinungen auseinander. In Leoben ist man für die restlose Durchführung des Einzelrichtergrundsatzes, der sich durchaus bewährt habe. Den gleichen Standpunkt vertritt LG-Rat Dr. Amlacher. Auch in Klagenfurt ist eine Reihe von Richtern (LG-Dir. Boschau, AG-Dir. Krauland, Ag-Dir. Krauß) der gleichen Ansicht, zu der auch der OLG-Präs. neigt. Zur Begründung wurde insbesondere angeführt, dass das Einzelrichtertum die Entschlußfreudigkeit habe; besprechen könne sich der Richter auch außerhalb der Verhandlung. Das LG Graz will in erster Instanz vom Einzelrichtergrundsatz nur abweichen, soweit man für Spezialsachen (in der Arbeits-, Bauern- und Erbgesundheitsgerichtsbarkeit) Laienbeisitzer beizuziehen für notwendig finde. Auch beim OLG ist man wohl im Wesen für die Aufrechterhaltung des Einzelrichtergrundsatzes. Immerhin stellt man dort zur Erwägung, dem Einzelrichter zu überlassen, einen zweiten Richter mit beratender Stimme zuzuziehen, wenn er es für nötig halte. Zweckmäßiger sei es jedoch, einen Sachverständigen zu Rate zu ziehen und sich die Entscheidung allein vorzubehalten. *Wolle man für gewisse Sachen eine Kammerentscheidung vorsehen, so solle es dem Vorsitzenden überlassen bleiben, ob er nur einen oder zwei Beisitzer zuziehen wolle,* die dann auch das Stimmrecht haben sollen. Die Unterlassung der Zuziehung des dritten Richters solle aber nicht anfechtbar sein. SenPräs. Dr. Beier will nur für sehr schwierige Gebiete wie Patent-, Urheberrechts- und Wettbewerbssachen ein Kollegium vorgesehen wissen. Ein eigenartiges Sytem haben einzelne Richter in Klagenfurt (LG-Dir. Hellebard und Blaas) ausgedacht: Bei größeren und schwierigeren Sachen soll der Einzelrichter nach seinem Ermessen zwei weitere Richter zuziehen können, in Handelssachen jedoch einen Richter und einen Laienbeisitzer. Stimmrecht sollen nur die Berufsrichter haben, der Laienbeisitzer nur beratende Stimme. Es müsse daher bei der Beiziehung eines Laienrichters die Stimme des Vorsitzenden den Ausschlag geben. Für Spezial- (Arbeits-, Bauern, Erbgesundheits-) gerichte komme die Zuziehung von je zwei beratenden Beisitzern in Frage. Die Zuziehung von Beisitzern für größere und schwierigere Sachen sei von Vorteil, damit nichts übersehen werde.

Das *Rechtsmittelgericht* soll nach allgemeiner Auffassung *mit drei Berufsrichtern* besetzt werden, nur in Klagenfurt wird zum Teil auch hier wieder empfohlen, in Handelssachen den zweiten Beisitzer durch einen Laien mit beratender Stimme zu ersetzen.

Für Strafsachen ist man allgemein der Ansicht, dass über leichtere Streitfälle – etwa *bis zu einer Freiheitsstrafe von 5 Jahren – der Einzelrichter* entscheiden solle, Fälle schwerer Kriminalität jedoch *vor eine Kammer* gebracht werden müßten. Das OLG schlägt vor, für Fälle mit zu erwartender Strafe von 5–10 Jahren ein Zweierkollegium entscheiden zu lassen, mit der Möglichkeit, in besonders schwierigen Fällen einen dritten Richter beizuziehen. In den ganz schweren Fällen solle stets eine Dreirichterkammer entscheiden. Auch beim LG Graz ist man dafür, die bei einzelnen Gerichten zusammengefaßten Fälle schwerer Strafgerichtsbarkeit einer Dreimännerkammer zusammenzuweisen. In Leoben wird für die Fälle, in denen mehr als 5 Jahre Zuchthaus zu erwarten sind, eine aus zwei Berufsrichtern und zwei Schöffen zusammengesetzte Kammer vorgeschlagen; AG-Rat Dr. Mannsen tritt für die mit 1 Berufsrichter und 2 Schöffen besetzte Kammer ein. In Klagenfurt wird von den Richtern, die auch in Zivilsachen eine stärkere Abkehr vom Einzelrichtertum befürworten, vorgeschlagen: Der Einzelrichter solle nach seinem Ermessen oder, wenn der Staatsanwalt eine Freiheitsstrafe von 5–10 Jahren beantragt, einen richterlichen Beisitzer und einen nur mit beratender Stimme ausgestatteten Schöffen zuzuziehen. Über Fälle schwerster Kriminalität soll die am Sitze des Obergerichts errichtete mit 3 Richtern besetzte „Große Strafkammer" urteilen. OStA Dr. Seehofer tritt für eine einfache Lösung ein: Einzelrichter, bei zu erwartender Strafe von mehr als 5 Jahren Kammer. Für die Rechtsmittelinstanz befürwortet LG-Rat Dr. Amlacher die in der Steiermark eingeführte Zweimännerkammer, in der der zweite Richter nur beratende Stimme hat.

h. *Abstimmungs- und Führerprinzip.* Die *Meinungen* hierüber sind *geteilt.* Die Mehrheit der Richter scheint *für die Beibehaltung des Abstimmungsgrundsatzes* zu sein, wenigstens *soweit Berufsrichter* in Frage kommen. *Für Laienrichter* wird, soweit sie nicht überhaupt abgelehnt werden, *nur beratende Stimme* befürwortet (so OLG Klagenfurt, Leoben mit Ausnahme des AG-Rats Mannsen, der den Laienbeisitzern volles Stimmrecht gewähren will). Den Führergrundsatz auch in der nur mit Richtern besetzten Kammer vertreten insbesondere OLG-Präs. Dr. Meldt, ferner LG-Rat Dr. Amlacher (der aber glaubt, dass das Problem überschätzt werde). SenPräs. Dr. Bauer meint, dass der *Versuch* unternommen werden könnte, *das in der Untersteiermark eingeführte Führerprinzip* zu übernehmen. Der Gefahr der Abstumpfung der nur mit beratender Stimme ausgestatteten Richter könne durch gewissenhafte und kollegiale Behandlung der Sachen durch den Vorsitzenden begegnet werden. Für den Führergrundsatz wurde ins Treffen geführt, dass der Vorsitzer eine starke Führerpersönlichkeit sein müsse. Dem wurde aber entgegengehalten, dass auch die Beisitzer hochstehende Führerpersönlichkeiten sein sollen und dass sich eine Führerpersönlichkeit auch in der Abstimmung durchzusetzen wisse (so insbesondere GStA Dr. Meißner, LG-Präs. Dr. Schaeftlein, AG-Rat Dr. Weiß). SenPräs. Dr. Bauer hält die Aufrechterhaltung der Abstimmung insbesondere aus psychologischen Gründen für erforderlich. Die Verweigerung des Stimmrechts führe dazu, dass sich die nur mit beratender Stimme ausgestatteten Richter nicht so gründlich mit der Sache befassen. Die Laienrichter insbesondere würden die Freude an ihrer Heranziehung verlieren und diese nur noch als Belastung empfinden.

Beim OLG hält man es für notwendig, nach außen hin zum Ausdruck zu bringen, wenn der Vorsitzende überstimmt worden sei, etwa durch Unterfertigung der Entscheidung in solchen Fällen nicht durch den Vorsitzenden, sondern durch einen Beisitzer. In Klagenfurt schlägt man vor, dass abweichende Meinungen in einem Beratungsprotokoll niedergelegt werden sollen. Bei Stimmengleichheit unter den Berufsrichtern solle in Zivilsachen die Stimme des Vorsitzenden, in Strafsachen die dem Angeklagten günstigere Stimme den Ausschlag geben.

i. *Richtergehilfe.* Die Aufnahme dieses Vorschlags ist verschieden. *Das OLG lehnt ihn glatt ab*; der Richter oder Vorsitzer müsse den Akt selbst vollkommen beherrschen, ein „Vorkauen" durch einen anderen sei abzulehnen; wenn man junge Leute ausbilden wolle, solle man sie mit der Führung des Verhandlungsprotokolls betrauen. Beim LG Graz meint man dagegen, dass der Richtergehilfe einem tüchtigen Richter gute Dienste leisten könne; doch werde die Entlastung höchstens die mit der Betreuung und Ausbildung der Richtergehilfen verbundene Arbeit wettmachen. In Leoben hält man die Einrichtung für zweckmäßig und wünschenswert im Interesse der Weiterbildung der jungen Richterkräfte; nur AG-Rat Dr. Mannzen lehnt den Richtergehilfen ab, jeder Richter müsse mit seiner vollen Persönlichkeit eingesetzt werden. In Klagenfurt empfiehlt man den Richtergehilfen insbesondere zur Verfassung von Erledigungsentwürfen und zum Absetzen von Entscheidungen. Auch LG-Rat Dr. Amlacher hält den Richtergehilfen für sehr zweckmäßig und sieht in dieser Einrichtung die beste Schulung.

k. *Geschäftsverteilung, Familienrichter usw. Vorwiegend wird die Geschäftsverteilung nach Bezirken* befürwortet, und zwar nicht nur für das Eingangsgericht, sondern auch für das Obergericht. Jeder Richter müsse die Fähigkeit haben, auf allen Gebieten Recht zu sprechen. Durch die Verteilung nach Bezirken werde die *Ortsverbundenheit* gefördert und überdies die wünschenswerte *Zusammenfassung zusammengehöriger Sachen in einer Hand* ermöglicht (OLG). Beim LG Graz hält man wenigstens die Verteilung großer Teile der richterlichen Geschäfte nach Bezirken für angezeigt, so der Streit-, Vollstreckungs- und Außerstreitsachen; fraglich sei dagegen, ob nicht Strafsachen, Jugendsachen, Anerben- und Arbeitssachen, statt sie bezirksweise zu verteilen, in der Hand *eines* Richter zusammengefaßt werden sollten; für die Bestellung insbesondere eines Jugendrichters spreche, dass dafür nur besonders geeignete Richter bestellt werden sollen, andererseits sollten seine Aufgaben nicht dem Vormundschaftsrichter entzogen werden. LG-Rat Dr. Amlacher glaubt, dass die Verteilung nach Bezirken erst gewagt werden könne, wenn lauter hervorragende Richter zur Verfügung stehen; bis dahin müsse man dem Präsidenten freie Hand lassen, die Geschäfte nach bester Zweckmäßigkeit zu verteilen. In Leoben und Klagenfurt tritt man dagegen für Geschäftsverteilung nach sachlichen Gesichtspunkten und nicht nach Bezirken ein, wobei ineinandergreifende Rechtsgebiete, wie z.B. Ehe- und Vormundschaftsrecht, Prozeß und Vollstreckung, Grundbuch- und

Erbhofsachen je in einer Hand vereinigt werden könnten (Leoben). Grundsätzlich müsse insbesondere nach Straf- und Zivilrecht geteilt, insbesondere das Jugendstrafrecht abgesondert werden; der Richter könne eben nicht alles beherrschen (Klagenfurt).

l. *Verfahren vor dem Eingangsgericht.* Durchwegs wird befürwortet, das Verfahren vor dem Eingangsgericht *nach den Grundsätzen des amtsgerichtlichen Verfahrens* zu gestalten. Dem Richter solle aber die Möglichkeit eingeräumt werden, in geeigneten Fällen die schriftsätzliche Vorbereitung der mündlichen Verhandlung aufzutragen. Für Personenstandssachen müßte es bei den schon eingeführten Verfahren der amtswegigen Ermittlung bleiben. Beim OLG (Insbesondere Präs. Dr. Meldt) und beim LG in Graz tritt man auch schon für eine sonstige weitere Auflockerung des Verfahrens in Anlehnung an die Vorschriften über das außerstreitige Verfahren ein: amtswegige Sachverhaltsermittlung auch in Nicht-Statusssachen, Abgehen von der strengen Bindung an das Parteivorbringen, wenn es die Sachlage erfordert. In Klagenfurt meint man, dass vor der Kammer und beim Rechtsmittelgericht die Vorschriften für das landgerichtliche Verfahren gelten sollen. Dort äußerte auch AG-Dir. Dr. Krauland Bedenken gegen die amtswegige Ermittlung im Zivilprozeß; man könne nicht den Parteien die Verantwortung für die Richtigkeit und Vollständigkeit des vorgetragenen Stoffes abnehmen und auf den Richter überwälzen. In Leoben glaubt man der Beibehaltung von Sondervorschriften für das Bagatellverfahren das Wort reden zu sollen.

m. *Anwaltszwang.* Ziemlich einhellig ist die Auffassung, dass *vor dem Eingangsgericht grundsätzlich kein Anwaltszwang* herrschen, jedoch der *Richter ermächtigt* sein soll, *Anwaltsvertretung anzuordnen*, wobei der Streitwert nicht die Hauptrolle spielen dürfe. Beim LG Graz sind allerdings *die Meinungen geteilt;* es finden sich hier auch Stimmen, die die Beibehaltung des Anwaltszwanges für größere Sachen mit höherem Streitwert für erforderlich halten. Auch SenPräs. Dr. Beier will den Anwaltszwang für große und bedeutende Sachen, ferner in Strafsachen über mit schweren Strafen bedrohte Straftaten beibehalten wissen. Er hält die Beibehaltung zur *Aufrechterhaltung des Anwaltsstandes* für notwendig. Einstimmig ist die Auffassung, dass *für das Rechtsmittelverfahren der Anwaltszwang* im bisherigen Umfange beibehalten werden soll. LG-Rat Dr. Amlacher glaubt, dass die Aufhebung des Anwaltszwanges vor dem Eingangsgericht ein schärferes Vorgehen gegen das Winkelschreibereienwesen erforderlich machen wird.

n. *Dienstaufsicht, Verwaltung.* Ziemlich einmütig wird die Ansicht vertreten, dass *jedes Eingangsgericht einen eigenen Gerichtsvorstand* erhalten solle, dem die gesamte Dienstaufsicht auch über die Richter zustehen soll. Es wird auf die günstigen Erfahrungen mit dem Gerichtsvorsteher im ehemaligen Österreich verwiesen. Der Vorstand kenne seine Leute und die Verhältnisse im Bezirk am besten. Die Schaffung einer Zwischeninstanz zwischen OLG-Präs. und Vorstand des Eingangsgerichts wird fast durchweg abgelehnt; sie würde betriebsstörend wirken (SenPräs. Dr. Beier), würde zur Unübersichtlichkeit führen (Klagenfurt), könnte höchstens für eine Übergangszeit erforderlich sein (Amlacher). Nur in Leoben befürwortet man die Einschaltung einer solchen Zwischenstelle am Sitze der bisherigen LGe.

Einen „mittleren Justizführer“, der gleichzeitig „Justizführer“ eines größeren Eingangsgerichts sein könnte. *Beim LG Graz schlägt man demgegenüber vor, die Vorsitzenden der Senate, deren Geschäfte nach Bezirken abzugrenzen seien, zu Inspektoren ihrer Bezirke und Beratern des OLG Präs. in allen den Bezirk betreffenden Fragen zu bestellen; sie sollten den Bezirk häufig besuchen und dort Besprechungen mit den Richtern abhalten,* soweit der OLG-Präs. dazu nicht selbst in der Lage sei. Es sollten nicht zu große OLG-Bezirke geschaffen werden, diese sollten vielmehr möglichst klein gehalten werden.

V. *Rechtsmittelzug.*

a) *In Zivilsachen.* Im allgemeinen wird erklärt, dass sich die Einrichtung des *OLG als alleiniges Rechtsmittelgericht bewährt habe.* In Klagenfurt findet man freilich – LG-Rat Amlacher ist gleicher Meinung -, dass sich das OLG als Rechtsmittelgericht nur dann bewähren könne, wenn es ortsnahe sei; dies sei für Kärnten nicht der Fall, solange das Rechtsmittelgericht in Graz sitze. Es wird dies als Hauptgrund für die Schaffung eines eigenen Obergerichts in Kärnten ins treffen geführt.

Fast durchweg ist man der Ansicht, dass gegen Entscheidungen der ersten Instanz die *Berufung an das Obergericht allgemein zulässig* sein solle, *mit Ausnahme von Bagatellsachen mit Werten bis zu 100 (Klagenfurt 250) RM.* Aber auch in Bagatellsachen solle der Richter die Möglichkeit haben, die Berufung wegen grundsätzlicher Bedeutung der Sache zuzulassen. Darüber, *wann Revision* zulässig sein solle, gehen die Ansichten auseinander. Das OLG will die Anrufung des RG an die unanfechtbare Entscheidung der zweiten Instanz über die Zulassung binden, nur in Personenstandssachen soll stets Revision zulässig sein. Revision soll nur als reine Rechtsrüge gestattet sein. Die Beibehaltung einer Revisionssumme wird im allgemeinen abgelehnt, nur in Klagenfurt tritt man dafür ein, die Revision bei Streitwerten über 25.000 RM allgemein zuzulassen, im übrigen nur bei Zulassung durch das Obergericht. In Leoben schlägt man vor, die Revision allgemein zuzulassen, wenn erste und zweite Instanz verschieden geurteilt haben, bei gleichlautenden Entscheidungen aber nur bei Zulassung durch das OLG; dieses *habe* die Revision zuzulasssen, wenn von einer grundsätzlichen Entscheidung des RG abgegangen worden sei. LG-Rat Dr. Amlacher hält dafür, dass im allgemeinen mit zwei Instanzen das Auslangen gefunden werden sollte, *das RG solle nur Instrument zur Lenkung der Rechtsprechung* sein. Es solle daher nur angerufen werden dürfen, wenn allgemeine Interessen am Spiele stehen; deshalb Zulassung der Revision durch das Berufungsgericht nur bei grundsätzlicher Bedeutung. Diese Einschränkung des Rechtsmittelzuges an das RG werde die Autorität der unteren Instanzen heben. Der OLG-Präs. ist der Meinung, dass über die Zulassung der judex ad quem entscheiden müsse, weil die unteren Richter nicht immer die genügenden Qualitäten für eine solche Entscheidung haben.

Allgemein wird die Beibehaltung der Kriegsmaßnahme *empfohlen, offenbar unbegründete und aussichtslose Rechtsmittel in einem einfachen Verfahren ohne Begründung durch unanfechtbaren Beschluß zurückweisen zu können.* Bei Beibehaltung dieser Möglichkeit neigt man dazu, Rechtsmittel ziemlich unbeschränkt zuzulassen. Die Gefahr allzu vieler Rechtsmittel sei nicht so groß. Rechtsmittelbehindernd wirke das Neuerungsverbot. Das OLG will das Recht, offensichtlich unbegründete

Rechtsmittel nicht zuzulassen, schon den judex a quo einräumen und dagegen die sofortige Beschwerde geben. LG-Rat Dr. Amlacher hält die baldige Vereinheitlichung und Vereinfachung des Rechtsmittelverfahrens für sehr erwünscht.

b) *In Strafsachen.* Das OLG will ein Rechtsmittel ausgeschlossen wissen, wenn Strafen nicht über zwei Wochen oder 500 RM verhängt worden sind. Sonst solle der Rechtsweg bei Strafen bis zu 10 Jahren an das Obergericht gehen, bei höheren Strafen Nichtigkeitsbeschwerde an das RG gegeben sein. Dem Obergericht soll es freistehen, weitere Rechtsmittel ohne Begründung nicht zuzulassen. SenPräs. Dr. Beier ist der Ansicht, dass das Obergericht die Entscheidung über einen großen Teil der jetzt an das RG gehenden Rechtsmittel übernehmen könnte. Beim LG Graz will man gegen die Entscheidungen der Einzelrichter und der Strafkammer Berufung und Beschwerde an das OLG geben. Ob dann noch eine aufgelockerte Revision möglich sein solle, darüber sind die Meinungen geteilt. *Grundsätzlich solle bei Zulassung durch die zweite Instanz oder auf Antrag des Staatsanwalts die Sache an das RG gebracht werden können*; ob auch dem Angeklagten das Recht hierzu eingeräumt werden solle, bedürfe noch der Erörterung. In Leoben will man gegen die Urteile des Einzelrichters die volle Berufung an das Obergericht einräumen, gegen Kammerurteile die Nichtigkeitsbeschwerde an das RG. Ebenso will man in Klagenfurt gegen Strafkammerurteile die Nichtigkeitsbeschwerde an das RG geben, dagegen gegen Urteile des Einzelrichters die Beschwerde oder Berufung an das Obergericht nur bei Zulassung durch den Vorsitzenden der Berufungskammer, der darüber unanfechtbar und ohne Begründungszwang entscheiden solle.

IV. Stellung des Richters.

1. *Im allgemeinen.* Allgemein wird bestritten, dass die Bevölkerung kein Vertrauen zu den Richtern habe, im Gegenteil, das *Vertrauen der Bevölkerung insbesondere zum Richter auf dem Lande sei unbeschränkt.* Eine *Justizkrise* in diesem Sinne habe es in den Alpen- und Donau-Reichsgauen *nie gegeben.* Weltfremde Richter seien Ausnahmen, gelegentliche Entgleisungen seien auf die schwierigen augenblicklichen Verhältnisse zurückzuführen. Die Entscheidungen der Richter in den Alpen- und Donaugauen seien im allgemeinen *volksnäher als die im Altreich, weil hier die Neigung zur Begriffsjurisprudenz, zu der man im Altreich stärker zu neigen scheine, fehle.* Dagegen sei die Justiz stets der Prügelknabe und abfälligen Kritiken ausgesetzt gewesen. Auch die *Beeinflussungsversuche anderer Stellen* schädigen das Ansehen der Gerichte. Dem Ansehen unzuträglich sei auch die ganz *unwürdige Unterbringung* vieler Gerichte. Die zuzugebende mangelnde Geschlossenheit der Richterschaft sei zum Teil auf örtliche Verhältnisse, zum Teil auf die Eigenart des Berufs zurückzuführen. Gegen die aufgezeigten Mängel müsse gründlich Wandel geschaffen werden, wozu allerdings auch die Richter selbst das ihrige beitragen müßten. Aus Leoben kommt der Vorschlag, dass Richter in der Partei keine andere Funktion einnehmen dürften als die des Kreis- oder Gaurechtsführers oder des Parteirichters, in den Gliederungen nur vom Sturmbannführer aufwärts. Es müsse auch darauf gesehen werden, dass die Richter sich *passende Frauen* auswählen; dies betont auch LG-Rat Dr. Amlacher.

2. *Stellung des Richters zum Gesetz, Unabhängigkeit, Lenkung der Rechtsprechung.* Die überwiegende Auffassung ist, dass der *Richter an das Gesetz gebunden bleiben* müsse, *soweit nicht § 2 EStrGB und § 6 ABGB* eine freie richterliche Rechtschöpfung ermöglichen. Doch müsse für die Fälle, wo auch eine freie Auslegung des Gesetzes nicht zu einer billigen, dem Volksempfinden entsprechenden Entscheidung führe, ein Ventil geschaffen werden. *Die Frage, ob und wann der Richter vom Gesetze abweichen dürfe, beschäftigt insbesondere die Richterschaft in Klagenfurt sehr lebhaft und es wird deshalb der Wunsch nach einer gesetzlichen Ermächtigung laut. Die freie Stellung gegenüber dem Gesetz müsse durch das Gesetz selbst gegeben* werden, das insbesondere nicht kasuistisch sein dürfe und dem Richter mehr Spielraum lassen müsse. *Die Gestaltungsbefugnis des Richters solle durch das Gesetz erweitert werden.* Die *Unabhängigkeit* des Richters sei ein grundlegendes Erfordernis seiner Tätigkeit; sie könne nur in einer Richtung eingeschränkt sein, nämlich soweit es sich um die nationalsozialistische Weltanschauung handele. *Allgemeine Weisungen werden durchaus für zulässig und erforderlich gehalten, im Einzelfall dagegen sei jede Weisung unbedingt abzulehnen.* Vorteilhaft wären zeitweilige Besprechungen über durchgeführte Verhandlungen; im Besonderen wird auch die Lenkung in der Form der Richterbriefe sehr begrüßt (LG Graz).

3. *Mindestalter des Richters.* Die *Notwendigkeit* oder Zweckmäßigkeit der Festsetzung eines Mindestalters für den Richter wird überwiegend *bestritten.* Bei den geltenden Bestimmungen könne der Richteranwärter ohnedies kaum vor dem 30. Lebensjahr ernannt werden. Die Festsetzung einer Altersgrenze im Gesetz würde den Nachwuchs abschrecken. SenPräs. Dr. Beier schlägt als Mindestalter 24 Jahre vor; auch davon sollte abgegangen werden können. Der LG-Präs. in Graz hält für den Vollrichter ein Alter von 32 Jahren für angemessen.

4. *Lebensschule, Entnahme der Richter aus anderen Berufen, Ausbildung zum Richter.* Überwiegend ist man der Ansicht, dass *eine nicht allzu lange Beschäftigung in anderen Berufen,* so in der Industrie, bei Rechtsanwälten, Notaren, in der Partei, in der DAF usw. *vorteilhaft* sei. Diese Betätigung solle jedoch vor der Ernennung zum Richter liegen und *nicht zwingend* vorgeschrieben sein; die Haupttätigkeit solle jedenfalls bei Gericht geleistet werden. Nur in Leoben empfiehlt man, dass jeder Richteranwärter vor der Ernennung durch ein Jahr praktisch in der Landwirtschaft, Verwaltung oder bei einem Rechtsanwalt tätig gewesen sein müsse, sei es auch nur als Werkstudent. Dem Richteranwärter und den Richtern solle auch sonst durch entsprechende materielle Stellung und durch Vermeidung einer Überbelastung die Möglichkeit gegeben werden, *sich weiter auszubilden* und den Gesichtskreis zu erweitern, *insbesondere durch Reisen.* Ferner müsse die Möglichkeit zur Beschäftigung mit Kunst und Musik gegeben sein. LG-Rat Dr. Amlacher hält eine Auflockerung schon des Hochschulstudiums für erforderlich und empfiehlt *Förderung des Auslandsstudiums.* LG-Dir. Blaas (Klagenfurt) betont, dass das Universitätsstudium nicht auf die Vorbildung zum Richterstand beschränkt sein könne, sondern weiter gehen müsse. An das Studium solle sich für den angehenden Richter eine Schulung auf einer *Schulungsburg anschließen mit Allgemeinbildung, gesellschaftlicher und körperlicher Ausbildung sowie weltanschaulicher Schulung; in Verbindung damit solle*

praktische Betätigung am Sitze eines Obergerichts stehen und hierbei könne dann die entspreche Auslese getroffen werden. Was die Betätigung bei anderen Stellen anbelange, so sei insbesondere die bei der DAF empfehlenswert. AG-Dir. Dr. Krauland (Klagenfurt) hält es für erforderlich, dass die Referendare bei Gericht nicht so sehr theoretisch als vielmehr praktisch geschult würden, damit sie frühzeitig an die richterliche Tätigkeit herangeführt und mit ihr vertraut werden. Auch solle die Tätigkeit bei anderen Stellen in die Anwärterzeit verlegt werden; später habe der Richter nicht mehr Zeit und Gelegenheit, sich eingehend mit anderen Gebieten zu befassen.

5. *Amtsbezeichnung der Richter.* Über diese gehen die *Ansichten sehr auseinander.* Zum Teil wird gegen den Ratstitel, noch mehr aber gegen den Titel „Direktor" Stellung genommen, zum Teil werden gerade diese Bezeichnungen vorgeschlagen. Das OLG wünscht Titel, die sich auch zur Anrede eignen, und schlägt vor: Landgerichtsrat, Oberlandgerichtsrat, Senatspräsident, Reichsgerichtsrat. Demgegenüber findet das Landgericht, dass man bei einer Hebung des Ansehens der Richter im allgemeinen keine klangvollen Titel brauche; es schlägt vor, „Richter am ...-Gericht in ...". Leoben schlägt vor: Landrichter, Landgerichtsdirektor, Landgerichtspräsident, Landgerichtsrat (für Aufstiegsposten), Oberlandgerichtsrat, Senatspräsident. Klagenfurt: Richter, Gerichtsvorsteher, Oberrichter, Senatspräsident und Präsident des Obergerichts, Oberster Richter, Senatspräsident und Präsident des Reichsgerichts.

6. *Einstufung und Rang der Richter.* Auch hier sind die Ansichten ganz verschieden. Die überwiegende Meinung geht wohl dahin, dass eine Nivellierung und zu geringe Differenzierung in der Besoldung der Richter zu Interesselosigkeit führen und den Nachwuchs abschrecken würde. So OLG, Leoben und Klagenfurt. *Klagenfurt* schlägt insbesondere in Tabellenform ein Beförderungsschema vor, das eine *Gleichstellung mit den Offiziersrängen vom Major aufwärts* vorsieht. Ganz im Gegensatz will man beim LG Graz keine besoldungsrechtlichen Abstufungen, sondern nur die Präsidenten, die Senatspräsidenten, die Vorstände der Eingangsgerichte und die Mitglieder des Reichsgerichts herausheben. LG-Rat Dr. Amlacher, der gleicher Meinung ist, schlägt ein *Grundgehalt* für alle Richter vor mit *Funktionszulagen für höhere Ränge.* Von mehreren Seiten wird betont, dass die Besoldung der Richter, wolle man mit ihrer Heraushebung ernst machen, sich völlig von dem Besoldungsschema der anderen Beamtenschaft abheben müsse, um jede Vergleichsmöglichkeit auszuschließen. Eine entsprechend höhere Besoldung wird allgemein für erforderlich gehalten, beim LG Graz meint man insbesondere, dass es dem Richter möglich sein müsse, sich einen Kraftwagen zu halten; entsprechende Kinderzulagen müßten ebenfalls gewährt werden; der Richter sei jedenfalls so zu stellen, dass ein Anwalt mit guter Praxis einer Berufung zum Richter gerne Folge leisten würde; auch für entsprechende Wohnungen müsse gesorgt werden.

7. *Wechsel vom Eingangsgericht zum Obergericht und umgekeh*rt. Auch hier herrscht keine einhellige Meinung. Beim OLG und in Klagenfurt lehnt man einen Wechsel vom Obergericht zum Eingangsgericht ab mit Rücksicht auf die Schwierigkeiten in der Familie (Schulbesuch der Kinder) und weil ein solcher Wechsel als Herabsetzung empfunden und als solche angesehen werden würde. Ein Aufstieg

vom Eingangsgericht zum Obergericht sei dagegen erwünscht, hier solle unter Umständen zunächst eine probeweise Einberufung stattfinden. Auch LG-Rat Dr. Amlacher verhält sich gegenüber einem Wechsel vom Obergericht zum Eingangsgericht mehr ablehnend; seiner Meinung nach müßte eine etwaige Verwendung bei den unteren Gerichten auf längere Zeit erfolgen, soll sie ihren Zweck erfüllen. Sie sei aber nicht notwendig, ein guter Rechtsmittelrichter werde nie die Verbindung mit dem Leben verlieren. Im Gegensatz hierzu wird von den LGen Graz und Klagenfurt befürwortet, dass die Erstrichter zeitweilig Gelegenheit bekommen, die zweite Instanz kennenzulernen und die Angelegenheit von höherer Warte zu betrachten, die Rechtsmittelrichter dagegen, wieder engere Fühlung mit dem täglichen Leben zu gewinnen. Ein häufiger Wechsel sei allerdings nicht erwünscht. In Leoben meint man, dass etwa alle drei Jahre eine Zuteilung auf etwa 6 Monate erfolgen könnte.

8. *Richter und Beamte, Dienstkleidung.* Die *Heraushebung der Richterschaft aus der allgemeinen Beamtenschaft wird für unbedingt erforderlich* gehalten. Der Richter sei eben etwas anderes als der Beamte und seine Heraushebung sei auch im Hinblick auf seine Sonderstellung gerechtfertigt. Die Heraushebung müsse durch materielle Besserstellung und durch Hebung des Ansehens der Richterschaft erfolgen.

Darüber, ob die *Robe* als Dienstkleid beizubehalten sei, sind die Meinungen geteilt. Gegen sie wird insbesondere ins Treffen geführt, dass die dem Priesterkleid und sogar dem Freimaurergewand ähnele. Eine *Uniform* für Richter wird insbesondere vom OLG-Präs., vom OLG und vom LG Leoben *befürwortet.* Sie habe etwas Verbindendes und zwinge von selbst zu Haltung und Formation. Die Richteruniform müsse sich aber von der allgemeinen Beamtenuniform wesentlich unterscheiden. Sie solle im Dienst – insbesondere an Stelle der Robe – getragen werden (Leoben).

9. *Richterkorps.* Der OLG-Präs. meinte, dass vielfach noch keine richtige Vorstellung vom Richterkorps bestehe. Er wies darauf hin, dass das Berufsethos, zu dem die Richter durch das Korps herangezogen werden sollen, schon immer die Richter ausgezeichnet habe; Sauberkeit und Unbestechlichkeit waren bei ihnen schon immer die Regel. Es sei eine *entsprechende Schulung und Zusammenfassung* der Richter erforderlich, *ihre gesellschaftliche Stellung müsse entsprechend gehoben* werden. Erforderlich sei weiter gemeinsames Wirken unter gemeinsamer Führung, gemeinsame Zucht, gemeinsame Ausrichtung, gemeinsame Auffassung über Ehre, Arbeitsfreudigkeit, Anstand und Auftreten. Präs. Meldt denkt an einen *Aufbau ähnlich wie bei der SS mit eigener Uniform, eigener Gerichtsbarkeit, auch Strafgerichtsbarkeit, eigener Standesvertretung mit beratender Stimme in Personalfragen.* Beim OLG glaubt man, dass sich ein Richterkorps nur nach und nach auf gesellschaftlicher Grundlage entwickeln könne, die *Schaffung* eines Korps wird nicht für möglich gehalten. Eine solche Absonderung würde auch dem Zeitgeist nicht entsprechen. Jedenfalls müsse aber der Richterstand besonders erzogen werden. SenPräs. Dr. Beier meint, dass sich ein tüchtiges Richterkorps von selbst bilde, wenn auf *Auslese und gute Ausbildung* gesehen werde; in vorgerücktem Alter sei mit Erziehungsmaßnahmen nicht mehr zu helfen. Beim LG in Graz meint man, dass ähnliche Einrichtungen *wie beim Offizierskorps* geschaffen und den Richtern gewisse *Befugnisse der Selbstverwaltung*

eingeräumt werden müßten wie Mitwirkung bei Versetzungen und Entsetzungen. In Leoben hält man die Schaffung des Richterkorps für unerläßlich zur Hebung des Richterstandes und seines Ansehens; als Mittel dazu kämen in Betracht: Sorgfältige Auslese, Hebung des Gemeinschaftsgeistes, Heraushebung aus der Beamtenschaft durch Besoldung, Dienstgrad, gesellschaftliche Stellung und Dienstkleid, Schaffung eines richterlichen Ehren- und Personalrats, der Vorschläge in Besetzungsfragen und Gutachten für Beurteilungen zu erstatten hätte; auch solle er die beabsichtigte Eheschließung von Richtern und Richteranwärtern beurteilen. In Klagenfurt sieht man das Wesen des Richterkorps im Zusammengehörigkeitsgefühl als Einheit besonders gehobener und auserlesener Männer mit der Aufgabe der Pflege der besonderen Charaktereigenschaften, die der Richter besitzen müsse. Als *Mittel* kämen in Betracht: *Richtertagungen* (LG-Dir. Blaas: zunächst im OLG-Bezirk, einmal im Jahr im ganzen Reich), *Schulungsburgen, regelmäßige Appelle mit Pflichtvorträgen der Richter, Kameradschaftsabende, künstlerische und sportliche Veranstaltungen*; das Richterkorps dürfe nicht nur Name sein. LG-Rat Dr. Amlacher hält besondere Maßnahmen zur Ausbildung eines Richterkorps für überflüssig; wenn man im übrigen die entsprechende Hebung des Richterstandes herbeiführe, dann bilde sich das Korps von selbst, insbesondere wenn die Zahl der Richter sich stark vermindere.

Anlagen zum Reisebericht *Graz*:

1. Stellungnahme des OLG
2. Äußerung des SenPräs. Dr. Beier
3. Stellungnahme des Beauftragten f.d. Rechtspflege i.d. Untersteiermark
4. Äußerung des LG-Präs. in Graz vom 2.5.1944
5. Ergänzung zu dieser Äußerung v.. 16.5.1944
6. Stellungnahme aus dem LG-Bezirk Leoben vom 24.4.1944
7. Abbildung der zur Weihestätte f.d. Nationalsozialistenn Erlbacher und Ebner ausgestalteten Richtstätte in Leoben.
8. Übersicht über den Geschäftsanfall im LG-Bezirk Leoben
9. Stellungnahme aus dem LG-Bezirk Klagenfurt vom 24.4.1944
10. Ausweis über den Geschäftsanfall bei den Gerichten im LG-Bezirk Klagenfurt 1938 und 1943
11. Verzeichnis der beim LG Klagenfurt angefallenen Rechtssachen im Jahre 1938, aufgeteilt auf die einzelnen AG-Bezirke
12. Flächenausmaß der Kreise und Gerichtsbezirke in Kärnten.

Die Operationszone „Adriatisches Küstenland“.

Die *Operationszone „Adriatisches Küstenland“* ist im Einvernehmen mit der faschistisch-republikanischen Regierung Italiens *unter deutsche Militärverwaltung* gestellt worden, um die Kräfte dieses Gebiets für die gemeinsame Kriegführung wirksam dienstbar zu machen. Der Militärbefehlshaber hat seine Befugnis, soweit sie den *zivilen Bereich* betrifft, dem *Gauleiter* und Reichsstatthalter von *Kärnten* übertragen, der in dieser Eigenschaft die Bezeichnung *„Oberster Kommissar der Operationszone Adriatisches Küstenland“* führt. Die Leitung der *Geschäfte der*

Justizverwaltung in der Operationszone liegt dem „Obersten Kommissar, Justizabteilung“ ob; ihr Leiter ist der *Klagenfurter Rechtsanwalt Dr. Messiner*, der auch Beauftragter für das Rechtswesen in den besetzten Gebieten Kärntens und Krains ist.

Die Operationszone umfaßt die italienischen Provinzen Udine, Görz, Triest, Pola, Fiume und Laibach. Sie hat rund 2.500.000 Einwohner, wovon etwa 1.500.000 Italiener und 1.000.000 anderer Nationalität, vorwiegend *Slawen*, und zwar *Slowenen und Kroaten*, sind. Daneben sind aber auch noch eine ganze Reihe anderer Nationalitäten vertreten, insbesondere *Friauler*, die gleich den Ladinern Rhätoromanen sind. Von den 6 Provinzen gehörte Udine schon 1918 zu Italien, Görz, Triest, Pola und die Stadt Fiume wurden nach dem ersten Weltkrieg erworben, Laibach und die Umgebung von Fiume nach dem Zusammenbruch des jugoslawischen Staates.

Die deutschen Behörden üben in der Operationszone tatsächlich die *Befugnisse einer Besatzungsmacht* aus, was jetzt auch die italienische Regierung, wenn auch widerstrebend anerkannt hat. Sie sorgen dafür, dass der oben angeführte Zweck der Schaffung der Operationszone erreicht wird und Ordnung im Lande herrscht. Die *wehrfähigen Einwohner* der Zone werden *zur Organisation Todt einberufen*, haben aber die Wahl, statt dessen zur italienischen Wehrmacht einzurücken. Die Frage, welche Stellung die Operationszone künftig im oder zum italienischen Staat einnehmen soll, soll dermalen nicht erörtert werden.

Der Oberste Kommissar und seine Dienststellen beschränken sich im wesentlichen darauf, die Regierungsgeschäfte in der Zone an Stelle der italienischen Regierung auszuüben, während die Verwaltung im wesentlichen den Ortsbehörden überlasssen bleibt. *Der Oberste Kommissar setzt das Recht, er ist oberster Gerichtsherr* und Leiter der Verwaltung. Der Leiter der Justizabteilung hat für seinen Bereich die nötigen Ausführungsbestimmungen zu erlassen. Die einzelnen Provinzen unterstehen italienischen Präfekten, denen zum Teil slowenische und kroatische Unterpräfekten unterstellt sind. Dem Präfekten ist in jeder Provinz ein deutscher *Berater* an die Seite gestellt und dieser hat wieder für die einzelnen Zweige der Verwaltung eigene Berater zur Seite, *so auch für die Justiz*. Die *italienischen Gerichtsbehörden* wurden in ihrer Tätigkeit völlig unbehelligt gelassen, auch in ihrer Zusammensetzung. Es wurde lediglich die Aufsicht übernommen, wobei das Hauptaugenmerk der Strafgerichtsbarkeit zugewendet wird. Die Gerichte funktionieren, wenn sie unter Druck gesetzt werden, gut. Die Inanspruchnahme der Zivilrechtspflege ist gering. Schwierigkeiten ergeben sich bisweilen mit dem Bewachungspersonal in den Haftanstalten, das zu Teil unzuverlässig ist. Den Beratern der Justiz in den einzelnen Provinzen müssen alle Urteile vorgelegt werden. *Der Oberste Kommissar hat sich das Recht vorbehalten, jedes Urteil aufzuheben und jede Rechtssache an ein bestimmtes Gericht zu überweisen*. In Zivilsachen wurde hiervon aber bisher erst in einem Falle Gebrauch gemacht. Es kommt wiederholt vor, dass die Bevölkerung sich an den deutschen Berater um Hilfe wendet, wenn die bei den italienischen Gerichten ihr Recht nicht zu finden glaubten. Der Oberste Kommissar hat sich weiter *die Bestätigung der Todesurteile* vorbehalten; das *Gnadenrecht* steht ihm zu, ist aber weitgehend nach unten delegiert. Begnadigt werden insbesondere Slawen, die von den Italienern aus politischen Gründen verurteilt worden sind, mit Ausnahme von Kommunisten und Banditen.

Durch eine Verordnung wurden die nötigen Anordnungen auf dem Gebiet der Justiz getroffen. Die Urteile ergehen *„Im Namen des Gesetzes"*. Die italienischen Militärrichter wurden abgeschafft. Es wurde ein Sondergerichtshof für *gewisse* Strafsachen gebildet mit dem Präsidenten des Landgerichts Klagenfurt an der Spitze. Die Besetzung des Sondergerichtshofs wird für jede einzelne Sache jeweils bestimmt und es werden dazu je nach dem Fall italienische, slowenische, kroatische oder deutsche Richter namentlich herangezogen. Auch der Zahl der Richter nach wird die Besetzung für jeden Fall besonders bestimmt. Anklagebehörde *ist der höhere SS- und Polizeiführer*; wenn aber italienische Richter tätig werden, wird der italienische Staatsanwalt zur Anklageerhebung herangezogen. Einzelne Strafbestimmungen, die sich als notwendig erwiesen, wurden erlassen. In der Provinz Laibach wurde eine Verordnung zur Verhütung mißbräuchlicher Ausnutzung von Vollstreckungsmöglichkeiten erlassen.

Die deutsche Verwaltung fand in den altitalienischen Provinzen nur italienische Richter vor, in dem ehemals jugoslawischen Teil nur kroatische (Provinz Fiume außerhalb der Stadt) und slowenische (Laibach). Während an italienischen Richtern ziemlicher Mangel herrscht, ist an slowenischen eine starke Überbesetzung vorhanden. Da auch in den Provinzen Görz und Triest große Teile der Bevölkerung slowenisch sind, wurden slowenische Richter, die italienische Staatsbürger sind, aus er Provinz Laibach dorthin versetzt; sie amtieren in slowenischer Sprache. Der in Laibach aus jugoslawischer Zeit bestehen gebliebene Oberste Gerichtshof wurde stillgelegt, ebenso die dortige Oberste Staatsanwaltschaft. Dafür wurde beim Oberlandesgericht Laibach ein Senat mit den Geschäften des Obersten Gerichts betraut, um die überzähligen Richter zu beschäftigen. Auch das Oberlandesgericht in Fiume wurde stillgelegt und mit dem in Triest vereinigt. Der *Rechtszug an den Kassationshof in Rom* wurde unterbunden. Der weitere Rechtszug an ihn ist jetzt ausgeschlossen. Über die bei der Neuregelung anhängigen Rechtsmittel hatte der judex a quo zu entscheiden.

Die Personalverwaltung ist den italienischen Behörden überlassen, denen auch die – sehr geringe – Besoldung der Richter und Beamten obliegt. Doch unterliegt jede Ernennung, Versetzung und längere Beurlaubung der Genehmigung durch den Obersten Kommissar. Auch die Notare und Rechtsanwälte unterstehen der Diensthoheit der Justizverwaltung des Obersten Kommissars. Die Justizverwaltung ist an die Weisungen der Justizabteilung gebunden. Sie ist zur Aktenvorlage und Auskunfterteilung verpflichtet. Ihre Berichte sind in deutscher Sprache zu verfassen, italienische Übersetzungen können beigelegt werden; von dieser Ermächtigung machen die italienischen Dienstbehörden durchweg Gebrauch. Jede Strafverfügung einer Verwaltungsbehörde kann von einem Gericht überprüft werden.

Die Friedensrichter des italienischen Rechts funktionieren im allgemeinen gut, ihre Zuständigkeit erstreckt sich lediglich auf kleine Zivilsachen, in Strafsachen haben sie keine Zuständigkeit.

Die Provinz Udine (Friaul) im besonderen hat etwa 800.000 Einwohner, überwiegend Friauler. Es gibt dort drei(den Landgerichten ensprechende) Tribunale mit drei Prokuratoren (Staatsanwaltschaften) und 16 Präturen (den Amtsgerichten entsprechend). Tätig sind dort 36 Richter – also sehr wenig – und 80 Beamte, 70 Haftaufsichtspersonen und 8 Rechtsanwälte. Der Geschäftsgang bei den Gerichten ist schleppend, was zum Teil auf den Personalmangel zurückzuführen ist. Meist sind jüngere Kräfte tätig. Die Friedensrichter funktionieren in dieser Provinz nicht überall gut. Bemerkenswert ist, dass es in der Provinz Udine kein Grundbuch gibt. In den anderen Provinzen ist das Grundbuch aus der österreichischen Zeit erhalten geblieben und wird unverändert weitergeführt.

V. Bericht über den Besuch des OLG-Bezirks Hamm (12.-19.2.1944)

I. Die Reisen des Amtes für Neuordnung der Deutschen Gerichtsverfassung wurden in der Zeit vom 12. bis 19. Februar 1944 durch eine Bereidung des OlG-Bezirks Hamm fortgesetzt. Für das Amt nahmen daran MinDir. Altstötter und MinRat Fechner teil. Am 12. Februar besprach in Hamm MinRat Fechner mit OLG-Präs. Semler und dessen Sachbearbeiter, OLG-Rat Dr. Vollmer, im einzelnen das Reiseprogramm und einige technische Vorfragen. Am 14. Februar fand vormittags im Oberlandesgericht in Hamm eine Besprechung im engeren Kreise statt, an der MinDir. Altstötter, OLG-Präs. Semler und MinRat Fechner teilnahmen. Anschließend wurden die Senatspräsidenten Günther, Dr. Hormann, Dr. Cullmann, Dr. Schwarz, Massenetz, Buddenberg und Dr. Kaul vorgestellt, denen Gelegenheit gegeben wurde, zu den mit der Neuordnung der Gerichtsverfassung zusammenhängenden Fragen Stellung zu nehmen. Am selben Vormittag statteten die Vertreter des Amtes Generalstaatsanwalt Joel einen kurzen Besuch ab. Am Nachmittag des 14. Februar wurden die einschlägigen Probleme mit dem OLG-Präs., Senatspräsident Dr. Hermann, OLG-Rat Heuermann und OLG-Rat Dr. Vollmer eingehend erörtert. In der Zeit vom 15. bis zum 19. Februar wurde ein Teil des Oberlandesgerichtsbezirks bereist, wobei an verschiedenen Orten Aussprachen mit den Landgerichtspräsidenten und von diesen bestimmten Richtern stattfanden, in denen unter lebhafter Anteilnahme der Anwesenden die allgemeine Lage der Rechtspflege im Bezirk und die Pläne zur Neuordnung der Gerichtsverfassung behandelt wurden. An diesen Sitzungen nahmen außer MinDir. Altstötter und MinRat Fechner sowie OLG-Präs. Semler und OLG-Rat Dr. Vollmer teil:

Am 15. Februar in Olpe: LG-Präs. Hausten, Hagen, LG-Dir. Bartels, Hagen, LG-Dir. Holterdorf, Hagen, Oberamtsrichter Edler, Lüdenschcid, SenPräs. am OLG Hamm Goebel, zur Zeit mit der Führung der Geschäfte des LG-Präs. in Siegen beauftragt, LG-Rat Zelle, Siegen, AG-Rat Rittershausen, Siegen, AG-Rat Langer, z.Zt. Olpe;

am 16. Februar in Arnsberg: LG-Präs. Bauer, Arnsberg, Oberamtsrichter Prange, Arnsberg; AG-Rat Weßing, Medebach; AG-Rat Rubarth, Meschede, LG-Präs. Koch, Dortmund; LG-Dir. Weidmann, Dortmund; Oberamtsrichter Offenberg, z.Zt. Castrop-Rauxel; AG-Rat Dr. Schmitz, Dortmund-Hörde;

am 17. Februar in Arnsberg: LG-Präs. Heermann, Essen; AG-Präs. Dr. Gottschalk, Essen; AG-Rat Wessel, Essen; AG-Rat ten Hompel, Gelsenkirchen; LG-Präs. Dr. Röbling, Bochum; OLG-Rat Großebüter, z.Zt. Bochum; AG-Rat Dr. Erdelbrock, Bochum; LG-Dir. Weustenfeld, Arnsberg; zeitweilig auch LG-Präs. Bauer, Arnsberg;

am 18. Februar in Warendorf: LG-Dir. Dr. Potthoff, Münster, z.Zt. mit der Führung der Geschäfte des LG-Präs. in Münster beauftragt; LG-Dir. Kropff, Münster; Oberamtsrichter Willebrand, Bocholt; AG-Rat Schlüter, Tecklenburg; AG-Rat Altemeyer, Beckum; AG-Rat Lücke, z.Zt. Warendorf;

am 19. Februar in Bad Oeynhausen: LG-Präs. Pfeil, Bielefeld; AG-Dir. Bückendorf, Bielefeld; LG-Dir. Anz, Bielefeld (zeitweilig), AG-Dir. Eckardt, Herford, Oberamtsrichter Dr. Sielermann, Bünde, AG-Rat Berendes, Bad Oeynhausen, AG-Rat Dr. von Schock, Beverungen.

LG-Präs. Niermann, Paderborn, war wegen Erkrankung am Erscheinen verhindert. Er ließ durch JInsp. Pieper, Paderborn, seine schriftliche Stellungnahme überreichen und, soweit sie Organisationsfragen des Bezirks betraf, erläutern.

Die Fahrt durch den Bezirk wurde im Kraftwagen durchgeführt. Dabei wurden am 15. Februar die Rechtspflegerschule in Hohenlimburg und am 18. Februar die Strafanstalt in Werl besichtigt.

Den Besprechungen wurde wieder der im Amt ausgearbeitete Fragebogen zugrunde gelegt, der den zugezogenen Richtern vorher übermittelt worden war. Dieser Verfahren hat sich erneut bewährt. Vor allem die LG-Präsidenten hatten großenteils umfangreiches Karten- und Zahlenmaterial zusammengestellt, durch das die Besprechungen wesentlich gefördert wurden. Ein Teil dieser Unterlagen wurde zu den Akten des Amtes überreicht und liegt bei. (Siehe Zusammenstellung am Ende dieses Berichts).

Auch im übrigen war die Reise durchweg gut vorbereitet. Die an den Besprechungen teilnehmenden Richter waren an den erörterten Fragen lebhaft interessiert und sicherlich erfreut darüber, dass ihnen die Gelegenheit zur Aussprache gegeben wurde. Der äußere Rahmen, in dem die Sitzungen stattfanden, war stets angemessen. Sympathisch berührte es, dass die Tagungsräume überall, sowohl in den Gerichten, als auch den Hotels Blumenschmuck aufwiesen. An die Sitzungen schlossen sich regelmäßig kameradschaftliche Zusammenkünfte mit den beteiligten Richtern an.

Im ganzen kann die Reise als Erfolg gewertet werden. Insbesondere hat sie Einblick in die örtlichen Verhältnisse des Bezirks gegeben, eine Reihe neuer Erkenntnisse und Erfahrungen vermittelt und die Möglichkeit gegeben, aufklärend auf die Richterschaft einzuwirken. Ein Nachteil war, dass das eigentliche Industriegebiet nicht oder jedenfalls nur stellenweise in der Peripherie berührt wurde, sodass unmittelbare persönliche Eindrücke insoweit nicht gesammelt werden konnten. Die Vermeidung des Industriegebietes war jedoch werden der Luftlage und vor allem mit Rücksicht auf Unterbringungsschwierigkeiten nach Ansicht des OLG-Präs. geboten.

Über die Ergebnisse der Reise ist im einzelnen folgendes festzustellen:

II. *Allgemeine Verhältnisse des OLG-Bezirks.*

Der OLG-Bezirk Hamm umfaßt die gesamte Provinz Westfalen, ferner Teile der Provinz Hessen-Nassau, der Rheinprovinz und des Landes Lippe. Da die Provinz Westfalen sich aus zwei Gauen der NSDAP zusammensetzt (Westfalen-Nord und Westfalen-Süd), berührt der OLG-Bezirk insgesamt 5 Gaue der NSDAP. Die Zahl der Gerichtseingesessenen beträgt über 6.000.000. Vor dem Kriege gliederte sich der Bezirk in 9 Landgerichte und 109 Amtsgerichte, von denen jetzt eine Reihe in Z-, St- und G-Gerichte umgewandelt ist, während 4 zum LG-Bezirk Siegen gehörende Amtsgerichte an den OLG-Bezirk Köln abgegeben worden sind. Einzelheiten über die Gerichtsgliederung werden weiter unten gegeben. Die Bezirke der Gerichte decken sich nur zum Teil mit den Kreisen der Partei und den unteren Verwaltungsbezirken. Eine Reihe von Landgerichten berührt verschiedene Gaue der NSDAP, mehrere Regierungsbezirke oder sogar Provinzen.

Die Struktur des Landes wie auch die wirtschaftlichen Verhältnisse sind überaus unterschiedlich. Neben eng besiedelten, fast ausschließlich industriell genutzten

Gegenden finden sich weit ausgedehnte, im wesentlichen der landwirtschaftlichen Nutzung dienende Bezirke mit geringer Einwohnerdichte; an ausgesprochenes Flachland grenzende Gebirge, die Höhen bis zu etwa 1.000 mtr. erreichen.

Die Verkehrsverhältnisse im Bezirk sind im allgemeinen gut, zum Teil ausgezeichnet. Neben einen dichten Eisenbahnnetz bestehen viele regelmäßige Omnibusverbindungen, die naturgemäß im Kriege zum Teil eingeschränkt sind. Im Industriegebiet kommt auch der Straßenbahnverbindung eine große Bedeutung zu. Mit der Straßenbahnverbindung können vielfach ausgesprochene Fernstrecken zurückgelegt werden. In denn Gebirgsgegenden des Sauerlandes und des Teuteburger Waldes sind die Verhältnisse weniger günstig. Hier können, namentlich im Winter, unter Umständen Verkehrsschwierigkeiten auftreten.

III. *Zur Gerichtsorganisation.*

1. *Drei- oder Viergliederung?*

Die gehörten Richter hielten den dreigliedrigen Gerichtsaufbau mit einem einheitlichen Eingangsgericht im allgemeinen für durchführbar, in ihrer Mehrzahl sogar für zweckmäßig. Die Vorteile der Dreigliederung wurden in der größeren Übersichtlichkeit des Gerichtsaufbaues, der Möglichkeit, zusammengehörende Sachen in der Hand eines Richters zusammenzufassen, und vor allem in der besseren Auslastung der Arbeitsspitzen sowie der Möglichkeit, die kleinen Amtsgerichte zu beseitigen, erblickt. Im allgemeinen wurde bei der Durchführung der Dreigliederung eine ganz erhebliche Verminderung der Richterzahl für möglich gehalten. So schätzten insbesondere die LG-Präsidenten von Essen und Bochum, dass in Zukunft nur noch ein Richter auf etwa 25.000 Gerichtseingesessene zu entfallen brauche. Von einigen Richtern wurden die schwierigen Arbeits- und Lebensverhältnisse des Richters am kleinen Amtsgericht stark betont. Fast allgemein versprach man sich von der Dreigliederung eine Hebung der Rechtspflege.

Auf der anderen Seite wurden auch Bedenken gegen die Durchführung der Dreigliederung geltend gemacht, denen allerdings die betreffenden Richter selbst nur zu einem Teil entscheidendes Gewicht beilegten. Überhaupt wurde durch diese Bedenken einzelner Richter die eingangs erwähnte positive Grundeinstellung zum dreigliedrigen Gerichtsaufbau mit dem Kreisgericht als 1. Instanz niemals in Frage gestellt. Die folgenden mehr oder weniger kritischen Betrachtungen wurden immer nur von einzelnen Richtern vertreten. Die Mehrzahl trat ihr nicht bei oder hielt sie für unerheblich.

Mehrfach wurde angeführt, dass sich das kleine Amtsgericht durchaus bewährt habe. Es sei seit jeher als ein Aktivposten sowohl für die Rechtspflege, als auch für das politische und kulturelle Leben des Landes zu werten, auf den nicht ohne Not verzichtet werden sollte. SenPräs. Dr. Harmsen berichtete, dass zur Zeit der Rheinlandbesetzung der erfolgreiche Widerstand gegen die separatistischen Bestrebungen auf Errichtung der sogenannten Rheinischen Republik nicht zum wenigsten den Richtern der zahlreichen kleinen Amtsgerichte zu verdanken wäre. Während damals die meisten Verwaltungsbeamten im Rheinland ihre Behörden verlassen gehabt hätten, seien die Richter an ihrem Platze geblieben und hätten der Bevölkerung in ihrem Kampf gegen den Separatismus als Rückhalt und Schutz gedient. Der

Amtsrichter am kleinen Gericht habe sich auch, so wurde vielfach erklärt, das besondere Vertrauen der Bevölkerung erworben. Soweit überhaupt von einer Justizkrise gesprochen werden könne, bestehe sie allenfalls bei den größeren Gerichten. Verschiedentlich wurde auch angeführt, dass die Erwartung, durch das einheitliche Eingangsgericht und die Beseitigung der kleinen Amtsgerichte wesentliche Kräfte einsparen zu können, irrig sei. Die Arbeit bleibe dieselbe; die unausgenutzten Arbeitsspitzen seien letzten Endes nur von geringer Bedeutung, außerdem ständen ihnen auch Überbelastungen gegenüber. Die besseren allgemeinen Arbeitsbedingungen bei größeren Gerichten dürften auch nicht überschätzt werden. Ihnen stehe an den kleineren Gerichten die größere Ortskenntnis des Richters gegenüber, die sich der Richter des größeren Gerichts, wenn überhaupt, so doch nur durch zeitraubendes Reisen verschaffen könne. Es sei auch falsch, wenn immer wieder behauptet werde, dass der Richter nicht am kleinen Amtsgericht zu halten sei und von dort fortdränge. Tatsächlich gebe es sehr viele Richter, die in der Tätigkeit beim kleinen Amtsgericht ihre Lebensaufgabe erblickten. Das werde sich noch bessern, wenn die äußeren Lebens- und Arbeitsbedingungen des Richters am kleinen Amtsgericht gehoben würden, was zweifellos möglich sei. Auch der Richter am kleinen Amtsgericht sei in der Zeit der Motorisierung beweglich und könne jederzeit die größere Stadt aufsuchen. Selbstverständlich sei bei alledem, dass Zwerg-Amtsgerichte, die nur beschränkt arbeitsfähig seien, beseitigt werden müßten.

Schließlich sei es auch verfehlt, bei den Reformplänen den Nachwuchsmangel und die Personalschwierigkeiten allzusehr zu berücksichtigen. Der augenblickliche Nachwuchsmangel werde gewiß, wie es in ähnlichen Fällen schon oft der Fall gewesen sei, demnächst wieder einem stärkeren Zustrom von Kräften Platz machen, insbesondere wenn mit der Hebung der Richterstellung wirklich Ernst gemacht werde.

Gewisse Bedenken gegen die Durchführung der Dreigliederung wurden ferner vielfach im Hinblick auf die Rechtsmittelinstanz erhoben. Es wurde, so insbesondere von OLG-Präs. Semler und LG-Präs. Bauer, Arnsberg, ferner auch von LG-Präs. Heermann, Essen, darauf hingewiesen, dass auch die Rechtsmittelinstanzen, insbesondere also das Berufungsgericht, möglichst ortsnahe sein müßten. Dieser Forderung entspreche das OLG in größeren Bezirken nicht. Es sei daher zu prüfen, ob nicht die Landgerichte, möglicherweise mit vergrößerten Bezirken, als Berufungsgerichte erhalten bleiben könnten. Da in jedem Gau ein höchstes Gericht vorhanden sein müsse, müsse aber auch das OLG bestehen bleiben. Es liegt nahe, ihm die Revisionen aus seinem Bereich zu übertragen. Dem Reichsgericht könnten dann nach einem bestimmten Verfahren die wichtigsten Sachen zugeleitet werden.

LG-Präs. Pfeil, Bielefeld, berichtete, dass bei Richterbesprechungen in seinem Bezirk die Feststellung gemacht habe, dass die erste fast kritiklose Begrüßung der Dreigliederungspläne seitens der Richter im Abflauen begriffen sei und einer starken Zurückhaltung, wenn nicht Ablehnung Platz mache. Diese Haltung erkläre sich vor allem aus der Wertschätzung, die das kleine Amtsgericht genieße.

AG-Rat Schenk, Beverungen, meinte, dass die Stellung des Richters im Verhältnis zum Landrat und anderen Behördenspitzen herabgedrückt werde, wenn an *einem*

Gericht mehrere Richter tätig seien, während derselbe Bezirk nur einen einzigen Landrat, einen Leiter des Finanzamtes, des Arbeitsamtes usw. habe. Das geteilte Amt bedeute auch ein geteiltes Ansehen.

Ähnliche Gedankengänge entwickelte LG-Präs. Koch, Dortmund, der allein sich als grundsätzlicher Gegner der dreigliederung bekannte. Er führte aus, die Reformpläne seien auf dem falschen Weg. Wenn das Ansehen des Richters gehoben werden solle, so müsse die Zahl der Richter wesentlich vermindert werden. In kleinen und mittleren Städten dürfe es überhaupt nur *einen* Richter geben. Große und schwierige Sachen bedürften auch weiterhin des Landgerichts mit seiner kollegialen Besetzung. Um die Beschränkung der Richterzahl zu erzielen, sei eine weitgehende Entlastung des Richters erforderlich, die dadurch erreicht werden könne, dass dem Richter tüchtige Rechtspfleger als Hilfskräfte beigeordnet würden. Vor allem aber sei die Modernisierung der Arbeitsbedingungen am Platze und möglich. Dem Richter müßten hervorragende Kanzleikräfte zur Verfügung gestellt werden, er müsse aber auch lernen, die Möglichkeiten, die in diesen Kräften steckten, voll auszunutzen. Schließlich seien viele Richter heute auch noch nicht voll ausgelastet. Sie könnten in ihrer Gesamtheit bei sachgemäßem Einsatz jedenfalls ein wesentlich größeres Arbeitspensum erledigen. Man solle daher unter Vermeidung von großen Organisationsänderungen die Justizreform auf dem angedeuteten rein verwaltungsmäßigen Wege betreiben. Es sei eine glückliche Idee gewesen, Land- und Amtsgerichte zu schaffen; man habe nur den Fehler begangen, die Arbeit nicht richtig einzuteilen und die Arbeitskräfte falsch anzusetzen. *Hier* müsse der Hebel angesetzt werden.

2. Welche einheitlichen Eingangsgerichte könnten im OLG-Bezirk Hamm gebildet werden?

a) *LG-Bezirk Arnsberg:* Eingangsgerichte in Arnsberg, Brilon, Meschede, Soest.

b) *LG-Bezirk Bielefeld:* Eingangsgerichte in Minden, Lübbecke, Herford, Bielefeld, Gütersloh.

c) *LG-Bezirk Bochum:* Eingangsgerichte in Bochum, Herne, Recklinghausen, Wanne-Eickel, Witten.

d) *LG-Bezirk Dortmund:* Eingangsgerichte in Dortmund, Hamm, Lünen, Herne (oder Castrop-Rauxel).

e) *LG-Bezirk Essen:* Eingangsgerichte in Essen, Gelsenkirchen.

f) *LG-Bezirk Hagen:* Eingangsgerichte in Hagen, Lüdenscheid, Iserlohn, Schwelm.

g) *LG-Bezirk Münster:* Eingangsgerichte in Ahaus, Coesfeld, Beckum oder Ahlen, Bocholt, Burgsteinfurt, Rheine, Lüdinghausen, Münster, Ibbenbüren.

h) *LG-Bezirk Paderborn:* Eingangsgerichte in Höxter, Warburg, Paderborn, Lippstadt.

i) *LG-Bezirk Siegen:* Eingangsgerichte in Siegen, Olpe, Berleburg.

3. Bezeichnung des Eingangsgerichts. Als Name für das künftige Eingangsgericht wurde wiederholt einfach „das Gericht“ vorgeschlagen. Dazu wurde erklärt, dass die Bevölkerung, vor allem die auf dem Lande, unter „dem“ Gericht das Amtsgericht verstehe. Von anderer Seite wurden die Bezeichnungen „Amtsgericht“ und „Bezirksgericht“ angeregt. Allgemein war man der Ansicht, dass die Bezeichnung „Kreisgericht“ wegen der Verwechslungsgefahr mit den Kreisgerichten der Partei kaum in

Frage komme, obwohl sie das Eingangsgericht am treffendsten charakterisieren würde.

4. Ortsverbundenheit des Richters; Reiserichter. Der Wert einer ortsverbundenen Rechtspflege wurde wiederholt und nachdrücklich unterstrichen. Wirkliche Ortsverbundenheit sei zwar, so wurde mehrfach betont, nur möglich, wenn der Richter in nächster räumlicher Nähe zu den Eingesessenen seines Bezirks wohne. Immerhin lasse sich eine ausreichende innere Beziehung zu dem Bezirk und seinen Menschen auch schon dadurch schaffen, dass der Richter alle Gegenden des Bezirks aufsuche, sich um die örtlichen Verhältnisse und die Lebensgewohnheiten der Menschen kümmere und seinen Beruf nicht lediglich vom Amtszimmer aus ausübe. Deshalb müsse der Richter möglichst viel Ortstermine abhalten, dabei auch andere Sachen erledigen und den Bezirk bereisen. In den Zeiten des Automobils sei das kein Problem. Große Verhandlungen, insbesondere Sitzungen in bedeutenden Strafsachen, seien mit Rücksicht auf die Würde und Feierlichkeit des Verfahrens allerdings möglichst am Sitze des Gerichts durchzuführen. Im übrigen werde sich im allgemeinen immer ein zur Verhandlung geeigneter Raum finden lassen. LG-Dir. Weustenfeld und AG-Rat Erdelbrock unterstrichen die guten Erfahrungen, die sie als Vorsitzender einer Beschwerdekammer in Angelegenheiten der freiwilligen Gerichtsbarkeit und als Vormundschaftsrichter mit Terminen an Ort und Stelle, persönlichen Besuchen bei den Beteiligten und Ortsbesichtigungen gemacht hätten. Amtsgerichtspräsident Gottschalk betonte, dass auch in der Rechtsmittelinstanz die „örtliche Atmospäre“ erkannt und erfühlt werden müsse. Das werde heute leider vielfach noch nicht genügend beachtet. LG-Präs. Heermann hatte Bedenken, ob sich die jetzt immer festzustellende Abneigung der Richter gegen Lokaltermine würde überwinden lassen.

5. Detaschierte Richter, Zweigstellen, Sprech- und Gerichtstage. Detaschierte Richter wurden im allgemeinen abgelehnt und nur in einzelnen Fällen, namentlich von LG-Präs. Bauer und von LG-Präs. Hausten, Hagen, gefordert, weil anders die sonst unvermeidlichen Verkehrsschwierigkeiten nicht behoben werden könnten. Dagegen wurde die Errichtung von Zweigstellen mit beschränkten Zuständigkeiten durchweg für erforderlich gehalten. Auf Grund der Erfahrungen, die mit den jetzigen Z-Gerichten gemacht worden sind, glaubte man, die Errichtung oder Beibehaltung von Zweigstellen empfehlen zu können.

Recht gute Erfahrungen hat man im Bezirk auch mit Gerichtstagen gemacht. Sowohl aus dem LG-Bezirk Arnsberg als insbesondere auch aus dem LG-Bezirk Münster wurde berichtet, dass dort seit Jahren zahlreiche Gerichtstage abgehalten würden, die sich bei der Bevölkerung eingelebt hätten und von den Rechtsuchenden aus eigenem Antrieb aufgesucht würden. Auf die Vorbereitung der Gerichtstage werde großer Wert gelegt. Die Daten würden mit anderen Behörden abgestimmt. Diese Behörden pflegten an den Gerichtstagen ebenfalls Vertreter an den Ort des Gerichtstages zu entsenden, so dass die Bevölkerung auch außer den eigentlichen Rechtssachen ihre sonstigen Angelegenheiten an Ort und Stelle erledigen könne. Auch die Sprechtage des Notars würden nach Möglichkeit mit dem Gerichtstag verbunden. Das Publikum werde vor dem Gerichtstag aufgefordert, dem Gericht Anzeige von beabsichtigten Anträgen und Rücksprachen zu machen, damit vom

Gericht die Akten bereitgestellt werden können. Diesen Aufforderungen kämen die Rechtsuchenden weitgehend nach.

5. Entlastung des Richters. Die Entlastung des Richters durch den Rechtspfleger wurde begrüßt. Im allgemeinen hat man mit dem Rechtspfleger im Bezirk gute Erfahrungen gemacht. Insbesondere bestanden keine Klagen darüber, dass der Rechtspfleger nur auf einzelnen Spezialgebieten Brauchbares leiste, während er auf anderen versage. Dazu wurde vorgetragen, dass sich im Bezirk viele tüchtige Rechtspfleger befänden, die lange Zeit hindurch als einzige Rechtspfleger bei kleinen Amtsgerichten tätig gewesen seien. Sie wären durchweg auf allen einschlägigen Gebieten firm. Die Besetzung der jetzt in Zweigstellen umgewandelten Gerichte mit brauchbaren Rechtspflegern habe unter diesen Umständen keine Schwierigkeiten verursacht. Gelegentlich komme es natürlich vor, dass ein Rechtspfleger nicht alle Gebiete, die übertragen seien, beherrsche. Dann könne es, namentlich in Vertretungsfällen, geschehen, dass die eine oder die andere Sache länger liegen bleibe. Unzuträglichkeiten hätte sich daraus aber bisher nicht ergeben.

Was den Umfang der Entlastung anbelange, so erschöpfe er die gegebenen Möglichkeiten und könne kaum, jedenfalls nicht nennenswert, erweitert werden. Auf einigen Gebieten sei die richtige Grenze vermutlich bereits überschritten. Das gelte namentlich für die Vormundschaftssachen, in denen die Sachbearbeitung dem Richter weitgehend entglitten sei. Diese Sachen lägen jetzt im allgemeinen in der Hand des Rechtspflegers und bei den Jugendämtern. Das sei gefährlich. Eine Aktivierung dieser Verfahren vom Richter her sei geboten. Dabei werde zu prüfen sein, ob dem Richter Laienhelfer zur Seite gestellt werden könnten.

Die Rechtspfleger seien im allgemeinen mit den übertragenen Aufgaben zufriedengestellt. Sie verlangten nach den gemachten Beobachtungen keine Erweiterung der Entlastung und lehnten es insbesondere durchweg ab, sich mit rein richterlichen Aufgaben zu befassen.

Aus der Art, wie die Vorlegungspflicht des Rechtspflegers geregelt ist, seien bisher keine Schwierigkeiten entstanden. Im allgemeinen kämen die Rechtspfleger dieser Pflicht sachgemäß nach. Allerdings bestehe natürlich die Gefahr, dass der Rechtspfleger selbst nicht sehe, ob eine Sache schwierig sei. In dieser Richtung sei eine Überwachung der Eingänge durch den Richter kaum möglich.

Trotz der im allgemeinen günstigen Erfahrungen mit dem Rechtspfleger wurde von einigen Richtern, insbesondere von LG-Präs. Koch, Dortmund, und auch von LG-Präs. Bauer, Arnsberg, bezweifelt, ob der Weg, der mit der Entlastung des Richters durch den Rechtspfleger eingeschlagen sei, richtig sei. Hierzu wurde ausgeführt, dass es nicht zweckmäßig gewesen sei, den Rechtspfleger als selbständiges Organ der Gerichtsbarkeit neben den Richter zu stellen. Man hätte ihn vielmehr zu einer Art Richterassistenten machen sollen, der unter Leitung und nach Anweisung des Richters als dessen Hilfskraft zu arbeiten habe. Das würde auch den vergleichbaren Verhältnissen in anderen Verwaltungszweigen entsprochen haben. Es sei falsch gewesen, den Richter in den jetzigen Rechtspflegersachen mehr oder weniger auszuschalten. Selbstverständlich müsse vermieden werden, dass der Richter nur unterschreibe, was von dem Rechtspfleger vorverfügt werde.

Eine wirksame Entlastung des Richters durch den *Friedens- oder Schöffenrichter* wurde nicht erwartet. Die Idee des Schöffenrichters als solche wurde nicht abgelehnt, ihre Durchführbarkeit begegnete aber starker Skepsis. Insbesondere wurde bezweifelt, dass sich geeignete Persönlichkeiten zur Übernahme des Schöffenrichteramtes bereit erklären würden. So wurde im LG-Bezirk Münster betont, dass ihrem Bildungsstande nach in Betracht kommende größere Landwirte und Bauern bei der ganzen Einstellung der Bevölkerung die Übernahme des Schöffenrichteramtes bestimmt ablehnen würden. Es bliebe nur der Lehrer, dessen Eignung aber entschieden in Zweifel gezogen werden müsse. Je wertvoller und tüchtiger ein Mensch in seinem Privat- und Berufsleben sei, desto weniger werde er für einen Laienrichterposten zur Verfügung stehen. Da zu einer wirksamen Entlastung des Richters eine große Zahl von Schöffenrichtern erforderlich sei, sei die praktische Durchführbarkeit des ganzen Planes hiernach überaus zweifelhaft. Auch im übrigen wurden Bedenken gegen die „Rechtsprechung durch das Volk“ erhoben. So wurde befürchtet, dass der Spruch des Laienrichters im allgemeinen nicht die erforderliche Autorität genießen werde. Die gesellschaftlichen, beruflichen und verwandtschaftlichen Verflechtungen der Menschen auf dem Lande gingen sehr weit und würden sich hinderlich bemerkbar machen. Dem Laienrichter fehlten auch die erforderlichen fachlichen Vorkenntnisse. Es sei unbedingt falsch, zu behaupten, dass die Bagatellsachen durch den Richter kompliziert würden. Tatsächlich seien sie ihrer Art nach schwierig.

Verschiedentlich wurde hierzu angeregt, das Schiedsmannswesen auszubauen. Die Gefahr des Schöffenrichters liege in seiner Entscheidungsgewalt. Dagegen beständen keine Bedenken, die vergleichsweise Erledigung von Bagatellsachen durch einen Laien in geeigneter Weise zu fördern.

LG-Präs. Koch glaubte, wie an anderer Stelle schon erwähnt, dass eine weitgehende Entlastung des Richters durch Förderung einer modernen Bürotechnik bei den Gerichten erzielt werden könne. Dazu gehörten vor allem hervorragende Kanzleikräfte, die in einfacheren Sachen selbständig zu arbeiten vermöchten, natürlich aber auch entsprechend bezahlt werden müßten. Die Justizreform sei in Wahrheit zum großen Teil Kanzleireform. Damit müsse der Abbau des heute üblichen Mißtrauens Hand in Hand gehen, das dazu führe, dass niemand einer nachgeordneten Stelle etwas zutraue.

Aufgabengebiete, die von den Gerichten an andere Stellen abgegeben werden könnten, wurden nicht aufgewiesen. Lediglich für das Gebiet des Mietrechts wurde die Prüfung angeregt, ob die eine oder andere Angelegenheit den Wohnungsämtern überlassen werden könne.

6. *Besondere Gerichte.* Dass neben den ordentlichen Gerichten besondere Gerichte als selbständige Gerichtskörper bestehen, wurde als überflüssig oder schädlich bezeichnet. So betonte LG-Präs. Bauer, Arnsberg, das Publikum habe kein Verständnis dafür, dass derselbe Richter einmal das eine und dann das andere Gericht verkörpere. Selbstverständlich müßten für eine Reihe von Angelegenheiten, wenn sie den ordentlichen Gerichten übertragen würden, besondere Verfahrensvorschriften gelten.

Verschiedentlich wurde die Besetzung der Gerichte in Erbgesundheitssachen erörtert. Insbesondere wurde dabei die Frage geprüft, ob es zweckmäßig sei, einen der ärztlichen Beisitzer, in erster Linie den nichtbeamteten Arzt, durch einen Polizeibeamten zu ersetzen. Der Vorschlag begegnete Verständnis. Andererseits wurde aber auch geltend gemacht, dass gerade die Mitwirkung des nichtbeamteten Arztes für das Vertrauen zur Rechtsprechung der Erbgesundheitsgerichte von großer Bedeutung sei und dass deshalb auf diesen Beisitzer nicht verzichtet werden könne, mit dem auch sachlich im allgemeinen durchaus günstige Erfahrungen gemacht würden.

7. Sondergerichte in Strafsachen. Ausnahmslos wurde erklärt, dass die Sondergerichtsbarkeit in Strafsachen zwar im Kriege und in anderen Notzeiten berechtigt sein möge, dass sie aber in ruhigeren Zeiten beseitigt werden müsse. Die Sondergerichte genössen beim Publikum kein Vertrauen. Von den Richtern, die nicht in ihr tätig seien, werde die Sondergerichtsbarkeit oft, wenn auch zu Unrecht, als Kundgebung eines gewissen Mißtrauens gewertet. Ein zwingender Anlaß zur dauernden Beibehaltung der Sondergerichte sei nicht ersichtlich, zumal keine Bedenken beständen, verfahrensrechtliche Sonderregelungen, die sich bewährt hätten, auch im Strafverfahren der ordentlichen Gerichte zur Anwendung zu bringen. LG-Präs. Pfeil, Bielefeld, meinte, die Sondergerichte sollten zu gegebener Zeit abgebaut, zugleich solle aber dem Justizminister die Ermächtigung gegeben werden, unter bestimmten Voraussetzungen Sondergerichte nach bestimmten, bereits festgelegten Vorschriften einzusetzen.

8. Zuständigkeit des Eingangsgerichts. Darauf, dass alle Eingangsgerichte dieselbe umfassende Zuständigkeit besitzen, wurde Wert gelegt. Nur einige wenige Ausnahmen von dieser Regel wurden für nötig gehalten. So wurde vorgeschlagen, dass Schiffahrtssachen, Angelegenheiten des gewerblichen Rechtsschutzes, Patentsachen, Fideikommißsachen, Bergschädensachen und andere Angelegenheiten aus dem Gebiet des Bergrechts, Energieversorungssachen und Erbgesundheitssachen, Devisensachen, gegebenenfalls auch Entschuldungssachen für größere Bezirke bei einem Gericht zusammengefaßt werden sollten. Erbhof- und Arbeitssachen sollen dagegen, wie ausdrücklich gefordert wurde, bei jedem Eingangsgericht bearbeitet werden. Die Zusammenfassung solle im Wege der Geschäftsverteilung erfolgen.

9. Die Besetzung des Eingangsgerichts.

a) Zivilsachen. Der Einzelrichter hat sich nach übereinstimmender Auffassung aller gehörten Richter bewährt. LG-Präs. Heermann und LG-Präs. Roebling setzten sich dafür ein, dass in Zivilsachen in der ersten Instanz grundsätzlich nur ein Berufsrichter tätig sein werde. LG-Präs. Heermann führte dazu aus, dass bei seinem Landgericht auch die schwierigsten und umfangreichsten Sachen durch den Alleinrichter zufriedenstellend entschieden worden seien, ja, dass man vielleicht sogar behaupten könne, die Güte der Urteile habe sich nach Beseitigung der anonymen Kammer gehoben. Dem Bedürfnis des Richters nach Aussprache könne auch ohne Einsetzung eines Kollegiums in geeigneter Weise Rechnung getragen werden. Demgegenüber war die Mehrzahl der sonst gehörten Richter der Auffassung, das die Kollegialgerichtsbarkeit auch in der ersten Instanz nicht völlig ausgeschlossen werden dürfe. Dazu wurde geltend gemacht, dass bei aller Anerkennung des Einzelrichters die

Vorteile des Kollegiums doch nicht verkannt werden dürften. In schwierigen Sachen sei es auf jeden Fall Nutzen. Weder durch rein kollegiale Besprechungen noch durch Zuziehung eines Richtergehilfen könne es ersetzt werden. Vor allem in schwierigen Sachen könne der Richtergehilfe nicht als geeignete Hilfe für den Alleinrichter betrachtet werden. Aus diesen Gründen müsse eine Regelung gefunden werden, die in geeigneten Fällen die Übertragung der Sache an ein Kollegium ermöglicht. Das sei auch deswegen am Platze, weil das zunächst zur Verfügung stehende Richtermaterial noch nicht allgemein den Anforderungen entspreche, die an den künftigen Richter gestellt werden müßten.

Die Frage, unter welchen Voraussetzungen und in welcher Form das Kollegialgericht tätig werden solle, wurde nicht einheitlich beantwortet. Im allgemeinen bestand Übereinstimmung darüber, dass der Wert des Objekts keinen geeigneten Maßstab abgebe, sondern dass eine andere Lösung gefunden werden müsse. Dabei wurde wiederholt auf die Möglichkeit hingewiesen, dass auf Anregung des zunächst zuständigen Alleinrichters weitere Richter zugezogen werden könnten. Den Bedenken, dass der Richter dazu neigen könne, von dieser Möglichkeit übertriebenen Gebrauch zu machen, wurde entgegengehalten, dass man diese Gefahr ausschalten könne, indem man den Richter veranlasse, über jeden Einzelfall zu berichten, oder aber dadurch, dass man die Entscheidung dem Präsidenten überlasse. Überdies war die Mehrheit der Ansicht, dass der zunächst zuständige Alleinrichter Berichterstatter und Urteilsfasser bleiben müsse.

Zweifelhaft bleibe auch, ob gegebenenfalls nur ein oder zwei Richter zugezogen werden sollten. Während einerseits betont wurde, dass der dritte Mann im Kollegium dort im allgemeinen keine sehr aktive Rolle zu spielen pflege, waren andere Richter der Auffassung, dass in Zivilsachen – anders in Strafsachen – ein Zweimännergericht zu Abstimmungsschwierigkeiten führen müsse. Dass im Zweifel der Vorsitzer allein entscheide oder seine Stimme den Ausschlag gebe, sei nicht glücklich. Auch der Vorschlag, zunächst einen Richter zuzuziehen und dann, wenn die beiden Richter sich nicht einigen könnten, das Gericht durch einen Dritten zu ergänzen, fand kaum Unterstützung.

Laien sollen in Zivilsachen, abgesehen von Spezialmaterien, wie den Erbgesundheitssachen, Arbeitssachen, Handelssachen und dergl. nach allgemeiner Ansicht nicht mitwirken. In diesem Zusammenhang warnte OLG-Präs. Semler vor dem Sachverständigen hinter der Barre, der dazu führe, dass der echte Sachverständige durch einen Scheinsachverständigen verdrängt werde. Ehe- und Mietschöffen wurden allgemein und ausdrücklich abgelehnt.

b) Strafsachen. In Bagatellsachen soll der Einzelrichter entscheiden. Sachen der mittleren Kriminalität sollen, das war die fast ausnahmslose Ansicht, einem Schöffengericht zugewiesen werden, das aus einem Richter und zwei Schöffen besteht. Die Sachen der schwersten Kriminalität sollen von einer Schöffen- oder Strafkammer entschieden werden, als deren Besetzung im allgemeinen zwei oder drei Berufsrichter und drei oder zwei Schöffen vorgeschlagen wurden. Lediglich LG-Präs. Bauer wollte nur die schwerste Kriminalität unter Zuziehung von Laienrichtern aburteilen, im übrigen aber von der Mitwirkung von Schöffen absehen. Im

Gegensatz hierzu wurden vereinzelt Bedenken geäußert, dass die Laien in schweren und umfangreichen Sachen nicht durchhalten möchten.

Den Grund für die Zuziehung von Laien erblickten die Richter nicht so sehr in der positiven Hilfe, die der Laie gewähre, als vielmehr darin, dass er eine Brücke zum Volk schlage und dass durch seine Mitwirkung das Interesse am Rechtsleben und das Vertrauen des Volkes zur Rechtspflege vertieft würden.

Einigkeit bestand darüber, dass der Laie nicht rein mechanisch ausgesucht werden dürfe, sondern dass es darauf ankomme, für den Einzelfall geeignete Laien zu gewinnen. Darüber ob es angängig sei, für die einzelne Verhandlung den Laien nach seiner Eignung auszusuchen, gingen die Ansichten auseinander. Teilweise befürchtete man, dass hierdurch Mißtrauen in die Unparteilichkeit der Rechtspflege erzeugt werden könne, Es liege nahe zu sagen, dass sich der Richter *den* Laienbeisitzer ausgesucht habe, mit dem er zu dem nach dem Aktenstudium für richtig gehaltenen Ergebnis zu kommen hoffe. Auch die Auswahl durch den Präsidenten des Gerichts wurde nur von wenigen Richtern als geeigneter Ausweg angesehen. Einzelne Richter regten an, dass bereits bei der Bestellung der Schöffen der strengste Maßstab angewendet werden solle. Dann brauche im Einzelfall keine weitere Auslese mehr getroffen zu werden.

10. Mitwirkung von „Richtergehilfen". Dem Vorschlage, den Richteranwärter nach bestandener großer Staatsprüfung einige Zeit als „Richtergehilfen" zu verwenden, wurde allgemein zugestimmt. Es wurde anerkannt, dass der Richteranwärter nach der Großen Staatsprüfung noch nicht mit voller richterlicher Entscheidungsgewalt betraut werden dürfe. In der Tätigkeit als Richtergehilfe sah man ein außerordentlich zweckmäßiges Ausbildungsmittel, das zudem noch den Vorteil habe, zur Entlastung des ordentlichen Richters beitragen zu können. LG-Präs. Heermann betonte, dass diese Tätigkeit auch geeignet sei, Unterlagen für die Qualifikation des Richternachwuchses zu liefern. LG-Dir. Weustenfeld glaubte, dass der Richtergehilfe in Strafsachen weniger am Platze sei. Wiederholt wurde unterstrichen, dass der Richtergehilfe nicht etwa das Bedürfnis nach Zuziehung eines zweiten oder eines dritten Richters befriedigen könne. Hierfür bedürfe es eines ordentlichen Richters (siehe dazu oben zu 9).

Im allgemeinen bestand die Auffassung, dass der Richtergehilfe im Einzelfall oder auf Zeit durch den Vorstandsbeamten des Gerichts dem einzelnen Richter zugeteilt werden solle. Die Befürchtung, dass die Stellung und die Tätigkeit des Richtergehilfen den richterlichen Nachwuchs abschrecken könnten, wurde als unbegründet bezeichnet.

11. Abstimmungsgrundsatz oder Entscheidung durch den Vorsitzer? Die befragten Richter entscheiden sich ohne Ausnahme für das Abstimmungsprinzip. Lediglich OLG-Präs. Semler befürchtete, dass es Schwierigkeiten machen werde, den maßgebenden politischen Stellen die für die Abstimmung sprechenden Gründe darzulegen und sie von ihrer Richtigkeit zu überzeugen. Es hielt es deshalb für möglich, dass man zu alleinigen Entscheidungsgewalt des Vorsitzers übergehen müsse. Die Gründe, die von den übrigen Richtern für ihre Auffassung angeführt wurden, deckten sich mit den bei früheren Gelegenheiten vorgetragenen. LG-Präs. Bauer betonte, dass der Vorsitzer nach dem geltenden Recht nur ganz selten in die Lage komme, ein Urteil verkünden zu müssen, das er für positiv falsch halte. Diese entfernte Möglichkeit sei deshalb nicht geeignet, den Übergang zur Entscheidung durch den Vorsitzer allein zu rechtfertigen. Besonders nachdrücklich wurde die Durchsetzung des Abstimmungsgrundsatzes bei Mitwirkung von Laienrichtern gefordert. Es wurde geltend gemacht, der Laienrichter müsse in die Verantwortung für die Entscheidung tatsächlich mit einbezogen werden; das sei nur möglich, wenn er mit abstimme. Laienrichter ohne Stimmrecht seien „Attrappen". AG-Präs. Gottschalk meinte, man solle dem falschen Eindruck von der Anonymität der Entscheidung dadurch entgegenwirken, dass man mehr von den Richtern und weniger von dem Gericht spreche.

12. *Geschäftsverteilung.* Die Geschäftsverteilung soll nach allgemeiner Auffassung elastisch sein. Sie soll zusammengehörende Lebenskomplexe nach Möglichkeit in der Hand eines Richters zusammenfassen. Für kleine Gerichte in ländlichen Bezirken bestand Neigung zum Sprengelrichter, während für städtische Gerichte der Geschäftsverteilung nach Materien der Vorzug gegeben wurde. Eine gewisse Spezialisierung wurde immer wieder als zweckmäßig bezeichnet. Es wurde geltend gemacht, dass die gesunde Spezialisierung die Arbeitsleistung steigere, dass sie für gewisse, selten vorkommende Angelegenheiten gar nicht zu entbehren sei und dass sie es ermögliche, die besonderen Fähigkeiten des einzelnen Richters auszuwerten. Selbstverständlich dürfe sie nicht zu weit gehen, dürfe nicht zur „Feinspezialisierung" werden, sondern müsse nach großen Gesichtspunkten (Strafrecht, Zivilrecht usw.) ausgerichtet sein. Die Regelung in Jugendsachen wurde als Beispiel einer viel zu weitgehenden Spezialisierung angeführt, vor allem die in Jugendschutzsachen.

13. Das Verfahren vor dem Eingangsgericht., vor allem in bürgerlichen Rechtssachen. Das Verfahren vor dem Eingangsgericht soll nach übereinstimmender Auffassung den Grundsätzen des amtsgerichtlichen Verfahrens angepaßt werden. Die weitere Auflockerung des Verfahrens, vor allem die Befreiung des Richters von nicht unbedingt gebotenen Förmlichkeiten, und der weitere Ausbau seiner Stellung als Leiter des Verfahrens würden begrüßt werden. Sowohl der OLG-Präs. als auch sämtliche gehörten anderen Richter waren der Überzeugung, dass die Befugnisse des Richters hinsichtlich der Sachverhaltsfeststellung, der Abgrenzung des Streitgegenstandes und vor allem seiner Erledigung (Bindung an die Anträge usw.) verstärkt werden müßten. Es wurde als unbefriedigend und des Richters unwürdig bezeichnet, dass er in gewissen Grenzen gezwungen sei, die tatsächlichen Behauptungen der Parteien hinzunehmen. Wenn der Richter für den Rechtsfrieden sorgen solle, so müsse er auch Herr des Verfahrens und in der Lage sein, die wirklichen Konfliktsgründe klarzustellen und zu beseitigen. Dazu bedürfe er auch gewisser Gestaltungsbefugnisse. Insoweit bestehe ein ausgesprochenes Bedürfnis, das immer wieder in Erscheinung trete. So empfinde es der Richter vielfach als einen Mißstand, dass er nach geltendem Recht nicht in der Lage sei, in geeigneten Fällen den Parteien einen „Zwangsvergleich" zu diktieren, wenn sich die Parteien aus Unverstand oder Streitsucht weigerten, die allein zweckmäßige vergleichsweise Regelung anzunehmen. Auch in Bagatellsachen müssen dem Richter weitgehende Befugnisse gegeben werden. Wenn es in diesen Sachen jetzt vielfach zu umfangreichen Beweisaufnahmen komme, so liege das nicht an dem Richter, dem zu Unrecht der Vorwurf gemacht werde, dass er die Dinge unnötig kompliziere, sondern daran, dass er an das Gesetz gebunden sei, das ihn daran hindere, kurzerhand vernünftig zu entscheiden. Auch hier werde viel gebessert werden, wenn ihm das Recht gegeben werde, den Streitstoff durch gestaltende Befugnisse auszuräumen, in geeigneten Fällen „eine neue Hausordnung" aufzustellen. LG-Rat Zelle, Siegen, warnte vor einer zu großen Freistellung des Richters. Er forderte, dass der Richter die Befugnis zu gestaltenden Entscheidungen nur unter der Voraussetzung ausüben dürfe, dass beide Parteien das verlangten oder wenigstens eine mit seinem Vorschlag einverstanden sei.

Besonders lebhafte Klagen wurden über das Verfahren in Ehesachen geführt. Die Neigung der Gerichte, eine Ehe ohne zwingenden Grund zu scheiden, sei in ständigem Wachsen begriffen. Sie werde allmählich bedenklich. In keinem Verfahren werde das Gericht so gelogen, wie in Ehesachen. Der Richter spüre das zwar, er gehe den Behauptungen der Parteien aber nicht genügend nach, weil er innerlich geneigt sei, die Ehe zu trennen. Diese Neigung sei verständlich, wenn eine unbekinderte Ehe hoffnungslos zerstört sei; sie werde aber zu einer Gefahr, wenn sie auf das Vorhandensein von Kindern keine oder keine ausreichende Rücksicht nehme oder an die Zerrüttung der Ehe *zu* geringe Anforderungen stelle. Gerade das letzte müsse oft festgestellt werden. Vor allem Kriegsehen würden oft geschieden, ohne dass die Parteien überhaupt ernstlich den Versuch, die Ehe miteinander zu führen, gemacht hätten. Einige Richter, so LG-Dir. Holterdorf und AG-Rat Willebrand, meinten, meinten, dass diese Beanstandungen wenigstens zum Teil behoben werden könnten, wenn die Ehesachen dem Amtsrichter übertragen würden. Er kenne die örtlichen Verhältnisse und werde weniger als der Richter des Landgerichts bereit sein, sich von den Parteien einen verfälschten Sachverhalt vortragen zu lassen. Der Amtsrichter werde die Mehrarbeit ohne Schwierigkeiten bewältigen können, zumal schon jetzt ein großer Teil der Beweisaufnahmen durch ihn als Rechtshilferichter durchgeführt werde. Mindestens müsse, so meinte AG-Rat Willebrand, der Sühneversuch wieder an das Amtsgericht gelegt werden, das hierfür geeigneter sei als das Landgericht.

OLG-Präs. Semler und LG-Präs. Koch trugen vor, dass das Gericht in der Behandlung der Kostenfrage größere Beweglichkeit als jetzt bekommen müsse.

Von einigen Richtern, namentlich den LG-Präsidenten in Essen und Dortmund, wurde darauf hingewiesen, dass das Unvermögenszeugnis des § 118 Abs. 2 ZPO erfahrungsgemäß von den Polizeibehörden ohne ausreichende Sachprüfung ausgestellt werde und vielfach wertlos sei. Allgemein wurde die Reform des Armenrechtsverfahrens gewünscht, das von seinem jetzigen Odium befreit werden müsse. Nach dem geltenden Recht komme sich die im Armenrecht prozessierende Partei oft wie eine Art Almosenempfänger vor. Das sei unerträglich.

14. Anwaltszwang. Die Mitwirkung von Anwälten im Verfahren wurde durchweg für zweckmäßig gehalten. Insbesondere in Ehesachen sorgten sie dafür, dass überflüssiges Parteivorbringen dem Gericht ferngehalten bliebe. Anerkannt wurde, dass der starre Anwaltszwang im Verfahren vor dem einheitlichen Eingangsgericht nicht beibehalten werden könne. Auch dass es nicht möglich sei, den Anwaltszwang von der Höhe des Objekts abhängig zu machen, wurde kaum in Zweifel gezogen. Die meisten hierzu befragten Richter schlugen vor, dass das Gericht befugt sein solle, die Bestellung eines Anwalts im Einzelfall anzuordnen. OLG-Präs. Semler befürchtete, dass von einer solchen Befugnis sehr unterschiedlich Gebrauch gemacht werden könne und viele Richter dazu neigen würden, in der Beiordnung von Anwälten zu zurückhaltend zu sein, insbesondere in Armensachen die Bestellung eines Anwalts regelmäßig zu versagen.

Dem wurde entgegengehalten, dass eine gewisse Lenkung der Rechtsprechung auf diesem Gebiet kaum Schwierigkeiten machen werde.

15. Rechtsmittelzug.

a) Zivilsachen. Die Ansichten über die Gestaltung des Rechtsmittelzuges wichen stark voneinander ab. Eine klare und eindeutige Stellungnahme konnte kaum herbeigeführt werden. Allgemein war man der Auffassung, dass das Schwergewicht des Verfahrens in der ersten Instanz liegen müsse. Hier müsse der Prozeß seine endgültige Gestalt gewinnen. Es gehe nicht an, dass nachträglich durch Änderung des Parteivortrages in der zweiten Instanz „aus dem Klavierprozeß ein Kuhprozeß“ werde. Nahezu uneingeschränkt wünschten die Richter aber, dass auch die zweite Instanz die Möglichkeit zu tatsächlicher Nachprüfung habe. Die reine Rechtsrüge werde mit Recht niemals populär sein. Die tatsächliche Nachprüfung erweise sich immer wieder als notwendig. Die LG-Präsidenten Heermann und Roebling, sowie AG-Präs. Gottschalk meinten, dass im allgemeinen ein einziges Rechtsmittel ausreichend sei. Dieses Rechtsmittel müsse stets die rechtliche Nachprüfung, die tatsächliche Nachprüfung aber nach dem Ermessen des Rechtsmittelgerichts eröffnen. Wenn das Rechtsmittelgericht von seiner Befugnis, auch die tatsächlichen Feststellungen des Urteils nachzuprüfen und gegebenenfalls neue Tatsachen zu berücksichtigen, angemessenen Gebrauch mache, so könnten sich die Parteien nicht darauf verlassen, dass in der zweiten Instanz das Verfahren in tatsächlicher Einsicht neu aufgerollt werde. Das werde sie zwingen, ihr tatsächliches Wissen schon in der ersten Instanz vollständig vorzutragen. Das Rechtsmittel müsse also eine Art Mittelding zwischen der Berufung und der Revision sein. Schwierigkeiten mache die Einschaltung des Reichsgerichts. LG-Präs. Roebling regte an, dass das Obergericht eine Sache dem Reichsgericht vorlegen solle, wenn es das bei der Bedeutung der Sache für angezeigt halte, wenn es von einer anerkannten Rechtsauffassung abweichen wolle oder wenn eine bestimmte Wertgrenze erreicht sei. Auch die Möglichkeit, dass die Anrufung des Reichsgerichts oder des Obergerichts in das Ermessen der Partei gestellt werde, sei zu erwägen.

Das Reichsgericht solle, das war die allgemeine Auffassung, nicht nur als Kassationsgericht tätig werden oder lediglich bindende Entscheidungen über einzelne Rechtsfragen fällen, sondern in jedem Fall in der konkreten Sache selbst entscheiden.

Über die Voraussetzungen, von denen die Zulässigkeit der Rechtsmittel abhängen soll, bestanden keine klaren Auffassungen. Die meisten Richter erkannten an, dass gewisse Beschränkungen erforderlich seien, wenn eine Überschwemmung der Rechtsmittelgerichte mit unbegründeten Rechtsmitteln in geringfügigen Sachen vermieden werden solle. Dass die Objekthöhe über die Zulässigkeit des Rechtsmittels entscheide, wurde abgelehnt. Selbst dagegen, dass wenigstens von einer bestimmten Wertsumme ab die Rechtsmittel allgemein zulässig und bis zu einer anderen allgemein unzulässig sein sollten, während im übrigen eine elastische Regelung (Zulassung durch den Richter) getroffen werde, bestanden Bedenken. Im allgemeinen neigten die Richter zum Zulassungsprinzip, wobei durchweg dem judex ad quem der Vorzug gegeben wurde, teils mit der Begründung, dass die Entscheidung des judex a quo kein Vertrauen genießen werde, teils auch mit der, dass der judex a quo dazu neigen werde, das Rechtsmittel zu häufig zuzulassen. AG-Präs. Gottschalk meinte, von besonderen Zulässigkeitsvoraussetzungen könne abgesehen werden, wenn das Gericht die Möglichkeit erhalte, das Rechtsmittel in jeder Lage des Verfahrens durch Beschluß als unbegründet zu verwerfen.

OLG-Präs. Semler regte die nachmalige Prüfung seiner schriftlichen Vorschläge an, nach denen das LG als Berufungsgericht erhalten bleiben und das Obergericht als Revisionsgericht tätig werden solle, während das Reichsgericht nur unter bestimmten Voraussetzungen in Sachen von besonderer Bedeutung einzuschalten wäre.

Die jetzige Zuständigkeit der Oberlandesgerichte als Rechtsmittelgericht in bürgerlichen Rechtssachen hat sich nach Ansicht des OLG-Präsidenten und aller befragten Richter, insbesondere auch der Senatspräsidenten des OLG, im Bezirk Hamm nicht bewährt. In diesem Bezirk fehle dem OLG die Ortsnähe. Der Bezirk sei so groß, dass Parteien und Zeugen nicht aus allen seinen Teilen an einem Tag zum OLG fahren und wieder zurückreisen könnten. All das wirke sich besonders unangenehm aus, weil das Gros der Sachen, in denen Berufung eingelegt werde, Mietsachen, Alimentenprozesse oder Ehescheidungssachen seien, in denen der persönliche Kontakt mit den Parteien oder die Kenntnis der örtlichen Verhältnisse meist unerläßlich sei. Dass sich das OLG an Ort und Stelle begebe, sei im allgemeinen nicht zweckmäßig, weil meistens dort nur ein Verfahren behandelt werden könne, das für sich allein die Reise nicht rechtfertige. (Die Geschäfte sind beim OLG im wesentlichen nach Materien verteilt. OLG-Präs. Semler teilte mit, dass er zur Geschäftsverteilung nach Bezirken überzugehen beabsichtige). Ein Rückgang der Rechtsmittel, gerade auch in geringfügigen Sachen, sei einstweilen nicht festzustellen. Insbesondere nach der Aufhebung der Kostenvorschußpflicht des früheren § 519 Abs. 6 ZPO legten die Parteien vielfach unbegründet und leichtfertig Berufung ein. Früher seien diese Rechtsmittel im Armenrechtsverfahren abgefangen worden. Jetzt bemühe sich die Staatskasse hinterher vielfach vergebens, die Gebühren einzuziehen. Mit einer weiteren Zunahme der Rechtsmittel sei in Mietsachen zu rechnen. Dort ergäben sich jetzt vielfach schwierige Fragen aus der Evakuierung. So tauche immer wieder das Problem auf, wie im Falle der Evakuierung von dem Mieter übernommene Nebenpflichten behandelt werden sollten.

Das Publikum empfinde gleichfalls die Unzulänglichkeit des heutigen Rechtszustandes. LG-Rat Zelle, Siegen, behauptete, es fälle teilweise „vernichtende Urteile" über die geltende Regelung.

Vereinzelt wurde sogar erklärt, dass die sachgemäße Durchführung der Berufung durch das geltende Recht so erschwert sei, dass man ernstlich überlegen müsse, ob die Beibehaltung des Rechtsmittels unter den augenblicklichen Umständen überhaupt noch gerechtfertigt sei. Diesem scharfen Urtel traten die meisten Richter jedoch entgegen. Sie bezeichneten es auch für die besonderen Verhältnisse im Hammer Bezirk als ungerechtfertigt. Im übrigen wurde immer wieder zugegeben, dass vor allem die Größe dieses Bezirks in Verbindung mit den kriegsbedingten Schwierigkeiten die angedeuteten Unzulänglichkeiten hervorgerufen habe. Sie würden sich verringern oder verschwinden, wenn der Bezirk verkleinert werde oder wenn Verkehrs- und Unterbringungsverhältnisse wieder normal seien.

b) Strafsachen. Die geltende Regelung des Rechtsmittelzuges in Strafsachen hat sich nach allgemeiner Auffassung bewährt, wenn von der Unanfechtbarkeit der Entscheidungen der Sondergerichte abgesehen wird. Durchweg wurde vorgeschlagen, dass gegen die Entscheidungen des Einzelrichters und des Schöffengerichts die Anrufung des Obergerichts, gegen die Entscheidungen der Strafkammer die Entscheidung des Reichsgerichts angerufen werden solle. Wie das Rechtsmittel im einzelnen gestaltet werden solle, wurde nicht näher erörtert.

16. Justizverwaltung. Sowohl der OLG-Präs. als auch die befragten LG-Präsidenten waren der Auffassung, dass sich der LG-Präs. als Justizverwaltungsbehörde bewährt habe und dass auf ihn nicht verzichtet werden könne, solle der OLG-Präs. nicht in Kleinkram ersticken. Insbesondere die Regelung von Vertretungsfällen und ähnlichen Angelegenheiten unmittelbar durch den OLG-Präs. sei kaum durchführbar. Nach allgemeiner Ansicht soll das Amt des LG-Präs. daher in der Form beibehalten werden, dass der Vorstand größerer Eingangsgerichte die Befugnisse des heutigen LG-Präsidenten gegenüber mehreren Eingangsgerichten wahrnimmt. Dagegen, den Vorständen der Eingangsgerichte allgemein die Dienstaufsicht über die Richter des Eingangsgerichts zu geben, wurden mehrfach Bedenken geäußert, die vor allem für kleine Eingangsgerichte unterstrichen wurden.

LG-Präs. Koch war der Ansicht, dass dem OLG-Präs. die Dienstaufsicht unmittelbar übertragen werden könne, wenn die Zahl der Richter wirklich einschneidend und in dem erforderlichen Umfange herabgesetzt werde.

Wiederholt wurde über die Schwierigkeiten geklagt, die sich aus dem Dualismus der beiden Justizverwaltungsspitzen (Präsidenten den Gerichte, Leiter der Staatsanwaltschaften) ergeben. Die Beseitigung des immer unhaltbarer werden den Zustandes, sei so wurde mehrfach erklärt, unbedingt geboten. Mindestens müsse eine einheitliche *repräsentative* Spitze geschaffen werden.

IV. Zur künftigen Stellung des Richters.

1. Allgemeines. Über die Stellung des Richters äußert sich insbesondere LG-Präs. Hausten, Hagen, (der bis zum Jahre 1933 Rechtsanwalt gewesen ist). Er führte aus, dass diese Stellung nicht überall so sei, wie gewünscht werden müsse. Der Richter genieße insbesondere bei den zuständigen politischen Stellen nicht das erforderliche Vertrauen. Daran, dass es hierzu gekommen sei, trage der Richter keine Schuld. Die Entwicklung habe vielmehr zwangsläufig zu diesem Ergebnis führen müssen. Der Richter, dessen Amt es sei, die Gesetze zu beachten, habe ähnlich wie Militär und Polizei in den Zeiten des Umbruchs den Anschluß an die Bewegung erst spät finden können. Der politische Kampf jener Zeit hätte zu Verurteilungen politischer Kämpfer führen müssen. Daraus hätten sich Konflikte und Spannungen ergeben. Schon seit der Zeit des ersten Weltkrieges sei dem Richter bei Angriffen in der Presse, in den Parlamenten oder sonst in der Öffentlichkeit der erforderliche Schutz versagt worden. All dies wirke sich jetzt in der Stellung und im Ansehen des Richters noch aus. Dabei müsse gesagt werden, dass sich das Richtertum in seiner Gesamtheit tadellos gehalten habe und dass kaum ein Berufsstand zu finden sei, der sich in dieser Richtung mit ihm vergleichen dürfe. Es sei nun nötig, die entstandenen Spannungen zu lösen und zu überwinden. Der Richter müsse deshalb vor allem engen Anschluß an die Partei finden. Es genüge nicht, dass er dort Mitglied sei, sondern er müsse aktiv mitarbeiten und die Fühlung mit den örtlichen Spitzenträgern der Partei herstellen. Die Initiative müsse von ihm ausgehen, von der Partei könne sie nicht erwartet werden. Immerhin werde es gut sein, wenn auch dort von maßgebender Seite auf Verständnis und Entgegenkommen hingewirkt werde. Weiter sei es zur Festigung der richterlichen Stellung erforderlich, dass das Querulantentum von Staat und Partei bekämpft werde. Die Neigung dem Querulanten Gehör zu geben, untergrabe die Autorität des Richterspruchs.

Auch die gesellschaftliche Stellung des Richters müsse wieder gehoben werden. Dazu gehöre auch die Aufbesserung seiner materiellen Bezüge. Früher hätten die meisten Richter Privatvermögen besessen. Dieses Vermögen sei inzwischen verloren gegangen. Von seinem Gehalt allein könne der Richter nicht so leben, wie seine Stellung es erfordere und die Öffentlichkeit es erwarte. Ein Richter mit zwei und mehr Kindern stehe im dauernden Kampf um das tägliche Brot. Der Vorsitzende einer Kammer für Handelssachen könne nicht mehr, wie das früher geschehen sei, gesellschaftlichen Verkehr mit seinen Beisitzern pflegen, weil ihm die erforderlichen Mittel fehlten. Wenn der Richter wieder in den Besitz ausreichender Bezüge gelange, so würden auch jene Mängel verschwinden, die jetzt fälschlich unter dem Schlagwort von der sogenannten Weltfremdheit des Richters zusammengefaßt würden. Von einem Richter, der sich ständig um kleinliche Dinge des täglichen Alltags sorgen müsse, könne nicht jene innere Freiheit und Großzügigkeit, jener allgemeine Überblick erwartet werden, die erwünscht seien. Sobald sie äußere Stellung des Richters wieder der Wichtigkeit seiner Aufgabe entspreche, würde sich auch der erforderliche gute Nachwuchs, an dem es jetzt fehle, erneut einstellen.

OLG-Präs. Semler betonte, dass die vorstehenden Ausführungen des LG-Präs. Hausten sich mit seiner Auffasung deckten. Insbesondere freue er sich, auch seinerseits der inneren und äußeren Haltung des Richters uneingeschränkt Lob zollen zu können. Auch von anderen Richtern wurden mehrfach ähnliche Gedankengänge entwickelt.

2. Stellung des Richters zum Gesetz. Wie bereits an anderer Stelle erwähnt, zeigte sich bei vielen Richtern der Wunsch, dass dem Richter weitergehende Befugnisse, insbesondere auch die zur Rechtsgestaltung, gegeben werden möchten. Andererseits wurde betont, dass das Recht berechenbar bleiben müsse. LG-Rat Zelle erklärte, dass die Rechtssicherheit oft wichtiger sei als die Gerechtigkeit. Das Volk wolle vor allem, dass gleiche Sachen gleichmäßig entschieden würden.

Die sogenannte Lenkung der Rechtspflege wird im Hammer Bezirk nur zurückhaltend geübt. OLG-Präs. Semler erklärte, dass es ihm lediglich darauf ankomme, die Richter auf die maßgebenden Gesichtspunkte hinzuweisen, deren Prüfung nahezulegen und die Richterschaft über die ziele der Staatsführung soweit wie möglich zu unterrichten. Die Lenkung müsse und werde in einer *allgemeinen* Ausrichtung, nicht aber in Eingriffen in den Einzelfall bestehen.

3. Mindestalter des Richters. Die Festsetzung eines bestimmten richterlichen Mindestalters wurde nicht für erforderlich gehalten, zumal der vorgeschriebene Ausbildungsgang des Richters so lange dauere, dass ein zu junger, noch unreifer Mensch ihn praktisch gar nicht zurückgelegt haben könne. LG-Präs. Heermann meinte, der Richter müsse innerlich ein gereifter Mann sein, die Jugend als solche spiele aber dabei keine Rolle. Immerhin bestanden durchweg keine Bedenken gegen die Festsetzung eines Mindestalters von etwa 30 Jahren, wobei allerdings eine elastische Klausel, die in geeigneten Fällen auch die frühere Ernennung zum Richter zulasse, für erforderlich gehalten wurde.

Mehrfach wurde der Wunsch geäußert, dass ein Höchstalter in der Form festgesetzt werden solle, dass Richter von einem bestimmten Alter ab mit vollem Gehalt in den Ruhestand versetzt werden könnten. Das wurde als erforderlich bezeichnet, um nachlassende Kräfte abschieben zu können. Als Altergrenze wurden 60 Jahre und weniger genannt.

4. Lebensschule, Entnahme der Richter aus freien Berufen, Ausbildung der Richter. Dass die Ernennung von Angehörigen freier Berufe zum Richter in größerem Umfange überhaupt jemals praktisch werden könne, wurde bezweifelt. Die meisten Richter nahmen an, dass sich geeignete Bewerber kaum finden würden. Im übrigen bestanden lebhafte Bedenken gegen die Eignung solcher Persönlichkeiten, die längere Jahre hindurch in einem freien Beruf tätig gewesen sind, zum Richter. Es wurde ausgeführt, dass die Arbeitsmethoden, die Berufsethik, die ganze Einstellung des Richters zu den Dingen von besonderer Ausprägung seien und sich in anderen Berufen ähnlich kaum fänden. Die wenigsten Angehörigen anderer Berufe würden in der Lage sein, sich in die für den Richter notwendige Denkungsart zu finden. Außerdem wurde die Frage aufgeworfen, wie denn vor der Ernennung die Eignung zum Richter erprobt werden solle. Lediglich für den Anwalt greife eine andere Beurteilung Platz. Insoweit wurde anerkannt, dass es durchaus möglich sei, aus dem Anwaltsstande hervorragende Richter zu gewinnen. LG-Präs. Bauer glaubte, dass auch sonst in einzelnen Ausnahmefällen die eine oder andere hervorragende Kraft gewonnen werden könne.

Gegen die Annahme, dass der Assessor vor der Betreuung mit richterlichen Aufgaben einer weiteren Ausbildung bedürfe, erhob sich kein Widerspruch. Die befragten Richter waren der Auffassung, dass der Assessor langsam in die Stellung des Richters hinein wachsen müsse. Während dieser Vorbereitungszeit müsse er selbständig als Geschäftsstellenleiter, als Urkundsbeamter und als Rechtspfleger tätig sein; er sei als Richtergehilfe anzusetzen und zur Staatsanwaltschaft, zur

Anwaltschaft und vielleicht auch zur Verwaltung abzukommandieren. Anschließend könne er auch als Richter beim Kollegialgericht Verwendung finden. Auf diese Weise solle er alle Grundgebiete in selbständiger und verantwortlicher Arbeit kennen lernen. Daneben sei erwünscht, dass der Assessor zeitweilig auch außerhalb der eigentlichen Rechtspflege und der Verwaltung, in der freien Wirtschaft, bei Handelskammern, Treuhändern, Parteidienststellen und ähnlichen Stellen tätig sei. Dass ein solcher Ausbildungsgang den Richternachwuchs abschrecken könne, wurde verneint. Allerdings müsse dem Assessor eine entsprechende Stellung eingeräumt und ein angemessenes Gehalt bewilligt werden. Auch die Gefahr, dass durch die Beschäftigung in freien Berufen, in der Wirtschaft oder Industrie allzuviele Richteranwärter veranlaßt werden könnten, den Staatsdienst zu verlassen, wurde als übertrieben bezeichnet. AG-Präs. Gottschalk wies darauf hin, dass nicht alle Juristen in die Wirtschaft gehen könnten und dass die Spitzenstellungen dort auch nur gering an Zahl seien.

Eine Sonderstellung nach LG-Rat Zelle ein, der den Richteranwärter vornehmlich im Kollegialgericht, dort aber mit Stimmrecht zu beschäftigen vorschlug. Nur das Verantwortungsbewußtsein als Richter sei, so meinte er, geeignet, das Richtertalent zu entwickeln.

5. *Amtsbezeichnung der Richter.* Alle befragten Richter waren für einen Fortfall des Ratstitels. Durchweg wurde vorgeschlagen, dass der Richter die Amtsbezeichnung „Richter" mit einem Zusatz führen solle, der erkennen lasse, an welchem Gericht und in welcher Stellung er dort tätig sei, also etwa: „Richter Heinrich Müller", oder „Dr. Fritz Schulze, Richter am Obergericht", „Richter Karl Meier, Senatspräsident am Reichsgericht". Auch die Amtsbezeichnungen „Richter", „Oberrichter", „Reichsrichter" wurden als zweckmäßig bezeichnet. Die Vorsitzer der Kammern und Senate seien herauszuheben, ebenso die Vorstände der Gerichte, mit dem Titel Präsident solle aber sparsam umgegangen werden. Insbesondere empfehle es sich nicht, den Vorstandsbeamten eines jeden, möglicherweise noch so kleinen Eingangsgerichts als Präsidenten zu bezeichnen.

Als Amtsbezeichnung für den Richteranwärter wurde gelegentlich die Bezeichnung „Gerichtsrat" vorgeschlagen, doch wurde sie nicht für sonderlich geeignet gehalten.

6. Einstufung und Rang der Richter. Dass sämtliche Richter den gleichen Rang und das gleiche Gehalt haben sollten, wurde nirgends vorgeschlagen. Alle Richter waren vielmehr für eine gewisse Differenzierung. OLG-Präs. Semler und einige andere Richter schlugen vor, auch am Eingangsgericht fliegende Beförderungsstellen zu schaffen, damit bewährte Richter dort befördert und so ihrem Bezirk erhalten werden können. LG-Präs. Roebling schlug folgende Rang- und Gehaltsstufen vor:

Assessor, Richter am Eingangsgericht, AG-Direktor, Richter beim Obergericht, Präsident der größeren Eingangsgerichte, Senatspräsident am Obergericht, Reichsrichter, Präsident des Obergerichts, Senatspräsident am Reichsgericht, Präsident des Reichsgerichts.

Die Einrichtung von fliegenden Beförderungsstellen bei den Eingangsgerichten lehnte LG-Präs. Roebling grundsätzlich ab. Er wünschte aber, dass Richter der höheren Gerichte unter Beibehaltung von Stellung und Rang zeitweilig in das Eingangsgericht abkommandiert werden könnten.

7. Richter und Beamter. Richterkorps. Die Heraushebung des Richters aus dem allgemeinen Beamtenverhältnis wurde als sachgemäß bezeichnet. Die Bildung eines Richterkorps wurde begrüßt. Dabei gingen die Richter davon aus, dass unter dem Richterkorps keine besondere Organisation zu verstehen sei, sondern lediglich ein ideeller Zusammenschluß der von einem gemeinsamen Berufsethos erfüllten Richterschaft. Demgemäß wurde allgemein die Entwicklung des Richterkorps zu einem Selbstverwaltungskörper abgelehnt. Es wurde dazu erklärt, dass in einer derartigen Organisation die Neigung zur Kastenbildung liege, die für den Richter besonders gefährlich sei, die aber überhaupt im nationalsozialistischen Reich nicht hingenommen werden könne.

Zur Bildung des Richterkorps sind nach einhelliger Auffassung der befragten Richter vor allem Zusammenkünfte der Richter auf beruflicher und gesellschaftlicher Grundlage geeignet. OLG-Präs. Semler trug vor, dass er in dieser Richtung mit der Schulungsarbeit des NSRB bereits sehr günstige Erfahrungen gemacht habe, vor allem auch mit der Unterrichtung über allgemeinbildende Fragen. AG-Rat Schlüter meinte, es komme darauf an, im einzelnen Richter das Bewußtsein zu entwickeln und zu pflegen, dass er einer besonderen Gemeinschaft angehöre, bei der er Rat und Hilfe, notfalls auch Schutz finde. Das Gefühl, gegenseitig füreinander einstehen zu müssen, müsse im Richter geweckt werden. Allgemein wurde anerkannt, dass die Auswirkungen des Richterkorps auch die Familienangehörigen der Richter erfassen müssen. OLG-Präs. Semler erzählte in diesem Zusammenhang, dass seine Bemühungen, Zusammenkünfte zwischen den Familien der Heimgebliebenen und denen der eingezogenen Richter, insbesondere der Frauen, herbeizuführen, auf Widerstand bei der NS-Frauenschaft gestoßen seien, die erklärt habe, für derartige Fragen allein zuständig zu sein.

Soweit das zur Erörterung gestellt wurde, bestand Verständnis für die Auffassung, dass auch die Stellung des Staatsanwalts gehoben werden und der des Richters angepaßt werden müsse.

Der Assessor wurde gelegentlich als „der Fahnenjunker des Richterkorps" bezeichnet.

8. *Amtstracht.* Die Frage der Amtstracht wurde nur kurz gestreift. Dabei wurde erklärt, dass an der Robe festgehalten werden müsse. Sie sei eine alte und eingelebte Einrichtung, die insbesondere auch gut auf die breite Masse des Publikums wirke. Richtig sei allerdings, dass sie in politischen Kreisen aus mancherlei, meist äußerlichen Gründen, unbeliebt sei. Der Vorschlag, die Robe durch eine Uniform zu ersetzen, sei aber nicht diskutabel. Die Uniform passe nicht zum Richter.

Anlagen zum Reisebericht Hamm

I. Kartenmaterial -

II. Statistisches Material, Erläuterungen, schriftliche Äußerungen.

1.a) Übersicht über die Organisation des ehemaligen Appellationsgerichts in Arnsberg in der Zeit vom 1.1.1852–1.10.1879,

b) Übersicht über die heutige Gliederung des Landgerichtsbezirks Arnsberg (Gerichte, polit. Gliederung, Bevölkerungsdichte, Stellenplan der Gerichte),

c) Äußerung über das augenblickliche Verhältnis zwischen der Gerichtsgliederung und der Einteilung der politischen und Verwaltungsbezirke im Landgerichtsbezirk Arnsberg,

d) Vorschlag des Landgerichtspräsidenten zur künftigen Gerichtsorganisation,

e) Übersichten über den Geschäftsanfall bei den Gerichten des Bezirks in den Jahren 1938 und 1943,

2. Übersicht über die Amtsgerichte des LG-Bezirks Bochum mit der Einwohnerzahl, den Richterplanstellen, der augenblicklichen Besetzung und den Vorschlägen des Landgerichtspräsidenten zur künftigen Gerichtsorganisation unter Hervorhebung der danach erforderlichen Richterstellen,

3.a) Übersicht wie zu 2. für den Landgerichtsbezirk Essen.

b) Geschäftsanfall des Landgerichts in Essen und quotenmäßige Verteilung dieser Sachen auf die vom LG-Präs. vorgeschlagenen Eingangsgerichte,

4.a) tabellarische Übersicht über den Landgerichtsbezirk Bielefeld mit den Amtsgerichten, der Zahl ihrer Gerichtseingesessenen, der Zugehörigkeit ihrer Bezirke zu Partei- und Verwaltungskreisen, sowie Angabe der Gerichtstage,

b) Übersicht über Besetzung und Belastung der Amtsgerichte im LG-Bezirk Bielefeld (Pensenschlüssel),

c) vergleichende Übersicht über den Geschäftsanfall, bei den einzelnen Amtsgerichten im LG-Bezirk Bielefeld,

5. Bericht des LG-Präs. in Hagen über die augenblicklichen organisatorischen Verhältnisse im LG-Bezirk Hagen, über seine Vorschläge zur kommenden Gerichtsorganisation und deren Auswirkungen,

6.a) schriftliche Stellungnahme des LG-Präs. in Münster zu dem Fragebogen des Amtes, aufgestellt auf Grund einer Richterbesprechung am 2.2.1944,

b) Übersicht über den Geschäftsanfall beim Landgericht Münster 1938 und 1943, Gliederung des Bezirks in Partei- und Verwaltungskreise,

c) Geschäftsanfall bei den Amtsgerichten des Landgerichtsbezirks 1938 und 1942,

d) eine Photographie des Amtsgerichts in Bocholt,

7.a) Äußerung des Landgerichtspräsidenten in Paderborn über die augenblickliche Gliederung des Landgerichtsbezirks und seine Vorschläge zur künftigen Gerichtsorganisation,

b) Übersicht über den Geschäftsanfall bei den Gerichten des Bezirks 1938 und 1943,

8. Übersicht über die Einwohnerzahl im Landgerichtsbezirk Siegen, aufgegliedert nach Amtsgerichtsbezirken,

9. schriftliche Stellungnahme des Landgerichtsdirektors Zelle, Siegen, zu dem Fragebogen des Amtes. Ein Doppel ist zu den Akten Reform gegeben.

VI. Bericht über den Besuch des Oberlandesgerichtsbezirks Innsbruck und der Operationszone Alpenvorland (17.–24.4.1944)

I. Verlauf der Reise im allgemeinen. In der Zeit vom 17.-24. April 1944 bereisten Ministerialdirektor Altstötter und Ministerialrat Dr. Stagel den OLG-Bezirk Innsbruck und die Operationszone Alpenvorland. Die Planung der Reise war mit OLG-Präsidenten Dr. Stritzl, der sie im ganzen Umfange mit machte, schriftlich und fernmündlich vereinbart und die Reise selbst vom OLG-Präs. in jeder Hinsicht sehr umsichtig und sorgfältig vorbereitet worden. Sie wurde durchweg im Dienstwagen des OLG-Präsidenten zurückgelegt. Der Wagen, von dem sehr geübten und vorsichtigen Fahrer des OLG-Präs. geführt und betreut, erwies sich der schwierigen Fahrt, die über zahlreiche hohe, noch im tiefen Schnee liegende Alpenpässe führte, durchaus gewachsen; es gab auf der ganzen Fahrt außer zwei Reifenschäden durch eingefahrene Nägel keine einzige Panne und keinen unvorhergesehenen Aufenthalt.

Nach der Ankunft am 17. April 1944 um etwa 11.15 Uhr mit der Bahn in Salzburg begannen sofort um 11.30 Uhr im LG-Gebäude in Salzburg die Besprechungen. Sie wurden bis 13.45 fortgesetzt und sodann nach einer kurzen Mittagspause im Dienstwagen des OLG-Präs. die Reise nach Innsbruck angetreten. Auf der Fahrt bot sich Gelegenheit zum Besuch der Amtsgerichte Markt Pongau und Zell am See. Sie führt auch durch die Gerichtsorte Hallein, Werfen, Taxenbach, Mittersill, Kitzbühel, Hopfgarten, Kattenberg, Schwaz und Hall in Tirol. In den meisten dieser Orte gab sich Gelegenheit, im Vorbeifahren wenigstens einen kurzen Blick auf das Gerichtsgebäude zu werfen. Ankunft in Innsbruck um etwa 21 Uhr.

Der 18. April war den Besprechungen in Innsbruck gewidmet. Sie dauerten von 8.30–12.30 Uhr und von 14–17.14 Uhr.

Anschließend hielt Ministerialdirektor Altstötter im Rahmen des NSRB einen gut besuchten Vortrag über „Wandlungen in der Zivilrechtspflege". Der Abend war einem geselligen Beisammensein auf einem Kameradschaftsabend gewidmet. Ein launiger Vortrag des auch als Schriftsteller tätigen LG-Rat Staffler gewährte aufschlußreiche Blicke in die Wesensart der Tiroler Bevölkerung.

Am 19. April führte die Fahrt (Abfahrt von Innsbruck um 8 Uhr) über Reutte, woselbst das Gerichtsgebäude besichtigt wurde, das Allgäu und Bregenz nach Feldkirch, sie berührte auch die Gerichtsorte Telfs, Bregenz und Dornbirn. Ankunft in Feldkirch um 15 Uhr. Hier wiederholte MinDir. Altstötter um 17 Uhr seinen Vortrag in einer wiederum gut besuchten Versammlung des NSRB, an die sich ein sehr stimmungsvoll verlaufender Kameradschaftsabend schloß. Er gab Gelegenheit zu eingehendem Gedankenaustausch, insbesondere auch mit Vorarlberger Rechtsanwälten.

Am 20. April begannen um 8.30 Uhr die Besprechungen im LG Feldkirch. Sie wurden um 12.30 beendet, um 14.30 Uhr wurde die Rückfahrt nach Innsbruck angetreten, sie führte durch den Bregenzer Wald und gab Gelegenheit zu einer Besichtigung des AG Bezau sowie auch des im OLG-Bezirk München gelegenen AG Sonthofen. Ankunft in Innsbruckk um 22 Uhr.

Am Morgen des 21. April wurde um 9.30 Uhr die Fahrt über den Brenner und Brixen nach Bozen fortgesetzt. Ankunft um etwa 15 Uhr. Die Reiseteilnehmer wurden – zusammen mit ebenfalls anwesenden Vertretern der Parteikanzlei – nachmittags vom Obersten Kommissar der Operationszone Alpenvorland, Gauleiter Hofer, empfangen, der sich zwei Stunden lang mit uns unterhielt und sehr aufschlußreiche Mitteilungen über die Verwaltung und die Planungen in der Operationszone gab. Er betonte wiederholt das gute und reibungslose Zusammenarbeiten mit dem OLG-Präs. Am Abend waren wir beim Gauleiter und Obersten Kommissar zu Gast.

Der 22. April führte nach Trient. Der Abend brachte – nach der Rückkehr nach Bozen – ein zwangloses Zusammensein mit den nach Bozen abgeordneten Richtern und Staatsanwälten. Mit diesen wurden auch sonst während des Aufenthalts in Bozen wiederholt eingehende Besprechungen über ihre Tätigkeit in der Operationszone und das Rechtsleben dort gepflegt.

Der 23. April, ein Sonntag, wurde zu einer Fahrt an den Gardasee ausgenützt. Sie führte über Trient, Reveretto und Riva bis Limone und damit über die Grenze der Operationszone hinaus in das unter italienischer Verwaltung stehende Gebiet. Der Rückweg nach Bozen wurde über den Molvenosee, das Nonsbergtal und den Mendelpaß genommen. Die Fahrt bot sehr aufschlußreiche Einblicke in den italienisch bevölkerten Teil der Operationszone.

Im Laufe des Aufenthalts in der Operationszone bot sich sowohl während der Fahrten als auch sonst wiederholt Gelegenheit zu eingehenden Aussprachen mit OLG-Präs. Dr. Stritzl über die allgemeinen Verhältnisse und die Justizeinrichtungen der Operationszone. Der OLG-Präs. gab in Ergänzung der Mitteilungen des Obersten Kommissars eingehende Aufklärungen hierüber. Auch einzelne Gerichtseinrichtungen wurden besichtigt, so insbesondere das Sondergericht, das in einer ehemaligen Villa in Bozen sehr würdig und gut untergebracht ist.

Am 24. April wurde um 10 Uhr die Rückfahrt von Bozen über Brixen und Sterzing angetreten, Ankunft in Innsbruck um 18 Uhr. Von dort wurde die Heimreise nach Verabschiedung vom OLG-Präs. um 19 Uhr mit der Bahn fortgesetzt.

Die ohne jeden Zwischenfall verlaufene Reise hat ihren Zweck voll erreicht und kann in jeder Hinsicht als sehr gelungen bezeichnet werden.

An den Sitzungen nahmen außer MinDir. Altstötter, MinRat Dr. Stagel und OLG-Präs. Dr. Stritzl teil:

Am 17. April in Salzburg: LG-Präs. Lürzer, Salzburg, LG-Rat Dr. Altrichter, LG Salzburg, AG-Rat Dr. Stürzenbaum, Markt Pongau, OLG-Rat Haaß, Thalgau.

Am 18. April in Innsbruck: GStA Dr. Köllinger, OLG-Vizepräs. Federa, SenPräs. Dr. Löbl, OLG-Rat Dr. Dialer, OLG-Rat Dr. Penz, LG-Präs. Dr. Sandbichler, LG-Dir. Dr. Vogl, LG-Dir. Dr. Hohenleitner, LG-Dir. Dr. Kasperer, LG-Dir. Dr. Schattanek, AG-Dir. Dr. Hagleitner, OA-Richter Dr. Stock, Kufstein, OA-Richter Dr. Schöpf, Landeck, OA-Richter Dr. Würtinger, Kitzbühel.

Am 20. April in Feldkirch: LG-Präs. Dr. Eccher, OStA Dr. Möller, StA Dr. Gandolfi, LG-Dir. Dr. Erne, LG-Dir. Dr. Böhm, LG-Dir. Dr. Ratzenböck, AG-Dir. Dr. Eisenhuber, Feldkirch, OA-Richter Scherrer, Bludenz, AG-Rat Dr. Briem, Bregenz.

Die Sitzungen waren sehr gut vorbereitet, die Teilnahme, insbesondere einzelner hervortretender Richterpersönlichkeiten sehr rege. Zum Teil lagen neben statistischem und Kartenmaterial schon schriftliche Stellungnahmen und Aufzeichnungen über stattgefundene Besprechungen vor, die zu den Akten des Amts überreicht wurden und beiliegen. In Salzburg konnte sich die Aussprache bedauerlicherweise zeitmangelshalber nur auf eine sehr beschränkte Zahl von Verhandlungsgegenständen erstrecken.

II. Der Oberlandesgerichtsbezirk.

Der OLG-Bezirk Innsbruck umfaßt derzeit die Reichs- und Parteigaue Salzburg und Tirol-Vorarlberg. Er hat damit eine unnatürliche Längenausdehnung in Richtung West-Ost, während die Nord-Süd-Ausdehnung gering ist. Er reicht in west-östlicher Richtung vom Rhein und Bodensee bis ins oberste Enns- und Murtal, sowie an die zur Traun abfließenden Salzkammergutseen (Mond- und Aber— oder Wolfgangsee). In nordsüdlicher Richtung umfaßt der Bezirk dagegen im wesentlichen nur den Nordhang der Alpenkette bis zu ihren Vorbergen. Die Ost-Westachse des Bezirks bildet im wesentlichen das Inn- und das Salzachtal. Charakteristisch für das Gebiet sind die von diesen Haupttälern abzweigenden, viele Kilometer langen Seitentäler. Sie beginnen am Hauptkamm der Alpen in der Hochgebirgszone und fallen in mehreren Steilstufen, von denen die letzte meist die steilste und tiefste ist, vielfach unter Bildung von Klammen zum Haupttal ab. Zwischen diesen Steilstufen liegen ausgedehnte, fast ebene Talböden, auf denen die Hauptsiedlungen liegen. Voneinander sind diese parallel laufenden Täler durch hohe, schwer oder gar nicht zu übersteigende Bergriegel getrennt, so das kaum eine Verbindung von einem Tal ins andere möglich ist. Der Steilabfall zum Haupttal erschwert überdies den Verkehr auch mit den Orten in diesem, woraus sich eine starke Abgeschlossenheit und Eigenart der einzelnen Täler ergibt. Diese Eigenart findet sich übrigens auch im Zillertal, obwohl dieses als Ausnahme keinen Steilabfall zum Inntal hin aufweist.

Bevölkerungsmäßig zerfällt der OLG-Bezirk in drei scharf voneinander zu scheidende Stammesgruppen: Die Salzburger sind reine Bajuvaren, die sich von ihren Volksgenossen im angrenzenden Oberdonau, Steiermark und Berbayern kaum irgendwie unterscheiden. Die Grenze gegenüber Oberdonau ist übrigens so verzahnt, dass schon deshalb irgend ein Unterschied in Land und Leuten gar nicht auftreten kann. Eine Sonderstellung nimmt höchstens der Lungau, das ist das oberste Murtal, ein, der sich nach Steiermark öffnet, während er mit dem übrigen Salzburg nur durch den 1738 m hohen Tauernpass verbunden ist, der im Winter monatelang unpassierbar ist. Zur Zeit der Besichtigung lagen auf der Passhöhe noch sieben Meter Schnee, so dass mit der Öffnung der Passtraße vor Juni nicht gerechnet werden kann. Die Bahnverbindung führt in einem ungeheuren Umweg über Unzmarkt, St. Michael, Selztal und Bischofshofen nach Salzburg. Ein besonderer Menschenschlag sind die Tiroler, die sich auch in ihrer Mundart deutlich von allen anderen Alpenbewohnern abheben. Auch sie sind vorwiegend Bajuwaren, Ihre Eigenart dürfte aber auf einen rhätischen Einschlag zurückzuführen sein. Wie es Rhäto-Romanen gibt, so kann man wohl die Tiroler als Rhäto-Germanen bezeichnen. Der Tiroler hält wohl wie kein anderer deutscher Stamm am Althergebrachten fest, hängt zäh an der Scholle

(Tiroler Höferecht), ist jeder Neuerung durchaus abhold und von starkem Mißtrauen gegen alles Fremde erfüllt. Völlig von ihm verschieden ist der alemannische Vorarlberger. Dieser ist aufgeschlossen, weltgewandt und sehr – vielleicht etwas zu sehr – geschäftstüchtig. Für das Festhalten an größerem Grundbesitz hat er kein Verständnis, so dass es in Vorarlberg zu weitestgehender Bodenzersplitterung gekommen ist und es im ganzen Vorarlberg keinen Erbhof gibt.

Tirol und Vorarlberg sind auch durch natürliche Grenzen streng voneinander geschieden. Der Arlberg – wie auch der Flexenpass sind im Winter monatelang nicht passierbar, die einzige unmittelbare Verbindung stellt dann die Eisenbahn dar, die die Arlberghöhe im Tunnel unterfährt. Wir mußten, um mit dem Wagen nach Vorarlberg zu kommen, über das zum OLG-Bezirk München gehörende Allgäu fahren und hatten auch dabei den 1100 m hohen Fernpass zu überwinden, der selbst noch in tiefem Schnee lag, aber passierbar gemacht worden war. Dieser Pass stellt übrigens auch die einzige unmittelbare Verbindung zwischen dem Bezirk von Reutte und dem übrigen Tirol dar. Reutte ist damit in ähnlicher Weise abgeschieden wie der Langau.

Die schwierigen Verkehrsverhältnisse bedingen, dass Gerichts- und Verwaltungsbezirke im OLG-Bezirk verhältnismäßig klein sind. Für so abgeschiedene Gebiete wie den Lungau oder den Bezirk von Reutte läßt sich eben, will man nicht über die Gaugrenzen hinausgreifen, die Aufstellung eigener Behörden nicht vermeiden. Im übrigen ist aber zu beachten, dass die Bezirksgrenzen zu einer Zeit festgelegt wurden, als noch die Postkutsche das einzige öffentliche Verkehrsmittel war. Heute in der Zeit des Eisenbahn- und Kraftwagenverkehrs sind die Entfernungen stark zusammengeschrumpft und man kann daran denken, die Bezirke den geänderten Verkehrsverhältnissen anzupassen; dies ist bisher nur zögernd und in ganz geringem Umfange geschehen. Es wird dies um so mehr ins Auge zu fassen sein, als auch die Gaugrenzen noch Änderungen unterworfen sein dürften. Nach den Ausführungen des Gauleiters Hofer soll nach dem Kriege die Provinz Bozen, also Deutsch-Südtirol und damit auch das jetzt zu Kärnten geschlagene Osttirol (der Bezirk Lienz) mit dem Reichsgau Tirol vereinigt werden. Gauleiter Hofer strebt auch eine Erweiterung des Gaues nach Norden an. Demgegenüber wünschen die Vorarlberger eine Loslösung von Tirol und ihre Eingliederung in einen anderen Gau. Salzburg möchte Gauleiter Hofer aus dem OLG-Bezirk Innsbruck ausgeschieden wissen. Hierzu ist zu bemerken, dass Salzburg bis nach dem ersten Weltkrieg zum OLG-Bezirk Wien gehörte und dann nur deshalb zum OLG-Bezirk Innsbruck geschlagen wurde, um diesen Bezirk, der nach dem Verlust Südtirols zu klein geworden war, lebensfähig zu halten. Die Salzburger streben ihrerseits nach einer Einverleibung des rings von Salzburger Gebiet umschlossenen Berchtesgadener Landes (des sogenannten „Ruperti-Winkels"). Eine Vergrößerung des Zwerggaues wird wohl auch erforderlich sein, wenn er als eigener Reichsgau bestehen bleiben soll, zumal da die Abtrennung des Lungaus und seine Angliederung an Steiermark aus verkehrsbedingten Gründen sehr nahe liegt. Auch eine Begradigung der verwickelten Grenze gegenüber Oberdonau wird erforderlich sein. Sollte man nicht dazu kommen, in Salzburg ein eigenes Obergericht zu errichten, so wäre es eher zu Linz zu schlagen als zu Innsbruck.

Zwischen den Grenzen der Partei- und der Landkreise sowie der Gerichtsbezirke gibt es noch verschiedene kleinere Überschneidungen, die bisher nur zum Teil berichtigt sind. Für einige davon ist die alsbaldige Berichtigung schon vor der endgültigen neuen Gerichtseinteilung angeregt worden, wovon später im einzelnen die Rede sein soll.

Die Verkehrsverhältnisse im Bezirk sind trotz der bestehenden Schwierigkeiten auch jetzt in der Kriegszeit überraschend gut. Die Hauptverkehrsadern sind die den ganzen Bezirk von Bregenz bis Salzburg durchziehende Hauptbahnlinie, in Nord-südlicher Richtung die Bahn von Kufstein zum Brenner und die durch das Gasteinertal nach Kärnten führende Tauernbahn. Die wenigen Lokalbahnen (Bregenzer Waldbahn, Montafoner Bahn, Zillertalbahn, Achenseebahn, Krimmlerbahn, sowie die Salzburger Lokalbahnen) treten mehr und mehr hinter den weitverzweigten und auch heute noch gut bedienten Kraftomnibuslinien zurück. Freilich ist der Omnibusverkehr in den langen Wintermonaten durch die Schneelage vielfach gehemmt.

Die Bevölkerung betreibt überwiegend Landwirtschaft, doch ist auch starke Industrie, insbesondere in Vorarlberg und im Inntal vorhanden. Auch der Bergbau, insbesondere auf Kupfer in Mitterberg im Salzburgischen und auf Salz in Hallstein und in Hall in Tirol spielt eine Rolle. Der Bezirk hat rund 642.000 Einwohner.

III. Zur Gerichtsorganisation.

1. Drei- oder Viergliederung. Aus den oben dargelegten Verschiedenheiten im Bevölkerungscharakter gehen die Ansichten im OLG-Bezirk über die aufgeworfenen Fragen meist stark auseinander. Dies gilt auch für die Frage des Gerichtsaufbaus. In Innsbruck trat man entschieden für die Beibehaltung des gegenwärtigen Zustands, also den viergliedrigen Gerichtsaufbau ein und bezeichnete jede Änderung des bestehenden Zustands für verderblich. Besonders weit geht in dieser Richtung LG-Direktor *Dr. Vogl*, der seine Äußerungen auch schriftlich niedergelegt hat (Anlage 3). Eine zusammenfassende Darstellung der LG-Bezirk Innsbruck vertretenen Meinungen enthält der Bericht des LG-Präs. vom 15. April 1944 (Anl. 2). Zur Begründung wurde insbesondere auf die schwierigen Verkehrsverhältnisse im Lande verwiesen, ferner darauf, dass die Landbevölkerung gewohnt sei, mit allen ihren Anliegen zum leicht erreichbaren AG zu kommen, und dass bei Auflassung des kleinen AG die Vertrauens-, Hilfs- und Beraterstellung des Richters im Volksleben verloren gehe. Für besondere Sach- und Fachgebiete müßten doch eigene Gerichte bestehen bleiben, was die Viergliederung bedinge. Es ergab sich bei der Aussprache, dass es für den Tiroler äußerst schwer ist, sich in andere als die eben bestehenden und gewohnten Verhältnisse hineinzudenken. Deshalb fanden in Innsbruck alle Hinweise darauf, dass man *friedensmäßige* Verkehrsverhältnisse, eine weitgehende Mobilisierung des Richters und ähnliches ins Auge fassen müsse, kein Verständnis.

Ganz im Gegenteil dazu trat man in Feldkirch einhellig für den dreigliedrigen Gerichtsaufbau und die Beseitigung der Zwerggerichte ein, lediglich unter der Voraussetzung, dass die nötige Anzahl geeigneter Richter zur Verfügung stehe, die die einwandfreie Durchführung auch der größeren und schwierigeren Rechtssachen gewährleisten. Den Bedürfnissen der Bevölkerung in den abgelegenen Gebirgsgegenden könne durch Ausbau der Verbindungen, Motorisierung des Richters usw.

Rechnung getragen werden. In Salzburg traten die anwesenden Richter zunächst sehr warm für die Beibehaltung der kleinen Amtsgerichte ein. Sie meinten, dass der „Reiserichter“ nicht die gleiche Volksverbundenheit haben könne wie der ständig beim kleinen AG sitzende Richter, dass dieser auch größeres Ansehen in der Bevölkerung genieße. Auch hier wurde darauf hingewiesen, dass die Bergbauern gewohnt seien, an den Sonn- und kirchlichen Feiertagen in den Gerichtsort zu kommen und dann ihre Geschäfte und Anliegen bei Gericht zu erledigen. Es wurde auch behauptet, dass sich die kriegsbedingte Zusammenlegung der stillgelegten Amtsgerichte Saalfelden, Mittersill und Taxenbach mit dem aufnehmenden Gericht Zell am See nicht bewährt habe. Bei näheren Befragen stellt sich aber heraus, dass die behaupteten Übelstände durch einige Personalmaßnahmen unschwer behoben werden können; es ist lediglich erforderlich, dass der mit der Grundbuchführung in Saalfelden und Taxenbach betraute Beamte, der in der ihm zur Verfügung stehenden Zeit die Arbeiten dort nicht bewältigen kann, eine entsprechende Hilfskraft zugewiesen erhält. Dass sich vom Standpunkt der Bevölkerung aus Unzukömmlichkeiten gezeigt hätten, konnte nicht behauptet werden. Die Richter in Salzburg ließen sich denn auch leicht davon überzeugen, dass die Schaffung größerer Eingangsgerichte ihre Vorzüge haben und die Nachteile, die die Abschaffung der Zwerggerichte mit sich bringe, durch entsprechende Maßnahmen ausgeglichen werden können.

2. Wie könnte die künftige Gerichtseinteilung gestaltet werden?

a) LG-Bezirk Salzburg: Eingangsgerichte in Salzburg, Markt Pongau, Zell am See (oder Salzburg, Hallein, Markt Pongau, Zell am See, Tamsweg).

b) LG-Bezirk Innsbruck: Eingangsgerichte in (bei Einhaltung der Kreisgrenzen) Innsbruck, Imst, Kitzbühel, Kufstein, Landeck, Reutte, Schwaz oder (bei Überschneidungen der Kreisgrenzen): Innsbruck, Landeck, Schwaz, Kufstein.

c) LG-Bezirk Feldkirch: Eingangsgerichte in Bregenz und Feldkirch (oder: Feldkirch, Bregenz, Bludenz).

3. Aufbau des Eingangsgerichts.

a) Bezeichnung. Als Bezeichnung der Eingangsgerichte wurde vorwiegend einfach „Gericht“ vorgeschlagen. Daneben wurden auch alle erdenklichen anderen Vorschläge laut: Landgericht, Landesgericht, Amtsgericht, Kreisgericht, Bezirksgericht, LG-Dir. Vogl (Innsbruck) lehnte insbesondere die Bezeichnung „Amtsgericht“ als ihm sinnlos erscheinend ab. Für die höheren Instanzen wurden vorwiegend „Obergericht“ und „Reichsgericht“ vorgeschlagen, daneben auch „Landesobergericht“ oder (Vogl) „Gerichtshof“.

b) Gerichtstage, Reiserichter. Bei Beurteilung dieser Frage zeigte sich die Verschiedenheit der Verhältnisse und der Auffassungen in den verschiedenen Gauen ganz besonders. Während in Salzburg erklärt wurde, dass dort die Gerichtstage absterben und die Bevölkerung lieber in den Gerichtsort kommt als den Gerichtstag aufzusuchen, wurde in Tirol und auch in Vorarlberg die Einrichtung häufiger Gerichtstage als Ersatz für das wegfallende kleine Amtsgericht für unbedingt erforderlich gehalten, wobei man allerdings in Tirol der Ansicht ist, dass sich die Nachteile des Wegfalls der kleinen AGe auch dadurch nicht annähernd ausgleichen lasse. In Feldkirch teilt man diese Bedenken nicht. Dabei wurde auch in Innsbruck zugegeben, dass sich die Gerichtstage dort jetzt schon sehr bewährt haben (LG-Präs. Sandbichler), allerdings nur, wenn sie häufig gennug abgehalten werden. Eine sehr beachtenswerte Übung hat OA-Richter Wüstinger in Kitzbühel eingeführt; die Bevölkerung teilt dem Bürgermeister mit, welche Sachen sie am Gerichtstag zu besprechen wünscht, und der Bürgermeister gibt die Liste dieser Wünsche an den Richter weiter, der sich dann entsprechend auf den Gerichtstag vorbereiten kann.

Die Einrichtung des Reiserichters stieß in Tirol auf Ablehnung und geradezu Verständnislosigkeit, während sie in Salzburg und Vorarlberg als durchaus zweckmäßig und erwünscht angesehen wird. In Tirol führt man wie gegen die Gerichtstage so auch gegen den Reiserichter insbesondere ins Treffen, dass in diesen Fällen der Richter gerade dann nicht zur Verfügung stehe, wenn der Mann aus dem Volke ihn brauche.

c) Zweigstellen, Grundbuchämter, Rechtspfleger. Wie schon oben ausgeführt, läßt sich die Einrichtung sonst für unerwünscht gehaltener, mit Richter besetzter Zweigstellen im OLG-Bezirk Innsbruck in zwei Fällen, nämlich Lungau (Tamsweg) und Reutte nicht vermeiden, will man nicht das System der mit mehreren Richtern besetzten Eingangsgerichte durchbrechen. Der OLG-Präs. trat dafür ein, das Grundbuch im allgemeinen dort zu belassen, wo es sich jetzt befindet; man könne der Bevölkerung nicht zumuten, zur Grundbucheinsicht weit zu fahren. Die Einsicht ins Grundbuch durch den Richter sei viel seltener erforderlich. Er sehe in der Schwierigkeit der Verlegung der Grundbücher das einzige Bedenken gegen die Auflassung der kleinen Gerichte. An Orten, in denen Grundbücher verbleiben, wären nach Ansicht des OLG-Präs. nur abgeordnete Beamte der Eingangsgerichte zu belassen. Über die Frage, ob mit Rechtspflegern besetzte Zweigstellen zu errichten wären, waren die Ansichten geteilt. Während man in Salzburg und Feldkirch die Schaffung solcher Zweigstellen befürwortete, empfahl man in Innsbruck Zweigstellen nur für die Aufnahme von Anträgen und die Einsichtnahme ins Grundbuch. Aber auch in Salzburg und Feldkirch wurden die Gefahren, dass der allein an seinem Gerichtsort sitzende Rechtspfleger den Richter aus seiner Vertrauensstellung bei der Bevölkerung verdrängen könnte, nicht verkannt. Auf die Möglichkeiten der weiteren Entlastung des Richters durch den Rechtspfleger wurde mehrfach hingewiesen. In Feldkirch wurde in dieser Richtung vorgeschlagen, Vormundschafts- und Grundbuchsachen, die Aufnahme von Klagen und sonstigen Anträgen, die Erteilung von Rechtsauskünften und die Vollstreckung in bewegliches Vermögen und Forderungen dem Rechtspfleger zu übertragen. OLG-Präs. Stritzl teilte in diesem Zusammenhang mit, dass an einem Ort der Rechtspfleger in der Bevölkerung schon verbreitet habe, in Kürze werde er der Richter am Ort sein und die Richterwohnung beziehen.

d) Zuständigkeit des Eingangsgerichts. Einhellig wurde die Ansicht vertreten, dass dem Eingangsgericht einheitlich die gesamte Rechtspflege I. Instanz übertragen werden solle, in Innsbruck unter der Voraussetzung, dass es entgegen der dort bestehenden Bedenken zur Schaffung des einheitlichen Eingangsgerichts komme. In Feldkirch spricht man sich gegen die Beibehaltung von Spezialgerichten, wie auch der Sondergerichte aus. Ihre Zuständigkeiten seien dem einheitlichen Eingangsgericht zu übertragen. Dort wendete man sich auch dagegen, gewisse Rechtssachen bei einzelnen Eingangsgerichten zusammenzufassen und stellte nur zur Erwägung, etwa die Arbeitsgerichtsbarkeit bei einem Gericht im jetzigen LG-Bezirk zusammenzufassen. Demgegenüber vertrat man in Innsbruck die Aufrechterhaltung der Anerben-, Erbgesundheits-, Gewerbe(Arbeits)gerichte usw. Dies sei zur Erhaltung der Einheitlichkeit der Rechtspflege und wegen der Schwierigkeit, überall geeignete Sachverständige zu finden, erforderlich, zumal da auch die verfahrensrechtlichen Sondervorschriften aufrecht zu erhalten wären. Die Beibehaltung der Sondergerichte hält man auch in Innsbruck nicht für erwünscht, meint jedoch, dass ihre Zuständigkeit auf das – beizubehaltende – LG zu übertragen wäre. Das gleiche gelte von der Zusammenfassung gewisser Rechtssachen bei bestimmten Gerichten. Auch diese wären nicht einzelnen der einheitlichen Eingangsgerichte, sondern dem beizubehaltenden LG zu übertragen, welcher Zustand sich bewährt habe; andernfalls komme man doch wieder zu einer verschleierten Viergliedrigkeit des Aufbaus.

e) Friedensrichter. Für diesen besteht keine Neigung. Innsbruck lehnt ihn wegen der Schwierigkeit, geeignete Persönlichkeiten dafür zu finden, ab. Auch Feldkirch hält ihn nicht für zweckmäßig. OLG-Präs. Stritzl ist der Meinung, dass es im Hinblick auf die bestehenden politischen, religiösen, gesellschaftlichen und wirtschaftlichen Gegensätze schwer sein werde, geeignete unparteiische, allgemeines Vertrauen genießende Männer für dieses Amt zu finden.

f) Besetzung der Gerichte. Eine seltene Einmütigkeit in der Auffassung bestand darüber, dass das Eingangsgericht grundsätzlich in der Besetzung mit nur einem Einzelrichter entscheiden solle. Es wurde allseits betont, dass sich das im ehemaligen Österreich schon seit längerer Zeit bestehende Einzelrichtersystem durchaus bewährt habe. Den Gründen, die für das Kollegium sprechen, wurde entgegengehalten: Der Einzelrichter könne sich über Rechtsfragen auch außerhalb der Verhandlung entsprechend unterrichten; zur Feststellung des Sachverhalts und Aufnahme der Beweise genüge der Einzelrichter vollauf; die Gefahr, dass der Einzelrichter etwas übersehen könne, werde dadurch verringert, dass die Parteien aus eigenem Interesse ihn auf alles Aufmerksam machen. Immerhin wurde anerkannt, dass in größeren Strafsachen (Kapitalsachen) kollegiale Besetzung erforderlich sei (so insbesondere der OLG-Präs. und LG-Präs. Sandbichler). Dagegen folgten die meisten Richter nur widerstrebend den Vorschlägen, auch in wichtigeren Zivilsachen weitere Richter zuzuziehen. Man wollte äußerstenfalls zugestehen, dass in solchen Sachen dem Einzelrichter die Möglichkeit gegeben werden könne, nach seinem Ermessen einen Beisitzer zuzuziehen (Vorschlag des OLG-Präs. und des SenatsPräs. Löbl). Einzelne starke Richterpersönlichkeiten wie LG-Dir. Erne (Feldkirch) waren aber nicht zu bewegen, auch nur so weit zu gehen, sondern vertraten den Standpunkt der ausnahmslosen Durchführung des Einzelrichtergrundsatzes.

g) Zuziehung von Schöffen und Laienbeisitzern. Die Zuziehung von Schöffen in Strafsachen wurde im allgemeinen abgelehnt. Der OLG-Präs. führte dazu aus, die Errichtung von Schöffenschulen sei bei der Bevölkerung arg in Mißkredit gebracht worden und das wirke heute noch nach. Es sei auch aus den Gründen, die gegen den Friedensrichter sprechen, schwer, geeignete Männer für das Schöffenamt zu finden. Wenn der künftige Richter solche Qualitäten habe, wie man es anstrebe, dann brauche er keinen Laien als Berater mehr. Gleiche Ansicht äußerte LG-Präs. Lürzer in Salzburg. Auch in Feldkirch lehnt man die Schöffen in Strafsachen ab, ebenso überwiegend in Innsbruck, da sie nicht geholfen hätten (OLGVize-Präs. Federa,, GStA Köllinger, OLG-Rat Penz); dagegen hält LG-Präs. Sandbichler die Beibehaltung wegen der Vertrauensfrage für zweckmäßig, ebenso tritt LG-Dir. Vogl für die Beibehaltung der Schöffenrichter, in denen er ein altgermanisches Erbgut sieht, ein.

Auch für die Zuziehung von Laien in Zivilsachen besteht im allgemeinen keine Neigung. Nach Ansicht des OLG-Präs. haben sie die Laienrichter nur in Arbeitssachen bewahrt, dort könnten sie als Ratgeber beibehalten werden, da sie immerhin Aufklärungen über gewisse technische Einzelheiten machen könnten, die schwer in öffentlicher Verhandlung zu erörtern sind. In Innsbruck und Feldkirch kam man schließlich im allgemeinen zu der Auffassung, dass die Zuziehung eines sachkundigen Laien, dort wo es der Richter für erforderlich halte, vorgesehen werden könnte. LG-Dir. Dr. Vogl trat für die Beibehaltung der Dreierkammer – im Gegensatz zum vorgeschlagenen Zweierkollegium – ein und brachte den Vorschlag, in Vormundschafts- und Jugendsachen Vertreter der HJ oder Lehrpersonen beizuziehen.

h) Familienrichter usw. Für die Zusammenfassung zusammengehörender Sachen in *einem* Verfahren bei *einem* Richter zeigte sich in Innsbruck keine große Vorliebe. LG-Dir. Vogl fand, dass es nur wenig zusammengehörige Sachen gäbe, die jetzt von verschiedenen Gerichten behandelt werden müßten; sie werde man auch beim einheitlichen Eingangsgericht nicht *einem* Richter zuweisen können; als Beispiel führte er Ehescheidungs- und Vormundschaftssachen an (wohl ein besonders auffallendes Beispiel für die Unfähigkeit des Tirolers, von überkommenen Gedankengängen loszukommen). In Feldkirch dagegen wird die Zusammenfassung zusammengehörender Sachen wie Ehescheidungs-, Unterhalts- und Sorgerechtssachen ganz besonders begrüßt.

i) Richtergehilfe. Dieser wird allgemein abgelehnt, vielleicht weil man über die Pläne auf diesem Gebiet noch zu wenig unterrichtet wurde; zu einem näheren Eingehen auf diesen Punkt fehlte die Zeit.

k) Abstimmungs- oder Führerprinzip. Überall trat man für die Beibehaltung des Abstimmungsprinzips ein; bei dem vorgeschlagenen Zweimännerkollegium müßte freilich die Stimme des Vorsitzenden den Ausschlag geben.

l) Verteilung der Geschäfte. In Innsbruck ist man für die Verteilung nach Geschäftsgruppen, die Aufteilung nach Bezirken biete keine Vorteile und verhindere es, die Arbeitslast gleichmäßig zu verteilen (Vogl); in Feldkirch dagegen befürwortet man die Verteilung nach Bezirken, um die Verbundenheit des Richters mit „seinen“ Gerichtszugehörigen herzustellen und zu erhalten.

m) Verfahren vor dem Eingangsgericht, Anwaltszwang. Allgemein wird befürwortet, das Verfahren beim Eingangsgericht nach den Grundsätzen des amtsgerichtlichen Verfahrens zu regeln; Innsbruck wünscht für größere Rechtssachen obligatorische schriftliche Prozeßvorbereitung und Anwaltszwang für die Sachen festzusetzen, in denen es zur Zuziehung eines zweiten Richters oder Entscheidung durch eine Kammer komme. LG-Dir. Vogl neigt dagegen dazu, die Höhe des

Streitwerts für den Anwaltszwang maßgebend sein zu lassen. In Feldkirch hält man dafür, dass der Anwaltszwang beseitigt werden könne. Dem Richter soll das Recht zustehen, nach seinem Ermessen den Parteien die Beiziehung eines Rechtsanwalts aufzutragen. Diese Ansicht vertrat auch der OLG-Präs., der im übrigen erklärte, dass im allgemeinen gute Erfahrungen mit den Rechtsanwälten gemacht worden seien; die Verhandlungsvorbereitung durch den Rechtsanwalt sei im allgemeinen gut. Es zeige sich, dass Rechtsanwälte dort wenig beigezogen würden, wo der Richter das Vertrauen der Bevölkerung genieße.

n) Dienstaufsicht und Verwaltung. Allgemein wird empfohlen, jedes Eingangsgericht mit einem eigenen Vorstand zu besetzen, der die Dienstaufsicht über sein Gericht bekommen soll. Er soll eine rang- und gehaltsmäßig gehobene Stellung erhalten, um sein Ansehen zu stärken und das Bleiben auf dem Lande zu fördern. Zwischenstellen zwischen Eingangs- und Obergericht werden abgelehnt.

4. Rechtsmittelzug.

a) In Zivilsachen. In Innsbruck hält man daran fest, dass der frühere Rechtsmittelzug vom AG an das LG zweckmäßig gewesen sei, wie damit auch die Rechtsmittelinstanz einige Ortsvertrautheit besessen habe. Der Rechtszug an das OLG erschwere die Fühlungnahme mit den Parteien und bedeute für sie eine Erhöhung der Kosten. Dagegen erklärte man in Feldkirch, es sei nicht bekannt geworden, dass sich die jetzige Zuständigkeit des OLG als zweite Instanz in Zivilsachen nicht bewährt hätte. Für den Fall der Einführung des dreigliedrigen Gerichtsaufbaus wurde allgemein der Rechtszug vom Eingangsgericht an das Obergericht und von diesem an das RG vorgeschlagen. Was die Gestaltung der Rechtsmittel anbelangt, so war in Innsbruck LG-Dir. Dr. Vogl der Auffassung, dass sich eine zweite Tatsacheninstanz nicht werde vermeiden lassen, während SenPräs. Dr. Löbl die gegenteilige Auffassung vertrat. Im allgemeinen herrschte die Meinung vor, keine tatsächliche Nachprüfung, sondern nur als einheitliches Rechtsmittel – an Stelle von Berufung und Beschwerde (Rekurs) – eine „Rechtsbeschwerde" zuzulassen. Die Revision sei beizubehalten und nicht etwa in eine Kassation umzugestalten. Ein Rechtsmittel gegen Entscheidungen des Eingangsgerichts will man in möglichst weitem Umfang zulassen. Die Möglichkeit, dass das Gericht Rechtsmittel nicht zulassen könne, habe sich bewährt; über die Frage, ob die Zulassung des Rechtsmittels gegen Entscheidungen des Eingangsgerichts durch dieses oder durch das Obergericht ausgesprochen werden solle, gingen die Ansichten auseinander. Für den Fall der Zulassung durch den judex a quo wurde u.a. vorgeschlagen, dass die Nichtzulassung begründet werden müsse, um eine leichtfertige Nichtzulassung zu unterbinden. Die Zulässigkeit der Revision solle das Obergericht aussprechen. In Feldkirch will man bei der geltenden Regelung über die Zulassung der Revision nach dem Wert und allgemein für bestimmte nichtvermögensrechtliche Streitigkeiten bleiben. Dort tritt man auch für die Zulässigkeit der Sprungrevision ein. Die Kriegsregelung, dass das Rechtsmittelgericht offenbar unbegründete Rechtsmittel in einem formalen Verfahren und ohne besondere Begründung verwerfen könne, solle beibehalten werden.

b) In Strafsachen. Auch hier trat man in Innsbruck in erster Linie für die Beibehaltung des bisherigen Rechtszustandes – Rechtszug vom AG an das LG – ein. Für den Fall der Einführung des dreigliedrigen Gerichtsaufbaus stimmte man der auch in Feldkirch vorgeschlagenen Lösung zu, dass der Rechtszug vom Einzelrichter an das Obergericht, von der Kammer an das Reichsgericht gehen solle. GStA Köllinger trat dafür ein, als Rechtsmittel gegen den Ausspruch über die Strafe allgemein die „Berufung" einzuführen.

IV. Stellung des Richters.

1. Im allgemeinen. Über die Stellung des Richters äußerte sich in Innsbruck insbesondere LG-Dir. Dr. Vogl ausführlich; er hat auch ein schriftliches Referat ausgearbeitet (Anl. 3, II). Auch die Aussprache über diesen Verhandlungspunkt war sowohl in Innsbruck wie auch in Feldkirch sehr rege. Allgemein wurde bestritten, dass die Richter weltfremd seien, zum mindesten seien derartige Richter im Aussterben. OStA Dr. Möller in Feldkirch meinte freilich, dass die Richter vielfach zu sehr am Orte klebten und zu unbeweglich seien. Bestritten wurde auch, dass die Rechtspflege und insbesondere die Richter in der Bevölkerung kein Vertrauen genössen. Dies gelte insbesondere in Tirol. In Vorarlberg dagegen habe die Bevölkerung im allgemeinen keinen besonderen Respekt vor Behörden und Ämtern und damit auch nicht vor dem Richter. Allgemein geklagt wurde darüber, dass dem Ansehen der Justiz durch Angriffe in der Öffentlichkeit, insbesondere in der Presse, Abbruch getan worden sei, und es wurde insbesondere von OLG-VizePräs. Federa der Wunsch geäußert, dass die Richter gegen solche Angriffe, insbesondere von Seiten anderer Behörden und von Parteistellen geschützt werden mögen. Eine weitere Schmälerung des Ansehens der Justiz werde dadurch herbeigeführt, dass sie in jeder Hinsicht anderen Behörden nachgesetzt und schlechter gestellt werde als diese. Dies zeige sich in der unzulänglichen Beistellung von Arbeitskräften, ferner in der minderen Ausgestaltung der Gerichtsgebäude sowie der Ausstattung der Amtsräume. In einem Ort z.B. habe sich der Landrat neu eingerichtet und der Richter habe um Zuweisung der alten Möbel des Landrats gebeten, weil diese immer noch wesentlich besser waren, als die vorhandene Gerichtseinrichtung. Bei der Besichtigung verschiedener AGe im Bezirk mußte auch festgestellt werden, dass die äußere Gestaltung und ganz besonders die Einrichtung einer Reihe von Gerichten äußerst dürftig, völlig unzulänglich und geradezu ärmlich und unwürdig sind.

Weiter wurde ausgeführt, dass das gleiche von der Zuteilung von Kraftwagen gelte, im LG-Bezirk Innsbruck habe jedes Landratsamt mehrere Dienstwagen, das ganze LG aber nicht einmal einen. Selbst bei der Nummerierung der Kraftwagen mache sich dies, wie der OLG-Präs. ausführte, bemerkbar: In Tirol haben die Wagen der Behörden die niedrigsten Nummern, beginnend beim Gauleiter und Reichsstatthalter und seiner Behörde, woran sich dann der Reihe die einzelnen Behörden schließen. Die Justiz sei dabei mit unverhältnismäßig hohen Nummern bedacht worden. Auch bei der Aufteilung der Kriegsverdienstkreuze werde die Justiz stark benachteiligt. Schließlich mache sich die Zurückstellung der Justiz anläßlich der Platzanweisung bei öffentlichen Veranstaltungen und dergleichen stark bemerkbar, woran in erster Linie Schuld trage, dass die Richter keine Uniform besäßen und daher von den Uniformträgern in den Hintergrund gedrängt würden. Der Richter erhalte dadurch das Gefühl, dass seine Tätigkeit im Verhältnis zu der des Verwaltungsbeamten zu wenig gewürdigt werde.

OLG-Präs. Stritzl erhofft sich eine Besserung dieses Zustandes und eine Hebung des Ansehens der Richterschaft durch die Schaffung der größeren Eingangsgerichte, die freilich entsprechend ausgestattet werden müßten. Auch dafür müßte gesorgt werden. Er halte es ferner für wünschenswert, wenn die Hebung des Ansehens der Justiz durch häufige Besuche des Herrn Ministers und des Herrn Staatssekretärs sowie durch eine propagandische Pressekampagne gefördert würde. Dazu komme die Heraushebung der Richter aus der allgemeinen Beamtenschaft, worüber unten noch die Rede sein wird.

Nach Ansicht des LG-Dir. Vogl kommt es zu Mängeln in der Rechtspflege durch die Überzahl von Gesetzen, Verordnungen , Dienstanweisungen und Aufsätzen, die alles bis ins kleinste regeln wollen und dem Richter zu wenig Spielraum lassen. Die Gesetze sollen knapp und klar sein, nur das Notwendigste enthalten und dem Richter Spielraum lassen.

2. Stellung des Richters zum Gesetz, Unabhängigkeit, Lenkung der Rechtsprechung. Die Bindung des Richters an das Gesetz wird auch weiterhin für erforderlich gehalten, zumal das geschriebene Recht durch die fortschreitende Gesetzgebung immer mehr der nationalsozialistischen Rechtsauffassung angepaßt werde. Zur Wahrung der Unabhängigkeit des Richters solle die Justizverwaltung auch weiter darauf verzichten, den Richter gegen seinen Willen ohne Dienststrafverfahren zu versetzen oder zu entfernen. Die Weisungsfreiheit im einzelnen Falle müsse aufrechterhalten werden, dies sei eine Forderung, die zum Wesen des Richtertums gehöre. Wolle man eine gute Rechtsprechung, so müsse man den Richter unabhängig stellen, womit natürlich dem Richter nicht das Recht gegeben werden soll, sich gegen die Staatsidee zu wenden. Weisungen im Einzelfalle würden das Ende der Rechtsprechung bedeuten. Gegen eine Lenkung des Richter im allgemeinen wird aber nichts eingewendet, ja nach der Art der Richterbriefe oder der allgemein gehaltenen Rundverfügungen für vorteilhaft gehalten. LG-Dir. Vogl würde es gerne sehen, wenn die Redaktion der Richterbriefe des RG übertragen würde.

3. Mindestalter des Richters. Ein Mindestalter von 30 Jahren für den (Voll-)Richter wird für zweckmäßig erachtet, doch wird empfohlen, sich nicht im Gesetz starr festzulegen, um einerseits nicht abschreckend auf den Nachwuchs zu wirken, andererseits einen gewissen Spielraum für die Zeiten des Nachwuchsmangels in der Hand zu behalten.

4. Lebensschule, Entnahme des Richters aus anderen Berufen, Ausbildung der Richter. Die einhellige Ansicht ist, dass die große Mehrzahl der Richter von Anfang an bei Gericht dienen soll. Diese Richter seien die Träger der richterlichen Erfahrung und Praxis. Die Übernahme einer größeren Zahl von Richtern aus anderen Berufen wird abgelehnt. Die spezifische richterliche Tätigkeit lasse sich in anderen Berufen nicht erlernen. Als Berufe, aus denen eine Übernahme äußerstenfalls in Frage komme, wurden genannt: Polizei und Notare, wobei aber auch gemeint wurde, dass Richter, die aus diesen Berufen hervorgegangen sind, sich nur bei einer bestimmten Verwendung (Strafsachen, Außerstreitsachen) wohl fühlen würden. Eine nachträgliche

Prüfung würde keinen Aufschluß über die Verwendbarkeit dieser Richter geben. Gegen die Verwendbarkeit der angehenden Richter durch eine gewisse Zeit bei einer anderen Behörde, etwa bei der allgemeinen oder der Polizeiverwaltung oder in der Wohlfahrtspflege, ferner bei einem Rechtsanwalt oder Notar, sei nichts einzuwenden. Die Einschaltung einer Übergangszeit, ehe der angehende Richter zum Vollrichter werde, wird durchwegs befürwortet. Als Tätigkeit, zu der die jungen Kräfte herangezogen werden könnten, werden genannt: Vorbereitung der Verhandlung, Entwurf der Entscheidungen, selbständige Tätigkeit in gewissen außerstreitigen Angelegenheiten, gutachtliche Äußerungen zum Spruch, ohne dass ihnen aber formell auch nur beratende Stimme einzuräumen wäre. In Feldkirch erklärte man, wenig praktische Erfahrungen über den Ausbildungsgrad der Referendare zu besitzen, weil solche fast nicht vorhanden seien. Die wenigen, die da seien, strebten weg, und zwar auch die guten Kräfte. Präsident Dr. Becker (Feldkirch) hält praktische Arbeit für wichtiger als Kurse und dergleichen. Er ist der Ansicht, dass die jungen Kräfte frühzeitig unter Leitung erfahrener Richter zu selbständiger Arbeit herangezogen werden sollten. OStA Dr. Möller trat dafür ein, dass die jungen Richter auch mit der Tätigkeit der Geschäftsstelle vertraut gemacht werden sollten.

5. Amtsbezeichnung der Richter. In Feldkirch wurde als Amtsbezeichnung einfach „Richter“ vorgeschlagen, mit dem Beisatz, bei welchem Gericht er tätig sei. Das Aufgeben des Ratstitels wird als vorteilhaft angesehen. Auch in Innsbruck hält man den Titel „Richter“ schlechthin für den schönsten. Für die Obergerichte wird „Oberrichter“ und „Reichsrichter“ vorgeschlagen. Aber auch die Titel „Gerichtsvorsteher“ und „Präsident“ hätten ihre Bedeutung. Für den beizubehaltenden viergliedrigen Gerichtsaufbau schlägt LG-Dir. Vogl vor: Bezirksrichter, Landrichter, Landesoberrichter und Reichsrichter.

6. Einstufung und Rang der Richter. Landgerichtsdirektor Vogl hält Beförderungsstellen für zweckmäßig wegen der Verschiedenheit des Alters, weil eine gewisse Vorrückungsmöglichkeit gegeben sein solle, dann aber auch, weil die Justizverwaltung ein Interesse daran haben müsse, Richter an ihrem Dienstort festzuhalten, damit nicht jeder um seines Fortkommens willen zu einem höheren Gericht strebe. Die volle Gleichstellung aller Richter mit einer dem Alter entsprechenden Gehaltserhöhung sei ein Ideal, das nicht zu verwirklichen sei. LG-Dir. Vogl ist übrigens der wohl ziemlich vereinzelt dastehenden Ansicht, dass eine finanzielle Besserstellung des Richters nicht anzustreben sei; der Richter solle die Nöte des kleinen Mannes am eigenen Leibe verspüren, um sie gerecht beurteilen zu können. In Feldkirch dagegen spricht man einer besoldungsmäßig guten Stellung des Richters das Wort, ebenso der grundsätzlichen Gleichstellung aller Richter, wobei nur eine geringe Differenzierung an den verschiedenen Instanzen vorgenommen werden solle. Auch für Kammer- und Senatsvorsitzende schlägt man Zulagen vor. Biennien oder dergleichen sollen einen gewissen Aufstieg auch für die Richter bringen, die in keine höhere Stellung gelangen. Der Richter solle verpflichtet sein, einen Teil seiner Dienstzeit in einem ländlichen Gericht zu verbringen und erst dann in ein höheres Gericht übernommen werden. Ob spätere Rückkehr zu einem unteren Gericht erwünscht sei, könne fraglich sein, jedenfalls solle ein Richter nicht gegen seinen

Willen dahin versetzt werden; es soll aber auch nicht ermöglicht werden, dass ein Richter aus Bequemlichkeit sich einen leichteren Posten zu verschaffen suche.

7. Richter und Beamte, Dienstkleidung. Eine Heraushebung des Richters aus der allgemeinen Beamtenschaft wird als gerechtfertigt angesehen wegen der dem Richter obliegenden besonderen Verantwortlichkeit, seiner Unabhängigkeit und dem Ansehen, das er im Volke genießen soll. Gerade durch die Heraushebung werde sein Ansehen weiter steigen, es müsse aber auch die Justizverwaltung das ihrige dazu beitragen, insbesondere durch Fernhaltung nicht gehöriger Beeinflussungsversuche von außen, Einräumung des zukommenden Platzes im öffentlichen Leben, bei öffentlichen Veranstaltungen usw. Die Einführung einer entsprechenden Uniform wird durchaus befürwortet, aus den schon oben auseinandergesetzten Gründen. Über die Beibehaltung der Robe – neben der Uniform – sind die Ansichten geteilt.

Es wurde darauf hingewiesen, dass die Robe seit vielen Jahrhunderten die allgemein bekannte Amtstracht des Richters, geradezu sein Sinnbild und Kennzeichen sei, wie sich z.B. bei bildlichen Darstellungen der verschiedenen Berufe zeige: Der Richter scheine da immer in der Robe auf.

8. Richterkorps. Der Gedanke des Richterkorps fand im allgemeinen keine besondere Vorliebe. Man meinte, dass der Präsident der größeren Gerichte schon an sich einen größeren Zusammenhang unter den Richtern seines Gerichts schaffen werde, das werde aber auch genügen. OLG-Präs. Stritzl warf die Frage des Verhältnisses des Richterkorps zum NSRB auf. Er meinte, dass die Herbeiführung einen engeren Zusammenschlusses der Richter eine Führungsaufgabe sei. Wenn die Richterschaft wirtschaftlich, gesellschaftlich und dienstlich entsprechend hochgestellt werde, werde sich das Zusammengehörigkeits- und Gemeinschaftsgefühl von selbst ergeben. Bisher scheiterte der gesellschaftliche Zusammenschluß vielleicht an der Überlastung der Richter. Es könne daran gedacht werden, in größeren Orten Kasinos einzurichten. Die Schaffung einer eigenen Ehrengerichtsbarkeit widerspreche dem Führergedanken. LG-Dir. Dr. Vogl meinte, dass man den Richtern eine Stellung und Verfassung ähnlich wie den Hochschullehrern geben könne, wenn man ein Richterkorps schaffen wolle. Im allgemeinen aber entspreche der Korpsgedanke nicht dem Richtertum, dessen Schwergewicht immer in der einzelnen Richterpersönlichkeit, im Einzelrichtertum und in der Entscheidung von Einzelsachen liege.

VII. Bericht über den Besuch des Oberlandesgerichtsbezirks Jena (31.1.-6.2.1944)

In der Zeit vom 31. Januar bis 6. Februar 1944 haben Ministerialdirigent Bälz und Senatspräsident Dr. Bergmann den Oberlandesgerichtsbezirk *Jena* bereist und die das Amt berührenden Fragen erörtert.

Die Reise war von Seiten des OLG Jena gut vorbereitet worden. Die Benutzung eines Kraftwagens ermöglichte die Besichtigung einer Reihe kleiner und kleinster Gerichte (G- und Z-Gerichte). Die Versendung des Fragebogens hat sich auch hier gut bewährt. Die Teilnehmer hatten sich mit den einschlägigen Fragen eingehend beschäftigt, teilweise auch bereits schriftlich geäußert. Insbesondere die Erörterungen der künftigen Stellung des Richters zeigen, dass es sich hier um Fragen handelte, die die Richter – nicht aus persönlichen, sondern aus sachlichen Gründen – auf das Tiefste beschäftigen. Der OLG-Präsident nahm an den Besprechungen in Jena, Gera und Rudolstadt am 31. Januar und 1. Februar, sowie in Weimar am 5. Februar teil. Im übrigen war er durch die Chefpräsidentenbesprechung in Weimar vom 3. und 4. Februar 1944 verhindert. Der Vizepräsident des OLG, Ministerialdirektor Nitzsche, nahm an der ganzen Reise teil. Die Hinfahrt nach und Rückfahrt von Jena waren durch Ausfall von Zügen, Zugverspätungen, durch die Unmöglichkeit Auskünfte zu erhalten oder durch unrichtige Auskünfte des Bahnpersonals, sehr erschwert.

Verlauf der Reise im einzelnen:

31.1.44: Nach dem Eintreffen in Jena fand eine Vorbesprechung im „Schwarzen Bären" statt. Teilnehmer: OLG-Präs. Becker, MinDir. Nitzsche, Vizepräs. d. OLG.

1.2.44: Fahrt im Kraftwagen nach Gera. Vormittags Besprechungen im LG Gera. Teilnehmer: OLG-Präs. Becker, MinDir. Nitzsche.

Aus dem LG-Bezirk Gera LG-Präs. Dr. Köhler – Gera, OAR Dr. Harnisch – Gera, AG-Rat Dr. Kacholt – Schleiz, AG-Rat Feistel – Greiz.

Aus dem LG-Bezirk Altenburg LG-Präs. Müller, AG-Dir. Lindner.

Mittags Fahrt nach Rudolstadt. Nachmittags Besprechung im LG Rudolstadt. Teilnehmer: OLG-Präs. Becker, MinDir. Nitzsche.

Aus dem LG Bezirk Rudolstadt LG-Direktor Moser (Vertreter des in russischer Gefangenschaft befindlichen LG-Präs. Erler), AG-Rat Scheller – Saalfeld.

2.2.44: Vormittags Fahrt über Saalfeld und Gräfenthal nach Steinach. Besichtigung des AG Steinach (Z-Gericht von Sonneberg). Teilnehmer: MinDir. Nitzsche, AG-Dir. Heyl, Rechtspfleger JOI Eichhorn. Anschließend Fahrt nach Sonneberg.

Nachmittags Besprechung im AG Sonneberg. Teilnehmer: MinDir. Nnitzsche, AG-Dir. Heyl. Abends Fahrt nach Meiningen.

3.2.44: Besprechung im LG Meiningen. Teilnehmer: MinDir. Nitzsche. Aus dem LG-Bezirk Meiningen LG-Präs. Dr. Roth – Meiningen, LG-Dir. Dr. Müller – Meiningen, OAR Schmidtmann – Schmalkalden, AG-Rat Hoßfeld – Meiningen.

Nachmittags Fahrt nach Gotha. Unterwegs Besichtigung der AGe Suhl, Zella-Mehlis (Z-Gericht von Suhl), Ohrdruf (Z-Gericht von Gotha). In Zella-Mehlis und Ohrdruf wurden die Verhältnisse und die mit der Z-Stelle gemachten Erfahrungen auch mit den dortigen Rechtspflegern, in Ohrdruf auch mit dem dortigen im Gerichtsgebäude wohnhaften Rechtsanwalt und Notar Schiefer erörtert.

4.2.44: Besprechung im LG Gotha. Teilnahmer: MinDir. Nitzsche. Aus dem LG-Bezirk Gotha LG-Präs. Dr. Schmidt – Gotha, AG-Dir. Dr. Schramm – Arnstadt, AG-Dir. Keßler – Gotha.

Aus dem LG-Bezirk Eisenach LG-Präs. Späte – Eisenach, AG-Rat Dr. Siebert (DA) – Vacha (früher Geisa).

5.2.44: Fahrt über Erfurt nach Weimar. Besprechungen im LG Weimar. Teilnehmer: OLG-Präs. Becker, MinDir. Nitzsche.

Aus dem LG-Bezirk Weimar LG-Präs. Dr. Löwisch – Weimar, LG-Dir. Werther – Weimar, LG-Rat Martin – Weimar, AG-Dir. Sorge – Weimar, AG-Dir. Dr. Trebing – Apolda.

Nachmittags Fahrt nach Jena. Abends abschließende Besprechungen mit MinDir. Nitzsche.

6.2.44: Rückfahrt von Jena nach Bömisch-Leipa.

Ergebnis der Beratungen

I. Zur Gerichtsorganisation

1. Vorbemerkungen: Der OLG-Bezirk Jena umfaßt bei rund 1.800.000 Gerichtseingesessenen 7 LG-Bezirke, die also durchschnittlich je 257.000 Gerichtseingesessene haben. Unter diesem Durchschnitt liegen Altenburg, Eisenach, Rudolstadt, darüber Gera, Gotha, Meiningen und Weimar. Der OLG-Bezirk hat bisher 66 AGe , also durchschnittlich 27.000 Gerichtseingesessene in einem AG-Bezirk. Von den Amtsgerichten sind 5 St-Gerichte, 15 G-Gerichte und 12 + 4 = 16 Z-Gerichte, so dass 30 aufnehmende Gerichte nach der gegenwärtigen Sachlage verbleiben. Bei 4 G-Gerichten wird heute noch ein Richter beschäftigt, davon sind in zwei Fällen nur persönliche Gründe maßgebend, in zwei anderen Fällen die notwendige Betreuung von Jugendarrestanstalten in Eisfeld und Honneburg.

Der OLG-Bezirk Jena deckt sich mit dem Lande Thüringen. Jedoch gehören die nördlich des Landes Thüringen gelegenen thüringischen Exklaven AG-Bezirke Ebeleben, Sondershausen, Bad Frankenhausen, Greußen, Schlotheim und Altstedt jetzt zum OLG-Bezirk Naumburg und die südwestlich gelegene Exklave Ostheim vor der Rhön, jetzt zum OLG-Bezirk Bamberg. Andererseits gehören die preussischen Exklaven Landkreise Schleusingen und Herrschaft Schmalkalden sowie der Kreis Ziegenrück (mit Gefell, Blintendorf, Sparenberg, Blankenberg, Groß- und Klein-Kamsdorf sowie Goßwitz), die zur Provinz Sachsen gehören, mit Ausnahme der Herrschaft Schmalkalden, die zur Provinz Hessen-Nassau gehört, zum OLG-Bezirk Jena.

Die frühere Aufteilung Thüringens in kleine Staaten ist seit dem Jahre 1921, seit der Bildung des Landes Thüringen, beseitigt. Im Anschluß daran sind 1923 auch die Gerichtsbezirke innerhalb des Landes neu geordnet worden, so dass die frühere innerthüringische Verschiebung der Bezirke ineinander beseitigt ist und die Grenzen der Kreise und der Gerichtsbezirke sich im großen und ganzen decken (Ausnahme Römhild und Lobenstein). Auch gegenüber dem Lande Sachsen ist eine kleinere Bereinigung 1928 vorgenommen worden, doch sind im übrigen die äußeren Grenzen des OLG-Bezirks vielfach unzweckmäßig. Preussische, bayerische und sächsische Gebiete springen tief nach Thüringen hinein vor und umgekehrt (s. darüber unten zu 3).

Der OLG-Bezirk erhält sein geographisches Gepräge durch den ihn von Nordwesten nach Südosten durchziehenden Thüringer Wald. Er enthält keine einzige Großstadt. Ihn kennzeichnen die vielen Mittelstädte, die teilweise recht nahe beieinander liegen. So sind die LG-Sitze Weimar, Erfurt (zum OLG Naumburg gehörig), Gotha und Eisenach nur 20–30 km voneinander entfernt, während Eisenach westlich bis zum nächsten in der Provinz Hessen-Nassau gelegenen LG, nämlich Kassel, über 120 km Entfernung sind.

Auch Städte, die Sitz eines AG sind und als Eingangsgericht in Frage kommen, liegen teilweise nahe beieinander. So sind Saalfeld und Rudolstadt nur 8 km voneinander entfernt, Zella-Mehlis und Suhl nur 5 km.

Bezeichnend sind für den Bezirk auch die größen Dörfer des Thüringer Waldes. Hier spielt die Heimindustrie eine große Rolle (Spiel- und Glaswaren). Die Realteilung hat in diesen Berggemeinden dazu geführt, dass z.B. in einem Orte wie Steinach mit ca. 8.500 Einwohnern, nicht ein einziger Erbhof besteht, dagegen zahlreiche kleine und kleinste landwirtschaftlich genutzte Grundstücke bis zur Größe von 1000 qm herab, die für sich eigene Grundbuchblätter erfordern, was zu einem lebhaften Grundbuchverkehr führt.

Der Bezirk ist im allgemeinen verkehrsmäßig gut erschlossen, jedenfalls in Friedenszeiten. Weniger gut versorgt sind die im Westen gelegenen Gebiete der Rhön. Die Gerichtsbezirke sind teilweise recht langgestreckt, weil sie sich den von den Bergen herabführenden Verkehrswegen anpassen, die ihrerseits den Flußtälern folgen.

Die hauptsächlichsten landwirtschaftlichen Gebiete des Bezirks liegen im LG-Bezirk Altenburg, Gotha und im Norden im LG-Bezirk Weimar. Zella-Mehlis und Suhl sind durch ihre Kleineisen- und Waffenindustrie bekannt, im Altenburger Gebiet findet sich Braunkohle.

2. Notwendigkeit oder Zweckmäßigkeit der Dreigliederung?

Die Meinungen sind auch hier geteilt. Für die Dreigliederung, für die sich insbesondere der OLG-Präsident aussprach, wurde geltend gemacht, sie sei unvermeidlich unter dem Gesichtspunkt der Personalersparnis. Nach dem Kriege werde ein erheblicher Richtermangel eintreten, dem man nicht anders begegnen könne als durch volle Auslastung der Richterkräfte. Diese sei bei kleineren Gerichten aber nicht gewährleistet. Im übrigen sei der kleine Amtsrichter überholt. Es bleibe heute kein junger Richter mehr auf dem Dorf, schon mit Rücksicht auf den Schulbesuch der Kinder. Die Zusammenfassung aller Behörden in einer Kreisstadt sei zweckmäßig, auch andere Verwaltungen konzentrierten sich. Wenn das Kollegialprinzip falle, sei kein Grund mehr für die Aufrechterhaltung der Unterscheidung zwischen Land- und Amtsgericht. Die Dreigliederung gestatte die Zusammenfassung von verwandten Zuständigkeiten in einer Hand (z.B. Familienrichter). Sie führe auch zu kleineren OLG-Bezirken und ermögliche damit die Übereinstimmung der Gaue und OLG-Bezirke.

Für die Bevölkerung sei die Frage nicht so wesentlich. Zwar sei bei Durchführung der Umorganisation im Sommer 1943 teilweise großes Geschrei erhoben worden, die Bevölkerung habe sich aber doch sehr schnell mit dem jetzigen Zustand abgefunden, der zum großen Teil auch schon als endgültig hingenommen werde. Nur zu einem kleinen Teil spiele die Hoffnung eine Rolle, die stillgelegten Gerichte oder die Z- oder G-Gerichte würden nach dem Kriege wieder aufleben oder wieder zum Vollgericht werden.

Aber auch die Viergliederung wurde lebhaft verteidigt, so in Gotha und Weimar. LG-Präs. Dr. Schmidt – Gotha meinte, die kleinsten Gerichte seien zwar aufzuheben, Gerichte aber, bei denen ein Richter voll ausgelastet sei, solle man bestehen lassen. Volksverbunden könne nur der Richter sein, der am Sitze des Gerichts auch wohne und auch außerdienstlich mit seinen Gerichtseingesessenen zusammenkomme. Ohnehin leide die Volksverbundenheit des Richters unter seiner fortschreitenden Verdrängung aus der freiwilligen Gerichtsbarkeit. Vormundschafts-, Grundbuch- und Nachlaßsachen hätten ihn in eine besonders nahe Berührung mit der Bevölkerung gebracht. Dr. Siebert – Vacha (Kr. Geisa) hat in Geisa 21 Jahre zugebracht und trat für die kleinen Gerichte ein. Freilich dürfe man dorthin keine Anfänger setzen. Befähigte Richter an kleinen Orten würden schon mit Rücksicht auf ihre umfassende Zuständigkeit auch immer wendig und vielseitig bleiben. Wer aber Spezialist sei, z.B. in einem Jahr 600 Jugendgerichtsurteile mache und weiter nichts, der laufe Gefahr, einseitig zu werden. Das Zurücktreten des Richters aus der freiwilligen Gerichtsbarkeit werde zwar allgemein bedauert, aber auch wenn der Rechtspfleger dort tätig sei, bleibe eine gewisse Verbindung mit dem ortsansässigen Richter bestehen, den das Publikum doch in vielen Fällen selbst zu sprechen verlange. Freilich müßte dem Richter das Verbleiben am kleinen Orte auch durch Erziehungsbeihilfen usw. erleichtert werden. Die Verkehrsverhältnisse in der Rhön hätten sich gegenüber dem Ende des vorigen Jahrhunderts noch nicht wesentlich verbessert.

LG-Präs. Späte – Eisenach wollte seine Stellungnahme von der Behandlung der Ehesachen abhängig machen. Eine Reihe von Richters hielten für die Ehesachen eine Kollegialbehandlung für nötig. Das spreche für die Beibehaltung des LG. Allerdings gäbe es auch Vertreter entgegengesetzter Auffassung, weil zur Zeit die Ehesachen in Eisenach in den Händen besonders guter Richter lägen. Es sei auch nicht erwünscht, alle Beschwerdesachen an das OLG zu bringen. So seien z.B. in Mietsachen viele Augenscheinnahmen zweckmäßig, die das im Osten des Bezirks gelegene OLG nicht so leicht durchführen könne. Die Schadensersatzprozesse könne man wohl dem AG übertragen. Im ganzen sei ein triftiger Grund gegen die Viergliederung nicht ersichtlich. Man könne aber auch die Dreigliederung durchführen, allerdings mit gewissen Modifikationen. So sei es zweckmäßig eine Beschlußkammer beim Eingangsgericht zu schaffen. Die kleinsten AGe könnten fortfallen, Gerichte von 2–3 Richter würden zweckmäßig aufrechterhalten.

Auch LG-Präs. Dr. Löwisch – Weimar sprach sich gegen die Dreigliederung aus. Sie schließe einen Rückzug der Justiz aus den kleineren Orten in sich und darin liege justizmäßig ein Verlust für die Justiz. Der bodenverbundene Amtsrichter, der jetzt noch vielfach in Thüringen vertreten sei (es wurden eine ganze Reihe Beispielsfälle namentlich genannt), werde verschwinden. Die jüngsten Richter strebten allerdings heute vom Lande fort. Das hänge damit zusammen, dass der Reiz des Landlebens ihnen genommen sei. Es fehlten auch die billigen Dienstwohnungen, die Funktionszulagen, die Tagegelder für Reisen im Bezirk.

AG-Direktor Trebing – Apolda sprach sich für die Dreigliederung aus. Das Publikum verstehe die Trennung von Land- und Amtsgerichten nicht, da an beiden Einzelrichter tätig seien. Man solle aber die kleineren 2–3stelligen AGe aufrechterhalten. Gerichte unter 40.000 Gerichtseingesessenen werde man aus Gründen der Personalersparnis aufheben müssen, aber man solle nicht unnötig zentralisieren. Ob die Richter an solchem Eingangsgerichte verblieben, sei lediglich eine Besoldungsfrage.

Die aus der Diskussion hervorgegangene überwiegende Meinung läßt sich etwa dahin zusammenfassen: Für die Bedürfnisse des Publikums ist die Frage der Drei- oder Viergliederung nicht entscheidend. Die Erfordernisse der Justizverwaltung, insbesondere aber der Personalmangel, führen jedenfalls zur Aufhebung der kleinsten (einstelligen und nicht voll ausgelasteten) AGe. Dagegen sollten Gerichte von 2–3 Richtern erhalten bleiben. Dann ist es nicht mehr so wesentlich, ob die Drei- oder Viergliederung gewählt wird. Wenn sich das Einzelrichtersystem auch für Statussachen durchsetzt, besteht kein Grund mehr, die Viergliederung beizubehalten. Dann ist die Dreigliederung übersichtlicher und wird im Publikum besser verstanden werden als die Unterteilung der ersten Instanz. Der OLG-Präs. war für die Dreigliederung. Sein Vorschlag sieht Gerichte unter 4 Richtern nicht vor. Zur Zeit verfügt der OLG-Bezirk Jena über 266 Planstellen + 17 Zusatzstellen für LG-Präsidenten, Landgerichtsdirektoren, Amtsgerichtsdirektoren, Oberamtsrichter, Landgerichtsräte und Amtsgerichtsräte. Davon sind zur Zeit besetzt 133. Nach dem Vorschlage des OLG-Präs. würden für die vorgesehenen 18 Eingangsgerichte künftig 136 Richter erforderlich sein.

3. *Die Durchführbarkeit der Dreigliederung.* Die *Durchführbarkeit* der Dreigliederung wurde allgemein bejaht. Der OLG-Bezirk Jena scheint sich sogar besonders gut dafür zu eignen, weil er verhältnismäßig klein ist. Nach dem Vorschlag des OLG-Präs., der der Anlage beigefügt ist, würden sich 18 Eingangsgerichte für den ganzen Bezirk ergeben, eine Zahl, die zwischen den bisher 30 aufnehmenden AGen und den bisher 7 LGen etwa in der Mitte liegt. Die eintretenden Veränderungen sind also nicht mehr allzu groß.

Gewisse Schwierigkeiten ergeben sich aus der bereits eingangs erwähnten historisch bedingten Eigenart des Grenzverlaufs gegenüber Preußen, Sachsen und Bayern. Sie erschwert in diesen Grenzbezirken die Bildung angemessener Eingangsgerichte, so dass eine durchgreifende politische Flurbereinigung die Voraussetzung für eine zweckmäßige Gerichtsgliederung wäre, wie sie *innerhalb* Thüringens selbst schon 1923 durchgeführt worden ist. Die politische Grenze des Landes Thüringen zerschneidet vielfach zusammengehörige Bezirke, schließt Bezirke aus, die wirtschaftlich zu Thüringen gehören und schließt Gebiete ein, die wirtschaftlich nach anderer Seite tendieren.

Besonders auffällig ist das bei dem preußischen LG-Bezirk Erfurt. Dieser ragt etwa 25 km tief in das Land Thüringen hinein, während der Zugang zu dem Erfurter Bezirk nur eine Breite von etwa 5 km hat. Weiter wird die preußische Exklave Mühlberg, die zum preußischen AG-Bezirk Erfurt gehört, nur durch einen thüringischen Streifen von etwa 2 km Breite von dem preußischen Gebiet getrennt. Die LGe Gotha (zu Jena), Erfurt (zu Naumburg) und Weimar (zu Jena) liegen etwa auf einer Höhe je 25 km voneinander getrennt. Das G-Gericht Großrudestedt liegt von seinem jetzigen Aufnahmegericht Buttstädt etwa 22 km entfernt, von Erfurt, wohin es wirtschaftlich gehört, etwa 11 km. Wenn der künftige OLG-Bezirk Jena entsprechend dem jetzigen Gau (nicht Land) Thüringen gebildet werden sollte, werden der LG-Bezirk Erfurt und der LG-Bezirk Nordhausen (dieser ohne Kreis Sangerhausen) zum OLG-Bezirk Jena gehören und wird hier eine vernünftige Abgrenzung der Gerichtsbezirke möglich sein.

Zum OlG-Bezirk Naumburg gehört die preußische Exklave Altlöbnitz und Mollschütz, während die zum thüringischen AG-Bezirk Camburg (G-Gericht von Jena) gehörigen Orte Boblas, Neidschütz und Janisroda nur halb so weit von Naumburg ernfernt sind und wirtschaftlich auch dorthin tendieren.

Die preußische Exklave Kischlitz gehört zur Provinz Sachsen und zum AG Osterfeld (Naumburg), liegt aber weit näher zu dem thüringischen AG Eisenberg, dessen Bezirk Kischlitz umschließt.

In der Provinz Sachsen liegt die thüringische Exklave Mumsdorf, die zum thüringischen AG Meuselwitz gehört. Zwischen Mumsdorf und Meuselwitz aber liegen preußische Gebiete, die nach Naumburg gehören.

Der ganze LG-Bezirk Altenburg tendiert wirtschaftlich nach Leipzig und unterscheidet sich auch nach seiner Bevölkerung von derjenigen des Gaues Thüringen. Die Einwohner des Bezirks Altenburg sind eher als Obersachsen anzusprechen. Es käme in Frage, diesen ganzen Bezirk Leipzig anzugliedern.

Das thüringische AG Greitz liegt sehr nahe an der Südostgrenze des Bezirks. Hier schieben sich sächsische und thüringische Gebiete ineinander. Es käme in Frage, den sächsischen AG-Bezirk Elsterberg Jena zuzulegen und den thüringischen Gemeindebezirk Fraureuth dem sächsischen AG-Bezirk Werden.

Ähnlich liegen die Verhältnisse im AG-Bezirk Hischberg. Hier ist zweifelhaft, welchem Eingangsgericht der Bezirk Lobenstein zugelegt werden soll (Saalfeld oder Schleiz). Legt man ihn zu Saalfeld, so wird Schleiz als Eingangsgericht zu klein. Dann würde es sich empfehlen, Hirschberg so wie die preußischen Exklaven Gefell und Blintendorf und Sparenberg an Bayern abzugeben, und zwar an das AG Hof.

Das AG Sonneberg ist von dem benachbarten bayerischen AG Neustadt nur etwa 3–4 km entfernt, die Landesgrenze von beiden AGen etwa je 2 km.

Der thüringische AG-Bezirk Heldburg ragt ähnlich in bayerisches Gebiet hinein wie der AG-Bezirk Erfurt in thüringisches Gebiet. In allen diesen Fällen würde eine Veränderung der politischen Grenzen die Bildung zweckmäßiger Eingangsgerichte erleichtern.

Im übrigen zeigte die Diskussion, dass stellenweise der Wunsch nach Aufrechterhaltung weiterer Eingangsgerichte bestand, als sie der OLG-Präs. vorgeschlagen hat, dass andererseits teilweise der Sitz des Einzelgerichts zweifelhaft ist und dass endlich in gewissen Fällen auch vorgesehene Eingangsgerichte noch zusammengelegt werden könnten. All das wird Gegenstand eingehender Erörterungen sein müssen, wenn wie Dreigliederung einmal wirklich durchgeführt werden soll.

4. *Ausgleich für den Fortfall des kleinen Amtsgerichts.*

– Reiserichter – Gerichtstage – Zweigstellen. Auch hier geteilte Meinungen. Der OLG-Präs. sprach sich gegen die mit einem Rechtspfleger besetzten Zweigstellen aus. Der Rechtspfleger werde hier nicht voll ausgelastet, könne nicht kontrolliert werden und es bestehe die Gefahr, dass er seine Zuständigkeit überschreite. Demgemäß sind in der Anlage auch keine Zweigstellen vorgesehen, Gerügt wurde die gegenwärtige Organisation mit ihren geheimnisvollen Bezeichnungen Z-, G-, St-Gerichte. Das verstehe kein Mensch.

Andererseits fanden sich warme Verteidiger der mit einem Rechtspfleger besetzten Zweigstelle. Der Rechtspflegerstand in Thüringen stehe auf hohem Niveau. Man könne den Rechtspfleger allein arbeiten lassen. Auch die Grundbücher müßten an der Zweigstelle aufbewahrt werden. Die Zweigstelle müsse so groß sein, dass ein Rechtspfleger voll ausgelastet werde. Insbesondere trat AG-Direktor Heyl – Sonneberg, ein alter erfahrener mit seinem Bezirk eng verwachsener Richter, der sich mit den einschlägigen Fragen eingehend befaßt hatte, sehr für die Zweigstelle ein, daneben auch für Gerichtstage, und zwar auch für Gerichtstage des Rechtspflegers von der Zweigstelle aus, wie das schon heute im Bezirk Steinach gehandhabt wird. In Steinach nimmt der Rechtspfleger auch Anträge für das Gericht in Sonneberg entgegen. Damit sind gute Erfahrungen gemacht worden, zumal der seit Jahrzehnten in Steinach tätige Rechtspfleger in der Lage ist, auch Streitigkeiten aus der Welt zu schaffen, indem er sie mit den Leuten bespricht und zum Guten rät.

LG-Präs. Dr. Roth empfahl Zweigstellen für die Übergangszeit. Man solle damit nicht zu sparsam sein, das erleichtere der Bevölkerung den Übergang und man könne abwarten, ob die Zweigstelle entbehrlich sei oder nicht. Spannungenn zwischen Richtern und Rechtspflegern seien vielleicht nicht überall zu vermeiden, hingen aber nur von den beteiligten Persönlichkeiten ab. Eine Kontrolle der durchweg strebsamen und fleißigen Rechtspfleger sei im allgemeinen nicht notwendig. Die Entwicklung des Rechtspflegerstandes sei nicht aufzuhalten. Es sei eine immer wiederkehrende Entwicklung, dass man oben abbaue und von unten Neues nachwachse. So würden auch die Rechtspfleger noch einmal zum Studium kommen.

Die Vertreter der Viergliederung sehen in den Zweigstellen einen wenn auch nur unzureichenden Ersatz für das fortfallende kleine AG. Die Zweigstellen lägen im Interesse der Bevölkerung, wenn ihr schon das Gericht genommen werde.

Gerichtstage wurden durchweg für zweckmäßig erachtet. Einzelne gaben den Zweigstellen den Vorzug, andere entschieden den Gerichtstagen. Mit Gerichtstagen seien sehr gute Erfahrungen gemacht worden (bis zu 60 Personen an einem Gerichtstag). Übrigens fahre auch der Landrat alle 2–3 Monate zu den Markttagen hinaus, entweder er selbst oder sein Assessor oder Inspektor. Die Grundbücher können zentralisiert werden. Es genüge völlig, wenn die Grundakten nach vorheriger Anmeldung zum Gerichtstag mitgenommen würden. Übrigens sähen die Bauern selbst ihre Grundbücher kaum jemals ein, das machten die Notare.

Die Stellung der Notare im OLG-Bezirk sei in den einzelnen Gegenden verschieden. Teilweise gehe die Bevölkerung mit den Grundbuchsachen und Testamenten grundsätzlich zum Gericht, teilweise zum Notar, teilweise sei das für Grundbuchsachen einerseits und Testamente andererseits verschieden. RA und Notar Schiefer in Ohrdruf berichtete, dass sich die Umwandlung des AG in Ohrdruff in ein Zweiggericht von Gotha in seinem Notariat kaum bemerkbar gemacht habe. Eine zeitweilige Erkrankung des Rechtspflegers in Ohrdruf aber habe seine Tagebuchnummern sprungartig anschwellen lassen. RA Schiefer, der beim LG Gotha nicht zugelassen ist, ist seit der Umwandlung von Ohrdruf noch zu keiner Verhandlung vor dem AG in Gotha gewesen. Die wenigen Klagen, mit denen die Leute zu ihm kämen, erledige er jetzt gütlich.

5. *Schöffenrichter.* Der Gedanke des Friedens- oder Schöffenrichters wurde allgemein abgelehnt. Es werde unmöglich sein, geeignete Persönlichkeiten zu gewinnen, vor allem auf dem Lande. Schon jetzt sei es ungeheuer schwierig, z.B. Ortsbauernführer und Ortsgruppenleiter zu finden. Jedes Dorf sei in Gruppen aufgespalten und der Ortseingesessene gehöre immer einer von ihnen an und stoße deshalb in der anderen auf Mißtrauen. Selbst wenn sich Leute zunächst bereit fänden, das Amt zu übernehmen, würden sie derart schlechte Erfahrungen machen, dass sie bald davon genug hätten. Die Entlastung der Gerichte sei nicht so groß, wie wohl angenommen werde. Wolle man die Gerichte von Bagatellesachen entlasten, so sei es zweckmäßiger, für kleinere Objekte die Klage von einer Zulassung durch den Richter abhängig zu machen und dabei auf die wirtschaftliche Bedeutung des Objekts für den Kläger abzustellen. Es sei schon schwierig genug, Schiedsmänner zu finden und auch deren Leistungen seien sehr unterschiedlich. Einzelne hätten hervorragende Erfolge, andere leisteten gar nichts. In Zivilsachen würden sie ale kaum tätig; wo sie es versuchten, kämen „tolle Sachen" heraus.

6. *Rechtspfleger.* Mit der Reichsentlastungsverfügung sei die Grenze für die Abgabe richterlicher Geschäfte erreicht. Der Richter müsse mit der freiwilligen Gerichtsbarkeit vertraut bleiben. Das sei auch für die Schulung des Nachwuchses nötig. Jetzt habe er wenigstens noch eine gewisse Verbindung mit dem Rechtspfleger, diese dürfe nicht fallen. Nach der thüringischen Erfahrung könnten den Rechtspflegern allerdings noch die Beurkundungen nach § 313 BGB und die Auflassungen übertragen werden, gegebenenfalls auf Grund besonderer Entscheidung des OLG-Präs. unter Berücksichtigung der Tüchtigkeit der einzelnen Rechtspfleger. Seit 1921 sei in Thüringen nur ein einziger Schadenersatzprozeß gegen einen Rechtspfleger aus dessen Beurkundungen hergeleitet worden. Gegen die Übertragung weiterer Gebiete auf den Rechtspfleger sprechen dessen zumeist doch schematische Arbeit. Plötzlich auftretenden schwierigen Fragen, wie sie im Konkurs und in der Zwangsversteigerung leicht vorkämen, seien die Rechtspfleger gewachsen.

7. *Die Zuständigkeit der Eingangsgerichte. – Besondere Gerichte – Sondergerichte.* Die Zuständigkeit der Eingangsgerichte soll grundsätzlich umfassend sein, die

besonderen Gerichte sollten also eingebaut werden, ihr Verfahren dem der ordentlichen Gerichte möglichst angeglichen werden (vorbehaltlich der Frage der Laienbeisitzer und der Zusammenfassung der Zuständigkeiten). Hinsichtlich des Sondergerichts in Strafsachen waren die Meinungen geteilt. Teilweise wurde der Einbau in die Eingangsgerichte gefordert unter Aufhebung der verfahrensrechtlichen Besonderheiten. Es treffe nicht mehr zu, dass die Sondergerichte besonders schnell arbeiteten. Im Gegenteil: Die Strafkammern urteilen schneller und die Angeklagten säßen im Verfahren vor dem Sondergericht z.T. außerordentlich lange in Untersuchungshaft. Die Fortnahme der Sondergerichtssachen von den ordentlichen Gerichten haben deren Ansehen gemindert.

LG-Präs. Späte – Eisenach war für die Beibehaltung der Sondergerichte. Man werde nicht so viele Richter finden, die so entschlossen zupackten, wie das in Sondergerichtssachen nötig sei.

Der Vorsitzende des Sondergerichts in Weimar, LG-Direktor Werther, machte seine Stellungnahme von der Zuständigkeit des Sondergerichts abhängig. Die Beibehaltung des Sondergerichts sei gerechtfertigt, wenn man es auf rein politische Sachen beschränke. Dann könne man hierfür besonders geeignete Richter aussuchen und das Gericht an den Sitz der Gauleitung verlegen, um damit die inoffizielle Fühlungnahme zu erleichtern. Wenn man aber den Sondergerichten alle möglichen anderen Delikte zuweise, dann baue man sie zweckmäßiger ein, sonst sei die Ansehensminderung der übrigen Gerichte zu groß. Eine besondere Zuständigkeit für politsche Straftaten dagegen werde allgemein verstanden werden. Die Bezeichnung „Sondergericht" müsse geändert werden.

OLG-Präs. Becker wies auf die Möglichkeit hin, die Zuständigkeit von politischen Straftaten auf den Hochverratssenat des OLG zu übertragen und damit den Einbau der gesamten Strafgerichtsbarkeit in die ordentliche Gerichtsbarkeit zu ermöglichen (abgesehen von der Zuständigkeit des Volksgerichtshofes und des Reichsgerichts). Auch im übrigen wurde der Gedanke zu Erwägung gestellt, das für die schweren Straftaten zuständige Gericht für den OLG-Bezirk zu vereinheitlichen und dem *OLG* anzugliedern.

8. *Zusammenfassung von Zuständigkeiten bei einem Eingangsgericht.* Die Zusammenfassung der schweren Strafgerichtsbarkeit wurde allgemein empfohlen. Es mache Eindruck auf die Bevölkerung, wenn die in solchen Fällen an ein anderes Gericht als an das normale Eingangsgericht müsse. Es heißt dann: „Die müssen jetzt nach ...". Andererseits dürfe man die Strafgerichtsbarkeit nicht aushöhlen, denn in der Strafrechtspflege trete die Gerichtsbarkeit besonders klar hervor. In diesem Zusammenhange wurde der Gedanke aufgeworfen, zu der Bildung des Kollegiums in schweren Strafsachen jeweils den Strafrichter des Eingangsgerichts heranzuziehen, vielleicht sogar die Strafkammer in dieser Besetzung am Sitze des Eingangsgerichts tagen zu lassen. Die Meinungen waren geteilt.

Im übrigen müsse die Zusammenfassung von Zuständigkeiten die Ausnahme bleiben, von der nur sehr sparsamer Gebrauch gemacht werden dürfe. In Frage kämen dafür Patentsachen (Zusammenfassung für das ganze Reich?), gewerblicher Rechtsschutz, vielleicht Personenstandssachen. Erbgesundheitssachen dürfe man nicht so stark zusammenziehen, dass die Beisitzer ausschließlich mit ihrer Beisitzertätigkeit befaßt würden. Die Erbgesundheitssachen von 18 Eingangsgerichten könne man vielleicht entsprechende den heutigen 7 LG-Bezirken zusammenfassen. Die Zusammenfassung müsse grundsätzlich Sache der Geschäftsverteilung bleiben.

9. *Die Geschäftsverteilung bei dem Eingangsgericht (Verteilung nach Sprengeln und Verteilung nach Sachgebieten).* Eine Reihe von Teilnehmers sprach sich für die Geschäftsverteilung nach Sprengeln aus. Nur so könnten die Gerichtstage fruchtbar werden. Die Mitnahme von Sachen aus anderen Dezernaten zum Gerichtstag gewährleiste keine gute Erledigung, wenn der Richter nicht auf dem Sachgebiet selbst Erfahrung habe. Nur die Sprengeleinteilung gewährleiste auch die Volks- und Bodenverbundenheit des Richters. Wenn es auch heute schwierig sei, alle Rechtsgebiete zu übersehen, so werde die Gesetzgebung auch einmal wieder ruhiger werden.

Von anderen Teilnehmern wurde die Geschäftsverteilung nach *Sachgebieten* empfohlen. Die Sprengeleinteilung habe zwar gewisse Vorzüge, sei aber praktisch kaum durchzuführen. Anwälte, Staatsanwälte und Protokollführer würden nicht ausreichen, um alle Verhandlungstermine wahrzunehmen. Der Richter könne sich auch in die einzelnenn Rechtsgebiete nicht genügend vertiefen. Die Gesetzgebung sei zu komplziert, die zahlreichen VereinfachungsVOen zum Beispiel stellten alles anderen als eine „Vereinfachung" dar für den, der sie anzuwenden habe, ohne Spezialist zu sein. Die Einheit der Rechtspflege im Bezirk werde leiden.

Bei einem Gericht von 4–5 Richtern werde man zweckmäßig einen Straf- , einen Wirtschafts-, einen Familien- und einen Bodenrichter haben. Auch damit sei die Bodenständigkeit zu erreichen. Übrigens reiche die einzelne Sache häufig von einem Sprengel in den anderen hinüber (Beteiligte und Zeugen aus verschiedenen Sprengeln). Auch bei der Verteilung nach Sachgebieten würde jeder Richter seinen *Gerichtstags*sprengel bekommen.

Im Ergebnis wurde wohl überwiegend empfohlen, die Frage im Gesetz offen zu lassen und der Geschäftsverteilung zu überlassen. Am besten werde sich ein gemischtes System bewähren. Die Verteilung nach Sachgebieten habe wohl den Vorzug vor der Verteilung nach Sprengeln, die Verteilung nach Sprengeln den Vorzug vor der Verteilung nach Buchstaben und Nummern. Der Einwand, die Sprengelverteilung führe zu einer Vervielfachung der Geschäftsstellen, wurde allgemein als unrichtig bezeichnet. Ein Sachregister könne für mehrere Richter geführt werden und der Sachbearbeiter bei den einzelnen Sachen vermerkt werden.

10. *Die Besetzung der Gerichte in Zivilsachen.*

a) *Einzelrichter oder Kollegium von Berufsrichtern.* Die Rechtsprechung im Kollegium wurde durchweg als die bessere angesehen. Das Kollegium gebe auch die beste Ausbildungsmöglichkeit für den Nachwuchs. Der Personalmangel zwinge aber grundsätzlich zum Einzelrichter. Immerhin sei die kollegiale Beratung in gewissen Sachen zweckmäßig. Als solche wurden angeführt rechtlich und tatsächlich schwierige Prozesse von langer Dauer schon mit Rücksicht auf die Gefahr eines Richterwechsels. Ferner die Statussachen und die Unterhaltssachen. Auch besonders hohe Objekte kämen in Frage. Den Ehesachen – das wurde z.B. auch bei der Frage des Anwaltszwangs betont – werde heute nicht die nötige Aufmerksamkeit gewidmet.

Sie würden schematisch erledigt. Dabei handele es sich gerade hier um schwierige Fragen der Menschenbeurteilung. Auch Unterhaltssachen seien heute schwierig geworden, weil die blutmäßige Abstimmung hineinspiele.

Auf eine Anregung von LG-Dir. Moser – Rudolstadt geht folgende Lösung zurück: In Zivilsachen entscheidet grundsätzlich der Einzelrichter. Hält er eine Sache für rechtlich oder tatsächlich so schwierig, dass eine Kollegialbehandlung geboten ist, so legt er sie dem Vorstand des Eingangsgerichts vor. Dieser ist der geborene Vorsitzer des Kollegiums beim Eingangsgericht. Stimmt er als solcher der kollegialen Behandlung zu, so ist diese damit beschlossen. Es wird dann ein dritter Richter des Eingangsgerichts zugezogen und die Sache unter dem Vorstand des Eingangsgerichts als Vorsitzendem verhandelt. Berichterstatter bleibt der bisher zuständige Richter (gegebenenfalls also der Sprengelrichter). Wo dieser Vorschlag zur Erörterung gestellt wurde, sah man ihn allgemein als eine brauchbare Lösungsmöglichkeit an. Teilweise wurde der zweite Beisitzer für entbehrlich gehalten. Diese Meinung wurde überwiegend abgelehnt. Es sei im Gegenteil sehr erwünscht, dass ein Richter im Kollegium mitwirke, der die Akten nicht kenne und völlig unbefangen an die Behandlung herangehe. Er könne oft wertvolle Anregungen geben, wenn Vorsitzer und Berichterstatter sich aus dem Aktenstudium bereits eine bestimmte Auffassung angeeignet hätten. Die kollegiale Behandlung werde aber immer eine Ausnahme bleiben müssen.

b) *Laienbeteiligung in Zivilsachen.* Die Laien seien entweder Vertrauensvermittler oder ständige Sachverständige. Beide seien in der allgemeinen Zivilrechtspflege nicht vonnöten. Hier genüge die Möglichkeit, wirkliche Sachverständige im Einzelfall zuzuziehen. Bei den Erbgesundheitsgerichten seien die Beisitzer als Sachverständige unerläßlich. Bei dem Anerbengericht seien sie als Sachverständige wie als Vertrauensvermittler am Platze, insbesondere bei jüngeren Berufsrichtern. In einzelnen gesetzlich zu umschreibenden Fällen möge von der Zuziehung Abstand genommen werden. In Arbeitsgerichtssachen sei der Sachverstand der Beisitzer nicht von so großer Bedeutung, sie seien aber als Vertrauensvermittler, insbesondere vom Standpunkt des Arbeitsnehmers aus, kaum zu entbehren. In den Kammern für Handelssachen spielten sie als Vertrauensvermittler keine große Rolle. Im Gegenteil werde häufig die Zivilkammer vorgezogen. Auch als Sachverständige hätten sie nur teilweise Bedeutung, denn häufig besäßen sie gerade auf dem Gebiete des zu entscheidenden Falles keinen „Sachverstand". Darum sei hier die Zuziehung von Fall zu Fall und eine Auswahlmöglichkeit durch den Richter am Platze.

Im Interesse einer einheitlichen Regelung wurde aber überwiegend folgende Lösung vorgeschlagen: In Erbgesundheitssachen grundsätzlich überall Beisitzer; in Anerben-, Arbeitsgerichts- und Handelssachen grundsätzlich Beisitzer mit der Möglichkeit für den Richter im einzelnen Fall davon abzusehen, wobei wenigstens für die Anerbensachen eine gesetzliche Umgrenzung der Fälle, in denen der Richter absehen könne, notwendig sei.

11. *Besetzung der Gerichte in Strafsachen.*

a) *Berufsrichter – Einzelrichter oder Kollegium.* In leichten und mittleren Strafsachen soll *ein* Berufsrichter entscheiden, in den schweren Sachen mehrere

Berufsrichter, wobei die Frage, ob 2 oder 3 Berufsrichter insbesondere im Zusammenhang mit der Frage der Laienbeteiligung verschieden beantwortet wurde, überwiegend aber 3 Berufsrichter, von einem Teilnehmer sogar 5 Berufsrichter, befürwortet wurden. Es komme in Frage, die schweren Strafsachen dem OLG zu überweisen, um damit den Einzelrichtergrundsatz beim Eingangsgericht ausnahmslos durchzuführen.

b) *Mitwirkung von Laien in Strafsachen.* Vom Standpunkt der Rechtsfindung aus wurde die Laienbeteiligung in Strafsachen im allgemeinen als entbehrlich angesehen. Sie seien aber als Vertrauensvermittler unentbehrlich bei der schweren Kriminalität. Überwiegend wurde eine Dreiteilung der Strafgerichte des ersten Rechtszuges als unnötig bezeichnet. Nur LG-Präs. Roth sprach sich für eine besondere Behandlung der mittleren Kriminalität aus. Sie stelle das Hauptkontingent der Strafsachen dar und dafür seien ein Richter und zwei Schöffen erforderlich. Überwiegend aber wurde dieser Gerichtskörper als entbehrlich bezeichnet. Es genüge, Laien bei der schweren Kriminalität mitwirken zu lassen, und zwar 3 Berufsrichter und 2 Laien. Dagegen wurde eingewendet, die Laien würden dann Minderwertigkeitsgefühle haben, sie würden sich den 3 Berufsrichtern von vornherein unterlegen fühlen. 2 Berufsrichter und 3 Laien seien vom Standpunkt der „Vertrauensvermittlung" aus vorzuziehen. Es werde den beiden Berufsrichter immer gelingen, die Laien richtig zu leiten.

Dagegen wurde eingewandt, es sei den Laienrichtern gar nicht angenehm, wenn sie die Verantwortung für schwere Urteile (z.B. Todesstrafe) tragen müßten. Der zweite Berufsrichter sei auch erwünscht als unbefangener Beurteiler. Er könne oft wertvolle Anregungen geben, wenn Vorsitzender und Berichterstatter sich aus dem Aktenstudium heraus bereits eine bestimmte Auffassung angeeignet hätten. Zwei Berufsrichter als Beisitzer ermöglichten auch die erwünschte wechselnde Urteilsabsetzung.

Die schwere Kriminalität sei nicht häufig. Um die „Strafkammer" auszunutzen, müsse man deshalb deren Zuständigkeit nach unten erweitern. Andererseits könne der Einzelrichter heute schon auf 5 Jahre Zuchthaus erkennen. Es bleibe dann kaum noch etwas übrig, was die Existenz des Schöffengerichts mit einem Richter und zwei Laien rechtfertige. Die Beschränkung auf entweder einen Berufsrichter oder ein Kollegium von 3 Berufsrichtern und 2 Laien gewährleiste auch das gewünschte Übergewicht der Berufsrichter in der Strafrechtspflege.

12. *Abstimmung oder Entscheidung durch den Vorsitzenden.* Die weitaus überwiegende Meinung war für die Abstimmung. Das Führerprinzip eigne sich nicht für die Rechtsprechung. Ein Führer bestimme, was geschehen solle, ein Richter stelle fest, was geschehen sei. Teilweise wurde vorgeschlagen, den Laien das Stimmrecht zu nehmen, sie wären überhaupt nur sachvertändige Berater des Richters. Der Gedanke wurde überwiegend abgelehnt. Gerade mit Rücksicht auf die Laien sei der Abstimmungsgrundsatz unvermeidlich.

13. *Anwaltszwang.* Die Beibehaltung des Anwaltszwnags wurde teilweise empfohlen für Ehesachen, die jetzt nicht mit der genügenden Sorgfalt bearbeitet würden und ohne Anwalt im Niveau noch weiter herabsinken würden und für

Unterhaltssachen, wo schon jetzt eine Partei immer durch einen „Gelehrten" vertreten werden, nämlich durch den Berufsvormund. Endlich könne man den Anwaltszwang auch für Sachen von einem gewissen Streitwert an beibehalten. Die völlige Beseitigung des Anwaltszwangs werde auf Widerstand in der Anwaltschaft stoßen. Die Einführung eines vom Ermessen des Richters abhängigen Anwaltszwangs würde den Anwalt seiner Selbständigkeit noch weiter entkleiden und den Anwaltstand in eine wenig beneidenswerte Lage versetzen. Auch könne diese richterliche Anordnung immer erst nach Anhängigwerden der Sache ergehen. Der Anwaltstand habe aber in vielen Fällen prozeßvorbeugend gewirkt.

Dem wurde entgegengehalten, man könne die Sachen, in denen ein Anwalt am Platze sei, nicht allgemein bezeichnen und Standesfragen könnten nicht ausschlaggebend sein für das Interesse der Rechtspflege. Deshalb sei nach Errichtung des einheitlichen Eingangsgerichts und der Verschmelzung der Zuständigkeiten bei diesen, der „fakultive Anwaltszwang", d.h. der vom Ermessen des Richters abhängige Anwaltszwang, die einzige Lösungsmöglichkeit. Selbstverständlich bleibe es jeder Partei unbenommen, sich durch einen Anwalt vertreten zu lassen, ebenso wie ihrem Gegner und wo diesem die Mittel fehlten, müsse das Armenrecht helfen. Freilich sei eine verschiedene Handhabung in der Anordnung der Anwaltsvertretung durch die einzelnen Richter desselben Gerichts oder durch die verschiedenen Gerichte nicht ausgeschlossen; eine einheitliche Praxis werde sich aber bei den einzelnen Gerichten im Laufe der Zeit doch bilden.

Es wurde auch der Vorschlag gemacht, für Sachen bestimmter Art (s. oben) den Anwaltszwang grundsätzlich vorzuschreiben und dem Richter die Möglichkeit zu geben, ihn im einzelnen Fall aufzuheben. Dagegen wurde eingewandt, der Richter lade damit ein gewisses „Odium" auf sich.

14. *Dienstaufsicht und Justizverwaltung im Falle der Dreigliederung – Verwaltungszwischeninstanz.* Eine „freischwebende" Verwaltungszwischeninstanz zwischen den Vorständen der Eingangsgerichte und dem OLG-Präs. wurde allgemein abgelehnt. Aber auch der Gedanke, dem Vorstand eines gehobenen Eingangsgerichts die Dienstaufsicht über kleinere Eingangsgerichte zu übertragen, wurde nur vereinzelt vertreten (AG-Dir. Trebing – Apolda, der dem LG-Präs. z.B. auch die Entscheidung über die Zulassung von Berufungen übertragen wollte). LG-Präs. Dr. Roth – Meiningen, empfahl, die LG-Präs. für eine Übergangszeit auch nach Einrichtung der Eingangsgerichte beizubehalten, bis die Geschäftsverteilungen, die Zusammenfassung der Zuständigkeiten von Eingangsgerichte, die Einrichtung von Zweigstellen und Gerichtstagen, die Personalbesetzung der Eingangsgerichte sich einigermaßen eingespielt haben. Im übrigen sei der LG-Präs. schon heute ziemlich überflüssig. Das OLG erledige die Personalsachen ziemlich selbständig. Die Filterstellung des LG-Präs. sei nicht sehr bedeutsam. Schon jetzt würden meistens die Berichte der AGe den Berichten der LG-Präs. als Anlagen beigefügt. Die LG-Präs. vermehrten also nur die Zahl der Berichte. Wenn sie fortfielen, würde eine Vergrößerung der Präsidialabteilung des OLG kaum nötig sein.

Die Frage der Verwaltungszwischeninstanz stehe – so wurde betont – im Zusammenhange mit der Größe des OLG-Bezirks. Für Jena hielt auchh OLG-Präs.

Becker die Zwischeninstanz für entbehrlich. Mit den 18 vorgesehenen Eingangsgerichten könne er arbeiten. Schwieriger werde die Sache, wenn noch die LG-Bezirke Erfurt und Nordhausen zugeschlagen würden. Dann würden sich etwa 23 Eingangsgerichte ergeben. Aber auch das sei noch durchführbar.

Trotz gewisser Bedenken, die sich auf kleinere Eingangsgerichte bezogen, wurde allgemein die Übertragung der Dienstaufsicht auch über die Richter auf die Vorstände der Eingangsgerichte gefordert. Hinsichtlich der Disziplinargewalt bestanden gewisse Zweifel. OLG-Präs. Becker wies dazu darauf hin, es sei geplant, um die Richterstellung zu heben, die Disziplinarbefugnisse gegenüber Richtern in kleineren Angelegenheiten überhaupt zu beseitigen und nur noch das förmliche Disziplinarverfahren zuzulassen, kleinere Sachen dagegen im Wege der freundschaftlichen Beratung zu erledigen. Der Gedanke fand Beifall. Man werde damit die Übertragung der Behördenvorstandsstellung an die Vorstände der Eingangsgerichte erleichtern. Diese kameradschaftliche Führerstellung sei auch für die Bildung des Richterkorps erwünscht.

AG-Direktor Heyl schlug vor, die Dienstaufsicht über Richter nur dem OLG-Präs. zu übertragen.

II. *Zur künftigen Stellung des Richters.*

15. *Das Ansehen der Justiz.* Die Justiz trete gegenüber der Verwaltung in der Öffentlichkeit zurück. Der Landrat werde höher eingeschätzt als sogar der LG-Präs. Das sei keine Frage der Persönlichkeit, sondern hänge zusammen mit den Repräsentationsmöglichkeiten des Landrats. Er verfüge über einen Kraftwagen, habe durchweg gute Dienstwohnungen mit geeigneten Repräsentationsräumen und könne auch jetzt in der Kriegszeit immer noch für einen angemessenen Rahmen seiner Veranstaltungen sorgen. Zum zweiten seien seine Funktionen für die Bevölkerung besonders wichtig. Er verfüge über den nervus rerum (Geld, Brennstoff, Lebensmittel usw.), er verfüge über die Zuschüsse, die die Staatskasse geben könne, ebenso wie der Oberbürgermeister über die Stadtkasse. So sei es selbstverständlich, dass Landrat und Oberbürgermeister in den Direktionallogen der Theater säßen, während der LG-Präs. seinen Platz selbst suchen müsse. Dies sei nun vielleicht nicht zu vermeiden, trage aber auch dazu bei, die Unklarheit über die wirklichen Rangverhältnisse zu erhöhen, die allgemein herrsche. Der Landrat werde durchweg ranghöher angesehen als selbst der LG-Präs. So habe ein Oberst bei einer Veranstaltung in Gotha in Anwesenheit des LG-Präs. die Behördenvertreter „an ihrer Spitze den Herrn Landrat" begrüßt, so dass der Landrat selbst den LG-Präs. gefragt habe, was er dagegen unternehmen wolle. Dieses Beispiel habe Schule gemacht. Auch bei Einladungen aus Handelskreisen, z.B. von Versicherungsgesellschaften, finde man an der Tafel bestimmte Plätze für bestimmte bevorzugte Teilnehmer reserviert und darunter sein immer der Landrat. Der LG-Präs. werde zu den übrigen Teilnehmern gerechnet, die sich ihren Platz selber suchen müßten. Die Anwesenheit des Landrats werde in der Zeitung bei allen Veranstaltungen erwähnt, von den Vertretern der Justizbehörden nehme niemand Notiz. Der Landrat komme auch viel mehr in die Bevölkerung hinaus als der LG-Präs., der in seinem Bezirk kaum jemals in die

Erscheinung trete. Die Justiz werde auch als Ganzes von den maßgebenden Staats- und Parteistellen nicht so hoch eingeschätzt, wie ihr das zukomme. Das wirke sich nach unten aus. Die Verwaltung habe auch bessere Beziehungen zur Gauleitung und mache mehr aus sich. Für das künftige Eingangsgericht dürfe keineswegs die Bezeichnung „Kreisgericht" gewählt werden, sonst würde der Eindruck noch verstärkt, als handele es sich um eine Abteilung des Landrats.

Die Stellung des OLG-Präs habe im Bezirk Jena darunter gelitten, dass er früher zu sehr im Schatten des Staatsministeriums gestanden habe. Er sei durchweg als rein örtliche Behörde angesehen und z.B. der Präsident der Reichsbahndirektion bei Veranstaltungen wesentlich höher gesetzt worden als der OLG-Präs. Die Gerichtspräsidenten müßten allgemein um ihre Stellung kämpfen. Teilweise hätten sie dabei gewisse Erfolge. Im wesentlichen aber bleibe es dabei, dass die Verwaltung im Vordergrund stehe und die Justiz zurücktrete. Das liege wohl auch in der Art der Tätigkeit, die z.B. den Landrat ganz von selbst mit der Partei, der Wehrmacht und mit anderen Behörden und Handels- und Industriekreisen in eine viel engere Verbindung bringe.

Was die Richter anlange, so träten sie in der Öffentlichkeit völlig zurück. Hier könne vielleicht noch einiges geschehen. Die Richter müßten lernen, auch äußerlich etwas auf sich zu halten, vor allem auch in Kleidung. Nicht überall sei der Krieg die alleinige Ursache für abgetragene Kleidung. Den Richtern fehle teilweise im Vergleich mit entsprechenden Verwaltungsbeamten eine gewisse gesellschaftliche Gewandheit. Hierbei spiele freilich auch die Besoldung eine Rolle. Der Richter müsse sich im gesellschaftlichen Verkehr außerordentlich einschränken. Ein Verkehr mit Kaufmanns- oder Industriekreisen scheide für ihn völlig aus. Die Richter seien teilweise auch ungeschickt in ihrer schriftlichen Formulierung und gebrauchten Wendungen, mit denen sie bei anderen Dienststellen Anstoß erregten.

Die Dreigliederung würde sich nach Auffassung verschiedener Teilnehmer auf die gesamte Stellung der Justiz wahrscheinlich nachteilig auswirken. Der Richter ziehe sich vom Lande zurück, wo er Ansehen genossen habe. Andererseits verschwinde der LG-Präs. Wenn es diesem schon schwer gewesen sei, sich zu behaupten, so würde das den Vorständen der Eingangsgerichte noch weit schwerer fallen. Auch die Sondergerichte hätten sich schädigend für das Ansehen der örtlichen Gerichte ausgewirkt. Sie erweckten den Eindruck, als reichten die Fähigkeiten der örtlichen Gerichte nicht aus.

16. *Das Vertrauen zur Justiz.* Das Verhältnis zur Partei wurde überwiegend als gut bezeichnet. Der Gauleiter habe großes Vertrauen zur Justiz. Auch im Volk sei die Justiz verwurzelt. Die thüringische Rechtspflege habe immer auf Volkstümlichkeit gesehen. In dieser Richtung hätten auch die Deinhardt´schen Ideen gewirkt. LG-Dir. Moser berichtete über eine Vereinbarung mit seinem Kreisleiter, wonach Eingaben innerhalb der Partei, die sich mit Gerichtsurteilen befaßten, nicht im Dienstwege innerhalb der Partei weitergegeben würden, sondern an ihn (als Vertreter des LG-Präs. und zugleich als Kreisrechtsberater) geleitet würden. Er prüfe die Akten und könne die Sachen damit durchweg erledigen. Parteigenossen, die auf das Gericht schimpften, würden in seinem Bezirk vor die Parteigerichte gestellt.

Auch die Beziehungen zu den Verwaltungsbehörden wurden durchweg als gut bezeichnet. Ein LG-Präs. berichtete, dass sich die Autofrage – die auch hier wieder vielfach angeschnitten wurde – für ihn dadurch löse, dass ihn der Landrat durchweg einlade, mit ihm zu fahren, aber er sei damit doch immer von diesem abhängig.

Teilweise wurde eine gewisse Entfremdung zwischen Volk und Justiz zugegeben. AG-Dir. Heyl wollte sie darauf zurückführen, dass das bisherige LG zu wenig Fühlung mit der Bevölkerung gehabt habe. Im übrigen sei allzuviel Gelehrsamkeit im ersten Rechtszuge nicht am Platze. Gewisse Auffassungen des RG würden an der Front nicht verstanden, so z.B. in der Frage der Pflegerbestellung bei der Erbauseinandersetzung zwischen der Witwe und mehreren gleichmäßig bedachten Kindern. Lebenserfahrung sei hier wichtiger als Gelehrsamkeit. Der Richterwechsel müsse vermieden werden. Seßhafte Richter, die von einem bestimmten Alter ab ihr Leben lang am Orte blieben, könnten das Vertrauen der Bevölkerung gewinnen.

17. *Mindestalter.* Überwiegend wurde ein starres gesetzliches Mindestalter abgelehnt. Im Bezirk Jena habe man schon OLG-Räte unter 30 Jahren gehabt, die sich ausgezeichnet bewährt hätten. Zweckmäßig sei es, die Ausbildungszeit wieder zu verlängern. So die Referendarzeit auf mindestens 3–4 Jahre, dazu eine Tätigkeit als Assessor, Richteranwärter. Dann komme man schon zu einem ziemlich hohen Alter. Grundsätzlich solle man Richter unter 30–32 Jahren nicht anstellen. Das könne aber verwaltungsmäßig gemacht werden und Ausnahmen müßten möglich sein.

18. *Lebensschule? Weitere Laufbahn nach dem zweiten Examen.* Die Beschäftigung der Richteranwärter außerhalb der Justiz wurde teilweise befürwortet. Es sei durchweg erwünscht, dass der Blickkreis der Richter geweitet werde. Dabei komme es nicht so sehr darauf an, dem Richteranwärter bestimmte sachliche Kenntnisse zu vermitteln, als ihn einzuführen in die Denk- und Arbeitsweise anderer Behörden und Betriebe. Der Jurist müsse einmal etwas anderes gesehen haben als nur Juristerei. Dabei sei erwünscht, diese Beschäftigung in höheren Stellen durchzuführen, wo man einen größeren Überblick gewinne (Provinzialbehörden). Allseitig empfohlen wurde eine Beschäftigung im Anwaltsberuf, aber auch die Tätigkeit als Staatsanwalt. Die Industrie werde nur schwer den vorübergehend bei ihr tätigen Richteranwärtern Einblick in wirklich wichtige Dinge gewähren.

Auf der anderen Seite wurde die Auffassung vertreten, die „Lebensschule“ sei heute nicht mehr so nötig. Die jungen Rechtswahrer kämen in der HJ, dem Arbeitsdienst, dem Militär usw. weit mehr mit anderen Kreisen und Verhältnissen in Berührung als früher. Sie seien deshalb auch wesentlich gewandter als früher. Bei einer Beschäftigung außerhalb der Justiz müsse jedenfalls die Justizverwaltung die Dinge in der Hand behalten. Eine gewisse materielle Sicherstellung der Anwärter sei unentbehrlich, sonst käme der Richteranwärter zu spät zum Heiraten. Schwierig sei die Frage, wie die Anwärter außerhalb der Justiz qualifiziert werden sollten. Im übrigen werde wahrscheinlich die Personallage nach dem Kriegsende die Durchführung aller solcher Pläne auf lange Zeit unmöglich machen. Die Wirkung auf den Nachwuchs werde nicht günstig sein. Denn man könne dem in andere Betriebe entsandten Anwärter noch keine Richterstellung garantieren, das hänge gerade von seiner weiteren Entwicklung ab.

19. *Ergänzung der Richterschaft aus anderen Berufen.* Empfohlen wurde die Aufnahme geeigneter wirklich guter Rechtsanwälte. Diese könne die Justiz auch selbst beurteilen. Im übrigen hänge die Durchführbarkeit des Gedankens völlig von der künftigen Richterstellung ab. Wenn es gelinge, die Richter so zu stellen, dass wirklich gute Kräfte aus freien Berufen auch Interesse an den Eingangsstellungen der Richter hätten, so sei der Gedanke zu begrüßen. Die Zufuhr frischen Blutes könne nur von Vorteil sein. Auf jeden Fall aber müsse verhindert werden, dass die Justiz Alterssitze für die Mitglieder anderer Verwaltungen und Berufe zu liefern habe. Zweckmäßig werde deshalb eine Höchstaltersgrenze für die Übernahme aus anderen Berufen vorgesehen (45 Jahre). Wenn man ein höheres Lebensalter zuließe, würden sich auch die juristischen Kenntnisse des Bewerbers allmählich verloren haben oder veraltet sein. Anders vielleicht bei der Anwaltschaft. Eine gesetzliche oder verwaltungsmäßige Festlegung, einen bestimmten Teil der Richterschaft aus anderen Berufen zu entnehmen, sei abzulehnen. Es genüge, wenn die Justizverwaltung von Fall zu Fall geeignete Bewerber übernehme.

20. *Die Ausbildung der Richteranwärter außerhalb der Justiz. – Der Richtergehilfe.* Der Gedanke des Richtergehilfen – nicht diese Bezeichnung – fand durchweg Zustimmung. Es liege darin ein gewisser Ersatz für die fortgefallene Ausbildungsmöglichkeit im Kollegium. Die jetzige Ausbildung als Referendar sei auch zu kurz. Die Tätigkeit als Richtergehilfe könne das fortgefallene vierte Referendarjahr und die Probeassessorenzeit ersetzen. Übrigens sei auch die zeitweise selbständige Leitung einer Geschäftsstelle durchaus erwünscht für den zukünftigen aufsichtführenden Richter.

Doch wurden auch Bedenken geäußert. Die Stellung als Probeassessor habe wenig Beifall gefunden. Das Abhören der Assessoren und das Revidieren ihrer Urteile habe auf beide Teile einen schulmeisterlichen Eindruck gemacht. Jedenfalls sei eine solche Tätigkeit für den Nachwuchs nur tragbar, wenn ihn eine ganz besonders hohe Richterstellung erwarte. Der Gedanke des Richtergehilfen ohne Stimmrecht und Entscheidungsbefugnis stehe auch in einem gewissen Widerspruch zu der schon für den Referendar geforderten Selbständigkeit. Deshalb sei es besser, den Anwärter schon in gewissem Umfange selbständig als Richter einzusetzen.

Über gewisse praktische Erfahrungen mit einem „Richtergehilfen“ konnte auch der Tätigkeit des Landesarbeitsgerichts in Jena berichtet werden. Hier waren vorübergehend dem stark belasteten Vorsitzenden Assessoren zugeteilt worden. Diesen wurden einzelne Akten zugewiesen, in denen die das Gutachten erstatteten. Sie nahmen auch an der Verhandlung teil, aber nicht als Mitglied des Gerichts. An der Beratung nahmen sie nicht teil. Man war der Auffassung, dass dem § 193 GVG entgegenstünde. Das war für die Assessoren unerfreulich. Im übrigen aber scheinen die Erfahrungen nicht ungünstig gewesen zu sein. MinDir. Nitzsche wird hierüber noch berichten. Die Einrichtung ist in Fortfall gekommen, weil die Belastung des Vorsitzenden zurückging.

21. *Amtsbezeichnungen der Richter.* Nur gelegentlich wurde der Ratstitel verteidigt. Im übrigen war man der Auffassung, der Ratstitel habe früher einen Wert für das hohe Lebensalter gehabt. Seine jetzige Verwendung mache ihn bedeutungslos.

Gegen die Bezeichnung als Kreisrichter und Gaurichter wurden Bedenken erhoben, weil damit die Vorstellung einer Abhängigkeit von den Kreis- und Gauinstanzen hervorgerufen werde. Empfohlen wurden: Bezirksrichter, Oberrichter, Reichsrichter. Der „Bezirksrichter" bilde ein gutes Gegengewicht gegen den Landrat.

LG-Präs. Späte meinte, man solle auf jeden Fall für Richter Bezeichnungen vermeiden, die sich auch in anderen Berufen fänden. So sei z.B. „Direktor" keine geeignete Bezeichnung für einen Richter. Direktor sei heute jedermann. Dieser Gedanke fand Beifall, hingegen habe die Bezeichnung als Präsident auch einen gewissen Wert. LG-Präs. Späte regte an, nach neuen Bezeichnungen für die Richter zu suchen. Vielleicht könne man da an alte deutsche Bezeichnungen anknüpfen, wie Graf,, Gaugraf oder Vogt. Diese Bezeichnungen fanden keinen Beifall, mit ihnen verbänden sich heute schon ganz bestimmte andersartige Vorstellungen; sie würden im Volke nicht verstanden.

22. *Besoldungs- und Rangstufen innerhalb der Richterschaft.* Im allgemeinen wurde hier eine Stufung nach den drei Rechtszügen unter Hervorhebung der Gerichtsvorstände und Vorsitzenden empfohlen. Insbesondere müsse der Oberrichter besser besoldet werden als der Eingangsrichter, weil er eine unselbständige Tätigkeit übernehmen und dafür ein Ausgleich geschaffen werden müsse.

23. *Richter – Beamter.* Die Heraushebung der Richterschaft aus dem allgemeinen Beamtentum sei Voraussetzung für eine Besserstellung der Richterschaft überhaupt. Zu diesem Zwecke werde man auch ein besonderes Richtergesetz neben dem Beamtengesetz brauchen. Die Begründung für die Sonderstellung der Richter sei nicht einfach. Man müsse darauf verweisen, dass der Richter weisungsfrei und auf sich selbst gestellt sei. Es handele sich hier um eine ganz eigenartige Tätigkeit. Der Beamte könne fragen und Sachen nach oben oder nach unten abgeben. Ein Richter müsse seine Entscheidung aus seinem eigenen Herzen begründen. Ihm nehme niemand die Verantwortung ab. Außerdem seien seine Entscheidungen besonders verantwortungsvoll. Er entscheide über Leben und Tod.

Im übrigen hätten auch andere Behörden wichtige Entscheidungen zu treffen, insbesondere die Bedeutung der Zivilrechtspflege gehe ständig zurück. Ein ganz einfaches Beispiel sei die Grundbucheintragung eines Eigentumswechsels. Früher sei dem Antragsteller das Grundbuchamt als die allein entscheidende Stelle erschienen. Heute schöben sich zwischen Kaufabschluß und Eintragung in das Grundbuch die Entscheidungen zahlreicher anderer Stellen, die viel wichtiger und schwieriger seien als die Entscheidung des Grundbuchrichters.

Im übrigen seien Vergleiche mit der übrigen Beamtenschaft auch bei Herausnahme der Richter nur schwer auszuschließen. Es werde immer so sein, dass an einem Orte ein Landrat, aber mehrere Richter säßen und dann sei es schwer, diese Richter über den Landrat zu stellen oder auch nur auf dessen Stufe zu stellen. Die ganze Frage könne nur durch eine Willensentscheidung des Führers gelöst werden. Wichtig sei aber auch eine gute Propaganda für die Rechtspflege und die Aufgaben der Richter.

24. *Richterkorps.* Als Mittel zur Bildung des Richterkorps wurde bezeichnet: Der gesellschaftliche Zusammenschluß, der auch die Familienmitglieder ergreifen

müsse, und kameradschaftliche Aussprachen der Richter untereinander. Ferner die weltanschauliche und fachliche Schulung in gemeinsamen Kursen, die die Richter regelmäßig zusammenführten. Die Richterburg in Cochem ist ein sehr guter Anfang. Sie solle in möglichst weitem Umfang ausgenutzt werden.

Der Anwärter für das Offizierskorps werde schon als Fahnenjunker beobachtet und erzogen. Das müsse auch mit dem Referendar geschehen. Es müsse nach seiner charakterlichen Haltung, seinem gesellschaftlichen Auftreten beurteilt und in beiden Richtungen erzogen werden. Ein gewisses Mitbestimmungsrecht der Richter bei der Auswahl des Nachwuchses würde der Bildung des Korps förderlich sein, nicht in dem Sinne, dass die Richter sich ausschließlich durch Zuwahl ergänzt, aber so, dass die Richter einen Anwärter ablehnen könnten, wenn er nach seiner charakterlichen und sonstigen Haltung nicht in die Richterschaft passe.

Ein besonderes Ehrengerichtsverfahren neben der Disziplinargerichtsbarkeit sei zu erwägen, denn es gäbe Vorfälle und Handlungen, die noch nicht den Charakter eines Dienstvergehens hätten, die aber das Richterkorps zum Eingreifen veranlassen könnten.

Mit dem Richterkorps sei eben der Gedanke, wenn nicht der Selbstverwaltung, so doch der Selbstbereinigung des Standes im gewissen Sinne verbunden. Ein Richterkorps habe überhaupt nur Sinn bei schärfster qualitativer Auslese nach fachlichen, politischen, menschlichen und haltungsmäßigen Gesichtspunkten.

Gemeinschaftliche Dienstbesprechungen unter den Vorständen der Eingangsgerichte wie auch kameradschaftliche Besprechungen unter vier Augen seien geboten. Es müsse Wege geben, den Richter notfalls auch in außerdienstlichen Dingen „zurechtstoßen" zu können. Die Behinderung des Zusammenkommens von Richtern durch die Partei oder den Rechtswahrerbund müsse selbstverständlich fallen.

Eine Uniform sei, wenigstens für besondere Anlässe, erwünscht.

Die Bildung des Richterkorps sei schwieriger als die des Offizierskorps, weil der Richterberuf einen Lebensberuf darstellen und also auch mit sehr vielen älteren Mitgliedern zu rechnen habe, während das Offizierskorps einen großen Teil in jüngeren Jahren ausscheide (Majorsecke). Bei den älteren Offizieren handele es sich durchweg um besonders qualifizierte Offizierre hohen Ranges.

Das Ansehen des Richterkorps nach außen müsse auch von oben her gestützt und gehoben werden.

25. *Lenkung*. Die Richterbriefe wurden allgemein gelobt. Überhaupt seien die Richter für jede Lenkung dankbar, die sich in allgemeiner Form vollziehen, d.h. losgelöst vom einzelnen Fall. Die auf den Einzelfall bezüglichen Weisungen aber hätten großen Schaden verursacht.

26. *Das Verhältnis des Richters zum Gesetz*. Der Richter müsse an das Gesetz gebunden bleiben, sonst käme man zu einer „pflaumenweichen" Rechtsprechung. § 2 a RStGB mit der Gestattung der Analogie habe bei den kleinen Gerichten zu merkwürdigen Entscheidungen geführt. Die Richter hätten sich teilweise nicht mehr die Mühe gemacht, nachzusehen, ob sie nicht auch mit einer vorhandenen Bestimmung ohne Analogie zum Ziele kämen. Gute Richter könnten auch bei Beachtung des Gesetzes das zweckmäßige Ergebnis durchweg erreichen.

Erwünscht sei es, dem Richter Gestaltungsmöglichkeiten zu geben. Der von einem Richter aufgeworfene Gedanke des Zwangsvergleichs, der es ermöglichen sollte, bei kleinen Objekten von umfangreichen Beweisaufnahmen abzusehen, fand Widerspruch. Selbstverständlich müßten Objekt und Beweisaufnahme in einem angemessenen Verhältnis stehen. Im übrigen aber sei die Überbrückung von Beweisschwierigkeiten durch einen Zwangsvergleich bedenklich. Eher könne man daran denken, die Rechtsverfolgung bei kleineren Objekten von einer ausdrücklichen Zulassung abhängig zu machen. Übrigens böten auch die §§ 20, 18 der Entlastungsbekanntmachung schon gewisse Möglichkeiten (Schiedsurteil).

Die Gestaltungsmöglichkeiten, die der Richter brauche, bezögen sich vor allem auf dauernde Rechtsverhältnisse oder auch auf Auseinandersetzungen. Hier führe das Entweder- Oder und die Entscheidung rein nach den Eigentumsverhältnissen häufig zu Ergebnissen, die doch keine Befriedigung schafften.

Böhmisch-Leipa, den 10. Februar 1944

gez. Bälz. Bergmann

VIII. *Bericht über den Besuch des Oberlandesgerichtsbezirks Karlsruhe und des Elsaß (20.-28.6.1943)*

A. Verlauf der Reise im allgemeinen.

Im Zuge der Vom Amt für Neuordnung der Deutschen Gerichtsverfassung durchzuführenden Reisen sind in der Zeit vom 20. bis 28. Juni [1944] der OLG-Bezirk Karlsruhe und das Elsass durch MinDirigent Staud und MinRat Fechner besucht worden. An der Bereisung beteiligten sich ferner OLG-Präs. Reinle und SenPräs. Weis vom OLG in Karlsruhe.

Am 22. Juni fand in Karlsruhe eine Besprechung mit OLG-Präs. Reinle und SenPräs. Weis statt.

Am 23. Juni wurde zunächst das Amtsgericht Rastatt besucht, wo OLG-Präs. Reinle und MinRat Fechner die das Amt interessierenden Fragen mit OAmtsrichter Müller erörterten. Am selben Tage fand bei dem Landgericht in Offenburg eine kurze Besprechung statt, an der von den Richtern dieses Landgerichts die Landgerichtsdirektoren Steurer und Goebel teilnahmen.

Am 23. Juni nachmittags und am 24 Juni wurde sodann im Gerichtsgbäude in Freiburg eine eingehende Aussprache mit den LG-Präsidenten beider Bezirke und ihrer Vertreter durchgeführt. An ihr nahmen teil: LG-Präs. von Frankenberg und Ludwigsdorf, Freiburg, LG-Dir. Krastel, Heidelberg, LG-Dir. Böhringer, Karlsruhe, LG-Päs. Grüninger, Konstanz, LG-Präs. Mickel, Mannheim, LG-Präs. Stockert, Mosbach, LG-Präs. Dr. Maischhofer, Offenburg, LG-Präs. Dr. Schmoll, Waldshut, LG-Präs. Eba, Mühlhausen, LG-Präs. Huber, Straßburg, LG-Präs. Vogt, Zabern.

Ebenfalls am 24. Juni besprach OLG-Präs. Reinle in Gegenwart der Mitglieder des Amtes mit den in Freiburg beschäftigten Referendaren Fragen der Berufswahl unter besonderer Berücksichtigung der von den Referendaren für oder gegen den Richterberuf geltend gemachten Gesichtspunkte.

Am 24. Juni nachmittags wurde das Amtsgericht Waldkirch aufgesucht, wo der AG-Rat Roth angetroffen wurde.

Am 25. Juni fuhr die Kommission über Mühlheim, Gneisheim und Sennheim, wo die Amtsgerichtsgebäude kurz besichtigt wurden, nach Münster. Hier fand am 25. Juni abends und am 25. Juni vormittags eine sachliche Aussprache mit dem AG-Rat Dr. Wagner statt.

Von Münster aus reiste die Kommission am 26. Juni nach Kolmar, wo LG-Präs. Mickel, SenPräs. Andres, LG-Dir. Eschenauer und AG-Dir. Steinmetz angetroffen wurden.

Am 27. Juni wurden zunächst die Amtsgerichte Schlettstadt (AG-Rat Limung) und Barr (AG-Rat Andres) und sodann das Landgericht in Straßburg besucht. In Straßburg fand wieder eine eingehendere Erörterung statt, an der teilnahmen:

LG-Präs. Huber, LG-Rat Kiefer, LG-Rat Pilzheimer, OA-Richter Adam, AG-Rat Kummer und AG-Rat Schlepp.

Am 28. Juni besichtigte die Kommission das LG in Zabern unter Führung durch LG-Präs. Vogt und besuchte sodann das Amtsgericht in Buchsweiler (AG-Rat Halb) und abschließend den Notar Heintz in Hatten.

Den Besprechungen lag wie üblich der Fragebogen des Amtes zugrunde, der den meisten beteiligten Richtern vorher zugegangen war. Dieses Verfahren hat sich wiederum als zweckmäßig erwiesen. Die Richter an den verschiedenen von der Kommission besuchten Amtsgerichten kannten den Fragebogen dagegen durchweg nicht. Zu Einzelheiten, die nicht in unmittelbarem Zusammenhang mit ihrer praktischen Arbeit oder ihrem täglichen Leben standen, konnten sie infolgedessen im allgemeinen kaum Stellung nehmen.

Das Interesse der Landgerichtspräsidenten und der meisten Richter an den Erörterungen war sichtlich lebhaft. Eine Ausnahme machten insoweit die meisten Amtsrichter, von denen offenbar nur wenige (so AG-Rat Roth, Waldkirch und AG-Rat Halb, Buchsweiler) über die Reformpläne nachgedacht hatten.

Die Besuche waren von den örtlichen Stellen durchweg gut vorbereitet. Die Mehrzahl der Landgerichtspräsidenten überreichte schriftliche Äußerungen zu dem Fragebogen (Anlagen III bis XI dieses Berichts). Kartenmaterial stand leider nur in ganz geringem Ausmaße zur Verfügung und ist angeblich zur Zeit kaum zu beschaffen. Eine Gemarkungskarte für Baden und das Elsass, aus der die Gerichts- und Verwaltungsgliederung ersichtlich ist, wurde nachgereicht und befindet sich den Vorgängen (Anlage XII).

Die Reise wurde mittels Kraftwagen durchgeführt. Anders wäre sie, wenigstens mit dem Besuch der zahlreichen Amtsgerichte, kaum möglich gewesen.

Die gemeinsame Erörterung mit nahezu allen Landgerichtspräsidenten in Freiburg hat sich als nicht unzweckmäßig erwiesen. Der durch sie ermöglichte Zeitgewinn gab Gelegenheit zum Besuch der Amtsgerichte, der in vielfacher Hinsicht aufschlußreich war.

Im Anschluß an die sachlichen Erörterungen trafen die Mitglieder der Kommission und die beteiligten Richter mehrfach kameradschaftlich zusammen. Die Veranstaltungen verliefen harmonisch und gaben Gelegenheit zu zwangloser weiterer Aussprache.

B. *Allgemeine Verhältnisse der bereisten Bezirke.*

Der OLG-Bezirk Karlsruhe umfaßt etwa 2.500.000 Gerichtseingesessene. Die Rechtspflege wurde früher durch 8 Landgerichte und 60 Amtsgerichte ausgeübt. Von diesen Amtsgerichte sind jetzt nur noch 37 voll in Betrieb, während der Rest in Z- und G-Gerichte umgewandelt ist. Der Bezirk gliedert sich in 7 Stadt- und 27 Landkreise. Diese Gliederung ist etwa 10 Jahre alt. Vorher war die Zahl der Kreise erheblich größer und deckte sich ungefähr mit der Gliederung der Gerichte. Jetzt sind zahlreiche Überscheidungen zwischen Kreis- und Gerichtsgrenzen vorhanden. Einzelheiten über die Gerichtsorganisation ergeben sich aus der Zusammenstellung Anlage I. Die dort rot unterstrichenen Gerichte sind die noch voll betriebenen Amtsgerichte.

Wesentlich für das Verständnis der Rechtspflege im OLG-Bezirk Karlsruhe ist die besondere Stellung, welche die Notare dort einnehmen. Die Notare sind nämlich besoldete Beamte, in deren Obligenheiten u.a. die Geschäfte des Nachlaßrichters und des Grundbuchrichters gehören. Notariate befinden sich am Sitz aller Amtsgerichte und außerdem in einigen weiteren Orten. Die Grundbücher sind durchweg außerhalb der Gerichte, zumeist in Räumlichkeiten, welche der Gemeinde gehören, untergebracht. Eine weitere Besonderheit der badischen Gerichtsorganisation bilden die Gemeindegerichte, die beschränkte Zuständigkeiten in Zivilsachen mit der Möglichkeit der Anrufung des ordentlichen Richters besitzen.

Das Elsaß bildet mit Baden zusammen einen Gau der NSDAP. Staatsrechtlich nimmt es eine Sonderstellung ein, insofern es einem Chef der Zivilverwaltung unterstellt ist, der die gesamte Verwaltung unmittelbar unter dem Führer und rechtlich unabhängig von der Reichsregierung ausübt. Das gilt auch hinsichtlich der Rechtspflege. Sie wird von dem OLG-Präs. in Karlsruhe im Auftrage des Chefs der Zivilverwaltung geleitet. Das OLG für den Bezirk befindet sich in Kolmar. Verwaltungsgeschäfte, die über die Verwaltung des Gerichts selbst hinausgehen, werden jedoch hier nicht erledigt. Die gesamte Verwaltung des Bezirks wird vielmehr von Karlsruhe aus geführt. Die Landgerichte befinden sich in Kolmar, Mühlhausen, Straßburg und Zabern. Sie gliederten sich früher in 45 Amtsgerichte, von denen jetzt noch 24 voll in Betrieb sind. Über die Organisation im einzelnen gibt die Anlage II zu diesem Bericht Aufschluß.

Das im Elsaß geltende Recht entspricht im allgemeinen dem Recht des alten Reichsgebiets. Die in Baden anzutreffenden Besonderheiten auf dem Gebiet des Notariatsrechts und der Gemeindegerichtsbarkeit gelten im Elsaß nicht. Unterschiede gegenüber dem Recht des alten Reichsgebiets finden sich bei der amtsgerichtlichen Zuständigkeit, die zur Zeit in vermögensrechtlichen Sachen nur 300 RM beträgt, und bei der Besetzung der Zivilkammern der Landgerichte, die noch mit drei Richtern besetzt sind. Der Grund für die letzte Regelung war, dass man glaubte, den elsässischen Richtern aus politischen und fachlichen Gründen die Alleinrichterentscheidung nicht in allen Fällen anvertrauen zu können. Mit einer weiteren Angleichung an das Recht des alten Reichsgebiets dürfte auch insoweit demnächst zu rechnen sein.

Sowohl der OLG-Bezirk Karlsruhe als auch das Elsaß weisenn viele gebirgige Gegenden auf (Schwarzwald, Vogesen). Beide Bezirke sind durch ihre langgestreckte Form charakterisiert. Diese Verhältnisse führen trotz der an sich guten Straßen und Verkehrsmittel zu gewissen Verkehrsschwierigkeiten. Insbesondere erfordert eine Reise zum OLG-Bezirkk Karlsruhe von manchen Orten aus recht lange Zeit. Im Winter ist in manchen Gegenden mit der Gefahr des Einschneiens ganzer Ortschaften zu rechnen. (Hochschwarzwald!)

Die wirtschaftlichen Verhältnisse beider Bezirke können als durchaus gesund bezeichnet werden. Von gewissen Ausnahmen abgesehen (Mannheim), ist im allgemeinen keine ausgesprochene Großindustrie anzutreffen. Die Wirtschaft wird vielmehr von einer sehr breiten Mittelstandsschicht getragen. Die Landwirtschaft nimmt einen großen Raum ein, und zwar auch hier wieder der kleine Mittelbetrieb. Eine große Rolle spielen der Weinbau und die mit ihm zusammenhängenden Wirtschaftszweige. Vielfach ist der Fremdenverkehr die Grundlage der Wirtschaft und damit auch des Rechtslebens.

Die gesunde soziale Struktur des Landes prägt sich auch in seinen Ortschaften aus. Selbst die meisten kleineren Orte sind im allgemeinen freundlich und nicht ohne Reiz.

C. Wegen des Ergebnisses der Besprechung kann im allgemeinen auf die Äußerungen der Landgerichtspräsidenten Anlage III bis XI dieses Berichts Bezug genommen werden. Im einzelnen ist ergänzend folgendes zu sagen.

1. *Drei- oder Viergliederung?*

Die gehörten Richter, insbesondere auch OLG-Präs. Reinle, bekannten sich grundsätzlich als Anhänger des orts- und menschenverbundenen kleinen Amtsgerichts, in dem sie einen ausgesprochenen Aktivposten der heutigen Rechtspflege erblicken und das sich nach ihrer Auffassung auch im allgemeinen bewährt hat. Trotzdem schlugen die meisten Richter vor, zum dreigliedrigen Gerichtaufbau überzugehen. Zur Begründung wurde durchweg vorgetragen, dass die kleineren Gerichte zu viel Personal in Anspruch nähmen und dass die Dreigliederung als solche über die Aufhebung der kleineren Amtsgerichte hinaus personelle Einsparungen ermöglichen werde. Derartige Einsparungen seien aber unerläßlich. Nach dem Krieg müsse mit einem Wiederanstieg der jetzigen gesunkenen Geschäftsziffern gerechnet werden. Insbesondere werde sich nach Lockerung der strengen Wirtschaftslenkung auf dem Gebiet der Zivilrechtspflege ein erheblicher Anstieg bemerkbar machen. Demgegenüber sei nicht nur in der Rechtspflege ein ausgesprochener Nachwuchsmangel zu erwarten, sondern infolge der Kriegseinwirkungen sei auch mit einer empfindlichen Verschlechterung der Qualität zu rechnen. Das zwinge zu einer Einschränkung des Personalbedarfs, zu der die Dreigliederung der Gerichte beitragen könne. Nach allgemeiner Auffassung ist die Dreigliederung aber nur durchführbar, wenn die Schwierigkeiten in der Rechtsmittelinstanz behoben werden können, die sich aus einer großen räumlichen Entfernung des Rechtsmittelgerichts vom Sitz des Eingangsgerichts ergeben sollen. Durchweg wurde die jetzige Lösung (*ein* Rechtsmittelgericht für den ganzen Bezirk) als auf Dauer untragbar bezeichnet. Es werde vielmehr erforderlich sein, dass an die Stelle des jetzigen einen Oberlandesgerichts in Karlsruhe mehrere Rechtsmittelgerichte träten, oder dass das Rechtsmittelgericht in anderer Weise räumlich näher an die Eingangsgerichte herangeführt werde. Als weitere Schwierigkeit bei der Durchführung der Dreigliederung wurde auf die Gebäudefrage hingewiesen. Die Gerichtsgebäude sind zwar sowohl in Baden als auch im Elsaß im allgemeinen ansprechend und ausreichend, an verschiedenen Orten würden sich aber nach Mitteilung der gehörten Richter Schwierigkeiten nicht vermeiden lassen. Hierauf wird noch näher eingegangen.

Der Gedanke, dass die Unterbringung der Gerichte an größeren Orten und die Bildung größerer Gerichte im Interesse des Richters lägen, trat durchweg in den Hintergrund. Hierzu wurde ausgeführt, dass die Lebensverhältnisse selbst in den kleineren Gerichtssitzen durchweg recht günstig seien. Es fänden sich immer wieder tüchtige Richter, die gerne dauernd oder jedenfalls für viele Jahre bei derartigen Gerichten tätig seien. Diese Tätigkeit sei auch für den Richter von größtem Nutzen. Dort „fülle er seinen Ranzen, aus dem er in den späteren Jahren zehre". Gewisse Schwierigkeiten mache im einen oder in dem anderen Fall die Schulfrage.

Im übrigen aber könne man feststellen, dass die Neigung der Richter, sich von den Amtsgerichten fortzumelden und in die größeren Städte zu drängen, im allgemeinen mehr von dem Wunsch nach beruflichem Fortkommen getragen als von dem Bedürfnis nach einer Änderung der Umwelt hervorgerufen werde.

Gegenüber dem mehrfach anklingenden Bedenken, dass im Falle der Dreigliederung die Ortsverbundenheit zwischen dem Richter des Eingangsgerichts und dem rechtssuchenden Publikum zu sehr gelockert werden könne, wurde andererseits darauf hingewiesen, dass in den zur landgerichtlichen Zuständigkeit gehörenden Sachen der Richter durch die Dreigliederung den örtlichen Verhältnissen gerade nähergebracht würde (LG-Präs. Dr. Maischhofer).

LG-Dir. Krastel, Heidelberg, und LG-Präs. Vogt, Zabern, sprachen sich für die Beibehaltung der Viergliederung aus. Sie meinten, dass sich die Viergliederung bewährt habe und dass aus der Dreigliederung wesentliche Vorteile nicht zu erhoffen seien. Den personellen Schwierigkeiten könne durch die Beseitigung der kleinen, nicht mehr voll ausgelasteten Amtsgerichte begegnet werden, ohne dass deswegen ein völliger Umbau der Gerichtsorganisation nötig sei.

Die an Ein-Mann-Gerichten tätigen Amtsrichter, die im Verlauf der Reise aufgesucht wurden, erklärten sich ohne Einschränkung im Grundsatz für die Beibehaltung der jetzigen Bezirksgliederung in der ersten Instanz. Sie glaubten, dass kleinere Bezirke notwendig seien, wenn die jetzige enge Verbundenheit zwischen dem Richter und dem rechtsuchenden Publikum aufrechterhalten werden solle. Die Entwicklung der letzten Jahre, namentlich seit der Einrichtung der Z- und G-Gerichte, habe bereits sinnfällig bewiesen, dass eine wesentliche Vergrößerung der Bezirke zu einer Lockerung des Verhältnisses zwischen Richter und Publikum wenigstens in den entfernter vom Gericht liegenden Gegenden führe. Sämtliche Amtsrichter erklärten, dass sie sich an ihrem jetzigen Amtssitz sehr wohl fühlten und gerne dort bleiben würden. Lediglich AG-Rat Halb, Buchsweiler, meinte, dass er mit Rücksicht auf seine heranwachsenden Kinder voraussichtlich demnächst um seine Versetzung in eine größere Stadt werde nachkommen müssen. Der Wunsch nach Verkehr mit bildungsmäßig gleichstehenden Personen, geistige Anregung usw. war bei allen diesen Richtern nach ausdrücklicher Angabe zumeist nur gering. Durchweg beschränkten sie sich auf ihr Familienleben, zum Teil lehnten sie einen engeren Kontakt mit anderen Menschen sogar aus der Überzeugung ab, weil sie ihn mit der Stellung des Richters nicht recht für vereinbar hielten.

2. *Die Durchführung der Dreigliederung in der Eingangsinstanz.*

Praktische Vorschläge über die Durchführung der Dreigliederung in der Eingangsinstanz sind dadurch erschwert, dass sich die endgültige politische Gliederung der Bezirke noch nicht abschließend übersehen läßt. Größere Änderungen können sich insbesondere aus dem endgültigen Zusammenschluß Badens mit dem Elsaß ergeben, ferner aus Gebietsbereinigungen, die im Verhältnis zu Württemberg zu gegebener Zeit zu erwarten sind. Vorschläge, die aufgrund der augenblicklichen Organisation gemacht werden, sind daher nur von bedingtem Wert. Die Anregungen der meisten Landgerichtspräsidenten und des OLG-Präsidenten ergeben sich aus den Anlagen zu diesem Bericht. Dort sind auch die hinsichtlich einzelner Gerichte bestehenden Bedenken sowie Mitteilungen über die Geschäftszahlen und Schätzungen des voraussichtlichen Personals zu entnehmen. Wegen der Einzelheiten darf hierauf verwiesen werden.

Danach würden folgende Eingangsgerichte in Betracht kommen:

1. *im heutigen LG-Bezirk Freiburg:* Freiburg, Emmendingen, Lörrach, Neustadt und Mühlheim,

2. *im Landgerichtsbezirk Heidelberg:* Heidelberg, Sinsheim und Wiesloch,

3. *im Landgerichtsbezirk Karlsruhe:* Karlsruhe, Bruchsal, Rastatt und Pforzheim und ev. auch Baden-Baden,

4. *im Landgerichtsbezirk Konstanz:* Donaueschingen, Konstanz, Singen (das möglicherweise mit Konstanz zu vereinigen wäre), Stockach, Überlingen und Villingen,

5. *im Landgerichtsbezirk Mannheim:* Ein Eingangsgericht in Mannheim, vielleicht auch noch Eingangsgerichte in Schwetzingen und Weinheim, die möglicherweise aber auch als Zweigstellen fortgeführt werden könnten,

6. *im Landgerichtsbezirk Mosbach:* Mosbach, Buchen und Tauberbischofsheim,

7. *im Landgerichtsbezirk Offenbach:* Achern (das ev. mit Bühl vereinigt werden könnte), Bühl, Kehl, Lahr, Offenbach und Wolfach,

8. *im Landgerichtsbezirk Waldshut:* Waldshut, Sächsingen und Schopfheim,

9. *im Landgerichtsbezirk Kolmar:* Kolmar, Gebweiler und Schlettstadt,

10. *im Landgerichtsbezirk Mühlhausen:* Mühlhausen, Altkirch und Tann,

11. *im Landgerichtsbezirk Straßburg:* Weißenburg, Hagenau und Straßburg,

12. im Landgerichtsbezirk Zabern: Zabern und Molsheim, das möglicherweise auch zu Straßburg gelegt werden könnte.

Die nach den vorstehenden Vorschlägen gebildeten Eingangsgerichte würden sich in Übereinstimmung mit den augenblicklichen Kreisgrenzen halten lassen. Der Sitz der Gerichte würde sich durchweg in Kreisstädten befinden. Dass die Übereinstimmung der Gerichtsorganisation mit der Organisation der Verwaltung und Partei anzustreben ist, wurde durchweg anerkannt. Lediglich LG-Präs. Schmoll, Waldshut, bezweifelte, ob diese Übereinstimmung, wenn sie selbstverständlich auch die Norm bilden müsse, nun in allen Fällen geboten sei. Er meinte, dass die Gesichtspunkte, die für die Gliederung der Gerichtsbezirke maßgebend seien, vielfach nicht mit denen übereinstimmen, die zur Bildung der politischen Bezirke führten. Als Beleg für seine Ausführungen trug er vor, dass mehrere Ortschaften seines Bezirks vor einiger Zeit gerichts- und verwaltungsmäßig einem anderen Bezirk zugeschlagen worden seien. Die Bevölkerung habe sich gegen die Änderung des Verwaltungsbezirks gewandt und insoweit die Rückgängigmachung der getroffenen Maßnahmen erreicht. Dagegen habe sie die Neuorganisation des Gerichtswesens hingenommen und diese sei auch aufrechterhalten worden. Das Ergebnis sei also, dass nunmehr im Gegensatz zu früher Gerichts- und Verwaltungsgliederung nicht mehr übereinstimmen. Irgendwelche Unzuträglichkeiten hätten sich hieraus nicht ergeben. Der Grund für diese Erscheinung liege darin, dass in dem einen Fall mehr Gewicht auf die Verkehrslage, in dem anderen mehr auf die wirtschaftlichen Zusammenhänge zu legen sei. Fremdenverkehrsgebiete z.B. strebten nach verwaltungsmäßigem Zusammenschluß, auch wenn die Verkehrsverbindungen zwischen den einzelnen Orten weniger günstig seien. Für die Errichtung der Gerichte sei dagegen die Verkehrslage von ausschlaggebende Bedeutung.

Über den vermeintlichen Personalbedarf konnten zuverlässige Angaben nicht gemacht werden. OLG-Präs. Reinle nahm an, dass die Gesamtersparnisse durch die Dreigliederung etwa 1/5 des bei der Viergliederung erforderlichen Bestandes erreichen würden. Diese Ersparnisse sollen sich vor allem aus der besseren Auslastung der Arbeitsspitzen ergeben.

Die Verkehrsverhältnisse in den vorgeschlagenen Gerichtsbezirken sollen im allgemeinen ausreichen. Gewisse Schwierigkeiten, namentlich in den Gebirgsgegenden des Hochschwarzwaldes, machen nach Ansicht der befragten Richter aber die Aufrechterhaltung oder Einrichtung einer größeren Zahl von Zweigstellen erforderlich. LG-Rat Kiefer, Straßburg, führte aus, dass die Verkehrsverhältnisse zwar im allgemeinen ausreichten, um ohne besondere Schwierigkeiten die Fahrt zum Gericht durchzuführen, dass aber in größeren Bezirken sehr oft in Frage gestellt sein werde, ob die Parteien und Zeugen auch ohne Übernachtung *rechtzeitig* am frühen Vormittag bereits an der Gerichtsstelle anwesend sein könnten.

Die baulichen Verhältnisse in den meisten der sogenannten Eingangsgerichte sollen, wenigstens übergangsweise, ausreichen. Das Gerichtsgebäude in Mannheim ist zerstört. Schwierigkeiten würden sich ergeben, wenn auch die Grundbücher binnen kürzester Frist in die Eingangsgerichte verlegt werden sollen. Nach Ansicht des Baureferenten, SenPräs. Weis, wäre das nicht durchführbar. Schon vor dem Kriege sei hieran die Beseitigung des besonderen badischen Notariats gescheitert. Es werde daher voraussichtlich schon aus diesem Grunde erforderlich sein, eine ganze Reihe von Zweigstellen fortzuführen, die insbesondere die Grundbuchsachen zu erledigen hätten.

3. *Die Organisation des einheitlichen Eingangsgerichts im einzelnen.*

a) *Die Bezeichnung.* Für das Eingangsgericht wurde in erster Linie die Bezeichnung „Kreisgericht“ vorgeschlagen, wenn diese aber nicht gewählt werden könne, die Bezeichnung „Bezirksgericht“.

b) *Maßnahmen zur Erhaltung der Ortsverbundenheit.* Aus der Schaffung größerer Gerichtsbezirke wurden von den gehörten Richtern vielfach gewisse bereits angedeutete Nachteile befürchtet, so vor allem, dass die enge Verbundenheit des Richters mit seinem Bezirk zum Nachteil der Rechtspflege gelockert werden könnte. Die Einrichtung von Sprech- und Gerichtstagen, eine größere Beweglichkeit des Gerichts, die sich vor allem in der Durchführung häufigerer auswärtiger Termine auszuwirken hätte, sowie die Geschäftsverteilung nach Bezirken wurden als Mittel anerkannt, welche diesen Gefahren entgegenwirken könnten, ohne sie aber doch voll zu beheben. Gerichtstage werden im Bezirk in großer Zahl durchgeführt. Sie haben sich im allgemeinen bewährt, vor allem da, wo sie bereits seit langem eingerichtet sind. Dennoch können sie nach Ansicht der Richter den ortsansässigen Richter, der jederzeit von seinen Rechtsuchenden aufgesucht werden kann und dessen Inanspruchnahme in dieser Richtung sehr groß sein soll, nicht ersetzen. Eine Reihe von Amtsrichtern berief sich für diese Auffassung vor allem auch die Erfahrungen, die mit den Z- und G-Gerichten gemacht worden seien. Die größere

Beweglichkeit des Gerichts sei gewiß zweckmäßig; auch sie könne aber nur in einem beschränkten Bezirk wirklich zur Vertrautheit des Richters mit den örtlichen Verhältnissen führen. Sobald der Bezirk größer werde, sei durch einen gelegentlichen Besuch der einen oder anderen Örtlichkeit eine wirkliche Verbundenheit zwischen Richter und Rechtsuchenden nicht mehr herbeizuführen. Die Geschäftsverteilung nach Bezirken werde allgemein als zweckmäßig betrachtet, soweit sie unter Berücksichtigung der Größe des Bezirks und des Geschäftsanfalls technisch durchführbar sei. Es wurde aber auch die Frage aufgeworfen, ob es dann, wenn dem Richter ein bestimmter Bezirk zugeteilt werden solle, nicht zweckmäßig sei, ihn in diesem Bezirk wohnen zu lassen.

c) *Einrichtung von Außenstellen, Zweigstellen usw.* Die Einrichtung von Zweigstellen wurde, wie bereits mehrfach erwähnt, sowohl aus verkehrstechnischenn Gründen als auch mit Rücksicht auf die Gebäudefrage (Unmöglichkeit die Grundbücher zu übernehmen) durchweg für erforderlich gehalten. Diese Zweigstellen müßten nach Ansicht verschiedener Richter vor allem auf dem Gebiet der freiwilligen Gerichtsbarkeit und des Vollstreckungswesens tätig sein und an manchen Orten nicht nur mit einem Rechtspfleger, sondern ständig mit einem Richter besetzt sein. Einzelheiten ergeben sich aus den schriftlichen Vorschlägen der Landgerichtspräsidenten.

d) *Zuständigkeit des Eingangsgerichts.* Das Eingangsgericht soll nach allseitiger Auffassung die gesamte erstinstanzliche Zuständigkeit der heutigen Amts- und Landgerichte haben. LG-Präs. Dr. Grüninger schlug vor, schwere Strafsachen in erster Instanz vor dem Obergericht abzuhandeln. Dieses Obergericht soll allerdings nach den Vorschlägen von LG-Präs. Dr. Grüninger nicht etwa dem heutigen Oberlandesgericht, sondern eher den heutigen Landgerichten entsprechen.

Dass die Gerichte spürbar dadurch entlastet werden könnten, dass einzelne ihrer Aufgabengebiete anderen Stellen außerhalb der Gerichtsorganisation übertragen würden, wurde allgemein verneint. Lediglich LG-Dir. Göbel, Offenburg, äußerte Zweifel, ob die meisten Mietsachen bei der Entwicklung der Gesamtverhältnisse auf dem Gebiet des Wohnungswesens wirklich noch als eine der richterlichen Entscheidung bedürftige Rechtssache betrachtet werden könnten. Er meinte, dass die Entscheidung in diesen Sachen im wesentlichen von Ermessensfragen abhänge, die ebensogut von anderen Stellen als dem Richter getroffen werden könnten. Im übrigen ging die allgemeine Ansicht aber dahin, dass die Rechtspflege nicht nur keine Aufgabengebiete abgeben, sondern im Gegenteil gewisse Befugnisse zurückgewinnen oder jedenfalls ausbauen müsse. Das wurde namentlich für das Personenstandswesen und ganz besonders für das Gebiet der Jugendpflege gefordert. Die jetzige umfassende Zuständigkeit der Jugendämter habe zu einer weitgehenden Ausschaltung des Richters geführt, die wieder rückgängig gemacht werden müsse. Die Amtsrichter im Elsaß, die über die Bewährung der neu eingeführten deutschen Rechts auf diesem Gebiet befragt wurden, gaben an, dass sich die Zusammenarbeit zwischen ihnen und den Jugendwohlfahrtsbehörden zwar überall günstig entwickelt habe. Sie beanstandeten aber, dass die Jügendämter nicht verpflichtet seien, den

Gerichten in gewissen Fällen von Amts wegen zu berichten, so namentlich etwa über die Durchführung und den Verlauf einer Fürsorgeerziehung und dergl.

Die Entlastung des Richters durch den Rechtspfleger läßt sich nach allgemeiner Ansicht nicht oder jedenfalls nicht mehr wesentlich erweitern. Die Erfahrungen, die auf diesem Gebiet bisher gemacht worden sind, wurden durchweg als günstig bezeichnet. Auf den Amtsgerichten, namentlich im Elsaß, ergab sich, dass die Richter ganz allgemein bestrebt sind, sich auch hinsichtlich der Sachen zu unterrichten, für die eine Vorlagepflicht des Rechtspflegers nicht besteht. Da die persönlichen Verhältnisse überall günstig sind und der Arbeitsanfall zumeist gering zu sein scheint, haben sich insoweit keine Schwierigkeiten ergeben. Dagegen wurde bei den größeren Gerichten darüber geklagt, dass der Richter in den dem Rechtspfleger zugewiesenen Sachen nicht mehr den erforderlichen Überblick behalte.

Der Gedanke einer Entlastung des Richters durch einen Friedens- oder Schöffenrichter stieß fast überall auf Ablehnung. Im OLG-Bezirk Karlsruhe beriefen sich die Richter zur Begründung ihrer Stellungnahme auf ihre Erfahrungen mit den Gemeindegerichten, das nur deshalb ohne Schaden für die Rechtspflege geblieben sei, weil gegen seine Entscheidungen in jedem Fall der Richter angerufen werden könne. Die Richter bezweifelten auch, dass sich für das Amt des Schöffenrichters geeignete Persönlichkeiten in ausreichender Zahl finden würden, und schließlich stellten sie die Eignung der meisten Bagatellsachen für die Behandlung durch einen nicht juristisch vorgebildeten Richter in Abrede. Auch die Richter im Elsaß standen dem Gedanken, gewisse Sachen durch einen Schöffenrichter entscheiden zu lassen, ablehnend gegenüber. Sie begründeten ihre Ablehnung mit den Erfahrungen, die mit dem französischen Friedensrichter gemacht worden seien. Der Friedensrichter habe als Laienrichter versagt. Hierauf, nicht auf irgendwelche anderen Gründe sei es zurückzuführen, dass später eine umfassendere juristische Ausbildung von ihm verlangt worden sei. Das Vorhandensein der Friedensrichter habe auch die Folge gehabt, dass die Verbindung der eigentlichen Richter mit den Rechtsuchenden mehr und mehr verlorengegangen sei. Das habe sich für die französische Rechtspflege außerordentlich schädlich ausgewirkt. Lediglich AG-Rat Limung in Schlettstedt sah in der Einsetzung von Schöffenrichtern auch Vorteile. Er meinte auch, dass, wenigstens in den größeren Ortschaften, geeignete Persönlichkeiten zu finden sein würden. Er verwies insbesondere auf Ruheständler und Rentner jeder Art, namentlich ehemalige Kaufleute und dergl.

e) *Besondere Gerichte.* Besondere Gerichte wurden, soweit die Frage überhaupt zur Erörterung gestellt wurde, abgelehnt. Die Richter waren der Ansicht, dass es genüge, wenn gewisse verfahrensrechtliche Sondervorschriften aufrechterhalten blieben, dass aber eine besondere Organisation hierzu nicht erforderlich sei.

f) *Sondergerichte in Strafsachen.* Auch die Sondergerichte in Strafsachen möchten die meisten Richter nach Wiederherstellung ruhigerer Zeiten abgebaut sehen.Auch genügt es nach allgemeiner Auffassung, wenn gewisse verfahrensrechtliche Vorschriften des jetzigen Rechts aufrechterhalten werden, um die etwa gewünschte Beschleunigung der Verfahren zu ermöglichen. Wiederholt wurde behauptet, dass die heutigen Sondergerichte im Volke kein Vertrauen besäßen und so eine Belastung der Rechtspflege darstellen.

g) *Zusammenfassung einzelner Geschäfte für die Bezirke, mehrere Gerichte bei einem Gericht.* Die allgemeine Ansicht ging dahin, dass jedes Eingangsgericht grundsätzlich dieselbe Zuständigkeit haben müsse, und dass von der Zusammenfassung bestimmter Materien bei einigen Gerichten auch für die Bezirke der übrigen möglichst abgesehen werden solle. Mehrfach wurde hierzu vorgetragen, dass eine andere Organisation das Ansehen der Richter beim Eingangsgericht beeinträchtigen werde. So sei das Ansehen vieler Amtsrichter dadurch gemindert, dass ihnen die Zuständigkeit auf gewissen Gebieten, namentlich zum Beispiel Haftsachen, genommen worden sei. Trotz dieser grundsätzlichen Abneigung gegen Zusammenfassungen irgendwelcher Art wurde doch anerkannt, dass Ausnahmen von der Regel in manchen Fällen nicht zu vermeiden seien. Verwiesen wurde insbesondere auf große Strafsachen und Erbgesundheitssachen. LG-Präs. Schmoll machte auch darauf aufmerksam, dass nicht alle der vorgeschlagenen Eingangsgerichte so groß seien, dass bei ihnen eine Kammer werde gebildet werden können. In derartigen Fällen würden also auch die Kammersachen bei einem anderen Gericht zu erledigen sein.

h) *Die Besetzung des Eingangsgerichts.* Grundsätzlich soll die Entscheidung beim Eingangsgericht, vor allem in *bürgerlichen Rechtssachen*, der Einzelrichter fällen. Immerhin wurde von verschiedenen Richtern der Wunsch vorgetragen, dass erforderlichenfalls bürgerliche Rechtssachen auch vor eine Kammer müßten gebracht werden können, falls das wegen der besonderen tatsächlichen oder rechtlichen Schwierigkeiten oder der Bedeutung der Sache erforderlich sei. Hierbei wurde zum Teil angeregt, dass die Entscheidung dem zunächst zuständigen Einzelrichter obliegen solle, mit der Einschränkung, dass die Kammer die kollegiale Behandlung solle ablehnen können. Auf diese Weise sollte einer mißbräuchlichen Inanspruchnahme der Kammern begegnet werden. Andere Richter meinten, die Entscheidung könne dem Präsidenten des Eingangsgerichts übertragen werden. LG-Präs. Eha, Mühlhausen, schlug vor, dass alle Sachen in erster Linie der Kammer zugeleitet werden sollten, dass dann aber der Vorsitzer der Kammer sie an den Einzelrichter abgeben könne, was praktisch die Regel sein müsse. OLG-Präs. Reinle hielt die kollegiale Entscheidung in Ehesachen für erforderlich. Er meinte, dass die Entscheidung in diesen Sachen so wesentlich von der persönlichen Einstellung des Richters abhänge, dass ein gewisser Ausgleich dieser persönlichen Auffassungen erforderlich sei, wie er praktisch nur durch die kollegiale Behandlung erzielt werden könne. Die meisten übrigen Richter teilten diese Auffassung nicht, glaubten vielmehr, dass gerade Ehesachen im allgemeinen durch den Einzelrichter wahrgenommen werden könnten. LG-Präs. von Frankenberg und Ludwigsdorf erklärte sich für bürgerliche Rechtssachen uneingeschränkt für den Einzelrichter und meinte, dass dem Bedürfnis nach kollegialler Behandlung erforderlichenfalls durch Mitwirkung eines Richtergehilfen ausreichend Rechnung getragen werden könne.

In *Strafsachen* wurde ganz allgemein die Entscheidung durch den Einzelrichter, in schweren Fällen durch ein Kollegium gefordert. Die heutige Regelung wurde zumeist als zweckmäßig bezeichnet.

Die Frage der *Mitwirkung von Laien* wurde sehr unterschiedlich beurteilt. Für die Mitwirkung von Laien sprachen sich u.a. OLG-Präs- Reinle, LG-Präs. von Frankenberg und Ludwigsdorf, LG-Präs. Grüninger und LG-Dir. Eschenauer aus. Sie erklärten, dass sie als Richter bei der Mitwirkung von Laien durchweg gute Erfahrungen gemacht hätten und dass die Laienbeteiligung dazu beitragen könne, Verständnis für die Aufgaben und die Belange der Rechtspflege im breiten Publikum zu wecken. Wiederholt erzählten Richter, namentlich auch einige der elsässischen Amtsrichter, dass ihnen Laien, die früher einmal als Schöffen oder Geschworene mitgewirkt hätten und dass sie offensichtlich von ihrer Zuziehung stark und im Sinne der Rechtspflege günstig beeindruckt worden wären. Die Mehrzahl der übrigen Landgerichtspräsidenten lehnte dagegen die Mitwirkung von Laien als überflüssig oder sogar als schädlich ab. Das gilt insbesondere für die Landgerichtspräsidenten Schmoll, Huber, Vogt, Mickel (Mannheim) und Mickel (Kolmar), ferner für Landgerichtsdirektor Krastel und Landgerichtsdirektor Böhringer.

Soweit die Laienbeteiligung befürwortet wurde, wurde vorgeschlagen, sie in Form eines Schöffengerichts zu verwirklichen. In bürgerlichen Rechtssachen soll die Laienmitwirkung nur bei gewissen Spezialmaterien Platz greifen. Als erwünscht wurde es bezeichnet, dass in geeigneter Form auf die Auslese der Laien hingewirkt werden könnte, sodass im allgemeinen nur wirklich geeignete Laien, die von der zur Behandlung stehenden Materie etwas verständen, beteiligt würden.

LG-Präs. Eschenauer führte aus, dass bei der Besetzung der Gerichte eine gewisse Gleichmäßigkeit zwischen den bürgerlichen Rechtssachen und den Strafsachen gewährt sein müsse. Die Verantwortung, die dem Richter in diesen Sachen übertragen werde, müsse im allgemeinen gleichmäßig verteilt sein. Es gehe nicht an, dass dem Richter in Strafsachen außerordentlich weitgehende Befugnisse übertragen würden, während der Einzelrichter in Zivilsachen recht beschränkte Zuständigkeiten habe. OLG-Präs- Reinle warf die Frage der Mitwirkung von Frauen als Beisitzer in geeigneten Fällen aus. Er meinte, diese Frage bedürfe sorgfältiger und wohlwollender Prüfung. Er selbst sei überzeugt davon, dass in Ehesachen, Jugendsachen und ähnlichen Gebieten die Mitwirkung von Frauen als richterlicher Beisitzer, evtl. auch als Schöffen durchaus zweckmäßig sein könne. Diese Mitwirkung sei auch im Hinblick auf die zu erwartenden personellen Schwierigkeiten sachgemäß.

i) *Mitwirkung von Richtergehilfen.* Abgesehen von OLG-Präs. Reinle und einigen wenigen anderen Richtern wurde die Mitwirkung von Richtergehilfen zunächst allgemein abgelehnt. Dazu wurde ausgeführt, dass die unselbständige Stellung des Richtergehilfen einem Assessor, der die Befähigung zum Richteramt nachgewiesen habe, nicht zugemutet werden könne. Nach eingehender Aussprache und insbesondere nach Darlegung der Beziehungen, die zwischen der künftigen Stellung des Richters und seiner Berufsausbildung bestehen, wurden diese Bedenken jedoch zurückgestellt.

k) *Abstimmungsgrundsatz oder Führerprinzip.* Soweit die Frage überhaupt zur Erörterung gestellt wurde, traten die gehörten Richter für den Abstimmungsgrundsatz ein. Gefordert wurde aber, dass bei Stimmengleichheit der Vorsitzer den Ausschlag gebe. Im allgemeinen wurden gleiche Grundsätze hinsichtlich der Abstimmungsbefugnis für Berufsrichter und für Laien gefordert.

l) *Geschäftsverteilung*. Ganz allgemein wurde die Geschäftsverteilung nach Bezirken für die glücklichste Lösung gehalten, soweit sich nicht in städtischen Verhältnissen zwangsläufig eine andere Regelung ergebe. Von verschiedenen Seiten, so insbesondere auch von OLG-Präs. Reinle, wurden aber Bedenken geäußert, ob Richter, die alle Materien beherrschten, in ausreichender Zahl vorhanden sein würden. Dabei wurde auch auf die zu erwartenden Nachwuchsschwierigkeiten, besonders auf die zu befürchtenden Lücken in Wissen und Können der Nachwuchskräfte verwiesen.

m) *Verfahrensgestaltung*. OLG-Präs. Reinle forderte die Vereinfachung und Vereinheitlichung der verschiedenen Verfahrensarten. Auch der Ausbau des Gütegedankens sei erforderlich. Das heutige Güteverfahren sei viel zu kompliziert. Mehrfach wurde der Wunsch geäußert, dass der Richter mehr als nach geltendem Recht zum Herrn des Verfahrens in bürgerlichen Rechtsstreitigkeiten werde. In dieser Richtung äußerte sich insbesondere auch LG-Dir. Eschenauer, der meinte, wenn die Stellung des Richters insofern weiter ausgebaut werde, werde auch die Frage des Anwaltszwanges von geringerer Bedeutung sein. Er berief sich hierfür insbesondere auf die Erfahrungen, die er in Ehesachen gemacht habe, wo er die Befugnisse, die das Verfahrensrecht dem Richter gewähre, weitgehend ausnutze. Überhaupt wurde allgemein behauptet, dass im OLG-Bezirk das *Verfahren in Ehesachen* auf die Ermittlung des wahren Sachverhalts abgestellt sei und das sogenannte „Theaterprozesse" praktisch nicht vorkämen.

LG-Dir. Eschenauer und SenPräs. Andres sprachen sich mit Entschiedenheit gegen den Ausbau des *Adhäsionsverfahrens* aus. LG-Dir. Eschenauer erklärte, dass ihm noch einige Akten aus der französischen Zeit vorlägen, in denen ein Adhäsionsverfahren durchgeführt sei. Er habe aus diesen Akten einen denkbar ungünstigen Eindruck gewonnen, sei insbesondere zu der Überzeugung gelangt, dass die Anhangsentscheidung nach Bausch und Bogen ohne sorgfältige Prüfung der rechtlichen und tatsächlichen Verhältnisse getroffen worden sei. SenPräs. Andres bestätigte diese Eindrücke auf Grund seiner langjährigen Erfahrungen als Richter im Elsaß während der französischen Zeit.

Im Zusammenhang mit der Frage des Anwaltszwanges äußerten sich verschiedene Richter kritisch über die Zusammensetzung der Anwaltschaft im allgemeinen. Nur ein Teil der Anwälte erfülle wirklich seine Aufgaben als Organ der Rechtspflege, während die übrigen nur minderwertige Leistungen aufwiesen, den Gerichten vielfach unnötige Schwierigkeiten machten und die Parteien nicht so unterstützten, wie diese es erwarten dürften. Ursache dieser Entwicklung sei einmal die erwerbsmäßige Ausrichtung der gesamten Anwaltstätigkeit, zum anderen und vor allem aber das früher in Baden beobachtete Ausleseprinzip, durch das es gelungen sei, den tüchtigen Nachwuchs in die Richterlaufbahn hereinzuziehen, während die schwächeren Assessoren im allgemeinen Anwälte geworden seien. Trotz dieser Beanstandungen gegen die Berufstätigkeit vieler Anwälte könne das Verhältnis zwischen Richterschaft und Anwaltschaft im allgemeinen als gut bezeichnet werden, dagegen sei das Ansehen des Rechtsanwalts in der breiten Masse des Volkes sehr gering, zum Teil schlecht. Die Anwälte würden dort vielfach als Rechtsverdreher und Gebührenschinder, allenfalls als ein notwendiges Übel betrachtet. In den kleineren Orten komme es, wie von vielen Richtern berichtet wurde, immer wieder vor, dass die Rechtsuchenden vom Anwalt an den Richter appellieren und diesen um Auskunft bitten, ob sie von ihrem Anwalt richtig beraten worden seien. Das Volk empfinde den Anwaltszwang daher meist als lästig. Die gehörten Richter waren trotzdem der Ansicht, dass auf den Anwaltszwang nicht allgemein Verzicht geleistet werden könne. Trotz der vielen Bedenken gegen die Berufsausübung der Anwälte meinten sie, dass die Tätigkeit des Anwalts im Prozeß doch eine erhebliche Entlastung für den Richter bedeute. Insbesondere in Ehesachen soll der Anwalt nach Ansicht der Mehrheit unentbehrlich sein, weil er den Tatsachenstoff bereits siebe und dadurch dem Gericht viel überflüssige Arbeit fernhalte. Eschenauer erklärte, dass seiner Ansicht nach ein guter Richter, der nach den Grundsätzen des Inquisitionsverfahrens arbeite, in Ehesachen auch ohne Anwalt auskommen könne. Im übrigen aber hielt auch er die Mitwirkung der Anwälte – wenigstens bei Aufrechterhaltung der Grundzüge des jetzigen Verfahrens – für unentbehrlich. Er wies auch darauf hin, dass bei Beseitigung des Anwaltszwanges möglicherweise das Winkeladvokatentum unerwünschten Auftrieb erhalte. Gegen den Anwaltszwang erklärte sich lediglich LG-Präs. von Frankenberg und Ludwigsdorf, der meinte, dass gerade auf diese Weise eine gewisse Reinigung des Anwaltsstandes von ungeeigneten Elementen herbeigeführt werden könne. Dem wurde jedoch von den meisten Richtern entgegengehalten, dass eine Hebung des Anwaltsstandes nur möglich sei, wenn die ausreichende wirtschaftliche Versorgung der Anwaltschaft gesichert wäre. Die Frage, in welchem Umfange der hiernach gewünschte Anwaltszwang im Verfahren vor dem Eingangsgericht bestehen solle, wurde in der verschiedensten Weise beantwortet. Zum Teil glaubt man, den Anwaltszwang im bisherigen Umfange, also im wesentlichen für gewisse Wertstufen, fordern zu sollen. Andere schlugen vor, dass der Anwaltszwang vor allem für nicht vermögensrechtliche Streitigkeiten beibehalten bleibe. Schließlich wurde auch die Lösung vorgeschlagen, dass das Gericht von Fall zu Fall über die Notwendigkeit, einen Anwalt zu bestellen, beschließen solle. Allerdings wurden hiergegen auch Bedenken erhoben, und zwar vor allem dahin, dass die Parteien dem Richter den Vorwurf machen könnte, er habe die Bestellung eines Anwalts angeordnet, um dem Anwalt materielle Vorteile zukommen zu lassen.

n) *Justizverwaltung*. Die allgemeine Auffassung ging dahin, dass jedes Eingangsgericht einen eigenen Vorstandsbeamten erhalten solle, dem die gesamte Dienstaufsicht, einschließlich der Dienstaufsicht über die Richter, obliegen solle. Meinungsverschiedenheiten bestehen insoweit lediglich hinsichtlich der Frage, zu welchen Disziplinarmaßnehmen dieser Vorstandsbeamte befugt sein solle. Hier wurde von verschiedenen Richtern eine gewisse Beschränkung gefordert, weil andernfalls, vor allem an kleinen Eingangsgerichten, persönliche Reibungen und Schwierigkeiten auftreten würden.

Die Unterstellung mehrerer Eingangsgerichte unter den Vorstand eines größeren Eingangsgerichtes oder wenigstens die Zusammenfassung gewisser Verwaltungsbefugnisse bei einem Eingangsgericht wurde vielfach für zweckmäßig gehalten. Vor allem setzte sich OLG-Präs. Reinle für eine solche Regelung ein. Er betonte, dass es bereits große Schwierigkeiten gemacht habe, für die in seinen Bezirken vorhandenen 12 Landgerichtspräsidentenstellen die erforderlichen Persönlichkeiten ausfindig zu machen. Geeignete Führerpersönlichkeiten seien selten; er halte es für ausgeschlossen, dass sie für jedes einzelne Eingangsgericht gefunden werden könnten.

OLG-Präs. Reinle hielt weiter die Beseitigung der jetzigen Doppelspitze, namentlich in der Provinzialebene, für unerläßlich. Seiner Ansicht nach sei die gegebene Lösung, dass der jetzige OLG-Präs. zum Leiter der gesamten Justizverwaltung berufen werde, dem neben sämtlichen Gerichten auch die Staatsanwaltschaft unterstellt sei. Er müsse etwa die Stellung der früheren Landesjustizminister erhalten. Darauf, dass ein derartiger Präsident nicht mehr Richter sein könne, oder jedenfalls praktisch nicht mehr als solcher tätig zu sein vermöge, könne es nicht entscheidend ankommen. Sein, des OLG-Präs. Vorschlag, ermögliche es im übrigen, innerhalb dessselben Gaues mehrere Oberlandesgerichte einzurichten, was bei der Größe der heutigen Gaue voraussichtlich unerläßlich sein werde. Darauf, dass *ein* oberstes Gericht im Gau vorhanden sein müsse, komme es nicht so sehr an. Wichtiger sei es, dass die Justiz *einen* obersten Repräsentanten im Gau habe, der gerade durch seinen Vorschlag geschaffen werden solle.

o) *Organisation der Rechtsmittelinstanz und des Rechtsmittelverfahrens.* Die jetzige Organisation der Rechtsmittelinstanz, nach der in jedem OLG-Bezirk nur ein Rechtsmittelgericht in bürgerlichen Rechtssachen besteht, hat sich, wenigstens in Baden und im Elsaß, nach Ansicht aller gehörten Richter nicht bewährt. Das Rechtsmittelgericht sei zu schwer zu erreichen. Dass die Senate des OLG ihrerseits in größerem Umfange Termine an Ort und Stelle abhalten, sei nicht zweckmäßig, da derartige Reisen erfahrungsgemäß viel zu viel Zeit in Anspruch nähmen und auch wegen der Konzentration der Obergerichtsanwälte am Sitz des OLG zu Schwierigkeiten führen. Manche Sachen, die jetzt in der Rechtsmittelinstanz beim OLG bearbeitet werden müßten, seien für die Qualität der Oberlandesgerichtsräte und der bei diesen Gerichten tätigen Anwälte im Grunde auch zu geringfügig. OLG-Präs. Reinle teilte diese Bedenken. Er führte aber aus, dass die Landgerichte inzwischen nur noch so wenig Personal hätten, dass eine Übertragung von Sachen vom OLG auf sie nicht möglich sei. LG-Präs. Dr. Maischenhofer erklärte, dass nach dem Kriege voraussichtlich die Miet- und Unterhaltssachen besonders stark anwachsen würden. Gerade in diesen Sachen aber sei die Zuständigkeit des OLG nicht angezeigt. Aufgrund der angedeuteten Bedenken schlugen nahezu sämtliche Richter vor, dass in der künftigen Gerichtsorganisation innerhalb des jetzigen OLG-Bezirks mehrere Obergerichte geschaffen werden sollten. Viele von ihnen bezeichneten eine derartige Organisation als die Voraussetzung der Dreigliederung überhaupt, die andernfalls notwendig eine erhebliche Verschlechterung gegenüber der früheren Viergliederung darstelle. LG-Präs. Grüninger schlug in Verfolg dieser Gedankengänge vor, die Dreigliederung praktisch durch die Beseitigung der Oberlandesgerichte bei grundsätzlicher Aufrechterhaltung der Landgerichte durchzuführen.

Hinsichtlich des Rechtsmittelverfahrens wurde von den meisten Richtern grundsätzlich die Beibehaltung des jetzigen Rechtssystems sowohl in Zivil- als auch in Strafsachen gewünscht. Verschiedentlich wurden von Richtern, vor allem solchen, die in Rechtsmittelinstanzen tätig gewesen sind, die rechtliche und tatsächliche Nachprüfung der Entscheidung des Eingangsgerichts als unerläßlich bezeichnet. Die Notwendigkeit, eine gewisse Einengung der Anfechtungsmöglichkeit vorzusehen, um eine Überschwemmung des Rechtsmittelgerichts zu verhindern, wurde vielfach anerkannt. Übereinstimmung über den Weg, wie diese Einengung zu erreichen sei, konnte aber nicht erzielt werden. Die Frage, ob die Zulässigkeit des Rechtsmittels von einem besonderen Ausspruch abhängen solle, wurde nach allen Richtungen hin geprüft und in jeder möglichen Hinsicht beantwortet (Zulassung durch den judex a quo, Zulassung durch den judex ad quem, durch den Präsidenten des Eingangsgerichts oder das Rechtsmittelgericht, Zulassung durch Einlegung des Rechtsmittels nur durch die Staatsanwaltschaft). Im allgemeinen begegnete die Zulassung durch besonderen Ausspruch Bedenken, wenn auch zugegeben wurde, dass sich das jetzige System, vor allem auf dem Gebiet des Strafrechts, bewährt habe. *LG-Präs. Mickel*, Kolmar, meinte, dass der Zulassungsanspruch nicht einem Einzelrichter, wohl aber Kollegialgerichten anvertraut werden könne. *LG-Dir. Krestel und LG-Dir. Eschenauer* glaubten, dass sich eine gewisse Einschränkung der Rechtsmittel mit Rücksicht darauf werde ermöglichen lassen, dass der Richter in Zukunft gehoben werden und das Schwergewicht des Verfahrens in erster Instanz liegen solle. Die Abhängigkeit des Rechtsmittels von einem bestimmten Beschwerdewert wurde als „plutokratisch“ bezeichnet und allgemein abgelehnt. LG-Dir. Eschenauer warnte davor, die Revision durch eine Wiederaufnahme des Verfahrens ersetzen zu wollen. Er erblickte eine erhebliche Gefahr darin, dass die Wiederaufnahme vor dem Gericht durchgeführt werde, dass die beanstandete Entscheidung erlassen habe. Ein derartiges Verfahren werde beim Publikum kein Vertrauen genießen. LG-Präs. Huber erklärte, das Rechtsmittelgericht müsse seine Prüfung darauf abstellen, ob sich die angefochtene Entscheidung halten lasse, nicht aber auf die Untersuchung, ob nicht doch vielleicht irgendeine Änderung möglich sei. Im Zweifel solle es also zu einer Bestätigung der angefochtenen Entscheidung gelangen.

3. *Zur Stellung des Richters.*

a) *Allgemeines.* Nach Mitteilung von OLG-Präs. Reinle entstammt der Richter wie in Baden und im Elsaß durchweg dem Mittelstand, und zwar in seiner Mehrheit dem kleineren Mittelstande, vor allem Beamtenkreisen. Nachwuchs aus führenden Wirtschaftskreisen ist ebenso selten wie solcher aus der Arbeiterschaft. Das Studium wird auch den minderbemittelten Kreisen durch das Vorhandensein mehrerer leicht erreichbarer Universitäten erleichtert.

OLG-Präs. Reinle erklärte hierzu, dass sich dier Herkunft der Richterschaft im allgemeinen sehr günstig auswirke. Der Richter entstamme gerade jenen Bevölkerungsschichten, mit denen er in erster Linie zu arbeiten habe, und bringe daher das nötige Verständnis für sie auf. Er sei daher weder volksfremd noch verdiene er den Vorwurf der Weltfremdheit. Die Bevölkerung erkenne das an. Der Richter stehe durchweg in hohem Ansehen bei den Rechtsuchenden. Von einer eigentlichen Justizkrise könne in Baden nicht gesprochen werden. Soweit sich Erscheinungen gezeigt hätten, die für eine solche Krise sprächen, seien sie von außen in die Rechtspflege hineingetragen worden.

Die übrigen Richter teilten diese Ansicht des OLG-Präsidenten. Insbesondere bestätigten sie, dass die Stellung sowohl der Rechtspflege im allgemeinen als auch des einzelnen Richters grundsätzlich allen berechtigten Ansprüchen genüge. Immerhin wurden auch gewisse Einschränkungen gemacht und einzelne Bedenken vorgetragen. So wurde verschiedentlich gefordert, dass eine Korrektur der Richtersprüche durch andere Stellen oder auch nur der Versuch einer solchen Korrektur unter allen Umständen unterbleiben müsse. Durch derartige Maßnahmen werde lediglich das Querulantentum großgezogen, das niemals zufriedengestellt werden könne. In diesem Zusammenhang wurde bestätigt, dass das Hereinreden anderer Stellen in die Justiz in den letzten 1 ½ Jahren stark zurückgegangen sei, ja nahezu aufgehört habe. LG-Präs. Grüninger erklärte, der Richter dürfe nicht in seiner Existenz und in seinem Fortkommen von der „politischen Beurteilung" solcher Personen abhängig sein, die seiner Jurisdiktion unterständen. Ganz abgesehen davon, dass sich hieraus peinliche Reibungen ergeben könnten, seien diese Stellen vielfach, vor allem in ländlichen oder kleinstädtischen Bezirken, zur Abgabe eines sachgemäßen Urteils überhaupt nicht in der Lage.

Verschiedentlich wurde die Lenkung der Rechtspflege von den Richtern erwähnt. Sie erklärten, dass die Lenkung in der im OLG-Bezirk üblichen zurückhaltenden Form in der jetzigen Zeit vielleicht unentbehrlich sein möge, ihr demnächstiger völliger Abbau müsse aber angestrebt werden. Die Tatsache, dass auch in Einzelfällen gelenkt werde, habe sich längst herumgesprochen und im Volk den Glauben an die Unabhängigkeit und Gerechtigkeit des Richterspruchs weitgehend erschüttert. Das gelte insbesondere für die Entscheidungen der Sondergerichte. Das Publikum nehme an, dass hier in einem Umfang gelenkt werde, der weit über die Wahrheit hinausgehe. Es glaubt, dass das Urteil in aller Regel schon vor der Verhandlung feststehe.

Mängel des geltenden Rechts, die im Wege der Auslegung und der Rechtsanwendung nicht zu beseitigen wären, sind nach Ansicht der befragten Richter kaum aufgetreten. Ganz allgemeine und immer wieder wurde aber der Wunsch nach einer Vereinfachung der Gesetzgebung geäußert. Die jetzige Gesetzgebung sei viel zu unübersichtlich und daher selbst dem Rechtswahrer oft nicht verständlich. Auch die Neigung, jedes einzelne Bedürfnis alsbald im Gesetzgebungswege zu regeln, sei unangebracht. Im Elsaß werde lebhaft beanstandet, dass dort seiner Zeit das deutsche Recht über die Unterhaltsansprüche des unehelichen Kindes gegen seinen Erzeuger mit rückwirkender Kraft eingeführt worden sei. Das habe in vielen Fällen zu einer Wiederaufrollung alter längst abgeschlossener Vorgänge geführt und in vielen Familien die größten Schwierigkeiten und Zerwürfnisse gezeitigt. Ebenfalls im Elsaß wurde mehrfach darüber Klage geführt, dass die Dienststellen des Reichsnähstandes durch ihre Maßnahmen gleichsam auf „kaltem Wege" das dort noch nicht geltende Erbhofrecht in Kraft zu setzen versuchten. Dadurch sei viel Beunruhigung in die Bevölkerung getragen worden, was sich bei der starken Beteiligung der Bevölkerung in landwirtschaftlichen Berufen auch politisch äußerst mißlich ausgewirkt habe.

b) *Die personenrechtliche Stellung des Richters.* Alle Richter traten für die Heraushebung des künftigen Richters aus dem Beamtentum ein. Als Grund für diese Heraushebung wurde angeführt das besondere Wissen, dessen der Richter bedürfe; die Machtfülle, die ihm übertragen sei; die Unabhängigkeit, die dem Schutze seines Amtes diene; die Tatsache, dass der Richter nicht in der Absicht auf Karriere, sondern aus innerer Berufung Richter werde und schließlich der besondere Werdegang.

Hinsichtlich der Besoldung des Richters wurde im allgemeinen eine gewisse Differenzierung gewünscht, die einmal die verschiedenen Gerichte und außerdem die verschiedenen Funktionen (Vorstand eines Gerichts, Vorsitzer eines Kollegiums, Beisitzer usw.) berücksichtigen solle. OLG-Präs. Reinle stellte zur Prüfung, ob etwa jeder Richter, von gewissen gehobenen Stellen abgesehen, das gleiche Grundgehalt bekommen und daneben nach seiner jeweiligen, durch den Geschäftsverteilungsplan bestimmten Tätigkeit, also etwa für die Ausübung des Vorsitzeramtes, Funktionszulagen erhalten solle. Alle Richter gingen bei diesen Erörterungen davon aus, dass eine gewisse Gehaltserhöhung für die Richterschaft im allgemeinen erzielt werden müsse. Sei dies nicht der Fall, so solle man es bei dem jetzigen Gehaltssystem belassen.

Der Ratstitel wurde ausnahmslos abgelehnt. Als Amtsbezeichnung wurde das Wort „Richter“ unter Zusatz des Gerichts, bei dem der Richter tätig ist, vorgeschlagen. Die Einführung einer allgemeinen Dienstuniform für Richter wurde ebenfalls einheitlich abgelehnt. Die Robe soll als Amtstracht in der Sitzung beibehalten werden. Durchweg wurden aber Rangabzeichen an der Robe abgelehnt.

c) *Werdegang des Richters.* In Baden ist früher bereits der Referendar in richterlichen Funktionen beschäftigt worden. OLG-Präs. Reinle und eine Reihe anderer Richter betonten, dass hiermit gute Erfahrungen gemacht worden seien. Bei der Gestaltung des künftigen Werdegangs könne hieran nicht vorbeigegangen werden. Es sei auch zu beachten, dass die Berufsfreude bei Unselbständigkeit der Tätigkeit beeinträchtigt werde. Der Wunsch nach frühzeitiger Begründung einer Familie sei gleichfalls berechtigt und zwinge dazu, den angehenden Richter möglichst bald durch ein entsprechendes Gehalt und die sonstige Ausgestaltung seiner Stellung zur Heirat zu befähigen. Die Nachwuchsschwierigkeiten seien ganz allgemein außerordentlich groß. Die Zahl der Rechtsstudenten und der Referendare sei stark zurückgegangen. Von ihnen sei wider nur ein geringer Teil geneigt, später Richter zu werden. Die Kriegsgeneration werde rein wissensmäßig erhebliche Mängel aufweisen. Alle diese Gesichtspunkte dürften bei der Regelung der Laufbahnbestimmung nicht außer Acht gelassen werden.

Ein Mindestalter für die Ernennung zum Richter wurde im allgemeinen abgelehnt. Dafür, dass die rein tatsächliche Handhabung erst zu einer späteren Ernennung zum Richter führe, bestand dagegen allgemein Verständnis. Vor allem OA-Rat Müller in Rastatt erklärte, die Rechtsuchenden nähmen vielfach Anstoß daran, wenn ihnen ein besonders junger Richter gegenüberstände.

Der Tätigkeit des Assessors als Richtergehilfen wurde erst nach Aussprache und nur als einer gelegentlichen Beschäftigung des angehenden Richters zugestimmt. (Siehe dazu oben zu 2 i). Hinsichtlich einer Zweiteilung der richterlichen Laufbahn in den eigentlichen Richter und den „Gerichtsrat" ergaben sich vor allem Zweifel, wie der Gerichtsrat auf die Dauer, namentlich in höherem Alter, beschäftigt werden könne. Sein ständiger Einsatz als Richtergehilfe wurde abgelehnt. Im übrigen wurde beszweifelt, dass sich bei der Entlastung des Richters durch den Schöffenrichter und vor allem den Rechtspfleger ein ausreichender selbständiger Amtskreis für den Gerichtsrat werde finden lassen.

Die „Lebensschule" in der Form, dass alle Richter erst nach einer längeren Bewährung im freien Berufsleben in den Staatsdienst übernommen werden, wurde allgemein abgelehnt. Auch dagegen, dass der bereits in den Staatsdienst übernommene Richteranwärter eine gewisse Zeit außerhalb der Rechtspflege tätig sein müsse, ergaben sich Bedenken. Eine solche Beschäftigung könne manchmal durchaus sinnvoll sein, werde aber ebenso oft praktisch ohne besonderen Wert bleiben. Am meisten lerne der junge Richteranwärter in der gerichtlichen Praxis, wenn die Unterrichtungsmöglichkeiten am vielseitigsten und an stärksten seiner späteren Tätigkeit angepaßt seien. Als erwünscht wurde im allgemeinen eine gewisse Beschäftigung beim Anwalt und insbesondere bei der Staatsanwaltschaft bezeichnet.

Bei der Unterredung zwischen OLG-Präs. Reinle und den Freiburger Referendaren (siehe oben zu A) erklärten sich von ungefähr 25 Referendaren 3 oder 4 unter mehr oder weniger großen Vorbehalten bereit, sich später um die Übernahme in die Richterlaufbahn zu bewerben. Als Grund für diese geringe Neigung, Richter zu werden, wurde namentlich die Ungewissheit über die künftige Stellung des Richters angeführt. Ferner wurde geltend gemacht, dass der Richter tatsächlich nicht die Stellung einnehme, die er an sich beanspruchen könne, sondern dass er vielfach dem Druck anderer Stellen unterliege. Ein Referendar erklärte auch, dass er an sich gern Richter werden würde, dass er aber befürchte, die Stellung des Richters in ihrer jetzigen Form biete ihm nicht genügende Auswirkungsmöglichkeit.

In Frankreich konnten, wie berichtet wurde, Rechtsanwälte nach einer bestimmten Amtszeit bevorzugt zum Richter ernannt werden. Nach Mitteilung der elsässischen Richter hat sich dieses Verfahren keineswegs bewährt, sondern zu Spannungen innerhalb der Richterschaft geführt.

d) *Richterkorps.* Über die Frage der Schaffung eines „Richterkorps" hatten sich die beteiligten Richter im allgemeinen wenig Gedanken gemacht. Einigkeit bestand nur darüber, dass eine besondere Organisation keinesfalls angestrebt werden solle. Der Gedanke eines engeren geistigen Zusammenschlusses der Richter untereinander und die Förderung eines bewußten gemeinsamen Berufsethos wurden als zweckmäßig bezeichnet. LG-Präs. Huber, Straßburg, äußerte gewisse Bedenken gegen einen zu engen korpsmäßigen Zusammenschluß der Richter. Er meinte, der Richter neige bereits jetzt zu einer gewissen Eigenbrötelei. Diese Neigung drohe sich noch zu verschärfen, wenn man die Richter zu sehr auf den Verkehr miteinander hinlenke.

Verschiedene Amtsrichter an Ein-Mann-Gerichte lobten die Einrichtung regelmäßiger Richterzusammenkünfte, deren Träger im allgemeinen der NSRB zu sein scheint. Sie erklärten, dass diese Zusammenkünfte zu ihrer fachlichen Ertüchtigung und auch zu einer engeren Bekanntschaft mit anderen Richtern wesentlich betrügen und deshalb sehr beleibt seien.

Böhmisch-Leipa, den 12. August 1944 gez. Fechner

IX. Bericht über den Besuch des Oberlandesgerichtsbezirks Königsberg (18.-25.11.1943)

I. Die Reisen des Amtes für Neuordnung der Deutschen Gerichtsverfassung wurden in der Zeit vom 18. bis 25. November 1943 durch eine Bereisung des Oberlandesgerichtsbezirks Königsberg fortgesetzt, an der für das Amt Ministerialdirektor Altstötter und Ministerialrat Fechner teilnehmen. An der Reise beteiligten sich ferner während ihrer gesamten Dauer Oberlandesgerichtspräsident Dr. Draeger und sein Sachbearbeiter Oberlandesgerichtsrat Dunkel.

Die Reise, die innerhalb des Oberlandesgerichtsbezirks im Kraftwagen durchgeführt wurde, führte von Königsberg über Memel, Tilsit, Sudauen, Grodno, Bialystock, Lyck, Sensburg, Zichenau, Schröttersburg, Allenstein zurück nach Königsberg. An den genannten Orten fanden Besprechungen mit einer Reihe von Richtern statt. Dabei wurden angetroffen:

1. am 18.11. vormittags in Königsberg: OLG-Präs. Draeger;

2. am 18.11. nachmittags in Königsberg: Vizepräs. Böger, SenPräs. Dr. den Carbonnel, SenPräs. Paulini, SenPräs. Kühnemann, OLG-Rat Dr. Maatz, OLG-Rat Schulz, LG-Dir. Dr. Czykowski, LG-Dir. Stahl, LG-Rat Bergmann, LG-Rat Paul, OA-Rat Schulz, Justiz- und Kassenrat Grunwald;

3. am 19.11. in *Memel*: LG-Präs. Rumpe, AG-Dir. Schneider, LG-Dir. Kork, LG-Rat Bogisch;

4. am 20.11. in *Tilsit*: LG-Präs. Engel, AGDir. Dr. Paulat, LGRat Dost, OAR Vogel;

5. am 21.11. in *Sudauen*: AGDir. Böhnke, AGRat Schäfer;

6. am 21.11. in *Grodno*: AGRat Wendik, AGRat Schäfer;

7. am 21.11. in *Bialystock*: AGRat Kramer, AGRat Wendik;

8. am 22.11. in *Lyck*: LG-Präs. Zimmer, LGDir. Brandtner, LGRat Bouillon, LGRat Hammes, AGRat Dapp;

9. am 23.11. in *Sensburg*: OAR Klatt, AGRat Dr. Armbröster;

10. am 24.11. in *Zichenau*: LGDir. Sperling (als Vertreter des LG-Präs.), LGDir. Weiss, AGDir. Krause, LGRat Prejawa;

11. am 24.11. in *Schröttersburg*: LGDir. Sperling, AGDir. Kühne, OAR Claasen, AGRat Kohlhoff;

12. am 25.11. in *Allenstein*: LGDir. Herholz als Vertreter des LGPräs.

Den Hauptgegenstand der Besprechungen bildeten die das Amt vornehmlich interessierenden Fragen der kommenden Gerichtsorganisation und des künftigen Richtergesetzes. Diesen Erörterungen wurde wie bei den bisherigen Reisen des Amtes der bei den Akten befindliche Fragebogen zu Grunde gelegt, der den beteiligten Richtern vorher übersandt und zu dem bei einigen Gerichten auch die Meinung solcher Richter eingeholt worden war, die an den mündlichen Erörterungen nicht teilnahmen. Dieses Verfahren hat sich wiederum bewährt.

Bei den Besprechungen wurde nicht so sehr Wert darauf gelegt, in jedem Fall alle einschlägigen Punkte zur Sprache zu bringen, als vielmehr darauf, die Debatte zu den jeweils erörterten Fragen möglichst zu vertiefen. Auch das hat sich als zweckmäßig erwiesen.

Neben den das Amt unmittelbar interessierenden Fragen wurden auch einige sonstige für die Rechtspflege bedeutsame Probleme, namentlich der allgemeine Stand der Zivilrechtspflege, berührt. Die Besuche in Grodno und in Bialystock dienten vornehmlich dem Zweck, einen Eindruck von den dortigen örtlichen Verhältnissen, insbesondere den Arbeits- und Lebensbedingungen der Richter und der übrigen in der Rechtspflege tätigen Personen, zu geben.

Die Reise war von Oberlandesgerichtspräsident Dr. Draeger, der sein lebhaftes Interesse auch durch seine Teilnahme an sämtlichen Besprechungen bekundete, hervorragend vorbereitet. Auch die zugezogenen Richter zeigten durchweg großes Interesse und einschlägiges Wissen. Die Reise hat unter diesen Umständen Einblick in die besonderen örtlichen Verhältnisse und Bedürfnisse der ostpreußischen Rechtspflege gegeben und eine Reihe sonstiger wesentlicher Eindrücke und Erkenntnisse vermittelt. Sie dürfte auch dazu beigetragen haben, die bei den Besprechungen anwesenden Richter zu weiterer Beschäftigung mit den einschlägigen Problemen anzuregen, Verständnis für die schwebenden Reformpläne zu wecken und mißverständliche Auffassungen über einzelne Punkte richtigzustellen.

Im einzelnen ist folgendes hervorzuheben:

II. *Allgemeine Verhältnisse*

Der Oberlandesgerichtsbezirk Königsberg deckt sich mit dem Gebiet der Provinz Ostpreußen. Er umfaßt 55.061 qkm. Hiervon entfallen 35.869 qkm auf das alte Reichsgebiet. 2657 qkm auf das Memelgebiet, 50 qkm auf Soldau, 13.1186 qkm auf den Landgerichtsbezirk Zichenau und 2848 qkm auf den Amtsgerichtsbezirk Sudauen. Die Zahl der Gerichtseingesessenen beträgt 3.365.587, darunter 2.407.064 Deutsche und 958.523 Nichtdeutsche. Im Memelland und in den eingegliederten Gebieten leben hiervon: Im Memelland 110.370 Deutsche, 15.665 Nichtdeutsche; in Soldau 18.729 Deutsche, 6.330 Nichtdeutsche; in Soldauen 12.337 Deutsche, 100.497 Nichtdeutsche.

Dem Oberlandesgericht Königsberg ist ferner der Bezirk Bialystock mit den Amtsgerichten Grodno und Bialystock unterstellt. Der Bezirk umfaßt bei 31.056 qkm 1.747.144 Gerichtseingesessene, von denen 17.148 Deutsche, 1.729.996 Nichtdeutsche sind.

Zum Oberlandesgerichtsbezirk gehören 9 Landgerichte (Allenstein, Bartenstein, Braunsberg, Insterburg, Königsberg, Lyck, Memel, Tilsit, Zichenau), die sich früher in 90 Amtsgerichte gliederten. Von diesen Amtsgerichten ist inzwischen eine größere Zahl stillgelegt oder in Z- oder G-Gerichte umgewandelt, so dass jetzt noch 49 Amtsgerichte, davon 9 im Landgerichtsbezirk Zichenau, voll betrieben werden. Diese Amtsgerichte decken sich mit wenigen Ausnahmen mit den Verwaltungskreisen. Gerichtssitz ist fast überall eine Kreisstadt. Die Ausnahmen (Amtsgerichte Wormditt, Kuckerneese, Ragnit, Liebenfelde, Soldau) sind zum Teil nur durch personelle oder sonstige vorübergehende Umstände bedingt und werden daher nach Ansicht des Oberlandesgerichtspräsidenten zu gegebener Zeit verschwinden. Pillau, das jetzt nur ein Z-Gericht ist, wird allerdings – ebenfalls nach Meinung des Oberlandesgerichtspräsidenten – später wieder ein eigenes Gericht erhalten müssen, obwohl es nicht Kreisstadt ist. Im Alt-Oberlandesgerichtsbezirk beträgt die Durchschnittsgröße der noch voll betriebenen Amtsgerichte zur Zeit 1.207 qkm.

Die Bevölkerung hat sich auf die Neugliederung der Bezirke im allgemeinen rasch eingestellt. Sie ist in Ostpreußen von jeher weite Entfernungen gewöhnt. Sie empfindet es daher in aller Regel als keine außergewöhnliche Belastung, wenn sie einen längeren Weg zurücklegen muß, um die Behörden in der Kreisstadt aufzusuchen, wo schon bisher der größte Teil, wie z.B. der Landrat, der Kreisbauernführer, das Finanzamt, die zuständigen Wirtschaftsämter und dgl. konzentriert waren.

Eisenbahn-, Straßen- und Omnibusnetz sind nicht schlecht, stehen an Dichte aber doch hinter vielen anderen Gegenden Deutschlands weit zurück. Im Krieg sind zahlreiche öffentliche Verkehrsmittel stillgelegt oder eingeschränkt. Mit ihrer Wiederinbetriebnahme und Erweiterung über den früheren Status hinaus ist nach dem Krieg zu rechnen. Auch auf dem Lande waren früher zahlreiche private Personenkraftwagen und Motorräder in Betrieb. Sie fallen zur Zeit aus kriegsbedingten Gründen fort. Das hauptsächliche private Beförderungsmittel bildete von jeher und bildet auch noch heute das Pferdefuhrwerk, mit dem ohne Anstand weite Entfernungen bewältigt werden. Die Reise des Amtes vermittelte einen lebendigen Eindruck von der Weite des ostpreußischen Raums und seiner oft dünnen Besiedelung einerseits, andererseits von der Gewöhnung der Einwohner daran, die durch diese Verhältnisse bedingten Entfernungen ganz selbstverständlich mit dem Fuhrwerk, auf dem Rade oder auch zu Fuß zurücklegen, ohne dass Regen oder Kälte sie daran zu hindern vermögen. Vor allem an Markttagen konnten ganze Wagenkolonnen beobachtet werden, die von weither zur nächsten Stadt fuhren. Die Anlage der Straßen und Plätze, die Ausspannungsmöglichkeiten, die überall vorgesehen sind, zeigen, dass es sich hier nicht um eine Kriegserscheinung, sondern um eine althergebrachte Übung handelt. Von besonderem Interesse ist, dass im Memelgebiet vor der Rückkehr ins Reich die Dreigliederung durchgeführt war. Einziges Eingangsgericht in Zivilsachen war das Amtsgericht, das im allgemeinen mit einem Alleinrichter besetzt war. Lediglich in Handelssachen entschieden die Gerichte erster Instanz in der Besetzung mit einem Berufsrichter und zwei Handelsrichtern. Auch die meisten Strafsachen kamen vor das Amtsgericht. Nur die Kapitalsachen machten hiervon eine Ausnahme. Die Fidesdelikte gehörten aber wieder zur Zuständigkeit des Amtsgerichts, dieses entschied entweder durch den Amtsrichter als Alleinrichter oder unter Zuziehung von Schöffen. Anwaltszwang gab es in der ersten Instanz nicht. In schwierigeren oder bedeutsameren Sachen pflegten die wohlhabenden Parteien von sich aus einen Anwalt zu bestellen, während die unbemittelten auf dem Wege über das Armenrecht die erforderliche Rechtsvertretung erhielten. Die Geschäfte waren innerhalb des einzelnen Gerichts nach Materien, nicht nach Sprengeln verteilt. Dabei war es üblich, die Ehesachen und die Alimentensachen in der Hand eines Richters zusamenzufassen, während die Vormundschaftssachen einem anderen Richter anvertraut waren.

Nach der Ansicht der befragten Memeler Richter hat sich diese Organisation dort durchaus bewährt. Insbesondere haben sich aus der Zuweisung aller oder wenigstens der meisten Sachen an das Amtsgericht als Eingangsgericht keine

Schwierigkeiten ergeben. Auch die Aufhebung des Anwaltszwangs in der ersten Instanz hat sich auf die Rechtspflege nicht ungünstig ausgewirkt.

Die Geschäftszahlen weisen im Oberlandesgerichtsbezirk einen sehr starken Rückgang der bürgerlichen Rechtsstreitigkeiten, einen geringeren in den Angelegenheiten der freiwilligen Gerichtsbarkeit und – wenigstens bei den Amtsgerichten – im Gesamtergebnis eine nicht unbedeutende Zunahme der Strafsachen auf. Die Zunahme der amtsgerichtlichen Strafsachen beruht z.T. auf örtlichen Verhältnissen – (Steigerung der Kriegswirtschaftssachen – Schwarzschlachtungen -, Schmuggel in den Grenzgebieten usw.).

In den *eingegliederten Gebietsteilen* sowie im Bezirk Bialystock sind die Verhältnisse so eigenartig, dass ein Vergleich mit anderen Bezirken des Deutschen Reiches kaum möglich ist. Das liegt vor allem daran, dass dort neben starken polnischen Bevölkerungteilen z.T. nur schwache deutsche Minderheiten leben und die Gerichte im wesentlichen nur für die Angelegenheiten der deutschen rechtsuchenden Bevölkerung zur Verfügung stehen. Die Rechtspflege läuft infolgedessen erst langsam an. Aus dem Bezirk Zichenau wurde berichtet, dass dort namentlich die Handelssachen in der letzten Zeit eine nicht unwesentliche Steigerung aufwiesen.

Rückfragen ergaben, dass überjährige Sachen im OLG-Bezirk kaum vorhanden sind. Im wesentlichen sind alle Reste aufgearbeitet; die KriegsmaßnahmenVO ist nur zurückhaltend angewandt worden. Schwierigkeiten machen die Alimentenprozesse, da es nahezu unmmöglich geworden ist, erbbiologische Abstammungsgutachten zu erhalten.

Die Unterbringung der besuchten Gerichte war durchweg angemessen. Auch einige weitere Gerichtsgebäude, von denen während der Fahrt ein Eindruck gewonnen werden konnte, wirkten recht ansprechend. Nach Mitteilung des Oberlandesgerichtspräsidenten liegen die Verhältnisse jedoch keineswegs überall so günstig.

III. Zur Gerichtsgliederung

1. *Drei- oder Viergliederung?* Die gehörten Richter traten durchweg für die Dreigliederung ein, die sie mindestens als zweckmäßig, ja, z.T. sogar als geboten bezeichneten und gegen deren Durchführung Bedenken kaum geltend gemacht wurden. Die Vorteile der Dreigliederung wurden erblickt in der größeren Übersichtlichkeit des Gerichtsaufbaus; der Möglichkeit, zusammengehörende Sachen in der Hand eines Richters zu vereinigen; der besseren Auslastung der Arbeitsspitzen und der Möglichkeit, die kleinen Amtsgerichte zu beseitigen. Auch soweit die Dreigliederung nicht als notwendig angesehen wurde, erkannte man doch an, dass sie die folgerichtige Entwicklung des in der ersten Instanz herrschenden Alleinrichtertums und der Beseitigung der kleinen Amtsgerichte sei.

In der Möglichkeit, zusammengehörende Rechtsangelegenheiten durch einen Richter entscheiden zu lassen, sah man durchweg einen sehr erheblichen Vorteil. Dabei wurde vor allem auf die Familiensachen hingewiesen. Die Zusammenfassung aller einschlägigen Sachen sei hier oft von Nutzen, niemals schädlich. So werde der Vormundschaftsrichter in aller Regel die persönliche Kenntnis eines vorangegangenen Scheidungsprozesses als großen Vorteil empfinden, sich aber doch immer vor Augen halten, dass selbstverständlich die Sorgerechtsfrage nach ganz anderen Gesichtspunkten als die Scheidung beurteilt werden müsse.

Besonderen Wert legten nahezu alle Richter der Beseitigung der kleinen Amtsgerichte bei. Wenn auch nicht verkannt werden könne, dass diese Gerichte zum Teil sehr erfolgreiche Arbeit geleistet hätten und bei ihnen mancher Richter tätig sei, der vielleicht als Vorbild des volksverbundenen Richters überhaupt angesprochen werden könne, so seien sie im Gesamtergebnis dem Ansehen und der Güte der Rechtspflege doch nicht förderlich gewesen. In Wahrheit existiere die Romantik des kleinen Amtsgerichts gar nicht mehr. Seine große Gefahr sei, dass der Richter bei ihm entweder nicht seßhaft werde oder aber verkomme. Einige wenige würden zum Original, erwürben sich dadurch vielleicht eine gewisse Volkstümlichkeit, trügen aber damit auch nicht dazu bei, die Stellung der Rechtspflege zu heben. Das Volk wolle in dem Richter eine Persönlichkeit sehen, einen Mann, der Autorität verkörpere, etwa wie den Landrat, nicht aber seinesgleichen, womöglich noch in einer ins Originelle gewandelten Abart. Die Lebens- und Arbeitsbedingungen des Richters beim kleinen Amtsgericht seien oft unzureichend und drückend. Es fehle ihm der Umgang mit geistig gleichstehenden Menschen. Soweit sie vorhanden seien, sei es ihm meist nicht möglich, sich an sie anzuschließen. Sein gesamter Lebenswandel werde von der ortsansässigen Bevölkerung beobachtet und kontrolliert. Er gerate leicht in den Verdacht der Voreingenommenheit und Parteilichkeit, wenn ihn engere gesellschaftliche Beziehungen mit einzelnen seiner Gerichtseingesessenen verbänden. Gerade in kleinen Orten sei das Cliquenunwesen sehr stark verbreitet. Der Richter laufe Gefahr, in die daraus entstehenden Mißhelligkeiten verwickelt zu werden, wenn er sich nicht ganz zurückziehen und die Gefahr der Vereinsamung auf sich nehmen wolle. Der Verkehr mit angesehenen Familien auf dem Lande sei für den Richter im allgemeinen viel zu teuer. Auch der Druck gewisser außerhalb der Justiz stehender Stellen, die Einfluß auf die Rechtspflege gewinnen möchten, sei gerade bei den kleineren Amtsgerichten oft besonders stark zu empfinden und mache sich nachteilig bemerkbar. Dem Richter am kleinen Amtsgericht fehle schließlich auch die Möglichkeit, sich mit anderen Kollegen auszusprechen, was oft unbedingt erforderlich sei und von ihm als dringendes Bedürfnis empfunden werde.

All dies werde besser werden, wenn der Richter seinen Beruf von der Kreisstadt aus ausübe. Es sei nicht zu befürchten, dass er dort dem Landleben entfremdet werde und „verstädtere". Auch die meisten Kreisstädte, die hier in Betracht kämen, seien mit dem Lande aufs engste verbunden. So lange der Richter nicht etwa selbst Bauer sei – auch das komme vor und führe dann allerdings meist zu einem Idealrichter für das Land -, werde er in der Kreisstadt dem Bewohner des platten Landes genau so nahe stehen wie am Sitz der bisherigen kleinen Amtsgerichte. Auch dort könne der Richter zu dem wirklichen Konnex immer nur mit der unmittelbar am Orte ansässigen Bevölkerung gewinnen. Ob die übrigen Gerichtseingesessenen nun 10, 20 oder 30 km vom Gerichtssitz entfernt seien, sei praktisch belanglos.

Auch der Bevölkerung könnten die größeren Eingangsgerichte mit ihren weiteren Entfernungen zugemutet werden. Sie sei, wenigstens in Ostpreußen, stets an große Entfernungen gewöhnt gewesen. Ob diese Entfernung nun einige Kilometer größer werde, sei belanglos. Für den Landbewohner, der in die Stadt komme, sei es nicht so wichtig, ob der Weg ein wenig länger oder kürzer sei, sondern dass er bei seiner Anwesenheit in der Stadt möglichst viel Angelegenheiten zugleich erledigen könne. Die Vorbedingungen hierzu seien in der Kreisstadt, in der die meisten Behörden und Ämter konzentriert seien, am besten. Die zur Zeit in Ostpreußen bestehenden Gerichtsgrenzen entsprächen in aller Regel bereits den Kreisen. Sie hätten sich durchaus bewährt und zu unvermeidlichen Unzuträglichkeiten nicht geführt. Desto mehr werde von ihrer Eignung im Frieden auszugehen sein, in dem mit einer wesentlichen Besserung der jetzigen stark eingeschränkten Verkehrsmöglichkeiten gerechnet werden dürfe.

Auch für die Zusammenarbeit der Gerichte aus anderen Behörden sei die Verlegung grundsätzlich aller Eingangsgerichte in die Kreisstadt zweckmäßig. Die meisten Amtsstellen, mit denen die Gerichte zu tun hätten, hätten bereits jetzt dort ihren Sitz. Um diese Zusammenarbeit möglichst zu erleichtern, seien die Bezirke der Gerichte denen der Verwaltungsbehörden nach Möglichkeit anzugleichen.

In Memel wurde vor allem auch darauf hingewiesen, dass sich die Dreigliederung dort durchaus bewährt habe.

Gewisse Bedenken gegen die Dreigliederung wurden vor allem in Tilsit geltend gemacht. So wurde erwähnt, dass die Verlegung der Gerichte in die Kreisstädte einen unerwünschten Einfluß auf die Landflucht ausüben könne, zumal damit gerechnet werden müsse, dass die eine oder die andere Behörde, die ihren Sitz jetzt noch außerhalb der Kreisstadt habe, den Gerichten folgen werde, so z.B. die Katasterämter. Vor allem aber könnten sich Schwierigkeiten in der Rechtsmittelinstanz ergeben. Grundsätzlich müsse in der Berufungsinstanz auch eine Nachprüfung in tatsächlicher Hinsicht stattfinden, das sei aber nur möglich, wenn die räumliche Entfernung zum Rechtsmittelgericht nicht zu groß sei. In dieser Richtung beständen in Ostpreußen bei der Ausdehnung des Bezirkes und der dazu noch recht ungünstigen Lage des Oberlandesgerichts ernste Bedenken. Vielleicht könne man diesen Bedenken dadurch begegnen, dass Rechtsmittelgerichte in den Regierungsstädten für den Regierungsbezirk errichtet würden. Dem stehe aber wieder entgegen, dass auf eine höchste Spitze der Gerichtsbarkeit im Gau kaum verzichtet werden könne. Dass das Oberlandesgericht Reisesenate bilde, welche die abgelegenen Bezirke aufsuchten, sei kaum zu empfehlen, da diese Senate hier zu viel Zeit verlieren würden. Diese Schwierigkeiten müßten zunächst ausgeräumt werden, bevor die Dreigliederung verwirklicht werden könne.

Abgelehnt wurde der kurz zur Erörterung gestellte Vorschlag, an dem jetzigen Instanzenzug Amtsgericht, Landgericht, Oberlandesgericht festzuhalten und das Reichsgericht nur für die Entscheidung grundsätzlicher Rechtsfragen einzuschalten. Eine solche Regelung führe nicht zu Ersparnissen, gestatte auch nicht die Zusammenfassung aller zusammengehörenden Sachen in der Hand eines Richters, da das einheitliche Eingangsgericht fehle, und belassse es im Grunde bei dem jetzigen Rechtszustand.

2. *Welche einheitlichen Eingangsgerichte könnten in Ostpreußen gebildet* werden? Nach einheitlicher Auffassung aller befragten Richter und vor allem nach Ansicht

des Landgerichtspräsidenten sind die Eingangsgerichte im Falle der Dreigliederung den Bezirken der jetzt noch voll betriebenen Amtsgerichte (einschließlich der von ihnen aufgenommenen Z-, G- und St-Gerichte) anzupassen. Mit gewissen Einschränkungen (siehe hierüber oben zu II) decken sich diese Bezirke mit den Verwaltungskreisen und haben die Gerichte ihren Sitz in der Kreisstadt. Die jetzt noch bestehenden Ausnahmen werden sich größtenteils noch beseitigen lassen. Die Ausdehnung dieser Gerichtsbezirke würde zwischen rund 500 und über 1700 qkm schwanken (Durschnittsgröße rund 1000 qkm), die Zahl der Gerichtseingesessenen zwischen rund 25.000 und 100.000 Einwohnern (unter Ausschluß Königsbergs und der eingegliederten Gebiete). Die Mehrzahl der Gerichte würde zwischen 40 und 60.000 Gerichtseingesessene aufweisen. Einzelheiten ergeben die Anlagen dieses Berichts.

Geht man davon aus, dass etwa 10–15.000 Gerichtseingesessene auf einen Richter entfallen würden, so werden nach diesen Vorschlägen in nicht geringer Zahl Eingangsgerichte entstehen, die knapp das Arbeitspensum von 3 Richtern aufbringen. Alle befragten Richter waren aber einhellig der Ansicht, dass sich das nicht werde umgehen lassen. Wenn auch die ostpreußische Bevölkerung an weite Entfernungen gewöhnt sei und an die Ortsnähe des Gerichts daher keine zu strengen Anforderungen gestellt zu werden brauchten, so seien der Ausdehnung der Gerichtsbezirke doch natürliche Grenzen gesetzt, die nicht überschritten werden dürften. Diese Grenzen seien mit dem Vorschlage, die jetzige Bezirkseinteilung auch der künftigen Gerichtsgliederung zu Grunde zu legen, erreicht. Darüber könne nicht hinausgegangen werden, ohne die Belange des rechtsuchenden Publikums ernstlich zu gefährden. Die Weite des Landes und seine verhältnismäßig dünne Besiedelung erforderten in Ostpreußen eben die Anlegung eines besonderen Maßstabes, der möglicherweise zu anderen Ergebnissen als in den meisten übrigen Reichsgebieten führe.

Die Einsparung von Richterkräften, die bei Durchführung der Dreigliederung nach den obigen Vorschlägen zu erzielen wäre, würde ziemlich einheitlich auf die Zahl der landgerichtlichen Planstellen, vielleicht noch mehr, geschätzt, also auf etwa 132 fortfallende gegenüber 236 verbleibende Stellen (Handbuch der Justizverwaltung 1942) oder auf rund 35 % der zur Zeit bei den Amts- und Landgerichten vorhandenen Planstellen.

3. *Zweigstellen, Sprech- und Gerichtstage usw.* Im allgemeinen wurde die Auffassung vertreten, dass die Durchführung der Dreigliederung nach den Vorschlägenn zu 2) nur in wenigen Ausnahmefällen zur Einrichtung von Zweigstellen, Gerichts- oder regelmäßigen Sprechtagen des Richters nötigen werde. Die Bezirke seien im allgemeinen so bemessen, dass mit wenigen Ausnahmen, die natürlich entsprechend berücksichtigt werden müßten, das Gericht für das Publikum erreichbar bleibe. Die Erfahrung habe gelehrt, dass Zweigstellen und Gerichtstage größere Nachteile für die Rechtspflege aufwiesen und dass sie ihren Zweck nur in den seltensten Fällen wirklich erreichten. Ihre Errichtung sei daher tunlichst zu vermeiden.

Die Zweigstellen seien praktisch Zweiggerichte mit allen Nachteilen, die diesen anhafteten. Die Auslastung der Kräfte sei bei ihnen kaum möglich. Der

Geschäftsgang werde durch das vielfach notwendige Hin- und Hersenden der Akten empfindlich gestört und manchmal geradezu gehemmt. Die sachgemäße Führung der Dienstaufsicht über die Zweigstellen begegne großen Schwierigkeiten. Beim Publikum seien die Zweigstellen nicht beliebt. Es sähe in ihnen Gerichte zweiter Klasse und suche deshalb, wenn es schon ohne Ladung zum Gericht komme, wozu es sich in Ostpreußen meist nur schwer entschließe, diese selbst und den Richter, nicht aber die Zweigstelle auf.

Auch die Gerichtstage haben sich in Ostpreußen nach Mitteilung der meisten Richter, die großenteils auf praktische Erfahrungen hinweisen konnten, nicht bewährt. Das Publikum zeige im allgemeinen überhaupt keine Neigung, ohne ausdrückliche Ladung zum Gericht zu kommen, wobei möglicherweise die besonderen Eigenarten der ostpreußischen Bevölkerung mitsprächen. Selbst in Grundbuch- und sonstigen Registersachen bestehe kein eigentlicher Publikumsverkehr, sondern im allgemeinen werde der Notar mit der Durchführung der gewünschten Einsicht betraut. Soweit Publikum dennoch auf einem Gerichtstag vorspreche, könnten seine Anliegen in den seltensten Fällen wirklich gefördert werden. In aller Regel fehlten die hierzu erforderlichen Akten oder sonstigen Unterlagen. Die Rechtsuchenden müßten daher auf einen späteren Zeitpunkt vertröstet oder auf ein anderes Mal, vielleicht vor das Gericht, selbst geladen werden. Bestelle man sie zum nächsten Gerichtstag, so gehe wieder viel Zeit verloren. Insgesamt könne man sagen, dass die Zeit, die der Richter bei Abhaltung eines Gerichtstages aufwenden müsse, in keinem irgendwie angemessenen Verhältnis zu dem Arbeitserfolg stehe.

Weniger ablehnend standen die Richter des Landgerichts Tilsit und des Amtsgerichts Sensburg der Einrichtung von Zweigstellen und Gerichtstagen gegenüber. Man war dort der Ansicht, dass dem Bedürfnis der Bevölkerung, Rechtsrat einzuholen, doch häufiger durch Gerichtstage und Zweigstellen entsprochen werden müsse. Das Hauptaufgabengebiet dieser Einrichtungen werde in der vorsorgenden Rechtspflege liegen. OLG-Präs. Dr. Draeger erkannte gerade für die Verhältnisse im Tilsiter Bezirk diesen Wunsch als nicht unberechtigt an, glaubte aber, dass die besonderen örtlichen Verhältnisse (Ausdehnung des Bezirks und Verkehrslage, Charakter und Beruf der Gerichtseingesessenen) dabei eine wesentliche Rolle spielten. Darüber, dass derartigen besonderen örtlichen Verhältnissen gegebenenfalls Rechnung getragen werden müsse, waren sich im übrigen alle befragten Richter einig. Hierbei wurde aber auch darauf hingewiesen, dass auch durch Niederlassung oder durch Amtstage eines tüchtigen Notars vielfach bereits werde geholfen werden können. Allerdings sei nicht zu verkennen, dass der Notar im allgemeinen nur da ständig tätig sein könne, wo sich auch die Grundbücher befänden, die schon jetzt durchweg bei den aufnehmenden Gerichten untergebracht seien.

Im Gegensatz zu Sprech- und Gerichtstagen hielten nahezu sämtliche Richter die verstärkte Anberaumung von Lokalterminen für sehr erwünscht. Sie erleichterten die richtige Entscheidung des Rechtsfalles, ließen den Akteninhalt erst lebendig werden, führten zum Kontakt zwischen Richter und Publikum und förderten so die Volksverbundenheit des Richters. Zweckmäßig sei es, wenn anläßlich der Durchführung eines Lokaltermins der Richter auch für Auskünfte und Erörterungen in anderen Sachen und für andere Personen, gegebenenfalls nach vorheriger Bekanntmachung zur Verfügung stehe. Voraussetzung für die häufigere Abhaltung von Lokalterminen sei, dass die Gerichte Kraftwagen besäßen. Deren Benutzung werde auf das Publikum keinesfalls befremdend wirken. Es sei daran gewöhnt, dass die Behörden zur Durchführung ihrer Dienstgeschäfte Kraftwagen benutzten. Die Tatsache, dass das in der Justiz bisher nicht oder kaum geschehe, wirke sich allenfalls dahin aus, dass die Aufgaben der Rechtspflege als weniger wichtig angesehen würden und das Ansehen der Rechtspflege somit gemindert werde.

4. *Abgabe von bisher richterlichen Aufgaben an andere Stellen.* Die Erörterung der Frage, ob bisher richterliche Aufgaben an andere Stellen, sei es innerhalb, sei es außerhalb der Justiz, abgegeben werden könnten, hatte nur geringe positive Ergebnisse.

Die Idee des *Friedensrichters* (= Schöffenrichters: diese Bezeichnung begegnete auch in Ostpreußen keinem rechten Verständnis) als solche wurde vielfach begrüßt. Man bezweifelte aber, ob sie zu einer wirklichen Entlastung des Richters führen werde. Wesentliche Aufgabengebiete könnten dem Friedensrichter nicht anvertraut werden, ja, es sei sogar zweifelhaft, ob die Behandlung von bürgerlichen Rechtssachen durch ihn überhaupt in Frage komme. Soweit seine Anrufung in das Belieben des Publikums gestellt sei, werde mit einer stärkeren Inanspruchnahme kaum gerechnet werden können, denn das Volk wolle den gelehrten Richter, zu dessen sachlichem Können es größeres Vertrauen habe als zu einem Laienrichter, dessen innere Unabhängigkeit es zudem mit einer gewissen Berechtigung in Zweifel ziehen werde. Im allgemeinen sei nicht anzunehmen, dass sich eine unterlegene Partei mit der Entscheidung des Friedensrichters zufrieden geben werde. Sie werde vielmehr mit allen Mitteln, seien sie nun im Gesetz vorgesehen oder nicht, auf eine Beseitigung der ihr unbequemen Entscheidung hinzuwirken versuchen. Die größten Bedenken erwecke die Personenfrage. Es sei zwar anzunehmen, dass sich der eine oder der andere durchaus geeignete Friedensrichter finden lasse, vor allem unter der ländlichen Bevölkerung. Ganz sicher handele es sich dabei aber um Ausnahmepersönlichkeiten, und auch sie würden nicht immer in der Lage sein, das Vertrauen der Rechtssuchenden zu erringen.

Die Entlastung des Richters durch den *Rechtspfleger* könne, so war die wohl einhellige Ansicht, über den jetzt erreichten Umfang hinaus nicht mehr gesteigert werden. Wenn auch die Leistungen mancher tüchtigen Rechtspfleger vollste Anerkennung verdienten, insbesondere z.B. auf dem Gebiet des Vollstreckungsrechts, in gewissem Grade auch der Immobiliarvollstreckung und des Grundbuchwesens, so dürfe doch nicht übersehen werden, dass der einzelne Rechtspfleger zumeist nur ein bestimmtes Rechtsgebiet beherrsche, auf dem er jahrelang gearbeitet habe, dass er aber zu versagen drohe, meist auch kein Zutrauen zu sich selbst habe, wenn er auf einem anderen Gebiet angesetzt werden solle. Das zeige sich vor allem, wenn Ferienvertreter bestellt werden müßten. In der Regel blieben dann die meisten Sachen unerledigt liegen. Es müsse durchaus mit der Gefahr gerechnet werden, dass sich diese Zustände in Zukunft noch verschlechterten; denn der Rechtspflegernachwuchs lasse vielfach stark zu wünschen übrig. Vor allem fehle ihm zumeist das, was den jetzigen Rechtspfleger auszeichne, nämlich die Vertrautheit mit wenigstens einem Rechtsgebiet, das er seit vielen Jahren bearbeitet habe.

In Lyck wurde die Frage aufgeworfen, ob es möglich sei, dem Rechtspfleger auf dem Gebiet des Kostenrechts und der Wertfestsetzung weitere Zuständigkeiten zu übertragen.

Die Abgabe von Zuständigkeiten der Justiz an andere Stellen außerhalb der Gerichte wurde zumeist völlig abgelehnt. LG-Dir. Weiß, Zichenau, regte die Prüfung an, ob in Enteignungssachen den Enteignungsbehörden die Befugnis gegeben werden könne, auch die zur Durchführung der Enteignung erforderlichen Rechtsgeschäfte vorzunehmen; z.B. die Auflassungen; LG-Rat Prejawa, Zichenau, meinte, möglicherweise könne die gerichtliche Zuständigkeit in Personenstandssachen abgegeben werden. Von anderer Seite wurden aber auch hiergegen Bedenken erhoben und vor allem geltend gemacht, dass die Zuweisung dieser Aufgaben an die Gerichte ihre innere Berechtigung haben. Als gänzlich ausgeschlossen wurde die Abgabe etwa der Angelegenheiten der freiwilligen Gerichtsbarkeit als solcher bezeichnet, wozu bemerkt wurde, dass diese Angelegenheiten in ihrer Mehrheit durchaus justizeigene Aufgaben beträfen und dass die Verfahrensart keineswegs den Schluß auf ihre Eignung zur Wahrnehmung durch andere Stellen zulasse. Das gelte auch für die Registersachen. Die Abgabe dieser Sachen, vor allem der Grundbuchsachen, sei zudem wegen ihres Zusammenhanges mit den sonstigen Angelegenheiten der Gerichte völlig undiskutabel. So sei die Entscheidung über Bodenprozesse ohne die Zuziehung der Grundbücher und vor allem ohne die genaue Kenntnis des Grundbuchrechts einfach nicht möglich. Diese Vorbedingungen einer richtigen gerichtlichen Entscheidung wären höchst gefährdet, wenn die Bearbeitung der Grundbuchsachen den Gerichten genommen werde. Sie müßten daher unter allen Umständen der Justiz erhalten bleiben.

5. *Besondere Gerichte.* Dass neben den ordentlichen Gerichten besondere Gerichte als selbständige Gerichtskörper bestehen, wurde, soweit die Frage zur Erörterung gestellt wurde, als überflüssig oder schädlich bezeichnet. Man hielt vielmehr den Einbau der besonderen Gerichte in die ordentlichen Gerichte, soweit erforderlich, unter Beibehaltung gewisser verfahrensrechtlicher Sondervorschriften, für angezeigt.

Auch die Sondergerichtsbarkeit in Strafsachen sei, so wurde betont, zu gegebener Zeit auf die ordentliche Strafrechtspflege zu überführen.

6. *Zuständigkeit des Eingangsgerichts.* Grundsätzlich sollen alle Eingangsgerichte dieselbe Zuständigkeit besitzen. Eine Ausnahme soll nur hinsichtlich der Sachen gemacht werden, die eine besondere Erfahrung voraussetzen und so selten anfallen, dass in der Regel bei dem einzelnen Eingangsgericht diese Erfahrung nicht erworben werden kann. Genannt wurden in diesem Zusammenhang: die Erbgesundheitssachen, zu denen bemerkt wurde, dass längst nicht jedes Gesundheitsamt mit einem hinreichend geschulten Psychiater besetzt sei; die Handelssachen; die Angelegenheiten des gewerblichen Rechtsschutzes; die Entschuldungssachen; die größeren Strafsachen; ferner auch Verkehrssachen, Fischerei- und Jagdsachen. Diese Sachen sollen bei größeren Eingangsgerichten für die Bezirke mehrerer Eingangsgerichte

zusammengefaßt werden. Ausdrücklich abgelehnt wurde diese Zusammenfassung u.a. für Anerbensachen und Pachtsachen.

7. *Besetzung des Eingangsgerichts.*

a) *Berufsrichter.* In Zivilsachen soll das Eingangsgericht grundsätzlich mit *einem* Berufsrichter besetzt sein. Mehrfach wurde daneben auch eine kollegiale Besetzung des Gerichts als erforderlich bezeichnet. Sie sei in schwierigeren und umfangreicheren Sachen kaum entbehrlich. Durch die außerdienstliche Aussprache könne die Beratung im Kollegium nicht ersetzt werden. Hierzu wurde zumeist vorgeschlagen, dass die Kammer in der Besetzung mit drei oder auch mit zwei Richtern an die Stelle des Alleinrichters treten solle, wenn dieser das beantrage oder wenn die Justizverwaltung es von Amts wegen oder auf Anregung des Alleinrichters anordne. Daneben wurde aber gelegentlich auch angeregt, dass gewisse Sachen, die ihrer Art nach im allgemeinen schwierig oder bedeutsam seien, stets vor die Kammer kommen sollten. Hier wurden z.B. die Fiskusprozesse, die Angelegenheiten des gewerblichen Rechtsschutzes und die Verkehrssachen, ferner [!]

In Strafsachen soll entweder ein Berufsrichter oder die Kammer mit drei Berufsrichtern tätig werden, die letzte in Kapitalsachen.

b) *Mitwirkung von Laien.* Im allgemeinen wurde erklärt, dass man mit Laienrichtern gute Erfahrungen gemacht habe. Die Zusammenarbeit mit ihnen habe sich recht zufriedenstellend gestaltet, auch auf die Verfahrensbeteiligten habe sich ihre Mitwirkung oft günstig ausgewirkt. Ein Mißstand sei es allerdings gewesen, dass die Laien nicht nach ihrer Eignung hätten ausgewählt werden können und deshalb – vor allem in umfangreichen und verwickelten Strafsachen – sehr oft solche Laien zur Mitwirkung zugezogen worden seien, die dem Verfahren nicht hätten folgen können. Nut wenige Richter, z.B. AG-Dir. Krause, Zichenau, glaubten der Zuziehung von Laien gänzlich widerraten zu sollen. Die überwiegende Mehrheit sprach sich dagegen für die Mitwirkung der Laien in geeigneten Fällen aus. Die Vorschläge gingen durchweg dahin, dass in Zivilsachen Laien da zugezogen werden sollten, wo sie durch ihre besondere Sachkunde von Wert für das Gericht sein könnten. Das sei vor allem in Handelssachen der Fall, wobei wiederholt auf die Bewährung der Kammern für Handelssachen, vor allem in Schiffahrts- und internationalen Handelssachen, hingewiesen wurde; ferner in den Sachen, die jetzt zur Zuständigkeit besonderer unter Zuziehung von Laien entscheidender Gerichte gehören (Anerbensachen, Arbeitssachen, Erbgesundheitssachen). In Strafsachen sollen zwei Laien (Schöffen) sowohl in der mittleren Kriminalität (also 1 Berufsrichter, 2 Laien), als auch in Kapitalsachen (3 Berufsrichter, 2 Laien) mitwirken. Die Auswahl der Laien soll im Interesse der Sache weitgehend dem Ermessen des Richters überlassen bleiben, also nicht schematisch nach der Reihenfolge in einer im voraus aufgestellten Liste erfolgen.

8. *Abstimmungs- oder Führerprinzip?* Nahezu sämtliche befragten Richter setzten sich für die Beibehaltung der Abstimmung im Kollegialgericht ein. Werde sie aufgegeben, so verliere die Stellung des Beisitzers an Bedeutung, er sei kein Richter mehr, sondern eben nur noch „Berater". Darunter werde auch sein Verantwortungsbewußtsein leiden und sein Arbeitseifer erlahmen. Mancher Vorsitzende werde

sich dem Rat seiner Beisitzer unzugänglich erweisen, wenn hinter diesem Rat nicht mehr die Gefahr der Überstimmung stehe. Das rechtsuchende Publikum wolle auch wissen, dass der Spruch des Gerichts von der Mehrheit der mitwirkenden Richter gebilligt worden sei. Die Entscheidungen des Gerichts würden an Autorität verlieren, wenn das nicht mehr der Fall oder jedenfalls nicht mehr zu erkennen sei. Es müse auch damit gerechnet werden, dass kein verantwortungsfreudiger Richter mit seiner Beschäftigung beim Kollegialgericht einverstanden sein werde, wenn er dort seinen Einfluß nicht mehr notfalls im Wege der Abstimmung durchsetzen könne.

Ganz besonders mißlich werde sich die Beseitigung der Abstimmung auf die Laienbeisitzer auswirken. Sie würden ja das Interesse an der Sache verlieren und nicht mehr zu der allein wertvollen aktiven Mitarbeit bereit sein, wenn sie sähen, dass der Vorsitzende doch tun könne, was ihm passe. Wenn man dem Volk in der Laienbeteiligung das Recht gebe, an der Rechtsprechung mitzuwirken, so müsse man ihm dieses Recht auch ganz geben und dürfe es nicht dadurch verkümmern, dass man den wesentlichsten Teil, die Abstimmung, vorenthalte.

Lediglich AG-Rat Bouillon, Lyck, und OAR Vogel, Ragnitz, traten für das Führerprinzip ein. Der letzte allerdings mangelnder eigener praktischer Erfahrungen im Kollegialgericht nur im Verhältnis zu den Laienrichtern. AG-Rat Bouillon führte aus, dass das Führerprinzip tragender Grundsatz des deutschen Staatslebens sei, der auch in der Rechtspflege gelten müsse, es sei denn, dass die Abstimmung die Findung der richtigen Entscheidung in höherem Grade gewährleiste. Das sei aber nicht der Fall. Die Abstimmung sei hierzu vielmehr erfahrungsgemäß ungeeignet. Die Gewähr für die richtige Entscheidung sei bei eingehender Beratung und Auswertung dieser Beratung durch einen Einzelnen, den Vorsitzenden, am größten.

OAR Vogel machte geltend, dass der Berufsrichter die Verantwortung für die Rechtspflege in seinem Bezirk und die von ihm verkündeten Entscheidungen trage, und diese Entscheidungen auch begründen müsse. Das sei nur berechtigt, wenn er die Entscheidungen auch in eigener Verantwortung erlasse. Die Beschränkung auf die Beratung entspreche auch der Stellung des Laienbeisitzers. Es könne nicht verkannt werden, dass auf dem Wege über die Laienbeisitzer wiederholt politische Kreise auf die Rechtspflege hätten Einfluß gewinnen wollen (eine ähnliche Erfahrung wurde aus Sensburg berichtet). Es sei auch schon vorgekommen, dass ihm Laienrichter erklärt hätten, sie wollten ihr Amt niederlegen, weil man sie für die von dem Anerbengericht unter ihrer Mitwirkung erlassenen Entscheidungen verantwortlich zu machen versuche. Diesen Mißständen könne man am besten dadurch entgegentreten, dass man die Mitwirkung der Laien auf die Beratung beschränke.

9. *Geschäftsverteilung.* Durchweg wurde der Geschäftsverteilung nach Materien gegenüber der nach Sprengeln der Vorzug gegeben. Hierfür wurde angeführt, dass nur bei der Geschäftsverteilung nach Materien jenes Spezialwissen entwickelt werden könne, ohne das heute nur schlecht auszukommen sei, und dass die persönliche Eignung der Richter für die oft grundverschiedenen Zweige der Rechtspflege überaus unterschiedlich sei. So ist z.B. mancher gute Strafrichter ein schlechter Zivilrichter und umgekehrt. Schließlich könne die Geschäftsverteilung nach Sprengeln auch zu gewissen technischen Schwierigkeiten führen. Die Ortsverbundenheit des

Richters brauche nicht beeinträchtigt zu werden, wenn man vom Sprengelrichter absehe, vor allem, wenn bei der Geschäftsverteilung der Lebenskomplex, nicht rein äußerliche Gesichtspunkte, entscheide. So müßten überall die Dezernate des Bodenrichters, des Familienrichters und des Strafrichters vorgesehen werden, vielleicht auch ein Sonderrichter für die bürgerlichen Rechtsstreitigkeiten von besonderer Streithöhe oder sonstiger hervorragender Bedeutung. Die übrig bleibenden Sachen könnten ggf. auch nach Bezirken aufgeteilt werden.

Für die Geschäftsverteilung nach Sprengeln setzte sich LG-Rat Bouillon, Lyck, ein. Ein meinte, dass der Richter zweckmäßig einen geschlossenen Bezirk in jeder Hinsicht rechtlich betreue. Nur dann könne er wirklich fördernd auf das Rechtsleben dort einwirken und den nötigen Kontakt mit der Bevölkerung gewinnen und erhalten.

Hingewiesen wurde darauf, dass die Geschäftsverteilung nach Sprengeln da von besonderer Bedeutung sein werde, wo Gerichtstage abgehalten würden. Diese könnten allenfalls dann von einigem Wert sein, wenn der Richter für alle an ihn herangetragenen Sachen zuständig sei.

10. *Verfahren vor dem Eingangsgericht*, vor allem in bürgerlichen Rechtssachen. Das Verfahren vor dem Eingangsgericht soll nach übereinstimmender Auffassung den Grundsätzen des amtsgerichtlichen Verfahrens angepaßt werden. Die weitere Auflockerung des Verfahrens, vor allem die Befreiung des Richters von nicht unbedingt gebotenen Förmlichkeiten, und der weitere Ausbau seiner Stellung als Leiter des Verfahrens würden begrüßt werden. Auch dass der Richter gewisse gestaltende Befugnisse erhalte, wurde als erstrebenswert bezeichnet. Die Annäherung des Verfahrens in bürgerlichen Rechtsstreitigkeiten an das Verfahren der freiwilligen Gerichtsbarkeit wurde ebenfalls als wertvoll angesehen.

Der Schwerpunkt des Verfahrens müsse, so wurde durchweg betont, in der ersten Instanz liegen. Wolle man das, so müsse man aber dem Richter auch für eine gründliche Aufklärung des Sachverhalts erforderliche Zeit geben, dürfe ihn vor allem nicht unter den Druck von Fristenkontrollen stellen, die manchmal eine sachentsprechende Behandlung gefährdet hätten.

11. *Anwaltszwang*. Über die Bewährung des Anwaltszwanges waren die Ansichten nicht ganz einheitlich. In der Mehrzahl waren die befragten Richter aber doch der Auffassung, dass sich die Mitwirkung von Anwälten in aller Regel günstig auswirke und dass auch in Zukunft nicht auf sie verzichtet werden könne. Insbesondere gelte das für Scheidungs- und sonstige Statussachen. Erfahrungsgemäß fehle den Parteien hier der Überblick über das, was wesentlich sei. Die Arbeit des Gerichts werde daher sehr erleichtert, wenn das Parteivorbringen zunächst durch einen Anwalt vorgeprüft worden sei. Es sei auch zu bedenken, dass die Parteien gerade in diesen Sachen Winkeladvokaten in die Hände fallen würden, wenn der Anwaltszwang beseitigt oder gar die Zulassung der Anwälte unterbunden würde. Dass unter Mitwirkung der Anwälte in Ehesachen dem Gericht mancher „Theaterprozeß" vorgeführt werde, lasse sich allerdings nicht verkennen. Aber die Wurzel dieses Übels liege nicht so sehr im Anwaltszwang als vielmehr im materiellen Recht.

Aus Memel wurde berichtet, dass sich dort in der Zeit der Dreigliederung (siehe oben zu II) die Beseitigung des Anwaltszwanges auch in Ehesachen bewährt habe. Durch die unmittelbare persönliche Fühlung mit den Parteien bereits zu Beginn des Prozesses sei es dem Gericht in aller Regel ein Leichtes gewesen, herauszufühlen, woran die Ehe kranke.Allgemein wurde bejaht, dass bei dem einheitlichen Eingangsgericht der Anwaltszwang in seiner bisherigen Form nicht mehr aufrechterhalten werden könne. Als Lösung wurde durchweg vorgeschlagen, dass der Anwaltszwang beseitigt, das Gericht aber ermächtigt werden solle, den Parteien erforderlichenfalls die Bestellung eines Anwalts aufzugeben. Daneben, so wurde vielfach angeregt, sollten gewisse Sachen stets dem Anwaltszwang unterworfen sein. Genannt wurden hier vor allem Statussachen und Fiskalsachen, ferner (Zichenau) alle Sachen, die nicht als Rechtsstreitigkeiten über „Angelegenheiten des täglichen Lebens“ bezeichnet werden könnten, wobei die letzten (z.B. Kauf, Miete, Werkvertrag, Darlehen usw.) zweckmäßig katalogmäßig zusammenzustellen seien.

12. *Rechtsmittelzug*. In bürgerlichen Rechtsstreitigkeiten ist nach allgemeiner Ansicht der befragten Richter, abgesehen von Bagatellsachen ein Rechtsmittel, das auch die tatsächliche Nachprüfung und in gewissem Grade die Nachreichung von Tatsachen zuläßt (Berufung), nicht zu entbehren. Zuständig soll das Obergericht (Oberlandesgericht) sein, gegen dessen Entscheidungen grundsätzlich die Revision an das Reichsgericht stattfinden soll. Dass die Zulässigkeit der Rechtsmittel von gewissen Voraussetzungen abhängen muß, um eine Überlastung der Rechtsmittelgerichte zu vermeiden, wurde anerkannt. Es wurde vorgeschlagen, dem durch ein besonderes Zulassungsverfahren zu entsprechen. Die Zulässigkeit der Berufung soll, – das war die übereinstimmende Ansicht, durch den judex ad quem, die der Revision durch den judex a quo ausgesprochen werden. Diese unterschiedliche Behandlung wurde als angebracht bezeichnet, weil im ersten Fall im allgemeinen ein Alleinrichter, im anderen ein Richterkollegium über die Zulässigkeit des Rechtsmittels zu entscheiden habe. Dem Alleinrichter könne die Entscheidung darüber, ob ein Rechtsmittel gegen seine Entscheidung stattfinden solle, nicht gut überlassen bleiben. Zu viele Richter würden die für diese Entscheidung nötige Unabhängigkeit nicht aufbringen. Es sei sogar mit Richtern zu rechnen, die nachlässig arbeiten würden, wenn sie es in der Hand hätten, die Nachprüfung ihrer Entscheidungen auszuschließen. Dass das Zulassungsverfahren das Berufungsgericht übermäßig belaste, wurde unter Hinweis auf das Armenrechtsverfahren und die zur Zeit in Strafsachen geltende Regelung in Abrede gestellt.

Mit der Übertragung der Rechtsmittel gegen die amtsgerichtlichen Entscheidungen auf das Oberlandesgericht sind im Bezirk Königsberg bisher keine schlechten Erfahrungen gemacht worden. Die Berufungen gegen amtsgerichtliche Urteile sind seitdem spürbar zurückgegangen.

Auch in Strafsachen hielten alle Richter grundsätzlich wenigstens *ein* Rechtsmittel für geboten. Die Unanfechtbarkeit der sondergerichtlichen Urteile sei zwar jetzt notwendig; nach Wiedereintritt normaler Zeiten müsse sie aber beseitigt werden. Im allgemeinen wurde vorgeschlagen, dass gegen die Urteile des Alleinrichters und des unter Zuziehung von Schöffen entscheidenden Richters die Berufung an das Oberlandesgericht, gegen die Entscheidungen der Kammer die Revision an das Reichsgericht stattfinden solle. Darüber, ob die Rechtsmittel von einer besonderen Zulassung abhängen sollen, gingen die Meinungen auseinander. Die Frage, ob das Rechtsmittel etwa nur der Staatsanwaltschaft zustehen solle, wurde verneint. Erfahrungsgemäß lege die Staatsanwaltschaft ein Rechtsmittel zu Gunsten des Angeklagten nur in ganz seltenen, keinesfalls in allen Fällen ein, in denen die Nachprüfung geboten sei (Zichenau). In Memel wurde vorgeschlagen, gegen alle Entscheidungen erster Instanz die Berufung an das Oberlandesgericht zu geben, gegen dessen Entscheidungen die Revision an das Reichsgericht stattfinden oder zugelassen werden solle, wenn es sich um die Nachprüfung wesentlicher Rechtsfragen handele.

Durchweg wurde es als erwünscht bezeichnet, dass das Revisionsgericht in einem gewissen Umfange auch in die tatsächliche Nachprüfung des ihm unterbreiteten Falles solle eintreten können.

13. *Justizverwaltung*. Sowohl der Oberlandesgerichtspräsident als auch die befragten Richter waren der Ansicht, dass die Aufgaben des Landgerichtspräsidenten nicht etwa unter Fortfall dieser Stellung in ihrer Gesamtheit auf die Vorstandsbeamten der Eingangsgerichte übertragen werden könnten. Einmal sei es nicht angebracht, dem Vorstandsbeamten des Eingangsgerichts auch die Dienstaufsicht über die Richter zu übertragen. Vor allem bei kleineren Eingangsgerichten, wie sie jedenfalls in Ostpreußen zu erwarten seien, werde sich sonst unter Umständen eine Fülle von Schwierigkeiten, persönlichen Reibungen und Spannungen unter den Richtern ergeben. Außerdem könne der Oberlandesgerichtspräsident nicht ohne Einschaltung einer Zwischeninstanz die Verwaltung über die Vielzahl von Eingangsgerichten ausüben. Andernfalls wäre eine ungesunde Aufblähung des Verwaltungsapparates beim Oberlandesgericht notwendig. Aber selbst mit diesem großen Apparat würden sich Schwierigkeiten nicht vermeiden lassen. Es bedürfe einer frontnäheren Verwaltungsstelle, die den erforderlichen persönlichen Überblick besitze, wie er beim Oberlandesgericht, wenigstens solchen mit größeren Bezirken, einfach nicht bestehen könne. So sei z.B. die Regelung von Vertretungsfällen vom Oberlandesgericht aus viel zu schwierig. Es sei deshalb geboten, die Stellung des Landgerichtspräsidenten als solche zu erhalten. Da es nicht angängig oder erwünscht sei, Justizverwaltungsbehörden ohne Bindung an ein bestimmtes Gericht zu schaffen und die Dienstaufsicht über die Richter einer Stelle anzuvertrauen, die nicht selbst Richter sei, so empfehle es sich, den Vorstandsbeamten der größeren Eingangsgerichte, etwa derjenigen, bei denen auch die in Betracht kommenden Rechtssachen für größere Bezirke zusammengefaßt würden, die Stellung des heutigen Landgerichtspräsidenten zu geben.

IV. *Zur künftigen Stellung des Richters.*

1. *Allgemeines.* Dass eine Vertrauenskrise gegenüber der Justiz im Publikum bestehe, wurde für Ostpreußen in Abrede gestellt. Soweit sich dort Erscheinungen zeigten, die für eine Justizkrise sprächen, handele es sich um künstlich von außen hervorgerufene Schwierigkeiten. Im allgemeinen erkenne das Publikum die

Autorität der Gerichte und des Richterspruches willig an. Die Presseangriffe gegen die Justiz seien jetzt spürbar zurückgegangen.

Das Verhältnis der Justiz zu den anderen Behörden und Dienststellen sei im allgemeinen gut. An äußerem Ansehen steht die Justiz in den Augen des Publikums hinter diesen Behörden meist zurück. Insbesondere sei das Ansehen der inneren Verwaltung, vor allem des Landrats, unzweifelhaft größer als das der unteren Gerichte. Oberlandesgerichtspräsident Draeger erklärte, er bemühe sich, hier eine Besserung herbeizuführen, dass er bei öffentlichen Veranstaltungen auf eine entsprechende Behandlung der Justiz hinwirke und seinen Richtern nahegelegt habe, ihre Beteiligung zu versagen, wenn die durch sie vertretene Behörde nicht ihrer Stellung gemäß respektiert werde.

Das geringere allgemeine Ansehen der Richter wirke sich vielfach auch in der Art aus, in welcher der Richter zur politischen Mitarbeit herangezogen werde. So zeige sich etwa bei Gemeinschaftsarbeiten (Auswerfen von Luftschutzdeckungsgräben, Schneeschippen oder dgl.) oft eine völlig unterschiedliche Behandlung zwischen dem Richter und den Behörden der inneren Verwaltung. Der Richter werde selbstverständlich „befohlen“ wie jeder andere Volksgenosse auch. Der Landrat dagegen erscheine freiwillig und ernte dann in der Presse für diese freiwillige Mitarbeit noch ein besonderes Lob.

Das Mißtrauen, das einzelne einflußreiche Stellen immer noch gegen den Richter hätten, zeige sich auch darin, dass der gesellschaftliche und gesellige Verkehr der Richterschaft als solcher untereinander kontrolliert, erschwert und vielfach geradezu unterbunden worden sei. So sei es geschehen, dass jüngeren Richtern die Teilnahme an regelmäßigen geselligen Richterzusammenkünften dadurch unmöglich gemacht worden sei, dass ihnen mit einer schlechten Personalauskunft gedroht worden sei. („Wir werden es in Ihre Personalakten bringen, dass Sie in reaktionären Richterkreisen zu verkehren pflegen.“) In diesen Bestrebungen liege zweifellos System. Sie hätten den Erfolg gehabt, dass schon vor dem Kriege der gesellige Verkehr der Richter untereinander nahezu fast ganz habe eingestellt werden müssen.

Dass der Richter an das Gesetz gebunden sei, wurde als unerläßliche Vorbedingung einer festen, sachlichen und gerechten Rechtsprechung bezeichnet. Eine gewisse Lenkung der Rechtsprechung werde dadurch nicht ausgeschlossen.

2. *Richterkorps.* Die Bildung eines „Richterkorps“ im Sinne eines ideellen Zusammenschlusses aller Richter, die von einem gemeinsamen Berufsethos getragen seien, das sie wieder durch den Zusammenschluß weiter förderten und entwickelten und zum Ausdruck brächten, würde allgemein begrüßt werden, sofern es nicht zu einer kastenmäßigen Abschließung der Richterschaft führe, die unter allen Umständen vermieden werden müsse. Dagegen wurde einhellig dem Vorschlag widersprochen, diesem Richterkorps eine feste Organisationsform zu geben und ihm sogar wesentliche Selbstverwaltungsbefugnisse zu verleihen, z.B. das Recht der Richterernennung. Es wurde die Befürchtung geäußert, dass die Ernennungen und Beförderungen, dann nicht mehr nach sachlichen Gesichtspunkten, sondern nach Freundschaften ausgesprochen werden möchten. OLG-Präs. Dr. Draeger wies in diesem Zusammenhang auf die schlechten Erfahrungen hin, die mit dem Danziger

Richterwahlausschuß gemacht worden seien. Er betonte, dass nach seinen praktischen Erfahrungen mit diesem Ausschuß die Richterernennungen unbedingt in der Hand des Ministers, die sachlichen Qualifikationen in der des Oberlandesgerichtspräsidenten bleiben müßten.

Darüber, ob es zur Entwicklung eines Richterkorps in dem angedeuteten Sinne besonderer Maßnahmen bedürfe oder ob man seine Entwicklung sich selbst überlassen könne, gingen die Ansichten auseinander. Im allgemeinen war man aber im Ergebnis der Auffassung, dass eine bewußte Förderung angebracht sei. Ziel dieser Förderung müsse die Entwicklung des Zusammengehörigkeitsgefühls sowie die Herausbildung eines bewußten Berufsethos sein. Als Mittel hierzu wurden bezeichnet: Die Zusammenfassung der Richter zu Schulungstagungen, Lehrgängen und fachwissenschaftlichen Vorträgen; regelmäßige Richterbesprechungen mit Fachvorträgen und Diskussion sowie zur inneren Ausrichtung; das gesellige Zusammensein der Richter im Anschluß und während dieser Veranstaltungen; die Pflege des gesellschaftlichen Verkehrs der Richter einschließlich ihrer Familien untereinander; auf dem Lande oder in mehr ländlichen Gegenden die Unterstützung der Richter in ihrem Bemühen, sich geistige Anregung zu verschaffen und dgl. mehr. Auch die Möglichkeit eine Richteruniform zu schaffen, wurde erwähnt (Zichenau). Als unerläßlich sei bei alledem, dass der Richterschaft von den maßgebenden Instanzen jene Anerkennung gezollt werde, welche die unerläßliche Grundlage ihres Ansehens in der Öffentlichkeit und ihrer inneren Befriedigung an ihrer Berufsarbeit sei. Ferner müsse der Richter durch entsprechende materielle Ausstattung seiner Stelle aus dem Elend des Alltags herausgehoben werden und frei von kleinlichen täglichen Sorgen seinem Berufe seine ganze Kraft zur Verfügung stellen können. Seine Berufsfreude müsse schließlich vor Erschütterungen bewahrt blciben, wie sie in Gestalt der Versuche, in seine Entscheidungstätigkeit einzugreifen, immer wieder vorkämen.

Allseitig war man sich darüber klar, dass auch bei Erfüllung dieser Forderungen bis zur Bildung eines einheitlichen Richterkorps eine gewisse Zeit vergehen werde. Es wurde darauf hingewiesen, dass die Dinge bei der Richterschaft ganz anders lägen als etwa beim Offizierskorps, das durch seine Zahl, die Möglichkeit, öffentlich aufzutreten und auf die Entwicklung seiner Angehörigen Einfluß zu gewinnen, aber auch durch seine Aufgaben in der Volksgemeinschaft viel leichter und unbedenklicher zu einer geschlossenen Standesgemeinschaft habe entwickelt werden können.

Voraussetzung für den geselligen und gesellschaftlichen Zusammenschluß der Richter sei, dass die zur Zeit bestehenden politischen Widerstände ausgeräumt würden. Dazu bedürfe es des Eingreifens des Ministeriums.

3. *Mindestalter des Richters.* Wenn auch anerkannt wurde, dass der Richter eine gewisse Reife und Erfahrung besitzen müsse und es deshalb nicht angehe, ihn schon in jungen Jahren zu ernennen, so bestand doch im allgemeinen wenig Neigung, ein Mindestalter für die Ernennung festzusetzen. Es wurde darauf hingewiesen, dass eine solche Festlegung leicht Ansprüche auf eine Ernennung auslöse, sobald die Altersgrenze erreicht sei. Besonders tüchtige Kräfte würden benachteiligt, da das Mindestalter so zu einer Nivellierung der Anstellungsanforderungen führe. Das Mindesalter für Reichsgerichtsräte könne nicht in Vergleich gezogen werden, da es

so niedrig sei, dass seine Unterschreitung kaum jemals praktisch werde. Im übrigen sei es innerlich nicht gerechtfertigt, auf das Lebensalter abzustellen. Richtiger sei es, ggf. eine Mindestausbildungsdauer zu fordern und sie so zu bemessen, dass niemand in zu jungen Jahren die Voraussetzungen für die Ernennung zum Richter erreicht haben könne. Auch schon jetzt werde eine Ernennung vor dem 30. Lebensjahr kaum praktisch. Das werde sich in Zukunft nicht ändern.

4. *Lebensschule, Weltfremdheit der Richter.* Dass der Richter „weltfremd" sei, wurde in Abrede gestellt. Er bewahre sich mindestens in demselben Ausmaße den Zusammenhang mit dem allgemeinen Leben wie andere Bevölkerungskreise, die zumeist viel einseitiger und enger in ihrer Betrachtungsweise seien als der Richter. Auf der anderen Seite sei nicht zu verkennen, dass der Richter in besonderem Maße über die geistigen Strömungen der Zeit und die technische, wirtschaftliche und verwaltungsmäßige Entwicklung unterrichtet sein müsse und dass hier nicht viel gebessert werden könne. Dazu genüge es nicht, dass dem Richter während seiner Ausbildungszeit Einblick in einige wirtschaftliche Betriebe oder Verwaltungsbehörden und dgl. gegeben wurde, sondern er müsse laufend in seinem Wissen gefördert werden. Die Ausbildung des Richters sei insofern niemals abgeschlossen. Es müsse ihm deshalb Gelegenheit zum Besuch einschlägiger Kurse, zu Besichtigungen, zur Unterrichtung in Wort und Schrift oder durch Anschauung, namentlich auch in Gestalt von Studienreisen usw. gegeben werden. Auch seine Besoldung und die Bemessung von Arbeitszeit und Urlaub müßten hierauf Rücksicht nehmen.

Dagegen, dass der Richteranwärter nach bestandenem Assessorexamen zunächst in einen freien Beruf eintreten solle, bestanden gewisse Bedenken. Man glaubte, dass der tüchtige junge Richter dort festgehalten werden und so der Justiz verloren gehen könne. Es wurde ferner bezweifelt, dass er wirklich wesentliche, für die Rechtspflege wertvolle Kenntnisse sammeln werde, und es wurde auch darauf hingewiesen, dass diese Kenntnisse binnen kurzem veraltet und überholt seien und dann vielleicht mehr schadeten als nützten. Andererseits biete das große Arbeitsgebiet der Rechtspflege beinahe unerschöpfliche Möglichkeiten zur Fortbildung. Vielfach wurde deshalb vorgeschlagen, von einer Entsendung des Richteranwärters in Berufe außerhalb der eigentlichen Rechtspflege abzusehen und ihm allenfalls eine gewisse Tätigkeit als Rechtsanwalt oder Notar nahezulegen oder vorzuschreiben. Die vorherrschende Auffassung ging aber doch dahin, dass auch die Beschäftigung in anderen Berufszweigen stets von erheblichem Nutzen sei, so dass auch sie zu empfehlen wäre. Es müsse aber durch eine entsprechende Bindung des Richteranwärters, namentlich durch angemessene Bezahlung, Vorsorge dafür getroffen werden, dass er der Justiz nicht verloren gehe.

Als äußerst wertvoll wurde es mehrfach bezeichnet, dass der junge Richter sowohl wie auch schon vorher Referendar und der Assessor möglichst nicht nur in ihrer Heimatprovinz, sondern auch außerhalb dieser in anders gearteten Gegenden des Deutschen Reiches beschäftigt würden.

Dass sich Richter in größerer Zahl aus anderen Berufszweigen würden gewinnen lassen, wurde durchweg bezweifelt.

5. *„Richtergehilfe"*. Anerkannt wurde, dass es der Stellung des künftigen Richters nicht entspreche, wenn der Anwärter nach Ablegung des Assessorexamens alsbald mit voller richterlicher Gewalt betraut würde. Die allgemeine Auffassung ging vielmehr dahin, dass er zunächst auf vielen Gebieten weiterer Schulung bedürfe. Dem Vorschlage, ihn zu diesem Zweck als „Richtergehilfen" einzusetzen, der nach den Weisungen eines erfahrenen Richters arbeitet, wurde aber ziemlich einhellig widersprochen. Man befürchtete, dass eine solche Beschäftigung dem Streben des jungen Menschen nach Selbständigkeit zu sehr zuwiderlaufe. Der junge Richteranwärter wolle nach der unselbständigen Arbeit als Referendar nun auch endlich zu eigener Verantwortung kommen. Trage man diesem gesunden Streben nicht Rechnung, so müsse man mit weiterem Rückgang des Nachwuchses rechnen, der sich immer weniger zum Richterberuf hingezogen fühlen würde. Anders liegen die Dinge allenfalls dann, wenn die spätere Richterstellung ein ausreichendes Äquivalent bilde, davon könne aber zunächst nicht ausgegangen werden. Deshalb müsse dem jungen Richteranwärter von vornherein eigene Verantwortung nach außen gegeben werden. Im Innenverhältnis möge er einem dafür besonders geeigneten erfahrenen Richter beigeordnet werden, der ihm die zur selbständigen Bearbeitung geeigneten Sachen zweckmäßig von Fall zu Fall zuschreibe. Seine Aufgabengebiete seien schrittweise zu erweitern, sein „Zeichnungsrecht" also je nach seiner Entwicklung und Eignung allmählich immer mehr auszudehnen. Er sei anzuhalten, dass er alle seine Entscheidungen vorher mit dem Richter bespreche und abstimme. Er trage also Verantwortung zunächst nur nach außen, nicht nach innen. Dass sich hieraus Konflikte ergeben könnten, sei nicht zu befürchten. Außerdem könnten dem angehenden Richter Rechtspflegergeschäfte zunächst ebenfalls unter Kontrolle, dann zur selbständigen Bearbeitung zugewiesen werden. Seine eingehende Ausbildung und Betätigung gerade auf diesem Gebiet sei sogar unerläßlich, da die Ausbildung als Referendar keinesfalls genüge, um das unbedingt erforderliche Wissen zu vermitteln. Auch die Beschäftigung als Staatsanwalt sei sehr wertvoll für die Heranbildung des Richters und die allmähliche Entwicklung seiner Selbständigkeit. Schließlich sei auch seine Mitwirkung als Beisitzer im Kollegialgericht von Vorteil für ihn und für die Rechtspflege ohne Gefahr. Er stehe dort unter Kontrolle, könne aber auch viel lernen. Der Gedanke, den Richter zu entlasten, müsse bei diesem Ausbildungsgang zurücktreten. Unbedingt müsse vermieden werden, dass der Richteranwärter etwa mit der Durchführung der Beweisaufnahme außerhalb der Verhandlung vor dem Richter betreut werde. Die Unmittelbarkeit der Beweisaufnahme dürfe nicht gefährdet werden.

6. *Einstufung und Rang der Richter.* Die Beibehaltung von Beförderungsstellen wurde allgemein für erforderlich gehalten. Auch in Zukunft werde der Richter am oberen Gericht, vor allem am Reichsgericht, in aller Regel eine Auslese darstellen. Darauf müsse bei seiner besoldungsmäßigen Einstufung Rücksicht genommen werden. Auf der anderen Seite empfehle es sich auch bei den Eingangsgerichten Beförderungsstellen vorzusehen, die zweckmäßig nicht an ein bestimmtes Gericht gebunden, sondern als „fliegende" Stellen geführt würden. So könnten auch bei den Eingangsgerichten besonders tüchtige und bewährte Richterkräfte gehalten werden.

Im Ergebnis müßten sich alle Richter beim Reichsgericht, wenigstens der größere Teil der Richter bei den Obergerichten und ein erheblicher Prozentsatz der Richter bei den Eingangsgerichten in Beförderungsstellen befinden.

Die Frage der Amtsbezeichnung wurde nur in Tilsit zur Erörterung gestellt. Die dortige Auffassung ging dahin, dass der Ratstitel fallen solle. Das werde dazu beitragen, den Richter aus der allgemeinen Beamtenschaft herauszuheben, und zugleich das Zusammengehörigkeitsgefühl innerhalb der Richterschaft steigern.

Der Wunsch, dass die besoldungsmäßige Stellung der Richter ganz allgemein gehoben würde, wurde mehrfach vorgetragen. Andererseits wurde auf die Schwierigkeiten hingewiesen, die derartigen Bestrebungen infolge der Verzahnung der Richterschaft mit anderen Amtsträgern innerhalb und außerhalb der Justiz entgegenständen.

X. Bericht über den Besuch des OLG-Bezirks Leitmeritz (1.-3.9., 1.10. sowie 3.-6.11.1943)

In der Zeit vom 1. bis 3. September 1943 haben die Unterzeichneten, Ministerialdirigent Bälz und Ministerialrat Fechner, in Begleitung des Oberlandesgerichtsrats Eppinger vom Oberlandesgericht in *Leitmeritz* die Landgerichtspräsidenten von *Eger, Reichenberg und Böhmisch-Leipa* besucht, um das Amt für Neuordnung der Deutschen Gerichtsverfassung betreffende Fragen, namentlich die Frage der Einrichtung eines einheitlichen Eingangsgerichts, mit ihnen zu erörtern. Über Gang und Ergebnis der Besprechungen ist folgendes zu berichten:

1. *Besprechung in Karlsbad.* Am 1. September 1943 Zusammentreffen mit dem *LG-Präsidenten von Eger*, Dr. Böhrsch, in Karlsbad.

LG-Präs. Böhrsch erklärte, dass er für die Beibehaltung des jetzigen Gerichtsaufbaues sei. Zur Begründung seiner Ansicht verwies er auf seine Darlegungen in dem schriftlich anliegenden Bericht vom 18. Juli 1943 an den OLG-Präs. und den GenStA in Leitmeritz (Anlage 1). An diesem Bericht hielt LG-Präs. Böhrsch auch nach der Aussprache fest. Wegen der Einzelheiten wird auf die Anlage verwiesen. In der Erörterung wurden weiter folgende Punkte berührt:

a) *Der Friedensrichter:* LG-Präs. Böhrsch lehnte ihn ab; er befürchtet, dass er nicht die erforderliche innere Unabhängigkeit besitze und vom Publikum abgelehnt werden dürfte.

b) *Kollegialrichter- oder Einzelrichterprinzip:* LG-Präs. Böhrsch ist der Auffassung, dass in schwierigen Sachen das Kollegialgericht nicht zu entbehren sei.

c) *Laienrichter:* LG-Präs. Böhrsch hat schlechte Erfahrungen mit Laienrichtern gemacht, im Ernstfall bedürfe es doch stets der Zuzichung von Sachverständigen.

d) *Richtergehilfen:* Auch für diese Einrichtung kann sich LG-Präs. Böhrsch nicht erwärmen. Wer die Verantwortung nicht trage, laufe seiner Ansicht nach leicht Gefahr, minderwertige Arbeit zu leisten.

e) *Geschäftsverteilung:* LG-Präs. Böhrsch hält die Geschäftsverteilung nach Materien wenigstens beim Eingangsgericht für geboten. Der Richter solle etwa von 3 zu 3 Jahren mit der Beschäftigung wechseln. Nur so könne er sich die nötige Erfahrung erwerben. Beim Rechtsmittelgericht lägen die Dinge anders. Hier sei die Verteilung nach Gebieten möglich. Nach diesen Grundsätzen werde auch beim LG Eger verfahren.

f) *Nachwuchsfrage:* Der Richterstand sei überaltert. Tüchtiger Nachwuchs sei dringend erforderlich. Seine Gewinnung sei in Anbetracht der schweren Kriegsverluste besonders schwierig. Ob unter diesen Umständen eine Qualitätsauslese der beabsichtigten Art möglich sein werde, sei mindestens sehr zweifelhaft. Die Veröffentlichungen darüber, dass ein wesentlicher Teil der Richter später aus den freien Berufen entnommen werden solle, habe im höchsten Grade abschreckend auf den Nachwuchs gewirkt. Wie LG-Präs. Böhrsch gehört hat, haben sich bei einer Umfrge an der Prager Universität nur 3 Studenten bereit erklärt, später als Richter in den Staatsdienst einzutreten.

g) *Stellung des Richters:* Von einer Justizkrise kann nach Ansicht von LG-Präs. Böhrsch im LG-Bezirk Eger nicht gesprochen werden. Der Richter stehe bei der Bevölkerung in Ansehen, die Zusammenarbeit mit der Partei sei gut. Ganz allgemein könne gesagt werden, dass der Richter bei den kleineren Gerichten für etwa auftretende Schwierigkeiten nicht verantwortlich gemacht werden könne. Diese Schwierigkeiten entständen vielmehr allenfalls bei Stadtrichtern.

Die Hebung des Richterstandes sei erwünscht. Zu begrüßen sei insbesondere, dass beabsichtigt werde, den Richter über den Verwaltungsbeamten herauszuheben. Diese Tendenz müsse auch innerhalb der Justiz (Richter-Justizverwaltung) beachtet werden. Die Herausstellung des Richters sei einmal gerechtfertigt dadurch, dass der Richter seinen Auftrag unmittelbar vom Führer ableite. Zum anderen werde sie sich begründen lassen, wenn man für die Haftung des Richters bei Amtsversehen wieder die alten Grundsätze der sogenannten Syndikatshaftung des österreichischen Rechts einführe. (Persönliche primäre Haftung des Richters, nicht des Staates, für Amtsversehen).

Unter dem „Richterkorps" hat LG-Präs. Böhrsch eine ideelle Gemeinschaft aller deutschen Richter verstanden, nicht etwa eine besondere Organisation, für deren Schaffung er auch keinen rechten Anlaß sieht.

h) Unabhängig von seiner Ansicht, dass der jetzige Gerichtsaufbau im Grundsatz aufrecht zu erhalten sei, ist LG-Präs. Böhrsch der Auffassung, dass die ganz kleinen Gerichte zu verschwinden hätten und als Eingangsgericht für die amtsgerichtlichen Sachen größere Gerichte unter Anlehnung an die Grenzen der Verwaltungs- und Parteibezirke zu bilden seien. Für den LG-Bezirk Eger kommt nach seiner Auffassung – im wesentlichen unter Zugrundelegung der augenblicklichen politischen Bezirke – die Bildung folgender größerer Eingangsgerichte in Betracht: Eger, Karlsbad, Falkenau, Marienbad, Mies, Bischofteinitz und Tachau.

In dieser Zusammenstellung sind die Amtsgerichte Buchau (12.000 Gerichtseingesessene) und Luditz (18.000 Gerichtseingesessene) nicht enthalten. Sie werden nach Ansicht des Landgerichtspräsidenten zweckmäßig dem LG-Bezirk Brüx zugeschlagen, evtl. käme auch ihre Zuteilung nach Karlsbad in Betracht. Von diesen beiden Amtsgerichten abgesehen würden also an die Stelle der jetzigen 25 Amtsgerichte 6 Eingangsgerichte treten. Sitz wäre in allen Fällen eine Kreisstadt. Die vorgeschlagene Regelung führt bei dem zu 5) genannten Gericht (Mies) zu einer Inkongruenz mit den Kreisgrenzen. Wegen der Einzelheiten wird auf die beiliegende Karte – Anlage 2 – verwiesen.

Voraussetzung für die Bildung der größeren Gerichte sind friedensmäßige Verkehrsverhältnisse. Sind sie gegeben, so werde nach Ansicht des LG-Präs. Dr. Böhrsch auch bei der Aufrechterhaltung des heutigen Rechtszustandes, insbesondere also bei Beibehaltung des jetzigen Systems der freiwilligen Gerichtsbarkeit, besondere Schwierigkeiten für die Rechtsuchenden nicht zu befürchten sein.

2. Besprechung in Reichenberg am 2. September 1943 mit LG-Präs. Geißler un den Herren AG-Dir. Schindler, LG-Rat Korau, LG-Rat Lindner: Grundsätzliche Bedenken gegen den dreigliedrigen Gerichtsaufbau bestehen nicht. Immerhin werden sich aus ihm eine Reihe von Schwierigkeiten ergeben, die überwunden werden müssen.

Diese Schwierigkeiten liegen einmal darin, dass die Bildung größerer Eingangsgerichte die Ortsnähe des Richters gefährdet oder der Bevölkerung den Zugang zu den Gerichten erschwert. Zum anderen sind sie auf dem Gebiete der Justizverwaltung wenigstens dann zu befürchten, wenn die jetzige Zwischeninstanz des LG-Präs. ersatzlos fortfallen sollte. Im einzelnen brachten die Reichenberger Herren folgende Ansichten zum Ausdruck:

a) Die größere Ortsferne des Eingangsgerichts könnte durch entsprechende Maßnahmen auf dem Gebiete der *Geschäftsverteilung* ausgeglichen werden. Nach Ansicht der Reichenberger Herren empfiehlt sich grundsätzlich die Einführung des Regionalprinzips, das aber für gewisse Sachen, z.B. solche, die nur selten anfallen, zu durchbrechen wäre. Die Zusammenfassung bestimmter Sachen bei *einem* Gericht für die Bezirke mehrerer sind grundsätzlich zu vermeiden, aber doch nicht ganz zu entbehren, z.B. nicht für Erbgesundheitssachen.

b) Das Eingangsgericht ist grundsätzlich nach dem *Alleinrichterprinzip* zu besetzen. In Strafsachen ist auf dem Gebiet der schweren Kriminalität das Kollegialgericht nicht zu entbehren. Es fragt sich, ob nicht auch im übrigen die Besetzung des Gerichts elastisch gehalten werden könnte, derart, dass unter gewissen Voraussetzungen etwa dann, wenn der zuständige Richter das für erforderlich hölt, an die Stelle des Alleinrichters das Kollegialgericht tritt. Die Einrichtung von Richtergehilfen wurde begrüßt. Der *Laienrichter* begegnete keinen grundsätzlichen Ablehnung. Es wurde aber betont, dass der Laienrichter nur insoweit wertvoll sei, als er dem Gericht besondere Sachkunde zu verschaffen möge. Das werde nur auf einzelnen Rechtsgebieten der Fall sein, z.B. auf dem Gebiete des Urheberrechts. Im übrigen werde es sehr schwierig sein, geeignete Persönlichkeiten zu finden.

c) Die Ausbildung des Nachwuchses ist nach Ansicht der Reichenberger Herren bei der Einführung des Alleinrichtersystems erschwert. Die Schaffung der Richtergehilfen könne hier zu einer Erleichterung führen.

d) Auch die *Referendarausbildung* könne unter Umständen Schwierigkeiten begegnen, wenn die größeren Landgerichte fortfielen. Es sei zu befürchten, dass sich nicht an allen Eingangsgerichten für die Referendarschulung geeignete Persönlichkeiten finden ließen. Dieser Schwierigkeit könne aber im Verwaltungswege Rechnung getragen werden.

e) Wesentlich sei, dass auch das *Verfahrensrecht* der Neuordnung Rechnung trage. Insbesondere müßten die Unterschiede zwischen amts- und landgerichtlichen Verfahren beseitigt werden. Die hier auftauchende Frage des Anwaltszwanges wurde dahin beantwortet, dass es zweckmäßig sei, den Anwaltszwang zu beseitigen und an seiner Stelle die Möglichkeit vorzusehen, dass das Gericht den Parteien die Bestellung eines Anwalts auferlege.

f) Dem Richter dürfe die Möglichkeit einer *Beförderung* nicht genommen werden. Um ihn trotzdem an das Eingangsgericht zu binden, empfehle es sich, Beförderungen innerhalb desselben Gerichts zu ermöglichen.

g) Würden sämtliche *Dienstaufsichtsbefugnisse* dem Präsidenten des Eingangsgerichts übertragen, so sei mit einer unerwünschten Aufblähung des Verwaltungsapparates des OLG-Präs. zu rechnen. Um dieser Gefahr zu begegnen, empfehle es sich vielleicht, gewisse Dienstaufsichtsbefugnisse bei den Präsidenten bestimmter Eingangsgerichte für die Bezirke mehrerer Gerichte zusammenzufassen. In jeden Fall sei eine Dienstaufsichtsinstanz unter dem OLG-Präs- erforderlich.

h) Für den Bezirk des heutigen LG Reichenberg kommt nach den Vorschlägen der Reichenberger Herren die Bildung von 2 Eingangsgerichten in Frage, nämlich: Reichenberg und Gablonz.

Nicht berücksichtigt ist hierbei das Amtsgericht Deutsch-Gabel (14.000 Gerichtseingesessene), das zweckmäßig mit den Gerichten Niemes (20.000 Gerichtseingesessene) und Zwickau (11.000 Gerichtseingesessene) des Landgerichtsbezirks Brüx zu einem weiteren Eingangsgericht zusammengefaßt werde.

3. Besprechung in Böhmisch-Leipa mit dem LG-Präs. Pierer am 3. September 1943. LG-Präs. Pierer erklärte, dass er gegen die Dreigliederung der Gerichte und die Ersetzung des Kollegialgerichts durch den Alleinrichter keine Bedenken habe, soweit nicht hinsichtlich des letzten Punktes, namentlich bei Strafsachen größeren Umfanges Ausnahmen geboten seien. Er sei sogar der Ansicht, dass die Neuorganisation, wenn sie einmal als richtig und notwendig erkannt sei, auch so schnell wie möglich durchgeführt werden solle und daher nicht etwa erst das Kriegsende abgewartet werden müsse. Gerade jetzt sei die Neuordnung mit Rücksicht auf den geringen Geschäftsanfall und die Zuwendung des Publikums auf alle möglichen anderen Probleme *verhältnismäßig* reibungslos durchzuführen. Nach dem Kriege werde das vermutlich anders sein. Natürlich werde die Aufhebung von Gerichten bei den betroffenen Gemeinden und Kommunalverbänden auch jetzt Schwierigkeiten machen. Aber diese Schwierigkeiten ließen sich niemals vermeiden und würden bei Eintritt normaler Verhältnisse sogar wieder wachsen. Für seinen jetzigen Bezirk schlägt LG-Präs. Pierer die Bildung folgender Eingangsgerichte vor: Böhmisch-Leipa und Rumburg.

Besondere Verkehrsschwierigkeiten befürchtet Präs. Pierer bei dieser Bezirksgliederung nicht, einerlei, ob es bei der jetzigen Zuständigkeit in Angelegenheiten außer Streitsachen (Angelegenheiten der freiwilligen Gerichtsbarkeit) bleibe. Das gelte mit gewissen Einschränkungen schon jetzt im Kriege. Die augenblickliche Gerichtsgliederung in seinem Bezirk verdanke ihre Entstehung nicht so sehr den tatsächlichen Erfordernissen als vielmehr der auf gewissen Zufälligkeiten beruhenden Entwicklung der heutigen Amtsgerichte aus der Patrimonialgerichtsbarkeit. LG-Präs. Pierer nimmt an, dass bei Durchführung seiner Pläne etwa 12 Richter für die beiden oben bezeichneten Eingangsgerichte ausreichen würden, während vor dem Kriege etwa 40 Richter für denselben Bezirk erforderlich gewesen seien. (Das Handbuch der Justizverwaltung verzeichnet 34 Planstellen bei Amts- und Landgerichten, davon 4 als später wegfallend). Bei dieser Senkung des Richterbedarfs spielt der gesunkene, nach Ansicht von P. im alten Umfange nie wieder auflebende Geschäftsanfall eine große Rolle.

Zur Erläuterung seiner Vorschläge überreichte LG-Präs. Pierer die anliegenden Zusammenstellungen und Berichtsabschriften, auf die wegen der weiteren Einzelheiten Bezug genommen werden darf. (Anlagen 4–7) [hier weggelassen].

Die Justizverwaltung ist nach Ansicht von LG-Präs. Pierer den Vorständen der Eingangsgerichte zu übertragen. Dass daraus Schwierigkeiten für die Verwaltung beim OLG entstehen könnten, glaubt er nicht.

Die Frage des Anwaltszwanges beim Eingangsgericht kann nach Ansicht von Präs. Pierer dahin geregelt werden, dass der Anwaltszwang von einer bestimmten Wertstufe abhängig gemacht wird. Auch gegen den Vorschlag, dem Gericht die Befugnis zu geben, von Fall zu Fall die Bestellung eines Anwalts anzuordnen, hatte er keine Bedenken.

4. Besprechung in Brüx: Am 1. Oktober 1943 besuchten MinDirig. Bälz und MinRat Fechner im Rahmen der von dem Amt für Neuordnung der Deutschen Gerichtsverfassung durchzuführenden Reisen das LG in Brüx, wo Fragen des Gerichtsaufbaues und der künftigen Stellung des Richters mit dem LG-Präs. Kunz und LG-Dir. Richter besprochen wurden. Als Ergebnis der Besprechungen ist folgendes festzustellen.

A. *Zum Gerichtsaufbau.*

1. Der LG-Bezirk Brüx umfaßt bei rd. 400.000 Gerichtseingesessenen 16 Amtsgerichte.

Hierzu ist zu bemerken, dass bei diesen Gerichten alle wesentlichen Geschäfte nach wie vor durch einen Richter wahrgenommen werden, sodass sich die Bedeutung der Umwandlung im wesentlichen in der Abgabe der Verwaltungsgeschäfte an das aufnehmende Gericht erschöpft. Das erklärt sich daraus, dass die Reichsentlastungsverfügung im OLG-Bezirk Leitmeritz, in dem es ausgebildete Rechtspfleger nicht oder kaum gibt, nicht in Kraft getreten ist (§ 32 der REntV.).

Der LG-Bezirk deckt sich im wesentlichen mit den 7 Landkreisen Bilin, Brüx, Dux, Komotau, Podersam, Preßnitz und Saaz, sowie Teilen der Landkreise Kaaden und Karlsbad. Von diesen Kreisen scheinen Podersam und Preßnitz zur Zeit von Kaaden und Saaz aus verwaltet zu werden.

2. LG-Präs. Kunz erklärte, dass er *keine Bedenken gegen den dreigliedrigen Gerichtsaufbau* habe, vorausgesetzt, dass es gelinge, den erforderlichen tüchtigen Richternachwuchs zu gewinnen. Mit dieser Voraussetzung stehe und falle die neue Gerichtsorganisation, die auf dem Einzelrichtersystem aufbaue und daher hervorragende Kräfte brauche. Im übrigen sei der dreigliedrige Gerichtsaufbau die folgerichtige Fortführung der bereits getroffenen Maßnahmen (Verlagerung der Rechtsmittelsachen an das OLG). Die Zeit der „kleinen Amtsgerichte" sei vorbei; soweit seine Erhaltung gefordert werde, beruhe das meist auf einer überholten romantischen Einstellung. Auch die berechtigten Interessen des rechtsuchenden Publikums würden angesichts der modernen Verkehrsverhältnisse durch die Beseitigung der kleinen Amtsgerichte nicht gefährdet.

Für den LG-Bezirk Brüx hielt LG-Präs. Kunz die Bildung folgender Eingangsgerichte für möglich: Brüx, Kaaden, Komotau, Dux und Saaz.

Diese Gerichte würden sich nach Angabe des LG-Präs. Kunz mit den *Bezirken* der gleichnamigen *Kreise decken* und ihren *Sitz in der Kreisstadt* erhalten, vorausgesetzt, dass es bei der augenblicklichen Verwaltung der Kreise Podersam und Preßnitz bleibt. Lediglich der Bezirk des Eingangsgerichts Dux würde nach der heutigen Organisation zwei Landkreise, nämlich Dux und Bilin, umfassen.

Die *Verkehrsverhältnisse* in den angegebenen Bezirken sollen günstig sein. Neben den Eisenbahnen besteht ein Kraftomnibusnetz, das selbst jetzt im Kriege noch recht günstige Verbindungen aufweisen soll und mit dessen späteren Ausbau gerechnet werden darf. Der Omnibus ist bei der Bevölkerung beliebt und wird vor der Eisenbahn bevorzugt.

Die *Gebäudefrage* soll nur bei einem Teil der vorgeschlagenen neuen Gerichte ohne Neubauten zu lösen sein, nämlich in Brüx und Saaz. Dagegen soll es vermutlich in Kaaden, sicher in Komotau und vor allem in Dux der Durchführung von Um- und Neubauten bedürfen, um das künftige Eingangsgericht sachgemäß und würdig unterzubringen.

Geschäftszahlen für die vorgeschlagenen Eingangsgerichte konnten nicht angegeben werden. LG-Präs. Kunz nahm an, dass für die künftigen Eingangsgerichte etwa 30 Richter erforderlich sein würden gegenüber augenblicklich bei den Amtsgerichten und dem Landgericht zusammen 71 Planstellen (davon später wegfallende) und zur Zeit etwa 45 im Dienst befindlichen Richtern. Die Ersparnis soll sich aus dem Übergang zum Einzelrichtersystem, dem Wegfall der Rechtsmittelsachen und der besseren Auslastung der Arbeitsspitzen ergeben.

3. Für die künftigen Gerichte werden in erster Linie die *Namen*: Kreisgericht, Gaugericht, Reichsgericht, für den Fall, dass diese Bezeichnungen zu Schwierigkeiten mit der Partei führen könnten, die Namen: Gericht, Obergericht, Reichsgericht vorgeschlagen.

4. Bei einigen der oben bezeichneten Eingangsgerichte (Jechnitz, Podersam, Weipert) würde die Einrichtung von Zweigstellen, bei anderen (Duppau, Preßnitz) die regelmäßige Abhaltung von Gerichtstagen zweckmäßig oder erforderlich sein. Die Zweigstellen müßten, wenn sie nicht auf die Tätigkeit der Geschäftsstellen (Rechtsantragsstellen) beschränkt bleiben sollten, von Richtern versehen werden, da es Rechtspfleger im OLG-Bezirk Leitmeritz zur Zeit noch nicht gibt und in absehbarer Frist auch nicht geben wird.

5. Das Eingangsgericht soll *alle jetzigen erstinstanzlichen Sachen übernehmen*. Abgabe – mindestens in größerem Umfange – an den Schöffenrichter wurde abgelehnt. Der Schöffenrichter werde in dem stark industriealisierten Brüxer Bezirk bei der Bevölkerung kaum Vertrauen genießen; dass dort genügend für das Amt geeignete und zu seiner Übernahme bereite Persönlichkeiten gefunden werden könnten, erscheine unwahrscheinlich.

Zur Beibehaltung *besonderer Gerichte* bestehe kein Anlaß. Ihre Zuständigkeiten könnten auf Abteilungen des Eingangsgerichts übertragen werden.

Auch die Aufrechterhaltung der Sondergerichte für Strafsachen (jetzt in Eger, Leitmeritz und Troppau) empfehle sich nach Wiederherstellung normaler Friedensverhältnissse nicht. Für die bisher zur Zuständigkeit der Sondergerichte gehörenden Sachen sollten auch keine besonderen Verfahrensvorschriften mehr gelten.

6. Alle anfallenden Sachen sollten auf die Eingangsgerichte gleichmäßig verteilt werden. Gewisse Sachen bei *einzelnen Gerichten zusammenzufassen* empfehle sich nicht. Darin würde eine Durchbrechung des Prinzips liegen. Der kommende Richter müsse mit Angelegenheiten jeder Art fertig werden. Eine Ausnahme sei allenfalls

anzuerkennen bei Angelegenheiten der gewerblichen Rechtspflege, Erbgesundheitssachen und unter besonderen Umständen (Schwierigkeiten bei der Kammerbildung) bei der schweren Kriminalität.

LG-Dir. Richter erwähnte in diesem Zusammenhang ferner die Handelsregistersachen. Die Führung des Handelsregisters lag früher den Landgerichten ob; jetzt ist sie bei dem Amtsgerichts am Sitze des Landgerichts zusammengefaßt. Das habe sich bewährt und sei im Ergebnis aufrechtzuerhalten.

7. Die *Geschäfte* sollten für mehr ländliche Gegenden nach Bezirken, für städtische nach Materien, gegebenenfalls nach Buchstaben *verteilt* werden. Ob hierzu allgemeine Richtlinien erlassen werden sollen, wurde anheimgestellt.

8. LG-Präs. Kunz und LG-Dir. Richter sprachen sich entschieden für das *Einzelrichtersystem* aus. Nur für Fälle der schweren Kriminalität wurde eine Durchbrechung dieses Systems für zweckmäßig gehalten, da hier die Entscheidung durch ein Kollegium den Auffassungen des Volkes mehr entspräche und auch den Richter vor allzu großen seelischen Belastungen bewahre.

LG-Präs. Kunz sprach sich im Gegensatz zu LG-Dir. Richter für die Zuziehung *sachverständiger Laien* in geeigneten Fällen (Arbeitssachen, Handelssachen, Angelegenheiten des gewerblichen Rechtsschutzes) aus.

9. Die Zuziehung von *Richtergehilfen* wurde sowohl im Interesse der Arbeitsvereinfachung wie auch der Ausbildung des richterlichen Nachwuchses durchaus begrüßt.

10. Soweit das Gericht mit mehreren Berufsrichtern besetzt sein sollte, soll der *Abstimmungsgrundsatz* gelten. Laien dagegen sollen den Richter *nur beraten.*

11. Das *Verfahren des Eingangsgerichts* sei möglichst elastisch zu halten. Die Tätigkeit des *Anwalts* dürfte in ihrem Wert für die Gerichte nicht unterschätzt werden. Vielfach sei sie nicht zu entbehren. Nach Aussprache über diesen Punkt wurde der Beseitigung des starren Anwaltszwanges und seinem Ersatz durch gerichtliche Anordnung von Fall zu Fall zugestimmt.

12. Die *Dienstaufsicht* bei dem Eingangsgericht soll nach dem „Chefprinzip" gestaltet werden. Die Zwischenschaltung einer Verwaltungsstelle zwischen Eingangs- und Ober-(Landes-)gericht wurde abgelehnt. Der Präsident des OLG müsse mit 20 bis 30 Gerichten ebensogut fertig werden können wie jetzt der LG-Präs. mit der oft gleich großen Zahl amtsgerichtlicher Berichte.

13. Für das *Berufungsverfahren in bürgerlichen Streitsachen* würde die Beibehaltung des Neuerungsverbots der öZPO gefordert. Ob die Berufung, wenn die heutige Wertgrenze als Zulässigkeitserfordeernis falle, einer besonderen Zulassung bedürfe, wurde für den Fall bezweifelt, dass § 6 der Dritten VereinfachungsVO (Verwerfung der Berufung als offensichtlich unbegründet) beibehalten werde. Anderenfalls müsse über die Zulassung der judex ad quem entscheiden, da der judex a quo nicht immer die erforderliche innere Unabhängigkeit für diese Entscheidung aufbringen werde.

Erfahrungen mit dem *OLG als Rechtsmittelgericht* gegenüber den Entscheidungen der Amtsgerichte in bürgerlichen Rechtssachen liegen bisher kaum vor. Bei der Ausdehnung und Lage des OLG-Bezirks Leitmeritz müsse aber mit gewissen

Schwierigkeiten gerechnet werden, denen zu gegebener Zeit durch eine andere Abgrenzung des Bezirks Rechnung zu tragen sei.

Zur Frage des Rechtsmittelzuges in Strafsachen wurde eine klare Stellung nicht eingenommen.

B. *Zur künftigen Stellung des Richters.*

1. LG-Präs. Kunz betont mit aller Entschiedenheit, dass es eine *Vertrauenskrise der Justiz* im Sudetengau nie gegeben habe, dass also auch von ihrer Überwindung nicht gesprochen werden könne. Diese günstigen Verhältnisse erklärten sich möglicherweise aus der sozialen Herkunft der Richter, die durchweg aus dem kleineren Mittelstande stammten und vielleicht gerade deshalb besonders volksverbunden seien. Die Rechtspflege sei im Sudetenlande stets sauber und gerecht ausgeübt worden. Zur Zeit kämen die Richter gelegentlich in Gewissenskonflikte, weil ihnen bei Prozessen zwischen Tschechen und Deutschen von gewissen Stellen eine einseitige Haltung gegen den Tschechen nahegelegt werde. Diese Fälle hätten sich bisher aber noch stets in erträglicher Form bereinigen lassen.

2. Die Strafrechtspflege wird in üblicher Weise gelenkt. LG-Präs. Kunz bemerkte, die *Lenkung* habe den Mangel, dass sie zu Erörterungen über die auszuwerfende Strafe führe, ohne dass die wichtigste Urteilsgrundlage, die Hauptverhandlung, berücksichtigt werden könne. Der Richter verliere durch die Lenkung unter Umständen seine Freiheit und innere Unabhängigkeit. Dennoch werde die Lenkung unter den augenblicklichen Verhältnissen kaum entbehrlich sein.

In Zivilsachen wird die Lenkung nicht praktisch.

Die *Richterbriefe* wurden gelobt. Von den Richtern werden sie allgmein begrüßt.

3. Das *Verhältnis* der Justiz *zu den anderen Behörden* im Kreis ist gut. Die Verwaltung genießt unzweifelhaft das größere allgemeine Ansehen. Auch mit der Partei bestehen keine Reibungen.

4. Ansätze zur Bildung eines „Richterkorps" sind nicht festzustellen. Der Zusammenhalt der Richter untereinander ist gut, geht aber außerdienstlich nicht über den normalen geselligen Verkehr (z. Zeit nur ein wöchentlicher Dämmerschoppen u. dgl.) hinaus. Möglichkeiten, wie hierüber hinaus auf die Bildung eines Richterkorps hingewirkt werden könnte, wurden nicht aufgewiesen. LG-Dir. Richter befürwortete, dass der Korpsgeist zu einer Exklusivität führen könnte, die dem Verhältnis des Richters zum Publikum abträglich sein werde. Kunz sieht diese Gefahr nicht.

5. Die *Übernahme* von Rechtswahrern *aus anderen Berufskreisen* wurde begrüßt, falls es im Einzelfall möglich sein sollte, auf diesem Wege eine besonders geeignete Kraft zu gewinnen. Das sei besonders hinsichtlich solcher jungen Rechtswahrer zu hoffen, die sich jetzt nicht entscheiden könnten, zur Justiz zu kommen. Im allgemeinen könne aber mit derartigen Erfolgen nicht gerechnet werden. Werde die Gewinnung von Richtern aus anderen Berufen zu einem Grundsatz erhoben, der im größeren Umfange angewendet werde, so müsse befürchtet werden, dass das abschreckend auf den justizeigenen Nachwuchs wirke.

6. An eine Beschäftigung des jungen Rechtswahrers vor seiner endgültigen Ernennung zum Richter in *Berufen außerhalb* der Justiz werden keinerlei Erwartungen

geknüpft. Die beste Schulung des Richternachwuchses sei seine gründliche Ausbildung in allen Zweigen der Rechtspflege.

7. Das Fehlen einer *Richteruniform* habe sich bei einigen offiziellen Veranstaltungen als Mangel erwiesen. Die Parteiuniform könne eine Richteruniform nicht allgemein ersetzen. In die Sitzung gehöre der Talar, nicht die Uniform, die nicht hinter den Richtertisch passe.

8. Die Amtsbezeichnung „Rat“ passe nicht zum Alleinrichter. Sie könne unbeschadet des richterlichen Ansehens fortfallen. Als Amtsbezeichnung für die Richter wurde – vorbehaltlich der entsprechenden Bezeichnung der Gerichte – vorgeschlagen: Kreisrichter, Gau- oder Oberrichter und Reichsrichter. Für die Vorstandsbeamten und die Vorsitzer etwaiger Senate wurde die Beibehaltung der Amtsbezeichnung „Präsident“ angeregt.

9. Die Richter der verschiedenen Gerichte (Kreis-, Gau-, Reichsgericht) sollten in der Eingangsstufe verschieden eingestuft werden. Bei den Eingangsgerichte könnten Beförderungsstellen vorgesehen werden, auch um den erwünschten Wechsel vom Gau- zum Kreisgericht zu ermöglichen. Dabei wurde allerdings die Befürchtung ausgesprochen, dass derartige Beförderungen unter Umständen zu Spannungen zwischen den Richtern eines Gerichts führen möchten.

5. Besprechungen in Trautenau, Troppau und Mährisch Schönberg (3.-6.11.1943): In der Zeit vom 3. bis 6. November 1943 wurde die Bereisung des OLG-Bezirks Leitmeritz mit dem Besuch der Landgerichte Trautenau, Troppau und Mährisch Schönberg fortgesetzt. In Troppau wurden auch die Verhältnisse im Landgerichtsbezirk Neutitschein erörtert.

An der Reise nahmen für das Amt „Neuordnung der Deutschen Gerichtsverfassung“ die Unterzeichneten, MinDirig. Bälz und MinRat Fechner, teil. Sie wurden von OLG-Rat Dr. Eppinger vom OLG Leitmeritz begleitet. Im übrigen waren bei den Besprechungen folgende Richter zugegen:

Am 3.11. in Trautenau: LG-Präs. Pinz, LG-Dir. Dr. Spitschun, LG-Rat Dr. Michel, – LG Trautenau – AG-Rat Dr. Dienelt – AG Trautenau.

Am 4.11. und 5.11. in Troppau: LG-Präs.. Dr. Petzel, LG-Dir. Dr. Smekal (nur am 4.11.), LG-Dir. Dr. Praschifka, LG-Dir. Dr. Holczak, LG-Rat Dr. Schubert (nur am 4.11.) – *LG Troppau* -, AG-Dir. Dr. Novaczek – AG Trautenau -, AG-Rat Kraus – AG Hotzenplotz -, OAR Dr. Alscher – AG Jägerndorf -, AGR Dr. Hatwig – AG Weidenau -, AG-Rat Dr. Cyrek (nur am 4.11.) – AG Wigstadl) -, LG-Präs. Dr. Schulz (nur am 5.11.) – *LG Neutitschein* –(LD-Dir. Dr. Ziegler nur am 5.11.), AG-Rat Dr. Illichmann (nur am 5.11.) – AG Neutitschein -.

Am 6. 11. In Mährisch Schönberg: LG-Präs. Möhwald, LG-Dir. Dr. Backhaus, LG-Dir. Böttcher, LG-Rat Dr. Klapper – LG Mährisch Schönberg -, OAR Dr. Selinger, AG-Rat Dr. Lautner – AG Mährisch Schönberg -, OAR Prachar – AG Sternberg -.

Am 5.11. wurde ferner das Amtsgericht Wigstadtl (jetzt Z-Gericht) aufgesucht, wo die das Amt interessierenden Fragen mit AG-Rat Dr. Cyrek besprochen wurden.

Über die Einzelheiten der Besprechungen ist folgendes zu berichten:

I. *Zur Gerichtsorganisation*

1. *Drei- oder Viergliederung?*

LG-Präs. Dr. Petzel, Troppau, und die meisten Richter seines Bezirkes erklärten sich *für* den dreigliedrigen Gerichtsaufbau. Er könne der Bevölkerung zugemutet werden, die es sogar vielfach begrüßen werde, wenn sich das Gericht in der Kreisstadt befinde und sie einen Gang zum Gericht mit einem Besuch in der Kreisstadt verbinden könne. Für die Rechtspflege bringe die Dreigliederung erhebliche Vorteile. Hier kämen insbesondere in Betracht: die Möglichkeit, die Zahl der Richter zu verringern und damit den Richterstand als solchen zu heben; die Zusammenfassung zusammengehörender Sachen in der Hand eines Richters; die größere Übersichtlichkeit des Gerichtsaufbaus und der einheitliche Rechtsmittelzug. Dieser Ansicht stimmte vor allem auch AG-Rat Dr. Cyrek (AG Wigstadtl) zu. Er führte aus, dass der Geschäftsgang in Wigstadtl die Beibehaltung eines eigenen, selbständigen Gerichts nicht rechtfertige. Er könne vielmehr ohne Schwierigkeiten durch eine Zweigstelle bewältigt werden, die regelmäßig vom Richter besucht werden müsse und könne. Die persönliche Stellung des Richters sei in einem Ort wie Wigstadtl überaus schwierig. Insbesondere fehle es dem Richter an jeder geistigen Anregung und jeder Umgangsmöglichkeit mit bildungsmäßig gleichstehenden Personen. Die Bevölkerung werde den Wegzug des Richters nicht entbehren, wenn auch natürlich die Behörden der Stadt auf die Aufrechterhaltung des Gerichts hinzuwirken versuchen würden. Dabei handele es sich aber für diese letzlich nur um eine Prestigefrage.

Die anderen Richter sprachen sich grundsätzlich *gegen* die Änderung des jetzigen Gerichtsaufbaus aus. Insoweit wurde geltend gemacht, der viergliedrige Gerichtsaufbau habe sich bewährt; irgendwelche durchschlagenden Bedenken gegen ihn seien nicht ersichtlich geworden. Er sei auch historisch gewachsen, nicht willkürlich geschaffen, und entspräche den tatsächlichen Gegebenheiten und ihren Anforderungen. Diese Anforderungen müßten in erster Linie vom Standpunkt des rechtsuchenden Publikums aus beurteilt werden, nicht von dem des Richters. Das Publikum brauche aber das ortsnahe Gericht, das bei dreigliedrigem Gerichtsaufbau kaum möglich sei. Das gelte vor allem für das Aufgabengebiet der freiwilligen Gerichtsbarkeit. Die Bevölkerung pflege sich jetzt oft und ohne Ladung mit ihren Sorgen und Nöten an das Gericht zu wenden. Das werde ihr unmöglich gemacht, wenn man sie zwinge, zu diesem Zweck weite Wege zurückzulegen. Die arme Bevölkerung der Gebirgsgegenden könne nicht ganze Tage für einen Gang zum Gericht opfern, vielfach auch die erheblichen Kosten für ein Verkehrsmittel nicht aufbringen. *Weder Gerichtstage noch die Einrichtung von Zweigstellen oder der motorisierte Sprengelrichter könnten den ortsnahen, mit der Bevölkerung verwachsenen Richter ersetzen.* Bei dem jetzigen geschrumpften Geschäftsgang sei der Fortfall einzelner Gerichte vielleicht zu ertragen, in normalen Zeiten sei das aber nicht der Fall. Die Dreigliederung werde, vor allem in einem Bezirk wie dem Leitmeritzer, auch zu geradezu unlösbaren Schwierigkeiten in der Rechtsmittelinstanz führen.Ein Obergericht, das so schwer zu erreichen sei wie das OLG Leitmeritz, bedeute eine Rechtsmittelverweigerung in vielen kleineren Rechtsmittelsachen.

Eine derartige Beschränkung des Rechtsmittelzuges sei aber kaum erträglich; denn auf eine zweite Tatsacheninstanz könne im allgemeinen nicht verzichtet werden. Auch aus politischen Gründen sei die Aufhebung macher Amtsgerichte, die bei dem dreigliedrigen Gerichtsaufbau nicht mehr gehalten werden könnten, mißlich. Vielfach befänden sich nämlich kleine Amtsgerichte an Orten mit stark tschechischem Einschlag. Ihr Fortfall würde das Deutschtum schädigen. *Es sei ein aus dem böhmischen Volkstumskampf schon unter der Tschechenherrschaft überkommener Erfahrungssatz, dass die Staatsbehörden bei volkstumsmäßiger Gemengelage die stärkste Stütze des Staatsvolkes, heute also deutsche Behörden des deutschen Volkstums, seien.* All dies schließe vielleicht die Aufhebung ganz kleiner Amtsgerichte nicht aus, zumal nicht verkannt werden könne, dass die Stellung des Richters dort oft recht schwierig sei und auch die Gefahr einer zu engen Verbindung mit der Bevölkerung nicht von der Hand zu weisen wäre. Die Bedenken gegen das Einmanngericht dürften aber auch nicht übertrieben werden. Vor allem sei zu beachten, dass in Zukunft auch dem *Richter* die verbesserten Vekehrsmöglichkeiten zur Verfügung ständen, so dass er sich unschwer Anregung und Erholung durch den Besuch größerer Städte in der Nachbarschaft verschaffen könne. Jedenfalls rechtfertigenn die Bedenken gegen das kleine Amtsgericht den Übergang zu Gerichten mit mindestens 80.000 Gerichtseingesessenen nicht.

LG-Präs. Pinz, Trautenau, der die vorerwähnte Ansicht ebenfalls vertrat, glaubte, der Dreigliederung allenfalls dann zustimmen zu können, wenn die Eingangsinstanz etwa dem Bezirk der heutigen Landgerichte entsprächen. Allerdings bestehe dann die Gefahr, dass eine höchste einheitliche Spitze auf dem Gebiet der Rechtsprechung im Gau fehle. Dem müsse irgendwie begegnet werden, wenn man trotz der angeführten Bedenken am dreigliedrigen Gerichtsaufbau festhalten wolle.

Um den Mängeln des heutigen Systems zu begegnen, die im übrigen meist in Abrede gestellt wurden, könne man, so wurde von den Gegnern der Dreigliederung ausgeführt, erwägen, die Zuständigkeit des Amtsgerichts in vermögensrechtlichen Sachen zu erweitern, andererseits aber auch dem LG weitere Sachen zu übertragen (Handelsregister- u. Konkurssachen). Der Übergang der Ehe- und Familienstreitigkeiten auf das Amtsgericht wurde im allgemeinen abgelehnt, wobei wiederholt auf die Schwierigkeiten gerade dieser Sachen hingewiesen wurde. Dagegen hielten die Richter des LG-Bezirks Mährisch Schönberg die Abgabe an das Amtsgericht für angezeigt, vor allem LG-Rat Dr. Klapper, derzur Zeit Jugendrichter ist.

2. *Durchführung der Dreigliederung.*

An Hand von Karten und anderen Unterlagen wurde erörtert, wie die Dreigliederung in den verschiedenen Bezirken praktisch durchgeführt werden könnte. Hierbei ergab sich folgendes:

a) *Allgemeines:* Die heutigen Gerichtsbezirke stimmen mit den Kreisen der Partei und den unteren Verwaltungsbezirken im allgemeinen nicht überein. Die Kreise und Verwaltungsbezirke sind durchweg größer als die Gerichtsbezirke, die Parteikreise wieder vielfach größer als die Landratsämter. Eigentliche Grenzüberschreitungen kommen oft vor, sind aber nicht von besonderer Tragweite. Die Angleichung der Grenzen wurde im allgemeinen als erstrebenswert bezeichnet. Auf die Übereinstimmung von Gerichtssitz und Kreisstadt wurde dagegen entsprechend der grundsätzlichen Einstellung zur Frage der Gerichtsgliederung im allgemeinen kein *entscheidender* Wert gelegt. Zum Teil wurde betont, dass zwar die Übereinstimmung erwünscht sei, dass aber bei den Erwägungen dem Gericht als der für das Publikum bedeutsameren Einrichtung die ausschlaggebende Bedeutung beizumessen wäre.

Die Verkehrsverhältnisse sind in den meisten Bezirken recht schlecht. Das liegt einmal an der gebirgigen Gegend, zum anderen aber auch daran, dass die heutige Grenzziehung vielfach auf politischen, nicht aber wirtschaftlichen und geoplitischen Erwägungen beruht.

Von der Einrichtung von St- oder G-Gerichten ist kaum Gebrauch gemacht worden. Dagegen ist eine Reihe von Z-Gerichten errichtet. Diese Z-Gerichte sind aber zumeist noch mit einem ortsansässigen Richter besetzt. Ihre Bedeutung erschöpft sich in aller Regel darin, dass die Verwaltungsgeschäfte auf das aufnehmende Gericht übergegangen sind. Der Grund für diese Regelung liegt wohl darin, dass die Reichsentlastungsverfügung im Sudetenland noch nicht gilt.

b) *Landgericht Trautenau.* Der Landgerichtsbezirk Trautenau hat rund 170.000 Gerichtseingesessene. Er umfaßt 8 Amtsgerichte, davon 4 Finanzgerichte, von denen 4 in Z-Gerichte umgewandelt sind. Unter Zugrundelegung der jetzigen Organisation kämen bei Einführung des dreigliedrigen Gerichtsaufbaues etwa folgende Eingangsgerichte in Betracht: Trautenau, Hohenelbe, Braunau.

Diese Gliederung würde sich mit der der Partei und der Verwaltung im wesentlichen decken. LG-Präs. Pinz ist der Überzeugung, dass sie den berechtigten Anforderungen des rechtsuchenden Publikums an eine orts- und volksnahe Rechtspflege *nicht* genügen würde. Er hält vielmehr die Aufrechterhaltung aller Amtsgerichte des Bezirks für erforderlich.

Geschäftszahlen konnten nicht vorgelegt werden.

c) *Landgericht Troppau.*

Der Landgerichtsbezirk hat 341.889 Gerichtseingesessene. Er umfaßt 15 Amtsgerichte (das AG Königsberg ist dem LG Neutitschein zugelegt), von denen 8 in Z-Gerichte umgewandelt sind. 9 Amtsgerichte sind „Einmanngerichte". Der LG-Präs. schlug in Anlehnung an die heutige Gliederung folgende Eingangsgerichte vor: Troppau, Jägersdorf, Freudenthal, Freiwaldau und Römerstadt.

d) *Landgericht Neutitschein.*

Der Landgerichtsbezirk hat 163.947 Gerichtseingessene. Er umfaßt 7 Amtsgerichte, von denen 4 in Z-Gerichte umgewandelt sind. 2 Amtsgerichte sind „Einmanngerichte".

Folgende Eingangsgerichte kämen nach Ansicht des LG-Präs., der aber seinen grundsätzlichen Widerspruch gegen die Dreigliederung aufrecht erhielt, allenfalls in Betracht: Neutitschein, Wagstedt und Liebau.

e) *Landgericht Mährisch Schönberg.*

Der Landgerichtsbezirk hat 333.580 Gerichtseingesessene. Er umfaßt 13 Amtsgerichte, darunter 6 Eingangsgerichte. Ein Amtsgericht ist stillgelegt, zwei Gerichte sind in Z-Gerichte umgewandelt. Unter ausdrücklicher Betonung seines Widerspruches gegen den dreigliedrigen Gerichtsaufbau stellte LG-Präs. Dr. Möhwald folgende Eingangsgerichte zur Erwägung: Mährisch-Schönberg, Sternberg, Hohenstadt, Zwittau, Landskron und Grulich.

Alle Gerichte würden sich am Sitz von Landratsämtern befinden. Ihre Bezirke würden sich mit denen der Verwaltung mit kleinen Abweichungen decken.

Vor allem die Bildung der Gerichtsbezirke zu 5 und 6 kann nach Ansicht von LG-Präs. Dr. Möhwald der Bevölkerung wegen der schwierigen *Verkehrsverhältnisse* nicht zugemutet werden, insoweit sei vielmehr die Beibehaltung der jetzt bestehenden Gerichte geboten.

Geschäftszahlen konnten nicht vorgelegt werden. LG-Präs. Dr. Möhwald nahm an, dass in Zukunft bei normalem Geschäftsgang für etwa je 15.000 Gerichtseingessene ein Richter erforderlich sein werde. Diese Zahl sei entsprechend herabzusetzen, wenn bei Durchführung der Dreigliederung eine erhebliche Zunahme des Geschäftsanfalls beim Eingangsgericht eintreten sollte, womit schon allein im Hinblick auf die familienrechtlichen Streitigkeiten zu rechnen sei.

3. *Ausgleichsmöglichkeiten bei Fortfall des kleinen Amtsgerichts.* Alle befragten Richter waren der Ansicht, dass die Dreigliederung des Gerichtsaufbaus zu gewissen Ausgleichsmaßnahmen zwinge, um den berechtigten Anforderungen der rechtsuchenden Bevölkerung entsprechen zu können. Während aber die Richter des LG Troppau in ihrer Mehrzahl annahmen, dass durch Abhaltung von Gerichtstagen und Errichtung von Zweigstellen allen Ansprüchen genügt werden könnte, waren die übrigen Richter der Überzeugung, dass keines der in Betracht kommenden Mittel als wirklicher Ausgleich für die mit dem Wegfall des kleinen und ortsnahen Amtsgerichts verbundenen Nachteile in Betracht komme. Insbesondere wurden Bedenken gegen die Zweckmäßigkeit der Gerichtstage erhoben. Es wurde geltend gemacht, die Gerichtstage litten darunter, dass der Richter nicht im voraus übersehen könne, welche Rechtsuchenden sich an ihn als Rechtsberatungsstelle werden würden. Er könne sich daher nicht vorbereiten und namentlich die erforderlichen Akten nicht bereitstellen. Die Durchführung einer Verhandlung werde meist an der ungenügenden Vorbereitung oder dem Fehlen der Anwälte scheitern. Zur Zeit begegne die Abhaltung von Gerichtstagen auch auf Seiten des Richters großen Schwierigkeiten. Die Omnibusse, die im allgemeinen als Verkehrsmittel in Betracht kämen, seien überfüllt, die Unterbringungs- und Verpflegungsverhältnisse schlecht, oft gänzlich unzureichend.

Zweigstellen seien ebenfalls nur ein Notbehelf. Sie führten durch das Hin- und Hersenden der Akten zu viel Leerlauf. Auch die richtige Auslastung des Personals sei bei ihnen schwierig. Wirklich befriedigende Arbeit lasse sich zudem nur erhoffen, wenn die Zweigstelle mit einem Richter besetzt sei. Dann sei es aber richtiger, man lasse alles beim Alten. Mindestens müßten bei der Zweigstelle die meisten Vormundschaftssachen und möglichst auch die Grundbuchsachen erledigt werden. Die Bearbeitung der Grundbuchsachen sei aber wieder nur da möglich, wo ein Richter sei. Dass diese Sachen auch im ostmärkischen Rechtskreis dem Rechtspfleger übertragen werden könnten, sei ausgeschlossen.

Der *Reisetätigkeit des Richters* wurden ebenfalls grundsätzliche Bedenken entgegengehalten. Es wurde angeführt, dass der Richter auf Reisen unter Zeitdruck stehen und flüchtig arbeiten werde, dass nicht alle Richter für eine solche Reisetätigkeit in Betracht kämen und schließlich auch, dass die Reisetätigkeit in der nur oberflächlich urteilenden Öffentlichkeit oft einen schlechten Eindruck machen werde. („Der hat auch nichts besseres zu tun, als ständig Auto zu fahren.") Dass die *Geschäftsverteilung nach Sprengeln* in Verbindung mit der Reisetätigkeit des Richters irgendeine größere Orts- und Volksverbundenheit des Richters herbeiführen könne, wurde von den Gegnern der Dreigliederung allgemein bezweifelt. Auf keinen Fall könne auf diesem Wege ein Ersatz für das enge Vertrauensverhältnis gefunden werden, das zwischen dem Amtsrichter des kleinen Gerichts und der Bevölkerung seines Sprengels bestände. Zugegeben sei zwar, dass auch jetzt der Richter am größeren Amtsgericht diese enge Verbindung mit den Gerichtseingesessenen entbehren müsse. Er genieße dafür aber meist den Vorteil der umfassenderen Sachkenntnis, die sich aus der bei größeren Gerichten üblichen Geschäftsverteilung nach Materien ergebe, deshalb könne bei ihm auf die besondere Ortsnähe verzichtet werden. Ihr Fehlen würde aber sofort kraß in Erscheinung treten, wenn man dem Richter die sämtlichen Sachen eines Sprengels anvertrauen wolle. Besondere örtliche Verbundenheit oder Spezialkenntnisse auf rechtlichem Gebiet seien mindestens erforderlich, wenn schon nicht beides gleichzeitig verlangt werden könne. Keinesfalls sei der Verzicht auf beide Bedingungen möglich, ohne die Güte der Rechtspflege ernstlich zu gefährden.

Andere als die erörterten Ausweichmöglichkeiten wurden nicht zur Sprache gebracht.

4. *Zuständigkeit des Eingangsgerichts.* Nach allgemeiner Auffassung soll das Eingangsgericht, wenn es zur Dreigliederung kommt, sämtliche Zuständigkeiten der heutigen Amts- und Landgerichte umfassen.

Ein Bedürfnis für die Beibehaltung *besonderer Gerichte* wurde durchweg verneint. Lediglich LG-Präs. Dr. Möhwald, Mährisch-Schönberg, meinte, dass unter Umständen die Errichtung eines besonderen Gerichts dann praktisch sein könne, wenn der Geschäftsanfall in den betreffenden Sachen so groß sei, dass er eine Vielzahl von Richtern in Anspruch nehme. Das könne z.B. in Arbeitssachen der Fall sein.

Vom *Schöffenrichter* wurde im allgemeinen keine wesentliche Entlastung des Eingangsgerichts erwartet. Der Idee des Schöffenrichters stand man zwar durchweg nicht ablehnend gegenüber, hatte aber Bedenken, ob sich die für das Schöffenrichteramt geeigneten Menschen finden lassen würden. Vielfach würden dafür die Lehrer in Betracht kommen. In ihren Kreisen sei auch bereits der Ausspruch gefallen: „Da werden wir halt wieder einen neuen Posten mehr bekommen." Auch auf pensionierte Gendarmeriebeamte wurde in diesem Zusammenhang hingewiesen. Unter den Landwirten fänden sich sicherlich die eine oder die andere an sich geeignete Persönlichkeit, es sei aber zweifelhaft, ob sich die anderen Bauern deren Spruch zu unterwerfen bereit finden würden. *Das Volk wünsche nun einmal im allgemeinen den gelehrten Richter, dessen Sachkunde es unterstelle und erforderlich halte.* Größte Bedenken beständen dagegen, dass der Schöffenrichter über Viehmängelsachen urteilen solle. Sachverständig und objektiv in diesen Sachen sei vielleicht der Tierarzt, niemals aber der Bauer, der vielmehr parteiisch und einseitig urteilen werde. (Die Richter waren über den Inhalt der Schöffenrichterordnung im allgemeinen unterrichtet).

5. *Sondergerichtsbarkeit in Strafsachen.* Die Sondergerichtsbarkeit in Strafsachen sei zwar in anormalen Zeiten erforderlich, sei im übrigen aber durchweg abzulehnen. Nur vereinzelt wurde der Wunsch geäußert, dass bei Einbau der Sondergerichtsbarkeit in die ordentliche Gerichtsbarkeit verfahrensrechtliche Sondervorschriften aufrecht erhalten würden. Im allgemeinen wurde vielmehr erklärt, dass die Vorschriften des ordentlichen Strafprozessrechts nach Wiederherstellung ruhiger Verhältnisse allen Anforderungen genügen, vor allem auch eine schnelle und straffe Justiz ermöglichen würden. Wenn die Bevölkerung auch für die Notwendigkeit der Sondergerichtsbarkeit in den heutigen Zeiten Verständnis habe, so werde das Vertrauen des Volkes zur Rechtspflege durch sie doch keinesfalls gehoben und unter normalen Verhältnissen sogar erheblichen Belastungen ausgesetzt.

6. *Zusammenfassung von Sachen bei einem Gericht für Bezirke mehrerer Eingangsgerichte.* Die Zusammenfassung wurde durchweg abgelehnt und nur bei Erbgesundheitssachen, Angelegenheiten des gewerblichen Rechtsschutzes, schweren Strafsachen, allenfalls auch Arbeitssachen und Handelssachen für praktisch gehalten.

7. *Geschäftsverteilung.* Vielfach wurde die Geschäftsverteilung nach *Materien* für richtiger gehalten, weil es besser sei, dem Richter die Entwicklung ausreichenden Spezialwissens zu erleichtern. Das werde ihm die Sachbehandlung wesentlich erleichtern, Rückwirkungen aus das rechtsuchende Publikum haben und so dazu beitragen, dass sich der Richter das Vertrauen der Rechtsuchenden mindestens in demselben Maße erwerbe wie der reisende Sprengelrichter. Von anderer Seite (LG-Präs. Troppau, Mährisch Schönberg und Neutitschein) wurde der Geschäftsverteilung nach Sprengeln der Vorzug gegeben, dabei aber wieder von den Gegnern der Dreigliederung geltend gemacht, dass es noch besser sei, den Richter auch in seinem Sprengel wohnen und dort ständig amtieren zu lassen.

Allgemein war man der Ansicht, das eine elastische Regelung geboten sei, die die wünschenswerte Rücksichtnahme auf die örtlichen Verhältnisse gestatte.

8. *Besetzung der Gerichte.* In Zivil- und in Strafsachen soll in der ersten Instanz die Entscheidung durch den Einzelrichter die Regel sein. Die allgemeine Auffassung war, dass sich diese Sachen für den Einzelrichter nicht eigneten, weil sie ihn vor eine zu schwere Verantwortung stellten, auch das Volk Entscheidungen über Leben und Tod nun einmal nicht in der Hand eines einzigen Richters wissen wolle. Das Rechtsmittelgericht soll – auch das war die allgemeine Ansicht – kollegial besetzt sein. LG-Präs. Dr. Schulz forderte das Kollegium ferner für gewisse größere Zivilsachen. Er bekannte sich dabei als überzeugter Anhänger der Kollegialgerichtsbarkeit, die allerdings nicht als reine Formsache behandelt, sondern so ausgeübt werden müsse, wie der Gesetzgeber sie sich vorgestellt habe. Auch sonst wurde verschiedentlich der Wunsch geäußert, dass in Zivilsachen in irgendeiner Form, zweckmäßig auf Veranlassung des zunächst zuständigen Einzelrichters, die Möglichkeit kollegialer Beratung eröffnet werde. Auf die Bewährung der jetzt in der Strafgerichtsbarkeit geltenden elastischen Regelung wurde mehrfach hingewiesen.

Die *Laienbeteiligung* fand allgemeine Ablehnung. Nur LG-Präs. Petzel, Troppau, schlug vor, dass in der schweren Kriminalität die Mitwirkung von Laien vorgesehen werde, um so den Ansprüchen auf Beteiligung des Volkes an der Strafgerichtsbarkeit Rechnung tragen zu können. Ferner wurde verschiedentlich angeregt, dass Laien in Zivilsachen da mitwirken sollten, wo sie infolge ihrer besonderen Sachkunde dem Gericht von Nutzen sein könnten. Als Angelegenheiten, in denen das praktisch werde, wurden neben den Erbgesundheits- und Anerbensachen verschiedentlich auch die Handelssachen genannt, doch war hinsichtlich der letzten die Mehrheit ebenfalls für den Ausschluß der für überflüssig oder sogar schädlich angesehenen Laienbeteiligung. Der geringe Nutzen, den ihre Mitwirkung unter Umständen vielleicht einmal bringen könne, rechtfertige nicht die Durchbrechung des Prinzips.

9. *Richtergehilfe.* Der Gedanke des Richtergehilfen begegnete durchweg Verständnis. Dabei wurde das Ausbildungsinteresse in den Vordergrund gestellt, nicht die Unterstützung des Richters. Im Gegenteil wurde verschiedentlich gefordert, der Richtergehilfe müsse gegen Ausnutzung durch den Richter, dem er zugeteilt sei, geschützt werden. Auch dass ein Unterschied zwischen dem Richtergehilfen und dem Referendar bestehen müsse, wurde hervorgehoben. In diesem Zusammenhang wurde der Wunsch geäußert, dass dem Richtergehilfen auch eine gewisse eigenverantwortliche Tätigkeit obliegen müsse. Seine Stellung müsse etwa der des früheren ostmärkischen „Richters ohne Votum“ entsprechen, jedenfalls über die des geprüften Auskultanten hinausgehen.

10. *Abstimmungs- oder Führergrundsatz? Alle Richter traten für den Abstimmungsgrundsatz ein.* Eine Ausnahme bildete nur LG-Dir. Dr. Backhaus, Mährisch Schönberg, der die Entscheidung durch den Vorsitzer erforderlich hielt, mindestens dessen Überstimmung durch die Beisitzer ausgeschaltet wissen wollte. Er führte aus, dass der Vorsitzer vor der Öffentlichkeit die Verantwortung für den von ihm verkündeten Spruch trage, in den Augen des Publikums und selbst der vorgesetzten Dienststelle das jetzt schon tun und daher auch entscheidenden Einfluß auf diesen Spruch haben müsse. Es gehe nicht an, dass er eine Entscheidung verkünden und begründen müsse, die er nicht billige.

11. *Verfahrensgrundsätze beim Eingangsgericht. Anwaltzwang.* Soweit das Verfahren des Eingangsgerichts zur Erörterung gestellt wurde, wurde dem amtsgerichtlichen Verfahren der Vorzug gegeben.

Im allgemeinen traten die befragten Richter für die Aufhebung des starren Anwaltszwanges und seinen Ersatz durch eine elastische Lösung (Anordnung des Gerichts) ein. Verschiedentlich (LG-Präs. Dr. Schulz, LG-Präs. Dr. Möhwald) wurde aber die Aufrechterhaltung des Anwaltszwanges in seiner augenblicklichen Form in Sachen bestimmter Art oder von besonders hohem Streitwert, der erfahrungsgemäß auch zu einer Erschwerung des Verfahrens und der Entscheidung führe, gefordert. Eine gewisse Lockerung des Anwaltszwanges sei allerdings mit Rücksicht darauf erforderlich, dass in Zukunft bei einzelnen Gerichten mit einem Anwaltsmangel gerechnet werden müsse. Jetzt begegne jedenfalls, so erklärte LG-Präs. Dr. Möhwald, die ordnungsmäßige Bestellung von Anwälten durch die Parteien gelegentlich Schwierigkeiten.

Die allgemeine Ansicht ging dahin, dass die Fälle der notwendigen Verteidigung in Strafsachen erweitert weden müßten. Die jetzt geltende Regelung sei viel zu eng und werde weder den Belangen des Angeklagten noch denen des Gerichts immer gerecht.

12. *Dienstaufsicht.* Die ganz überwiegende Ansicht ging dahin, dass die Vorstände der künftigen Eingangsgerichte *auch die Dienstaufsicht über die Richter* ausüben sollten. Eine Zwischeninstanz zwischen dem Vorstand des Eingangsgerichts und dem Präsidenten des Obergerichts sei technisch zu entbehren und unerwünscht.

13. *Rechtsmittelzug.* Die Frage des Rechtsmittelzuges wurde im allgemeinen nur gestreift. Die meisten Richter waren dafür, dass gegen Entscheidungen in Zivilsachen die Berufung und die Revision gegeben sein sollten, während in Strafsachen gegen die Entscheidungen des Einzelrichters die Berufung, gegen die Kammer aber die Revision stattfinden solle. LG-Dir. Praschifka wünschte auch in Zivilsachen als Regelfall nur ein Rechtsmittel, nämlich die Berufung. Das Berufungsgericht solle aber die Revision zulassen, wenn die Entscheidung von grundsätzlicher Bedeutung sei. Darüber, ob die Zulassung zu Recht ausgesprochen worden sei, solle das Revisionsgericht vorab erkennen.Die Zulassung des Rechtsmittels durch besonderen Ausspruch des Gerichts begnete wenig Sympathie. Für den Fall, dass sie nicht zu entbehren sei, bestand im allgemeinen mehr Neigung, die Entscheidung dem judex ad quem anzuvertrauen. In Trautenau wurde geltend gemacht, dass die Verwerfung des Rechtsmittels als offensichtlich unbegründet sich bewährt habe und allen Anforderungen in dieser Richtung genüge.

II. *Zur künftigen Stellung des Richters.*

1. *Vertrauenskrise, Ansehen des Richters.* Dass im Sudetengau eine Vertrauenskrise innerhalb und gegenüber der Rechtspflege bestände oder je bestanden habe, wurde im allgemeinen in Abrede gestellt. Dazu wurde betont, dass die Bevölkerung der Amtsführung des Richters durchweg uneingeschränktes Vertrauen entgegen bringe. Das besonders günstige Verhältnis zwischen Richter und Rechtsuchenden sei vielleicht darauf zurückzuführen, dass der deutsche Richter in der Tschechenzeit oft Gelegenheit gehabt habe, deutschen Menschen irgendwie zu helfen, und dass er politischen Angriffen seitens der Tschechen ausgesetzt gewesen sei, was sein Ansehen bei dem deutschen Publikum gestärkt habe. Andererseits trug LG-Präs. Dr. Petzel allerdings vor, dass man jetzt nicht mehr von einer Vertrauenskrise in der Justiz sprechen könne, nachdem ihre Stellung in der Tschechenzeit unverkennbar gelitten habe. Damals seien die tschechischen Richter im politischen Kampf vielfach angegriffen worden, was von den Laien dann auf die Rechtspflege im allgemeinen und – namentlich in späterer Zeit – auch auf die deutschen Richter übertragen worden sei. Auch LG-Präs. Dr. Petzel erklärte aber, dass der deutsche Richter jetzt das volle Vertrauen der Bevölkerung in ihrer breiten Masse genieße. Von allen Seiten wurde aber darüber geklagt, dass dieses gute Verhältnis gefährdet sei. Dem Publikum sei nicht unbekannt geblieben, dass immer wieder irgendwelche unberufenen Stellen sich in die Rechtspflege einzuschalten versuchten. Das habe dazu geführt, das viele Rechtsuchende jetzt bestrebt seien, sich Hilfe bei anderen Stellen zu holen, wenn sie glaubten, dass sie vor den Gerichten nicht zu ihrem Recht gekommen seien, oder auch nur hofften, eine zu Recht ergangene, ihnen aber lästige Entscheidung beseitigen zu können. Leider begneten sie bei diesen

Versuchen immer wieder Dienststellen, z.B. solchen der SS, die sich auf dieses Begehren einließen. Wenn derartige Bemühungen auch sachlich erfolglos blieben, so werde doch die Autorität des Gerichts und des Richterspruches durch die Einschaltung und das Tätigwerden dieser Stellen empfindlich gemindert. Nach außen verliere der Spruch dadurch den Charakter des Selbständigen und Endgültigen und scheine der Nachprüfung und Bestätigung durch justizfremde Stellen zu unterliegen. Dass diese Entwicklung zum Teil schon recht weit fortgeschritten sei, beweise das manchmal recht unehrerbietige Auftreten mancher Leute vor Gericht, wo sie sich in öffentlicher Sitzung bis zu Drohungen, sie würden sich schon bei anderen Stellen Hilfe verschaffen und dgl., verstiegen. Die Abstellung dieser Gefahren sei unbedingt geboten. Dazu genüge es, dass jede unzuständige Stelle die Befassung mit Rechtsangelegenheiten, die zum Aufgabengebiet der Justiz gehörten, ein für allemal ablehne und etwaige Bittsteller an die Gerichte und Staatsanwaltschaften verweise.

Auch das *Ansehen der Justiz* (im Gegensatz zum *Vertrauen in die Rechtspflege*) bei der Partei, den anderen Staatsstellen und auch bei dem Publikum entspreche nicht ihrer wahren Bedeutung. Der Grund liege vor allem darin, dass die Richter durchweg nicht in der Lage seien, in der Öffentlichkeit so aufzutreten, wie es ihnen bei der Bedeutung ihrer Stellung und ihres Amtes zukomme und wie andere vergleichbare Amtsträger es könnten. Das sei einmal die Folge der geringen materiellen Besoldung der Richter, die nicht wie viele ihnen sonst entsprechende Beamte, namentlich der Landrat, die Möglichkeit zu erheblichen Nebeneinnahmen hätten. Außerdem fehle ihnen aber auch die sonstige staatliche Unterstützung, die erforderlich sei, um ihnen Autorität und Ansehen nach außen zu verleihen.

Verschiedentlich wurde betont, dass die Stellung anderer Beamter in dieser Hinsicht viel günstiger sei als die des Richters. So wurde auf die nachhaltige Hilfe verwiesen, die etwa ein Beamter der inneren Verwaltung, vor allem ein Landrat, im Falle der Versetzung erfahre. Während es dem Richter selbst überlassen bleibe, sich um eine Wohnung zu bemühen, und infolgedessen zahlreiche Richter in den bereisten Bezirken trotz jahrelanger Bemühungen noch ohne Wohnung seien, werde für den Beamten der inneren Verwaltung weitgehend, notfalls durch die Errichtung von Dienstwohnungen, gesorgt. Noch jetzt im Kriege seien von verschiedenen Behörden – genannt wurden die innere Verwaltung und die Reichsbahn – Beamtenwohnungen gebaut worden, wie sie für einen Richter überhaupt kaum in Betracht kämen. Es sei kein Wunder, wenn unter diesen Umständen auch bei anderen Dienststellen das Ansehen des Richters entsprechend leide und er über die Schulter angesehen werde. Das müsse natürlich auch auf das Publikum abfärben.

LG-Präs. Möhwald berichtete in diesem Zusammenhang als charakteristisch, dass er sich seinerzeit um dieselbe Wohnung bemüht habe wie der Landrat. Als der Bürgermeister hiervon gehört habe, hätte er ihn gleichsam zur Rede gestellt und mit Entsetzen erklärt, dass diese Wohnung für ihn, den LG-Präs., doch keinesfalls mehr in Betracht kommen könne, nachdem *„der Herr Landrat"* selbst sich dafür interessiere (!). Auch die Ausstattung anderer Behörden mit *Dienstkraftwagen* wirke in der Öffentlichkeit mindernd auf das Ansehen des Richters, dem ein Kraftwagen nur in den seltensten Fällen zur Verfügung stehe. Schließlich wurde auch wiederholt darauf hingewiesen, dass die Justizbeamten gegenüber den Beamten anderer Verwaltungen, namentlich den Beamten der inneren Verwaltung, bei der Verleihung von Verdienstauszeichnungen, so besonders des *Kriegsverdienstkreuzes*, stark zurückgesetzt würden. Wenn nahezu jeder Regierungsrat und die meisten Regierungsinspektoren das Kriegsverdienstkreuz trügen, der Richter aber nicht, so nehme der unbefangene Volksgenosse – und nicht nur dieser – eben an, dass jene Beamten offenbar erheblich tüchtiger seien als der Richter, mindestens, dass ihre Tätigkeit im Gegensatz zu der des Richters viel kriegswichtiger und bedeutsamer sei. Dass andere staatliche, kommunale usw. Dienststellen amtlich erklären, die Tätigkeit der Gerichte sei nicht kriegswichtig, komme immer wieder vor. So seien Gerichtsgebäude mit dieser Begründung beschlagnahmt oder den Justizbehörden von den Postämtern (!) Kennziffern verweigert worden.

Von einigen Richtern wurde die Minderung des richterlichen Ansehens auch darauf zurückgeführt, *dass dem Richter immer wieder Aufgabengebiete entzogen würden oder er in zunehmendem Umfange an die Mitwirkung anderer Stellen gebunden werde.* Auch die Kriegsmaßnahmenverordnung habe sich, so wurde von einem Richter geltend gemacht, ungünstig ausgewirkt. Das Publikum wisse, dass der allgemeine Geschäftsrückgang mit den Einberufungen und Abstellungen durchaus Schritt halte. Wenn dann trotzdem dem Richter die Befugnis gegeben werde, den Geschäftsgang darüber hinaus zu drosseln, so führe das unwillkürlich zu der Auffassung, dass der Richter doch wohl besonders leistungsbeschränkt sein müsse.

LG-Präs. Dr. Möhwald wies im Laufe dieser Erörterungen auf die besonderen Schwierigkeiten hin, denen der Richter durch den Begründungszwang ausgesetzt sei. Während der Verwaltungsbeamte seine Entscheidung in aller Regel nicht zu begründen brauche oder sich mit einer allgemeinen Wendung begnügen könne, müsse der Richter seine Gründe im einzelnen darlegen. Daraus ergäben sich dann immer wieder die Angriffsmöglichkeiten für die Betroffenen.

Das Verhältnis der Justiz zur Partei soll im übrigen im allgemeinen gut sein. Leistung von Parteiarbeit durch den Richter werde, so wurde geltend gemacht, dazu beitragen, dieses Verhältnis noch zu verbessern. Es müsse aber dafür Sorge getragen werden, dass der Richter auch ein *seiner Stellung entsprechendes* Parteiamt oder bei Zugehörigkeit zur SA dort eine entsprechende Charge erhalte. Die SS sei in dieser Hinsicht im allgmeinen verständnisvoller als andere Organisationen.

2. *Richter und Beamter; Richterkorps.* Die *Heraushebung des Richters aus dem allgemeinen Beamtenrecht* würde durchweg begrüßt. Es wurde darauf hingewiesen, dass bereits im alten Österreich und auch in der Tschechoslowakei ähnliche Bestrebungen bestanden hätten, die aber zu keinem Erfolg geführt hätten. Der Grund für die Sonderbehandlung, die der Richter einnehmen müsse, liege darin, dass er unabhängig sei, keinen Weisungen anderer Stellen unterliege und seinen Auftrag unmittelbar vom Führer ableite, ferner auch in der besonderen Schwierigkeit gerade seiner Tätigkeit. LG-Präs. Dr. Schulz, Neutitschein, warnte aber vor einer allzu willkürlichen Änderung der historisch gewordenen Verhältnisse. Der früher im Kommunaldienst (Bürgermeister) tätig gewesene LG-Dir. Dr. Ziegler, Neutitschein, meinte, dass der Richter keine Besserstellung gegenüber anderen Beamten beanspruchen

könne. Er tue auch nur seine Pflicht, nicht mehr. Seine Tätigkeit erschöpfe sich im allgemeinen im Negativen, während der Verwaltungsbeamte positiv aufbaue und Werte schaffe. Er sei daher in der Tat für die Allgmeinheit wertvoller als der Richter, der auch nicht verlangen könne, über den Verwaltungsbeamten hinausgehoben zu werden.

Die Bildung eines Richterkorps wurde im allgemeinen begrüßt, wenn vereinzelt auch Bedenken in der Richtung erhoben wurden, dass das Korps zu einer gewissen Abschließung führe, während der Richter gerade volksverbunden sein müsse. Kastengeist – und auf seine Bildung laufe der Gedanke des Richterkorps in gewisser Weise hinaus – könne vor allem beim Richter nicht geduldet werden (LG Trautenau).

Als Mittel zur Bildung eines Richterkorps wurden erörtert: Gewisse Anforderungen an das äußere und gesellschaftliche Auftreten der Richter *und ihrer Familien*; strenge Auslese des Nachwuchses, der nur angenommen werden dürfe, wenn er wirklich innerlich zum Richter berufen sei; Zusammenfassung der Richter zu Schulungen und Lehrgängen unter Ausschluß anderer Rechtswahrerzweige; eine gewisse Selbstverwaltung, so insbesondere eine eigene Ehrengerichtsbarkeit für die Richterschaft; geschlossenes Auftreten in der Öffentlichkeit; Tragen einer Richteruniform bei geeigneten Anlässen; vor allem aber Hebung und Stärkung des Selbstvertrauens des Richters durch Schutz gegen An- und Eingriffe und durch entsprechende Ausgestaltung seiner Stellung und Anerkennung seiner Leistungen von berufener Seite. Auch eine stärkere Zurückdrängung der Justiz*verwaltung*, die jetzt dazu neige, die Rechtsprechung zu überwuchern, wurde in diesem Zusamenhang gefordert.

Bei alledem wurde betont, dass die Bildung eines Richterkorps auf jeden Fall Angelegenheit einer Generation sei, zumal nicht zu verkennen sei, dass die Möglichkeiten, seine Entstehung zu unterstützen, viel geringer seien als etwa beim Offizierskorps, das vor allem den Vorteil der großen Zahl seiner Angehörigen und der frühzeitigen Einwirkung auf den jungen noch leicht bildungsfähigen und zu beeinflussenden Menschen habe.

3. *Mindestalter.* Für die Berufung zum Richter ein gewisses Mindestalter festzulegen, wurde durchweg als zweckmäßig anerkannt. Die Bemessung dieses Mindestalters schwankte sehr stark, überschritt aber nicht das 32. Lebensjahr.

4. *Weltfremdheit des Richters.* Dass der Richter den Vorwurf der Weltfremdheit verdiene, wurde – jedenfalls für den sudetendeutschen Richter – in Abrede gestellt. Der sudetendeutsche Richter sei vielmehr aufgeschlossen, vielseitig interessiert, bestrebt, sich fortzubilden und den Zusammenhang mit allen neuzeitlichen Entwicklungen zu wahren und zu vertiefen. Allerdings sei es ihm immer besonders schwer gefallen, sich durch Reisen in das Ausland zu bilden und in andere Verhältnisse zu schicken. Es sei dringend erwünscht, dass dem künftigen Richter hierzu großzügig Gelegenheit gegeben werde.

5. *Lebensschule.* Durchweg wurde der Gedanke begrüßt, dem angehenden Richter durch Gewährung des erforderlichen Urlaubs Gelegenheit zu bieten, sich in geeigneten Berufen zu schulen und zu bewähren. Dass ein Zwang in dieser Richtung ausgeübt werde, derart, dass die Berufsausübung außerhalb der Justiz *Voraussetzung* für die Berufung zum Richter sei, erschien den meisten der Präsidenten und Richter

aber nicht ratsam. Die Zeit der Beschäftigung außerhalb der Justiz dürfte auch nicht zu lang sein, da andernfalls die Gefahr bestehe, dass gerade der tüchtige Nachwuchs nicht wieder in die Richterlaufbahn zurückkehre. Als geeinete Berufe wurden vornehmlich die Anwaltschaft und das Notariat, in zweiter Linie Stellungen beim Finanzamt und den Handelskammern sowie in der Verwaltung, im Kommunaldienst usw. bezeichnet. Stellenweise wurde vor der Berücksichtigung weiterer Berufe, namentlich solcher in der freien Wirtschaft, ausdrücklich gewarnt, da die Tätigkeit dort geradezu zu einer Verbildung der für den Richter wesentlichen Eigenschaften führen könne.

6. *Entnahme der Richter aus freien Berufen.* Ausnahmslos wurde in Zweifel gezogen, dass es möglich sein werde, tüchtige Richter in größerer Zahl aus den freien Berufen zu gewinnen. Dagegen, dass in besonders gelagerten günstigen Einzelfällen dennoch von dieser Möglickeit Gebrauch gemacht werde, bestanden keine Bedenken. Andererseits wurde ausnahmslos vor dem Versuch gewarnt, auf diesem Wege eine größere Zahl von Richtern, etwa ein bestimmtes Kontingent, gewinnen zu wollen. In diesem Zusammenhang wurde auf die Gefahren für den justizeigenen Nachwuchs und darauf verwiesen, dass der gute Richter im allgemeinen einer durchaus anderen inneren Haltung und Einstellung bedürfe als etwa der gute Wirtschaftsführer und der Industrielle.

7. *Amtsbezeichnung des Richters.* Die Frage der Amtsbezeichnung wurde nur in Trautenau und Troppau zur Erörterung gestellt. Auf die Beibehaltung des Ratstitels wurde nur verreinzelt Wert gelegt. Die meisten Richter sprachen sich für die Bezeichnung „Richter" in Verbindung mit dem Gericht aus, bei dem der Richter tätig ist. Die Behörden- und Kammervorstände sollen herausgehoben werden, möglichst unter Vermeidung des Wortes Präsident (Troppau). Abgelehnt wurde auch die Amtsbezeichnung Direktor als durch die heutige ausgedehnte Anwendung in den verschiedensten Berufen entwertet.

8. *Rang und Beförderungsverhältnisse der Richter.* Auch diese Punkte konnten nur in Trautenau und Troppau erörtert werden. Die allgemeine Auffassung ging dahin, dass die Gleichstellung aller Richter nach der ganzen historischen Entwicklung und dem Aufbau des deutschen Richtertums unmöglich sei, dass es vielmehr einer gewissen Hervorhebung der Richter am Obergericht und am Reichsgericht bedürfe. Auch Beförderungsstellen innerhalb desselben Gerichts wurden unter Hinweis auf ähnliche Möglichkeiten im alten Österreich und in der Tschechoslowakei begrüßt. Gegen einen Wechsel der Richter vom Obergericht zum Eingangsgericht bestanden keine Bedenken, wenn gewährleistet sei, dass dadurch die Beförderungsstellen am Eingangsgericht den dort tätigen Richtern nicht in zu starkem Ausmaß weggenommen würden.

Böhmisch-Leipa, den 17. November 1943 gez. Bälz und Fechner

XI Bericht über den Besuch des Oberlandesgerichtsbezirks Naumburg a.d.S. (9.-16.1.1944)

In der Zeit vom 9.- 16. Januar 1944 haben Ministerialdirigent Bälz und Senatspräsident Dr. Bergmann den Oberlandesgerichtsbezirk Naumburg a.d.S. bereist und die das Amt berührenden Fragen erörtert.

Die Reise war von Seiten des Oberlandesgerichts sehr gut vorbereitet worden. Der Oberlandesgerichtspräsident nahm an allen Fahrten (mit Ausnahme der Fahrt nach Eckartsberga und Wiehe) sowie an fast allen Beratungen teil und hat sich darüber hinaus für Einzelbesprechungen zur Verfügung gestellt. Die Fragen stießen bei den Teilnehmern auf lebhaftes Interesse. Die Erörterungen standen durchweg auf einer beachtlichen Höhe und bewiesen, dass sich die Teilnehmer mit den einschlägigen Fragen auf Grund des dem Oberlandesgerichtspräsidenten übersandten Fragebogens, den dieser in zusammengefaßter und ergänzter Form (s. Anlage I) den Teilnehmern weitergegeben hatte, eingehend beschäftigt haben. Die Reise verlief deshalb sehr anregend. Sie wurde dadurch wesentlich erleichtert, dass es dem Oberlandesgerichtspräsidenten gelungen war, Benzin für die Benutzung seines Kraftwagens zu beschaffen. Die beabsichtigte Fahrt nach Erfurt mußte wegen Erkrankung des Kraftfahrers ausfallen. Die Teilnehmer aus den Bezirken Erfurt und Nordhausen kamen deshalb zu besonderen Besprechungen am Sonnabend nach Naumburg.

Verlauf der Reise im einzelnen:

9.1.44: Nach dem Eintreffen in Naumburg fand nachmittags und abends in der Wohnung des OLG-Präs. eine eingehende Vorbesprechung statt. Teilnehmer: OLG-Präs. Dr. Sattelmacher, OLG-Rat Dr. Venediger (nachmittags), OLG-Rat Dr. Beyer.

10.1.44: Vormittags Fahrt im Kraftwagen nach dem Stubenberg bei Gernrode/Harz. Unterwegs Besichtigung der Amtsgerichte Querfurt, Eisleben, Hettstedt und Ballenstedt und kurze Besprechungen mit den dortigen Richtern.

Nachmittags und abends Besprechungen mit den Richtern aus dem Gau Magdeburg–Anhalt. Teilnehmer: OLG-Präs. Dr. Sattelmacher, OLG-Rat Beyer,

aus dem LG-Bezirkk Dessau LG-Präs. Bandel, AG-Direktor Schmude – Dessau,

aus dem LG-Bezirk Halberstadt (LG-Präs. Hartmann war erkrankt) AG-Direktor Knigge – Halberstadt,

aus dem LG-Bezirk Magdeburg LG-Präs. Peltner, LG-Direktor Pape, LG-Direktor Dr. Reinecke, OLG-Rat Schöne, OA-Richter Pyrkosch – Genthin,

aus dem LG-Bezirk Stendal (LG-Präs. Pfanne war erkrankt) AG-Direktor Heine – Stendal.

11.1.44: Vormittags, nachmittags und abends Fortsetzung der Besprechungen auf dem Stubenberg mit den gleichen Teilnehmern.

12.1.44: Vormittags und abends Rückfahrt im Kraftwagen nach Naumburg unter Besichtigung der Amtsgerichte Quedlinburg, Aschersleben, Staßfurt und Weißenfels unter kurzen Besprechungen mit den dortigen Richtern. Teilnehmer: OLG-Präs. Dr. Sattelmacher, OLG-Rat Dr. Beyer.

Abends kameradschaftliches Beisammensein mit den Teilnehmern aus dem Gau Halle-Merseburg. Zwanglose Vorbesprechung.

13.1.44: Vormittags und nachmittags gemeinsame Besprechung mit den Teilnehmern aus dem Gau Halle-Merseburg im OLG Naumburg. Teilnehmer: OLG-Präs. Sattelmacher, Vizepräs. Lättig, OLG-Rat Dr. Venediger, OLG-Rat Dr. Beyer.

Aus dem LG-Bezirk Halle LG-Präs. Dr. Rogivue, LG-Direktor Rummler, LG-Direktor Kanzow.

Aus dem LG-Bezirk Naumburg LG-Präs. Wanke, AG-Rat Thiele – Kölleda.

Aus dem LG-Bezirk Torgau LG-Präs. Ristow, LG-Rat Dr. Weise, OA-Richter Dr. Bogk – Torgau, AG-Rat Dr. Mentzendorff-Wittenberg, AG-Rat Kramer – Eilenburg.

Abends zwanglose Fortsetzung der Besprechungen in geselligem Beisammensein.

14.1.44: Vormittags Fortsetzung der Besprechungen im OLG-Bezirk Naumburg mit den gleichen Teilnehmern. Nachmittags Fahrt im Kraftwagen über die Finne, Besichtigung der Z-Gerichte Eckartsberga und Wiehe. Teilnehmer: LG-Präs. Wanke, OLG-Rat Dr. Beyer.

Abends Besprechung in der Wohnung des OLG-Präs. Teilnehmer: OLG-Präs. Dr. Sattelmacher, Vizepräs. Pistor.

15.1.44: Vormittags gemeinsame Besprechung mit den Teilnehmern aus dem Gau Thüringen. Teilnehmer: Vizepräs. Lüttig, OLG-Rat Dr. Venediger, OLG-Rat Dr. Beyer.

Aus dem LG-Bezirk Erfurt LG-Präs. Dr. Buhe, LG-Direktor Seitz, AG-Direktor Kletschke – Erfurt, OA-Richter Dr. Bangert-Sondershausen.

Aus dem LG-Bezirk Nordhausen LG-Präs. Gaedcke.

Abends geselliges Beisammensein und Verabschiedung. Teilnehmer: OLG-Präs. Dr. Sattelmacher, Vizepräs. Lüttig, LG-Präs. Wanke, OLG-Rat Dr. Venediger, OLG-Rat Dr. Beyer.

16.1.44: Rückfahrt nach Böhmisch-Leipa.

Ergebnis der Beratungen

I. *Zur Gerichtsorganisation*

1. *Vorbemerkungen.* Der OLG-Bezirk Naumburg/S. umfaßt bei rund 4.038.000 Gerichtseingesessenen 9 LG-Bezirke (also durchschnittlich 450.000 Gerichtseingesessene je LG-Bezirk) und 122 AGe (mit durchschnittlich also rund 33.000 Gerichtseingesessenen). Von den Amtsgerichten sind 28 in Z-Gerichte, 14 in G-Gerichte und 17 in St-Gerichte umgewandelt, so dass noch 63 in vollem Umfange fortgeführt werden. Bei 2 oder 3 Z-Gerichten wird heute noch 1 Richter (kein Rechtspfleger) beschäftigt, doch dafür sind rein persönliche Gründe maßgebend, die künftig wegfallen. Der OLG-Bezirk deckt sich mit dem Land Anhalt und der Provinz Sachsen mit Ausnahme der Exklaven Suhl, Ziegenrück und Ranis, die an den OLG-Bezirk Jena abgegeben sind. Regierungspräsidenten befinden sich in Erfurt, Merseburg und Magdeburg.

Der OlG-Bezirk gehört 3 Gauen an. Der nördliche Teil, nämlich der Regierungsbezirk Magdeburg (LG-Bezirk Stendal, Magdeburg und Halberstadt) und das Land Anhalt (LG-Bezirk Dessau) bildet den Gau Magdeburg-Anhalt. Der Gauleiter von

Magdeburg-Anhalt, Jordan, ist zugleich Reichsstatthalter von Braunschweig und Chef der Anhaltinischen Landesregierung. Der Gau Halle-Merseburg deckt sich mit dem Regierungsbezirk Merseburg – Gauleiter Eggeling – und umfaßt die LG-Bezirke Torgau, Halle/Saale, Naumburg/Saale und einen Teil des LG-Bezirks Nordhausen. Der westliche Teil des LG-Bezirks Nordhausen und der LG-Bezirk Erfurt einschließlich der 1937 eingetauschten AG-Bezirke Ebeleben, Sondershausen, Bad Frankenhausen und Allstedt gehören zum Gau Thüringen – Gauleiter Reichsstatthalter Sauckel -.

Die Verwaltungskreise und die Kreise der NSDAP decken sich im allgemeinen, wie sich auch der Sitz des Kreisleiters und des Landrats im allgemeinen an den gleichen Orten befinden. Die Gerichtsbezirke dagegen decken sich nur teilweise mit den Kreisen. Im allgemeinen befindet sich am Sitze des Landrats auch ein Amtsgericht, doch ist damit die Zahl der AGe nicht erschöpft.

Das OLG liegt etwa an der Südgrenze dieses großen Bezirks. Das hat zur Errichtung von zwei detachierten Senaten in Magedeburg für den Bereich des Gaues Magdeburg-Anhalt (LG-Bezirke Magdeburg, Halberstadt, Stendal und Dessau) geführt, die die gesamte sachliche Zuständigkeit eines OLG haben mit Ausnahme der Erbgesundheitssachen, der Regreßsachen gegen Staatsbehörden und Beamte und der Fideikommißsachen, die in Naumburg/S. verblieben sind, während umgekehrt die Schiffahrtssachen für den gesamten OLG-Bezirk in Magdeburg von einem der dortigen Senate erledigt werden.

Der OLG-Bezirk hat sowohl stark industrielle wie rein landwirtschaftliche Gebiete. Überwiegend landwirtschaftlich sind Torgau und Stendal. Magdeburg und Umgebung sind völlig industrialisiert, die Magdeburger Börde und das Gebiet östlich der Elbe sind rein landwirtschaftlich. Der OLG-Präs.legt Wert darauf, *die industriellen Gebiete und die rein landwirtschaftlichen Gebiete bei dem Aufbau der Eingangsgerichte möglichst zu trennen.*

Die Verkehrsverhältnisse sind unterschiedlich. Im allgemeinen ist die Provinz bahnmäßig gut erschlossen und hat im Frieden auch ein gutes Omnibusverkehsnetz gehabt. Verkehrsmäßig ungünstiger stehen aber jetzt der LG-Bezirk Torgau, da viele seiner Kleinbahnen im Kriege stilliegen, Nordhausen mit den Harzbahnen und das Thüringer Gebiet, soweit es zum OLG-Bezirk gehört. Der Höhenzug „die Finne" stelle ein großes Verkehrshindernis dar. Die Besiedelung ist ziemlich gleichmäßig; dünn besiedelt ist z.B. der östliche Teill des LG-Bezirks Magdeburg und der Bezirk Torgau (im übrigen s. unten zu Ziff. 3).

2. *Dreigliedriger oder viergliedriger Aufbau der Gerichte.*

Im Folgenden werden die Stellungnahmen der zu den verschiedenen Gauen gehörigen Bezirke getrennt wiedergegeben.

a) *LG-Bezirk Magdeburg, Stendal, Halberstadt und Dessau (Gau Magdeburg-Anhalt).* Der dreigliedrige Gerichtsaufbau wurde als durchführbar bezeichnet, aber mit Zurückhaltung aufgenommen. Auch wo ihm zugestimmt wurde, wurden wenigstens zwei Arten von Eingangsgerichten gewünscht (regelmäßige und gehobene). LG-Präs. Bandel sprach sich für die Viergliederung aus. Er betonte vor allen Dingen die Notwendigkeit der *Verwaltungszwischeninstanz des LG-Präs.* Die Anfragen der

Richter hätten sich seit den Lenkungsmaßnahmen sehr vermehrt. Für gewisse O-, R- und Strafsachen sei die Zusammenfassung bei einem größeren Gericht geboten und es sei auch unzweckmäßig, alle Berufungen an das OLG gehen zu lassen. Die kleinen Zwerggerichte seien entbehrlich, Gerichte aber von 2 bis 3 Richtern solle man bestehen lassen.

LG-Präs. Peltner (Magdeburg) sprach sich zwar für die Dreigliederung aus, wünschte aber gehobene Eingangsgerichte z.B. für Prozesse größeren Umfangs. Auch die Dienstaufsicht des LG-Präs. sei nicht entbehrlich. Das kleine AG gehöre der Vergangenheit an, aber Gerichte von 4 bis 6 Richtern seien erwünscht.

Verteidiger des kleinen Ein-Mann-Gerichts fanden sich nicht. Der einzelne Amtsrichter auf dem Dorfe habe sich dort vielfach sehr unglücklich gefühlt und weggewünscht.

b) *LG-Bezirke Naumburg/S., Halle/S. und Torgau (Gau Halle- Merseburg).* Auch hier waren die Meinungen geteilt. Eine Notwendigkeit, die Viergliederung zu beseitigen, wurde nicht anerkannt. Es bestehe die Gefahr, dass der ländliche Volksgenosse bei der Dreigliederung schlecht wegkomme. Man werde die Eingangerichte doch wieder untergliedern müssen, also bleibe man besser bei der Viergliederung. Allerdings habe der Gedanke der Dreigliederung etwas Bestrickendes. Wenn die Berufungssachen dem LG weggenommen seien und beim LG im wesentlichen der Einzelrichter entscheide, sei kein Grund für die Beibehaltung des LG gegeben. Ein Grund für die Beseitigung des LG liege in der Schwierigkeit einer vernünftigen Zuständigkeitsabgrenzung. Der Streitwert sei dafür nicht geeignet. Andere Maßstäbe seien schwer zu finden. Das AG sei ohnehin schon das Gericht für die Masse des Volkes. Die Existenz eines weiteren Gerichts daneben werde häufig als Sondereinrichtung für die „besseren Leute" aufgefaßt. Auch der Anwaltszwang beim LG wirke in diese Richtung. Am kleinen AG werde der Richter in Freundschaften und Feindschaften hineingezogen. Es bestehe die Gefahr der Verbauerung, deren Auswirkung ebenso unerwünscht sei wie die der Verstädterung. Dagegen wurde wiederum eingewandt, dass die Cliquenbildung in den mittleren und Kreisstädten größer sei als in den kleinen Orten. In den Kreisstädten bildeten sich immer verschiedene Zirkel und und einem von ihnen werde sich der Richter leicht anschließen. Auch auf die Bedeutung der Gebäudefrage wurde hingewiesen.

Auch hier fanden sich keine Verteiger des kleinsten Amtsgerichts. Mehrstellige Eingangsgerichte seien erwünscht, weil sie die Geschäftsverteilung nach Materien ermöglichten. Entschiedener Widerspruch gegen die Dreigliederung wurde nicht erhoben. Bei Beibehaltung der Viergliederung wurde von einer Seite die Abgabe der Scheidungssachen an das AG empfohlen, um den „Familienrichter" zu ermöglichen. Doch wurde diesem Gedanken widersprochen. Es liege darin eine Herabminderung des Ansehens der Ehe. Wenn das LG bestehen bleibe, müßte es auch die Ehesachen behalten, sonst sei die Dreigliederung vorzuziehen.

c) *LG-Bezirke Erfurt und Nordhausen (Gau Thüringen).*

Hier wurde einhellig die Dreigliederung bejaht, und zwar solle das Eingangsgericht grundsätzlich mit dem Einzelrichter besetzt werden. Das Publikum verstehe nicht, warum einmal der Einzelrichter, einmal das Kollegium entscheide. Die kleinen

AGe könnten wegfallen. Die Dreigliederung sei einfacher und übersichtlicher. Man brauche die Zuständigkeiten nicht auseinanderzureißen. Die Ortsnähe des Richters habe auch ihre Nachteile. Das Publikum sei an die Kreisstadt gewöhnt, die Verkehrsverhältnisse im Bezirk seien gut.

d) Der OLG-Präs. sprach sich grundsätzlich für die Dreigliederung aus, wobei aber die örtlichen Verhältnisse, z.B. in gebirgigen Gegenden, zur Einrichtung von 2–3-Mann-Gerichten führen könnten und auch die Detachierung eines Richters nicht ausgeschlossen sei.

3. *Durchführbarkeit der Dreigliederung*

Das Gebiet der OLG-Bezirke Naumburg ist sowohl im Ganzen wie in seinen einzelnen Bezirken gekennzeichnet durch die starke Gemengelage preußischer mit braunschweigischen, anhaltinischen und thüringischen Gebieten. Bei tatsächlicher Durchführung der Dreigliederung und Neuabgrenzung der Eingangsgerichte müßten hier grundsätzliche Änderungen vorgenommen werden. So schlägt der OLG-Präs. z.B. vor, dass im Osten der OLG-Bezirk Naumburg den AG-Bezirk Sandau an den KG-Bezirk und im Südosten Teile der AG-Bezirke Schkeuditz und Lützen an den OLG-Bezirk Dresden abgibt. Im Süden möchte er den AG-Bezirk Camburg vom OLG-Bezirk Jena trennen und dem OLG-Bezirk Naumburg zuschlagen, im Südwesten zum mindesten einen Teil des AG-Bezirks Treffurt dem OLG-Bezirk Kassel zuschlagen, da ein Teil dieses AG-Bezirks bereits im Werratal liegt. Im Westen wären nach seinem Vorschlag die AG-Bezirke Walkenried, Hasselfelde, Blankenburg und Calvörde aus dem OLG-Bezirk Braunschweig Naumburg zuzuteilen im Austausch gegen den AG-Bezirk Hötensleben – das AG Hötensleben ist G-Gericht, dessen Aufnahmegericht das AG Helmstedt (Braunschweig) ist -. Auch Exklaven und Enklaven ,üßten ausgetauscht werden. Ähnliche Verhältnisse ergeben sich aber auch bei der Abgrenzung der Bezirke einzelner Eingangsgerichte. Dennoch wurde auch auf Grundlage der gegenwärtigen Grenzziehungen die Durchführbarkeit der Dreigliederung im wesentlichen bejaht. Die Vorschläge, die dafür gemacht wurden, und die am Schlusse dieses Berichts im Zusammenhang wiedergegeben werden, können aber nicht in allen Teilen als geeignete Grundlage für die endgültige Regelung angesehen werden, da dieser zunächst *eine allgemeine Gebietsbereinigung auch in politischer Hinsicht* vorauszugehen hätte.

Die Vorschläge der LG-Präsidenten und des OLG-Präs. weichen teilweise voneinander ab, und zwar so, dass sich in mehreren LG-Bezirken nach den Vorschlägen des OLG-Präs. ein oder zwei Eingangsgerichte mehr und damit im ganzen kleinere Eingangsgerichte ergeben als nach den Vorschlägen der LG-Präs. Karten, in denen die Bezirke eingezeichnet sind und aus denen auch die Verwaltungskreise zu ersehen sind, sind beigefügt [hier nicht wiedergegeben]. Die für die künftigen Eingangsgerichte vorgesehenen Richterzahlen sind links am Rande vermerkt, und zwar die von dem OLG-Präs. vorgesehene in Klammern. Dieser hat insofern ein besonderes Verfahren eingeschlagen, als er bei den Eingangsgerichten nur diejenigen Richterzahlen angegeben hat, die nach seiner Auffassung aus der Übertragung der bisherigen amtsgerichtslichen Geschäfte auf das einheitliche Eingangsgericht erforderlich werden. Dazu kommt dann für den gesamten LG-Bezirk ein Zuschlag, der auf 2/3 der bisherigen Richterzahlen der Landgerichte bemessen ist. Diese Kräfte sollen zur Erledigung der von den Landgerichten auf die Eingangsgerichte zu übertragenden Geschäfte dienen, von denen angenommen wird, dass sie zum großen Teil bei einzelnen Eingangsgerichte zusammengefaßt werden. Aus ihnen sollen auch Hilfskräfte für das OLG entnommen werden. Diese zusätzlichen Zahlen sind am Schlusse der Aufzählung der Eingangsgerichte jedes LG-Bezirks links am Rande, ebenfalls in Klammern, vermerkt.

Der OLG-Bezirk verfügt zurzeit über 484 Planstellen für Land- und Amtsgerichte, dazu neun Landgerichtspräsidenten und 60 E-Stellen (künftig wegfallend). Nach den Vorschlägen der LG-Präsidenten würden rund 370 Richter für die neuen Eingangsgerichte erforderlich sein, nach der Schätzung des OLG-Präs. rund 420. Abgesehen davon, dass es sich hier um sehr unsichere Schätzungen handeln kann, mag die Abweichung darauf beruhen, dass der OLG-Präs. von einer größeren Zahl von Eingangsgerichten ausgeht und eine gewisse Richterreserve für das OLG selbst eingerechnet hat. Doch ist dieser Punkt nicht näher erörtert worden.

Im OLG-Bezirk sind bisher vorhanden 9 Landgerichte (Magdeburg, Stendal, Halberstadt, Dessau, Halle, Naumburg, Torgau, Erfurt, Nordhausen) sowie 22 Amtsgerichte. Von den AGen sind 14 G-, 18 Z- und 15 St-Gerichte. Nach den Vorschlägen der LG-Präs. würden von diesen 122 + 9–57 = bisher 76 Eingangsgerichte übrigbleiben; 57 Eingangsgerichte; nach den Vorschlägen des OLG-Präs. 47 [?] Eingangsgerichte.

Für die künftigen Gerichte wurden als Bezeichnungen vorgeschlagen: Landgericht, Obergericht, Reichsgericht.

4. *Ausgleich für den Fortfall des kleinen Amtsgerichts. – Reiserichter, Gerichtstage, Zweigstellen.*

Der Fortfall der kleinen Amtsgerichte fand überall Billigung, ohne dass besondere Maßnahmen zum Ausgleich als erforderlich bezeichnet wurden. Der Landbewohner sei beweglicher als man denke, Es mache ihm gar nichts aus, eine größere Reise zur Kreisstadt oder zum Gerichtssitz zu unternehmen. Die Volksverbundenheit werde auch durch die Laienrichter aufrechterhalten.

Die Einrichtung des „Reiserichters", unter dem ein beweglicher Richter ohne festen Verhandlungsort verstanden wurde, fand wenig Anklang. Das sehe so aus, als ob der Richter den Parteien nachlaufe. Die Würde des Gerichts leide, wenn in unzulänglichen Räumen verhandelt werden müsse, wenn der Richter sich gewissermassen vor den Augen des Publikums umkleiden müsse. Es sei unerwünscht, wenn an den Türen und Fenstern gehorcht werden könne. Dem Richter stünden auch die erforderlichen Hilfsmittel nicht zur Verfügung. Durch die Reise gehe auch viel Zeit verloren. Solche Verhandlungen an beliebigen Orten müßten immer besondere Gründe haben (Augenscheinnahme). Auch für die mit einem Rechtspfleger besetzten *Zweigstellen* fanden sich nur wenige Stimmen. Es wurden vielmehr lebhafte Bedenken geäußert, die auch der OLG-Präs. teilte. Der Rechtspfleger werde als Nachfolger des Richters erscheinen. Es sei ganz unvermeidlich, dass er von der Bevölkerung auch in Sachen befragt werde, die nicht zu seiner Zuständigkeit gehörten und die Gefahr sei groß, dass er sich darauf einlasse, dass also in diesem Sinne „gewinkelt" werde. Ein solcher Fall sei auch bereits vorgekommen (nach LG-Präs. Ristow – Torgau). Der Rechtspfleger werde bei der Zweigstelle nicht voll beschäftigt sein. Man werde ihn aber wegen der Verkehrsverhältnisse nicht anderweit einsetzen können. Seine Tätigkeit sei kaum zu kontrollieren. Der OLG-Präs. stellte deshalb den Gedanken des detachierten Richters zur Erwägung, der z.B. zur Kollegialbildung beim Eingangsgericht herangezogen werde.

In diessem Zusammenhang wurde auch die Frage erörtert, wo die Grundbücher aufbewahrt werden sollten. Auch hierüber waren die Meinungnen geteilt. Vorschläge, die Grundakten von den Grundbüchern zu trennen oder wenigstens außerhalb des Eingangsgerichts Grundbuchabschriften aufzubewahren, wurden bei näherer Erörterung nicht aufrechterhalten. Die überwiegende Meinung ging wohl dahin, dass Grundbücher und Grundakten am Sitze des Eingangsgerichts aufzubewahren seien, abgesehen von der in Kriegszeiten erwünschten Dezentralisierung. Wer eine Grundakte einzusehen wünsche, möge schriftlich oder fernmündlich seinen Wunsch anmelden, dann würde die Grundakte zum Gerichtstag mitgenommen werden. Dieses Verfahren habe sich bei den bereits bestehenden Gerichtstagen gut eingespielt.

Die regelmäßige Abhaltung von *Gerichtstagen* im Bezirk wurde überreinstimmend empfohlen, und zwar zu ein für allemal bestimmten Zeiten und an bestimmten Orten. Die Bevölkerung gewöhne sich schnell daran. Der Richter lerne die Verhältnisse auch außerhalb des Sitzes des Eingangsgerichts kennen, zumal wenn noch weitere Augenscheintermine an anderen Orten hinzukämen. Die Verbundenheit des Richters mit der Bevölkerung werde durch einen Gerichtstag oft mehr gefördert, als durch das bisherige kleine Amtsgericht, da von diesem der junge Richter meist schnell wieder fortstrebe, während der Gerichtstagsrichter auf Jahrzehnte der gleiche sein könne. Zur Begleitung des Richters werde kein Rechtspfleger, sondern nur ein Urkundsbeamter benötigt. Teilweise wurde vorgeschlagen, die Gerichtstage auf die freiwillige Gerichtsbarkeit zu beschränken. Bei festen Gerichtstagen könne auch für würdige Räume gesorgt werden. Im übrigen sei bei allen diesen Fragen jede starre schematische Regelung zu vermeiden. Es komme alles auf die Persönlichkeiten des Richters und die örtlichen Verhältnisse an.

5. *Der Friedensrichter.* Der Gedanke des Friedensrichters fand wenig Zustimmung. Es werde an geeigneten Persönlichkeiten fehlen. In kleineren Orten sei jedermann in irgendeiner Weise mit bestimmten Teilen der Bevölkerung enger verbunden. Die in Frage kommenden Personen hätten durchweg Rücksichten zu nehmen, so vor allem Geschäftsleute; sie würden sich auch keine Feinde machen wollen. Es müßten auch eine bestimmte „Haltung" gefordert werden und gewisse juristische Grundkenntnisse. Es sei schon schwierig Schiedsmänner zu finden. Schon jetzt biete die Preußische Schiedsmannsordnung die Möglichkeit, Zivilsachen zur Entscheidung durch den Schiedsmann zu bringen. Davon werde so gut wie gar kein Gebrauch gemacht.. Darum sei es auch zwecklos, was von einer Seite angeregt wurde, die Zuständigkeit des Friedensrichters an die Zustimmung der Parteien zu knüpfen. Die Entlastung des Richters werde nicht so groß sein, wie man vielleicht glaube. Nach den von LG-Präs. Bandel angegebenen Zahlen hätte der preußische Schiedsmann etwa 55–60 % der bei ihm eingegangenen Sühnesachen (Privatklagesachen)

verglichen und von den verbleibenden 40–45 % seien wiederum etwa 60 % vor dem Amtsrichter durch Vergleich oder in anderer Weise erledigt worden. In Dessau seien 1943 109 Privatklagen anhängig gewesen, von denen 24 unterledigt geblieben seien. Von den erledigten 85 Sachen seien nur 5 durch Friedensspruch oder Urteil entschieden worden (vgl. Anl. II). Entlastend könne auch der Friedensrichter überhaupt nur wirken, wenn man Rechtsmittel gegen seine Entscheidung ausschließe. Das sei aber nicht tragbar. – Als Verteidiger des Friedensrichters traten einzelne Richter auf, die gleichzeitig über gute Erfahrungen mit Schöffen zu berichten wußten (s. unten Ziffer 7).

6. *Die Zuständigkeit der Eingangsgerichte. Besondere Gerichte – Sondergerichte.* Das Eingangsgericht solle bei Durchführung der Dreigliederung nach einhelliger Meinung grundsätzlich die gesamte erstinstanzliche Tätigkeit des AG und LG umfassen. Die besonderen Gerichte und die Sondergerichte in Strafsachen sollten in die ordentliche Gerichtsbarkeit zurückgeführt bzw. eingebaut werden. Z.B. die Arbeits-, Anerben-, Erbgesundheitsgerichte und die Entschuldungsämter. Dabei sollten die Verfahren nach Möglichkeit den Hauptverfahrensordnungen angeglichen werden und zwar auch in Bezug auf die Rechtsmittel, soweit nicht die Sache selbst gewisse Besonderheiten unerläßlich mache. Das solle auch für die strafrechtlichen Sondergerichte gelten, die allgemein nur als eine Übergangserscheinung bezeichnet wurden. Teilweise wurden gegen ihre Rechtsprechung Bedenken geäußert. Die Bevölkerung sehe in den Sondergerichten keine wirklichen Gerichte. Die sofortige Rechtskraft ihrer Urteile sei im Kriege unvermeidlich. Die Bevölkerung verstehe aber nicht, dass es kein Rechtsmittel gäbe, wenn es um Kopf und Kragen gehe, während für kleinere Sachen Rechtsmittel zulässig seien. Der jetzige Zustand sei auf Kriegs- und Übergangszeit zu beschränken. Die Sondergerichte würden als (nicht militärisch besetzte) Standgerichte empfunden, für die in normalen Zeiten kein Platz sei. Man könne Ausnahmegerichte bereithalten, die gegebenenfalls sofort in Funktion treten könnten. Dazu genüge aber eine Ermächtigung der Justizverwaltung.

Vorbehalten wurden bei diesen Stellungnahmen allgemein die Fragen a) der Mitwirkung von Laienbeisitzern, b) der Zusammenfassung von Zuständigkeiten bei einem Eingangsgericht, c) der Geschäftsverteilung und d) die Frage, ob Einzelrichter oder Kollegium.

7. *Die Mitwirkung von Laienbeisitzern.* Die Erörterungen führten hier zu keiner einheitlichen Meinungsbildung.

a) *Fachlich nicht besonders vorgebildete Beisi*tzer.

Bei diesen ging die überwiegende Meinung wohl dahin, dass ihre Mitwirkung im Interesse der Rechtsfindung selbst nicht notwendig sei, dass es aber für das gesamte Vertrauen des Volkes zur Rechtspflege zweckmäßig sei, sie in bedeutenderen Strafsachen als Schöffen mitwirken zu lassen. Über diebisherigen Schöffen wurde verschieden geurteilt. Einzelne Richter wußten von vorzüglicher Zusammenarbeit zu berichten. Andere waren auf verständnislose schwer zu handhabende Schöffen gestoßen. Wieder andere hatten Schöffen gehabt, die praktisch ohne jede Wirkung geblieben waren. Demgegenüber wurde betont, dass bei der heutigen Auswahl der Schöffen eine gewisse Qualifikation ohne weiteres gewährleistet sei. Die NSDAP werde auf die Mitwirkung von Laien auch niemals verzichten. – Es sei erwünscht, möglichst vielen verständigen Leuten Einblick in die verantwortungsvolle Tätigkeit des Richters zu geben. Sie würden dann auch in der Öffentlickeit Verständnis für diese Tätigkeit wecken können. Teilweise wurde vorgeschlagen, die Zuziehung von dem Ermessen des Richters abhängig zu machen. Keinesfalls dürfe die Mitwirkung der Schöffen von dem Antrag der StA abhängig gemacht werden. Die jetzige Regelung, wonach die Zuständigkeit und damit die Besetzung der Strafgerichte praktisch von dem Belieben der StA abhänge, sei unerwünscht und könne nicht aufrechterhalten werden. – Die Laienbeisitzer seien erwünscht bei der Anlegung allgemeiner Maßstäbe. Sie hätten z.B. häufig das richtigere Gefühl dafür, ob eine Sache, die zunächst als großes Verbrechen angesehen werde, dies aber in Wirklichkeit nur eine Gelegenheitsentgleisung sei.

In Zivilsachen wurde die Mitwirkung von Schöffen für unnötig gehalten.

b) *Sachverständige Beisitzer oder Beisitzer aus Interessentengruppen.*

Für Arbeitsgerichtssachen waren die Meinungen geteilt. Hier wurde auf die Tätigkeit der Rechtsberatungsstellen der Deutschen Arbeitsfront hingewiesen, die im großen Umfange Prozesse von den Arbeitsgerichten fernhielten und bei denen die Arbeitsgeber- und Arbeitsnehmerinteresssen schon ausgeglichen würden. Die Arbeitsgerichte würden dadurch nur noch selten, dafür aber in bedeutsameren Sachen angerufen. Das sei an sich für das Ansehen der Richter nicht unerwünscht. Teilweise ziele die Tätigkeit der Arbeitsfront aber doch wohl auch auf eine Zurückdrängung des richterlichen Einflusses ab. Die überwiegende Meinung war auch in Arbeitsgerichtssachen für die Mitwirkung von Beisitzern beim Arbeitsgericht im Hinblick auf die Verbundenheit mit der Bevölkerung. Ein Teilnehmer hielt die Beisitzer beim Arbeitsgericht für entbehrlich, beim Landesarbeitsgericht für notwendig. Auch hinsichtlich der Sachverständigenbeisitzer bei den Anerbengerichten, Kammern für Handelssachen und Erbgesundheitsgerichten wurden verschiedene Meinungen geäußert. Einige wollten die Beisitzer fallen lassen, einige sie gesetzlich vorschreiben, einige sie nach dem Ermessen des Richters von Fall zu Falle zuziehen, und zwar entweder so, dass sie grundsätzlich nötig seien, der Richter aber ausnahmsweise von einer Zuziehung absehen könne, oder so, dass sie grundsätzlich entbehrlich seien, der Richter sie aber von Fall zu Fall zuziehen könne.

Es tauchte auch der Gedanke auf, die Beweisaufnahme ohne Beisitzer durchzuführen und diese nur zur Schlußberatung hinzuzuziehen, wogegen eingewandt wurde, dass nur derjenige die Verantwortung für das Urteil mitübernehmen könne, der auch der Beweisaufnahme beigewohnt habe. Gegen die Handelsrichter wurde eingewandt, dass sie häufig gerade auf den zu beurteilenden Gebieten keine Kenntnisse hätten. Keinesfalls sei es angängig, bei dem Eingangsgericht für jede geringwertige Handelssache Handelsrichter zuzuziehen. Dafür würden diese selbst keinerlei Verständnis aufbringen. Eine Grenze von 1.000 RM sei angemessen. Auf die Schiedsgerichte könne man für die Notwendigkeit von Handelsrichtern nicht Bezug nehmen. Die Beisitzer in den Schiedsgerichten seien reine Interessenvertreter. Hier würden deshalb häufig Anwälte zu Beisitzern bestimmt. Die Schiedsgerichte würden nicht deshalb vorgezogen, weil dort Handelsbeisitzer tätig würden, sondern wegen der Schnelligkeit des Verfahrens und wegen des Ausschlusses von Rechtsmitteln. Es sei im Gegenteil schon vorgekommen, dass Kaufleute ihre Sachen vor der Zivilkammer verhandeln wollten, weil sie nicht wünschten, dass die Handelsrichter Einblick in ihre wirtschaftlichen Verhältnisse bekämen.

Der OLG-Präs. wies auf den Zusammenhang dieser ganzen Frage mit der Gestaltung des Sachverständigenbeweises hin. Wenn die Stellung des Sachverständigen grundsätzlich dahin geändert werde, dass er zur Beratung zugezogen werden könne, gewinne die ganze Frage ein anderes Gesicht. Man solle überhaupt den Sachverständigen möglichst früh zuziehen, schon vor Erlaß des Beweisbeschlusses, denn nur er könne häufig sagen, welche Fragen notwendig seien.

Im Ergebnis überwog wohl die Auffassung, dass in Anerbengerichts-, in Pachtschutz- und Landbewirtschaftungssachen und beim Erbgesundheitsgericht Beisitzer gesetzlich vorzuschreiben seien mit der Möglichkeit für den Richter (allein oder mit Zustimmung der Beteiligten), von der Zuziehung abzusehen, während bei der Kammer für Handelssachen eher das umgekehrte Verfahren empfohlen wurde.

8. *Zusammenfassung von Zuständigkeiten aus den Bezirken mehrerer Eingangsgerichte bei einem Eingangsgericht.* Die Zusammenfassung wurde weitgehend empfohlen, mit Rücksicht auf die Einheitlichkeit der Rchtsprechung und die Schwierigkeit für den Richter des Eingangsgerichts auf allen Gebieten versiert zu bleiben (vgl. auch unten zu Ziff. 9). Auch die Beisitzerfrage sei auf diese Weise leichter zu lösen. LG-Präs. Rogivue sprach sich gegen die Zusammenfassung aus. Der Richter müsse mit diesen Schwierigkeiten fertig werden, die Zusammenfassung bedeute die Rückkehr zum Landgericht.

Die Befürworter der Zusammenfassung empfahlen, jede starre gesetzliche Regelung zu vermeiden und nur der Justizverwaltung die Möglichkeit zu geben, *im Wege der Geschäftsverteilung* zwischen verschiedenen Eingangsgerichten eine solche Zusammenfassung anzuordnen. Dem Nachteil, der sich daraus für die Übersicht ergebe (der Bezirksfremde kennt die Zuständigkeit nicht), werde auf diese Weise begegnet. Sonst müsse man wenigstens bestimmen, dass die Einreichung des Antrags usw. bei dem an sich örtlich zuständigen Eingangsgericht zur Fristwahrung usw. ausreiche.

Für die Zusammenfassung werden als geeignet bezeichnet: schwere Strafsachen (insbes. Blutbann), Patentsachen, Sachen des gewerblichen Rechtsschutzes, Erbgesundheitssachen, Arbeitsgerichtssachen (die durch die Tätigkeit der Arbeitsfront jetzt sehr selten würden), Entschuldungssachen (bei denen allerdings wieder die persönliche Kenntnis der örtlichen Verhältnisse erwünscht sei), große Bergschädenprozesse, wasserrechtliche Sachen, Fiskussachen, Schiffsunfallprozesse, Kirchenlastenfragen, aber auch Registersachen; auch Unfallsachen wurden in diesem Zusammenhang genannt (Verkehrsunfälle), doch stieß der Vorschlag auf Widerspruch. Im Zusammenhang hiermit wurde der Wunsch nach möglichster Verfahrensvereinfachung geäußert. Schon heute sei es kaum möglich, ein Entschuldungsamt zu besetzen.

9. *Die Geschäftsverteilung bei den Eingangsgerichten.* (Wegen der hiermit im Zusammenhang stehenden Frage der Zusammenfassung von Zuständigkeiten mehrerer Eingangsgerichte im Wege der Geschäftsverteilung s. oben zu 8).

In städtischen Bezirken wurde einhellig die Geschäftsverteilung nach Materien verlangt, aber auch für ländliche Bezirke wurden sie wohl überwiegend gefordert und von einer ganzen Reihe von Teilnehmern lebhaft verteidigt. Die Geschäftsverteilung nach Materien gestatte eine ganz andere Ausnutzung der richterlichen Kräfte als diejenige nach Bezirken. Ein Richter brauche etwa 1/2 Jahr, wenn er sich in die Arbeitsgerichtssachen einarbeiten solle und müsse ständig einen großen Teil seiner Arbeitszeit verwenden, um auf dem Laufenden zu bleiben. Der Leerlauf werde also ganz bedeutend erhöht, wenn mehrere Richter bei dem Eingangsgericht diese Arbeit leisten müßten. Das ganze Rechtssystem sei viel zu kompliziert, als dass man es sich leisten könne, mehrere Richter desselben Gerichts gleichzeitig auf dem gleichen Gebiet einzusetzen. Es sei auch keine Besserung abzusehen. Das neue Jugendstrafrecht und die ErbhoffortbildungsVO z.B. würden in der Praxis zunächst als außerordentlich kompliziert und schwierig empfunden. Auch auf diesen Gebieten könne man nicht mehrere Richter gleichzeitig ansetzen. Natürlich könne man mehrere zusammengehörige Materien für den ganzen Bezirk in einer Hand zusammenfassen und auf diese Weise den Familien-, den Bodenrichter usw. schaffen. Bei einer bezirksweisen Aufgliederung würden sich auch große technische Schwierigkeiten ergeben. Wenn bei einem Eingangsgericht z.B. 4 Zivilrichter für 4 Unterbezirke zuständig wären, sei die Mitwirkung der Anwälte praktisch unmöglich gemacht und die Beschaffung der erforderlichen Urkunddsbeamten werde auf große Schwierigkeiten stoßen.

Gegen den Einwand, dass es unerwünscht sei, wenn an demselben Ort des Bezirks gleichzeitig verschiedene Richter tätig werden müßten und dass man auf diese Weise den „Reiserichter“ in Frage stelle, wurde erklärt, es sei schon bisher üblich gewesen, dass bei Gerichtstagen der Richter, der zum Gerichtstag fahre, Sachen aus anderen Abteilungen mitnehme und erledige. Einem Einseitigwerden der Richter könne auch bei der Verteilung nach Materien durch einen Dezernatswechsel in Abständen von 2–3 Jahren begegnet werden. Bei Verteilung nach Unterbezirken würden auch bei dem gleichen Eingangsgericht Abweichungen in der Rechtsprechung unvermeidlich sein. Solche Fälle würden durch die Anwälte sehr schnell bekannt und seien unerwünscht, so z.B. eine verschiedene Handhabung des § 55 EheG.

LG-Präs. Rogivue empfahl eine gesunde Mischung des regionalen und des sachlichen Prinzips. Bei einer Besetzung des Eingangsgerichts mit 8 Richtern könne man vielleicht 4 oder 5 regional einsetzen, die anderen sachlich.

Allseitig wurde jede starre gesetzliche Regelung abgelehnt. Die Möglichkeit, den besonderen Verhältnissen jedes Eingangsgerichts (Eignung der Richter, örtliche und Verkehrsverhältnisse) Rechnung zu tragen, müsse offen bleiben.

10. *Einzelrichter oder Kollegium.*

a) *In Zivilsachen.* Auch hier waren die Meinungen geteilt. Für den Einzelrichter wurde geltend gemacht, er habe sich während des Krieges bewährt. Demgegenüber wurde mehrfach darauf hingewiesen, dass nicht nur die Zahl, sondern auch die

Bedeutung der bisher durchgeführten Prozesse im Kriege wesentlich abgenommen habe. Man könne deshalb aus den Erfahrungen der Kriegszeit nicht auf die Friedenszeit schließen. Der Einzelrichter sei bei größeren Sachen zu sehr von der Beweisaufnahme in Anspruch genommen. Der Beisitzer könne gleichmäßiger beobachten, das Gesamtbild werde besser. Bei dem Einzelrichter schiebe sich oft der Punkt, auf den sich die Verhandlung zuletzt zuspitze, zu sehr in den Vordergrund. Die Einzelrichter seien, weil sie das bemerkt hätten, teilweise dazu übergegangen, bei größeren Sachen Verkündungstermine anzusetzen, um Abstand zu gewinnen. – Die Frage, ob drei Richter einzeln mehr leisten als bei der Zusammenfassung zu einer Kammer, wurde teilweise, so auch von dem OLG-Präs., zu Gunsten der Kammer beantwortet. Es gäbe auch eine ganze Reihe Richter, die als Einzelrichter nicht aktiv und entschlußfreudig genug seien, die aber in der Kammer mit sehr guten Erfolgen eingesetzt werden könnten. Die Möglichkeit der Kammerbildung in Zivilsachen solle man daher geben. Allerdings sei es schwierig, ein geeignetes Verfahren dafür zu finden. OLG-Rat Bogk – Torgau teilte mit, es habe früher in München eine Geschäftsverteilung bestanden, wonach je ein OLG-Rat für Zivil-, für Strafsachen und für Sachen der freiwilligen Gerichtsbarkeit mit der Maßgabe beim Amtsgericht eingesetzt worden wäre, dass er jede Sache habe an sich ziehen können, wenn er der Meinung gewesen sei, die Sache sei schwierig und rechtfertige die Erledigung durch ihn selbst. – Teilweise wurde die Auffassung vertreten, die Ehescheidungssachen könnten dem Einzelrichter überwiesen werden; bei O-Sachen sei die Mitwirkung des Kollegiums häufig erwünscht.

LG-Präs. Rogivue srach sich für den Einzelrichter aus. Die häufigsten Prozesse seien landläufige Sachen, die ein Einzelrichter müsse erledigen können.

LG-Direktor Kanzow sprach sich für den Einzelrichter unter Zuziehung von Richtergehilfen aus. Wolle man den Richter wirklich hochstellen, so müsse man den Richtergehilfen schaffen, der keine größere Ansehensminderung auf sich nehme als jeder junge Staatsanwalt. Zu Gunsten des Einzelrichters wurde geltend gemacht, die schwierigeren Sachen gingen doch in die Berufungsinstanz und fänden dort die erforderliche kollegiale Erledigung. Es sei für das Publikum unverständlich, warum bei dem gleichen Gericht einmal eine Kammer, einmal ein Einzelrichter entscheide.

LG-Präs. Gaedcke – Nordhausen meinte, man könne die Kammer vielleicht durch Richterbesprechungen ersetzen, wenigstens soweit es sich um Rechtsfragen und um die Fälle „zweifelhafter Wertung" handele.

b) In *Strafsachen* wurden (vorbehaltlich einer etwaigen Zuständigkeit des Friedensrichters) für die kleinere und mittlere Kriminalität ein Berufsrichter, für die schwere Kriminalität (Strafkammer und Sondergericht) das Kollegium aus drei Berufsrichtern vorgeschlagen (wegen der Laienbeteiligung s. oben Ziff. 7). Gegen die Schaffung von drei erstinstanzlichen Strafgerichen neben dem Friedensrichter (Einzelrichter, Schöffengericht – 1 Richter mit 2 Schöffen -, Schöffenkammer – 3 Richter mit 2 Schöffen -) wandte sich LG-Präs. Rogivue und empfahl, die Aufteilung der strafgerichtlichen Zuständigkeit zwischen dem Einzelrichter (einfacher und größter Teil der mittleren Kriminalität) und der Schöffenkammer (schwere und schwerste Kriminalität). Damit werde auch das Übergewicht der Laien bei einem Teil der erstinstanzlichen Sachen vermieden.

11. *Abstimmung oder Entscheidung durch den Vorsitzenden.* Die überwiegende Meinung sprach sich für die Abstimmung aus. Der Führergrundsatz sei angebracht, wo man in die Zukunft blicke; dorthin werde geführt. Der Richter müsse das Geschehene, Zurückliegende sehen. Die Beseitigung des Abstimmungsgrundsatzes würde auf den Nachwuchs abschreckend wirken. Bei den Laien sei sie überhaupt nicht durchführbar. Das Volk würde es nicht verstehen, wenn die Schöffen erklärten, sie seien anderer Meinung gewesen, der Vorsitzende aber habe sich nicht darum gekümmert.

LG-Direktor Kanzow sprach sich für die Entscheidung durch den Vorsitzenden aus, wobei er die Beisitzer grundsätzlich als Richtergehilfen, mithin als jüngere Leute ansah. In der zweiten und dritten Instanz wollte auch er am Abstimmungsgrundsatz festhalten.

LG-Präs. Gaedcke – Nordhausen meinte, man könne die Entscheidung durch den Vorsitzenden einführen, ohne die Stellung der Beisitzer herabzudrücken, wenn man den Vorsitz wechseln lasse, d.h. wenn der jeweilige Sachbearbeiter zugleich Vorsitzender sei. Die Laienbeisitzer müßten das Übergewicht des Vorsitzenden hinnehmen. AG-Direktor Kletschke empfahl die Entscheidung durch den Vorsitzenden, weil dieser sonst die Verantwortung für sie, die ihm praktisch doch zugeschoben werde, nicht tragen könne.

12. *Anwaltszwang.* Der Anwaltstand im OLG-Bezirk wurde nicht ungünstig beurteilt. Die schärfere Beaufsichtigung und Lenkung der Anwälte mache sich wohltuend bemerkbar. Die Anwälte gingen mehr mit dem Richter mit, auch bei Vergleichsabschlüssen. Dies treffe wenigstens für die jüngeren Anwälte zu, bei den älteren gebe es Ausnahmen. Selbst in O-Sachsen würden heute 40–45 % verglichen. Der Anwaltzwang stehe in einem gewissen Zusammenhang mit der Güte der Anwaltstätigkeit. Einen guten Anwaltstand könne man nur haben, wenn man seine Existenz sichere. Andere meinten, man könne den Anwaltstand wirtschaftlich auch mit dem numerus clausus sichern.

Eine Beibehaltung des Anwaltszwanges auf sämtliche vom Landgericht an das Eingangsgericht übergehenden Zivilsachen wurde allgemein abgelehnt. Im übrigen war die überwiegende Meinung doch für die Mitwirkung der Anwälte. Die Beseitigung des Anwaltszwangs würde zu einer großen Mehrbelastung der Gerichte führen. Die Anwälte hätten im großen Umfange eine sichtende Tätigkeit ausgeübt. Auch der notwendige Verteidiger im Strafverfahren müsse bleiben. Teilweise wurde vorgeschlagen, der Richter solle von Fall zu Fall die Notwendigkeit der Mitwirkung von Anwälten anordnen. Demgegenüber wurde auf die Gefahr unterschiedlicher Handhabung durch anwaltfeindliche und anwaltfreundliche Richter hingewiesen, die man allerdings vielleicht durch „Lenkung" ausgleichen könne. LG-Präs. Wanke – Naumburg warnte davor, man solle grundsätzlich in organisatorischen Fragen nicht zuviel vom Ermessen des Richters abhängig machen, das führe immer zu Schwierigkeiten, insbesondere zu Dienstaufsichtsbeschwerden. – Auch hinsichtlich der Beiordnung von Armenanwälten und der Zahlung von Armenanwaltsgebühren wurden verschiedene Auffassungen vertreten. Wenn man dem Anwalt eine Existenz garantiere, könne er dafür die Armensachen unentgeltlich übernehmen. Der Ausdruck „Armenrecht“ und „Armenanwalt“ müßte verschwinden. Jedenfalls sei es für das Vertrauen zur Rechtspflege unerwünscht, wenn in einem Falle die vermögende Partei einen Anwalt habe und der Gegner nicht. Schließlich wurde vorgeschlagen, den Anwaltzwang grundsätzlich für bestimmte Arten von Sachen beizubehalten, wobei auch der Streitwert als Abgrenzung in Frage komme, darüber hinaus aber dem Richter die Möglichkeit zu geben, in einzelnen Fällen Anwaltzwang anzuordnen.

13. *Dienstaufsicht und Justizverwaltung im Falle der Dreigliederung. – Notwendigkeit der Verwaltungszwischeninstanz.* Gegen die Übertragung der Dienstaufsicht auf den Vorstand des Eingangsgerichts wurden Bedenken im Hinblick auf die kleineren Eingangsgerichte geäußert. Bei Gerichten von 2–5 Richtern, mit denen man rechnen müsse, sei der Abstand des Vorstandes von den Richtern nicht groß genug. Es fehlten ihm sowohl die Vergleichsmaßstäbe, die eine höhere Stelle habe, und die für die Personalpolitik unentbehrlich seien. Es fehle andererseits in solchen kleinen Verhältnissen und bei so enger Berührung die Möglichkeit tatkräftigen Durchgreifens.

Auf jeden Fall wurde eine *Verwaltungszwischeninstanz* zwischen den Vorständen der Eingangsgerichte und dem OLG-Präsidenten für erforderlich gehalten. Die Lenkung durch den OLG-Präs. sei bei einer Vielzahl kleiner und mittlerer Eingangsgerichte unmöglich. Die Richter selbst wendeten sich jetzt (nach Einsetzen der Lenkung) in starkem Maße mit Anfragen an den LG-Präs., deren Beantwortung dem OLG-Präs. für den ganzen Bezirk nicht möglich sein werde. Der LG-Präs. habe als Zwischeninstanz vieles ausgeglichen, was an ihn herangetragen werde, was aber bei dem OLG-Präs. schon einen zu „offiziellen“ Anstrich haben würde. Hingewiesen wurde auf die Darstellung von LG-Präs. Güllandt (früher Halle): „Kann in der Justizverwaltung die Zwischeninstanz des LG-Präs. entbehrt werden?“ (Vortragsreihe: Justizverwaltungsreform, Berlin 1927 bei Liebmann S. 107, insbes. 114 ff). Andere meinten, dass bei Verkleinerung der OLG-Bezirke der OLG-Präs. die Aufgaben des LG-Präs. mitübernehmen könne.

Der OLG-Präs. wies im kleineren Kreis darauf hin, dass die Zahl der Chefpräsidenten schon jetzt zu groß sei, um eine gute Beratung des Herrn Ministers zu gewährleisten. Je größer der Kreis der Teilnehmer würde, desto mehr verflachten erfahrungsgemäß die Beratungen. Man müsse bei einer weiteren Erhöhung der Zahl der Chefpräsidenten, vielleicht schon jetzt, den Gedanken erwägen, mehrere OLG-Bezirke wieder in einer Hand zu vereinigen, um dadurch die Zahl der unmittelbaren Berater des Herrn Ministers zu verkleinern. Bei der Verfolgung dieses Gedankens wurde vorgeschlagen, derartige Gebietsorgane im Reichsjustizministerium selbst zu schaffen, also Bezirkskommissare einzusetzen, die für mehrere OLG-Bezirke zuständig wären, sämtliche von dort eingehenden Berichte einerseits zu einheitlichen Stellungnahmen zu verarbeiten hätten, sich andererseits sehr viel in den ihnen zugewiesenen Bezirken aufzuhalten hätten, dem OLG-Bezirk gegenüber als Vertreter des Herrn Ministers, dem Herrn Minister gegenüber als Haupt dieser Bezirke zu fungieren hätten.

Für die Ausgestaltung der Verwaltungszwischeninstanz zwischen den Eingangsgerichten und dem OLG wurden ebenfalls verschiedene Vorschläge gemacht. LG-Präs. Rogivue wollte, um die einheitliche Organisation der Eingangsgerichte nicht zu durchbrechen, für je etwa 750.000 Gerichtseingesessene einen „Justizpräsidenten" als reine Verwaltungsinstanz einführen, der gleichermaßen allen Vorständen der Eingangsgerichte vorgesetzt wäre und dem auch alle Verwaltungsgeschäfte des OLG übertragen werden könnten, die nicht unmittelbar mit der Rechtspflege zusammenhingen (Rechnungsamt usw.). LG-Präs. Wanke hatte Bedenken gegen diesen Vorschlag. Die Hauptaufgabe der Justizverwaltung liege auf personalpolitischem Gebiet und richterliche Personalpolitik setze eine unmittelbare Fühlung mit der Rechtspflege, möglichst eine eigene Betätigung des Präsidenten in der Rechtspflege voraus. Andererseits könne diese Aufgabe nicht von Vorständen aller Eingangsgerichte übernommen werden, die den Dingen zu nahe stünden. Man müsse also wohl bei einzelnen Eingangsgerichten mit großem Personalbestand die Grundlage für einen solchen Gerichtspräsidenten schaffen.

II. *Zur künftigen Stellung des Richters.*
14. *Das Ansehen der Justiz.*
a) *LG-Bezirke Magdeburg, Stendal, Halberstadt und Dessau.*

Die Achtung, die der Justiz in der Öffentlichkeit sowie von anderen Staats- und Parteidienststellen entgegengebracht werde, lasse teilweise zu wünschen übrig. Die Justiz werde bei öffentlichen Veranstaltungen, Geselligkeiten usw. zurückgesetzt. Teilweise würden die Vorstände der Justizbehörden überhaupt nicht eingeladen. Wo sie eingeladen würden, sei die Platzfrage häufig nicht befriedigend geregelt. Das beruhe nicht überall auf bösem Willen. Zum Teil herrschten bei den einladenden Stellen sonderbare Vorstellungen über die Rangverhältnisse. Der Uniformierte gehe ohne weiteres im Range vor. Auch die Dienstwagenfrage spiele eine Rolle. Hitler-Jugendführer führen auch noch im Kriege zu Veranstaltungen im Auto, LG-Präsidenten in überfüllten Straßenbahnen. Die Heranziehung der Richter zur Parteitätigkeit bedürfe einer Klärung. Es schade dem Ansehen der Justiz, wenn bei irgendwelchen Veranstaltungen Leutnante und Oberleutnante in den vordersten Reihen als Gäste säßen, Richter aber als SA-Männer oder Politische Leiter dabei absperren müßten.

Als Grund für diese Minderbewertung der Justiz durch andere Stellen in Staat und Partei wurde angegeben, dass die Tätigkeit der Justiz den Verwaltungs- und Parteidienststellen, deren Tätigkeit unter sich enge Verwandtschaft zeige, nicht liege. Diese Stellen sprängen über Hindernisse hinweg; die Tätigkeit der Justiz erscheine ihnen als pedantisch. Das führe auch zu einem Ausscheiden der aktiveren Elemente aus der Richterlaufbahn. Kreisleiter und Verwaltungsdienststellen seien viel mehr aufeinander angewiesen und arbeiteten deshalb ständig Hand in Hand, wobei allerdings vielfach der Kreisleiter die Führung übernehme. Daher bestehe dort ein gutes Verhältnis. In der Justiz arbeite die Partei nicht mit, sondern kritisiere, und zwar oft auf Grund nicht genauer Untersuchungen. Die Weisungsfreiheit der Justiz sei der Verwaltung von jeher unbequem erschienen. Der Richter könne immer nur urteilen auf Grund dessen „was ist", nicht auf Grund der für die Verwaltung und die Partei häufig ausreichenden Annahme, „etwas werde wohl schon so sein".

Viele andere Berufe und Dienstzweige seien wegen ihres Einsatzes während des Krieges gelobt worden. Die Justiz habe noch keine Anerkennung erhalten. Das drücke sich auch in der Verteilung der Kriegsverdienstkreuze aus.

b) *LG-Bezirke Halle, Naumburg, Torg*au.

Das Verhältnis zwischen Justiz und Partei sei sehr gut. Gewiß würden auch einmal Vorwürfe gegen die Justiz erhoben. Seit den von der Partei erlassenen Richtlinien aber würden Verallgemeinerungen vermieden und die Fälle zunächst geprüft. Eine gewisse Zurücksetzung gegenüber anderen Behörden wird teilweise auch hier empfunden.

c) *LG-Bezirke Erfurt und Nordhausen.*

Auch hier wurde die Rangfrage betont. Die Tätigkeit der anderen Verwaltungen werde für wichtiger gehalten und höher eingeschätzt. Die Beziehungen zu den Parteidienststellen seien schwankend und hingen sehr von den Persönlichkeiten ab. Aus der Unterstellung der Richter als Parteigenossen unter die Ortsgruppenleiter könnten sich Schwierigkeiten ergeben, da hier gelegentlich Einflußnahmen auf richterliche Entscheidungen versucht würden. Es sei anzustreben, entweder den Richter völlig aus der Parteigerichtsbarkeit herauszunehmen (allerdings nur den Richter, nicht schon den Richtergehilfen) oder ihn doch wenigstens nicht dem Kreisgericht, sondern nur dem Gaugericht der Partei zu unterstellen.

Demgegenüber wurde betont, die Richter seien aber auch der Partei gegenüber sehr zurückhaltend gewesen und hätten zu wenig aktiv mitgearbeitet.

15. *Das Vertrauen der Bevölkerung zur Justiz.* Das Vertrauen zur Justiz in den Kreisen der Bevölkerung sei ungeschwächt. Man könne vielfach beobachten, dass die Leute gern zum Gericht kämen, weil sie das Gefühl hätten, dort Schutz zu finden und nur nach Recht und Gerechtigkeit behandelt zu werden. Die sogenannte Vertrauenskrise sei ein künstliches Presseerzeugnis gewesen. Die Verhältnisse hätten sich seit Beseitigung der Presseangriffe wesentlich gebessert. Auch die heftigen Ausdrücke in den Dienstaufsichtsbeschwerden seien weitgehend geschwunden.

Der Justiz fehle ein Reklamechef. Die Polizei habe mit ihrer Reklame „Die Polizei, dein Helfer!" große Erfolge erzielt, obwohl die Behandlung bei ihr auch nicht in allem vorbildlich sei. Dienstaufsichtsbeschwerden würden bei der Justiz mit größter Peinlichkeit geprüft, in anderen Verwaltungen spielten sie bei weitem nicht die Rolle. Über die Polizei wage schon deshalb mancher nicht, sich zu beschweren, weil er fürchte, dann immer wieder von neuem angezeigt zu werden. Das Vertrauen zur Polizei seit weit geringer als zur Justiz.

Bei den Erörterungen zu diesem Punkt (wie zu Nr. 14) wurde auch auf die allgemeinen Schwierigkeiten hingewiesen, die sich für die Durchsetzung der Justiz in der öffentlichen Bewertung aus der Art ihres Tätigwerdens zwangsläufig ergebe. So gebe es kaum geschichtliche Beispiele großer Richter oder Rechtslehrer, die für die breite Masse unmittelbar verständlich wären. Anders bei großen Feldherren oder tapferen Offizieren. Wenn ein Richter in einem Prozeß vorbildlich gewirkt habe, so fehle ihm doch die unmittelbar werbende Kraft, weil ein Außenstehenden den Wert seiner Tätigkeit gar nicht begreifen könne, ohne dass man erst lang und breit den Sachverhalt selbst erzähle. Damit aber gehe das Interesse und die Wirkung verloren. Selbst ein Universitätsprofessor könne mit wissenschaftlichen Erfolgen oder als Lehrer unmittelbarer wirken als ein Richter.

16. *Mindestalter.* Der Richter solle durchweg nicht vor 30 oder 32 Jahren angestellt werden. Aber man solle diese Grenze nicht gesetzlich festlegen. Jedenfalls müßten Ausnahmen zugelassen werden können. Auf den Nachwuchs werde eine solche Grenze abschreckend wirken. Das könne nur durch sehr hohe Anfangsgehälter (mindestens 700–1.000 RM monatlich) und durch die sichere Aussicht auf Anstellung nach Erreichung des Alters ausgeglichen werden. Im übrigen nützen auch hohe Anfangsgehälter nichts, wenn nicht, insbesondere bei den Kommunalbehörden, ein „Preisstop" eingeführt würde. Dort erreichten schon junge Leute Beförderungsstellen. Spitzenstellen würden mit 35 Jahren erreicht. Der Drang nach Beförderung sei auch in der Richterlaufbahn außerordentlich groß, gerade bei den Kriegsteilnehmern.

17. *Lebensschule? – Weitere Laufbahn nach dem zweiten Examen.* Es wurde allgemein befürwortet, dem Assessor enen Einblick in andere Tätigkeiten zu geben. Es bestehe aber die Gefahr der Abwanderung in andere Berufe. Man dürfe die Richteranwärter daher erst dann in die freie Wirtschaft oder zu anderen Behörden gehen lassen, wenn sie als Richteranwärter bereits fest übernommen und dadurch gebunden seien. Der OLG-Präs. äußerte sich im gleichen Sinne. Ein Zeitraum von 4–5 Jahren sei zu lang. Wer sich so lange in anderen Stellen „bewährt" habe, der komme nicht zur Justiz zurück oder doch erst in einem Alter, in welchem er genug verdient habe und das Bedürfnis nach „ruhigerer", pensionsfähiger Tätigkeit verspüre. Männer, die eine gute Stellung außerhalb der Justiz bekleidet hätten, würden Spitzenstellungen in der Justiz verlangen. Nach Auffassung des OLG-Präs. würden aber alle diese Pläne noch auf Jahre hinaus schon am Kräftemangel scheitern. Die Justiz habe zwar viel Assessoren übernommen; das stehe aber größtenteils nur auf dem Papier. Diese Assessoren hätten sich ihre Gebührnisse sichern wollen. Ihre 5jährige Verpflichtung laufe zum großen Teil demnächst ab und viele von ihnen hätten sich inzwischen anderweitig gebunden oder doch andere Aussichten verschafft. Der Nachwuchs unter den Studenten sei sehr gering. Im Frieden habe der Bezirk eine Reserve von 120–150 Assessoren gebraucht. Nach dem Kriege werden vielleicht 80 erforderlich sein, die man nicht finden werde. Wenn die nötigen Kräfte vorhanden seien, solle man die Anwärter auf 2 Jahre hinausschicken, aber nicht sofort nach dem Examen. Sie müßten erst weiter geschult werden. Empfehlenswert sei dagegen, die Richter alle 2–3 Jahre zu Richterkursen zu kommandieren. Etwas ähnliches habe man früher in den Verwaltungsakademien gehabt. Die Kurse müßten aber ausschließlich auf Richter abgestellt werden. In den Lehrgängen sollten auch Angehörige freier Berufe sprechen. Besichtigungs- und Studienreisen könnten sich anschließen.

Auch von anderen Teilnehmern wurde eine 1–2 jährige Tätigkeit außerhalb der Justiz, aber unter deren Kontrolle, befürwortet. Angeregt wurde auch eine Tätigkeit als Staatsanwalt (wie umgekehrt eine Tätigkeit des Staatsanwalts als Richter), ferner als Rechtspfleger (etwa ½ Jahr lang). Auch die Tätigkeit in Schiedsgerichten sei lehrreich und deshalb erwünscht. Allgemein wurde von einer gesetzlichen Regelung für die Tätigkeit außerhalb der Justiz abgeraten. Die Beschäftigung solle als „erwünscht", nicht als unbedingt notwendig bezeichnet werden, die Handhabung müsse der Justizverwaltung überlassen bleiben.

18. *Ergänzung der Richterschaft aus anderen Berufen.* Sie wurde als Grundsatz durchweg abgelehnt. Es kämen nur Einzelfälle in Frage. Dies war auch die Auffassung des OLG-Präs. Erfolgreiche Angehörige dieser Berufe würden nur Spitzenstellungen übernehmen wollen, was gerade im Hinblick auf den Nachwuchs sehr unerwünscht sei. Schon jetzt führe die Besetzung von Spitzenstellen mit zu jungen Leuten zu einer jahrzehntelangen Blockierung dieser Stellen. Die Angehörigen der freien Wirtschaft erwürben auch vielfach Anschauungen, die für den Richter nicht geeignet seien. Dort würde vielfach eine „Großzügigkeit" geübt, die fünf gerade sein lasse, was für den Richter unmöglich sei. Auch die Arbeitsmethode sei eine andere. Der Mann der Wirtschaft arbeite häufig mit einem Stabe von Mitarbeitern. Der Richter müsse seine Sache selbst erledigen. Auch die Einheit des angestrebten Richterkorps werde durch solche Außenseiter gefährdet. Eine Ergänzung der in erster Linie verwaltenden Spitzenstellen aus solchen Berufen nütze der praktischen Rechtspflege nichts. Im übrigen könnten die Richtergehälter gar nicht so hoch sein, dass wirklich gute Leute Richter würden werden wollen. Von einer Seite wurde eine Altershöchstgrenze für die Übernahme aus anderen Berufen vorgeschlagen (45 Jahre).

In diesem Zusammenhang wurde auch die Frage der Rechtspfleger gestreift. Der OLG-Präs. führte aus, die starke Betonung der Rechtspflegertätigkeit hätte in Richterkreisen die Befürchtung geweckt, dass es zu einer Verzahnung der Rechtspfleger- und Richtertätigkeit kommen werde, so dass die Rechtspfleger nach einer Reihe von Jahren Richter werden könnten. Das werde das Ansehen der Richterstellung vermindern und man werde dann auf anderen und leichteren Wegen als über das Studium, Richter werden können. Dazu wurden die Meinungen vertreten, dass wohl ein solcher Aufstieg nicht völlig unterbunden werden solle, dass er sich aber so vollziehen müsse, dass der außerordentlich begabte Rechtspfleger zum Studium zugelassen und dabei gefördert werde. In diesem Zusammenhang wies der OLG-Präs. darauf hin, dass die heutigen Justizschüler nicht mehr annähernd die Qualität hätten wie der frühere Rechtspflegernachwuchs. Abiturienten kämen überhaupt nicht mehr und von den Mittelschülern nur die schlechten oder durchschnittlichen. Er habe von 20 Bewerbern nur 2 als befriedigend ansehen können. Insbesondere die Konkurrenz der Kommunalverwaltungen mit ihren sehr gut bezahlten mittleren Stellen sei hier gefährlich.

19. *Ausbildung des Richteranwärters innerhalb der Justiz. – der Richtergehilfe.* Die weitere unselbständige Beschäftigung des Richteranwärters nach der Prüfung wurde vom Standpunkt der Rechtsfindung aus allgemein als erwünscht bezeichnet. Allerdings solle man überlegen, ob es nicht zweckmäßig sei, den Vorbereitungsdienst wieder zu verlängern. Kriegsteilnehmer müßten natürlich besonders

behandelt werden. Die Mitwirkung eines Richtergehilfen, für den aber eine andere Bezeichnung gefunden werden müsse, erhöhe die Leistungsfähigkeit des Richters und führe den Anwärter gut in die richterliche Tätigkeit ein. Sie ersetze auch die fehlende Kammer. Ähnliche Einrichtungen gäbe es beim Reichsfinanzhof und habe es beim preußischen Disziplinarhof gegeben. Der Richtergehilfe sei nötig, weil sonst die zahlenmäßige Beschränkung des Richterstandes selbst gar nicht durchführbar sei. Der Richtergehilfe solle richterlich tätig werden, aber unter Verantwortung des Richters. LG-Präs. Buhe – Erfurt schlug vor, 5 Jahre Richtergehilfentätigkeit, 5 Jahre Tätigkeit außerhalb der Justiz, dann aber musse der Richter nach Stellung und Besoldung wirklich der „große Richter" sein.

Die Wirkung einer Richtergehilfenzeit auf den Nachwuchs wurde allgemein als sehr ungünstig angesprochen. Man könne zwar auf die die zunächst ebenfalls unselbständige Tätigkeit bei der Verwaltung und in der Staatsanwaltschaft hinweisen. Die Altersgrenze, die Beschäftigung außerhalb der Justiz und die Beschäftigung ohne Stimmrecht aber seien die drei Fragen, die den Nachwuchs beschäftigen. Das Bild des künftigen Richters sei viel zu unbestimmt, als dass man damit werben könne. Es liege auch ein Widerspruch darin, dass der Referendar schon weitgehend selbständig beschäftigt werden solle, dass auch der junge Rechtspfleger schon große Selbständigkeit besitze, während der Richteranwärter bis zum 30. Lebensjahr oder länger unselbständig bleibe. Eine Führeräußerung, die die Stellung des künftigen Richters konkret umreiße, könnte hier entscheidenden Wandel schaffen.

20. *Amtsbezeichnung der Richter.* Vorgeschlagen wurden Landrichter, Oberrichter, Reichsrichter.

21. *Besoldungs- und Rangstufe innerhalb der Richterschaft (Hierarchie oder Ebene).* Eine Gehaltsabstufung zwischen den Richtern der drei Rechtszüge wurde als selbstverständlich angesehen. Man werde sonst keine Richter für das Obergericht und das Reichsgericht gewinnen. Die Tätigkeit am Obergericht sei ein Opfer an Selbständigkeit, das im Gehalt ausgeglichen werden müsse. Innerhalb der einzelnen Stufen seien Beförderungsstellen für die Gerichtsvorstände und die Vorsitzenden der Kollegien angebracht. Außerdem müsse die Justizverwaltung fliegende Beförderungsstellen zur Verfügung haben, die an verdiente Richter beim Eingangsgericht übertragen werden könnten.

22. *Richter – Beamter.* Ein besonderes Richtergesetz würde den Richterstand herausheben. Gründe für die Sonderbehandlung lägen in der Weisungsfreiheit des Richters und dem unmittelbaren Führerauftrag. Der Richter sei die einzige Staatsstelle, die über Leben und Tod entscheide. In der Richtertätigkeit stehe der Mensch im Vordergrund. Die Richter verwirklichten ethische Ziele. – Erforderlich sei mindestens ein Disziplinargesetz für die Richter und auch die Versetzbarkeit müsse für die Richter besonders geregelt werden. Diese Frage habe für den Richter auch deshalb besondere Bedeutung, weil die Gerichte vielfach in kleineren Städten untergebracht seien. Der Richter müsse unabsetzbar sein, der Führer solle ihn nur nach Anhörung höchster Richter oder auf deren Vorschlag absetzen.

Andererseits wurde betont, es werde schwer sein, eine Sonderstellung der „ordentlichen" Richter zu begründen, solange sich Richter auch in anderen

Verwaltungen befänden. Wenn man dagegen anerkenne, dass die Richter auf *allen* Lebensgebieten die Aufgabe hätten, die Innehaltung der Rechtsordnung zu kontrollieren, dann könne man ihre Aufgabe grundsätzlich derjenigen der Verwaltung gegenüberstellen. Dann sei die Rechtsprechung das große Sicherheitsventil und die Richter seien dann etwas gänzlich anderes als die ausführenden Beamten.

23. *Richterkorps.* Die richterliche Unabhängigkeit sei von vielen Richtern auch auf das kameradschaftliche Gebiet ausgedehnt worden. Das zeige sich bei Zusammenkünften, die der OLG-Präs. und der Generalstaatsanwalt veranstalteten. Es erschienen die Staatsanwälte, die Referendare und Assessoren. Die Richter kämen zum größten Teil nicht. – Aus dem Beispiel des Offizierskorps lasse sich nicht viel für die Richterschaft entnehmen, weil für den Richter die wissenschaftliche Ausbildung im Vordergrund stehe. Eine gewisse Verwandtschaft bestehe vielleicht mit den Hochschullehrern. Das Offizierskorps bekäme junge Menschen in die Hand, die es schulen könne, die Richter seien älter und nicht mehr so leicht zusammenzuschließen. Jedenfalls müßten mindestens die Referendare und Richteranwärter zum Richterkorps gehören, sonst gebe es überhaupt keine Möglichkeit, die Tradition zu übermitteln. Beim Offizierskorps bestehe Hierarchie, und zwar übertrage sich dies, was sehr wichtig sei, in gewissem Umfang auch auf die Frauen der Offiziere und die Ausbildung einheitlicher Anschauungen und Lebensformen natürlich fördern.

Die Bildung eines Richterkorps sei ohne kameradschaftlichen Zusammenschluß der Richter unter sich nicht durchführbar. Dieser aber sei bisher bei der Partei zum großen Teil auf Widerstand gestoßen. Richterzusammenkünfte seien direkt verboten oder verhindert worden. Nur Zusammenkünfte im Rahmen des NSRB oder der Betriebsgemeinschaft seien gestattet worden. Die Frage des Richterkorps sei ohne eine Klarstellung des Verhältnisses zur Partei überhaupt nicht zu lösen. Die Stelung des einzelnen Richters innerhalb der Partei sei hier von großer Bedeutung. Es sei z.B. nicht erwünscht, dass der Richter dauernd nur Blockleiter sei oder nur zu untergeordneten Aufgaben herangezogen werde. Jedenfalls müsse er aufsteigen können.

Außer dem gesellschaftlichen Leben komme für die Bildung des Richterkorps eine eigene Ehrengerichtsbarkeit in Frage. Ferner gemeinsame Schulungskurse für Richter. Schulungsformen des außenpolitischen Amtes der NSDAP könnten für die Ausgestaltung gewisse Anhaltspunkte bieten.

Natürlich dürfe der Zusammenschluß der Richter keine Abschließung bedeuten. Die Richter müßten auch mit anderen Berufen zusammenkommen.

Zur Frage der Organisation wurde ausgeführt, man müsse zunächst eine Richtertradition schaffen, die Organisation ergäbe sich dann von selbst. Der Fortfall der Kollegialgerichte wirke der Typenbildung entgegen. Das Richterkorps müsse sich auszeichnen durch die Gemeinsamkeit der Weltanschauung, des Ethos, der Tradition und des Alltags. Entscheidend sei der „Geist" des Richterkorps, der erst geschaffen werden müsse. Bei dem Offizierskorps überwiege das „Äußere". Auch die Justiz werde allerdings bei dem Richter am Richtertisch das Äußere nicht außer Betracht lassen können.

Die übertriebene Betonung der richterlichen Unabhängigkeit und die ganze Arbeitsweise des allein auf sich gestellten Richters, insbesondere des Zivilrichters, mit ihrem wissenschaftlichen, Alleinarbeit erfordernden Einschlag fördere die Eigenbrödelei. Man solle den Richtern eine große Aufgabe stellen, die sie voll erfüllen, sie zum Kampf für die Wahrung der gesamten Rechtsordnung einsetzen.

24. *Lenkung*. Der Oberlandesgerichtspräsident führte aus, von der Lenkung werde im Naumburger Bezirk nur sehr zurückhaltend Gebrauch gemacht. Vor- und Nachschauen fänden statt. Es sei aber nur in einem einzigen Fall Veranlassung genommen worden, das Gericht auf einen besonderen Gesichtspunkt hinzuweisen. Auch die Nachschauen führten nur in sehr wenigen Fällen zu einer Beanstandung des Urteils. Die Staatsanwaltschaft habe bisher auch gegen die Besetzung der Strafgerichte und Sondergerichte im Naumburger Bezirk nie etwas einzuwenden gehabt. Die Vorsitzenden der Sondergerichte kämen alle zwei Monate zu kameradschaftlicher Aussprache zusammen. Dabei seien der Oberlandesgerichtspräsident und der Generalstaatsanwalt anwesend. Den Vorsitz aber führe der älteste Vorsitzende des Magdeburger Sondergerichts. Diese Besprechungen hätten zu einer Homogenität der Sondergerichte geführt. Bei den Landgerichtspräsidenten fänden häufige Besprechungen auch einzelner Sachen statt. Im übrigen bestehe eine enge Fühlungnahme zwischen Staatsanwälten und Richtern.

Die Richterbriefe hätten sich als ein ausgezeichnetes Lenkungsmittel erwiesen. Sie übten auch außerhalb der Richterschaft eine sehr gute Wirkung aus. Gerade auch Parteistellen und andere Verwaltungsstellen hätten aus der Gegenüberstellung mehrerer Fälle mit kleinen Abwandlungen gelernt. Sie verständen die Schwierigkeiten der richterlichen Aufgaben besser und vorschnelle Stellungnahmen würden zurückgedrängt.

Es könnte angebracht sein, Rechtsfragen, von denen die Entscheidung eines Prozesses abhänge, sofort vor das Reichsgericht zu bringen, etwa im Wege eines Zwischenurteils über die Rechtsfrage, gegen das die sofortige Revision zugelassen werden sollte.

25. Zusammenfassung. Die eingehenden Besprechungen haben gezeigt, dass Richter von gleichen Qualitäten und gleicher Erfahrung über zahlreiche Fragen verschiedener Auffassung sind. Es handelt sich deshalb in diesen Fällen lediglich um eine reine Willenentscheidung. Jedenfalls läßt sich die Dreigliederung durchführen, die kleinen 1-Manngerichte lassen sich beseitigen. Die Dreigliederung hat den Vorzug, dass eine Zerreißung der Zuständigkeiten nach dem Streitwert verschwindet und dass die Zuständigkeitsregelung für alle Beteiligten übersichtlicher und klarer wird. In gewisser Hinsicht kehrt allerdings das Landgericht, wenn auch ohne Berufungssachen, wieder: nämlich in der Zusammenfassung bestimmter Rechtsgebiete bei einzelnen Eingangsgerichten, bei denen dann wohl auch die als unentbehrlich bezeichnete Verhandlungszwischeninstanz ihren Sitz haben würde. Die Aufhebung der kleinen Gerichte und die Beseitigung der kollegialen Zivilgerichtsbarkeit in großem Umfang führen insgesamt zu einer erheblichen Richterersparung. Die Zusammenziehung der Richter in den Kreisstädten fördert die Möglichkeiten der Ausbildung und gestattet eine bessere Ausnutzung ihrer Leistungsfähigkeit.

Auf dem Gebiete der Richterstellung wird der Gedanke, Richter grundsätzlich zu einem bestimmten Teil aus anderen Berufen zu entnehmen, abgelehnt. Die

Lebensschule findet Beifall, wenn sie nicht zu lange dauert. Im übrigen erscheint auch weiterhin die Klärung des Verhältnisses von Justiz und Partei in den unteren Instanzen erforderlich und der Gedanke einer Förderung des inneren Zusammenhalts der Richter ohne starren äußeren Zwang wird verständnisvoll aufgenommen.

Einer der entscheidenden Punkte für die künftige Stellung der Justiz ist das Vertrauen des Volkes zu einer unbeeinflußten Rechtsprechung. Mißverständliche Auffassungen in der Öffentlichkeit über die Lenkungsmaßnahmen müßten es beeinträchtigen.

Zu Ziffer I Ziffer 3: Durchführung der Dreigliederung. Folgende Vorschläge wurden für die künftigen Eingangsgerichte (unter Vorbehalt der erforderlichen grundsätzlichen neuen Abgrenzung der Gaue und Kreise wie oben ausgeführt) gemacht:

A. *Gau Magdeburg-Anhalt* (Bezirk der detachierten Senate in Magdeburg).

a) *Landgerichtsbezirk Magdeburg:* Der Landgerichtsbezirk hat 756.787 Gerichtseingesessene. Der Stellenplan sieht vor: 42 Richterstellen beim Landgericht, davon 5 künftig wegfallend, 17 Amtsgerichte mit 64 Richterstellen, davon 3 künftig wegfallend, insgesamt also 106, davon 8 künftig wegfallend. Der Landgerichtspräsident schätzt den Bedarf nach der Dreigliederung auf 69–70, der Oberlandesgerichtspräsident auf 86. Der Landgerichtspräsident schlägt die Bildung folgender Eingangsgerichte vor: Magdeburg, Burg, Genthin, Haldensleben, Schönebeck, Staßfurt, Wanzleben.

b) *Landgerichtsbezirk Stendal:* Der Landgerichtsbezirk hat 291.310 Gerichtseingesessene. Der Stellenplan sieht vor: 10 Richterstellen beim Landgericht, davon 1 künftig wegfallend, 15 Amtsgerichte mit 32 Richterstellen, davon 1 künftig wegfallend, mithin 42 (davon 2 künftig wegfallend). Künftiger Bedarf nach dem Landgerichtspräsidenten 21–22, nach dem Oberlandesgerichtspräsidenten 29.

Der Landgerichtspräsident schlägt die Bildung folgender Eingangsgerichte vor: Gardelegen, Salzwedel, Osterburg, Stendal.

Der Oberlandesgerichtspräsident schlägt ein weiteres Eingangsgericht vor: Tangermünde.

c) *Landgerichtsbezirk Halberstadt:* Der Landgerichtsbezirk hat 306.543 Gerichtseingesessene. Der Stellenplan sieht vor: 12 Richterstellen beim Landgericht, davon 2 künftig wegfallend, 6 Amtsgerichte mit 27 Richtern, davon 2 künftig wegfallend, mithin 39 Richter, (davon 4 künftig wegfallend). Künftiger Bedarf nach dem Landgerichtspräsidenten 24, nach dem Oberlandesgerichtspräsidenten 32 Richter.

Der Landgerichtspräsident schlägt die Bildung folgender Eingangsgerichte vor: Halberstadt, Oschersleben/Bode, Quedlinburg, Aschersleben und Werningerode.

d) *Landgerichtsbezirk Dessau:* Der Landgerichtsbezirk hat 454.209 Gerichtseingesessene. Der Stellenplan sieht vor: 17 Richterstellen beim Landgericht, davon 5 künftig wegfallend, 13 Amtsgerichte mit 41 Richterstellen, davon 9 künftig wegfallend, mithin 58 Richter (davon 14 künftig wegfallen). Künftiger Bedarf nach dem Landgerichtspräsidenten 441–42, nach dem Oberlandesgerichtspräsidenten 46 Richter.

Der Landgerichtspräsident schlägt die Bildung folgender Eingangsgerichte vor: Ballenstedt, Bernburg, Köthen, Zerbst und Dessau. Der Oberlandesgerichtspräsident macht keine abweichenden Vorschläge.

e) *Landgerichtsbezirk Halle/Saale:* Der Landgerichtsbezirk hat 756.893 Gerichtseingesessene. Der Stellenplan sieht vor: 41 Planstellen für Richter beim Landgericht, davon 5 künftig wegfallend, 15 Amtsgerichte mit 56 Richterstellen, davon 3 künftig wegfallend, mithin 97 (davon künftig wegfallend 8). Künftiger Bedarf nach den Landgerichtspräsidenten 83, nach dem Oberlandesgerichtspräsidenten 80 Richter.

Der Landgerichtspräsident schlägt die Bildung folgender Eingangsgerichte vor: Halle-Stadt, Halle-Land, Bitterfeld und Eisleben.

Der Oberlandesgerichtspräsident schlägt, unter Fortlassung des Bezirks Halle-Land, die Bildung weiterer Eingangsgerichte vor: Delitzsch, Merseburg und Könnern.

f) *Landgerichtsbezirk Naumburg/Saale:* Der Landgerichtsbezirk hat 393.810 Gerichtseingesessene. Der Stellenplan sieht vor: 15 Richterstellen beim Landgericht, davon 3 künftig wegfallend, 15 Amtsgerichte mit 34 Richterstellen, davon 4 künftig wegfallend, mithin 49 (davon 7 künftig wegfallend). Künftiger Bedarf nach dem Landgerichtspräsidenten und Oberlandesgerichtspräsidenten 33 Richter. Der westliche und nordwestliche Teil des Bezirks sind rein agrarisch, im übrigen ist der Bezirk rein industriell.

Der Landgerichtspräsident schlägt folgende Eingangsgerichte vor: Naumburg/Saale, Weißenfels, Zeitz, Querfurt und Kölleda.

Der Oberlandesgerichtspräsident schließt sich diesen Vorschlägen an, möchte aber dem Eingangsgericht Naumburg/Saale noch das thüringische Amtsgericht Camburg eingliedern.

g) *Landgerichtsbezirk Torgau:* Der Landgerichtsbezirk hat 341.651 Gerichtseingesessene. Der Stellenplan sieht vor: 10 Richterstellen beim Landgericht, davon künftig 1 wegfallend, 15 Amtsgerichte mit 32 Richterstellen, davon 3 künftig wegfallend, mithin 42 (davon 4 künftig wegfallend). Künftiger Bedarf nach dem Landgerichtspräsidenten 22–24, nach dem Oberlandesgerichtspräsidenten 32 Richter.

Der Landgerichtspräsident schlägt folgende Eingangsgerichte vor: Torgau, Elsterwerda, Herzberg/Elster, Wittenberg.

Der Oberlandesgerichtspräsident schlägt vor: Jessen und weiteres Eingangsgericht in Eilenburg.

h) *Landgerichtszezirk Erfurt:* Der Landgerichtsbezirk hat 424.696 Gerichtseingesessene. Der Stellenplan sieht vor: 23 Richterstellen beim Landgericht, davon 3 künftig wegfallend, 12 Amtsgerichte mit 46 Richterstellen, davon 5 künftig wegfallend, mithin 69 (davon 8 künftig wegfallend). Künftiger Bedarf nach dem Landgerichtspräsidenten 43 Richter, nach dem Oberlandesgerichtspräsidenten 55 Richter). Der Landgerichtspräsident schlägt folgende Eingangsgerichte vor: Erfurt, Langensalza, Mühlhausen, Sondershausen.

Der Oberlandesgerichtspräsident schlägt ein weiteres Eingangsgericht vor in Weißensee zusätzlich für den Landgerichtsbezirk.

i) *Landgerichtsbezirk Nordhausen:* Der Landgerichtsbezirk hat 298.709 Gerichtseingessene. Der Stellenplan sieht vor: 13 Richterstellen beim Landgericht, davon 2 künftig wegfallend, 14 Amtsgerichte mit 29 Richterstellen, davon 3 künftig wegfallend, mithin 42 (davon künftig wegfallend 5). Künftiger Bedarf nach dem Landgerichtspräsidenten 31, nach dem Oberlandesgerichtspräsidenten 28 Richter.

Der Landgerichtspräsident schlägt folgende Eingangsgerichte vor: Nordhausen, Sangerhausen und Heiligenstadt.

Der Oberlandesgerichtspräsident möchte folgende Eingangsgerichte bilden: Nordhausen, Sangerhausen, Heiligenstadt und Bleicherode zusätzlich für den Landgerichtsbezirk.

Böhmisch-Leipa, den 28. Januar 1944
Gez. Bälz und Dr. Bergmann

XII. Bericht über den Besuch des OLG-Bezirks Stuttgart (9.-15.7.1943)

I. Zur Klärung der mit der Neuordnung der deutschen Gerichtsverfassung zusammenhängenden Organisationsfragen haben die beiden Unterzeichneten, Ministerialdirigent Bälz und Ministerialrat Fechner, in der Zeit vom 9. bzw. 10. bis zum 15. Juli 1943 den Oberlandesgerichtsbezirk Stuttgart besucht. Am 9. und 10. Juli fanden Vorbesprechungen zwischen Oberlandesgerichtspräsident Dr. Küstner und Ministerialdirigent Bälz statt, in denen die zu erörternden Probleme nach der grundsätzlichen Seite besprochen und auf dieser Grundlage das Programm der Besichtigungsreise im allgemeinen festgelegt wurde. Nach dem Eintreffen von Ministerilarat Fechner begannen sodann am 12.7. die eigentlichen sachlichen Erörterungen. Am Vormittag des 12.7. fand eine Besprechung mit dem Oberlandesgerichtspräsidenten und dessen Sachbearbeiter Oberlandesgerichtsrat Schlecht statt, am Nachmittag mit denselben Herren und dem Landgerichtspräsidenten von Stuttgart. Am 13.7. besuchten die Unterzeichneten in Begleitung des Oberlandesgerichtspräsidenten und Oberlandesgerichtsrats Schlecht die Landgerichte Tübingen, Hechingen und Rottweil, am 14.7. die Landgerichte Heilbronn und Ellwangen sowie das Amtsgericht in Hall. Am 15.7. wurden mit dem Landgerichtspräsidenten von Ravensburg im Amtsgericht in Biberach, ferner mit dem Landgerichtspräsidetnen von Ulm im Landgericht in Ulm Besprechungen abgehalten. Außerdem wurden an diesem Tage das Amtsgericht in Sigmaringen und die zu diesem Amtsgericht gehörende Zweigstelle in Gammertingen besucht.

An die Besuche in Rottweil und Ulm schloß sich ein zwangloses Zusammensein mit einigen Richtern und Staatsanwälten an.

II. Bevor auf die Ergebnisse der Reise im einzlenen eingegangen wird, sei folgendes vorweg bemerkt:

Der Oberlandesgerichtsbezirk Stuttgart umfaßt 8 Landgerichte und 63 Amtsgerichte.

Die augenblicklichen Grenzen der Amtsgerichtsbezirke im Oberlandesgerichtsbezirk Stuttgart stammen im wesentlichen noch aus dem ersten Viertel des vorigen Jahrhunderts. Vor allem unter Berücksichtigung dieser Entstehungszeit sind sie recht weiträumig gezogen. Ganz kleine Gerichte gibt es kaum oder sogar überhaupt nicht mehr, nachdem die wenigen vorhandenen in Zweigstellen oder in G- oder St-Gerichte umgewandelt worden sind. Diese großzügige Gerichtsgliederung war nur möglich, weil im OLG-Bezirk Stuttgart die freiwillige Gerichtsbarkeit zur Hauptsache Angelegenheit der Bezirksnotare ist, von denen sie am Sitz der einzelnen Gemeinden wahrgenommen wird.

Die Amtsgerichtsbezirke deckten sich früher mit der alten Kreiseinteilung, geben diese also im wesentlichen heute noch wieder. Im Jahre 1937 ist diese alte Kreiseinteilung jedoch durch neue Verwaltungsbezirke abgelöst worden. Die Kreise sind erheblich vergrößert worden. Zur Zeit bestehen drei Stadtkreise (Stuttgart, Ulm und Heilbronn) sowie 34 Landkreise (Böblingen, Eßlingen, Heilbronn, Leonberg, Ludwigsburg, Vaihingen, Waiblingen, Balingen, Calw, Freudenstadt, Horb, Nürtingen, Reutlingen, Rottweil, Tübingen, Tuttlingen, Aalen, Backnang, Crailsheim, Gmünd,

Hall, Heidenheim, Künzelsau, Mergentheim, Öhringen, Biberach, Ehingen, Friedrichshafen, Göppingen, Münsingen, Ravensburg, Saulgau, Ulm und Wangen).

Jeder Landkreis umfaßt heute die Gebiete mehrerer Amtsgerichtsbezirke. Die Grenzen der Kreise und der Gerichte sind nicht aufeinander abgestimmt. Nahezu jede Kreisgrenze durchschneidet vielmehr mehrere Gerichtsbezirke. Ob die jetzige Kreiseinteilung endgültig ist, scheint zweifelhaft zu sein. Mindestens hinsichtlich der hohenzollerischen Bezirke sowie der badischen und württembergischen Exklaven schweben z.Zt. Erörterungen über eine etwaige andere Grenzziehung. Im ganzen scheint aber die neue Kreiseinteilung den augenblicklichen Bedürfnissen im wesentlichen zu entsprechen, während die alte Gerichtseinteilung durch die wirtschaftliche und verkehrsmäßige Entwicklung des Landes inzwischen weit überholt ist.

Die Geschäftszahlen der einzelnen Amtsgerichte und Landgerichte liegen, wie mitgeteilt wurde, im Reichsjustizministerium vor. Die zunächst gehegte Absicht, entsprechende Zahlen für die Gebiete der heutigen Kreise zusammenzustellen, ließ sich nicht verwirklichen. Da sich Kreis- und Gerichtsgrenzen nahezu nirgendwo decken, hätte es zur Ermittlung dieser Zahlen überaus zeitraubender und mühsamer Arbeiten bedurft, die schon rein zeitmäßig während der Reise nicht zu bewältigen gewesen wären. Es wäre nämlich nötig gewesen, alle Sachen nach ihrer Herkunftsgemeinde zu bestimmen. Eine ganz grobe Schätzung der Geschäftszahlen für die einzelnen Kreise wäre allerdings in der Form mmöglich gewesen, dass der Geschäftsanfall je Kopf der Bevölkerung ermittelt und dann auf die Kreiseingesessenen umgelegt worden wäre. Das Ergebnis wäre jedoch bedeutungslos, wenn nicht irreführend gewesen, da bei dem unterschiedlichen Charakter der Bevölkerung, ihrer verschiedenen sozialen Stellung und Erwerbsart (rein landwirtschaftlich genutzte Gebiete neben stark industriealisierten, hier kleine Betriebe, dort Großbetriebe usw.) von einem auch nur annähernd gleichmäßigen Anfall der Geschäfte auf die einzelnen Gerichtseingesessenen einfach keine Rede sein kann. Von einer Berücksichtigung derart festgestellter Vergleichszahlen ist daher bei den verschiedenen Besprechungen ebenfalls abgesehen worden. Diese zahlenmäßigen Unterlagen lassen sich im übrigen an Hand des im Reichsjustizministerium vorhandenen Materials beschaffen, falls das doch für erforderlich gehalten werden sollte.

III. Bei den Besprechungen stellte sich heraus, dass die Auffassungen in den grundsätzlichen Fragen im allgemeinen durchaus einheitlich waren. Das Ergebnis der Besprechungen kann daher, wie folgt, zusammengefaßt mitgeteilt werden:

1. Von allen Seiten wurde die Anstrebung des *dreigliedrigen Gerichtsaufbaus* mit dem *einheitlichen Eingangsgericht* als erster Instanz begrüßt und als eine Entwicklung bezeichnet, die unbedingt einmal kommen müsse und der daher notfalls auch unter Überwindung von Schwierigkeiten Rechnung zu tragen sei. Irgendwelche grundsätzlichen Bedenken gegen den dreigliedrigen Gerichtsaufbau wurden von keinem der angehörten Herren geäußert. Ausnahmslos wurde die Forderung erhoben, dass das einheitliche Eingangsgericht für *alle* erstinstanzlichen Sachen zuständig sein müsse, Zusammenfassungen bei einem Gericht für die Bezirke mehrerer daher soweit irgend möglich zu vermeiden seien. Auch dem Wunsch, dass solche

Angelegenheiten, die jetzt besonderen Gerichten in oder außerhalb der Reichsjustizverwaltung zugewiesen sind, auf die ordentlichen Gerichte zurückübertragen werden müßten, wurde mehrfach Ausdruck gegeben. In diesem Zusammenhang wurde namentlich auf die Gerichtsbarkeit in Arbeits- und Anerbensachen verwiesen, ferner auf die landwirtschaftlichen Lieferschiedsgerichte, die, wie mehrfach mitgeteilt wurde, in gewissen Sachen (Viehmängelstreitigkeiten) zur nahezu völligen Ausschaltung der ordentlichen Gerichte geführt hätten.

2. Gemäß dem zu 1) Gesagten wurde allgemein der Absicht zugestimmt, dem Eingangsgericht *größere Bezirke* als den jetzigen Amtsgerichten zuzuweisen. Wenn auch der Fortfall des kleinen Amtsgerichts wegen seiner besonderen Vorzüge vielfach lebhaft bedauert wurde, so wurde doch andererseits anerkannt, dass nur ein größeres Eingangsgericht in *allen* erstinstanzlichen Sachen zuständig sein könne. Über die Größe des künftigen Eingangsgerichts bestanden zunächst gewisse Meinungsverschiedenheiten. Von der Mehrzahl der angehörten Herren, insbesondere auch von dem Oberlandesgerichtspräsidenten, wurde der Wunsch geäußert, dass die Gerichtsbezirke so groß wie möglich gehalten werden möchten. Das sei einmal mit Rücksicht auf das Ansehen und die Autorität der Gerichte geboten, vor allem lasse sich die erstrebte soziale Besserstellung der Richter und die Unterbringung der Gerichte an größeren Orten nur so verwirklichen; außerdem würden nur größere Gerichte ein so vielseitiges und in seiner Gesamtheit doch wieder ausgeglichenes Richterpersonal aufweisen können, dass ihnen alle erstinstanzlichen Sachen zugewiesen werden könnten. Schließlich entsprächen größere Bezirke im OLG-Bezirk Stuttgart auch den verkehrsmäßigen und bevölkerungspolitischen Verhältnissen, wie sie im Frieden wieder zu erwarten seien. Auch von den Herren, die zunächst unter Hinweis auf die Bewährung der ortsnahen Amtsgerichte kleinere Gerichtsbezirke gewünscht hatten, wurden diese Gesichtspunkte nach eingehender Aussprache im wesentlichen anerkannt. Von allen Herren wurden hierbei aber gewisse Vorbehalte gemacht oder Forderungen gestellt, von deren Erfüllung nach ihrer Ansicht die Verwirklichung des dreigliedrigen Gerichtsaufbaues abhängt:

a) Das Gericht müsse *beweglich* sein (Gerichtstage, Termine an Ort und Stelle usw.); es müßten ferner, soweit erforderlich, Zweigstellen vorgesehen werden.

b) Die jetzt im OLG-Bezirk Stuttgart bestehende Regelung, dass die wesentlichen Aufgaben auf dem *Gebiet der freiwilligen Gerichtsbarkeit* durch *ortsnahe Stellen* wahrgenommen werden, müsse im Ergebnis aufrechterhalten bleiben. Allgemein wurde unterstrichen, dass sich die württembergischen Gerichtsnotare bewährt hätten und sich mit Recht das uneingeschränkte Vertrauen der Bevölkerung genössen. Allerdings wurde auch darauf hingewiesen, dass diese Bewährung der Bezirksnotare wesentlich durch ihre besonders sorgfältige und gründliche Ausbildung bedingt sei.

c) Das einheitliche Eingangsgericht setze *friedensmäßige Verkehrsverhältnisse* voraus; unter den jetzigen Umständen könne es der Bevölkerung dagegen kaum zugemutet werden. Die Bedeutung der Verkehrsverhältnisse für die Durchführbarkeit des Planes könne kaum überschätzt werden. Sie, nicht die Zahl der Gerichtseingesessenen, sei letztlich für die Größe der Gerichtsbezirke entscheidend.

d) Die *Gerichtsgrenzen* müßten sich möglichst überall mit den Kreisgrenzen decken. Durchschneidungen dieser Grenzen sein also tunlichst zu vermeiden. Gerade die Entwicklung im OLG-Bezirk Stuttgart habe die Nachteile derartiger Durchschneidungen dargetan. In diesem Zusammenhang wurde es ganz besonders bedauert, dass bei der Durchführung der aus Anlaß des Krieges erforderlich gewordenen Einschränkungen, namentlich bei der Übertragung der Geschäfte von St-Gerichten usw. auf andere Gerichte, hierauf bisher nicht genügend Rücksicht genommen worden sei.

e) Das einheitliche Eingangsgericht erfordere die Lösung der *Nachwuchsfrage*. Ein Gericht, das für alle erstinstanzlichen Sachen zuständig sein solle, werde besonders große Anforderungen an den Richter stellen. Das z.Zt. zur Verfügung stehende und namentlich auch das zunächst nach dem Kriege zu erwartende Personal werde diesen gesteigerten Anforderungen kaum restlos genügen. Hier liege das größte Hindernis für die gesamte Reform, die nur dann durchführbar sei, wenn es gelinge, die bestehenden Schwierigkeiten, namentlich durch die Gewinnung guten Nachwuchses, zu beheben. In diesem Zusammenhang wurden mehrfach Zweifel geäußert, ob es möglich sein werde, für die Justiz geeigneten Nachwuchs aus solchen Kreisen zu gewinnen, die sich vorher außerhalb der eigentlichen Rechtspflege beruflich betätigt hätten (Verwaltung, Handel, Industrie). Man befürchte, dass solche Kräfte nur dann zur Justiz kämen, wenn sie in ihrem bisherigen Berufe gescheitert seien, was vielfach auf Schwächen beruhen werde, die auch ihre Eignung als Richter minderten. Handle es sich aber wirklich um tüchtige Kräfte, so würden sie nur dann für die Rechtspflege zu gewinnen sein, wenn man ihre voraussichtlich sehr hohen Ansprüche befriedige. Es stehe daher zu befürchten, dass sie dem justizeigenen Nachwuchs die Beförderungsstellen wegnähmen. Das sei mißlich; denn der justizeigene Nachwuchs werde in jedem Falle nach wie vor das Hauptkontingent der künftigen Richterschaft stellen müssen.

Auf seine Hebung und Förderung müsse daher das wesentliche Gewicht gelegt werden und auch die Beförderungsstellen müßten deshalb in erster Linie ihm offengehalten werden. Sei das nicht sichergestellt, so würde der tüchtige Nachwuchs von vornherein eine Stellung außerhalb der Justiz anstreben und dann vermutlich nur in den seltensten Fällen bereit sein, zu dieser zurückzukehren. Mehrfach wurden auch Bedenken geäußert, dass eine längere Tätigkeit in der Wirtschaft oder der Verwaltung die Eignung für den Richterberuf beeinträchtige, da der Richter mit einer ganz anderen Einstellung an seine Aufgaben herantreten müsse als etwa der Verwaltungsbeamte oder der Wirtschaftler. Zu bemerken ist hierzu, dass in Württemberg früher ein Wechsel von der Anwaltschaft zum Richter häufig gewesen ist und dass auch ein Teil der Landgerichtspräsidenten diesen Werdegang hinter sich hat, allerdings in der Form, dass von der z.T. recht langen Wartezeit bis zur planmäßigen Anstellung ein Teil im Anwaltsberuf – der von vornherein nur als kürzeres Durchgangsstadium angesehen wurde – und zwar meist durch vorübergehende Assozierung mit einem älteren, seine Tätigkeit als Lebensberuf ausübenden Anwalt, verbracht wurde.

3. Alle befragten Herren bekannten sich grundsätzlich zum *Alleinrichtersystem*. Eine Ausnahme sollen nach ihrer Auffassung nur die schwere Kriminalität und die wenigen Sachen machen, in denen die Mitwirkung von Laienrichtern in Betracht kommt. Allerdings wurden in diesem Zusammenhang ebenfalls gewisse Bedenken wegen der eben schon hervorgehobenen Nachwuchsfrage geäußert. Der Wert des Kollegialgerichts für die Schulung und Heranbildung der Richter sowie für den Austausch von Erfahrungen und die Überbrückung von Schwächen einzelner Richter wurde nachdrücklich unterstrichen. Ferner wurde betont, dass nicht nur in größeren Strafsachen, sondern sehr oft auch in umfangreichen Zivilsachen eine Unterstützung des Vorsitzenden durch eine weitere Richterkraft notwendig oder jedenfalls zweckmäßig sei, um einen reibungslosen Verlauf der Verhandlung zu gewährleisten. Deshalb wurde der Gedanke, *„Richtergehilfen“* einzusetzen, allseitig wärmstens begrüßt. Irgendwelche Bedenken gegen eine derartige Einrichtung bestanden nicht. So befürchtete niemand, dass die Richtergehilfen etwa ihre Stellung als zweitrangig ansehen und sich ihr nicht voll ausgefüllt fühlen würden. Gerade der tüchtige Nachwuchs, und nur ein solcher komme in Frage, habe, wie sich immer wieder zeige, die Erkenntnis, dass er vor seinem endgültigen selbständigen Einsatz noch einer gewissen Schulung und Bewährung bedürfe. Das sei namentlich auch bei Besprechungen mit Kriegsteilnehmern wiederholt zum Ausruck gekommen. Der Landgerichtspräsident in Tübingen wies in diesem Zusammenhang darauf hin, dass seines Wissens früher bei den Kammern für Handelssachen in Köln Assessoren nach Art der in Erwägung gezogenen Richtergehilfen verwendet worden seien, was sich dort bestens bewährt haben soll.

4. Die Aufstellung bindender Richtlinien für die *Geschäftsverteilung* wurde allgemein abgelehnt. Namentlich für ländliche Bezirke, nicht aber für rein städtische, wurde dem Gedanken, die Geschäftsverteilung nach regionalen Gesichtspunkten durchzuführen, lebhaftes Verständnis entgegengebracht. Dabei wurde darauf hingewiesen, dass diese Art der Geschäftsverteilung im OLG-Bezirk Stuttgart sowohl bei den erstinstanzlichen Gerichten wie auch bei den Rechtsmittelgerichten vielfach üblich sei und sich bewährt habe. Es wurde aber der Einwand erhoben, dass bei dem künftigen Eingangsgericht zunächst noch nicht genug geeignete Richter vorhanden seien, denen tatsächlich *alle* erstinstanzlichen Sachen eines bestimmten örtlichen Sektors unbedenklich anvertraut werden könnten. Die Verhältnisse lägen insofern anders als bei dem jetzigen Amtsgericht, als das Eingangsgericht auch für große und damit in der Regel auch schwierigere und vor allem für die Allgemeinheit bedeutungsvollere Sachen zuständig sein solle. Es müsse deshalb z.B. damit gerechnet werden, dass – wenigstens in der Übergangszeit – Sachen dieser Art für den Bezirk des ganzen Eingangsgerichts einem bestimmten Richter zugewiesen werden müßten. Ob es je möglich sein werde, die Geschäftsverteilung wenigstens außerhalb der Großstadt restlos nach regionalen Gesichtspunkten durchzuführen, sei im übrigen höchst zweifelhaft. Selbst wenn das vorhandene Richtermaterial sich bessere, worüber lange Zeit verstreichen werde, würden doch vermutlich stets Fälle bleiben, die eine Abweichung vom Regionalprinzip erforderten. Man solle daher die Regelung im Einzelfall den örtlichen Stellen überlassen, die schon das Richtige

finden und vermutlich zu einer Koppelung der verschiedenen Möglichkeiten gelangen würden.

5. Mehrfach wurde die Frage des *Anwaltszwanges* angeschnitten. Die befragten Herren waren allgemein der Ansicht, dass die Ausdehnung des Anwaltazwanges auf *alle* bürgerlichen Rechtsstreitigkeiten beim Eingangsgericht nicht in Betracht komme, dass es aber auch nicht zweckmäßig sei, innerhalb des Eingangsgerichts für gewisse Sachen den Anwaltszwang durchzuführen, für andere nicht. Es wurde deshalb vorgeschlagen, den Anwaltszwang im allgemeinen zu beseitigen, dem Richter aber die Befugnis zu geben, der Partei im Einzelfall die Bestellung eines Anwalts aufzuerlegen.

6. Die Frage, wie die *Dienstaufsicht* beim Eingangsgericht zu regeln sei, wurde nicht überall erörtert. Soweit dieser Punkt zur Sprache kam, wurde im allgemeinen, insbesondere vom OLG-Präs., die Meinung vertreten, dass zweckmäßig jedes Eingangsgericht einen eigenen Präsidenten erhalte, dem auch die Dienstaufsicht über die Richter zustehen müsse. Auch dieser Gesichtspunkt spricht übrigens für *größere* Gerichtsbezirke.

7. Die Regelung des *Rechtsmittelzuges* wurde ebenfalls zur Erörterung gestellt. Soweit diese Frage gestreift wurde, wurde die Forderung erhoben, dass auch das Rechtsmittelgericht den Rechtsuchenden ohne Schwierigkeiten zugänglich sein müsse. In diesem Zusammenhange wurden Bedenken gegen die Regelung der KriegsmaßnahmenVO [vom 12.5.1943, RGBl I 290] erhoben. Diese Regelung komme in kleineren Sachen praktisch einer Rechtsverweigerung gleich. Die Bedenken gegen sie würden geringer sein, wenn jene Anwälte, die bisher die Rechtsmittelsachen bei den Landgerichten hätten vertreten können, insoweit auch zum Auftreten vor dem OLG ermächtigt würden.

8. Auf die Bedeutung, welche die *Gebäudefrage* für die Einrichtung größerer Eingangsgerichte hat, wurde wiederholt hingewiesen. Es ergab sich, dass die Verhältnisse im OLG-Bezirk verhältnismäßig günstig liegen, sodass – wenigstens während der Übergangszeit – nur ganz wenige Neubauten für die Gerichte erforderlich sein würden. Voraussetzung wäre allerdings, dass die jetzt nicht voll ausgenutzten und daher von anderen Behörden in Anspruch genommenen Gerichte von diesen Stellen zu gegebener Zeit wieder geräumt werden. Der OLG-Präs. erklärte, dass er sich schon jetzt bemühe, dies dadurch sicherzustellen, dass er bei der Vermietung von Gerichtsräumen solche Stellen bevorzugt berücksichtige, die nach Kriegsende voraussichtlich aufgelöst werden würden.

9. Aus der Einrichtung des *Schöffenrichters* versprachen sich die angehörten Herren keine fühlbare Entlastung der Rechtspflege. Sie bezweifelten, dass im OLG-Bezirk genug Schöffenrichter gefunden werden könnten, die das Vertrauen der Rechtsuchenden zu erwerben und einen irgendwie nenneswerten Teil der Gerichtsbarkeit zu übernehmen in der Lage seien. Diese Bedenken wurden selbst von den Herren geteilt, die sich als grundsätzliche Anhänger des Laienrichtergedankens bezeichneten. Sie beriefen sich hierbei vor allem auch auf ihre Erfahrungen mit den württembergischen Gemeindegerichten.

Um einen Überblick darüber zu gewinnen, ob einheitliche Eingangsgerichte der geplanten und besprochenen Art im Bezirk des OLG Stuttgart überhaupt erarbeitet werden können, wurde an Hand der augenblicklichen Kreiseinteilung vom Jahre 1937 geprüft, welche Gerichtsbezirke etwa in Betracht kommen könnten, die also modernen Gesichtspunkten Rechnung trägt.

Hierbei wurde ausdrücklich betont, dass es sich lediglich um eine rein theoretische Erörterung handele, dass dagegen zur Zeit an die Verwirklichung der Pläne noch nicht gedacht werde und die künftige Durchführung von der weiteren Entwicklung, namentlich auch von der endgültigen Grenzziehung der Kreise abhängig sei.

Die Erörterung ergab, dass die Bildung folgender Gerichtsbezirke möglich wäre: 1. Stuttgart, 2. Eßlingen, 3. Ludwigsburg, 4. Waiblingen, 5. Böblingen, 6. Calw, 7a. Reutlingen, 7b. Tübingen.

Beide Gerichte [Tübingen und Reutlingen] könnten evtl. zu einem Gericht mit dem Sitz in Tübingen bei 184.000 Gerichtseingesessenen und einer Bezirksgröße vom 924 qkm zusammengefaßt werden. Der OLG-Präs. und der LG-Präs. in Tübingen befürworten diese Lösung mit Rücksicht darauf, dass in Tübingen ein besonders großes Gericht errichtet werden müsse, um das erforderliche Ansehen gegenüber der Universität und anderen in Tübingen ansässigen Behörden zu gewinnen. Die Entfernung zwischen Tübingen und Reutlingen ist so gering, dass sie kein Hindernis für die Zusammenlegung bildet.

Sowohl in Horb (8.) wie in Freudenstadt ist kein geeignetes Gerichtsgebäude vorhanden.

9. Hechingen, 10a. Biberach oder 9b. Hechingen, 10.b. Sigmaringen, 11. Rottweil, 12. Heilbronn, 13a. Hall, 13b. Crailsheim.

Der Vorschlag zu 13 a und b entspricht der Anregung des Landgerichtspräsidenten in Ellwangen.

14. Aalen. Gerichtssitz müßte zunächst Ellwangen sein, bis die Gebäudefrage in Aalen befriedigend gelöst werden kann.

15. Gmünd, 16. Ulm, 17. Göppingen, 18. Ravensburg.

Wegen der Bezirke im einzelnen wird auf die anliegende Karte verwiesen. Die dort grün unterstrichenen Kreisstädte sind auch Sitze von Amtsgerichten. Die Einteilung geht im wesentlichen auf die Vorschläge des OLG-Präs. zurück. Die Landgerichtspräsidenten waren zunächst im allgemeinen von kleineren Bezirken ausgegangen, konnten sich nach Erörterung der Sachlage den Erwägungen des OLG-Präs. durchweg aber nicht verschließen und mußten ausnahmslos anerkennen, dass die eben mitgeteilten Bezirke den wirtschaftlichen und verkehrsmäßigen Erfordernissen entsprächen. Der Oberamtsrichter in Sigmaringen, mit dem gleichfalls Fühlung genommen worden war, hatte Bedenken gegen die Zuschlagung von Sigmaringen zu einem anderen Bezirk und trat unter Überreichung eines Berichts des Landrats von Sigmaringen an den zuständigen Regierungspräsidenten betreffend die Beiseitigung der Gebietsausschlüsse im Raum um Sigmaringen für ein Gericht in Sigmaringen ein, das auch die umliegenden Gebiete umfassen müßte.

V. Als Ergebnis der Reise ist festzustellen:

1. Die Errichtung des einheitlichen Eingangsgerichts ist im OLG-Bezirk Stuttgart praktisch durchführbar.

2. Um arbeitsfähige Gerichte an solchen Orten errichten zu können, die der Würde und der Stellung der Rechtspflege entsprechen, wird sich vielfach empfehlen, *ein* Eingangsgericht für *mehrere* Kreise zu errichten. Die Größe der Gerichtsbezirke kann und muß durch die Beweglichkeit des Gerichts ausgeglichen werden (Dienstkraftwagen).

3. Das Eingangsgericht soll im allgemeinen durch einen Richter entscheiden, dem „Richtergehilfen" zur Verfügung gestellt werden können.

4. Dem Eingangsgericht können und müssen grundsätzlich alle erstinstanzlichen Rechtssachen zugewiesen werden.

5. Die Geschäftsverteilung soll nicht durch starre Richtlinien an bestimmte Grundsätze gebunden, sondern den örtlichen Stellen überlassen bleiben. Die Verteilung nach örtlichen Sektoren wird im allgemeinen in ländlichen Verhältnissen zweckmäßig sein, soweit nicht gewisse Sachen für den Bezirk des ganzen Gerichts bei einem Richter zusammengefaßt werden müssen.

6. Entscheidend für die Durchführbarkeit der Planungen auf dem Gebiet der Gerichtsorganisation ist die Lösung der Nachwuchsfrage. Das augenblickliche Richtermaterial gibt insoweit zu ernsten Bedenken Anlaß.

7. Die Schaffung größerer Eingangsgerichte setzt die Beschaffung entsprechender Gerichtsgebäude voraus. Die Raumfrage wird sich im OLG-Bezirk Stuttgart im allgemeinen – aber nicht überall – wenigstens für die Übergangszeit ohne Neubauten lösen lassen.

Berlin, den 26. Juli 1943
Gez.Bälz (Ministerialdirigent) gez. Fechner (Ministerialrat)

XIII. *Bericht über den Besuch des Oberlandesgerichtsbezirks Zweibrücken und der LG-Bezirke in Lothringen: Saargemünd, Metz und Diedenhofen (27.3.-1.4.1944)*

Um Fragen der Gerichtsverfassung und des Richtertums mit Gerichtsvorständen und führenden Richtern an Ort und Stelle zu erörtern, haben Ministerialdirektor Altstötter und Ministerialdirigent Bälz vom 27. März bis 1. April 1944 die Gerichtsbezirke im Gau Westmark bereist, und zwar vom 27. März und 1 April die LG-Bezirke Zweibrücken, am 31. März und 1. April die LG-Bezirke in Lothringen Saarsgemünd, Metz und Diedenhofen. OLG-Präs. Dr. Siegel, zugleich Beauftragter des Gauleiters Westmark, Reichsstatthalters Bürckel, für die Verwaltung der deutschen Gerichtsbarkeit in Lothringen, hat mit seinen Sachbearbeitern OLG-Rat Dr. Mattil und OLG-Rat Dr. Gerber an der Reise und sämtlichen Besprechungen – mit Ausnahme des 28. März – teilgenommen.

Besprechungen mit den örtlichen Richtern haben in Zweibrücken, Saarbrücken, Kaiserslautern, Neustadt an der Weinstraße (für den LG-Bezirk Frankenthal und Landau), Saargemünd und Metz (für die LG-Bezirke Diedenhofen und Metz) stattgefunden. Außerdem sind die Amtsgerichte Homburg (LG-Bezirk Saarbrücken), Waldfischbach, Pirmasens (LG-Bezirk Zweibrücken) und Ars a.d. Mosel (LG-Bezirk Metz) aufgesucht worden.

An den Besprechungen haben außer dem OLG-Präsidenten und seinen Sachbearbeitern teilgenommen:

Am 27. März in *Zweibrücken*: SenPräs. Dr. Schuntner vom OLG Zweibrücken, SenPräs. Schmitt vom OLG Zweibrücken, LG-Präs. Seelos vom LG Zweibrücken, LG-Rat Rautert vom LG Zweibrücken;

Am 28. März in *Saarbrücken*: LG-Präs. Dr. Beutner vom LG Saarbrücken, LG-Dir. Imig vom LG Saarbrücken, LG-Dir. Henn vom LG Saarbrücken, LG-Dir. Freudenberger vom LG Saarbrücken, LG-Rat Manderscheid vom LG Saarbrücken, OARichter Dr. Baltes vom LG Merzig;

Am 29. März in *Kaiserslautern*: LG-Präs. Jung vom LG Kaiserslautern, LG-Rat Dr. Rothaas vom LG Kaiserslautern, AG-Dir. Dr. Forler vom AG Kaiserslautern, OARichter Dr. Loos vom AG Obermoschel;

Am 30. März in *Neustadt an der Weinstraße*: LG-Präs. Dr. Hösch vom LG Frankenthal, LG-Dir. Dr. Müller vom LG Frankenthal, AG-Rat Dr. Lang vom AG Ludwigshafen, AG-Dir. Dr. Renner vom AG Neustadt, LG-Präs. Burdy vom LG Landau, LG-Rat Pallmann vom LG Landau, AG-Rat Lipps vom AG Landau, OARichter Dr. Stein vom AG Kandel;

Am 31. März in *Saargemünd*: LG-Rat Champlon vom LG Saargemünd, AG-Rat Calman vom LG Saargemünd, AG-Rat Fischer vom AG Saargemünd, AG-Rat Schulz vom AG Saargemünd, AG-Rat August vom AG St. Avold;

Am 31 März in *Metz*: GStA Welsch beim Chef der Zivilverwaltung (CdZ), OLG-Rat Dr. Augustin beim CdZ, LG-Dir. Schneider vom LG Metz, LG-Dir. Kunschert vom LG Metz, AG-Dir. Ratz vom AG Metz, LG-Präs. Marx vom LG Diedenhofen, OLG-Rat Dr. Reiners vom LG Diedenhofen.

Hieran hat sich am 1. April eine Besprechung mit dem Leiter des Sachgebiets Justiz bei der Dienststelle des CdZ in Lothringen, GStA Welsch, allein angeschlossen.

Die Besprechungen waren vom OLG-Präs. Dr. Siegel sowohl für seinen Bezirk, wie für die LG-Bezirke in Lothringen ausgezeichnet vorbereitet worden. Die LG-Präsidenten hatten die ihnen zugeleiteten Fragebogen (Anl. 2) nach Rücksprache mit ihren Richtern zunächst mit Bericht an den OLG-Präsidenten vorläufig beantwortet (vgl. Anl. 3 bis 10; die dortige Stellungnahme wurde bei der mündlichen Erörterung z.T. geändert). Die Besprechungen fanden daher einen aufgeschlossenen Teilnehmerkreis. Das Gesamtergebnis ist im Großen und Ganzen, dass der allgemeinen Linie der Arbeiten des Amtes zugestimmt wird. Wenn auch bei den einzelnen Fragen fast durchweg ein bestimmter Standpunkt unter den Teilnehmern überwogen hat, so hat sich doch auch hier wieder bestätigt gefunden, dass selbst in grundsätzlichen Fragen auch erfahrene Richter, die in denselben oder gleichartigen Bezirken das gleiche Rechtsgebiet Jahre hindurch bearbeitet haben, also über ganz unmittelbare, gründliche Eindrücke verfügen, zu diametral entgegengesetzten Auffassungen kommen, z.B. in der Frage der kleinen Amtsgerichte, der Laienbeteiligung in der Strafrechtspflege, des Führer- oder Abstimmungsgrundsatzes im Kollegium, der Geschäftsverteilung u.a. Dies beweist, dass eben auch die Formen organisatorischer und verfahrensrechtlicher Gestaltung nicht absolute Größen mit immer und überall auch absolut gleichem Inhalt sind, sondern der einzelnen Richterpersönlichkeit verschieden „liegen", was wieder auf die individuelle Handhabung zurückwirkt. Auch lassen sich vom fachlichen Standpunkt aus vielfach verschiedene Ansichten mit gleichem Gewicht vertreten. Entscheidend wird dann sein, wie sich der eine oder andere Gestaltungsgrundsatz in die allgemeine rechtpolitische Linie der Staatsführung einfügt, und von welchem der verschiedenen Wege grundsätzlich, d.h. im Regelfall, der größte Nutzen für die Rechtspflege zu erwarten ist. Wo es in diesem Rahmen mit der Rechtspflege vereinbar ist, werden dann bei der Ausgestaltung im einzelnen elastische Bestimmungen den örtlichen Besonderheiten Rechnung tragen und der einzelnen Richterpersönlichkeit die ihr angemessenste und deshalb auch ergiebigste Arbeitsweise gestatten können.

Neben der Frage der Gerichtsverfassung und des Richterberufs und –standes wurden auch andere aktuelle Fragen der Rechtspflege erörtert, insbesondere beim Besuch der Amtsgerichte Fragen der freiwilligen Gerichtsbarkeit und im Zusammenhang mit Fragen des Vormundschaftsrechts und verwandter Gebiete auch solche des Jugendrechts schlechthin.

I. Allgemeine Verhältnisse

1. Der OLG-Bezirk Zweibrücken mit rund 7332 qkm und rund 1.900.000 Gerichtseingesessenen und die Bezirke der drei Landgerichte in Lothringen, Saargemünd, Metz und Diedenhofen mit rund 6.230 qkm und rund 695.000 Gerichtseingesessenen decken sich zusammen mit dem Bezirk des Gaues Westmark (vgl. Karte Anl. 1).

Der ganze Gau ist durch seinen Anteil an der Rheinebene, an der Saar und Mosel mit ihren Nebenflüssen, an den Nordvogesen und durch den Pfälzerwald landschaftlich reich gegliedert. Ebenso vielseitig ist auch seine wirtschaftliche Struktur mit Landwirtschaft, Forstwirtschaft und Weinbau neben hoch entwickelter Industrie in Ludwigshafen, Germersheim, Landau, Kaiserslautern, Homburg, Pirmasens und anderen Orten, mit dem Kohlebergbau im Saarland, auf lothringischem Boden mit dem an der Nordwestecke des Gaues im Fentschtal mit Diedenhofen und im Ornetal mit Rombach als Mittelpunkten zusammengedrängten Erzbergbau, der dortigen Hüttenindustrie und dem Kohlenbergbau bei St. Avold.

Das Verkehrsnetz ist mit Ausnahme weniger Teile, z.B. am Donnersberg in der nördlichen Pfalz (LG-Bezirk Kaiserslautern), gut entwickelt und im Stande. Im Frieden besteht ein umfangreiches Autobusnetz.

2. An die Stelle des OLG-Bezirks Zweibrücken, dem jetzt im Westen und Südwesten Lothringen, im Südosten das Elsaß vorgelagert ist, ist heute Lothringen als Grenzbezirk gegen Frankreich getreten. Eine Besonderheit der lothringischen Bezirke ist die gemischtsprachige Bevölkerung im westlichen Teil des Kreises Diedenhofen, im Landkreis Metz und im Kreis Salzburgen. Dabei überwiegt im Landkreis Metz z.Zt. noch die französische Sprache. Die Sprachenmischung wird noch unterstrichen durch den Einsatz zahlreicher ausländischer – innerfranzösischer, italienischer, polnischer, russischer – Arbeiter im lothringischen Erz- und Kohlenbergbau. Von diesen sprechen die Italiener meist geläufig französisch, während die Polen in der Regel deutsch verstehen.

Über die allgemeinen Verhältnisse in Lothringen vgl. das Referat des AG-Dir. Dr. Ratz in Metz (Anl. 12).

3. Besonderheiten der deutschen Rechtspflege in Lothringen.

a) Staats- und verwaltungsrechtliche Sonderstellung: Nach dem Erlaß des Führers über die vorläufige Verwaltung im Elsaß und in Lothringen vom 2.8.1940 und dem zweiten Erlaß hierüber vom 18.10.1940 führt Gauleiter Reichsstatthalter Bürckel als Chef der Zivilverwaltung (CdZ) die *gesamte* deutsche Verwaltung in Lothringen. Er untersteht als solcher dem Führer unmittelbar und erhält seine Weisungen ausschließlich von diesem. Um seine Maßnahmen mit der Planung der Staatsführung für den gesamten deutschen Lebens- und Wirtschaftsraum abstimmen zu können, hat er mit den obersten Reichsbehörden und dem Reichsminister des Innern als der Zentralstelle für Elsaß und Lothringen enge Fühlung zu halten. Auf Grund dieser Erlasse hat der CdZ den OLG-Präsidenten für die Gerichte, den Generalstaatsanwalt in Zweibrücken für die Staatsanwaltschaften und den Strafvollzug in Lothringen als seine Organe mit dem Aufbau der deutschen Justizverwaltung in Lothringen beauftragt. Für die Abgrenzung ihrer Geschäftskreise untereinander gilt das Gleiche wie im Altreich.

Generalstaatsanwalt in Zweibrücken Welsch ist zugleich mit der Leitung des gesamten Sachgebiets Justiz in der Dienststelle des CdZ mit dem Sitz in Metz, Justizpalast, beauftragt und nimmt in dieser Stellung die Befugnisse wahr, deren Ausübung der CdZ nicht dem Oberlandesgerichtspräsidenten und Generalstaatsanwalt mit dem erwähnten allgemeinen Auftrag übertragen, sondern sich selbst vorbehalten hat. Er zeichnet in dieser Eigenschaft als „Chef der Zivilverwaltung in Lothringen – Sachgebiet Justiz".

Da er durch den Auftrag des CdZ voll in Anspruch genommen ist, führt die Geschäfte des GStA´s für den OLG-Bezirk Zweibrücken sein ständiger Vertreter in Zweibrücken.

Besonders gilt u.a.:

aa) Für die Rechtsetzung: Sie obliegt, insbesondere die Einführung deutschen Rechts in Lothringen, ausschließlich dem CdZ. Soweit dabei Justizgesetze in Frage kommen, setzt er sich zuvor durch den OLG-Präs. mit dem Reichsminister der Justiz ins Benehmen. In Angelegenheiten, die das Elsaß, Lothringen und Luxemburg gleichmäßig berühren, wird in der Regel vorheriges Einvernehmen unter diesen drei Verwaltungen herbeigeführt.

bb) Für die Ernennung, Versetzung in den Ruhestand und Entlassung von Beamten: Soweit der Führer sich dies vorbehalten hat, stellt der CdZ Antrag an den RMdJ. Die Anträge des CdZ werden vom OLG-Präs. und GStA vorbereitet. – Für die übrigen Ernennungen usw. ist der CdZ zuständig.

cc) Für die lothringischen Bediensteten: Diese – Angehörige der lothringischen Justizbehördden, denen die unwiderrufliche Reichsangehörigkeit noch nicht verliehen worden ist – werden nicht ernannt, sondern es werden ihnen vom CdZ durch OLG-Präs. bzw. GStA „die Aufgaben eines Beamten der Reichsbesoldungsgruppe ...“ übertragen. Die Übertragung dieser Aufgaben erfolgt in allen Laufbahngruppen durch den Oberlandesgerichtspräsidenten bzw. Generalstaatsanwalt „für den Chef der Zivilverwaltung in Lothringen“. – Über die geschichtliche Entwicklung der Stellung des CdZ in Lothringen und des Auftragsverhältnisses des OLG-Präs. vgl. Anlage 14 mit Unteranlagen 1–8 [hier weggelassen].

b) Einführung des deutschen Rechts: Nach Einführung einer Reihe von allgemeinen Maßnahmen auf dem Gebiet der Gerichtsbarkeit in Lothringen im September 1940 (deutsche Gerichtssprache, Verkündung der Urteile im Namen des Volkes, der Zivilurteile in der Form der ZPO, Beseitigung der französischen Amtssiegel, Ersatz der französischen Amtsblätter durch das Amtsblatt des CdZ usw.) wurde im Februar 1941 eine Anzahl deutscher strafrechtlicher Bestimmungen, z.B. das Heimtückegesetz, eingeführt und in Metz ein deutsches Sondergericht errichtet. Am 1. Mai 1942 folgte dann die Einführung des deutschen Reichsstrafrechts und des deutschen Prozeßrechts mit entsprechenden Übergangsbestimmungen.

Zum 1. November 1941 wurde dann die deutsche Gerichtsverfassung, das deutsche Personen- und Familienrecht und die Zivilprozeßordnung in neuer Fassung in Lothringen eingeführt, mit Wirkung vom 1. März 1943 sodann durch die VO des CdZ über die weitere Einführung deutschen Rechts in Lothringen vom 11.1.1943 (VOBl. F. Lothr. S. 7) das deutsche bürgerliche Recht in seiner Gesamtheit mit gewissen Übergangsbestimmungen.

Über die Einzelheiten der Einführung des deutschen Rechts in Lothringen vgl. die Aufzeichnung von LG-Dir. Schneider in Metz.

II. Zur Gerichtsverfassung
1. Derzeitige Organisation:
Der OLG-Bezirk Zweibrücken umfaßt 5 Landgerichte: Frankenthal, Kaiserslautern, Landau, Saarbrücken und Zweibrücken mit 40 Amtsgerichten. Von den Amtsgerichten sind St-Gerichte: 1 – Amtsgericht Lauterecken – G-Gerichte: 2 – Amtsgerichte Otterberg und Winnweiler -, Z-Gerichte: 5 – Amtsgerichte Annweiler, Obermoschel, Tholey, Waldfischbach und Weldmoor.

Die drei LG-Bezirke in Lothringen Saargemünd, Metz und Diedenhofen umfassen 28 Amtsgerichte. St-, G- und Z-Gerichte sind nicht vorhanden. Aus der französischen Zeit rührt noch die Einrichtung her, dass ein Richter u.U. zwei oder drei Amtsgerichte zu versehen hat; System der sogen. „Binage“ und „Trinage“, was praktisch der Einrichtung von Z-Gerichten nahekommt.Die Grenzen der Gerichtsbezirke, Verwaltungskreise (Landratsbezirke) und Parteikreise überschneiden sich mehrfach. Ihre Grenzen in Übereinstimmung zu bringen, kommt z.Zt. schon deshalb nicht in Frage, weil auch die Verwaltungs– und Parteikreise in ihrer jetzigen Gestalt noch nicht endgültig sind. Wie sehr auch hier die Dinge in Fluß sind, geht daraus hervor, dass z.B. vor kurzem ernsthaft erwogen wurde, die Verwaltungskreise Zweibrücken und Homburg zusammenzulegen, mit Homburg als Kreisstadt.Über die Aufteilung der Gerichtsbezirke auf die Verwaltungskreise und Parteikreise nach dem Stand vom 1.3.1944 vgl. Anlage 15, ferner die Karten bei den Anlagen 3 bis 10.

2. Drei- oder Viergliederung? Die weit überwiegende Auffassung der Teilnehmer an den Besprechungen ist für die Dreigliederung des Gerichtsaufbaus durch Schaffung größerer einheitlicher Eingangsgerichte in der Art, dass der Gerichtssitz in der Kreisstadt ist und die Grenzen der Gerichts-, Verwaltungs- und Parteikreise sich wenn möglich decken, jedenfalls aber sich nicht überschneiden, – allerdings meist nicht so sehr unter dem Gesichtspunkt zwingender Notwendigkeit als aus Zweckmäßigkeitsgründen. Den Belangen des einzelnen Rechtsuchenden könne durch die Dreigliederung kein Abbruch geschehen; dabei habe sie aber den Vorzug größerer Übersichtlichkeit, der Möglichkeit, zusammenhängende Lebensvorgänge, insbesondere auf dem Gebiet des Familienrechts, zur Entscheidung in der Hand eines Richters zusammenzufassen und einer erheblichen Personalersparnis. Durch die an sich auch bei Viergliederung mögliche Schaffung eines Gerichtsstands des Sachzusammenhangs und bessere Auslese der Richterschaft allein könne dies nicht in gleichem Maße erreicht werden. Von der Errichtung des Gerichts durchweg in der Kreisstadt, also am Sitz auch des Landratsamts und der Kreisleitung der NSDAP, des Finanzamtes usw. sei ein zweckmäßiges Zusammenarbeiten mit diesen Stellen und die ständige Fühlungnahme mit anderen Verwaltungszweigen und der politischen Führung gewährleistet, auch werde durch die Zusammenfassung der Richter an größeren Gerichten und an größeren Orten und eine gewisse damit verbundene Distanzierung, die in kleineren Verhältnissen weniger möglich sei, das Ansehen des einzelnen Richters und des ganzen Standes gehoben.

Das richterliche Erfahrungsgut werde bei einer geringeren Zahl größerer Eingangsgerichte mit der Möglichkeit der Aussprache unter einer Mehrheit von Richtern und der persönlichen Weitergabe weniger zersplittert. Die großen Zusammenhänge der einzelnen Rechtsgebiete träten durch die Berührung mit anderen Behörden mehr in Erscheinung. Das kleine Amtsgericht sei heute durch die Verkehrsverhältnisse überholt; man dürfe nicht vergessen, dass auch die Rechtsuchenden heute durch bessere Verkehrsverbindungen, eigene Kraftwagen usw. viel beweglicher geworden seien bzw. es in der Nachkriegszeit würden. Die Volksverbundenheit des Richters hänge nicht so sehr davon ab, dass er in einem kleinen Bezirk ansässig sei, als vielmehr von seiner Persönlichkeit. Wenn man sich von historischen Hemmungen frei mache und sich die Frage vorlege, wie heute verfahren würde, wenn die Gerichtsorganisation überhaupt neu aufgezogen werden müßte, so käme man bestimmt nicht mehr auf den Gedanken der kleinen Amtsgerichte. Bei der Gegenüberstellung ihrer Vor- und Nachteile seien sie heute nun einmal besonders durch die Entwicklung der Verkehrsverhältnisse überholt.

Für die Beibehaltung der Viergliederung treten insbesondere LG-Präs. Jung (Kaiserslautern) und LG-Präs. Marx (Diedenhofen) ein. Nach ihrer Auffassung besteht kein Anlaß, einen 60 Jahre lang im wesentlichen bewährten Zustand zu ändern. Was man wolle, lasse sich auch bei Viergliederung durch Schaffung eines Gerichtsstandes des Sachzusammenhanges, schärfere Auslese der Richterschaft usw. erreichen. Die Prozesse seien nun einmal – und zwar auch in den Augen des Volkes – nicht gleichwertig und deshalb eine Differenzierung der Eingangsinstanz zweckmäßig. Die Volksverbundenheit des Richters, der in einem kleinen Bezirk jedem Rechtsuchenden bekannt und jederzeit mühelos erreichbar sei, gehe durch die Beseitigung der kleinen Amtsgerichte verloren. Volksverbunden sei man da, wo man mit seiner Familie den Lebensmittelpunkt habe. Reiserichter, Sprengelprinzip, Motorisierung, Gerichtstage werden von LG-Präs. Jung als „Surrogate" des kleinen Amtsgerichts, als „System von Aushilfen" bezeichnet. LG-Präs. Marx befürchtet, das Verschwinden des LG Diedenhofen, das 1871 nach der Eingliederung von Lothringen schon einmal beseitigt worden sei, werde von der Bevölkerung als rückläufige Bewegung angesehen werden. Die jetzige Gerichtsverfassung in Lothringen gehe im wesentlichen auf das Jahr 1912 zurück, sei also modern; er konnte allerdings nicht bestreiten, dass bei dem damaligen Aufbau kleiner Gerichte auch parlamentarische Einflüsse mitgewirkt haben.

Damit, dass die Zwerggerichte, insbesondere die Ein-Mann- und z.T. auch die Zwei-Mann-Gerichte verschwinden müßten, waren auch die Gegner des neuen Eingangsgerichts einverstanden. Sie suchen eine Vergrößerung der AG-Bezirke im Rahmen der Viergliederung.

Über den Umfang der von der Dreigliederung zu erwartenden Personalersparnis gingen die Ansichten sehr auseinander, da noch nicht feststeht, was an Geschäften noch zum Rechtspfleger, evtl. auch zum Notar abwandern wird, wie die Entwicklung der Straf- und streitigen Zivilgerichtsbarkeit nach Wiederkehr normaler Verhältnisse sein und ob und in welchem Umfang das Kollegialprinzip beibehalten wird. Der Chefpräsident geht bei Zugrundelegung der Geschäftszahlen von 1938 und dem Ansatz von einem Richter auf rund je 15.000 Einwohner davon aus, dass von den insgesamt 238 Planstellen der Amtsgerichte und 102 Planstellen der LG-Gerichte im OLG-Bezirk Zweibrücken und in Lothringen, also insgesamt 340 Planstellen, noch

173 benötigt und 167 wegfallen würden; dabei wurden für Lothringen die Geschäftszahlen im Wege der Schätzung durch Vergleich mit einem möglichst gleichartigen AG-Bezirk des Altreichs gewonnen. Die so geschätzte Personalersparnis von rund 50 von Hundert ist die größte bisher im Zusammenhang mit der Dreigliederung errechnete. Von anderer Seite wurde dieser Berechnung entschieden widersprochen. Ferner wurde der zur Erörterung gestellte Maßstab von einem Richter auf je 20 bis 25.000 Einwohner als über die Leistung einer Richterkraft hinausgehend bezeichnet. Alle diese Zahlen sind bei den heute noch nicht zu übersehenden Verhältnissen der Nachkriegszeit, der Gestaltung des künftigen Verfahrens, der Höhe des Geschäftsanfalls durchaus problematisch. Jedenfalls aber können bei der Dreigliederung – dies war die übereinstimmende Auffassung – erhebliche Personalersparnisse erzielt werden.

3. Welche Eingangsgerichte können im OLG-Bezirk Zweibrücken [errichtet werden]?

Nach dem abschließenden Ergebnis der Besprechungen können in der Westmark 18 Eingangsgerichte – davon 13 im OLG-Bezirk Zweibrücken und 5 in Lothringen – errichtet werden. Es sind die folgenden: Grünstadt, Ludwigshafen, Neustadt, Speyer, Landau, Kaiserslautern, Rockenhausen, Zweibrücken, Pirmasens, Saarbrücken, Saarlautern, Ottweiler, Diedenhofen, Metz, Salzburgen, Saargemünd, St. Avid und Saarburg.

4. Detachierte Richter, Zweigstellen, Sprech- und Gerichtstage usw.. Nach übereinstimmender Auffassung kommen bei der Durchführung der Neugliederung in der Westmark detachierte Richter nicht in Betracht. Auch gegenüber der Einrichtung von Zweigstellen bestand – wenigstens im abschließenden Ergebnis – Zurückhaltung, da durch diese Absplitterung dem Ansehen des eigentlichen Gerichts und ebenso durch den dort sitzenden Rechtspfleger dem Ansehen des Richers Abbruch geschehen könne. Man solle die Reformen durch derartige Kompromisse nicht wieder praktisch mehr oder weniger rückgängig machen. Die Zweigstellen kämen in Betracht für verkehrsarme Gegenden, wie sie in der Westmark kaum vorhanden seien. Auch Gerichtstage sollten nur in verkehrsarmen Gegenden eingerichtet werden; dort haben sie sich nach Ansicht des LG-Präs. Jung (in Teilen des Landgerichtsbezirks Kaiserslautern) bewährt. Insbesondere der OLG-Präs. sprach sich vom Standpunkt der Verhältnisse in der Westmark ganz entschieden gegen jede Abschwächung des Grundsatzes, das Eingangsgericht in der Kreisstadt zu zentralisieren, in irgendeiner Form aus, da die neuen Eingangsgerichte von den Gerichtseingesessenen ohne jede nicht zumutbare Erschwerung zu erreichen seien. Er wies darauf hin, dass für das Ansehen des Gerichts auch der Rahmen seiner Tätigkeit, die würdige Ausstattung der Verhandlungsräume und eine gewisse Feierlichkeit wichtig sei, was bei der Abhaltung von Gerichtstagen leiden müsse. Sonst wäre es ja zwecklos, repräsentative Gerichtsgebäude mit würdigen Sitzungssälen zu bauen. Gemeindehäuser und Gastwirtschaften seien als Schauplatz der richterlichen Tätigkeit nun einmal nicht das richtige, auch wenn sie einmal im Einzelfall für die Beteiligten leichter zu erreichen seien. Bei der Bevölkerung werde auch der „Reiserichter", der den Parteien sozusagen nachreise und seinen Beruf „im Umherziehen" ausübe, nicht an Ansehen gewinnen. Wolle man keine Zentralisierung des Eingangsgerichts, so sei zu erwägen, ob man es nicht bei dem jetzigen Zustand belassen wolle. Der Abhaltung von Lokalterminen, Augenscheinseinnahmen und – in gebotenen Grenzen – auch von Verhandlungen an Ort und Stelle solle damit selbstverständlich in keiner Weise widersprochen werden.

Von einigen Richtern wurde zur Erwägung gestellt, Zweigstellen und Gerichtstage als Übergangsmaßnahmen am Sitze der bisherigen Amtsgerichte dann einzurichten, wenn am neuen Eingangsgericht noch nicht der genügende Raum für die Zentralisierung vorhanden sei.

5. Abgabe von bisher richterlichen Aufgaben an andere Stellen. Die Abgabe von richterlichen Geschäften an Stellen außerhalb der Justiz im weiteren Sinne wurde abgelehnt. Über die Abgabe solcher Geschäfte an einzelne Stellen innerhalb der Justiz waren die Ansichten geteilt. Im allgemeinen wurde eine Abgabe im Rahmen des Entwurfs der Schöffenrichterordnung nicht entgegengetreten, wenngleich von anderer Seite ein Hinausgehen über die Schiedsmannsordnung abgeraten wurde. Bedenken wurden gegen die Einführung eines Laienkollegiums vorgebracht; der Laie sei entweder allein oder unter richterlicher Führung einzusetzen. LG-Präs. Dr. Hüsch meinte, die Bevölkerung in der Pfalz wolle überhaupt nicht von ihresgleichen gerichtet werden, sondern vom Berufsrichter. Es wurde beim Schöffenrichter die Unparteilichkeit angezweifelt und auch das Finden geeigneter Persönlichkeiten sehr schwierig werden. Darüber, dass es sich beim Schöffenrichter (Friedensrichter) um ein Experiment handle, dessen Ausfall von einer befriedigenden Lösung der sehr schwierigen Personenfrage abhängt, bestand Einigkeit.

Der Rechtspfleger habe sich im allgemeinen bewährt. Zur Senkung der Richterzahl werde ein weiterer Ausbau in Frage kommen. Doch wurde dabei von verschiedenen Seiten darauf hingewiesen, dass über die Reichsentlastungsverfügung hinaus Vormundschaftssachen nicht mehr abgegeben werden könnten, wenn nicht der Richter diesem Gebiet entfremdet werden solle. Selbständige Rechtspfleger-Ämter wurden abgelehnt. Der OLG-Präs. Stellte die Errichtung von sogen. „Justizämtern" zur Erörterung, die die bisherigen richterlichen Aufgaben außerhalb der Spruchrichtertätigkeit erledigen, mit einem Volljuristen als Leiter und der erforderlichen Zahl von Rechtspflegern besetzt und bei einem größeren Eingangsgericht jeweils für den Bezirk mehrere Eingangsgerichte errichtet werden sollen. Ihnen solle beim Obergericht (Gaugericht) ein Oberjustizamt, am Sitze des Reichsgerichts ein Reichsjustizamt entsprechen. Der Vorschlag fand keinen Anklang. – Die organisatorische Verbindung des Rechtspflegers mit dem Eingangsgericht müsse in jedem Falle erhalten bleiben.

Die Abgabe von Konkurs-, Zwangsversteigerungs- und Zwangsverwaltungssachen an die Nurnotare wurde empfohlen.

Eine von der allgemeinen Linie stark abweichende Auffassung vertrat LG-Dir. Müller (Frankenthal), der die Grundbuch- und Nachlaßsachen an die Notare, die Vormundschaftssachen an die Jugendämter, die Geschäfte der Anerbenbehörden an die Landesbauernschaft und die Erbgesundheitssachen an die innere Verwaltung abgeben will. Das Volk wolle als Richter nur den Straf- und den Zivilprozeßrichter, den Spruchrichter. Er stand mit dieser Auffassung allein. Ihm wurde entgegengehalten, dass es sich bei den von ihm zur Abgabe vorgeschlagenen Sachgebieten um tiefe Eingriffe in Vermögen und Persönlichkeit des Einzelnen handeln könne, und da verlange das Volk den unabhängigen Richter, nicht eine Verwaltungsstelle. Was rechtsprechenden Charakter habe, gehöre grundsätzlich zur ordentlichen Gerichtsbarkeit; was damit zusammenhänge, dürfe aber nicht davon weggerissen werden, auch wenn es sich dabei um keine Rechtsprechung (Sachentscheidung im eigentlichen Sinne), sondern um Rechtsgestaltung mit sehr verwaltungsmäßigem Charakter handle.

LG-Dir. Freudenberger (Saarbrücken) wünschte dringend, dass der Richter möglichst von Kostensachen befreit werde. Richten sei nicht rechnen.

6. Besondere Gerichte. Einigkeit bestand darüber, dass die jetzt bestehenden, besonderen Gerichte – Arbeitsgerichte, Anerbengerichte, Erbgesundheitsgerichte usw. als besondere Gerichtskörper beseitigt und in die Eingangsgerichte als Abteilungen („das ...gericht X als Arbeitsgericht") eingebaut werden sollen; besondere Verfahrensvorschriften (Beisitzer!) könnten dabei nötigenfalls aufrechterhalten werden; ebenso wurde im allgemeinen die Notwendigkeit für ein Fortbestehen der Sondergerichte bei den Landgerichten, nach Kriegsende – und nach Ablauf einer gewissen Übergangszeit – verneint. Ihre Zuständigkeiten sollten in die ordentliche Strafgerichtsbarkeit eingebaut werden, die für normale Verhältnisse durchaus ausreichten. Dies sei auch zur Vermeidung einer Zerplitterung der Rechtspflege erforderlich. – Der Volksgerichtshof blieb außerhalb der Erörterung.

7. Zuständigkeit des Eingangsgericht. Grundsätzlich sollen nach der überwiegenden Auffassung alle Eingangsgerichte dieselbe Zuständigkeit haben. Mit diesem Grundsatz vereinbar und sachlich notwendig sei, gewisse besonders bedeutsame oder schwierige und seltene Materien für die Bezirke mehrerer Eingangsgerichte bei einem von ihnen zusammenzufassen, auf strafrechtlichem Gebiet die schwere Kriminalität, auf zivilrechtlichem Gebiet z.B. den gewerblichen Rechtsschutz. Neben der Förderung einer einheitlichen Rechtsprechung sei so auf strafrechtlichem Gebiet die Aufdeckung großer krimineller Zusammenhänge leichter möglich, als wenn jedes einzelne Gericht nur einen Teilausschnitt sehe, während auf zivilrechtlichem Gebiet dadurch bei einigen Gerichten in besonders schwierigen oder seltenen Materien die erforderlichen Spezialkenntnisse und ein gewisses richterliches Erfahrungsgut angesammelt werden könnten. Zum Teil wurde auch eine solche Zusammenfassung der Erbgesundheitssachen und Arbeitsgerichtssachen angeregt. Was allerdings unbedingt vermieden werden müsse, sei eine Minderbewertung der Gerichte, die diese Sachen abgäben, gegenüber dem Gericht, bei dem sie konzentriert würden. Als ein Mittel dazu wurde vorgeschlagen, die Richter der abgebenden Eingangsgerichte bei der Aburteilung schwerer Strafsachen aus ihrem Bezirk durch das zusammenfassende Eingangsgericht mitwirken zu lassen, also sie dort zu Richtern mitzubestellen.

Ganz einhellig war die Auffassung hier nicht. Es wurde auch der Standpunkt vertreten, die künftigen größeren Eingangsgerichte müßten alle Sachen ohne Rücksicht auf Art, Schwierigkeit und Seltenheit richtig erledigen können. Diese Auffassung wird aber da nicht durchführbar sein, wo besondere Verhältnisse (Gebirge, Grenzland usw.) die Schaffung kleinerer Eingangsgerichte notwendig macht; außerdem wird es auch nicht möglich sein, alle Eingangsgerichte mit dem nötigen Material zur Behandlung von mehr abliegenden Rechtsgebieten laufend auszustatten.

8. Besetzung der Eingangsgerichte.

a) Laienbeteiligung. Die Beteiligung von Laien an der Rechtsprechung ist nach einhelliger Auffassung nicht nur eine technische, sondern auch eine politische Frage.

Ihre Zuziehung in Arbeitsgerichtssachen, Erbhofsachen und Erbgesundheitssachen wurde als erwünscht bezeichnet, wobei allerdings zu prüfen wäre, ob nicht weitere Geschäfte auch dieser Art vom Richter allein zu erledigen wären. Es wurde aber auch die Auffassung vertreten, dass die Beisitzer auch hier in die Rolle von Sachverständigen zu verweisen seien. Über die Zuziehung von Laien in Handelssachen (Handelsrichter) gingen die Ansichten auseinander. LG-Dir. Imig (Saarbrücken) wies darauf hin, dass vor der Rückgliederung des Saarlandes Handelsrichter nicht zugezogen worden seien und sich daraus keine Nachteile ergeben hätten.

Auf strafrechtlichem Gebiet bestand Einigkeit darüber, dass Laien für die Rechtsfindung an sich nicht gerade nötig seien; soweit sie gewünscht wurden, wurde dies, – nicht ohne Widerspruch – damit begründet, dass ein von ihnen mitgefundenes Urteil in der Bevölkerung mehr Resonanz finde. Von einem solchen Urteil ginge eine propagandistische, Vertrauen für die Justiz werbende Kraft aus. Völlig abgelehnt wurden Laienbeisitzer in Strafsachen von LG-Präs. Beutner und besonders nachdrücklich von LG-Dir. Freudenberger (Saarbrücken), ebenso von LG-Präs. Marx (Diedenhofen). Wenn, wie zu erwarten, auch der künftige Richter aus dem Volk hervorgehe, Nationalsozialist und Volksmann sei, so brauche er keine Laien. Der Laienrichter in Strafsachen beruhe auf überholten Anschauungen. Solange die Justiz Laienrichter brauche, werde sie nicht die nötige Achtung finden.

Allgemein wurden Bedenken geäußert, ob es möglich sei werde, in der Nachkriegszeit die erforderliche Zahl von Laien überhaupt aufzubringen, da man die Laienkräfte dann in erster Linie zum Aufbauen und nicht zum Richten brauche.

b) Berufsrichter. In Zivilsachen fand der Grundsatz des Einzelrichters überall Zustimmung. Verschieden war die Auffassung darüber, ob und wieweit es in gewissen Fällen eingeschränkt werden solle. Die verschiedensten Variationen wurden vertreten. Während die Teilnehmer in Metz, Diedenhofen und Saargemünd, ferner OAR Loos (Obermoschel) sich im Endergebnis gegen eine Einschränkung aussprachen, wurde von den anderen Teilnehmern für gewisse Sachen die Entscheidung durch eine Richtermehrheit für notwendig befunden, wobei die Auffassungen im einzelnen wieder auseinandergingen. Zum Teil wurde ein Zwei-Mann-Kollegium empfohlen, zum Teil eine Drei-Mann-Kammer, teils sollte es den Parteien überlassen bleiben, die Entscheidung durch ein Kollegium zu beantragen, teils sollte der Richter dies beantragen oder selbst weitere Richter zuziehen können. Auch darüber, ob ein bestimmter Kreis von Sachen als vor das Kollegialgericht gehörig gesetzlich festgelegt werden soll, waren die Auffassungen geteilt. Die Möglichkeit, wenigstens gewisse Fälle vor eine Mehrheit von Richtern zu bringen, wurde stark gewünscht. So schlug der OLG-Präs. das Richter-Kollegium vor für schwierige und bedeutende Sachen und grundsätzlich für alle nichtvermögensrechtlichen Streitigkeiten. Soweit der Richter die Behandlung durch die Kammer beantragt, soll hierüber der Vorsitzende der Kammer oder statt dessen der Vorstand des Eingangsgerichts entscheiden, der beantragende Richter im Falle der Übernahme als Berichterstatter tätig werden. Eine Entscheidung über den Antrag im Aufsichtsweg wurde als unerwünscht bezeichnet. In diesem Zusammenhang wurde auch mehrfach darauf hingewiesen, dass von der Höhe des Streitwertes als Maßstab für die Frage der Bedeutung des Rechtsstreits und der Rechtsmittelfähigkeit des Urteils nicht ganz werde abgesehen werden können; die vermögensrechtlichen Prozesse seien nun einmal nicht alle gleichwertig und dafür habe auch das Volk durchaus Verständnis.

In Strafsachen bestand Einigkeit darüber, dass eine Unterscheidung zwischen leichter, mittlerer und schwerer Kriminalität angezeigt, jedenfalls aber eine besondere Behandlung der schweren Kriminalität und ihre Aburteilung durch ein Richterkollegium notwendig sei. Vorgeschlagen wurden u.a. für die kleine Kriminalität der Einzelrichter, für die mittlere Kriminalität der Einzelrichter mit zwei Schöffen, für die schwere Kriminalität drei Berufsrichter mit oder ohne zwei Schöffen. Auch eine bloße Zweiteilung mit Kollegium nur für die schwere Kriminalität wurde vorgeschlagen. Einigkeit bestand jedenfalls darüber, daß die Frage des Einzelrichtertums und des Kollegiums auf strafrechtlichem Gebiet ohne Rücksicht auf die Ausgestaltung der Zivilrechtspflege gelöst werden müssen. Erörtert wurde ferner, ob von Fall zu Fall die Zuziehung von Schöffen in das richterliche Ermessen gestellt oder dem Antrag des Staatsanwalts überlassen bleiben solle, wenn gewisse Strafen zu erwarten seien. Die Entscheidung durch den Staatsanwalt wurde mit Rücksicht auf die richterliche Autorität nicht gewünscht.

OLG-Präs. Dr. Siegel hielt für gewisse katalogmäßig festzulegende Kapitalsachen die Errichtung eines Schwurgerichts mit drei Berufsrichtern und vier Laien für den OLG-Bezirk für erwägenswert; er verspricht sich für ein solches Urteil besonderes Ansehen bei der Bevölkerung. Der Vorschlag fand bei den anderen Reilnehmern wenig Anklang.

9. Abstimmungs- oder Führerprinzip bei Richtermehrheit. Energisch für das Führerprinzip als allgemeinen nationalsozialistischen, auch in der Justiz an die Stelle von Abstimmungsmehrheiten zu setzenden Grundsatz traten LG-Präs. Dr. Beutner und LG-Dir. Freudenberger (Saarbrücken) ein. Letzterer hält es für die Stellung der Justiz gefährlich, zu behaupten, das Führerprinzip eigne sich nicht für das Kollegialgericht und sei diesem nicht wesensgemäß. Die übrigen Teilnehmer waren entschieden für die Abstimmung in der bisherigen Form. Den Anhängern des Führerprinzips wurde entgegengehalten, auch der nationalsozialismus wolle das Führerprinzip nur da, wo es das Gegebene sei, und das treffe auf den Gedanken des Kollegialgerichts nicht zu. Der einzelne Volksgenosse werde sich mit einer Entscheidung leichter abfinden, wenn er wisse, dass dahinter nicht nur die Auffassung eines einzelnen stehe, sondern die einer Mehrheit. Im übrigen waren die Gründe und Gegengründe die bekannten. Die weit überwiegende Meinung ging ferner dahin, dass beim Kollegialgericht in der Stellung der Berufs- und Laienrichter kein Unterschied gemacht werden könne, das Abstimmungs- oder Führerprinzip entweder für beide Richterkategorien gelten müsse oder für keine von beiden.

10. Geschäftsverteilung. Für das großstädtische Eingangsgericht kommt nach einhelliger Ansicht grundsätzlich nur die Verteilung der Geschäfte auf die einzelnen Richter nach Sachgebieten (Sachprinzip) in Betracht. Im übrigen waren die Ansichten, ob den Richtern alle Sachen aus einem bestimmten Sprengel zugewiesn (Sprengelprinzip) oder die Geschäfte nach dem Sachprinzip verteilt werden sollen, geteilt. Vielfach wurde das Sprengelprinzip außerhalb des Großstadt-Eingangsgerichts als Grundsatz begrüßt. Auch sonst fand dieser Grundsatz eine starke Anhängerschaft. Daneben wurde aber doch empfohlen, gewisse Spezialmaterien, z.B. Anerbensachen, bestimmten Richtern für den ganzen Bezirk vorzuhalten. Die Anhänger des Sachprinzips berufen sich hier auf den Gesichtspunkt der Arbeitsökonomie; der Spezialist arbeite auf seinem Gebiet eben gründlicher und ergiebiger. Die Zuweisung bestimmter Materien an einen Richter ohne örtliche Bindung sei bei der weitgehenden Differenzierung unseres Rechts und dem komplizierten Aufbau unserer Gesetzgebung unvermeidlich. LG-Präs. Jung (Kaiserslautern) wies darauf hin, ein Sprengelrichter, der alles können solle, arbeite, wenn er nicht weit überdurchschnittlich sei, tatsächlich oberflächlich; das Volk wolle weniger einen Sprengelrichter, „seinen" Richter, als vielmehr in erster Linie einen Können, zu dem es Vertrauen haben dürfe, und das sei bei dem heutigen Rechtsleben nun einmal der Spezialist. Das Endergebnis der Aussprache war, dass eine Vereinigung von Sprengel- und Sachprinzip in vielen Fällen das Richtige sein werde, sei es in der Art, dass beim Sprengelprinzip gewisse Sachgebiete ausgenommen und Spezialisten zugeteilt würden, sei es, dass beim Sachprinzip die einzelnen Materien nach örtlichen Teilbezirken auf die Richter verteilt würden und so auch hier zwischen dem Richter und den Gerichtseingesessenen eine gewisse örtliche Verbundenheit hergestellt werde. Das neue Gerichtsverfassungsgesetz müsse die Justizverwaltung ermächtigen, die Geschäfte ohne Bindung an starre Grundsätze nach den örtlichen Bedürfnissen zu verteilen.

11. Verfahren vor dem Eingangsgericht. Übereinstimmung bestand darin, dass das Verfahren vor dem künftigen Eingangsgericht – abgesehen von der Frage der Anwaltsvertretung – nur das amtsgerichtliche sein könne, dieses, wenn möglich mit noch freierer Stellung des Richters, der Herr des Verfahrens sein müsse, unter Zurückdrängung der Parteidisposition über den Prozeßstoff und in Annäherung an den Amtsprozeß der freiwilligen Gerichtsbarkeit, auch mit entsprechender Rechtsgestaltungsbefugnis des Richters.

12. Anwaltsvertretung. Einigkeit bestand darüber, dass der Justiz an der Erhaltung eines tüchtigen Anwaltsstandes im Interesse der Rechtspflege gelegen sein müsse, dass den Parteien auch künftig nicht verwehrt sein solle, sich nach ihrem Belieben durch Anwälte vertreten zu lassen, dass der Anwaltszwang jedenfalls in seiner jetzigen schematischen Form nicht aufrechtzuerhalten sei, dass man aber andererseits darauf sehen müsse, dass der Anwaltsstand bei aller Lockerung des Anwaltszwangs und damit in gewisem Umfange der Einschränkung seines Betätigungsfeldes lebensfähig bleibe. Im einzelnen gingen die Ansichten darüber, wann künftig Anwaltsvertretung zu fordern sei, auseinander. Teils wurde Anwaltszwang gefordert bei allen nichtvermögensrechtlichen Sachen, bei vermögensrechtlichen dann, wenn sie vor einem Kollegium verhandelt würden; teils wurde es für zweckmäßig, teils aber auch für genügend gehalten, den Richter ohne Rücksicht auf den Prozeßgegenstand zu ermächtigen, in jedem Falle den Parteien Vertretung durch einen Anwalt aufzuerlegen, wenn eine entsprechende Ordnung und Siebung des von den Parteien vorgebrachten Materials dies zur sachgemäßen Behandlung des Rechtsstreits nötig mache – dies im Endergebnis wohl die überwiegende Auffassung. Von Interesse war, dass mehrfach Anwaltszwang für Ehe- und Statussachen verlangt wurde, um das in diesen Fällen nicht seltene Vorbringen einer Masse von nicht rechtserheblichem Material durch die Parteien zu verhindern.

13. Zur Rechtsmittelfrage. Es wurden die wesentlichsten Punkte zur Erörterung gestellt. – Übereinstimmung bestand darüber, dass mit dem dreigliedrigen Aufbau nicht auch drei Instanzen verbunden sein müßten, zwei Instanzen in der Regel genügen sollten, und dass es erwünscht sei, den Schwerpunkt des Verfahrens in die der ersten Instanz zu verankern. Soll das Rechtsmittel gegen die Urteile der Eingangsgerichte als Berufung die Wiederholung des ganzen Verfahrens mit sich bringen, soll die Berufung des Urteils der ersten Instanz nur kontrollieren, soll die Berufung und Revision gegeben sein und in welchem Umfang, oder soll als einheitliches neues Rechtsmittel die „Rechtsrüge" geschaffen werden, bei der grundsätzlich nur die Rechtsfrage nachgeprüft wird, die tatsächliche Seite nur, soweit die rechtliche Nachprüfung dies erfordert, und die in den wichtigsten Sachen an das Reichsgericht, sonst an das Obergericht geht? Allgemeine Zulassung des Rechtsmittels oder durch judex a quo oder judex ad quem oder eine Kombination beider Wege?

Die Erörterung ergab nur ein beschränktes Ergebnis. Soweit die Teilnehmer sich äußerten, gingen sie von der Berufung und der Revision in den verschiedenen Variationen aus; mit dem Rechtsmittel der Rechtsrüge und den sonstigen Strömungen auf dem Gebiet der Neuordnung des Rechtsmittelwesens hatten sie sich noch nicht befaßt. Die Rechtsrüge stieß besonders bei OLG-Präs. Dr. Siegel auf Bedenken, da durch eine solche Einschränkung der tatsächlichen Nachprüfung der Wahrheitsermittlung Abbruch getan werde. Andererseits konnte nicht bestritten werden, dass es ohne Einschränkung des Verfahrens in zweiter Instanz kaum möglich sein werde, die Verlagerung des Schwerpunktes des Verfahrens von der ersten in die zweite Instanz zu verhüten.

14. Justizverwaltung. Erörtert wurde die Frage, ob die Dienstaufsicht über die Richter bei den Eingangsgerichten auf die Vorstände der einzelnen Gerichte übertragen, ob sie beim Vorstand eines größeren Eingangsgerichts für die Richter mehrerer Eingangsgerichte zusammengefaßt oder ob eine besondere Dienstaufsichtsinstanz ohne Verbindung mit einem Gerichtskörper zwischen Eingangsgericht und Obergericht eingeschaltet werden solle. Die Mehrzahl der Richter war dafür, jedem Vorstand eines Eingangsgerichts die volle Dienstaufsicht, also auch über Richter, zu geben, entsprechend der früheren bayerischen Regelung, doch wurden auch Bedenken dagegen geltend gemacht, z.B. von OA-Richter Dr. Loos (Obermoschel), weil diese Regelung bei kleineren Gerichten zu Unzuträglichkeiten führen und die

Freiheit des einzelnen Richters beeinträchtigen könne. Die Zusammenfassung der Dienstaufsicht über die Richter mehrerer Eingangsgerichte beim Vorstand eines großen Eingangsgerichts wurde überwiegend abgelehnt, da dieser ja doch bei der Beurteilung der Richter auf Auskünfte des örtlichen Aufsichtsrichters angewiesen sei. Ebenso wurde die Ausübung der Dienstaufsicht durch eine besondere „frei schwebende" Verwaltungsstelle zwischen Eingangsgericht und Obergericht abgelehnt, da dieser die Fühlung mit der Praxis, die nötige „Frontnähe" fehle. Das Aufsichtsorgan müsse auf dieser Ebene selbst ein Richter sein.

Der OLG-Präs. steht auf dem Standpunkt, dass jedenfalls in seinem Bezirk und nach seinen Erfahrungen eine Ersatzstelle für den LG-Präs. entbehrlich sei. Der OLG-Präs. müsse die Richter seines Bezirks in jedem Fall persönlich kennen lernen.

III. Zur künftigen Stellung des Richters

1. Allgemeines. Die Richterschaft genießt das Vertrauen der Bevölkerung im OLG-Bezirk; das Vorhandensein einer Justizkrise im Verhältnis zur Bevölkerung wird bestritten. Wenn in ganz vereinzelten Fällen Richter es an der nötigen Volksverbundenheit fehlen ließen oder nicht das richtige Verhältnis zur Partei gefunden oder in ihren Entscheidungen politisches Fingerspitzengefühl vermissen lassen, so sei das noch kein Grund, von einer Justizkrise zu reden. Es wurde darauf hingewiesen, dass z.B. auch bei Ärzten Fehldiagnosen vorkämen, ohne dass deshalb jemand auf den Gedanken komme, von einer Ärztekrise zu sprechen. Das Vertrauen der Bevölkerung findet die deutsche Rechtspflege, wie von den einheimischen Richtern betont wurde, auch in den lothringischen LG-Bezirken, während die Einstellung der dortigen Bevölkerung gegenüber der deutschen Polizei weniger aufgeschlossen sei. – Die Richterbriefe werden allgemein begrüßt.

Was das Ansehen der Justiz anlangt, so tritt sie allerdings auch hier wie in den anderen bereisten Bezirken hinter Verwaltung und Wehrmacht zurück. Interessant war es, in diesem Zusammenhang zu hören, dass in dieser Hinsicht die Verhältnisse in Lothringen 1919 bis 1940 auch nicht anders lagen; auch in der französischen Zeit ging dort der Präfekt dem gleichrangigen OLG-Präsidenten und ebenso der Unterpräfekt gleichrangigen OLG-Präsidenten im Ansehen bei der Bevölkerung vor. Wie anderswo, zeigt sich auch in der Westmark, dass das Vertrauen der Bevölkerung zur Justiz noch nicht ohne weiteres beweist, dass sie der Justiz auch in der Reihe der Amtsträger eine entsprechende Stellung zuweist. Es mag mit den oft gekennzeichneten Eigenheiten richterlicher Amtstätigkeit zusammenhängen, die nun einmal ihren Träger nicht in gleicher Weise in der Öffentlichkeit herausstellt, wie dies beim höheren Verwaltungsbeamten der Fall ist, der auch außerhalb der Repräsentation im laufenden Dienst mehr als der Richter mit Stellen der Partei, Verwaltung und Wehrmacht in Berührung kommt, dadurch mit ihnen in ständiger Fühlung steht, seinerseits für diese Stellen ein notwendiger Mitarbeiter ist und so von vornherein in Kreisen dieser Dienststellen eine günstigere Stellung inne hat. Unterstützt wird diese Entwicklung zugunsten der Verwaltung noch durch die große Breitenausdehnung, die die Verwaltung durch den Zuwachs zahlreicher neuer Arbeitsgebiete, durch die Lenkung der Wirtschaft und die besonderen Kriegsverhältnisse gewonnen hat.

2. *Richterkorps.* Über den Gedanken des Richterkorps, der in Saarbrücken behandelt wurde, herrschen z.T. ungeklärte Vorstellungen. Manche Richter scheinen davon eine mittelbare Beeinträchtigung der weisungsfreien Richterstellung zu befürchten. LG-Präs. Dr. Beutner glaubt, dass gerade die Ungezwungenheit des richterlichen Berufs viele Kräfte angezogen hat. Z.Zt. sei die Richterschaft keine geschlossene Gemeinschaft; zwar kein Richterkorps, aber ein „Juristenkorps" habe es im Saarland zur Zeit und unter dem Druck der französischen Besatzung schon einmal gegeben, insbesondere dank dem Einfluß des Präsidenten des Obergerichts, Dr. Magnus. Das Richtertum werde aber zweifellos gefördert durch Zusammenfassung und Erziehung zu gleicher innerer und äußerer Haltung, was durch das ganze Berufsleben fortgeführt werden müsse. Die Gefahr, dass individuelle Anlagen dabei zurücktreten, müsse in Kauf genommen werden. LG-Dir. Freudenberger war gegen jeden Zwang bei der Bildung einer Richtergemeinschaft. An den Richter müßten in der persönlichen Lebensführung große Anforderungen gestellt werden. Ferner meinte LG-Dir. Freudenberger, dass Ehescheidungen im künftigen Richterstande nicht mehr vorkommen dürften.

Einigkeit bestand darin, dass eine besondere Organisationsform für das Richterkorps nicht geschaffen werden soll, dass die Schaffung eines Richterkorps die Aufgabe langer Jahre sei, dass der Nachwuchs frühzeitig erfaßt werden müsse und die Richterschaft während des ganzen Berufslebens immer wieder von neuem überholt, mit Berufs- und Standesfragen, vor allem aber auch mit den großen leitenden Gesichtspunkten der politischen Führung bekannt gemacht werden müsse. Die Grundsatzlenkung als Mittel zu diesem Zweck fand allgemein Anerkennung.

Für eine Ehrengerichtsbarkeit der Richterschaft in irgendeiner Form schien nach Auffassung der Besprechungsteilnehmer ein Bedürfnis nicht vorzuliegen.

3. *Mindestalter für die Anstellung als Richter.* Allgemein wurde anerkannt, dass die sachgemäße Ausübung des Richteramtes eine reife Persönlichkeit erfordere und dass dieser Anforderung auch in einem künftigen Richtergesetz Ausdruck zu geben sei. Im einzelnen gingen die Anschauungen auseinander. Während OLG-Präs. Dr. Siegel im Hinblick auf die in Aussicht genommene hohe Stelung des künftigen Richters und die von ihm erwarteten Leistungen an ein Mindestalter von 35 Jahren als Voraussetzung für die Anstellung als Richter denkt, neigte die Mehrzahl der anderen Richter dazu, ein Alter von 28 bis 32 Jahren für genügend zu erachten. Von der gesetzlichen Festlegung einer starren Altersgrenze wurde abgeraten; die Justiz müsse in der Lage sein, auch einmal einen besonders geeigneten Anwärter früher anzustellen; außerdem sei der Zeitpunkt der Ausreifung bei den einzelnen Persönlichkeiten verschieden. Bei einer entsprechend vielseitigen Fortbildung nach der großen Staatsprüfung durch Beschäftigung als Staatsanwalt, Rechtsanwalt, Notar, in der Verwaltung, freien Wirtschaft oder bei der Partei werde sich bei der Anstellung des einzelnen Richteranwärters ein Mindestalter von etwa 30 Jahren durchschnittlich – abgesehen von den Kriegsverhältnissen – von selbst ergeben.

4. *„Weltfremdheit" des Richters, Lebensschule.* Der Vorwurf der Weltfremdheit wurde schon für die Gegenwart als unbegründet bezeichnet. Erst recht könne künftig davon keine Rede mehr sein, wenn jeder Richter durch HJ, Arbeitsdienst, Wehrmacht gegangen sei und dort, ebenso wie durch Mitarbeit in der Partei, ihren Gliederungen und angeschlossenen Verbänden ständig mit allen Volkskreisen in Berührung komme. Die Ausweitung des Horizonts des künftigen Richters darüber hinaus sei natürlich erwünscht und anzustreben. Von diesem Standpunkt aus wurde auch die Tätigkeit des Richteranwärters in einem freien Beruf oder in der Wirtschaft vor seiner Anstellung begrüßt. Es handle sich dabei nicht so sehr darum, dass der Richter in irgendeinem Wirtschaftszweig bestimmte Spezialkenntnisse erwerbe, die er später vielleicht doch nicht verwerten könne und die rasch veralteten, sondern darum, dass er einmal aus eigener Anschauung und Mitarbeit die ganze Denk- und Anschauungsweise der Kreise kennen lerne, die in einem scharfen Existenzkampf stünden und deren Angelegenheiten er später richtig beurteilen solle. Andererseits wurde darauf hingewiesen, dass man diese Lebensschule in ihrer Auswirkung für die Justiz auch nicht überschätzen dürfe. Die Wirtschaft habe nach dem Krieg einen ungeheuren Bedarf an qualifizierten Kräften; der tüchtige Jurist, der sich dort bewähre, werde auch dort bleiben. Hieran sei auch dadurch nichts zu ändern, dass man dem Richteranwärter gewisse Bindungen im Sinne einer späteren Rückkehr in die Justiz auferlege, ganz abgesehen davon, dass der Justiz mit Männern, die nur unter Zwang zu ihr kämen, nicht geholfen sei. Es wurde auch der Befürchtung Ausdruck gegeben, dass so der an sich richtige Gedanke sich letzten Endes zum Nachteil der Justizverwaltung auswirken könne. Zweifel wurden auch geäußert, ob sich z.B. die Kreise der Wirtschaft mit der Förderung von Kräften, von denen man wisse, dass sie doch nicht bei ihr blieben, gerade sehr nachdrücklich beschäftigen würden.

Einigkeit bestand ferner darüber, dass eine Bestätigung außerhalb der Justiz nicht zur Voraussetzung für die Anstellung gemacht werden solle.

In diesem Zusammenhang wurde auch der Gedanke erörtert, gute Kräfte aus den freien Berufen mit der Befähigung zum Richteramt für den Richterdienst zu gewinnen. Er wurde skeptisch beurteilt. Könner seien allenfalls vereinzelt und wahrscheinlich nur für Spitzenstellen des Richterdienstes zu gewinnen, was dann personalpolitisch wieder zu Unzuträglichkeiten führen müsse.

Für sehr förderlich wurde eine Tätigkeit als Rechtsanwalt oder beim Notar bezeichnet, ferner wurde von verschiedenen Seiten gewünscht, dass jeder Richteranwärter auch eine Zeit lang als Staatsanwalt tätig werden müsse.

5. *Richtergehilfe.* Bei der Fülle des zu erörternden Materials konnte dieser Punkt nur gestreift werden. Der Richtergehilfe wird nicht einheitlich beurteilt. Bedenken wurden geäußert, ob man mit einer solchen unselbständigen Stellung nicht den ohnehin spärlichen Nachwuchs abschrecken werde; andererseits wurde zugegeben, dass es unerwünscht sei, wenn Männer, über deren endgültige Eignung als Richter noch gar nicht entschieden sei, als Richter tief in die Verhältnisse der Volksgenossen eingreifen könnten. Es wurde vorgeschlagen, die Richteranwärter in Kammern und als Beauftragte der Richter zu verwenden, sodass sie schrittweise an die voll selbständige Richtertätigkeit herangeführt würden.

IV. Sonstiges. Mit Generalstaatsanwalt Welsch als Verteter des CdZ wurden noch einige organisatorische Fragen, die das Verhältnis zwischen Gerichten, Staatsanwaltschaft und Polizei betrafen, und das Problem der sogen. „Doppelspitze" in der Mittelinstanz besprochen.

Die Frage, ob es möglich sein werde, die Polizei organisatorisch in ein befriedigendes Verhältnis zur Justiz zu bringen, wenn man ihr die Tätigkeit der Anklagebehörde übertrage, wurde von Generalstaatsanwalt Welsch entschieden verneint. Er hält es nicht für möglich, der Polizei die Anklage zu überlassen. Die Anklagebehörde, auch wenn es die Polizei wäre, müsse als solche ein Organ der Justizverwaltung sein, da sonst eine einheitlich geleitete Strafrechtspflege und überhaupt eine einheitliche Rechtspflege nicht möglich wäre. Daraus würde sich für die Polizei eine Doppelunterstellung einmal durch die Innere Verwaltung, dann aber unter die Justiz ergeben, was zu untragbaren Reibungen und Überschneidungen führen müsse. Die Justizverwaltung könne daher auf eine eigene ausschließlich ihr unterstellte Anklagebehörde nicht verzichten.

Besprochen wurde ferner der Zustand, dass in der Provinzialinstanz die Justizverwaltung im Gegensatz zu allen anderen Verwaltungen durch zwei Behördenchefs, den Oberlandesgerichtspräsidenten und den Generalstaatsanwalt, repräsentiert wird, die sogen. Doppelspitze. Sollen Oberlandesgerichtspräsident und Generalstaatsanwalt einem Oberjustizpräsidenten als einheitlicher Provinzialspitze unterstellt werden? Oder soll der Generalstaatsanwalt als Abteilung dem Oberlandesgericht angegliedert, der Oberlandesgerichtspräsident als Chefpräsident auch die Verwaltungsgeschäfte der Staatsanwaltschaften führen und der Generalstaatsanwalt auf die sachliche Leitung der Staatsanwaltschaften beschränkt bleiben? Diese und andere Variationen wurden von Generalstaatsanwalt Welsch ebenfalls abgelehnt, da die Stellung des Generalstaatsanwalts und damit das Ansehen der Staatsanwaltschaft überhaupt darunter erheblich leiden würde und bei Abgabe der Verwaltungsgeschäfte der unmittelbare aus der Arbeit seiner Untergebenen gewonnene Eindruck des Generalstaatsanwalts in der Personalbearbeitung durch den Oberjustizpräsidenten oder Chefpräsidenten nicht mehr genügend zur Geltung komme. Er sieht in dem jetzigen Zustand die natürliche Auswirkung des Grundsatzes der Trennung von Ankläger und Richter, dem in anderen Verwaltungen etwas ähnliches nicht entspreche. Die gleiche Auffassung vertrat übrigens auch Oberlandesgerichtspräsident Dr. Siegel.

Anlagen zum Reisebericht Zweibrücken: Einzelberichte zur künftigen Stellung des Richters

1. Stellungnahme des Präsidenten des LG Frankenthal

[…] II. Fragen zur künftigen Stellung des Richters.

Zu II 1.) Die Tatsache einer Vertrauenskrise der Justiz besteht und ist nicht abzuleugnen. Rechtspflege und Richter erfreuen sich nicht des uneingeschränkten Vertrauens aller Volksgenossen. Die Gründe hierfür sind nicht so sehr in Mängeln der

Gerichtsorganisation und veralteten Gesetze, sowie in dem Umstande, dass immer noch Entscheidungen ergehen, die mit dem Volksempfinden nicht ganz übereinstimmen, zu suchen als in der Tatsache, dass es immer noch Richter gibt, die es an jeder Volksverbundenheit fehlen lassen und dienstlich wie außerdienstlich ein von Volk und Partei abgeschlossenes Eigenleben führen, die dem Leben im allgemeinen und den Erfordernissen der neuen Zeit gegenüber sich wenig aufgeschlossen zeigen, teils auch durch mangelhafte persönliche Haltung Anlass zu berechtigter Kritik geben. Die Volksgenossen und die Parteigenossen schenken eben nur solchen Richtern Vertrauen, die nicht von Volk und Partei isoliert abseits stehen und die außerhalb ihres Berufes eine persönlich geachtete Stellung erworben haben. Soweit im übrigen ein Mißtrauen vorhanden ist, handelt es sich meiner Überzeugung nach immer nur um Einzelerscheinungen, wie sie jeder Berufsstand aufzuweisen hat. In ihrer Gesamtheit haben sich die Richter, die ja aus allen Schichten des Volkes kommen, sowohl in geistiger wie haltungsmäßiger Hinsicht ihrer Berufsaufgabe gewachsen gezeigt. Dass diese Krise gerade bei der Richterschaft so akute Formen angenommen hat, ist nur zum kleinsten Teil auf ihre exponierte Stellung zurückzuführen, weitgehend ist sie von *außen* her, ohne dass in dem entsprechenden Ausmaß ein Versagen der Justiz vorgelegen hätte, erzeugt worden. Wer in das Volk hineinhörte, konnte sich häufig davon überzeugen, dass das ganze Mißtrauen oft nichts anderes war als ein gedankenloses Nachreden einer irgendwo gehörten oder gelesenen ungünstigen Kritik und dass der Begriff der Weltfremdheit der Richter vielfach eine unverstandene und grundlos gebrauchte Phrase war, was alles natürlich dem Ansehen der Richterschaft erheblichen Abbruch tat. Zum nicht geringen Teile trägt an diesen Verhältnissen auch Schuld die unvollkommene, oft falsche und irreführende Presseberichterstattung, die künftighin nur vom Gericht ausgehen oder doch nur weitgehend unter seiner Aufsicht erfolgen sollte. Ob deshalb ein engerer Zusammenschluß der Richter eine Besserung dieses Zustandes herbeizuführen geeignet sein wird, möchte ich dahingestellt sein lassen. Notwendiger erscheint mir, dass die Reichsjustizverwaltung bestrebt ist, auch ihrerseits die Stellung des Richters nach Kräften zu heben und ihn gegen alle unberechtigten Angriffe, woher sie auch kommen mögen, zu schützen. Den Angriffen des Schwarzen Korps gegenüber ist dies leider rechtzeitig nicht gelungen, sodass durch sie ein schwerer Einbruch in das Vertrauen zur Rechtspflege erfolgte. Auch müßten die Dienstvorgesetzten in allen geeigneten Fällen von Richterbeleidigung Strafantrag stellen, auch wenn der betroffene Richter erklären sollte, hieran kein Interesse zu haben.

Zu II 2: Außerdem bedarf es zur Wiederherstellung des Ansehens der Richter vor allem der Unabhängigkeit und Weisungsfreiheit. Diese charakteristischen Merkmale der deutschen Richterschaft müssen aber nicht nur wiederhergestellt werden, sondern es muß auch in aller Form und Öffentlichkeit darüber gesprochen werden. Ein ganz hervorragendes Mittel zur Wiederherstellung des Ansehens der Richter wäre ohne Zweifel ihre Heraushebung aus dem allgemeinen Beamtenverhältnis. Der Richter ist kein weisungsgebundener Beamter, sondern ein selbständiger, weisungsfreier Träger eines öffentlichen Amtes, der seine Befugnisse unmittelbar vom Führer ableitet. Diese besondere Stellung rechtfertigt die Herausnahme der Richter aus dem allgemeinen Beamtenverhältnis und ihre Hebung.

Daneben ist es zur Schaffung einer starken Richterpersönlichkeit notwendig, nach gründlicher fachlicher Ausbildung den jungen Richter, insbesondere dann, wenn er nicht schon von sich aus eine genügende Aufgeschlossenheit gegenüber dem Leben zeigt, in praktischer Arbeit auf wirtschaftlichem Gebiete und in der Anwaltschaft den Blick zu weiten und darüber hinaus durch vorsichtige Stärkung der inneren Freiheit gegenüber dem geschriebenen Gesetz die Fähigkeit zur freien Rechtsgestaltung zu wecken.

Die Gesetze wären so zu gestalten, dass dem grundsätzlich an das Gesetz gebundenen Richter ausreichende Bewegungsfreiheit bei der Entscheidung bleibt und ihm insbesondere die Möglichkeit zu rechtsschöpferischer und rechtsgestaltender Tätigkeit gegeben wird.

Lenkung der Rechtspflege in *allgemeinen* Richtlinien, insbesondere Aufklärung über die politischen Ziele von Gesetzen und Maßnahmen der Regierung.

Beschränkung der Tätigkeit des Richters auf seine eigentlichen richterlichen Aufgaben, weitgehende Entlastung durch Schaffung eines selbständigen, durch die Entlastungsverfügung bereits angebahnten Rechtspflegeramts.

Der Richter darf dienstlich nur so weit belastet werden, dass ihm hinreichend Zeit für die Teilnahme am öffentlichen Leben insbesondere für einen Einsatz im Rahmen der Partei, zur Entfaltung wissenschaftlicher, künstlerischer u.ä. Neigungen und zur Teilnahme am kulturellen Leben bleibt. Letzteres würde insbesondere eine bessere Besoldung rechtfertigen.

Zu II 3: Ja. Nicht unter 30 Jahre bei den Eingangsgerichten, nicht unter 40 Jahre bei den Obergerichten und dem Reichsgericht. Richter am Obergericht kann außerdem nur werden, wer zuvor Richter am Eingangsgericht war, ebenso Richter am Reichsgericht nur, wer zuvor Richter am Obergericht gewesen ist. Mindestalter gesetzlich zu verankern, im übrigen tatsächliche Handhabung.

Zu II 4: Für die außerfachliche Ausbildung der Richter kommt nur die Zeit vom Assessorexamen bis zur Anstellung in Frage. Es erscheint unzweckmäßig den Richteranwärter sich in vollkommen berufsfremden Arbeitsgebieten betätigen zu lassen, wo er doch nicht zu einer vernünftigen Leistung kommen könnte. Nutzbringender für ihn und zur Ausbildung mehr geeignet wäre wohl eine vorübergehende Tätigkeit in der Anwaltschaft oder bei der Industrie- und Handelskammer oder bei der Verwaltung, vor allem aber eine gründliche Vorbereitung für die eigentliche Berufstätigkeit als Richtergehilfe. Die Tätigkeit in anderen Berufen insbesondere in der Wirtschaft birgt auch die Gefahr in sich, dass die besten Kräfte der Justizverwaltung verloren gehen. Es werden nämlich nur diejenigen zur Justiz zurückkehren, die die Wirtschaft nicht gebrauchen konnte, die sie deshalb also nicht durch hohe Gehälter an sich zu binden versuchte. Den bereits angestellten Richter noch bei oder durch andere Stellen ausbilden zu lassen, würde das Ansehen der Richterschaft m.E. beeinträchtigen. Die Stellen, die hierfür in Frage kommen könnten, hätten an der Ausbildung dieser zukünftigen Richter gar kein Interesse und würden die Angelegenheit dementsprechend behandeln. Es bestünde sogar die Gefahr, dass sie ihnen mit Argwohn begegneten und daher weniger Einblick gewährten als anderen Personen. Wer sich zum Richteramt hingezogen fühlt, wird auch bei vorübergehender Beschäftigung in anderen Berufen keine Höchstleistungen vollbringen, weil sie ihn innerlich nicht befriedigt; er wird vielmehr versuchen, diese Zeit schlecht und recht hinter sich zu bringen.

Zu II 5: Eine Entnahme von guten Richtern aus freien Berufen – in Frage kämen zweckmäßig nur verwandte Berufszweige wie die Rechtsanwaltschaft – wäre wohl nur dann möglich, wenn das Richtergehalt so gemessen wäre, dass es die Einkünfte der Angehörigen freier Berufe überstiege. Solange auch das Endgehalt eines Richters aber nur einen Bruchteil von dem beträgt, was den freien Berufen an Einkommen zufließt, besteht wohl keine Möglichkeit dazu. Die Richter selbst lehnen eine solche Entnahme aus den freien Berufen *insbesondere zur Besetzung der Beförderungsstellen* ab, weil in den eigenen Reihen geeignete Persönlichkeiten in genügender Zahl zur Auswahl stehen. Auch wäre hier zu bedenken, dass nicht nur die Erfahrung bei der Ausübung des Richterberufes selbst, sondern auch die Berufsauffassung und das berechtigte Standesbewußtsein sich nur allmählich im Laufe einer längeren Zeit bilden können.

Zu II 6: Als Gehilfe des Richters bei der Vorbereitung der Verhandlung und bei der Absetzung der Entscheidung, als beratender Beisitzer ohne Stimmrecht in der Verhandlung. Eine entsprechende, auskömmliche Bezahlung der Richteranwärter, zum mindesten von dem Zeitpunkt ihrer Verwendung an unerläßlich um geeignete Nachwuchskräfte zu gewinnen. Empfehlenswert auch zeitliche Begrenzung der Verwendung, um die alte preußische Assessorenlaufbahn nicht neu aufleben zu lassen. Danach automatische Übernahme in den Richterdienst, wenn nicht besondere Gründe dagegen sprechen.

Zu II 7: Amtsbezeichnung einfach „Richter“ unter Befügung des Gerichts, an welchem der Richter tätig ist. Dies dem Volke jedenfalls verständiger als der allzu häufige, auf nahezu allen Gebieten anzutreffende Ratstitel, dessen Aufgabe das Ansehen der Richterschaft nicht schädigen wird.

Bezeichnung des Vorstands des Eingangsgerichtes als Direktor unter Beifügung des Gerichtes, dem er vorsteht.

Bezeichnung des Vorstands des Obergerichts und des Reichsgerichts als Präsident unter Beifügung des Gerichts, dem er vorsteht.

Zu II 8: Alle Richter des Eingangsgerichtes mit Ausnahme des Gerichtsvorstandes sind besoldungs- und rangmäßig gleich zu stellen. Das gleiche gilt auch jeweils für die Richter des Obergerichtes und des Reichsgerichtes. Dagegen wäre zwischen Eingangs- und Obergericht und zwischen diesem und dem Reichsgericht eine gewisse, nicht zu starke Differenzierung in Besoldung und Rang wünschenswert (Schaffung von Beförderungsstellen); sonst würde bei vielen Richtern jeder Anreiz durch besondere Leistung sich hervorzutun sowie jedes Streben nach oben fehlen. Zu einer Heraushebung der Kammer- und Senatsvorsitzenden besteht kein zwingender Anlaß. Die in der bloßen Bestellung zum Vorsitzenden liegende Heraushebung dürfte ausreichen.

Zu II 9: Wechsel der Richter zwischen Obergericht und Eingangsgericht an sich fruchtbringend, könnte aber vom Volke unter Umständen als Degradierung aufgefaßt werden. Wechsel etwa alle 5 Jahre innerhalb der ersten 20 Richterdienstjahre. Der Bodenständigkeit des Richters würde durch einen solchen Wechsel allerdings Eintrag geschehen. Wenn der Richter am Obergericht und am Reichsgericht aber eine Beförderungsstelle sein soll, verbietet sich ein Wechsel wohl von selbst.

Zu II 10: Der Richter ist kein weisungsgebundener Beamter, sondern ein selbständiger, weisungsfreier, unabhängiger Träger eines öffentlichen Amtes, der seine Befugnisse unmittelbar vom Führer ableitet. Er hat die höchste Verantwortung bei der Berufsausübung, er entscheidet über hohe materielle Werte, über das Gut der persönlichen Freiheit, der Ehre und selbst über Leben und Tod. Diese Gesichtspunkte rechtfertigen nicht nur, sondern fordern auch die Heraushebung des Richters aus dem allgemeinen Beamtenverhältnis. Kann im Rahmen eines eigenen Richtergesetzes und durch Herausnahme aus der allgemeinen Besoldungsordnung geschehen. Auch an eine eigene Standesgerichtsbarkeit ließe sich denken.

Korpsgesinnung, d.h. ein starkes Zusammengehörigkeitsgefühl unter den Richtern kann nur aus jahrelanger Erziehung wachsen. Deren Ziel muß sein die Bildung selbstbewußter und trotzdem volksverbundener, dienstlich und außerdienstlich straff zusammengefaßter Richterpersönlichkeiten. Wichtige Aufgabe der Gerichtsvorstände, Standesbewußtsein und Volksverbundenheit zu pflegen, insbesondere in gemeinsamen Veranstaltungen. Dazu gehört auch stets geschlossenes und vollzähliges Auftreten in der Öffentlichkeit, besonders bei allen Feiern des Staates, der Partei und der Wehrmacht.

Anstelle des Ausdruckes „Richterkorps", mit dem nur zu leicht der Beigeschmack einer überheblichen Abkapselung, wie dies beim früheren Offizierskorps der Fall war, verbunden werden kann, wäre vielleicht besser der Ausdruck „Richterschaft" zu wählen.

2. Stellungnahme des Präsidenten des LG Kaiserslautern

II. Fragen zur künftigen Stellung des Richters

[...]

Zu 1. Solange die Richter Menschen sind, werden auch Fehler in der Rechtsprechung vorkommen. Es wird immer Urteile geben, an denen mit mehr oder weniger Grund Kritik geübt wird oder geübt werden kann. Trotzdem ist es meine feste Überzeugung, dass das Volk selbst und in seiner breiten Masse *das Vertrauen zur Rechtspflege nicht verloren hat.* Die „Weltfremdheit" der Richter ist ein beliebtes Schlagwort, das für einzelne Richter zutreffen mag, niemals aber in solcher Allgemeinheit, wie es gebraucht wird. Die Masse der Richter stammt doch nur aus dem Volk und allen seinen Kreisen und ist mit ihm mit allen Banden verbunden. Warum sollen diese Menschen, wenn sie Richter geworden, den Kontakt mit dem gesunden Volksempfinden plötzlich verloren haben? Die wirklichen Exemplare einer sog. „Begriffsjurisprudenz" sind doch selten und können ausgerottet werden. Sind die Gesetze, die man ihnen in die Hand gibt, alle gut? Klagen über Weltfremdheit der

Richter werden in der Regel nur von Leuten erhoben, die sich über ihren eigenen Standpunkt nicht erheben können und verärgert sind, weil sie nicht Recht bekommen haben. Eine „Justizkrise" besteht mindestens in dem Ausmaße, wie sie jetzt die Welt erfüllt, nicht. Sie ist sicherlich zum Teil künstlich geschaffen worden und zieht ihre Wurzeln zum großen Teil daraus, dass man den Unterschied zwischen dem an sich konservativen statischen Charakter der Rechtspflege und den dynamischen Forderungen der Zeit nicht begreifen oder würdigen will. In diesem Sinne ist die Justizkrise nur der Ausdruck des krisenhaften Charakters unserer ganzen Zeit, wobei allerdings der Jurist und der Richter deshalb ganz besonders im *Trommelfeuer der Kritik* stehen, weil sie in aller Öffentlichkeit tausende von Entscheidungen treffen müssen, die tief und mitunter schmerzlich in alle Lebensverhältnisse eingreifen.

Deshalb ist auch *das Ansehen des Richterstandes gesunken*, was sich leider nicht bestreiten lässt. Wer ständig kritisiert wird, verliert an Ansehen. Aber auch diese Erscheinung ist nur eine Teilerscheinung des Prestigeverlustes des Beamtentums überhaupt. Die Geringschätzung des Geistigen hat hier ihre Früchte getragen. Solange solche Zeitströmungen anhalten, wird das Übel nicht an der Wurzel zu packen sein. Einsweilige Mittel zur Abhilfe wären: Heraushebung des Richters aus dem allgemeinen Beamtenstand, erhöhter Schutz seines Ansehens durch den Staat, wesentliche finanzielle Besserstellung. Solange der Richter ein armer Mann bleibt, kann er mit Bevölkerungsschichten, über die er mit hoher Autorität richten soll und über die er hinaus gehoben werden soll, nicht konkurrieren. „Im kleinen Kreis verengert sich der Sinn!" Der Vorwurf der Weltfremdheit zieht manchmal seine Berechtigung daraus, dass der Richter die Welt nicht kennelernen kann. Man gebe ihm Mittel und Zeit sich in der Welt und im Leben umzusehen und seinen Gesichtskreis zu erweitern.

Das beste Mittel einer *mangelnden Geschlossenheit* der Richter entgegenzuwirken, wäre eine entsprechende Auslese.

Zu 2. *Die Aufgabe des Richters* wird sich kaum ändern, sie war, sie ist und wird sein: *Rechtsprechung auf Grund und im Rahmen der Gesetze.* Der Richter muss das Gesetz zwar ausschöpfen, soll aber nicht selbst rechtsschöpferisch wirken, dass ist Sache des Gesetzgebers. Etwas anderes ist die *Gestaltungsbefugnis* des Richters, die ihm in höherem Maße wie bisher zustehen sollte. Richtige Deutung und Auslegung des Gesetzes, nicht nur durch Erforschung des gesetzgeberischen Willen, sondern auch im Zusammenhang mit der völkischen Idee und den Absichten und Zielen der Staatsführung wird Grundbedingung jeder volksnahen Rechtsprechung und richtigen Entscheidung sein.

Der Richter muss *unabhängig und weisungsfrei* sein. Eine Richterpersönlichkeit wächst nur auf dem Boden der freien selbstverantwortlichen Entscheidung. Dies schließt jedoch nicht eine verständnisvolle *Führung* und *Lenkung* aus. Diese ist vielmehr besonders in weltanschaulichen und politischen Übergangszeiten durchaus veranlasst und notwendig. Nur darf sie nicht im Einzelfall den Charakter der Weisung annehmen, dem Richter selbst muss stets die wirkliche *Entscheidung* verbleiben. Die „*Justizlenkung*" wird von den dadurch betroffenen Richtern nicht geliebt. Das Ziel muss sein, eine „Lenkung" durch entsprechende Ausbildung und vorberufliche Führung überflüssig zu machen. Die Art der Lenkung durch die Richterbriefe halte ich für ausgezeichnet und einwandfrei. Eine Heraushebung des Richters aus dem allgemeinen Beamtenverhältnis durfte dringend zu fordern sein. Sie wird dem allgemeinen Widerstand der anderen Beamtengruppen begegnen. Was der Finanzminister dazu sagt, kann dahingestellt bleiben.

Zu 3. Ein *Mindestalter* für die Anstellung als Richter zu fordern, halte ich nicht für empfehlenswert und auch nicht für nötig. Ein gewisses, hinreichendes Alter wird bei dem Bildungsgang des Richters ohnedies gegeben sein, wenn er zur Anstellung kommt. Ich setze hierbei voraus, dass nach Ablegung der Staatsprüfung eine *Probedienstzeit* der Anwärter eingeführt wird. Der Anwärter soll einige Jahre als Hilfsrichter, (nicht als „Richtergehilfe") verwendet werden, während welcher Zeit seine Eignung in der Praxis zu prüfen sein wird.

Zu 4. Eine *Beschäftigung* der Richter bzw. Assessoren *in anderen Berufen* ist an sich nicht unbedingt erforderlich. Zweckmäßig und auch von Nutzen für den Justizdienst wird allerdings eine nicht allzukurze und nicht allzulange (Mindestdauer ein Jahr, Höchstdauer zwei bis drei Jahre) Beschäftigung bei anderen Stellen (Verwaltung, Polizei, Partei, als Rechtsanwalt, bei einer Bank) schon sein. Doch sollte man dies nur bis zu einem Alter von etwa dreißig Jahren fordern, wer sich bis dahin keine Menschenkenntnis und ein ausreichendes Maß an Lebenserfahrung erworben hat, erreicht dies auch späterhin nicht mehr.

Zu 5. Es besteht m.E. kein Einwand, zwar nicht in größerem Umfang, sondern mit starker Auslese, *Leute aus anderen Berufen* als Richter zu übernehmen. Voraussetzung wäre die Ablegung des Richterexamens. An freien Berufen käme fast ausschließlich der Rechtsanwaltsberuf in Frage, da den anderen Gruppen regelmäßig das Maß an Rechts- und Gesetzeskunde fehlen wird, das das Rüstzeug des Richters darstellt. Es kämen natürlich nur die besten Kräfte in Frage. Es ist aber fraglich, ob gerade diese Kräfte – schon aus Einkommensrücksichten – ihren Beruf wechseln wollen. Vor deren entgültiger Übernahme müssten die Anwärter eine Probedienstzeit ableisten.

Zu 6. *Richteranwärter nach dem Assessorexamen* wären in der Justiz als selbständige Hilfsrichter (im Probedienst), nicht als unselbständige Richtergehilfen einzusetzen.

Zu 7. *Die Frage der Amtsbezeichnung* für die Richter ist nicht unwichtig. Die Bevölkerung legt Wert auf Amtsbezeichnungen. Der „Rats"-Titel gehört abgeschafft, besonders wenn man die Richter auch äußerlich aus der Masse der Beamten herausheben will. Der Richter hat zu richten und nicht zu raten. Außerdem ist der Rats-Titel im ganzen Verlaufe der bestehenden Titelinflation durch die schematische Verleihung an alle Inhaber der Besoldungsgruppe 2 c 2 derart abgenutzt und entwertet, dass der Richter nur gewinnen kann, wenn er ihn verliert. Die einfachste Bezeichnung und Stufenleiter wäre m.E. Richter, Oberrichter, Gerichtsdirektor oder (je nach Größe des Gerichts) –Präsident, Senatspräsident, Obergerichtspräsident usw.

Zu 8. *Beförderungsstellen* wären beizubehalten. Es liegt in der menschlichen Natur, für eine größere und bessere Leistung auch ein entsprechendes rang- und besoldungsmäßiges Äquivalent für gerecht zu halten. Eine allgemeine Gleichmacherei würde auch ein gesundes Streben ertöten, trotz der inneren Selbständigkeit, die von dem Richter zu verlangen ist. Ich würde sämtliche Richter an den verschiedenen Gerichten – mit Ausnahme des Reichsgerichts und des Volksgerichtshofs – gleich besolden und den Gerichtsvorständen, den Kammer- und Senatsvorsitzenden merklich besser bezahlte Beförderungsstellen schaffen. Für eine Aufteilung in drei besoldungsmäßig nur schwach differenzierte Kategorien sehe ich keinen inneren Grund ein.

Zu 9. Wenn die Richter der Gerichte und der Obergerichte rang- und besoldungsmäßig gleichstehen, dann bestehen gegen einen *Wechsel von dem einen Gericht zu dem anderen* keine Bedenken. In manchen Fällen mag sich ein solcher Wechsel auch empfehlen. Ihn grundsätzlich vorzunehmen, halte ich nicht für gut und nicht für erforderlich. Der Richter wird in der Regel beim unteren Gericht beginnen und bei Qualifikation aufrücken. Zum Obergericht sollten nur solche Richter berufen werden, die sich gerade für diese Aufgabe besonders eignen. Wenn sie dort ihren richtigen Platz gefunden haben, wird es sich nicht mehr empfehlen – außer in besonderen Fällen –, sie wieder zum unteren Gericht zurückzuholen, es sei denn auf eine Beförderungsstelle.

Ein Wechsel der Richter zwischen Ober- und unterem Gericht wäre aber auch in der Weise denkbar, dass sämtliche Richter vor ihrer Bestellung als Einzelrichter einige Jahre in den Kammern des Obergerichts zu beschäftigen wären.

Zu 10. Eine *Heraushebung des Richters aus dem allgemeinen Beamtenverhältnis* ist gerechtfertigt und zu fordern. Der Richter ist durch seine ganze Stellung und seine Funktion im Staatsgefüge, durch seine Unabhängigkeit und Weisungsfreiheit kein „Beamter" im üblichen Sinne. Der „Beamte" leitet, in beliebig veränderlicher Form, seine Stellung in grundsätzlicher Abhängigkeit vom Staat ab und ändert sich mit der Staatsform, er unterliegt Weisungen im einzelnen. Der „Richter" bleibt in seinem Wesen immer unveränderlich, er war sozusagen schon vor dem Staate da, da sein Begriff mit dem Vorgang der Staatsbildung nichts zu tun hat. Er ist ein „Urberuf". Justitia fundamentum regnorum. Eine wesentliche und lebenswichtige Funktion des Staates ist die Durchsetzung der Gerechtigkeit. Der Richter übt daher keine vom Staat abgeleitete, sondern eine dem Staat originäre und immanente Funktion aus. Dieses sein wahres Wesen ist durch die geschichtliche Entwicklung zur „Verbeamtung" hin verwischt worden. Dem Richter kann die ihm gebührende Stellung nur durch ein besonderes *„Richtergesetz"* gegeben werden.

Ein „Richterkorps" wird entweder von selbst entstehen, wenn die dazu notwendigen inneren und äußeren Voraussetzungen geschaffen werden oder niemals, wenn sie fehlen.

Seine *Besoldung* muss so sein, dass er wirklich sorgenlos leben und seine Kinder erziehen kann. Ein Richter, der den Pfennig drücken muss, um auszukommen, der sich seine Sommerreise oder einmal eine Studienreise verkneifen muss, weil das Geld nicht langt, weil er einen neuen Anzug braucht, wird niemals ein großzügiger Mann werden und niemals imponieren.

Die Stellung des Richters muss einen *Rang* haben, dass es als hohe Ehre gilt, sie zu bekleiden. Es muss ihm eine wirkliche Autorität verliehen werden. Er muss geschützt sein gegen Eingriffe anderer Stellen. Gegen beleidigende und die Stellung des Richters als solche angreifende Kritik muss hinreichender Schutz gewährleistet sein, das offensichtliche Querulantentum muss schärfer bekampft werden, da es erniedrigend ist, wenn sich der Richter gegen jeden querulantischen Anwurf grundsätzlich rechtfertigen muss.

Der Richter muss *mehr* zur *Repräsentation* erzogen werden. Sein Auftreten in der Öffentlichkeit muss anspruchsvoller sein, bei öffentlichen Veranstaltungen muss er den ihm gebührenden Platz haben. Wir können hier von dem geschlossenen Auftreten des Militärs und der Partei viel lernen. Es geht nicht an, dass ein Leutnant in der ersten Reihe sitzt, der Landgerichtsdirektor in seinem bescheidenen Zivil im Eck. Es wäre zu erwägen, ob nicht für den Richter allgemein eine besondere Uniform zu schaffen wäre. Man unterschätze diese Dinge nicht, sie sind wichtig, das sich das Urteil der Anderen vielfach nach Äußerlichkeiten richtet.

Nicht minder muss aber auch *von innen her* viel geschehen, um das Ansehen des Richterstandes zu heben. *Schärfste Auslese* auch nach Charakter, Ansehen und Repräsentationsfähigkeit, auch der Ehefrauen, ist zu fordern. Daneben, als Correlat zu alledem, einwandfreieste Führung, peinliche Wahrung der Standesehre, scharfe Handhabung der Standesdisziplin. Pflege des Kameradschafts- und Zusammengehörigkeitsgefühls, des persönlichen und gesellschaftlichen Verkehrs, Wahrung der guten gesellschaftlichen Sitte. Schaffung von Richterheimen.

Wünschenswert erschiene mir auch, dass die Vertreter des Richterstandes aus ihrer Zurückhaltung, in der sie sich vielfach aus Bequemlichkeit und unkämpferischem Geist zurückgezogen halten, viel *mehr heraustreten in das öffentliche Leben* und zwar unter voller Kennzeichnung und dem Gewicht ihrer Stellung, insbesondere auch durch Mitarbeit im politischen, wirtschaftlichen und kulturellen Leben des Volkes, aber auch durch schriftstellerische Tätigkeit usw.

Ein „Richterkorps" wird sich, wie schon gesagt, von selber bilden, wenn man durch die Schaffung der Voraussetzungen und ihre wirkliche Handhabung den Richtern selbst das Gefühl und die Erkenntnis beibringt, dass sie in besonderer Weise zusammengehören und besondere Pflichten und Rechte haben. Das Problem liegt also zunächst und in der Hauptsache auf dem Gebiet des Subjektiven in Erkenntnis und Haltung. Dazu muss die Rückratstärkung von außen, von Seiten der Staatsführung kommen. Im Range und Wert der öffentlichen Ämter muss der Richterstand einen sichtbar guten Platz haben. Ein so durch innere und äußere Klammern geschlossener und gehobener Personenkörper wird dann auch – gerade so wie das frühere Offizierskorps – auf seine Umwelt die erwünschte Wirkung ausüben. gez. Jung.

3. *Stellungnahme des Präsidenten des LG Landau*

[...] Zu II 1: Es ist nicht zu verkennen, dass die Rechtspflege in ihrer bisherigen Gestalt Mängel aufweist. Die hier genanten Mängel sind besonders in der Zeit nach dem Umbruch mehr oder minder stark hervorgetreten. Nicht zuletzt führten die übergroße Richterzahl, verbunden mit einer Unterbeschäftigung zahlreicher Richter, die Zurückgezogenheit sehr vieler Richter vom öffentlichen und kulturellen Leben und die oft unberechtigten Angriffe gegen die Person von Richtern in Presse und öffentlichen Kundgebungen zur Minderung des Ansehens der Rechtspflege.

Zu II 2: Mit der Auswahl der besten Rechtswahrer und der Hebung und Stärkung der Richterstellung ist eine Ablösung der starren Bindung des Richters an die Gesetze durch eine mit allgemeinen, auf das Gemeinwohl ausgerichteten Auslegungsregeln durchsetzte, elastischere Gesetzgebung anzustreben. Die Stellung und Aufgabe des Richters müssen eine Ausweitung in der Richtung der Rechtsschöpfung und Rechtsgestaltung erfahren. Die Unabhängigkeit des Richters im liberalistischen Sinne der Freiheit von Politik und weltanschaulicher Bindung wird abgelöst durch die Auffassung von der Stellung des Richters als Lehensträger des Führers als des obersten Gerichtsherrn und von der Bindung des Richters an die nationalsozialistische Weltanschauung. Die Weisungsfreiheit als Grundlage des Vertrauens des Volkes in eine gerechte Rechtsprechung muss gewährleistet bleiben. Die Lenkung der Rechtspflege wie bisher durch die Richterbriefe und regelmäßige Lenkungsbesprechungen verdient Beibehaltung. Die Wesensmerkmale der Selbständigkeit, Weisungsfreiheit und Vereinzelung, die nur dem Richterberuf zu eigen sind, gebieten seine Heraushebung aus dem allgemeinen Beamtenverhältnis.

An Stelle der bisherigen Ausbildung mit der Gefahr der Erziehung zum abstrakten Denken und zur Weltfremdheit hat eine den Erfordernissen des praktischen Lebens angepasste Ausbildung zu treten.

Zu II 3: Die für die selbständige Richtertätigkeit zu fordernde große Lebenserfahrung, Menschenkenntnis, die notwendige Reife des Urteils und Ausgeglichenheit des Charakters verbieten die zu frühe Berufung eines Rechtswahrers zum Richter. Bei den Unterschieden in der Befähigung, Bewährung und Entwicklung der Persönlichkeiten der Richteranwärter ist nicht ausdrücklich, wohl aber in der tatsächlichen Handhabung ein Mindestalter von etwa 35 Jahren für die Ernennung zum Richter vorzusehen.

Zu II 4: Der Richter soll durch rege Beteiligung am öffentlichen und kulturellen Leben, durch Übernahme von Ehrenämtern und ständige Fühlungnahme mit den führenden Kreisen seines Bezirks eine größere Vertrautheit mit dem Leben anstreben. Zur Vertiefung ihrer Menschenkenntnis und Erweiterung ihrer Lebenserfahrung ist es zweckmäßig, Richter im größeren Umfang zwischen dem Assessorexamen und der Anstellung in anderen Berufen tätig werden zu lassen. Der Durchführbarkeit einer solchen Forderung stehen vom Standpunkt der Rechtspflege keine Bedenken entgegen.

Zu II 5: Die Erfahrung zeigt, dass besonders die Tätigkeit in freien Berufen geeignet ist, in hohem Maße Weitblick, Selbständigkeit und Großzügigkeit zu vermitteln – Eigenschaften, die von einem Berufsrichter unbedingt erwartet werden müssen. Es ist deshalb zweckmäßig, Richter auch in größerem Umfang auch freien Berufen zu entnehmen, vorausgesetzt, dass es sich dabei um Rechtswahrer handelt, die das Assessorexamen mit einem überdurchschnittlichen Ergebnis bestanden haben. Eine solche Übernahme scheint durchführbar. Die Anwartschaft könnte im Wirtschaftleben (Bank, Industrie, Reederei, Handel, Landwirtschaft), im Anwaltsberuf, im Partei- und Verwaltungsleben, im In- und Ausland erworben werden (vgl. Rothenberger: Die ersten Gedanken über den Aufbau einer nationalsozialistischen Rechtspflege, D.J. 1942, 565 ff.). Der Richterberuf wird den Rechtswahrern der freien Berufe nur bei entsprechender ideeller und materieller Hebung des Richterstandes einen Anreiz bieten.

Zu II 6: Die Richteranwärter sollen vor der Ernennung zum Richter durch eine mindestens zweijährige Probezeit innerhalb der Justiz den Nachweis ihrer Befähigung zur Ausübung des Richterberufs erbringen. Da sie besonders ihre Entschlusskraft und Verantwortungsfreudigkeit unter Beweis stellen sollen, erscheint es nicht angängig, sie während der zweijährigen Probezeit, die der Ernennung zum Richter unmittelbar vorauszugehen hätte, als bloße Richtergehilfen ohne Stimmrecht nur beratend, bei der Vorbereitung der Verhandlung, in der Sitzung und bei der Absetzung der Entscheidungen zu verwenden. Es wäre vielmehr zweckmäßig, die Anwärter während des ersten Probejahres im Kollegium des Gaugerichts und während des zweiten Jahres als Einzelrichter am Kreisgericht mit voller Selbständigkeit und Weisungsfreiheit zu beschäftigen.

Zu II 7: Dem Berufe des Richters und seiner Stellung wird nur die ursprüngliche Berufsbezeichnung „Richter" unter Beifügung des Gerichts, bei dem er tätig ist, gerecht. Der Ratstitel ist nicht volkstümlich. Seine Beseitigung wird die Heraushebung des Richters aus dem Beamtenverhältnis unterstreichen und damit auch zu einer Stärkung des Ansehens des Richters führen.

Zu II 8: Besoldungs- und rangmäßige Gleichstellung der Richter des Kriegsgerichts mit den Beisitzern des Gaugerichts zur Förderung der Bodenständigkeit der Richter des Eingangsgerichts und zur Vermeidung ihrer Abwanderung an das Gaugericht. Beförderungsstellen außer denen der Gaugerichtspräsidenten, der Senatsvorsitzenden der Gaugerichte und der Vorstandsbeamten der Kreisgerichte sind mit Rücksicht auf die besoldungsmäßig höhere Einstufung und die innere Selbständigkeit der künftigen Richter nicht erforderlich. Gleichrangige Beförderungsstellen dürften die Stellen der Senatsvorsitzenden des Gaugerichts und der Vorstandsbeamten der Kreisgerichte sein. Angesichts der Bedeutung und des Ansehens des Reichsgerichts dürften die Richter des Reichsgerichts rang- und gehaltsmäßig besonders hervorzuheben sein. Die etwa einzuführenden Kammervorsitzenden der Kreisgerichte sollten rangmäßig den Richtern gleichstehen, besoldungsmäßig jedoch zwischen den Vorstandsbeamten und Richtern eingestuft werden.

Zu II 9: Die Forderung nach Bodenständigkeit lässt einen Wechsel der Richter zwischen Kreis- und Gaugericht nicht empfehlenswert erscheinen. Die Ernennung zum Richter am Kreis- oder Gaugericht soll von seiner während der Probezeit bewiesenen Eignung und Neigung abhängen. Zwingende persönliche oder dienstliche Gründe sollen einem Wechsel zwischen Kreis- und Gaugericht von Fall zu Fall nicht entgegenstehen.

Zu II 10: Selbständigkeit, Weisungsfreiheit, Vereinzelung und Qualität des künftigen Richters, sein unmittelbares Lehensverhältnis zum Führer, das Maß seiner Verantwortung und der ethische Gehalt seines Amtes rechtfertigen seine Heraushebung aus dem allgemeinen Beamtenverhältnis. Die Herausstellung wird sich propagandistisch und durch Erlass eines sog. Richtergesetzes verwirklichen lassen. Der Grund zur Bildung des Richterkorps wird äußerlich durch das Richtergesetz und die Gründung eines Richterbundes gelegt werden können. Nach der inneren Seite werden die weitgehende Beschränkung der Richterzahl, die Auslese der Tüchtigsten, der Berufsstolz, das Standesbewußtsein und die Gemeinschaftspflege der Bildung eines gesunden Korpsgeistes in besonderem Maße förderlich sein.

gez. Beutner

4. Stellungnahme des Präsidenten des LG Saarbrücken

[...]

II. Fragen zur künftigen Stellung des Richters.

Zu 1. Die Rechtspflege hat sich besonders in letzter Zeit in weitem Maß das Vertrauen des Volkes erworben. Dieses Vertrauen wird sich umso intensiver vertiefen, je geschlossener die Richter sich der politischen und weltanschaulichen Führung einordnen. Schon heute können die Richter nicht mehr als weltfremd bezeichnet werden, abgesehen von wenigen Sonderlingen, wie sie vereinzelt in jedem Berufsstand vorkommen.

Wenn auch jetzt noch da und dort von mangelndem Ansehen der Richter gesprochen werden kann, so ist die Ursache teils in einer bedauerlichen Zurückhaltung mancher Rechtswahrer gegenüber der NSDAP zu suchen, teils beruht sie in rein äußerlichen Gründen, wie etwa der Unterbringung in ungeeigneten Gebäuden, schlecht ausgestatteten Räumen, in mangelnden Mitteln zur Repräsentation usw.

Dass dem Richtertum die unbedingt erforderliche Geschlossenheit fehlt, ist nicht zu verkennen. Sie beruht darauf, dass lange Jahre hindurch das Augenmerk nur der fachlichen Ausbildung zugewandt wurde und die Erziehung zu der richtigen inneren und äußeren Haltung zurücktrat.

Zu 2. Das Ansehen der Richterschaft bedarf einer Hebung. Der Richter muss aus dem allgemeinen Beamtenverhältnis herausgehoben werden, weil seine Tätigkeit ihrem Wesen nach eine ganz andere ist als die der anderen Beamten. Er muss weisungsfrei sein, aber an das Gesetz gebunden bleiben. Die Bindung des Richters an das Gesetz muss bestehen bleiben, weil andersnfalls insbesondere im Wirtschaftsleben durch die Vielzahl der dann möglichen verschiedenartigen Meinungen die Reichtseinheit in bedenklicher Weise gefährdet würde. In diesem Rahmen wird Rechtsschöpfung bei Anwendung des Gesetzes und Gestaltung der zu ordnenden Lebensvorgänge begrüßt. Eine Lenkung der Rechtsprechung, die nicht bis zur Weisung geht, ist für innerlich freie Richterpersönlichkeiten im Interesse der Herbeiführung einer einheitlichen Rechtsprechung im ganzen Reich sehr erwünscht. Dabei können die Richterbriefe fördernd und ausgleichend wirken. Die fachliche Ausbildung muss durch Unterrichtung seitens guter Fachkräfte gepflegt werden. Der Richter ist von Kleinkram möglichst fernzuhalten. Auch von handschriftlicher Arbeit ist er möglichst zu befreien.

Der Richter ist bisher nicht Vorgesetzter der in seiner Abteilung tätigen Beamten und Angestellten gewesen. Eine Änderung dürfte sich empfehlen, jedoch ohne dass die Disziplinargewalt übertragen würde. Die Hebung des Ansehens des Richterstandes setzt ferner eine besonders sogfältige Auswahl der einzelnen Richterpersönlichkeiten voraus; es muss erreicht werden, dass der rechte Mann am rechten Platze steht. Die Einführung eines besonderen Richtergesetzes und einer besonderen Besoldungsordnung für die Richter werden ebenfalls zur Hebung des Ansehens des Richterstandes beitragen.

Zu 3. Ein Mindestalter für die Anstellung eines Richters ausdrücklich festzulegen, ist nicht empfehlenswert. Es kann manchmal ein Richteranwärter mit sehr jungen Jahren mehr Lebenserfahrungen, Rechtskenntnisse und Fähigkeiten besitzen und ein tüchtiger Richter sein als ein anderer in höherem Lebensalter. Warum soll der nun noch eine längere Wartezeit als nötig hinter sich bringen müssen, zumal doch jetzt und in Zukunft in erster Linie auf das Leistungsprinzip abgestellt werden sollte. Gerade bei besonders befähigten Assessoren kann das Erfordernis eines Mindestalters sich ungünstig auswirken, manchen vom Richterberuf abhalten und bedrückend wirken. Diese Dinge lassen sich ohne weiteres durch eine sorgfältige Personalpolitik lösen. Es muss von Fall zu Fall geprüft werden, ob der Bewerber für eine Richterstelle sich eignet; das Lebensalter darf dabei keine ausschlaggebende Rolle spielen. Da ein Assessor durchweg 26–28 Jahre alt wird, bis er das Assessorexamen hinter sich hat und bis zur Anstellung immerhin einige Jahre noch vergehen, ist ohnedies eine Gewähr dafür gegeben, dass der Richter nicht in allzu jungen Jahren in sein Amt kommt.

Zu 4. Die Vertrautheit des Richters mit dem praktischen Leben ist gewährleistet dadurch, dass der zukünftige Richter als Junge nicht nur die Oberschule besucht, sondern auch in der HJ Dienst tut, alsdann im Arbeitsdienst und der Wehrmacht sich bewähren muss, dann weiter mitarbeitet in der Gemeinschaft der Partei, der SA, SS usw. (notwendig wäre allerdings, dass der Richter nicht so mit Arbeit überlastet ist, dass ihm kaum Zeit zur selbständigen fachlichen Fortbildung bleibt). Es wäre auch zu begrüßen, wenn dem Richteranwärter Gelegenheit und Möglichkeit gegeben würde, andere Länder zu sehen und ihre Einrichtungen zu studieren. Auch den schon angestellten Richtern müsste in gewissen Zeitabständen diese Möglichkeit gewährt werden. Eine Beschäftigung des Richteranwärters in der Verwaltung und dem Wirtschaftsleben sowie in Anwaltskanzleien würde sicherlich ebenfalls geeignet sein eine größere Vertrautheit der Richter mit dem Leben zu erreichen. Es besteht dabei jedoch die große Gefahr, dass gerade die beruflich tüchtigen Kräfte, denen sich dort häufig bessere Fortkommensbedingungen bieten werden, der Justiz verloren gehen.

Zu 5. Es wird praktisch kaum durchführbar sein, Richter in größerem Umfang den freien Berufen zu entnehmen. Im Interesse der gleichmäßigen fachlichen Ausbildung dürfte nicht davon abgesehen werden, dass Richter nur wird, wer nach einem Rechtsstudium die beiden vorgeschriebenen Prüfungen mit Erfolg abgelegt hat. Bei dem Umfang der heutigen Rechtswissenschaft und des Gesetzesmaterials, das ein Richter fachwissenschaftlich kennen muss, besteht keine Möglichkeit, den Angehörigen eines freien Berufes ohne den Nachweis dieser Kenntnis zum Richter zu machen. Es kämen dann in der Hauptsache nur Rechtsanwälte, Notare, Justitiare und sonstige im Wirtschaftsleben stehende Juristen in Frage. Diejenigen von ihnen, die tüchtig sind und deren Anstellung einen Gewinn für die Justiz bedeuten würde, werden regelmäßig in ihrem bisherigen beruflichen Wirkungskreis finanziell so vorteilhaft stehen, dass sie deshalb die erhebliche Verschlechterung ihrer Einkommensverhältnisse nicht mit in Kauf nehmen wollen. Diejenigen von ihnen, die in ihrem bisherigen Beruf keinen Erfolg hatten, werden vermutlich weniger tüchtig sein und deshalb auch für die Justiz keinen Gewinn bedeuten.

Zu 6. Tätigkeit der Richteranwärter nach dem Assessorexamen bei der Staatsanwaltschaft, den Rechtsanwaltskanzleien, im Notariat wird sich empfehlen. Auch hier ist allerdings die Gefahr zu beachten, dass beruflich besonders tüchtige Anwärter der Justiz verloren gehen, wenn sie anderwärtig bessere Fortkommensbedingungen antreffen.

Es erscheint angängig, Assessoren als Richtergehilfen ohne Stimmrecht, als nur beratend bei der Vorbereitung der Verhandlung, in der Sitzung und bei der Absetzung der Entscheidung zu verwenden. Allerdings sind die Bedenken nicht von der Hand zu weisen, dass dadurch die Bildung des selbständigen Urteils und die Schaffensfreude vor allem bei Assessoren mit ausgeprägtem Persönlichkeitswert in der Entwicklung gehemmt werden können.

Zu 7. Der Ratstitel kann unbesorgt fallen. Als Amtsbezeichnung empfiehlt sich die Bezeichnung „Richter" – unter Befügung des Gerichts, an dem der Richter tätig ist. Diese Bezeichnung hebt den Richter ohne weiteres wirksam aus der übrigen Beamtenschaft heraus. Die Aufgabe des Ratstitels kann das Ansehen der Richterschaft nicht schmälern, denn dieser Titel ist schon so allgemein und so abgegriffen, dass gerade die Nichtführung innerhalb der Richterschaft die Sonderstellung des Richters in Beziehung auch auf die übrige höhere Beamtenschaft betonen würde. Die Möglichkeit der Verleihung des Titels „Justizrat" usw. mag davon unberührt bleiben.

Für die Gerichtsvorstände werden folgende Amtsbezeichnungen vorgeschlagen:

Für die Vorstände der Eingangsgerichte – mit Ausnahme derjenigen, denen die Dienstaufsicht über mehrere Eingangsgerichte übertragen wird, wohl aber für deren ständige Vertreter und etwaige Abteilungsvorstände – Gerichtsdirektor; für die Vorstände der Eingangsgerichte am Sitze der heutigen Landgerichte, denen die Dienstaufsicht über die Richter mehrerer Eingangsgerichte anvertraut wird, Gerichtspräsident; für die Vorstände der Obergerichte: Obergerichtspräsident; für den Vorstand des Reichsgerichts: Reichsgerichtspräsident.

Zu 8. Für die einheitliche Besoldung aller Richter an allen Gerichten spricht zwar manches, jedoch haben sich die Beförderungs- und Aufstiegsmöglichkeiten als ein so wertvolles Mittel zur Erhaltung und Anspornung des Arbeitseifers und Leistungsstrebens bewährt, dass darauf nicht verzichtet werden sollte. Die Richter am Eingangsgericht und die Beisitzer am Obergericht sollten allerdings besoldungs- und rangmäßig gleichgestellt werden, um den erwünschten Wechsel nicht zu hemmen. Als Beförderungsstellen kämen außer den Stellen der Behördenvorstände und ihrer ständigen Vertreter noch in Betracht diejenigen der Vorsitzer der Kammern sowie einige Abteilungsleiterstellen bei den großen Eingangsgerichten am Sitz der bisherigen Landgerichte, der Vorsitzer der Senate bei den Obergerichten und der Richter sowie der Senatsvorsitzer bei dem Reichsgericht. Evtl. könnten den Vorsitzern der Kammern und Senate bei gleicher Besoldung mit den übrigen Richtern besondere ruhegehaltsfähige Stellenzulagen gewährt werden.

Für Orte mit teurerer Lebenshaltung müssten entsprechend abgestufte Ortszulagen bewilligt werden.

Zu 9. Ein Wechsel der Richter zwischen Obergericht und Eingangsgericht ist empfehlenswert. Es ist nicht angebracht, generell festzulegen, in welcher Weise der Wechsel stattfinden soll. Im allgemeinen wird es zweckmäßig sein, wenn die jüngeren Richter zunächst im Kollegialgericht – besonders, wenn sie bei Aufgabe des Abstimmungsgrundsatzes dort nur beratende Funktion auszuüben haben -, beschäftigt werden und später an ein Eingangsgericht versetzt werden, wo sie bodenständig werden können.

Zu 10. Die keinem anderen Berufsstand eingeräumte Weisungsfreiheit und die Aufgabe des Richters, über Besitz, Freiheit und Leben der Volksgenossen zu entscheiden, fordert die Heraushebung des Richters aus dem allgemeinen Beamtenverhältnis. Mehr als alle anderen Beamtenkategorien hat der Richter über das Schicksal von Volksgenossen zu entscheiden. Alle anderen Behörden und Beamten, ja der Staat selbst müssen vor ihm Recht nehmen. Deshalb dürfen nur die in jeder Hinsicht tüchtigsten Anwärter – gerade, charakterfeste, mit dem Leben und dem nationalsozialistischen Gedankengut vertraute, unabhängige Menschen – Richter werden.

Das Wesen des Führerkorps der Partei und des Offizierskorps der Wehrmacht beruht in der gleichartigen Ausrichtung, was die äußere und innere Haltung anbelangt. Erreicht wird sie durch eine systematisch straffe Erziehung in Lagern und Schulen bereits in jungen Jahren und durch fortlaufende Überholung während der ganzen Dienstzeit. Wenn für die Richterschaft das gleiche erreicht werden soll, so ist die Anwendung derselben Ausbildungsmittel unerlässlich. Neben gründlicher weltanschaulicher und politischer Schulung müsste also auch die Erziehung zu bestimmten Lebensformen treten, wobei auch an eine Uniformierung zu denken wäre, die bei dem Führerkorps der Partei wie dem Offizierskorps der Zusammenfassung dient.

5. Stellungnahme des Präsidenten des LG Zweibrücken

[...]

Zu II 1. Von Mängeln der Rechtspflege im allgemeinen zu sprechen, geht m.E. nicht an. Was negative Kritik als solche bezichnet, brauchen noch lange nicht wirkliche Mängel zu sein. Die Justiz ist nicht mangelhafter als andere Verwaltungen. Dass Fehler gemacht werden, kann nicht betritten werden. Wenn man auch jetzt noch von einer Justizkrise oder von mangelndem Vertrauen zur Rechtspflege sprechen kann, dann liegt es daran, dass immer wieder vereinzelte Fehler und Missgriffe zu Unrecht verallgemeinert werden. Das mangelnde Vertrauen zur Rechtspflege beruht im wesentlichen auf zwei Gründen, nämlich auf der Unzulänglichkeit mancher Richter sowie auf dem Unterliegen in gerichtlichen Entscheidungen. Der erstere Grund kann durch die Personalpolitik behoben, der andere muss hingenommen werden.

Weltfremde Richter gibt es nach meiner Erfahrung nicht mehr. Es gibt aber unter den Richtern ebenso wie in allen anderen Berufsständen Sonderlinge, Eigenbrödler und Männer mit geistigen Defekten, die durch ihr abwegiges Verhalten unangenehm auffallen. Diese kann man ohne Schwierigkeit dadurch unschädlich machen, dass man sie in Abteilungen verwendet, wo sie keinen Schaden anrichten können z.B. im Grundbuchamt eines großen Amtsgerichts.

Die Richterschaft und die ganze Justizverwaltung genießen nicht das Ansehen, wie es wünschenswert wäre. Das liegt aber nur zum geringen Teil an den einzelnen Richtern. Der Hauptfehler war schon immer die vornehme Zurückhaltung und Bescheidenheit der Justiz, die sich von anderen Verwaltungen immer wieder an die Wand drücken ließ und sich besonders gegenüber der an ihr geübten unberechtigten Kritik nicht immer mit der erforderlichen Tatkraft zur Wehr setzte, sondern schwieg, um nicht den Eindruck mangelnder Objektivität zu machen. Es wird in erster Linie Aufgabe des Reichsjustizministeriums sein, dafür zu sorgen, dass die Belange der Justiz zielbewusst und nachdrücklich vertreten werden.

Die Geschlossenheit der Richter besteht. Sie kann sich aber unter den derzeitigen Kriegsverhältnissen nicht auswirken, insbesondere auch wegen der vielseitigen Inanspruchnahme der Richter außerhalb ihrer eigenen Berufstätigkeit. Andererseits will sich die Richterschaft durch allzu starke Betonung ihres Zusammengehörigkeitsgefühls nicht dem Vorwurf aussetzen, dass sie den Kastengeist pflege.

Zu II 2: Hinsichtlich der Aufgabe und Ausbildung der Richter nehme ich auf die Ausführungen bei Rothenberger a.a.O S. 200 ff und S. 65 ff Bezug. – Der Richter muss nach wie vor die Gesetze so anwenden, wie sie in ihrer jeweils geltenden Fassung lauten. Die rechtsschöpferische Tätigkeit und die Geltungsbefugnis kann sich bei der Auslegung der Gesetze auswirken, darf aber nicht so weit gehen, dass der Richter dem Gesetz einen anderen Inhalt gibt. Für den Inhalt ist der Gesetzgeber allein verantwortlich.

Die Unabhängigkeit der Rechtspflege und die Weisungsfreiheit des Richters (Dr. Thierack in Deutsche Justiz 1942 S. 661) sind Grundforderungen, über die nicht diskutiert werden kann.

Die Lenkung der Rechtsprechung (Dr. Thierack a.a.O. S. 662) hat sich als ein geeignetes Mittel zur Gewährleistung ihrer Einheitlichkeit erwiesen. Sie wird bei richtiger Handhabung vom Richter nicht als unangenehm oder unzulässig empfunden. Eine allgemeine Unterrichtung des Richters über die Absichten und Ziele der Staatsführung ist nicht nur erwünscht, sondern notwendig. Im übrigen wird aber nach Rückkehr normaler Zeiten und Verhältnisse auf eine intensive Lenkung, wie sie z.Zt. erfolgt, wieder verzichtet werden können.

Die Heraushebung des Richters aus dem allgemeinen Beamtenverhältnis wäre im Interesse des Ansehens sehr zu wünschen. Die Verwirklichung dieses Gedankens ist aber nicht zuletzt auch eine finanzielle Frage, bei deren Lösung der Finanzminister ein gewichtiges Wort mitzureden haben wird. Hier sind seitens der übrigen Verwaltungen Schwierigkeiten zu erwarten und das Reichsjustizministerium wird keinen leichten Stand haben, wenn es sich durchsetzen will.

Zu II 3: Ein Mindestalter von 32–35 Jahren soll gesetzlich festgelegt werden. Es besteht aber die Gefahr der Abwanderung, wenn tüchtigen Kräften dadurch die Möglichkeit genommen wird, schon in jüngeren Jahren Richter zu werden. Im Hinblick hieraus wird der Gedanke des Mindestalters zum Teil abgelehnt.

Zu II 4: Es ist zweckmäßig, Richter zwischen dem Assessorexamen und der Anstellung oder auch, soweit es die Personallage gestattet, erst nach der Anstellung in anderen Berufen tätig sein zu lassen. In Betracht käme Rechtsanwaltschaft, Großbank, Industrie und Partei. Für den Vorsitzer des Arbeits- oder Landesarbeitsgerichts ist es von großem Wert, wenn er sich in Fabrikbetrieben umgesehen hat. Auch der Vorsitzer der Kammer für Handelssachen wird in den zu entscheidenden Prozessen mit viel größerer Sicherheit das Verfahren leiten und seine Entscheidungen treffen können, wenn er über praktische Kenntnisse auf den einschlägigen Gebieten des Handels und der Industrie verfügt.

Zu II 5: Der Gedanke, Richter den freien Berufen zu entnehmen, ist beachtenswert. Ich halte es aber nicht für richtig, ihn in größerem Umfang zu verwirklichen. Ich glaube auch nicht, dass das Angebot groß sein wird. Abgesehen von einigen wenigen Idealisten wird für alle anderen die Gehaltsfrage ausschlaggebend sein. Am ehesten dürften geeignete Rechtsanwälte zur Übernahme als Richter in Frage kommen. Von allen Bewerbern wird man aber ein abgeschlossenes juristisches Studium und eine nicht zu kurz bemessene Bewährungszeit verlangen müssen. Ob sich dazu allerdings ganz besonders tüchtige Persönlichkeiten – und auf solche kommt es ja an – herbeilassen werden, erscheint mir zweifelhaft.

Zu II 6: Die Richteranwärter werden wohl am besten als beauftragte Richter und Staatsanwälte oder im Strafanstaltsdienst eingesetzt. Die Verwendung als Richtergehilfen erachte ich nicht für zweckmäßig. Eine derartige unselbständige Tätigkeit ist unbefriedigend. Hier wurde auch die Ansicht vertreten, dass die Verwendung als Richtergehilfe im Interesse einer gründlichen Ausbildung wünschenswert wäre; ferner dass eine mindestens einjährige Tätigkeit als Rechtsanwalt vorgeschrieben werden sollte.

Zu II 7: Als zweckmäßige Amtsbezeichnung schlage ich vor: Amtsrichter, Oberrichter, Reichsrichter. Auf den Ratstitel kann m.E. ohne Schaden für das Ansehen der Richterschaft verzichtet werden. Für die Gerichtsvorstände schlage ich folgende Amtsbezeichnung vor: Gerichtspräsident für das Eingangsgericht bzw. Amtsgerichts- oder Kreisgerichtspräsident, Obergerichtspräsident und Reichsgerichtspräsident, für die Vorsitzer der Strafkammer beim Eingangsgericht Amtsgerichts- oder Kreisgerichtsdirektor, für die Vorsitzer der Senate beim Obergericht und beim Reichsgericht Senatspräsident.

Es wurde auch vorgeschlagen, Richter am Amts- oder Kreisgericht, Richter am Obergericht und Richter am Reichsgericht oder Amtsricher bzw. Kreisrichter bzw. Bezirksrichter – wenn das Eingangsgericht als Bezirksgericht bezeichnet wird -; ferner Oberrichter und Reichsrichter als Bezeichnung zu wählen.

Zu II 8: In Übereinstimmung mit den von mir zur Besprechung zugezogenen Richtern halte ich eine besoldungs- und rangmäßige Gleichstellung aller Richter nicht für richtig. In Rang und Besoldung soll ein Unterschied gemacht werden zwischen den Richtern am Amtsgericht (Eingangsgericht), am Obergericht und am Reichsgericht. Die Kammer- und Senatsvorsitzer wären höher zu besolden, als die übrigen Richter des gleichen Gerichts. Beförderungsmöglichkeiten sind zur Erhaltung eines gesunden Ehrgeizes notwendig.

Zu II 9: Jeder Richter soll seine Laufbahn beim Amtsgericht (Eingangsgericht) beginnen. Den besonders Tüchtigen soll der Aufstieg zum Obergericht und evtl. zum Reichsgericht ermöglicht werden. Eine Versetzung von Richtern des Obergerichts an das Amtsgericht käme wohl nur ganz ausnahmsweise aus besonderen dienstlichen oder dringenden persönlichen Gründen in Frage.

Zu II 10: Die Unabhängigkeit der Rechtspflege und die Wieisungsfreiheit des Richters rechtfertigen die Heraushebung des Richters aus dem allgemeinen Beamtenverhältnis. Der Richter ist der unmittelbare Beauftragte des Führers als des obersten Gerichtsherrn (Rothenberger in Deutsche Justiz 1942 S. 566). Durch ein Richtergesetz und ein Richterbesoldungsgesetz muss dem Richter eine Stellung eingeräumt werden, die ihn autoritativ, gesellschaftlich und wirtschaftlich über die übrigen Beamten heraushebt. Wichtig ist aber, dass die Richter charakterlich, moralisch, weltanschaulich und politisch einwandfreie Persönlichkeiten sind (vgl. Thierack Deutsche Justiz 1942 S. 662 und Rothenberger ebenda S. 663). Sie dürfen insbesondere ihre gehobene wirtschaftliche Stellung nicht missbrauchen. Sonst ist es mit der Autorität vorbei.

Ob die Bildung eines „Richterkorps“ etwa nach dem Vorbild des Offizierskorps möglich und zweckmäßig ist, möchte ich bezweifeln. Wenn die Richterschaft aus der übrigen Beamtenschaft herausgehoben wird, dann ergibt sich schon daraus eine Hebung des Standesbewußtseins. Die wirtschaftliche Besserstellung schafft ferner die Voraussetzungen einer stärkeren gesellschaftlichen Betätigung innerhalb der Richterschaft. Wenn es gelingt, die Gefahr etwaigen Standesdünkels und Kastengeistes zu bannen, dann haben wir ein Richterkorps im besten Sinne des Wortes.

Weitere Anregungen vermag ich nicht zu geben. gez. Seelos

6. Stellungnahme des Präsidenten des Landgerichts Metz

[...] II. Zur künftigen Stellung des Richters

Zu 1) Das Ansehen und die Unabhängigkeit der Richter wird durch den Staat und die Parteistellen nicht genügend herausgehoben. Es kommt vor, dass diese Urteile bemängeln und dabei die Person des Richters angreifen, anstatt auf den Rechtsmittelweg zu verweisen. Weltfremdheit und mangelnde Geschlossenheit kann der Richterschaft nicht vorgeworfen werden.

Die ungenügende Besoldung der Richter ist der Hauptgrund, warum der Richter in der Öffentlichkeit nicht die Stellung einnehmen kann, die ihm zukommt.

Zu 2) Der Richter darf nicht zur Rechenschaft gezogen werden in der Ausübung seiner richterlichen Tätigkeit. Die Dienstaufsichtsbehörde soll unter Hinweis auf die richterliche Unabhängigkeit jede Stellungnahme zu dieser Tätigkeit ablehnen. – Der Richter hat keine rechtschöpferische Tätigkeit auszuüben. Er hat nur die Gesetze anzuwenden. Eine Lenkung der Rechtsprechung lehne ich grundsätzlich ab. Die

Entscheidung der Obergerichte soll allein für den Richter in seiner Rechtfindung von Einfluss sein.

Zu 3) Ein Mindesalter ist nicht notwendig. Die lange Vorbereitungszeit führt ohne Weiteres dazu, dass ein Richter nicht zu jung in Funktion kommt.

Zu 4) Der Richter soll erst mit der Anstellung die richterliche Tätigkeit ausüben können. Zwischen Assessorexamen und Anstellung soll der Anwärter nur als Richtergehilfe Verwendung finden. Es ist nicht angängig, dass ein Assessor auch nur vertretungsweise Recht spricht. Der Rechtsuchende hat Anspruch auf die Entscheidung eines Vollrichters, „seines Richters".

Zu 5) Richter sollen nicht aus freien Berufen hervorgehen. Das „Richterkorps" soll geschlossen bleiben.

Zu 6) Nach dem Assessorexamen soll der Richteranwärter möglichst in der von ihm bevorzugten Tätigkeit als Richtergehilfe ohne Stimmrecht unter Aufsicht eines Richters Verwendung findet.

Zu 7) Richter am „Landgericht" oder am „Kreisgericht". Richter am „Oberlandesgericht" oder am „Gaugericht". Richter am Reichsgericht. Der Wegfall des Ratstitels hebt den Richter aus der Masse der Räte, also auch aus der Beamtenschaft heraus.

Zu 8) Besoldungs- und rangmäßige Eingruppierung:

a) Richter am Eingangsgericht oder Obergericht.

b) Präsident des Eingangsgerichts, Oberrichter (jetziger Senatspräsident) am Obergericht.

Richter am Reichsgericht.

c) Präsident des Obergerichts, Oberrichter (jetziger Senatspräsident) am Reichsgericht.

d) Präsident des Reichsgerichts.

Die Besoldungsunterschiede sollen gering sein. Das Aufrücken in eine andere Gruppe ist eine Beförderung.

Zu 9) Ja; es soll einem Richter des Obergerichts frei sein, sich um eine Richterstelle des Eingangsgerichts zu bewerben und auch umgekehrt.

Zu 10) Schaffung eines Richterkorps. Ein Richter soll nicht Beamter des Staates sein, sondern Ausüber der richterlichen Gewalt des Staates. Aufstellung eines getrennten Richterstatuts und Außerkraftsetzung der Beamtengesetzgebung.

Die Heraushebung der Richter kann erfolgen durch: Weit bessere Besoldung, die den Richter im Ansehen hebt und ihn auch materiell unabhängig macht.

Heraushebung aus der allgemeinen Besoldungsordnung nach dem Vorbild des Offizierskorps.

Dienstuniform mit entsprechenden Rangabzeichen neben der schon bestehenden Bekleidung bei Sitzungen für alle feierlichen Anlässe und das Auftreten in der Öffentlichkeit. Anerkennung der richterlichen Arbeit durch die unteren Parteistellen auf ausdrückliche Weisung und entsprechende Bekanntgabe an die Öffentlichkeit.

7. *Stellungnahme des Präsidenten des OLG Zweibrücken*

[...] II. Fragen zur künftigen Stellung des Richters

1. Eine Vertrauenskrise gegenüber der Justiz bestand wohl viel weniger im Verhältnis zwischen Justiz und Volk als zwischen Justiz und Partei (totalitärer Anspruch der Partei und Weisungsfreiheit des Richters; Ressentiments alter Kämpfer gegen die Justiz; mangelnder innerer Anschluss mancher Richter an die Partei usw.). Das Volk hatte in seiner Gesamtheit das Vertrauen zur Justiz nicht verloren, es befürchtete eher, dass Urteile von der Partei beeinflusst oder ihr Vollzug von der Partei gehemmt werden könnten. Soweit im Volk ein Mangel an Vertrauen zur Rechtspflege bestand, wurde er mehr in das Volk hineingetragen als dass er elementar aus ihm herausbrach. Mit der Justiz Unzufriedene wird es immer geben. Denn wer einen Prozess führt, wird – auch wenn er verliert – regelmäßig glauben, dass er recht hat und wer vom Strafrichter verurteilt wird, wird häufig das Urteil für falsch oder zu hart halten. Es wird auch immer falsche Urteile und unzulängliche Richter geben, auch „weltfremde" Richter, wobei gerade dieser Vorwurf ein beliebtes Schlagwort der Unzufriedenen ist. Man kann das Vertrauen zur Rechtspflege erschüttern, indem man durch öffentliche Kritik die Ausnahmen verallgemeinert, wobei man von vornherein des Beifalls der Unzufriedenen sicher ist. Das ist geschehen und die oberste Leitung der Justiz hat dem zu lange passiv zugesehen.

Machen z.B. die Ärzte nicht viel mehr Fehler mit viel einschneidenderen Wirkungen? Trotzdem gibt es keine Vertrauenskrise der Ärzte, weil man nie daran denken würde, eine öffentliche Aktion der Kritik gegen sie zu unternehmen und weil wahrscheinlich die Standesorganisation der Ärzte sich dies nicht gefallen ließe. Hier liegt der Angelpunkt der Frage. Die oberste Leitung der Justiz muss für das Ansehen der Richterschaft mit den schärfsten Mitteln eintreten und sie muss die Aufsichtsstellen bis zum äußersten schützen, wenn diese sich für das Ansehen der Richter und der Rechtspflege einsetzen und exponieren. Weiss die Richterschaft, dass sie von oben her ebenso geschützt wird wie etwa der Träger eines Parteiamts, so wird von selbst ihr Selbstgefühl sich stärken und ihre Geschlossenheit wachsen. Sie wird dann auch von selbst dafür sorgen, dass aus diesem geschlossenen Ring Richter ausscheiden, die nicht hineinpassen.

2. Der Richter kann nicht ohne Gesetz nach einer Art Naturrecht richten. Er ist in dem Sinne an das Gesetz gebunden, dass dessen Auslegung nie zu einem unvernünftigen Ergebnis führen darf. Er hat zu diesem Zwecke und um Lücken auszufüllen, auch rechtsschöpferisch tätig zu sein. Das rechtsschöpferische Wirken des Richters kann aber nur den Gesetzgeber ergänzen und auslegen, nie primär an seine Stelle treten. Die Gestaltungsbefugnis des Richters, die ganz besonders seiner Aufgabe der Ordnung von Lebensvorgängen dient, ist durch positive Vorschriften weiter auszubauen. Sie ist ihm auch für die Fälle einzuräumen, in denen der Prozess nach einem Vergleich „schreit". Der Richter darf nicht unabhängig von den tragenden Zielen der Staatsführung sein. Ihnen hat er sich unterzuordnen. Seine Freiheit von Weisungen für den Einzelfall ist ein unverrückbares Axiom. Die Lenkung nach allgemeinen Richtlinien und in vernünftigen, dem Interesse der

Rechtspflege dienenden Grenzen ist unbedenklich, wohl auch in Zeiten wie den jetzigen nicht zu entbehren. Weil der Richter – anders wie jeder sonstige Amtsträger – weisungsfrei ist und sein Amt unmittelbar vom Führer ableitet, gehört er aus dem allgemeinen Beamtenverhältnis herausgehoben.

3. Ein Mindestalter des Richters – etwa Vollendung des 35. Lebensjahrs – empfielt sich; vielleicht besser im Wege der praktischen Handhabung, als der positiven Festsetzung, um für Ausnahmefälle die Elastizität zu wahren.

4. Eine Beschäftigung nach dem Assessorexamen als Rechtsanwalt oder in ähnlicher, sie spätere Richtertätigkeit fördernder freier Beschäftigung mindestens bis zur Vollendung des 35. Lebensjahres ist zu empfehlen. Ob eine solche Regelung durchführbar ist, – Konkurrenz für die Rechtsanwaltschaft als Lebensberuf; vorübergehend Mangel an anstellungsfähigen Bewerbern für die Besetzung freier Stellen, was aber durch eine Übergangsregelung ausgeglichen werden könnte -, erscheint zweifelhaft. Auf jeden Fall könnte und sollte jeder Richter vor der Vollendung des 35. Lebensjahres durch den Staatsanwalt gehen [!]. Im übrigen kann auch durch planmäßige und vielseitige Fortbildungskurse die Weltläufigkeit des Richters, der ja künftig durch die HJ, den Arbeitsdienst und den Wehrdienst gegangen sein wird, gefördert werden.

Grundsätzlich hängt die Frage, ob einer ein praktischer, mit dem Leben vertrauter Mensch ist, viel mehr von der Veranlagung als von irgendwelchen Behelfen ab.

5. Richter aus Persönlichkeiten zu entnehmen, die sich in freien Berufen herausgehobene Positionen verschafft haben, kann nur der Hebung des Richterstandes dienen. Unbedingte Voraussetzung müsste sein, dass der zu Berufende die große Staatsprüfung abgelegt hat. Durchführbar wird die Gewinnung solcher Persönlichkeiten nur sein, wenn die Richterbesoldung ungleich höher ist als heute und wenn der Richter eine so über der Beamtenebene stehende Stellung einnimmt (gleich etwa einem heutigen hohen Parteiträger oder hohen Offizier), dass sie einen Anreiz bietet.

6. Innerhalb der Justiz sollten Richteranwärter bis zu ihrer Ernennung zum Richter als Staatsanwälte eingesetzt werden, vgl. oben unter 4.; die Verwendung als Richtergehilfe ist abzulehnen; vgl. oben Abschn. I 3 Buchst. i). Fraglich ist auch, ob sich die Einrichtung des Hilfsrichters mit der künftigen gehobenen Stellung des Richters verträgt. Verneint man dies, so muss bei der Bemessung des Richterbedarfs höher gegriffen werden, um vorübergehende Lücken (Krankheit etc.) ausfüllen zu können.

7. Als Amtsbezeichnungen werden vorgeschlagen:

Richter des Eingangsgerichts: Amtsrichter (oder Landrichter, falls das Eingangsgericht Landgericht heißt; vgl. oben Abschn. I 3 Buchst. a). – Richter des Obergerichts: Oberrichter – Richter des Reichsgerichts: Reichsrichter.

Kammervorsitzer des Eingangsgerichts: Amtsgerichtsdirektor (oder Landgerichtsdirektor) – Senatsvorsitzer des Obergerichts: Senatspräsident – Senatsvorsitzer des Reichsgerichts: Senatspräsident.

Vorstand des Eingangsgerichts: Amtsgerichtspräsident (oder Landgerichtspräsident) – Vorstand des Obergerichts: Obergerichtspräsident – Vorstand des Reichsgerichts: Reichsgerichtspräsident.

Dem Verlust des Ratstitels wird kein Verständiger nachtrauern. Die Aufgabe dieses inflationsmäßig aufgetretenen Titels kann dem Ansehen der Richterschaft nur nützen.

8. Die grundsätzliche besoldungs- und rangmäßige Gleichstellung aller Richter lässt sich nur theoretisch vertreten. Praktisch scheitert sie an der menschlichen Natur und ihrem gesunden Vorwärtsstreben. Es empfiehlt sich eine Differenzierung in der Art, dass die Richter der höheren Gerichte besser gestellt werden als die der niedrigeren und dass ebenso Träger herausgehobener Funktionen besser behandelt werden. Dabei muss die Besoldung, soll der Richter wirklich ein freier, über den Sorgen des Alltags stehender Mann sein, gegenüber der derzeitigen Regelung großzügig gehoben werden. Demgemäß wird vorgeschlagen:

	AG (LG)	OG	RG
Richter	24.000 RM	30.000 RM	42.000 RM
Kammer- oder Senatsvorsitzer	30.000 RM	36.000 RM	48.000 RM
Vorstand	36.000 RM	48.000 RM	60.000 RM

9. Der Wechsel zwischen Eingangsgericht und Obergericht empfiehlt sich von unten nach oben. Von oben nach unten kommt er bei der vorgeschlagenen Besoldungsregelung nur im Falle der Beförderung oder der Versetzung in eine Stelle der gleichen Besoldungsgruppe in Betracht.

10. Wegen der Gründe für die Heraushebung des Richters aus dem allgemeinen Beamtenverhältnis vgl. oben unter 2 am Ende. Im übrigen hängt diese Heraushebung viel mehr davon ab, ob man sie will und gegenüber dem Ressortneid durchsetzt, als von der Erbringung des Beweises, dass sie geboten ist. Auch die besten Gründe nützen nichts und können widerlegt werden, wenn der Wille und die Kraft zur Heraushebung fehlt.

Die Heraushebung müsste in der Form eines Richtergesetzes erfolgen, das im wesentlichen die Voraussetzungen für die Verleihung des Richteramts, die Stellung und Weisungsfreiheit des Richters, seine Besoldung und Versorgung sowie das richterliche Dienststrafrecht zu behandeln hätte.

Ein Richterkorps im Sinne des alten Offizierskorps mit dem Bewußtsein, als Träger eines besonderen Amtes besondere innere und äußere Haltung wahren zu müssen, ist ein durchaus erstrebenswertes Ziel. Ein solches Korps mit dem entsprechenden Korpsgeist bildet sich von dem Zeitpunkt an, in dem dem Richter durch angemessene Besoldung und Heraushebung die erforderliche wirtschaftliche Freiheit und gebotene hohe Ansehen sowie durch äußerstes Eintreten von oben der notwendige durchgreifende Schutz gewährleistet ist, in allmählich sich aufbauender Tradition von selbst; vgl. hierzu auch oben unter 1 gegen Ende.

C. Vortrag Thieracks am 23.5.1944 (?) über die Arbeiten des Amtes für Neuordnung der Deutschen Gerichtsverfassung (wohl Manuskriptentwurf)

I. Durch seinen Erlass vom 20. August 1942 hat mich der Führer mit dem *Aufbau einer starken nationalsozialistischen Rechtspflege* beauftragt.

Jedem Einsichtigen war klar, dass diese Aufgabe nicht von heute auf morgen gelöst werden könne, dass es dazu vielmehr einschneidender und deshalb längere Zeit beanspruchender Reformen bedürfe. Gewiß war es nötig und möglich, durch sofort einsetzende Maßnahmen die allgemeine Stellung der Justiz zu festigen, ihr Ansehen wiederherzustellen und das Selbstvertrauen ihrer Träger zu stärken. Sie, meine Herren, wissen, welche Anstrengungen wie in dieser Richter auf den verschiedenen Gebieten unternommen haben in in welch erfreulichem Ausmaße es gelungen ist, der Rechtspflege ihre im August 1942 unzweifelhaft gefährdete Stellung als *Mittel der Staatsführung zur Erhaltung von Frieden, Sauberkeit und Widerstandskraft im Innern* zu bewahren.

Neben diesen Sofortmaßnahmen war aber eine *Gesamtreform* notwendig, sollte der Erfolg von Dauer sein.

I. Träger dieser Gesamtreform musste in erster Linie das Reichsjustizministerium sein. Die bisherigen Arbeitsmethoden und Möglichkeiten, wie sie sich aus Aufbau und Gliederung des Ministeriums mit seiner, wie in jeder Zentralbehörde, in erster Linie auf die laufenden Geschäfte zugeschnittenen Aufteilung der Arbeitsgebiete ergeben, schienen mir jedoch wenig geeignet zur Erfüllung dieser Aufgabe. Zu ihrer Lösung mussten teilweise neue Wege beschritten werden. Um die Arbeit an wenigen Stellen zu konzentrieren, habe ich mich deshalb, wie Ihnen bekannt ist, im Dezember 1942 entschlossen, für die Durchführung der großen Reform innerhalb des Reichsjustizministeriums verschiedene „Ämter", selbständige Arbeitsgruppen, zu errichten, deren jedem ein besonderes, in sich geschlossenes Teilgebiet aus dem gesamten Aufbauplan zur Bearbeitung zugewiesen ist.

Als *Aufgabe des Amtes für Neuordnung der Deutschen Gerichtsverfassung*, dessen Arbeit ich heute in großen Zügen schildern will, habe ich in meiner Allgemeinen Verfügung vom 23. Dezember 1942 bezeichnet *„die Vorbereitung aller Maßnahmen, die zur Neuordnung der Deutschen Gerichtsverfassung im Zuge des Aufbaues einer starken nationalsozialistischen Rechtspflege erforderlich sind."*

Während die zur selben Zeit errichteten Ämter „Rechtsprechung durch das Volk" und „Richter und Rechtspfleger" ebenso wie das erst später geschaffene Amt für Nachwuchsfragen wichtige, aber ihrer Art nach begrenzte Sachgebiete zu behandeln haben, geht der Auftrag des Amtes für Gerichtsorganisation weiter. Ziel seiner Arbeiten ist es, dem neuen nationalsozialistischen Richtertyp, wie er immer deutlicher in Erscheinung tritt und wie er sich immer wirkungsvoller durchsetzt, in einer neuen Gerichtsorganisation den *Apparat* zur Verfügung zu stellen, dessen er für eine gerechte, lebensnahe und rasche Rechtsprechung bedarf, dem *Richter selbst* aber im Verfahren, persönlich und wirtschaftlich *die* Stellung zu geben, die seinem hohen Aufgabenkreis und seiner Bedeutung für die Volksgemeinschaft entspricht. Das Amt hat also neben den Grundfragen der deutschen Gerichtsbarkeit überhaupt sowohl die gesamte Organisation der Gerichte und ihre Zuständigkeit zu überprüfen, als auch alle Fragen zu erörtern, welche die Ausübung des Richteramts und die persönlcihe Rechtsstellung seiner Träger betreffen. Schließlich hat es auch die Aufgaben und die Stellung aller übrigen in der Rechtspflege beruflich oder als Laien mitwirkenden Personen in den Kreis seiner Untersuchungen und Vorschläge einzubeziehen.

Ein derart weitgespanntes Aufgabengebiet erfordert die Konzentration der Kräfte. Es kann nicht von den auf die einzelnen Abteilungen des Ministeriums verteilten, irgendwie beteiligten zahlreichen Sachbearbeitern als solchen bewältigt werden, ohne dass unerwünschte Reibungen oder vermeidbarer Leerlauf einträten. Nur die Zusammenfassung eines engeren Kreises von Sachbearbeitern zu einer ständigen Arbeitsgemeinschaft, wie sie im Amt durchgeführt ist, schließt diese Gefahr aus. Die Arbeiten werden dort unter der Leitung des Ministerialdirektors Altstötter auf das eigentliche Ziel ausgerichtet. Die Sachbearbeiter stehen in ständigem unmittelbaren Meinungsaustausch miteinander und stimmen ihre Ansichten gegenseitig ab. So ist trotz des Umfangs und der Vielseitigkeit des Arbeisgebiets ein einheitliches, in sich geschlossenes Ergebnis in angemessener Zeit zu erwarten.

Auch die *Arbeitsmethoden* des Amtes weichen in mancher Hinsicht von den sonst im Ministerium üblichen ab.

Selbstverständlich kann das Amt seinen Aufgaben nur gerecht werden, wenn es seine Untersuchungen mit wissenschaftlicher Gründlichkeit und Sorgfalt durchführt. Die Sachbearbeiter des Amtes haben daher ihr Arbeitsgebiet unter Verwertung allen irgendwie erreichbaren Materials vom Grundsätzlichen her zu erfassen und die tragenden Gesichtspunkte herauszuarbeiten. In besonderen Fällen werden Männer der Wissenschaft um die Abgabe von Gutachten gebeten. Die von den Referenten erzielten Arbeitsergebnisse werden in Denkschriften oder Berichten niedergelegt, die sämtlichen Mitgliedern des Amtes zugänglich gemacht und den ihnen überprüft werden. Vielfach werden ein oder mehrere Korreferate eingeholt, und schließlich wird der gesamte Stoff in Arbeitstagungen des Amtes behandelt. Aus den Vorträgen der Berichterstatter und der eingehenden mündlichen Erörterung in größerem Kreis ergeben sich dann Leitsätze, die als Vorschläge des Amtes für die künftige gesetzliche Regelung zu gelten haben.

Ganz besonderen Wert habe ich aber vor allem auf die laufende *Fühlungnahme des Amtes mit der Praxis* gelegt. Die künftige Gerichtsorganisation und die Stellung des nationalsozialistischen deutschen Richters können nicht an Hand von Büchern konstruiert oder am Schreibtisch erdacht werden. Nur aus dem Leben und seinen Erfordernissen können sie erwachsen. Deshalb werden nicht nur die Eingaben aus der Praxis im Amt besonders berücksichtigt, sondern es werden vor allem laufend Praktiker, die bei Gerichten aller Art tätig sind, um Gutachten zu einzelnen Fragen ersucht oder zu den Arbeitstagungen des Amtes zugezogen, um dort selbst Referate zu halten oder sich zu den Vorschlägen der Berichterstatter zu äußern. In besonders wirksamer Weise aber wird die ständige Fühlungnahme des Amtes mit der Praxis durch die Reisen des Amtes in die verschiedenen Oberlandesgerichtsbezirke verwirklicht. Ein großer Teil von Ihnen, meine Herren, hat derartige Reisen ja schon erlebt, weitere werden solche Besuche noch bekommen. Die Mitglieder des Amtes sollen nach Möglichkeit alle für die Gerichtsorganisation wesentlichen Verhältnisse aus eigener Anschauung kennen lernen und Gelegenheit finden, an Ort und Stelle ihre Gedanken mit der Praxis auszutauschen. Ich beabsichtige daher, nach und nach, wenn nicht alle, so doch wenigstens die durch landschaftliche Gliederung, wirtschaftlich oder in sonstiger Weise, etwa durch ihre Lage an den Reichsgrenzen, besonders charakteristischen Oberlandesgerichtsbezirke bereisen zu lassen.

Für diese Reisen hat sich eine bestimmte Technik ausgebildet, die ich hier im Interesse jener Oberlandesgerichtspräsidenten, denen der Besuch des Amtes noch bevorsteht, kurz erläutern will. Die technische Vorbereitung der Reise wird im allgemeinen dem zuständigen Oberlandesgerichtspräsidenten überlassen. Das Amt teilt nur etwaige besondere Wünsche mit und übersendet ihm vor Beginn der Reise einen Fragebogen, der auf Grund der bisherigen Arbeitsergebnisse entworfen und nach den Erfahrungen der bereits durchgeführten Reisen gestaltet ist. Diese Fragebögen sollen die mündlichen Erörterungen vorbereiten, in denen das Schwergewicht der Reisen liegt. Sie werden deshalb den zu diesen Besprechungen eingeladenen Richtern zugänglich gemacht, damit sie sich sachgemäß vorbereiten können. Im übrigen wird unbedingter Wert auf eine völlig offene Aussprache gelegt. Der Zweck der Reisen wird nur erfüllt, wenn den Amtsmitgliedern ein wirklich zutreffendes und erschöpfendes Bild der allgemeinen Verhältnissse und der örtlichen Besonderheiten des Bezirks verschafft wird und die Erörterungen zwanglos, lebendig und fruchtbringend gestaltet werden. Dazu gehört es insbesondere, dass besonders erfahrene Richter der verschiedenen Kategorien beteiligt werden, die sich in ihrer Arbeit bewährt, Einblick in die örtlichen Verhältnisse ihres Bezirkes gewonnen und sich möglichst mit den die deutsche Rechtswelt beschäftigenden Fragen bereits innerlich auseinandergesetzt haben. Die Reise beginnt in der Regel am Sitz des Oberlandesgerichts, bei dem die ersten Erörterungen mit dem Chefpräsidenten und seinen engeren Mitarbeitern stattfinden. Sie führt dann, wenn angängig, zu sämtlichen Landgerichten des Bezirks. Damit wird die Möglichkeit gegeben, die Richter der ersten Instanz, namentlich auch Richter der kleineren Amtsgerichte, in größerem Umfange zu beteiligen. *Gerade der Richter vom Land* soll zu den Reformplänen gehört werden. Einer ihrer wesentlichen Punkte ist, wie Sie wissen, die Frage der sogenannten *Drei- oder Viergliederung des Gerichtsaufbaues*, die wieder mit dem Schicksal der kleinen Amtsgerichte eng verknüpft ist. Die Reise berührt deshalb nach Möglichkeit auch einige dieser kleinen ländlichen Amtsgerichte, damit die Mitglieder des Amtes hier einen unmittelbaren Eindruck aus dem Leben gewinnen können, der wichtiger ist als noch so gute Berichte.

Die Anforderungen, welche die Durchführung derartiger Reisen an alle beteiligten Stellen und die Belastung, die diese Reise vor allem für die örtlichen Dienststellen bedeuten, sind mir nicht unbekannt. Trotzdem muss ich auf den Reisen bestehen. Ihre Ergebnisse lohnen die aufgewandte Mühe. Sie bereichern den Erfahrungsschatz des Amtes in einem Ausmaße, das keine andere Erkenntnisquelle bieten kann. Sie gewährleisten so die ständige Verbindung des sogenannten „grünen Tisches“ mit den grünen Wiese der Praxis. Zum anderen geben sie den Männern der Praxis schon im jetzigen Stadium der Erwägungen die Möglichkeit, ihre Erfahrungen und ihr Wissen in die Waagschale zu werfen und durch Anregungen und positive Kritik auf den Gang der Dinge Einfluss zu nehmen. Die Amtsmitglieder wollen bei den Reisen nicht irgendwelche fertigen Ergebnisse übermitteln oder allgemeine Zustimmung hören, sondern *sie suchen die Kritik.*

Die Erfahrung hat auch gelehrt, dass die Reisen allen Schwierigkeiten zum Trotz zu einem vollen Erfolg geführt werden können. Den Berichten des Amtes habe ich mit Befriedigung immer wieder entnommen, dass die Reisen in technischer und organisatorischer Hinsicht durchweg hervorragend vorbereitet waren und dass vor allem auch die geistige Vorbereitung auf die Erörterungen und die Beteiligung an den Aussprachen äußerst lebhaft und wirkungsvoll waren. Allen denen, die so zum Gelingen beigetragen haben, gilt mein Dank. Ich glaube im übrigen, dass sie auch ihrerseits einen erheblichen persönlichen Nutzen aus der Möglichkeit gezogen haben, sich über die unsere Richterschaft stark bewegenden Fragen mit Sachbearbeitern des Amtes auszusprechen.

So sehr ich das Interesse, das den Reisen des Amtes entgegengebracht wird, und die Sorgfalt, mit der sie vorbereitet worden sind, begrüße, so sehe ich mich andererseits doch genötigt, vor *Missgriffen* zu warnen, die – ganz vereinzelt – durch Übereifer und wohl auch durch Verkennung des Zweckes der Reisen verursacht worden sind. *Die Arbeiten des Amtes sind einstweilen nach wie vor rein interner Natur.* Die augenblicklich schwebenden Erwägungen gehen daher grundsätzlich nur die Justiz und niemand sonst etwas an. Die Entscheidung darüber, ob eine Behörde außerhalb der Justiz um eine Stellungnahme zu irgend einem Punkt gebeten werden soll, muss ich mir ebenso uneingeschränkt vorbehalten wie die Mitteilung vom Amt bereits endgültig formulierter Vorschläge oder dergleichen an eine mir nicht unterstellte Behörde oder Organisation. Verstöße hiergegen sind geeignet, das Aufbauwerk an der Justiz ernstlich zu gefährden, und beunruhigen die Bevölkerung. Ihnen gegenüber brauche ich das im einzelnen wohl nicht zu begründen. Es geht daher unter keinen Umständen an, dass der Fragebogen des Amtes anderen als Justizbehörden, etwa, wie es vorgekommen ist, einer Gauwirtschaftskammer zur Stellungnahme übersandt oder dass dem Bürgermeister einer Stadt eröffnet wird, er müsse damit rechnen, dass seine Stadt demnächst ihr Gericht verlieren werde. Von den Richtern aber erwarte ich, dass sie sich über die brennendsten Fragen des künftigen Gerichtsaufbaues auch ohne Zuhilfenahme justizfremder Stellen ein eigenes Urteil bilden können. Darüber, wo in Zukunft Gerichte erster Instanz errichtet werden, steht noch gar nichts Endgültiges fest. Die Besprechungen des Amtes hierüber haben zunächst nur den Zweck, die Durchführbarkeit seiner Planungen an Ort und Stelle zu überprüfen. Und selbst wenn das anders wäre, würde das Ergebnis dieser Besprechungen jedenfalls zur Zeit noch unbedingt vertraulich zu behandeln sein. Ich bitte daher Sie, meine Herren, das zu beachten und Verstößen gegen diese Selbstverständlichkeit, wie sie leider vereinzelt vorgekommen sind, mit Nachdruck entgegenzutreten.

Die Arbeiten des Amtes fallen, wie sich aus den vorstehenden Ausführungen und der Natur der Sache ergibt, einstweilen weitgehend in den Bereich der *Planung*. Ich weiß, dass es Stimmen gibt, die bezweifeln, dass es unter diesen Umständen zur Zeit ratsam sei, solche Arbeiten durchzuführen. Nur die unmittelbar den Krieg berührenden oder durch ihn aufgeworfenen praktischen Fragen dürften jetzt behandelt werden. Alles andere könne und müsse zurücktreten. Gelegentlich wird auch die Befürchtung ausgesprochen, dass gerade die *Frontgeneration unter unseren Richtern* bei den Vorarbeiten nicht genügend zu Wort komme. Das sei aber unerläßlich; denn *sie* werde das Bild des zukünftigen Richters prägen und auf *sie* müssten daher seine Stellung und seine Aufgaben abgestellt sein.

Ich bemerke hierzu folgendes: Indem mir der Führer den Auftrag erteilt hat, ungesäumt eine starke nationalsozialistische Rechtspflege zu schaffen, hat er mich auch angewiesen, die zur Erreichung dieses Zieles unerlässlichen Vorarbeiten sofort durchzuführen. Wie die Erfüllung des Auftrages selbst schon um unseres Volkes willen nicht einen Tag unnötig hinausgeschoben werden kann, so müssen auch die Vorarbeiten alsbald eingeleitet und durchgeführt werden, soweit das mit den zur Verfügung stehenden, mit äußerster Sparsamkeit eingesetzten Kräften möglich ist. *Nur dann* können wir mit dem Neubau sofort nach Kriegsende beginnen! Außerdem bitte ich zu bedenken, dass gerade aus Anlass des Krieges immer wieder *laufende Arbeiten* erforderlich werden, die schon jetzt zweckmäßig nach den Grundgedanken auszurichten sind, die voraussichtlich die neue Gerichtsverfassung beherrschen werden. Würde das übersehen, so würde die Rechtspflege nur überflüssigen Erschütterungen und Belastungen ausgesetzt, wie sie jede Kursänderung unvermeidlich mit sich bringt. Auch das zwingt dazu, wenigstens die großen Linien der künftigen Organisation möglichst frühzeitig klarzustellen und nicht etwa bis zum Kriegsende damit zu warten. Diese Klarstellung aber ist gerade die Aufgabe, die ich dem Amt gestellt habe.

Was die Beteiligung der Frontkämpfer an den Arbeiten des Amtes betrifft, so legen und die Verhältnisse hier natürlich gewisse Beschränkungen auf. Aber irgendwelche Befürchtungen sind deswegen nicht am Platze. Im Amt arbeitet laufend eine Reihe von Frontsoldaten aus diesem und dem vorigen Kriege an maßgebender Stelle mit. Auch bei den Besprechungen anlässlich der Reisen ist der Prozentsatz der teilnehmenden ehemaligen Soldaten, wie mir berichtet wird, verhältnismäßig hoch. Den Stimmen, die uns von draußen erreichen, wird selbstverständlich besonderes Gehör geschenkt. Schließlich bitte ich folgendes zu beachten: Bis die Arbeiten des Amtes abgeschlossen sind und eine endgültige Beschlussfassung über seine Vorschläge möglich ist, wird noch geraume Zeit vergehen. Sollte der Frontdienst auch dann noch einen erheblichen Teil unserer Berufskameraden hindern, an der Aussprache über die Pläne des Amtes teilzunehmen, so werde ich Mittel und Wege zu finden wissen, dennoch ihren Einfluss sicherzustellen. Ich bitte Sie, meine Herren, das immer wieder zu betonen, wenn Sorgen und Befürchtungen der von mir angedeuteten Art an Sie herangetragen werden.

Am Ende der Arbeiten, die dem Amt übertragen sind, steht als ihr Ziel die *Aufstellung formulierter Gesetzesentwürfe*. Sie werden einerseits die Gerichtsverfassung im eigentlichen Sinne, also die Organisation und den Aufbau der Gerichte, die Voraussetzungen der Gerichtsbarkeit und die gerichtliche Zuständigkeit, zum anderen die Stellung des deutschen Richters zum Gegenstand haben. Noch sind die Arbeiten des Amtes in vollem Fluss. Manche Fragen sind noch nicht erörtert, andere noch nicht abschließend, noch nicht von allen wesentlichen Blickrichtungen aus untersucht. Aber allmählich zeichnet sich doch bereits ein gewisses Bild ab. Die Einzelvorschläge des Amtes gewinnen Gestalt und lassen in den Umrissen erkennen, wie sich das Amt die künftige Regelung denkt.

Bevor ich Ihnen nun einen kurzen Überblick über die bisherigen Arbeitsergebnisse des Amtes zu einigen wichtigen Punkten gebe, muss ich zur Vermeidung von Missverständnissen folgendes nachdrücklich betonen: Das Amt unterrichtet mich laufend über seinen Arbeitsplan und die Ergebnisse seiner Arbeiten. Ich habe aber bisher davon abgesehen, persönlich im einzelnen zu diesen Arbeitsergebnissen Stellung zu nehmen und mir die Vorschläge des Amtes zu eigen zu machen oder sie abzulehnen. Ich halte das noch für verfrüht, lege vielmehr Wert darauf, dass das Amt zunächst einen geschlossenen Gesamtplan erarbeitet, aus dem sich das Zusammenspiel der einzelnen Vorschriften und Einrichtungen ergibt. Das alles gilt auch für jene Punkte, die ich in meinen weiteren Ausführungen berühren werde. Wenn ich Ihnen insoweit die bisherigen Vorschläge des Amtes kurz mitteile, so bedeutet das also noch nicht, dass ich mein Einverständnis zu ihnen zum Ausdruck bringe. Ich will vielmehr lediglich Sie, meine Herren, über den jetzigen Stand der Arbeiten in großen Zügen unterrichten und Sie so in den Stand setzen, auch Ihrerseits zu diesen Vorschlägen des Amtes Stellung zu nehmen. Ich will mit anderen Worten Ihre persönliche Kritik ermöglichen und hervorrufen.

Dann noch eine weitere Vorbemerkung: Selbstverständlich kann der Abriss, den ich Ihnen gebe, nur einige Fragen von besonderer Bedeutung berühren. Dass ich einen Punkt nicht erwähne, bedeutet also nicht, dass er im Amt nicht erörtert wäre oder nicht wenigstens zu gegebener Zeit noch erörtert werden sollte.

II. Nun zur Sache selbst!

Das Amt sieht vor, den Rechtsstoff, der jetzt im Gerichtsverfassungsgesetz und den zahlreichen zu seiner Ergänzung ergangenen Vorschriften zusammengefasst ist, in Zukunft in *zwei Gesetzgebungswerken* zu behandeln: In einem neuen *Gerichtsverfassungsgesetz*, das im wesentlichen organisatorische Fragen zu regeln hätte, und in einem besonderen *Richtergesetz*, das die Aufgabe und Stellung des deutschen Richters grundlegend ordnen soll.

1. In dem *Gerichtsverfassungsgesetz* sind vor allem die Vorschriften über den Aufbau der Gerichte, ihre Zuständigkeit und Besetzung sowie den Rechtsmittelzug zu treffen. In diesem Zusammenhang spielt die Organisation des Eingangsgericht die entscheidende Rolle. Es erhebt sich die Frage, ob die künftige deutsche Gerichtsverfassung auf einem viergliedrigen, – Amtsgericht – Landgericht – Oberlandesgericht – Reichsgericht – oder einem dreigliedrigen Behördenaufbau beruhen soll, d.h. ob es bei der *Zweiteilung der ersten Instanz* in Amts- und Landgericht, – vorbehaltlich einer Neuordnung ihrer Zuständigkeiten im Einzelnen – verbleiben oder ob an die Stelle beider Gerichte ein neues *einheitliches Eingangsgericht* treten soll.

Davon, welcher Weg eingeschlagen wird, hängt es wesentlich ab, ob an dem heute vielerorts noch vorhandenen kleinen Amtsgericht festgehalten werden kann oder ob der allgemeine und endgültige Übergang zu größeren Gerichten erforderlich ist.

Nach den bisherigen Untersuchungen des Amtes hat sich die *Dreigliederung des Gerichtsaufbaus* mit einem *einheitlichen Eingangsgericht* als erster Instanz, wenn auch nicht als unbedingt *notwendig*, so doch als *zweckmäßig* erwiesen. Dieses Gericht hätte an die Stelle der heutigen Amts- und Landgerichte zu treten. Seine Zuständigkeit wäre also auf alle Sachen zu erstrecken, die jetzt zur Zuständigkeit der Amtsgerichte oder zur erstinstanzlichen Zuständigkeit der Landgerichte gehören. Alle Eingangsgerichte sollen grundsätzlich *dieselbe* Zuständigkeit besitzen. Nur in besonderen Ausnahmefällen soll von der Möglichkeit Gebrauch gemacht werden, gewisse Sachen bei *einem* Gericht für die Bezirke mehrerer Eingangsgerichte zusammenzufassen, wozu sich vor allem in umfangreicheren Strafsachen und auf dem Gebiet des gewerblichen Rechtsschutzes Anlass ergeben könnte.

Das Amt steht auf dem Standpunkt, dass sich der dreigliedrige Gerichtsaufbau nur dann bewähren kann, wenn die Gerichtsbezirke durchschnittlich so groß sind, dass das einzelne Gericht die Arbeitskraft mehrerer Richter in Anspruch nimmt. Das heißt also, dass das „kleine Amtsgericht" fallen müsste. Ganz leicht ist dies freilich nicht zu nehmen! Was für die Reichsinnenverwaltung der Landrat, für die Reichsfinanzverwaltung das Finanzamt ist – das ist für die Justiz das heutige Amtsgericht: *Der* Repräsentant der Rechtspflege in den Augen des Volkes! Von diesem Standpunkt aus kann vielleicht die Beseitigung des kleinen Amtsgerichts an manchen Orten die Zurückziehung eines politischen Aktivums bedeuten, eines Außenpostens, den die Justiz vor anderen Verwaltungen voraushat. Allein das Amt hat dies und die anderen Vorteile der kleineren Gerichte für die Rechtspflege nicht übersehen. Es glaubt aber, dass mit dem kleinen Amtsgericht auf der anderen Seite auch gewisse Nachteile verbunden sind, und es ist vor allem ebenso wie die Mehrheit der befragten Praktiker der Ansicht, dass die Vorzüge des kleinen Amtsgerichts, nämlich Ortsnähe und Volksverbundenheit des Richters, sich künftig auch bei einer großräumigeren Organisation der Gerichtsbezirke, deren jetzige Gestalt zum Teil auf die Zeit der Postkutsche zurückgeht, aufrechterhalten lassen. Vorausgesetzt ist dabei, dass auf die besonderen örtlichen Verhältnisse genügend Rücksicht genommen und von einer starren Schematisierung abgesehen wird. Abweichungen können z.B. notwendig werden in den alpenländischen oder auch in Mittelgebirgsbezirken oder künftig in Grenzbezirken mit gemischter Bevölkerung, wo das Gericht, wie jede deutsche Behörde, zugleich die Aufgabe eines Stützpunkts des Deutschtums überhaupt hat. *Im Vordergrunde* soll hier, wie überhaupt in der Arbeit des Amtes, *das Interesse der Allgemeinheit und der rechtsuchenden Volksgenossen stehen*, nicht die sture Durchführung eines an sich als richtig erkannten Grundsatzes.

Der *Bezirk* des Eingangsgerichts soll sich im allgemeinen mit dem der unteren Verwaltungsbehörde decken; denkbar wäre allerdings auch, dass ein Gerichtsbezirk zwei Kreise oder ein Kreis zwei Gerichtsbezirke umfaßt. Es käme dies einem neueren Prinzip der Reichsorganisation entgegen, wonach sich die unteren Partei-,

Verwaltungs- und Gerichtsbezirke möglichst decken, jedenfalls aber sich nicht überschneiden sollen.

Der *Sitz* des Eingangsgerichts soll dementsprechend in aller Regel die Kreisstadt mit der Möglichkeit ständiger Fühlung mit der Kreisleitung der NSDAP, ihren Verbänden und Gliederungen, dem Landrat und den Dienststellen anderer Verwaltungen sein. Wo die Belange des rechtsuchenden Publikums es unbedingt erfordern – allerdings *nur* da! –, sollen außerhalb des einzelnen Gerichts, aber im Rahmen seiner Organisation *Zweigstellen* errichtet oder beibehalten werden. Das Amt glaubt ferner, dass der Richter durch *Gerichtstage* sowie *Lokaltermine* die größere Entfernung zwischen Gericht und Rechtsuchenden weitgehend und in zweckmäßiger Weise wird überbrücken können, besonders wenn er nötigenfalls durch Dienstkraftwagen beweglich gemacht wird.

Für *besondere Gerichte* im Rahmen der Reichsjustizverwaltung sieht das Amt bei Errichtung derartiger Eingangsgerichte keinen Anlass mehr. Es schlägt daher vor, die Zuständigkeiten dieser besonderen Gerichte – so der Arbeitsgerichte, Anerbengerichte, Erbgesundheitsgerichte – ebenfalls auf das Eingangsgericht zu übertragen, wobei verfahrensrechtliche Besonderheiten des bisherigen Rechts, insbesondere die sachverständigen Beisitzer, unberührt bleiben könnten, wo ihre Beibehaltung für das in Frage stehende Rechtsgebiet sachgemäß ist.

Bei diesen Plänen kann sich das Amt, wie ich ausdrücklich betonen möchte, weitgehend auf die Ergebnise seiner bisherigen Reisen berufen. Seine Vorschläge haben sich dort nicht nur durchweg als durchfürbar erwiesen, sondern sie haben fast allgemein auch die ausdrückliche Zustimmung der meisten dazu gehörten Praktiker gefunden.

Das Amt verspricht sich von seinen Vorschlägen eine erhebliche Vereinfachung der Organisation, eine wesentliche Erleichterung der Rechtspflege durch größere Übersichtlichkeit für die Rechtsuchenden und durch die Zusammenfassung zusammengehörender Rechtssachen in *einem* erstinstanzlichen Verfahren, ein reibungsloses und glattes Zusammenarbeiten mit anderen Behörden und schließlich eine solche verkehrsmäßige Lage des Gerichts, die allen berechtigten Anforderungen sowohl der Rechtsuchenden als auch der Gerichtspersonen entspricht.

2. Ein besonders bedeutsames, das Amt lebhaft beschäftigendes Problem ist die Frage, wie die *Zahl der Richter* möglichst herabgedrückt werden kann, ohne dass eine Beeinträchtigung der Rechtspflege eintritt. Dass es einer solchen Herabsetzung der Richterzahl aus den verschiedensten Gründen bedarf, ist Ihnen, meine Herren, bekannt! Ich kann mich darauf beschränken, auf den Zusammenhang zwischen Zahl und Qualität der Richter sowie auf die großen, vermutlich auch in Zukunft zunächst nicht geringer werdenden Nachwuchssorgen hinzuweisen. Es steht für mich außer Zweifel, dass es sich hier geradezu um eine *Lebensfrage* für die Rechtspflege handelt.

Das Amt glaubt auf Grund seiner Untersuchungen, dass schon die von ihm vorgeschlagene Organisation zu einer gewissen Kräfteeinsparung führen werde, die auch von den Praktikern nicht ganz gering veranschlagt wird. Weitere Einsparungen werden sich voraussichtlich durch die reichseinheitliche Regelung des *Rechtspflegerwesens* und zu gegebener Zeit aus der Schaffung des *Schöffenrichters* ergeben. Das Amt glaubt allerdings, dass alle diese Möglichkeiten selbst dann nicht ausreichen, wenn es nach dem Kriege, wie anzunehmen, nicht wieder zu dem fruheren großen Geschäftsanfall kommen sollte. Das Amt will deshalb für den ersten Rechtszug grundsätzlich am Einzelrichtersystem festhalten, das auch nach überwiegender Ansicht der Praxis seine Bewährung unter den augenblicklichen schwierigen Kriegsverhältnissen voll erbracht habe. Nur in wenigen Ausnahmefällen, namentlich in den bedeutenderen Strafsachen, sollen mehrere Berufsrichter entscheiden. Die Ansichten der Praxis sind allerdings nicht ganz ungeteilt; auch ein weitgehendes Kollegialprinzip in verschiedenen Variationen findet für das künftige Eingangsgericht seine überzeugten Verfechter.

Ob die erhebliche Minderung der Richterzahl, die auf diese Weise gegenüber den Vorkriegsverhältnissen erzielt würde, ausreicht, ist dem Amt indes zweifelhaft. Es neigt zur Verneinung dieser Frage und ist bestrebt, weitere Einsparungen zu ermöglichen, ohne bisher aber eine endgültige Lösung gefunden zu haben. Die Vereinfachung und Modernisierung des Geschäftsganges, die möglichste Einschränkung des Rechtsmittelzuges, die Entlastung des Richters sind Ansatzpunkte für weitere Prüfungen, zu denen Anregungen der Praxis mit besonderem Dank begrüßt werden.

In Strafsachen, abgesehen von der kleinen Kriminalität, und in einigen wenigen Sondermaterien auf dem Gebiete des Zivilrechts sollen dem Richter bei der Rechtsfindung stimmberechtigte *Laien* zur Seite stehen, nicht nur wegen ihrer Mitwirkung bei der Rechtsfindung, sondern in erster Linie aus psychologischen Gründen. Im übrigen soll die Rechtsprechung am Eingangsgericht dem Berufsrichter vorbehalten bleiben. Auch hier finden sich freilich in der Praxis verschiedene Auffassungen; von manchen erfahrenen Richtern wird die Laienbestellung in Straf- und Zivilsachen überhaupt abgelehnt und auch statt des sachverständigen Laienrichters der sachverständige Gutachter gewünscht.

3. Sowohl im Interesse der Nachwuchsfortbildung als auch der Entlastung des Richters, namentlich des Einzelrichters, sollen dem entscheidenden Richter unter bestimmten Voraussetzungen Gerichtsassessoren als Gehilfen beigeordnet werden. Der hohen Stellung, die dem zukünftigen Richter zugedacht ist, muss eine qualifizierte Ausbildung entsprechen, die mit Ablegen der Großen Staatsprüfung noch nicht abgeschlossen sein kann und durch weitere praktische Tätigkeit zunächst ergänzt werden muss. Diese *Gehilfen* sollen im wesentlichen alle Aufgaben erfüllen und alle Befugnisse ausüben, die üblicherweise dem Berichterstatter in der Kammer oder im Senat zustehen, allerdings mit der wesentlichen Einschränkung, dass sie kein Stimmrecht und keine Entscheidungsbefugnis in der Sache selbst besitzen. Um irrtümlichen Auffassungen von vornherein entgegenzutreten, bemerke ich aber, dass nicht daran gedacht ist, den Gerichtsassessor ausschließlich in dieser Gehilfenstellung tätig werden zu lassen. Diese „Richtergehilfen" – die Bezeichnung ist nur eine vorläufige – wären selbstverständlich angemessen zu besolden.

4. Die Organisation des Eingangsgerichts und die Dreigliederung des Gerichtsaufbaues müssen sich zwangsläufig auf die Organisation der *Rechtsmittelgerichte*, das *Rechtsmittelverfahren*, die *Justizverwaltungsbehörden* und die *Staatsanwaltschaft* auswirken. Auf alle damit zusammenhängenden Fragen und die Vorschläge, die das

Amt hierzu macht, kann ich hier im Einzelnen nicht eingehen. Ich beschränke mich auf den Hinweis, dass nach Ansicht des Amtes das Gericht zweiter Instanz *für je einen Gau* errichtet werden und seinen Sitz in der Gauhauptstadt haben soll. Es soll ebenso wie das Reichsgericht grundsätzlich in *kollegialer Besetzung* entscheiden. Auch seine möglichst große Beweglichkeit hat das Amt als ein erstrebenswertes Ziel herausgestellt. Auch hier sind die Schwierigkeiten nicht verkannt, die sich aus der Entfernung zwischen Rechtsmittelgericht und Eingangsgericht ergeben. Das Amt hat insbesondere auch die Klagen berücksichtigt, denen die jetzige Regelung des Rechtsmittelzuges vielfach begegnet. Es ist aber der Ansicht, dass diesen Schwierigkeiten mit geeigneten Mitteln begegnet werden kann, soweit sie nicht bei Besserung der Verkehrsverhältnisse und bei der Verkleinerung der Bezirke der Rechtsmittelgerichte, die von der wohl sicher kommenden Neueinteilung der Reichsgaue nach dem Krieg zu erwarten ist, überhaupt verschwinden sollten.

Die *Staatsanwaltschaft* wäre nach den Plänen des Amts als selbständige Justizbehörde in ihrem jetzigen Aufbau – nach den Grundsätzen der Einheit, des unbedingten Gehorsams, der Ersetzbarkeit des einzelnen Staatsanwalts und des Selbsteintrittsrechts seiner Vorgesetzten – beizubehalten; ihre jetzige organisatorische Verbindung mit den Gerichten ist nicht wesensbedingt und könnte aus ein rein funktionelles Verhältnis zurückgeführt werden.

Die Fragen, die sich für die *Justizverwaltungsorganisation* ergeben, sind von dem Amt noch nicht abschließend geprüft; sie sollen aber zum Gegenstand einer der nächsten Arbeitstagungen gemacht werden. Hier wird voraussichtlich nicht nur der Instanzenzug der Justizverwaltungsbehörden im Mittelpunkt der Erörterungen stehen, sondern vor allem auch die sogenannte „Doppelspitze", das der Justiz im Gegensatz zu allen anderen Verwaltungen eintümliche Nebeneinander von Oberlandesgerichtspräsident und Generalstaatsanwalt in der Behördenmittelstufe beim Oberlandesgericht, von Landgerichtspräsident und Oberstaatsanwalt im Landgerichtsbezirk. Also ein Problem, an dem Sie alle, meine Herren, im höchsten Grade interessiert sind. Andeutungen über die voraussichtlichen Vorschläge des Amtes kann ich Ihnen zur Zeit noch nicht machen.

III. Ich wende mich nunmehr dem *Richtergesetz* zu.

1. Dieses Gesetz ist nach Ansicht des Amtes aus ganz grundsätzlichen Erwägungen notwendig oder doch dringend erwünscht. Gesichtspunkte rein gesetzestechnischer Art treten demgegenüber zurück, so etwa der Wunsch, die zur Zeit im Gerichtsverfassungsgesetz, im Deutschen Beamtengesetz, in der Reichsdienststrafordnung usw. zerstreuten, für den Richter geltenden Vorschriften zusammenzufassen. Diesem gewiss nicht zu unterschätzenden Bedürfnis könnte auch ohne ein besonderes Richtergesetz Rechnung getragen werden – ja, dieses Gesetz würde seinen Zweck verfehlen, wenn es sich in einer derartigen Zusammenfassung erschöpfte. Während das Deutsche Beamtengesetz das personenrechtliche Verhältnis des Richters zum Staat im wesentlichen nach äußeren Merkmalen bestimmt und regelt, die dem Richter als Träger eines öffentlichen Amtes mit der allgemeinen Beamtenschaft gemeinsam sind, soll in dem Richtergesetz alles das herausgestellt werden, was *den Richter vom Beamten unterscheidet:* Sein besonderer Aufgabenkreis,

seine auf unmittelbarem Führerauftrag beruhende Tätigkeit aus dem Gebiete der Rechtsfindung und die Eigentümlichkeiten, die sich für seine gesamte Stellung daraus ergeben, dass er an Stelle des Führers als des obersten Richters und Gerichtsherrn des deutschen Volkes Gericht hält – vor allem seine *Weisungsfreiheit.* Das Deutsche Richtergesetz, wie das Amt es sich vorstellt, soll sich schließlich nicht auf einige isolierte Bestimmungen beschränken, die nur die Besonderheiten der richterlichen Stellung herausheben, sondern es soll in fundamentaler Gestaltung und deshalb unter Beschränkung auf das Grundsätzliche in allen wesentlichen Punkten die Stellung des Richters umreißen und festlegen. Es soll gleichsam die *Verfassung der deutschen Richterschaft* sein.

Das Gesetz wird so vor allem die Notwendigkeiten des Führerstaates mit denen des Richtertums und der Rechtsprechung zu vereinigen haben. Es wird die Probleme lösen müssen, die sich aus dem Verhältnis zwischen *Justizverwaltung* und *Rechtsprechung*, aus der *Weisungsfreiheit* des Richters und seiner *Bindung an die Gesetze* ergeben. Die Fragen der *Unversetzbarkeit* und *Unabsetzbarkeit* der Richter sowie der sonstigen sogenannten *„äußeren Garantien“* seiner Stellung werden zu regeln sein. Daran knüpft sich die grundsätzliche Ordnung des *Dienststrafverfahrens* gegen Richter, die Frage nach der äußeren und inneren *Verantwortlichkeit* des Richters für seinen Spruch und deren Bedeutung. Auch *Auswahl*, *Ausbildung* und *Schulung* der künftigen Richter wird das Richtergesetz in den Grundzügen zu regeln haben, wobei es an der Tatsache nicht vorbeigehen kann, dass das erforderliche Angebot geeigneter Kräfte nur dann erreicht werden kann, wenn nicht nur die Stellung des Richters, sondern auch die des Nachwuchses reizvoll gestaltet wird. Schließlich wird in dem Richtergesetz auch zu der *materiellen Ausstattung* des Richteramtes Stellung zu nehmen sein.

2. Ich will auf diese Frage hier im allgemeinen nicht weiter eingehen, zumal die Untersuchungen des Amts viele Einzelheiten noch offen lassen müssten. Nur einen Punkt möchte ich noch ausführlicher berühren. Wie Sie wissen, ist der künftige deutsche Richter das eigentliche Ziel unserer Planungen. Bei aller Hochachtung, die wir vor dem Richter der Vergangenheit haben, der in Pflichttreue und Fleiß sein Bestes gegeben hat, verkennen wir doch nicht, dass der Richter der künftigen deutschen Gerichtsverfassung *anders* als er sein muss. Auch er muss die Gesetze kennen, aber er muss sie beherrschen, er darf sich nicht von ihnen beherrschen lassen. Er muss *kämpferischer* eingestellt sein als sein Vorgänger. Weisheit und Gerechtigkeitssinn, unbeugsamer Wille zur Wahrheit und Unbestechlichkeit müssen auch ihn auszeichnen, aber sie müssen sich bei ihm mehr als früher paaren mit dem Mut zur selbständigen Entscheidung, mit der Erkenntnis dessen, was der Volksgemeinschaft und dem einzelnen Volksgenossen not tut, mit dem Wissen um die *Ziele der politischen Führung* und mit dem Drang, als deren Organ mit den ihm eigenen Mitteln gestaltend und handelnd an diesen Zielen mitzuarbeiten.

Dieser Richter kann nicht plötzlich da sein. Schon jetzt können wir ihn hier und dort, in zunehmender Zahl, in immer klarerer Ausprägung feststellen. Er ist der Richter, den unsere Zeit fordert und den sie daher auch schaffen wird. Aber die Entwicklung zu ihm hin muss bewusst gefördert werden. Als ein wesentliches

Mittel dazu schwebt mir die *von einem einheitlichen Berufsethos getragene Richterschaft* oder, wie ich es bei unserer ersten Chefbesprechung ausgedrückt habe, das „*Richterkorps*" vor. Die formende und prägende Kraft, die von großen, in einheitlicher Weltanschauung und einheitlichem Standes- und Berufsethos zusammengeschlossenen Gruppen auf ihre einzelnen Mitglieder ausstrahlt, ist Ihnen bekannt. In diesem Richterkorps soll der einzelne Richter – unbeschadet seiner allgemeinen weltanschaulichen Ausrichtung durch die Partei und ihre Gliederungen – als Angehöriger der Richtergemeinschaft erfasst werden. Hier sollen sein berufliches und fachliches Wissen in geeigneter Weise gefördert, sollen die ideellen Seiten seines Berufs betont und entwickelt werden. Die gesellschaftliche Stellung des Richters soll durch die Zugehörigkeit zu der Gemeinschaft gefestigt und das Ansehen des Einzelnen wie der gesamten Richterschaft gehoben werden. Das Richterkorps ist also nicht Selbstzweck, auch nicht irgend eine gesellschaftliche Einrichtung. Das Amt beabsichtigt nicht, eine besondere Organisation als Grundlage dieses Richterkorps vorzuschlagen. Das Richterkorps soll vielmehr sein *die zur bewussten, lebendigen Gemeinschaft entwickelte Richterschaft an den einzelnen Gerichten in den Bezirken.* Unberührt davon bleibt, ob dieses Richterkorps als solches, ähnlich wie es beim Offizierskorps und einigen anderen Berufsständen der Fall ist, zum Träger gewisser Selbstverwaltungsbefugnisse, z.B. einer gewissen Ehrengerichtsbarkeit, oder auf anderem Gebiet gemacht werden soll.

Die Einbeziehung der *Staatsanwälte* in das auf dem besonderen Richterethos und der Eigenart der Richterstellung aufgebauten Richterkorps ist nicht beabsichtigt, dagegen eine möglichst frühzeitige Erfassung des richterlichen Nachwuchses, der *Richteranwärter.*

Zu einer solchen Richtergemeinschaft fehlt freilich noch vieles! Wenn es immer noch vorkommt, dass Richter an größeren Gerichten – nicht einmal an *sehr* großen – jahrelang nebeneinander hergehen, ohne kaum je ein Wort zu wechseln, so ist hier etwas nicht in Ordnung! Dabei übersehe ich nicht die aus dem besonderen Berufsbild des Richters sich ergebenden Hemmungen, und wir tun gut daran, sie uns klarzumachen: Der Richter ist für einheitliche Ausrichtung und Einfügung in eine in sich geschlossene Gemeinschaft weniger vordisponiert als die Angehörigen anderer, straff hierarchisch organisierter Gruppen, des politischen Führerkorps, der Verwaltungsbeamten, des Offizierskorps usw. Das hierarchische Element mit der Möglichkeit, auf Untergebene befehlend, belehrend, erzieherisch einzuwirken, tritt im Richtertum zurück. Der Richter ist als solcher weisungsfrei und ganz auf sich gestellt. Er kann weder Anweisungen von oben einholen noch von seinem Richteramt etwas nach unten delegieren. In seiner Arbeit überwiegt die gedankliche Betätigung. Sie spielt sich außerhalb der Verhandlungen und Beratungen, entsprechend ihrem wissenschaftlichen Einschlag, vorwiegend in der Stille des Arbeitszimmers ab, nicht wie beim auch nach außen stärker hervortretenden politischen Führer, Verwaltungsbeamten, Offizier in ständigem Zusammenwirken mit Vorgesetzten, Untergebenen und Kameraden. Sie ist Alleinarbeit und wirkt daher eher isolierend; sie kann zwar die Entwicklung einer starken Persönlichkeit fördern, aber leicht auch eine stark individualistische Betrachtungsweise und bei entsprechender Veranlagung auch die Neigung zum Einzelgängertum. Ein Staatsanwalts- oder Verwalterkorps zu schaffen, wäre wahrscheinlich leichter.

Aber diese Hemmungen müssen überwunden werden! Das Wichtigste ist dabei, dass die Richter sich untereinander kennen und als solche fühlen lernen. Die Mittel dazu kann ich selbstverständlich nicht aufzählen. Ich denke da z.B. daran, dass die leitenden Richter die Richter ihres Gerichts und ihres Bezirks in nicht zu großen Zeitabständen zu regelmäßigen Besprechungen zusammenrufen, auf denen sie – und zwar möglichst oft der Chefpräsident selbst – neben den Fragen des laufenden Dienstes auch allgemeine Berufs- und Standesangelegenheiten zur Sprache bringen, Vorkommnisse in der Richterschaft zum Gegenstand der Belehrung über Richterpflicht und Richterethos machen, die Richtertätigkeit als Arbeit an der Volksgemeinschaft im Dienste der Staatsführung herausstellen, so in den Teilnehmern das Gefühl der Zusammengehörigkeit entwickeln und der richterlichen Tagesarbeit das Gepräge gemeinschaftlichen Erlebens geben. Ein weiteres Mittel ist die Einberufung der Richter zu nicht zu kurzen Richterlehrgängen, auf denen, neben der Fortbildung im Fach und auf sonstigen für die Richtertätigkeit bedeutsamen Gebieten, – durch eine entsprechende Ausgestaltung auch des nichtfachlichen Teils – gemeinsame Unterbringung, Mahlzeiten, Besichtigungen, sportliche Veranstaltungen usw., an denen teilzunehmen Pflicht ist – dafür gesorgt wird, dass die Teilnehmer nicht nur *nebeneinander hergehen*, sondern wirklich *zusammenleben*, so wie ich es hier in Kochem halte mit dem Ziel, auch auf diesem Wege einen Beitrag zum Richterkorps zu leisten. Ebenso sollte sich an jede dienstliche Veranstaltung, die eine Mehrheit von Richtern zusammenführt, ein kameradschaftliches Zusammensein anschließen, das in einfachem Rahmen gehalten wird, dafür aber auch von jedem zu besuchen ist. Überhaupt ist die Verbindung des Kameradschaftlichen mit amtlichen Veranstaltungen der beste Weg, um ein Abgleiten in das Vereinsmäßige zu vermeiden. Erwünscht ist ferner ein möglichst geschlossenes Auftreten der Richterschaft bei Veranstaltungen kultureller oder repräsentativer Art, damit die Richterschaft auch nach außen in Erscheinung tritt.

Dies nur als Anregung! Den leitenden Richtern in den Bezirken, insbesondere den Chefpräsidenten, eröffnet sich hier ein weiter Spielraum! Von Berlin aus kann ich die Sache zwar fördern, der Schwerpunkt aber liegt hier, wo die unmittelbare persönliche Einwirkung und Wechselwirkung im Vordergrund steht, draußen in den *Bezirken!*

Zur Frage des Richterkorps sind dem Amt nur wenige Anregungen aus der Praxis gegeben worden. Auch diese Idee ist aber nur durchführbar, wenn solche Anregungen an mich, vor allem aber auch an die leitenden Richter herangetragen werden.

IV. Damit bin ich am Schluss meiner Ausführungen angelangt. Was ich Ihnen in gedrängter Kürze bieten konnte, waren Ausschnitte. Ich hoffe aber, dass sie dazu beigetragen haben, Ihnen, meine Herren, in großen Zügen ein Bild von dem Amt für Neuordnung der Deutschen Gerichtsverfassung, seiner Arbeitsweise, seinen bisherigen Arbeitsergebnissen und der allgemeinen Linie der Reformarbeiten zu verschaffen.

Ich knüpfe daran eine Bitte: Als vor zwei Jahren die ersten Pläne über den Neubau der Deutschen Gerichtsverfassung in die Öffentlichkeit drangen, war das Interesse aller Richter und sonstigen Angehörigen der Reichsjustizverwaltung groß. Es hat sich in einer Flut von Eingaben und Vorschlägen geäußert. Diese Flut ist inzwischen erheblich zurückgegangen, und das ist gut. Denn unter dem eingesandten Material war auch so manches Wertlose. Aber es wäre zu bedauern, wenn die Flut nun einer rechten Ebbe wiche. *Die Stimmen aus der Praxis sind unsere unentbehrlichen, wertvollsten Ratgeber!* Wir können nicht auf sie verzichten, gleichgültig, ob sie mit den Plänen des Amtes übereinstimmen, sie ergänzen oder sie ablehnen. Die Zuziehung von Praktikern zu den Arbeiten des Amtes und die Reisen des Amtes können dieses Bedürfnis nicht allein befriedigen. Denn die Zahl der Richter, die dabei zu Wort kommt, ist naturgemäß beschränkt. Manch einer, der etwas zu sagen wüßte, kommt auf diesem Wege nicht zum Zuge. Deshalb bitte ich nun Sie, meine Herren, um Ihre Unterstützung. Ich bitte Sie insbesondere, nicht nur selbst die einschlägigen Fragen immer im Auge zu behalten, um sie in Ihren Berichten zu behandeln, sondern mein Wunsch geht namentlich dahin, dass Sie geeignete Richter anregen, dem Amt ihre Erfahrungen und Ansichten mitzuteilen. Kritik, die wir nicht kennenlernen, nützt uns nichts; aber jede Anregung, die uns erreicht, wird dankbar begrüßt und ausgewertet werden.

Durch solche Zusammenarbeit werden wir ein Werk von Dauer schaffen, das vor dem Urteil von Führer, Volk und Geschichte bestehen kann!

Zweiter Teil: Arbeitstagungen des Amtes des Reichsjustizministeriums für Nachwuchsfragen

I. Arbeitstagung vom 8.-10.6.1944 in Leitmeritz

Anwesend: OLGR Dr. Scheffler, LGR Dr. Zeller
Folgende Mitarbeiter aus Abteilung I: MinR Dr. Grussendorf, MinR Dr. Haag, OLGR Kuhbier, (am 8. u. 9.6.)
aus Abteilung II: LGD Dr. Wogatzky,
aus Abteilung III: -
aus Abteilung IV: -
aus Abteilung V: ORR Hoffmann
aus Abteilung VI: SenPr. Dr. Bergmann, SenPr. Hornig, KGR Deynet, OLGR Meinhof,
aus Abteilung VII: MinR Thees, (am 8. u. 9.6.)
aus Abteilung VIII: -
als Gast GenStA Dr. Jung, Dresden (am 8.6.).

8. Juni 1944

9.00 Uhr:	Begrüßung durch OLGR Dr. Scheffler
9.10 – 10.40 Uhr:	*MinR Dr. Haag: Das Ziel der Ausbildung im höheren Justizdienst.*
10.40 – 12.25 Uhr:	*OLGR Dr. Scheffler: (Anlage 2) Das Ziel der Ausbildung für den höheren Justizdienst.*
14.25 – 16.00 Uhr:	Aussprache (Anlage 3).
16.00 – 16.45 Uhr:	*MinR Dr. Grussendorf: (Anlage 4) Nachwuchsbestand des höheren Justizdienstes in Vergangenheit und Gegenwart.*
16.45 – 17.50 Uhr:	*SenPräs. Hornig: (Anlage 5) Der künftige Bedarf an Rechtswahrern.*
17.50 – 18.30 Uhr:	Aussprache (Anlage 6)

9. Juni 1944

8.40 – 9.30 Uhr:	*MinR Dr. Haag:* (Anlage 7) *Die Ursachen des Nachwuchsmangels im höheren Justizdienst und ihre Abstellung.* (Ergänzt durch Bemerkungen auf Grund der bisherigen Referate. (Anlage 8).
9.30 – 12.00 Uhr:	Aussprache (Anlage 9)
14.10 – 17.20 Uhr:	*LGD Dr. Wogatzky: Betreuung der Schwerversehrten und der Kriegsgefangenen* (Anlage 10).[weggelassen]
17.20 – 18.20:	*KGR Deynet: Betreuung der Schwerversehrten und der Kriegsgefangenen* (Anlage 11). [weggelassen]

10. Juni 1944	
8.45 – 10.45 Uhr:	*LGR Dr. Zeller: Versorgung des Nachwuchses mit Schrifttum* (Anlage 12). (Während des Vortrages gemeinsame Besprechung der anzuschaffenden Bücher.) [weggelassen]
10.45 – 11.30 Uhr:	Aussprache (Anlage 13) [weggelassen]
11.30 Uhr:	OLGR Dr. Scheffler schloß die Arbeitstagung

Vorträge am 8.6.1944

I. Referat MinRat Dr. Haag: Das Ziel der Ausbildung im höheren Justizdienst (Zusammenfassung):

1. Das Ziel der Ausbildung im höheren Justizdienst ist die weltanschaulich geschlossene, fachlich wissenschaftlich gebildete, politisch praktisch gerichtete Persönlichkeit. – Der Weg zur Persönlichkeit geht über die Erziehung, der Weg zur Persönlichkeit im Recht außerdem über die Fachausbildung.

2. Erziehung und Ausbildung ruhen auf der übereinstimmenden nationalsozialistischen Weltanschauung. Durch sie wird der Gleichklang beider Gebiete gewährleistet. Hiervon geht zutreffend die Justizausbildungsordnung vom 4.1.1939 aus.

3. Grundlegender Maßstab ist die völkische Erziehung. Sie beginnt in der Familie und setzt sich durch die Schulen, die Bewegung, Gliederungen, angeschlossene Verbände, Arbeits- und Wehrdienst bis in das Berufsleben fort. In der Erkenntnis des Rassenproblems geht sie auf Freilegung und Pflege deutschen Wesens und deutscher Werte. Sie nähert sich im ganzen unter Ablehnung der mittelalterlich konfessionellen Bindung dem klassischen Erziehungsideal, das einen gesunden Geist nur in einem gesunden Körper wähnt.

4. Der in der nationalsozialistischen Weltanschauung beschlossene völkische Erziehungsmaßstab zielt auf praktischen sozialen Ausgleich und fordert mit der Vereinfachung des Lebens Anerkennung aller Arbeit durch praktischen Einsatz. Er fordert weiter eine soldatische Haltung sowie den Glauben, den Willen und die Tatbereitschaft des nat.soz. politischen Kämpfers.

5. Faktoren der Ausbildung im Recht sind die Universität und die Justiz. Sie bleiben neben den Einrichtungen der Bewegung Faktoren auch der Erziehung. – Die Universität hat die Grundlagen des Rechts und seiner Anwendung, die Vorbereitung in der Justiz die Technik der Rechtsanwendung unter Berücksichtigung der nat.soz. Lebenswirklichkeit zu geben.

6. Die notwendig universale Grundlegung vermag eine Fachschule anstelle der Universität nicht zu vermitteln. Vor- und Zwischenpraxis im Hinblick auf das Universitätsstudium sind abzulehnen. In der Benutzung der induktiven Lehrmethode durch die Universitätslehrer und ihre Untermauerung mit eigener Rechtspraxis liegt die Lösung. Bis dahin müssen die von der Justiz beschickten Arbeitsgemeinschaften die Brücke zum Studium schlagen.

7. Die von der Justizausbildungsordnung vorgenommene Auswahl der Pflichtfächer ist zu billigen, wenn man neben das Recht des Bauern das Recht des Arbeiters

schlechthin unter Einbeziehung von § 6 Ziff. 6 der JAO stellt. Die praktisch-politischen Fächer: Geschichte einschließlich Rechtsgeschichte, Rassenlehre, Volkskunde, Staats- und Verwaltungsrecht müssen noch mehr als bisher in den Vordergrund treten. Die Ausbildung muß der notwendig größeren Ausweitung des öffentlichen Rechts im Hinblick darauf Rechnung tragen, dass fast die gesamten Lebensbedürfnisse auch über den Krieg hinaus von der öffentlichen Hand befriedigt werden und eine ordentliche Justiz ohne Einbeziehung dieses Rechtsgebietes künftig keine zentrale Bedeutung haben kann. – Rechtsphilosophie erscheint notwendig als Pflichtfach in das Universitätsstudium einzubeziehen. – Im übrigen ist das Grundlagenstudium auf der Universität bezgl. der Pflichtfächer rücksichtslos auf die von der Justizausbildungsordnung genannten Gebiete zu beschränken, da Vermittlung von Wissen ohne die Möglichkeit innerlicher Verarbeitung zur Halbblidung und Zersplitterung führt.

8. Wahlfächer auf den Nebengebieten: Wechsel-, Scheck-, Konkursrecht, Zwangsversteigerungsrecht, Betriebs-, Volkswirtschaftslehre, Finanzwissenschaft, Psychologie, Kriminologie, Gerichtsmedizin u.a. sollen nur im Benehmen mit einem Ausbildungsleiter nach Beurteilung der Aufnahmefähigkeit des Studenten hinzugenommen werden.

9. Dafür müßten die genannten Nebenfächer obligatorisch nach der ersten Staatsprüfung auf einer zentralen Justiz-Reichsschule betrieben werden. Die zentrale Rechtsreichsschule würde auch die Möglichkeit geben, den Referendaren den einheitlichen Justizgeist bis zur Prägung der Reichsrichterschaft – weitab von akademischen Erörterungen – auf kameradschaftlicher Grundlage zu vermitteln, sowie dafür Sorge zu tragen, dass die zentralen rechtlichen Gesichtspunkte vom Standpunkt der Justiz das Grundlagenstudium der Universität ergänzen.

10. Reichsschulen für den gehobenen Dienst (Reichsrechtspflegerschulen) bieten die Möglichkeit der im Ziel der Ausbildung liegenden Auslese der Tüchtigsten für den höheren Justizdienst. Ein Freistudium auf der Universität würde den Weg der bisher vernachlässigten Verjüngung der Justiz aus sich selbst heraus ebnen.

11. Der nat.soz. Rechtswahrer im höheren Dienst muß den Weg der mutigen, aktivistischen Persönlichkeit gehen, unter Verneinung der materialistischen Weltanschuung. Die Freiheit des Willen muß ihm Erlebnis, Psychologie und Kriminologie dürfen ihm nur Erkenntnismittel sein und nicht der Anschauung dienen, dass der Mensch im ganzen der Naturgesetzlichkeit unterworfen sei.

12. Sein Rechtswissen muß mit dem Gerechtigkeitswillen des Volkes übereinstimmen. Dazu muß er mit und in dem Volke leben, Selbstzucht und Selbsterkenntnis haben als Voraussetzung der Besonnenheit und Gerechtigkeitsübung.

13. An die Stelle der noch heute praktischen Überbewertung der Prüfungen muß die Praxis als entscheidende Lebensschule treten, da die Linie der endgültigen Ertüchtigung vielfach erst nach der zweiten Staatsprüfung erkennbar wird.

14. Die Vergünstigung gegenüber den Kriegsteilnehmern darf keine Abstriche im Grundlagenstudium auf der Universität machen; Vergünstigungen bis zur zweiten Staatsprüfung dürften nur insoweit eingeräumt werden, als die Lücken in der Praxis nach dem zweiten Staatsexamen nachgeholt werden können.

15. Die Erziehung und Ausbildung des Rechtsjüngers müßte von der Universität über die praktische Ausbildung bis zum zweiten Staatsexamen, straffer als bisher, durch Ausbildungsleiter gelenkt werden und nach dem Assessor in die Führung durch die Richterschaft (Staatsanwaltschaft) münden.

16. Eine Lebensschule nach dem zweiten Staatsexamen in einer justizfremden Stelle fordern, heißt eingestehen, dass die Justiz selbst eine solche Lebensschule nicht mehr zu bieten vermag. Auch deshalb ist es von nöten, dass die ordentliche Justiz ihre früheren Zuständigkeiten (von der Wehrmachtsjustiz abgesehen) zurückerhält, dass ihre Zuständigkeit auf rechtlichem Gebiete und als zentrale Gesetzgebungsstelle erweitert und dass die Standesgerichtsbarkeit als Ersatz der ordentlichen Justiz beseitigt wird.

OLGR Dr. Scheffler: Das Ziel der Ausbildung im höheren Justizdienst (Auszüge)

Nachdem Herr MinRat Haag uns erschöpfend die Eigenschaften gezeigt hat, die wir bei unserem Berufsnachwuchs erstreben, will ich in enger Auslegung des Themas nur von dem sprechen, was wir durch die Ausbildung dazu beitragen können. Ich werde darum die Züge im Bilde des künftigen Richters und Staatsanwalts – so sehr sie uns wesentlich sein müssen – nur streifen, die ganz überwiegend anlagebedingt sind und durch die Ausbildung nicht wesentlich beeinflußt werden können. Dafür werde ich ausführlicher auf die Züge eingehen, deren Prägung zu einem erheblichen Teil in unserer Hand liegt.

Ich sehe dabei 3 Bereiche: Verstand, Urteilskraft, Verhältnis von Persönlichkeit und Gemeinschaft.

Es ist heute allgemeine Ansicht, dass zur Rechtsanwendung mehr gehört als Gesetzeswissen. Diese Erkenntnis muss aber für die Methode rechtlicher Arbeit überhaupt und für die Ausbildung im besonderen erst noch fruchtbar gemacht werden. Wir müssen Klarheit darüber gewinnen, was der Rechtsbeflissne außer dem Gesetzeswissen noch braucht. [...]

Zusammenfassung. Wir sehen also, dass der Kritzismus Kants und der Klassizismus Goethes der Naturrechtslehre Urteilskraft und praktische Erfahrung entgegenhalten, dass die realistische und positivistische Gesinnung der Jahrhundertwende vom Historismus zur Realisierung drängt und sich das Heil von naturwissenschaftlicher, technischer, psychologischer und volkswirtschaftlicher Unterrichtung verspricht und dass nach 1933 dem Positivismus entgegengesetzt wird weltanschauliche Besinnung, Dienst in der Gemeinschaft und Pflege der Allgemeinbildung. Immer wieder taucht die Erkenntnis empor, dass Rechtsanwendung mehr ist, als ein logisch abstrakter Denkvorgang, ein begriffliches Arbeiten mit Gesetzesbestimmungen. Unsere wichtigste Aufgabe sehe ich darin, dieses Plus zu untersuchen, das Zusätzliche zu klären, das zu dem logischen Denkvorgang hinzutreten muss, um ihn aus der Niederung der Begriffs-Jurisprudenz emporzuheben auf die Höhe der Gerechtigkeit. Dieses Plus kann liegen auf der Ebene des verstandesmäßigen

Wissens, in der Übung der Urteilskraft und in dem Verhältnis zwischen Persönlichkeit und Gemeinschaft.

I. Der Student

Verstandesbildung: Die Zeit des Studiums wird wie bisher in erster Linie dem Ziel der Verstandesbildung, dem wissenschaftlichen Unterricht gehören. Der künftige Studienplan wird allerdings voraussichtlich sehr viel anders aussehen, als der bisher gewohnte. Er wird sich vor allem dadurch unterscheiden, dass Verwaltungs- und Staatsrecht in viel größerem Umfang als bisher behandelt werden. Dieses Vordringen des Verwaltungs- und Staatsrechts ist – ich darf hieran auch erinnern, was ich auf der Eröffnung des Amtes gesagt habe –, dadurch gerechtfertigt und geboten, dass die Entwicklung der sozialen Struktur, übrigens bei allen Völkern Europas die „staatliche Daseinsfürsorge“ (Forsthoff, Verwaltung als Leistungsträger) durch die Verwaltungsbehörden in den Vordergrund geschoben hat. Der Stadtmensch des modernen Massenstaates ist zur Deckung seiner Bedürfnisse im breitesten Umfang auf die Verwaltung angewiesen: Wasser, Licht, Wohnung, Ernährung, Heizung, Verkehsmittel, Arbeit. Alles wird ihm durch die Verwaltung erschlossen. Sie hat die Daseinssorge dem Einzelnen weitestgehend abgenommen, ordnet sie und hat sie zu verantworten. Die Verwaltung greift an die Wurzel des Daseins. Das Zivilrecht, das auf die Ordnung der Lebensbeziehungen nach dem Willen der Partner abstellt, hat an Bedeutung verloren und damit auch die Zivilgerichtsbarkeit. Auch im Strafrecht geht der Eingriff der Verwaltung in das Schicksal des Volksgenossen weiter als früher. Die Bedeutung der Verwaltung ist – selbst in justizstaatlichen Reichen wie England – im Vordringen. Ein großer Teil der Studenten sieht sein Berufsziel in der Verwaltungstätigkeit.

Übung der Urteilskraft: Die Übung der Urteilskraft ist bisher im Universitätsunterricht zu kurz gekommen. Sein Hauptgewicht liegt im Vortrag des Normengebäudes und in der Schulung der abstraktbegrifflichen Subsumtion. Hier blieb für die Reform der Ausbildung Entscheidendes zu tun. Wir sind dabei, hier ein neuartiges Ausbildungsmittel in den Hochschulunterricht einzuführen, die Praktiker-Arbeitsgemeinschaften. Das sind Arbeitsgemeinschaften, die von Richtern, Staatsanwälten oder Rechtsanwälten in Form des Lehrauftrages im Rahmen der Universität abgehalten werden. Ihre hauptsächlichste Aufgabe ist es, schon frühzeitig an den Studenten die Rechtswirklichkeit heranzubringen. Während die Vorlesungen und Übungen wie bisher verstandesmäßig Wissen auf rechtlichem Gebiete und auf dem Gebiete der Ergänzungswissenschaften darbieten, vom Begrifflichen her an die Arbeit gehen, soll die Arbeitsgemeinschaft den Studenten vom Tatbestand aus an lebende echte Prozesse heranführen und auf diesem Wege – neben anderem – seine Urteilskraft, sein Judiz üben. In der Anfänger-Arbeitsgemeinschaft (2 Semester) wird sich das noch nicht voll auswirken. Sie wird sich im wesentlichen darauf beschränken, dem Studenten Anschauungsmaterial zu liefern. Die weiter geplanten Arbeitsgemeinschaften für Strafrecht im 3. Semester und im Zivilrecht für Fortgeschrittene im 4. Semester sollen Gesamtschau und Tatbestandsnähe bringen.

Das Wichtigste ist uns die Tatbestandsnähe. Der Student schon muss begreifen, dass die Subsumtion nicht die einzige Arbeit des Richters ist, dass ebenso wichtig und ebenso schwierig daneben steht, das Aussondern der wichtigen Punkte aus dem ungeordneten Vortrag der Parteien und die Feststellung des streitigen Tatbestandes. Die Studenten sollen nicht nur mit einer Verachtung des „bloß Tatsächlichen" von der Universität kommen. Gesamtschau und Tatbestandsnähe können die Studenten nur am lebenden Fall lernen, an photokopierten Aktenstücken, aus der täglichen Praxis verbunden mit Prozessbesuch. Diesen lebenden Stoff hat nur der Praktiker zur Verfügung. Schulfälle, die nur die zur Lösung wesentlichen Elemente enthalten, genügen für diesen Zweck nicht. Nur an lebenden Fällen kann man das Aussondern des Wichtigen zeigen, kann man die Beweiswürdigung üben.

Der Referendar: Auch in der Referendarzeit müssen Verstandesschulung und Übung der Urteilkraft Hand in Hand gehen. Dabei verlagert sich aber der Schwerpunkt. Es ist eine natürliche Entwicklungserscheinung, dass gerade der gute Student beim Verlassen der Universität das konstruktive Element in der Rechtsfindung überbewertet. Das konstruktive Denken der Normenwelt hat ihn ja normalerweise drei Jahre lang vorwiegend beschäftigt. Die Praktiker-Arbeitsgemeinschaften, die voraussichtlich in 3 Semestern je 2 Stundenstunden in Anspruch nehmen, können das Verständnis für die Bedeutung des Tatsächlichen nur anbahnen. Im Vorbereitungsdienst muss das Gegengewicht liegen. Seine Hauptaufgabe ist es, den Referendar in die Praxis zu stellen. Nebenbei soll auch während des Vorbereitungsdienstes die Besinnung auf die großen Grundlinien des Normengefüges u. die Beobachtung ihrer Veränderungen gepflegt werden.

Übung der Urteilskraft: Dementsprechend steht im Vordergrunde der Referendartätigkeit die Übung der Urteilskraft bei Gericht, Staatsanw. u. Rechtsanwaltschaft. Der Referendar kann, wenigstens in den ersten beiden Dritteln der Vorbereitungszeit, in denen ihn noch keine Prüfungssorgen zur häuslichen Arbeit drängen, gar nicht genug Entscheidungen entwerfen, Requisitionsvernehmungen durchführen, Anträge des rechtsuchenden Publikums aufnehmen. Es ist unverantwortlich, wenn der Referendar nur gelegentlich wie ein Voluntär zur Arbeit herangezogen wird, sodass die Jahre des Vorbereitungsdienstes nicht voll ausgeschöpft werden. Die auf eine Abkürzung der Referendarzeit zielenden Vorschläge kamen immer wieder mit dieser Begründung. In Wahrheit muss der Referendar in der Vorbereitungszeit viele Erfahrungen sammeln, seine Urteilsfähigkeit üben und seine Kenntnisse erweitern, sodass drei Jahre voll benötigt werden, ganz abgesehen davon, dass die geplante künftige Stellung des Richters nicht zulässt, dass er in noch jüngeren Jahren als bisher seine Ausbildung abschließt.

Der Referendar soll Anschauung bekommen, praktischen Blick gewinnen, den rechten Griff lernen. Das kann er nur durch intensive Übung in der praktischen Arbeit.

Verstandesschulung: Wie hervorgehoben soll auch während des Vorbereitungsdienstes eine Synchronisierung von Verstandesausbildung und Übung der Urteilskraft durchgeführt werden. Wenn auch das Hauptgewicht in diesem Ausbildungsstadium auf der praktischen Schulung der Urteilskraft liegt, so darf doch die Pflege wissenschaftlich theoretischen Denkens nicht abreißen. Vier Mittel stehen dazu zur Verfügung: Die Anfertigung von Gutachten in der Ausbildungsstation, die

Referendar-Arbeitsgemeinschaften, die Übungsgemeinschaften während der OLG-Station und besondere Kurse.

Persönlichkeit und Gemeinschaft: Ich kann mich hier zunächst auf das beziehen, was ich zu dieser Frage für die Studentenzeit vorgetragen habe. Die Justizverwaltung muss unbedingt darauf sehen, dass ihre Referendare aktiven Parteidienst leisten. Der Parteidienst qualifizierter Referendare wird sich dabei fruchtbarer gestalten lassen, als bisher. Bei einer Besprechung in der Parteikanzlei ist der Wunsch geäußert worden, dass fachlich besonders tüchtige Leute, deren künftige berufliche Förderung beabsichtigt ist, von uns der Partei-Kanzlei rechtzeitig gemeldet werden möchten, damit sie auch parteipolitisch besonders eingesetzt werden können. Auf diesem Wege öffnet sich uns eine Möglichkeit, die Referendare, die einmal als Richter oder Staatsanwälte in Frage kommen, nicht nur als Blockleiter oder SA-Sturmmann Dienst tun zu lassen, sondern dafür zu sorgen, dass sie auch im Parteidienste an Stellen eingesetzt werden, wo sie mehr sehen und mehr leisten können. Ich denke insbesondere an die höheren Dienststellen der Partei und der Parteigliederungen, z.B. Gauwirtschaftsberater, Gaupressestelle, Rechtsarbeit der HJ-Gebietsführung, Dienststellen der SA-Gruppen und des Sicherheitsdienstes. Diese Tätigkeit würde dem Referendar einen tieferen Einblick in das Leben der Bewegung geben. Sie hätte außerdem für die Justiz als Ganzes den großen Vorzug, dass sich Rechtswahrer und politische Führer persönlich kennen lernen. Der Rechtsbeflissene sieht bei solchem Einsatz die Auffassung der Parteiführer von laufenden Problemen und verwächst mit dieser Auffassung. Die Parteiführer sehen, wenn oft junge qualifizierte Rechtsbeflissne durch ihren Mitarbeiterstab gehen, dass das ganze Kerle sind. Manche Meinungsverschiedenheit, die – im Papierkrieg ausgetragen – lawinenartig anschwillt und eitel Missvergnügen hinterlässt, wird dann später einmal durch ein kameradschaftliches Telefongespräch zwischen „alten Bekannten"! kurz und einfach beigelegt werden. Wird diese Zusammenarbeit Tatsache, so werden die künftigen Richter und Staatsanwälte viel inniger der Bewegung verbunden, zur Vollendung der Synthese aus Fachwissen, auf praktischer Anschauung beruhender Judiz und weltanschaulicher Haltung, der nationalsozialistischen Rechtspflege zum inneren und äußeren Gewinn.

Aussprache über: Das Ziel der Ausbildung für den höheren Justizdienst

LGR Dr. Zeller: Vor- und Zwischenpraxis ist vom JM bereits abgelehnt. Als Begleitpraxis werden die Praktiker-Arbeitsgemeinschaften durchgeführt. – Wir dürfen von den Studenten nicht zu viel verlangen. Wenn neue Fächer wie Volksbiologie eingeführt werden, müssen andere weichen. – Wie sich Studenten mit Rechtsphilosophie befassen, könnten sie es auch mit Psychologie. Gerade diese wurde bisher vernachlässigt. – Der „Steuermann" scheint mir nicht durchführbar. Er kennt die Studenten nicht so eingehend. – Die geteilte Prüfung ist sehr ungünstig. – Das Freistudium für Bedürftige oder für Angehörige des mittleren und gehobenen Justizdienstes ist haushaltsrechtlich unzulässig, weil allein der RwissenschaftsMin.

Studienvergünstigungen gewähren darf. – Die jungen Leute wollen nicht immer noch Lehrlinge sein, sondern endlich einmal selbständig werden. – Die staatsanwaltschaftliche Erziehung soll man nicht unterschätzen. Gerade die Möglichkeit, in der Staatsanwaltschaft eingesetzt zu werden, auch gegen seinen Wunsch, schreckt viele ab, zur Justiz zu gehen. – Die AV v. 1.9.1939 sieht nicht Zwischensemester, sondern nur Zwischenkurse bei nur 4 Semestern vor. – Der Parteieinsatz der jungen Leute gleich in höheren Stellen ist nicht zu empfehlen, vergrämt die anderen Vg. und führt zu einem häufigen Wechsel in diesen Stellen. – Die Internatserziehung des Referendars halte ich für ganz verfehlt. Die Referendare schreiben immer wieder: Nur kein neues H.-K.-Lager. – Bedauerlich ist, dass das Recht der geistigen und künstlerischen Schöpfung im Studienplan zurückgedrängt ist, weil viele von den Jungen später selbst schöpferisch tätig werden sollen. Die neuen Bezeichnungen der Vorlesungen haben viel Verwirrung hervorgerufen.

OLGR. Dr. Scheffler: Internat für Studenten nicht. – Einsatz in der Partei in dieser Weise erst nach Bewährung als Blockleiter usw. – Der Eckardtsche Studienplan hat die Bezeichnungen sinngemäß zusammengefaßt.

MinR. Dr. Haag: Der Student zerfließt in allzuvielen Fächern.

LGD Dr. Wogatzky: Die Leute studieren nur, was in der Prüfung verlangt wird.

MinR. Dr. Haag: Darum der „Steuermann", etwa der PraktArbGem.-Leiter. Man hat ja in den ersten Semestern noch keine Übersicht.

OLGR. Dr. Scheffler: Die Professoren werden das ablehnen. Wir haben aber ein Merkblatt vorbereitet über alle diese Fragen. Wir könnten darin Studien- und Prüfungsordnung nebeneinander stellen, eine Art Werbeschrift wie für die Rechtspfleger.

MinR. Dr. Grussendorf: Eine Veröffentlichung der Justiz-Vorschriften, wie ein vernünftiges Studium aufgebaut wird, würde die beste Steuerung bei der Studentenschaft erzielen. Das auch den akademischen Auskunftsstellen mitteilen.

LGD. Dr. Wogatzky: Am besten ein Sonderdruck der Veröffentlichung für die Gemeinschaftsleiter und die studentischen Beratungsstellen.

KGR. Deynet: Ist es nicht gut, den Studenten auch darauf hinzuweisen, welche Eigenschaften er haben müßte, um sich zu eignen? Viele studieren nur, weil zu anderem nicht taugen. Unter einem Juristen können sich die meisten nichts vorstellen. Es ist allerdings schwer. Ich habe Reifeprüfungszeugnisse und Staatsprüfungen verglichen: Auch schlechte Mathematiker können gute Juristen werden, auch wer logisch auf der Höhe ist, taugt andererseits nicht immer zum Juristen. Aber: Wer weder auf mathematischem noch auf historischem Gebiet etwas leistet und wer auch keine künstlerische Begabung aufweist, taugt in der Regel nicht zum Juristen. Er müßte dann schon eine Phantasiebegabung haben, die ihm die Einarbeitung erleichtert, oder ein gewisses Gefühl für Logik. – Die Bezeichnungen des Eckhardtschen Studienplans sind absolut fehl am Platz.

LGD. Dr. Wogatzky: Für die Eignung muß man noch hinzufügen: Gutes Deutsch, klar Denken und Formulieren.

MinR. Thees: Auch Sprachkenntnisse sind ebenso wichtig, z.B. gute lateinische oder griechische. Mathematik scheint mir nicht überzeugend zu sein.

MinR. Dr. Haag: Ich halte es für gefährlich, auf solche Gesichtspunkte eine Ablehnung zu stützen. Man kann den Reichtum einer Person nicht in 10 Noten erfassen. Wir haben überall eine intellektuelle Seite und eine wertende. In der wertenden liegt die Begabung für die Justiz.

MinR. Dr. Grussendorf: Wer weder für Mathematik noch für Geschichte noch für Kunst Interesse hat, ist eben eine flache Persönlichkeit und deshalb für uns nicht geeignet. Wir müssen die Rechtsfremdheit des Volkes bekämpfen und in weite Kreise das Bewußtsein von dem Wesen und der Aufgabe des Richters bringen: Ordnung der Gemeinschaft auf der Ebene der Gerechtigkeit. Daraus ergibt sich: Die Gemeinschaftsgebundenheit des Richters, dass also ein Ichbezogener nicht sich eignet, dass, wer sich absondern will, fehl am Platze ist; den Willen zur Gerechtigkeit muß er haben, auch genannt Rechtsgefühl; Aufgeschlossenheit für ethische Wertungen ist sehr wichtig. Wir verlangen also eine geschlossene Persönlichkeit, die ein erhebliches Maß an Willensstärke mitbringt.

OLGR. Kuhbier: Die Freiheit und das Risiko des Entschlusses zum Beruf kann man niemandem abnehmen. Die höheren Schulen müssen wieder in die Gerichtssäle, damit wird die Rechtsfremdheit behoben.

SenPräs. Dr. Bergmann: Man darf für das Studium nicht immer auf den Richter abstellen. Der Anwalt ist jetzt in letzter Linie Prozeß-Anwalt, in erster Linie Berater für Steuersachen usw...

MinR. Dr. Haag: Bei der Post wird ein Freistudium gewährt, über ein Darlehen, wobei der Mann während des Studiums entlassen wird.

OLGR. Dr. Scheffler: Die Parteikanzlei lehnt das ab.

MinR. Dr. Haag: Wert der Staatsanwaltschaft: Ich meine, dass die Führung durch den Tüchtigeren ein starkes pädagogisches Element bedeutet. Beispiel: Bayern. Dort war der Zwang für den Durchgang durch diese Tätigkeit.

OLGR. Dr. Scheffler: Es hat den Vorzug, dass sie dort selbständig arbeiten können, ohne schon Richter zu sein. Aber der Zwang wird meist abgelehnt.

MinR. Dr. Haag: In Bayern hat das nicht abgeschreckt.

OLGR. Dr. Scheffler: Damals war aber eine andere Nachwuchslage.

MinR. Thees: Versicherungsrecht sollte unter den empfohlenen Vorlesungen sein.

OLGR. Dr. Scheffler: Wir wollen eben den Stoff beschränken.

MinRat Dr.Grussendorf: Nachwuchsbestand des höheren Justizdienstes in Vergangenheit und Gegenwart (Zusammenfassung)

Gesamtergebnis: Zum Schluss darf ich das Gesamtergebnis unserer Untersuchung noch einmal kurz zusammenfassen:

Es ist möglich, durch die geplanten Justizreformen in Verbindung mit dem Rückgang des Geschäftsanfalls bei den Gerichten den Bedarf an Richtern und Staatsanwälten auf etwa 10.000 bis 11.000 zu senken.

Unmittelbar nach dem Kriege wird der Bedarf voraussichtlich noch höher sein. Zwar wird auch dann mit einem verhältnismäßig geringen Geschäftsanfall gerechnet werden müssen. Die Justizreformen werden jedoch noch einige Zeit bis zu ihrer Verwirklichung brauchen. Außerdem wird ein Teil der Richter und Staatsanwälte nach dem Krieg aus dem Beruf ausscheiden.

Bei den Rechtsanwälten und Notaren ist der Bedarf infolge der Einschränkungen des anwaltlichen Tätigkeitsbereichs bereits zurückgegangen. Die beabsichtigte Trennung des Anwalts- und Notarberufs wird den Gesamtbedarf nicht wesentlich beeinflussen. Weitere Maßnahmen zur Senkung des Bedarfs sind nicht in Aussicht genommen und auch nicht möglich. Die Justiz wird im Gegenteil versuchen müssen, den Rechtsanwälten verloren gegangenes Gebiet zurückzugewinnen. Der Bedarf wird hiernach etwa auf 15.600 freiberufliche Rechtswahrer zu schätzen sein. Die Gesamtzahl der zur Zeit noch tätigen Anwälte und Notare beträgt 17.500. Davon werden nach dem Kriege durch Versetzung in den Ruhestand etwa 600 ausscheiden. Dazu kommen die Kriegsverluste. Gleichwohl wird die Gesamtzahl dann noch etwas über dem normalen Bedarf liegen. Man wird daher anfänglich mit einem Nachwuchsbedarf von etwa 400 Anwärtern rechnen müssen. Später wird der Bedarf auf etwa 600 Anwärter jährlich ansteigen.

Der Gesamtbedarf an Nachwuchs für die vier Rechtswahrergruppen ist somit auf rund 1.000 Anwärter jährlich zu schätzen. Ob dieser Bedarf aus dem zu erwartenden geringen Nachwuchs gedeckt werden kann, ist sehr zweifelhaft. Maßnahmen zur Förderung des Rechtswahrernachwuchses sind daher auch unter Berücksichtigung des künftigen verringerten Bedarfs unerlässlich.

Aussprache: LGR Dr. Zeller: Warum sind 1943 so viele Übernahmeanträge abgelehnt?

MinR Dr. Grussendorf: Weil bei Kriegsbeginn weisungsgemäß zurückgehalten, soweit nicht wirklich geeignet, und alle die mussten auf einmal vorgelegt werden.

OLGR Meinhof: Der Geburtenrückgang des 1. Weltkrieges wird sich bis über 1950 hinaus auswirken.

OLGR Kuhbier: 1950 sollen ja 50.000 Akademiker fehlen.

KGR Deynet: Ob nach dem Krieg wieder wie nach dem 1. Weltkrieg ein starkes Anschwellen der Kriminalität erfolgt, sodass dadurch die Arbeitsmenge steigt? Andererseits werden Stellen wie der Preiskommissar ihre Kräfte wieder abstoßen?

SenatsPräs. Hornig: Der künftige Bedarf an Rechtswahrern (Zusammenfassung)

(I) Die bisherigen Zahlengrundlagen lassen sich für die Zukunft wegen Änderung fast aller Faktoren nur in geringem Umfang verwerten. Sichere Schlüsse ermöglichen sie nicht.

(II) Die Zahl des Rechtswahrernachwuchses ist nicht beständig, sondern starken Schwankungen ausgesetzt. Sie werden von wirtschaftlichen und ideellen Momenten in weitem Ausmaße bestimmt.

(III) Die Entwicklung der einzelnen Nachwuchsstufen – Studenten – Referendare – Gerichtsassessoren – läuft nicht parallel, sondern zeigt eigene Bewegungen entsprechend den verschiedenen Auswirkungen der bestimmten Momente auf die einzelnen Stufen.

(IV) Die Zahl der Gerichtsassessoren spielt für die Planung auf weitere Sicht keine Rolle mehr, weil sie demnächst zur Anstellung gelangen werden.

(V) Die Zahl der Assessoren (K) und der Referendare ist verhältnismäßig hoch. Hiervon einen möglichst großen Anteil des Nachwuchses für den höheren Justizdienst zu gewinnen, ist eine Aufgabe von größter Bedeutung.

(VI) Die Zahl der Studenten ist gegewärtig so gering, dass hieraus ein Nachwuchs in nennenswertem Umfang nicht mehr zu erwarten ist.

(VII) Neben der allg. Hebung des richterlichen Berufes ist eine planmäßige Werbung notwendig.

(VIII) Die Überalterung der Richterschaft beeinflußt die Nachwuchsfrage z.Zt. nicht gefahrdrohend. Das gleiche gilt für die Kriegsverluste. Beide Faktoren müssen kompensiert werden durch die künftige Verminderung der Zahl der Richter.

(IX) Eine Verringerung der Richterzahl, die einer 30jährigen Konstanz entspricht, ist gegenwärtig nicht möglich, künftig aber nötig. Hier müssen die Reformen einsetzen und die Grundlagen schaffen.

Damit aber habe ich schon die Grenzen überschritten, die meinen Ausführungen gesetzt sind und bin in das Künftige geraten. Aber angesichts des Flusses aller Dinge und der Wechselwirkungen von Gegenwart und Zukunft gewinnt die Betrachtung erst bei solcher dynamisch bewegten Zusammenschau ihre volle Breite und vermag etwas auszusagen. Über die ursächlichen Kräfte der Entwicklung, wie immer der Weg bestimmt wird durch das Ziel.

MinRat Dr. Haag: Die Ursachen des Nachwuchsmangels im höheren Justizdienst

I. Ursachen

Für die Beantwortung des Themas wird es aufschlussreich sein, den Zugang zum höheren Justizdienst in normalen Zeiten zu beleuchten, in denen der juristische Nachwuchs, wie wir wissen, niemals Mangel hatte.

Der Zugang beruhte im wesentlichen wie in allen anderen akademischen Berufen auf Neigung, auf Tradition oder auf Zufall.

Neigung ist ein innerer, Tradition ein mehr äußerer Bestimmungsgrund, wenn sich auch die Tradition vielfach zu einem inneren leitenden Lebensgefühl entwickelt. Der Zufall beruht lediglich auf innerer oder äußerer Reaktion ohne Wertbetonung.

Es ist für unser Thema wichtig, von vornherein über diese Hauptbestimmungsgründe der Berufswahl klar zu sein. Soweit sie sich ändern, wird das Einfluß auf Zahl und Güte des Nachwuchses haben müssen.

In der gesellschaftlich mehr gefestigten Lage vor dem ersten Weltkriege spielte die Tradition in allen Berufsarten eine starke Rolle. In einer sogenannten Bürgerfamilie mit einigen normal begabten Söhnen studierte etwa einer Medizin, der andere die Rechte, der dritte Philologie, der vierte ergriff den Beruf des Vaters. Jedenfalls ging die Anziehungskraft des Akademikers so weit, möglichst alle Fakultäten vertreten zu sehen. Mit dieser Wahl verband sich der ganzen Familie Stolz in gutem Sinne. Die Geistlichkeit, besonders der katholischen Konfession, holte sich meist selbst ihren Nachwuchs durch Gewährung von Stipendien aus den ärmeren Volksschichten. Mit der Entwicklung der Naturwissenschaften und der Technik (Physik, Chemie, Baukunst) wählten unter ihnen Neigung und Einzelinteresse zugleich. War der Vater Offizier, wurde selbstverständlich die Tradition fortgeführt. Tradition paarte sich hier fast ausnahmslos mit Neigung. Das ist die glücklichste Verbindung. Wie stark diese Tradition war, hat die Zeit des politischen Niederganges bis 1933 bewiesen, als die Wehrerneuerung des Reiches an die glänzend gewahrte Soldatentradition anknüpfen konnte.

Noch bis 1933 spielte auch die Juristentradition eine starke Rolle; mit Neigung war sie nicht in gleichem Maße gepaart. Das ist verständlich. Denn das militärische heldische Ideal eignet der Jugend besonders, ist ihr nahegebracht in großartigen geschichtlichen Bildern und erhabenen militärischen Genies.

Das Ideal der Gerechtigkeit wirkt dagegen in stillen, es leuchtet erst eigentlich dem gereiften und selbstlosen Menschen. Es entzündet sich nicht so sehr an der Jugend als vielmehr an der abgeklärten Lebensreife. Nur durch eine starke Werbung könnte es erst der Jugend nahegebracht werden.

So ist zwar ein Teil unserer heute führenden Generation der Rechtswahrer aus Neigung, ein guter Teil aus Tradition, aber leider noch ein zu großer Teil aus Zufall „Jurist“ geworden.

Die Juristen aus Neigung haben zweifellos einen starken Gerechtigkeitswillen verkörpert und ebenso stark werbend um das Recht in der Öffentlichkeit gewirkt. Auch den Juristen aus Tradition sind sicherlich überwiegend gute ethische Werte vererbt worden. Die Juristen aus Zufall dagegen hätten ebenso gut etwas anderes werden können. Sie sind es geworden, weil es ihnen in der anderen Fakultät nicht gefallen hatte oder weil sie nun mal einen akademischen Beruf und schmückenden Grad haben wollten. Sie waren – ethisch neutral – vielfach klug und von praktischer Intelligenz, dabei also trotz mangelnder Berufung sehr geeignet, dem neutralen Gesetzespositivismus die beste Stütze zu geben: Juristen ohne Pathos, aber leider auch ohne Ethos. Ausnahmen bestätigen die Regel: Es gab in der Geschichte Juristen „wider Willen“, die, befruchtet von einer anderen Begabung, es im Hauptberufe zu großen Leistungen gebracht haben. Dafür dürfte unser großer philosophisch gerichteter Anselm Feuerbach ein leuchtendes Beispiel sein.

Bis 1933 hatten wir im höheren Justizdienst ein Nachwuchs-Überangebot wie in allen anderen akademischen Berufen. Sobald im Laufe der Jahre Mangel im ganzen und Wettbewerb eintrat, bestand ihn die Anziehungskraft des höheren Justizdienstes nicht.

Welches sind die unmittelbaren Gründe?

Zunächst blieben die Juristen aus Zufall, dann die Mehrzahl derjenigen aus Tradition aus. Nur diejenigen aus Neigung kamen zunächst noch vollzählig, dann die wenigen aus besonderem, von vornherein ins Auge gefaßten späteren Interesse (Einheirat, Praxisübernahme pp.).

Und weshalb bleiben seitdem die genannten Gruppen aus?

Die Justiz hat so sehr an Ansehen gelitten, dass sie keinen hinreichenden Anreiz mehr für die Jugend bietet: Diese Verminderung des Ansehens beruht zum Teil auf der eigenen Haltung der Rechtswahrer, die im alten Normendenken befangen, dem revolutionären Marschschritt des Nationalsoziaismus nicht genügend zu folgen vermochten. Die Wendung von der auf die Sicherheit des einzelnen bedachten Norm liberalen Rechtsdenkens zu dem die Gemeinschaft schützenden Ordnungsdenken der nationalsoziaistischen Weltanschauung musste erst auf geistiger Grundlage begründet werden. Hierfür hatten andererseits politische Führungskreise nicht genügendes Verständnis und in lauten Rufen wurden Einzelfehlurteile verallgemeinert und die Justiz im mündlichen und schriftlichen Wort als rückständig dargestellt. Politische und Pressestellen griffen nicht nur Fehlentscheidungen, sondern auch deren Verfasser öffentlich an. Die Träger der höheren Rechtspflege, Richter und Staatsanwälte, gerieten vielfach unter die politische Beurteilung ihrer eigenen Untergebenen. Diese ganze Behandlung – ob zur politischen Erneuerung des Staats notwendig oder nicht, ist hier nicht zu untersuchen – hatte tatsächlich die Wirkung, dass die Träger des höheren Justizdienstes eingeschreckt und der etwaige Nachwuchs abgeschreckt wurde. Der ehrgeminderte Richter bot der auf Ehre bedachten Jugend keinen Anreiz mehr. Soweit ihr die Erkenntnis nicht selbst kam, rieten die Väter in der Justiz ihren studierenden Söhnen selbst ab. Damit wurden nicht nur die Juristen des Zufalls, die Lauen, sondern auch das Erbe der Tradition abgehalten [!], das an sich zu ihrer Fortsetzung berufen gewesen wäre.

Die Jugend wandte sich einem ehrenwolleren Berufe, der politischen oder Verwaltungstätigkeit, der durch starke Nachfrage auch öffentlicher Stellen sehr geförderten Technik oder der Medizin zu.

Daraus ist erkennbar, dass der tiefste Grund des Nachwuchsmangels im höheren Justizdienst ein ideeller ist.

Das entspricht wohl ganz unserer eigenen Erfahrung. Wir haben uns durch materielle Erwägungen, etwa durch Anschauung der Besoldungsordnung, in der Berufswahl nicht leiten lassen. Das tun die wenigsten jungen Menschen.

Die Ehre, die dem Selbsterhaltungstrieb und Machstreben als Wurzeltrieb des Menschen entgegenkommt, gelangte nicht nur im revolutionären Wirken der Bewegung, sondern auch in der Wehrhaftmachung des Volkes an erste Stelle. Die militärische Tat und die aktive politische und Verwaltungstätigkeit schienen den jungen Menschen mit Recht als das Feld der Ehre, wo dynamisches Denken und Wirken ungeahnte Kräfte löst.

Demgegenüber vermag die Justiz nicht mehr zu bieten als die Forderung, in stiller Arbeit sich zu bescheiden und der politischen und sozialen Gestaltung des nationalsozialistischen Führerstaates die Gesetze der Ordnung abzulesen. Dass in dieser Selbstbescheidung und Selbstüberwindung des Rechtswahrers ein gutes Stück der Persönlichkeitsentwicklung im Recht liegt, diese Deutung kann der Jugend noch nicht aufgehen.

Dazu kam der Krieg, der die zweite neue Mangellage des Nachwuchses schuf: Nun konnte es keinen Augenblick zweifelhaft sein, dass die Wehrmacht den Vorrang hatte, nicht nur weil sie ihn haben musste, sondern weil auch der Jugend der aktive Einsatz bei ihr als Offizier den höchsten Einsatz der Ehre bedeutete.

Hinzu kam die durch die Kriegserfordernisse notwendig gewordene Lenkung der gesamten Richterschaft, die zwar äußerlich hingenommen, im Innern aber überwiegend als Beeinträchtigung der Gewährleistung der Richterselbständigkeit aufgefasst worden ist. Auch das ist von der Rechtsjugend nicht ohne Bedenken aufgenommen worden, wie insbesondere zahlreiche Äußerungen von Frontsoldaten zeigen. Man mag diese Bedenken als unangebracht abtun. Dabei kommt es bei Darlegung der ideellen Gründe für den Nachwuchsmangel nicht an. Soweit sie der Werbung für die Justiz tatsächlich entgegenstehen, müssen sie bei unserem Thema angeführt werden.

Weniger bedeutsam sind die materiellen Gründe, die die Jugend vom höheren Justizdienst abhalten. Es wäre aber lebensfremd, sie ganz zu leugnen.

Die zu geringe Besoldung der höheren Kräfte in der Justiz, in der auch die ideelle Anerkennung des Amtes durch den Staat begründet liegt, drückt auf ihr Ansehen. Die Lebensfremdheit des Richters vergangener Jahrzehnte beruht außer auf der Flucht in die neutrale Normenwelt des Rechts auch auf seinem finanziellen Unvermögen, sich mit seiner Familie im Leben zu bewegen, an seinen Kulturgütern hinreichend Anteil zu nehmen.

Das hat in dem Maße, wie das vermögende Herkommen seltener wurde, zur Proletarisierung des Richterstandes schließlich im Sinne geistiger Unbeweglichkeit und weltmännischer Rückständigkeit beigetragen. Der enge philologisch gerichtete „Jurist“ stand im Vordergrunde, der mit dem Verzicht auf's Leben auch den Verzicht auf eine justizwerbende Wirkung erkaufen musste. Auch die Rechtsanwaltschaft hat daran mitgewirkt, das Ansehen der Justiz zu vermindern. Unter jüdischer Führung schob sie Geld- und Privat-Interessen vor das Interesse an einer gerechten Rechtspflege.

Die finanzielle Seite des Problems des Richters und Staatsanwalts ist seit Jahrzehnten nicht zur Ruhe gekommen. Es wird erst recht nach dem Kriege aktuell werden, wenn der Staat auf allen Gebieten sparen muss; dann wird Nachwuchs-Werbung unter dem Gesichtspunkt der Besoldung mehr als heute Bedeutung erhalten. Dem steht die ideelle Einstellung der Jugend nicht entgegen, da sie zur Wahl des Berufes meist durch Erwachsene mitbestimmt wird, die die materielle Grundlage des Berufes in das gebührende Licht rücken.

II. Möglichkeiten der Abstellung

Wenn wir die Beweggründe für die Auswahl des juristischen Berufes bewerten sollen, so verzichten wir gern auf den wertneutralen Nachwuchs aus Zufall. Die aus bestimmtem Einzelinteresse die Justiz küren, können wir nicht abhalten. Unser Interesse aber gilt dem Nachwuchs aus Neigung und Tradition, wobei wir davon ausgehen, dass das Traditionsgefühl innere Antriebskräfte gleich der ursprünglichen Neigung auslöst, mit anderen Worten, dass es Berufsbegeisterung auslöst.

Diese aber ist das heilige Feuer, das den Rechtswahrer vom Beruf zur Berufung weiht und das an die für den Nachwuchs in Betracht kommende Jugend herangetragen werden muss. Das geschieht auf dem Wege der Werbung aus der Sache und der Person.

Dazu sehe ich Möglichkeiten auf drei verschiedenen Ebenen:

1. von unten, aus der Justiz selbst heraus,
2. von oben, seitens der Justizführung,
3. von außen, insbesondere seitens der politischen Führung,

und zwei Wirkungsweisen auf jeder Ebene

a) die mittelbare und b) die unmittelbare.

Zu 1a) Von unten und mittelbar werbend zu wirken, ist jeder Rechtswahrer der Praxis berufen. Dazu schafft die notwendige gemeinsame Weltanschauung die Voraussetzung, indem sie es ermöglicht, sich ideen- und willenmäßig dem großen nationalsozialistischen Aufbauwerk einzuordnen, sich die Überzeugungen zu verschaffen, dass die Justiz nur ein Glied der Gesamtdienerschaft des vom deutschen Volke getragenen Staates und der von der Staatsführung gesetzten Zwecke ist. Jedes Urteil des Richters, jede Entschließung des Staatsanwalts muss diese Gemeinschaftsgesinnung als Beziehungspunkt seines Rechtsdenkens erkennen lassen.

Das bedeutet Erziehung an sich selbst sowie das Gebot der Persönlichkeitsentwicklung, wie ich sie eingehender in einem Vortrag über das Ziel der Ausbildung im höheren Dienst schildern durfte.

Eine solche Persönlichkeit wirbt durch sich sowie durch ihr Werk in unaufdringlicher Weise, aber dafür angesichts der Bedeutung des Vorbildes um so eindringlicher.

Diese mittelbare Werbung muss auch in die Kreise der Bewegung hinüberstrahlen. Das geschieht am besten durch Mitarbeit in ihr, den Gliederungen und angeschlossenen Verbänden. Dann wird sichtbar, dass alles geübt sein will, selbst die – dem Rechtswahrer besonders eigene – Einstellung der Uneigennützigkeit, Besonnenheit und Gerechtigkeit zu handhaben. Hier ist der Rechtswahrer auf seinem ureigensten Gebiet. Hier kann er dahin überzeugen, dass Gerechtigkeitsübung die gänzliche Loslösung von persönlichen Wünschen und damit innere Überwindung bedeutet. Aus diesem Wirken wächst die Anerkennung und Achtung des Volksgenossen vor der Persönlichkeit im Rechte. Diese Anerkennung wird sich aus der Bewegung heraus auf das ganze Volk übertragen und auf diese Weise werbend für die Justiz wirken.

b) Unumgänglich ist die unmittelbare Werbung des Rechtswahrers selbst um den Nachwuchs. Dass er sich so betätigt, sollte ihm sein Berufsstolz eingeben. Doch hier treten Hemmungen auf, die psychologisch nicht verkannt werden dürfen. Man muss wissen, dass Richter und Staatsanwalt, die einmal zu Unrecht von innen oder außen her gestoßen [gekommen sind], worden sind, die zur Werbung notwendige Liebe für den Beruf nicht mehr aufbringen. In Konfliktsfällen mit anderen Stellen haben sie meist nachgeben müssen. Sie sind in ihrem Ehrgefühl verletzt und raten den Söhnen ab, sich in die gleiche Gefahr zu begeben. Der Rechtspfleger, der mittlere und untere Beamte der Justiz, denen solche Beispiele bekannt sind, werden ihre Söhne in gleicher Weise beraten. Dazu kommt die vielfach negative Beurteilung der Lenkung in der Justiz, die hier und da hemmend auf die Werbung wirkt. Verstärkter

Ehrenschutz aller Justizbediensteten tut also ebenso not wie die Abkehr von der Übung, Konfliktsfälle der Justiz mit anderen Stellen auf den Schultern der Richter oder Staatsanwälte unten austragen zu lassen.

Ist diese berufsethische Seite der Justiztätigkeit gewährleistet und die Besoldungsgrundlage verbessert, tritt die gesamte beamtete Gefolgschaft der Justiz, d.h. etwa 80.000 Mann, als unmittelbarer Werber für den höheren Justizdienst wieder auf. Es leuchtet ohne weiteres ein, dass hier der Schwerpunkt für unsere Fragestellung überhaupt liegt.

2 a) Damit ist die Richtung aufgezeichnet, in der die Justizführung zur mittelbaren Werbung wirken muss. Sie muss in erster Linie die Voraussetzung mit dazu schaffen, dass die eigene Gefolgschaft um den Nachwuchs unmittelbar wirbt.

Die Gefolgschaft will abgesehen vom Ehrenschutz und materieller Verbesserung auch, dass die Befehlsstellung der Justizführung mit Wohlwollen gepaart sei. Insoweit kommen viele Klagen. Es ist meines Erachtens falsch zu glauben, dass man bei der Menschenführung ohne erkennbares Wohlwollen auskomme. Erst die darauf sich aufbauende Kameradschaft und Opferbereitschaft hat mittelbare werbende Wirkung, die auch in Krisenzeiten standhält.

b) In der unmittelbaren Werbung seitens der Justizführung muss meines Erachtens systematischer als bisher vorgegangen werden.

Sie muss sich mehr als bisher an das Volk wenden. Sie darf sich indes nur in das Gewand der Werbung um´s Recht kleiden. Sie muss in ihrer Art volkstümlicher werden und entweder an interessierende Rechtsprobleme, an Rechtsfälle oder an große Persönlichkeiten des Rechts anknüpfen. Sie muss schon in der Schule einsetzen, durch die HJ, Mittelschulen und Hochschulen hindurchgehen. Sie mus smit allen Mitteln arbeiten, die die Zeit bietet. Die wirksamste Reihenfolge wäre daher Rundfunk, Presse, Vorträge. Auf der Reichsburg Kochem hat ein Rechtswahrer richtig gesagt, jeder Volksgenosse seines Sprengels müsste eigentlich den Landgerichtspräsidenten, Oberlandesgerichtspräsidenten, alle müssten aber den Justizminister mit Namen kennen. Den Justizpressestellen unter zentraler Leitung des Reichsjustizministeriums bleibt hier noch viel zu tun. Ihre Zusammenarbeitmit dem vorgesehenen Nachwuchsobmann des Bezirks wird sich u.U. als fruchtbar erweisen.

Die Nachwuchsobmänner ihrerseits müssen Verbindung mit allen Schulen, HJ-Stellen und Arbeitsämtern haben. Ihnen müssen sie Werbungsmaterial u.a. für den höheren Justizdienst zuleiten, ihnen auch zu werbenden Vorträgen sich zur Verfügung stellen.

Es ist die Frage, ob nicht der NSRB, der bisher vornehmlich Erziehungsarbeit nach innen geleistet hat, mehr für die Werbung nach außen angesetzt werden könnte. Dazu müssten auch unter dem notwendigen Vorrang der weltanschaulichen Schulung fachlich tüchtigere Kräfte als Vortragende herangeholt werden, solche, die als überzeugende Persönlichkeiten Anerkennung finden. Der nachherigen zugkräftigen Behandlung des Rechtsproblems in der Presse dürften nicht noch zur Not einige Zeilen an versteckter Stelle sondern den Volksgenossen sichtbare Schlagzeilen in der Presse gewidmet werden. Für die wirksamste Art der Werbung bieten die Stichworte „Rechtsempfinden und Rechtsprechung" nach der Rede des Staatssekretärs in Köln am 22. Mai 1944 in der Kölner Presse ein gutes Beispiel.

Wichtig ist die Nachwuchswerbung unter den Kriegsteilnehmern, die erst den Studiengang angetreten haben oder hierzu erst nach der Entlassung aus der Wehrmacht kommen werden.

Ein Mittel der Werbung bieten die Feldpostbriefe der Justiz, die sich beeilen muss, insoweit gegenüber den Universitäten, die mit der Wehrmachtjustiz zusammenarbeiten, nicht zu kurz zu kommen. Erst recht müssen die Studenten nach Kriegsende aufgefangen werden. Den Begabtesten muss die Justiz ein kostenfreies Studium ermöglichen, wenn sie sich für die Justiz verpflichten. Diese Frage muss meines Erachtens mehr als bisher in den Mittelpunkt der Nachwuchswerbung gerückt werden. Desgleichen die Verjüngung der Justiz aus sich selbst heraus in dem Sinne, dass die begabtesten Justizbediensteten der gehobenen Laufbahn von den Provinzchefs oder Leitern der Rechtspflegerschulen zum Freistudium vorgeschlagen werden. Werbend wirken bereits die Prüfungsvergünstigungen für Kriegsteilnehmer, wenn sie das Referendarexamen machen wollen.

Ich habe es 1919 als misslich empfunden, als Kriegsteilnehmer deshalb keine Vergünstigung zu erhalten, weil ich vor dem Eintritt in die Wehrmacht das Universitätsstudium noch nicht begonnen hatte. Auch insoweit sind meines Erachtens Erörterungen am Platze.

Als justizwerbend müssten in der Öffentlichkeit insbesondere auch die Gerichtsvorstände wirken. Hier bestehen m.E. noch große Mängel. Wir haben, soweit ich das übersehe, noch manche Provinzchefs, die einen rechtspolitischen Vortrag aus eigenem Denken heraus mit erzieherischer Wirkung nicht zu halten vermögen. Manche sind auch nicht in der Lage, volkstümlich zu sprechen.

Eine nicht zu unterschätzende Bedeutung hat das repräsentative Auftreten der Justizchefs in der Öffentlichkeit für die Werbung des Nachwuchses. Hier hat bisher der maßgebliche Nachdruck der obersten Justizführung dann gefehlt, wenn dem Provinzchef der ihm zukommende Rang seitens der politischen Veranstalter nicht eingeräumt wurde. Die für den Nachwuchs in Betracht kommenden jungen Menschen achten sehr auf das optische Bild der Reihenfolge und sind mit Recht geneigt, daraus Schlüsse auf die Bewertung des Berufes zu ziehen.

3 a) Damit sind wir bei der vom Thema aus notwendigen Behandlung eines Gesichtspunktes angelangt, der von außen kommt und mit dem Ansehen der Justiz auch ihre Nachwuchswerbung ungünstig beeinflusst.

Es ist die Haltung der politischen Stellen gegenüber der Justiz: Die Eigenkraft der Justiz wird nicht über die Grenze wachsen können, die ihr die Politik zieht. Die Konsolidierung des nationalsozialistischen Staates wird zur uneingeschränkten Anerkennung der Justiz führen müssen, sobald deren Träger die Erhaltung der nationalsozialistischen Ordnung gewährleisten. Dass sie diese Anerkennung heute noch nicht hat, kann keinem aufmerksamen Volksgenossen verborgen bleiben. Solange er diesen Eindruck hat, rät er auch seinem Sohn nicht zum Berufe des Rechtswahrers im höheren Dienst. Und dieser Eindruck wird nicht zu beseitigen sein, solange die Justiz z.B. auf strafrechtlichem Gebiet, abgesehen von der Militärjustiz, nicht die volle Zuständigkeit hat; ferner solange sie nicht auf gesetzgeberischer Ebene die Zentralstellung wiedererlangt hat, unbeschadet der Stellung der Partei-Kanzlei, die als Vertreterin des Volkes an aller Gesetzgebung beteiligt ist.

b) Die unmittelbare Werbung für den Nachwuchs der Justiz wird bei dem zu erwartenden Nachwuchsmangel aller Berufe von Staats wegen zentral gelenkt werden müssen. Bei einer solchen Lenkung muss die Justiz wachsam sein. Neuerdings hat sich in Nachwuchswerbung für den gehobenen Dienst aller Staatsverwaltungen die Partei-Kanzlei eingeschaltet. Hier wächst vielleicht eine Grundlage auch für den höheren Dienst, ohne dass die innere Berufung des für den Nachwuchs angesprochenen jungen Menschen unberücksichtigt bleibt.

Die Ausführungen dürften im ganzen gezeigt haben, dass das Nachwuchsproblem für den höheren Dienst in der Justiz mit der an Zeit gebundenen inneren Wandlung des Rechtswahrers zum Nationalsozialisten und mit der Einordnung der Justiz in den nationalsozialistischen Staat in unlösbarem Zusammenhang steht. Die erstere ist eine innere Aufgabe des Rechtswahrers selbst, die letztere eine solche der Staatsführung. Von dieser Erkenntnis sind meine Anregungen geleitet. gez. Haag

Mündliche Ergänzungen zu dem Referat: MinR Dr. Haag: Die Ursachen des Nachwuchsmangels im höheren Justizdienst

In den Jahren 1924–1943, also in 20 Jahren, standen den 158.915 Referendaren 62.443 Gerichtsassessoren gegenüber, d.s. 39,3 %. Also im Durchschnitt etwa 40 % werden Gerichtsassessoren, das sind dann von den 7.038 Referendaren 2.800 Gerichtsassessoren. Wie schnell ist diese Zahl verbraucht. Die Nachwuchswerbung muß also darauf gehen, einen möglichst großen Teil hiervon zu gewinnen, mehr als bisher. An dieser Werbung müssen sich alle Rechtswahrer beteiligen, die mit Referendaren dienstlich oder privat zu tun haben, die Ausbilder, die Gemeinschaftsleiter, die Übungsleiter, die Nachwuchsmänner der OLG. Das nächste wäre die Werbung um die Studenten an den Universitäten, besonders bei den im Felde stehenden. Besonders die PraktArbGem.-Leiter haben hier zu wirken. Auch die Merkblätter sind hier wichtig. Die Nachwuchsmänner in den OLG müßten sich mit Schule und HJ in Verbindung setzen. Den größten Erfolg hätte es wohl, wenn die Unsicherheit über die künftige Stellung des Richters politisch und besoldungsmäßig bald ausgeräumt würde. Die Bedeutung der Rangerhöhung mit besoldungsmäßiger Auswirkung sieht man bei der Wehrmachts-Justiz. Die Gehälter der höheren Justizbeamten sind dort den Offizieren angepaßt.

Aussprache zu: Die Ursachen des Nachwuchsmangels im höheren Justizdienst (Haag).

OLGR. Dr. Scheffler: Die Kriegsteilnehmer-Vergünstigungen müssen wir weitherzig auslegen. Diejenigen, die ihr Studium noch nicht beginnen konnten oder die im Studium stehen, haben niemals Studienurlaub bekommen und sind so viel ungünstiger daran, als diejenigen, die ihre erste Prüfung gerade noch abgelegt haben und Unterhaltszuschuß bekommen.

MinR. Dr. Grussendorf: Derjenige, der nicht Beamter ist, hat einen werbenden Eindruck, wenn für die Beamten-Kriegsteilnehmer in gewisser Weise gesorgt wird.

OLGR. Dr. Scheffler: Der unsichere Zustand der Rechtswissenschaft kann den Anfänger abschrecken. Die Naturwissenschaften bieten demgegenüber die Gewähr, dass man für das Leben lernt. Unsere Wissenschaft ändert sich seit 10 Jahren ständig. Außer Bauern- und Arbeitsrecht haben wir kein Rechtsgebiet, auf dem etwas festliegt. Reformen werden angekündigt, kommen aber nicht.

OLGR. Meinhof: Je schneller ein neues Gesetz erlassen ist, umso schneller wird es geändert. Was durch einen Federstrich des Gesetzgebers geändert werden kann, ist nicht eigentlich Wissenschaft. Die Rechtswissenschaft müßte als Wissenschaft vom Recht zeigen, wie das Recht zu formen ist. Es müssen die großen festliegenden, aus dem Leben des Volkes und aus der Zeit sich ergebenden Gesichtspunkte gezeigt werden, ohne Rücksicht auf das, was der Gesetzgeber falsch oder richtig macht.

OLGR. Dr. Scheffler: Man arbeitet mit ungeheuren Kommissionen statt mit wenigen Männern. Das BGB hat uns 50 Jahre gedient, wenn auch manches falsch war.

MinR. Thees: Schuld ist die Sucht zum Produzieren. Für jeden Tatbestand wollen wir schnell ein Gesetz machen und der „einmalige und epochale Entwurf" von heute ist morgen schon altes Wissen.

SenPräs. Hornig: Die Verhältnisse sind eben im Fluß. Die Zeit für abschließende Gesetzgebungen ist noch nicht gekommen.

MinR. Thees: Dann soll man nur novellieren. Nicht erst sagen, der Entwurf ist der Stein der Weisen und dann wird wieder alles umgeworfen.

KGR. Deynet: Das gibt es auch auf anderen Gebieten, z.B. in der Verfassung. Da steht nirgends, was noch gilt. Neue Vorschriften in Menge, die alten nicht aufgehoben.

OLGR. Dr. Scheffler: Es gibt heute zu viele Stellen, die Recht setzen. Darum gehen viele lieber zur Industrie.

MinR. Dr. Grussendorf: Wir haben eine Gesetzesinflation. Das führt zu einer außerordentlichen Unklarheit unseres ganzen Lebens. Es wäre ein Gesetzesstop nötig.

MinR. Dr. Haag: Zusammenhang zwischen Gesetzgeber und Wissenschaft. Die Wissenschaft befaßt sich doch in erster Linie mit dem, was der Staat schafft.

MinR. Thees: In anderen Staaten geht keine Verordnung ohne Mitwirkung des Justizministeriums hinaus. Bei uns will man die Justiz immer ausschalten, z.B. seitens des Wirtschaftsministeriums. Es heißt darum: Löst Euch auf, Ihr habt doch nichts mehr zu tun. Der Preiskommissar setzt große Teile des BGB mit unmöglichen Bedingungen außer Kraft. Unsere höchste Stelle müßte da eingeschaltet werden, damit nicht Gesetze nur noch auf dem Papier stehen. Jede Stelle setzt heute Recht.

OLGR. Scheffler: Die allgemeinen deutschen Speditionsbedingungen z.B. kann man nahezu nicht überblicken.

MinR. Thees: Wir müßten eben amtlich erklären, dass das ohne gesetzliche Grundlage geschehen ist.

MinR. Dr. Haag: Wir haben eine Verschiebung in der Verfassung. Früher war die Justiz eine Zentralstelle in der Gesetzgebung, heute ist sie es nicht mehr. Heute ist das die Parteikanzlei, die unser Ministerium nicht anders behandelt wie jedes andere Ministerium. Sie vertritt das Parlament. In der PK werden natürlich die Justizgesichtspunkte nicht so gewahrt.

KGR Deynet: Die Beispiele lassen sich vermehren. Viehmängelsachen gibt es praktisch vor dem Amtsgericht nicht mehr, weil die durch Schiedsgerichte geregelt werden. Die Justiz hat schon ungeheuer Boden verloren. Z.B. ist auf dem Gebiet des Bauernrechts das oberste Gericht gar nicht mehr ein Justizgericht. Oder: Das Reichsmietengesetz kennt andere Zuständigkeiten als das Mieterschutzgesetz. Da könnten wir eher etwas zurückgewinnen als die Unterstellung der Gesamtgesetzgebung an den Justizminister. – Die Versehrten haben sich über die Bestrebungen, die Justiz zu heben, geäußert: Der Nachwuchs komme doch bestimmt nicht in solche, zu hebende Stellungen; die Reform-Pläne wirken abschreckend.

OLGR. Dr. Scheffler: Als die Gedanken von der neuen Richterstellung aufkamen, stand sofort in den Zeitungen: Verringerung der Richterzahl. Das wirkte ungeheuer abschreckend. Wenn wenigstens die Parteikanzlei den Justizminister immer gutachterlich hören würde. – Nötig wären: 1. Gesetzesstop, 2. Die technische Durcharbeitung der Gesetze, dass nicht die Begriffe zu verschieden sind, 3. Eine Übersicht über das Gesetzesmaterial, ein Nachschlagewerk also, um z.B. die Verordnungen des Arbeitsministers überhaupt zu finden.

SenPräs. Hornig: Das wenigste steht jetzt im Reichsgesetzblatt.

OLGR. Dr. Scheffler: Der junge Amtsrichter hat gar nicht mehr die Zeit sich die Menschen und die Tatsachen anzusehen, weil er immer Angst haben muß, die Bestimmungen zu übersehen. Er hat kein richtiges Schrifttum. Durch das Suchen wird er von seiner richterlichen Arbeit abgezogen. Vor allem aber bräuchten wir einheitliche Veröffentlichungern.

MinR. Thees: Es müßte eben eine Stelle alle Verordnungen sehen, bevor sie hinausgehen.

OLGR. Dr. Scheffler: Darüber müssen wir in den Leitsätzen einmal etwas sagen.

MinR. Dr. Haag: Wir hatten einmal eine Strafsache, an der beteiligt waren: Ein Wehrmachtsangehöriger, ein Offizier, ein OT[Organisation Todt]-Mann und ein Angehöriger des Wehrmachtsgefolges. Für die Justiz blieb nichts übrig.

OLGR. Dr. Scheffler: Jetzt stellt sogar der weibliche Arbeitsdienst eine eigene Rechtspflege auf.

MinRat Dr. Grussendorf: Mir wurde neulich gesagt: einer der Gründe, der die Jugend abhalte, sei das Wirken der Geheimen Staatspolizei, dass es eine Stelle gebe, die ohne richterliche Nachprüfung über die Verhaftung entscheide, unsere Jugend betrachte das als außerordentliche Belastung.

OLGR. Dr. Scheffler: Könnten Sie uns gelegentlich Beispiele für solche Hinderungsgründe bringen, damit wir es in den Leitsätzen begründen können.

SenPräs. Hornig: Während der außerordentlichen Kriegsverhältnisse können wir nichts erreichen. Es gibt eine Unmasse von Ermächtigungen, bei uns selbst ja auch.

OLGR. Dr. Scheffler: Unsere Arbeit soll ja der Friedenszeit gelten.

SenPräs. Hornig: Diese Vollmachten müssen natürlich wieder beseitigt werden.

OLGR. Dr. Scheffler: Zunächst einsetzen müssen wir bei den 7.000 Referendaren und K-Assessoren. Die Werbung bei den Soldaten ist unsere Hauptaufgabe. Gutes Zureden hilft da nicht. Werbungsreden schrecken ab. Wir müssen eine Werbung für das Recht daraus machen. Wir müssen die Leute viel mehr als bisher betreuen. Bis jetzt ist das einzige die Soldatenbriefe. Sie wollten für alle Rechtswahrer etwas bieten. Das geht natürlich nicht. Aber für den Nachwuchs bieten sie nichts. Der junge Mann will eine schöne Übersicht haben, über einen Teilabschnitt. Wir müssen Druckbogen versenden und Übersichten. Wir haben eine Schriftenreihe gekauft, die Auszüge aus den Werken von Juristen enthält. Wir brauchen die Mithilfe der Abt. I für unsere Druckbogen. Der Soldat geht zu den Leuten, die ihm etwas bieten.

MinR. Dr. Grussendorf: Man wird auch einmal die Parteikanzlei angehen müssen, um die Beamtenfeindlichkeit zu beheben.

LGR. Dr. Zellner: Bei der Werbung ist zu denken an: Film (nach Art der Polizei-Filme), Rundfunk (Hörberichte), Volksbildungswerk (Aufklärung), Verwaltungsakademie (Gewinnung tüchtiger junger Leute), Truppenbetreuung, an die Gewinnung zusätzlicher Kräfte aus den Rechtspflegern, aus den Rechtsanwälten und Notaren.

SenPr. Hornig: Es ist schon ein Fragebogen versandt, wie die Rechtsanwälte sich eignen. Ihre Zahl ist aber nicht groß.

MinR. Dr. Haag: Es sind 230 jetzt eingesetzt, also erstaunlich wenig. Das beruht darauf, dass die Anwälte sich schnell in andere Gebiete zurückgezogen haben, weil sie dort mehr verdienen. Es ist tatsächlich geplant, mehr Anwälte in den Staatsdienst zu übernehmen. Die jungen Anwälte haben mindestens die gleiche Eignung bewiesen, wie die Richter im mittleren Alter. Sie sind wendiger und besonders für Wirtschaftssachen geeignet. Im Anfang konnte man nicht so günstig urteilen, bis die Leute eingearbeitet waren.

OLGR. Dr. Scheffler: Gestern hörte ich schon, dass Leute mit geringen Prädikaten sich in der Staatsanwaltschaft besonders bewährt hätten. Die Staatsanwaltschaft kommt vom Tatsächlichen, der Richter vom Normativen. Das ist natürlich auch für die Prüfung wichtig, weil das Prüfungssystem offenbar nicht erschöpfend ist.

MinR. Dr. Haag: Wir haben in Kochem einen Überblick gewonnen über die Erfahrungen mit Rechtsanwälten und Richtern bei der Staatanwaltschaft. Die Meinung geht dahin, dass die jungen Anwälte sich gut bewähren, dass die Richter des Altreichs im mittleren Alter wenig anpassungsfähig sind, dass die Richter aus Süddeutschland bei der StA gut wirken.

KGR Deynet: Ich habe es 1926/27 in einer Stadt im Rheinland erlebt, dass Abiturienten zu Gerichtssitzungen eingeladen wurden und zum Besuch des Gerichts. Sie bekamen schon ein wenig ein Bild, was macht der Richter eigentlich. Das Laienpublikum hat für die Zivilrechtspflege sehr wenig übrig. Es finden sich kaum Zuhörer. Die Berichterstattung ist schlecht.

OLGR. Dr. Scheffler: Man muß das Recht an das Volk hinbringen, schon im Schulunterricht. Ich habe im DR darauf hingewiesen, dass die Oberschule alles Mögliche unter Kultur behandelt, nur nicht das Recht. Eine Oberschule in Radebeul hat mehrere Jahre lang Rechtsunterricht gegeben, aber durch einen Lehrer. Es kann das der

Jurist machen oder der Lehrer. Der Jurist hat nicht die notwendige Klassenzucht. Man nimmt ihn nicht ernst. Der Lehrer aber hat keinen Schimmer von dem Stoff. Meiner Ansicht nach sollte man es so machen: Im Gau vielleicht 3–4 bewährte Gemeinschaftsleiter mit pädagogischem Geschick als Reise-Redner Vorträge halten lassen, verbunden mit Gerichtssachen. Man hat vergebens versucht, den Lehrern juristische Kenntisse beizubringen. Da gibt es eine Rechtsfibel von Bessel-Gündel [Hans Bessel/Alexander Gündel, Kleiner Rechtsspiegel: Rechtskunde für den Alltag; Mit e. Überblick über d. Recht d. Wehrmachtsangehörigen, 10. Auflage, Leipzig, 1943], die solche Dinge sehr nett behandelt. Das könnte man den jungen Leuten auf solchen Reisen schenken. Man könnte auch, so wie z.B. die Büchereien Führungen veranstalten, auch Führungen durch die Gerichte machen. Das habe ich bei der Verwaltungsakademie erlebt. Denken wir auch an die Lehrgänge des Langemarck-Studiums. Ich habe 6 Mann von dort einmal über die Rechtswissenschaft unterrichtet und sie haben dies studiert, obwohl es ihnen übel genommen wurde. Es hat sich also bewährt. Von der Verwaltungsakademie werden wir nicht viele gewinnen können, da es meist ältere Leute sind. Ob man im Rundfunk einen Eindruck vom richterlichen und staatsanwaltschaftlichen Wirken geben kann, ist mir zweifelhaft. Die Spielfilme werden jetzt ja allgemein überprüft, auf ihre Darstellung von Justizfragen.

LGD. Dr. Wogatzky: Bei Besichtigungen, Werbefilmen usw. müssen wir uns hüten, den Wert und die Würde außer acht zu lassen. Die Justiz ist kein Theater.

MinR. Thees: Die ständige Werbung hat einen ungünstigen Einfluß auf die Jungen.

ORR. Hoffmann: Ich finde, dass die Jungen sich entweder sofort für die Wehrmacht entscheiden oder gar keine Berufswahl treffen. Sie wissen nichts über ihre Zukunft. Sie lernen schon gar nicht mehr richtig.

MinR. Thees: Die Justiz darf bei der Werbung nicht als Bettler dastehen.

OLGR. Dr. Scheffler: Nie in Form eines Reklamefachmanns, sondern eine Werbung für das Recht.

OLGR. Meinhof: Also nicht Vorträge in der Schule: Kommt zur Justiz, sondern ein solider primitiver Rechtsunterricht. Die Abiturienten müssen bestimmte Rechtsgebiete schon kennen, dann fällt die Rechtsfremdheit, dann hat der Richter Ansatzpunkte, er soll nur am Rande erscheinen, als der die Probleme Lösende. Nicht unmittelbare Werbung, sondern Information des Volkes.

OLGR. Dr. Scheffler: Also wie z.B. in dem Film „Ich klage an“ [1941, Regisseur: Wolfgang Liebeneiner, „Werbung“ für Euthanasie].

OLGR. Meinhof: Sehr gut auch: „Krach im Hinterhaus“ [1935, Reg.: Veit Harlan].

SenPräs. Dr. Bergmann: Oder die jetzt gezeigten Luftschutzfilme, die an sich nichts Besonderes enthalten, aber doch in wenigen Minuten einiges Gutes bringen. Also bei uns etwa: Tierkauf, Streit am Zaun, Beratung beim Rechtsanwalt, Verhandlung, usw...

OLGR. Dr. Scheffler: Oder der Schneeball, den ein Kind in ein Fenster wirft.

OLGR. Meinhof: Wenn das Volk das Recht kennt, beschäftigt es sich mit Rechtsproblemen und die Geeigneten werden sich dem Richterberuf zuwenden.

SenPr. Dr. Bergmann: Als Nachwuchsproblem erscheint ja hier alles, wo uns der Schuh drückt, Lenkung, Gestapo-Stellung usw. Ich begrüße es, wenn diese Gedanken auch unter dem Gesichtspunkt des Nachwuchses einmal angeschnitten werden, weil das schlagkräftiger ist. – MinR. Haag sieht während des Universitätsstudiums eine werbende Tätigkeit des Gemeinschaftsleiters vor. Sollte man nicht auch die Professoren aktivieren. Sie haben in ihren Vorlesungen die beste Gelegenheit, die Eigenart des Richterberufs in den Vordergrund treten zu lassen. Dazu ist aber ein besonders gutes Verhältnis zwischen Justiz und Professoren vorausgesetzt. Gerade Professoren, die selbst als Richter tätig sind, können hier einsetzen. – Wir beschweren uns, dass der Richter im Volksbewußtsein keine Rolle spielt und wollen deshalb Rechtsunterricht. Eine gewisse Rolle spielt doch auch das folgende Beispiel. Von allen großen Leuten gibt es Biographien, es wird bekannt, was sie geleistet haben, ihr Briefwechsel wird veröffentlicht, sie begegnen uns in der allgemeinen Geschichte. Auf dem Gebiete der Rechtswissenschaft hören wir höchstens von großen Gesetzgebern und Rechtslehrern, aber von Richtern nicht. Man sollte Arbeiten über diese Fragen anregen, z.B. Dissertationen. Wenn erst solche vorliegen, dann geht das auch in die allgemeine Geschichte über. Es sollen auch Biographien von Richtern selbst erscheinen. Bisher sind es nur humoristische Erzählungen. Die Ärzte machen das interessant. Da sollte man Talente fördern. – Man sollte den jungen Leuten auch die Wirkungsmöglichkeiten klarmachen: Die leidenschaftslose und gründliche Ermittlung des Sachverhalts und der Wahrheit als Waffen des Richters, mit denen er sich durchsetzen kann.

OLGR. Dr. Scheffler: Gerade das wird vom Volk besonders empfunden.

SenPräs. Dr. Bergmann: Solche Gedanken sollte man an die Professoren heranbringen, auch über große Richter zu schreiben und die Möglichkeiten der Richtertätigkeit herauszustellen.

MinR. Dr. Grussendorf: Es wird allerdings sehr schwer sein, Material dafür zu finden. Die Personalakten ergeben darüber nichts.

OLGR. Dr. Scheffler: Die richterliche Tätigkeit wirkt eben nicht nach außen, sondern hat ihren Wert in der Selbstüberwindung, in der Entschlußkraft.

SenPr. Dr. Bergmann: Machen wir doch einmal ein Preisausschreiben.

OLGR. Dr. Scheffler: Die großen Erinnerungen des Richters sind eben die Prozesse.

KGR. Deynet: Die Selbstbiographie wäre doch wohl am besten. Von Rechtsanwalt Meier aus Bielefeld erschien vor mehreren Jahren eine sehr schöne. Dagegen hat mir Brautlach [Erich] mit dem *Spiegel der Gerechtigkeit*, ein Richterbuch, München, 1942, nicht zugesagt.

OLGR. Dr. Scheffler: In der Art kann man aber Bücher schreiben.

LGD. Dr. Wogatzky: Wir haben schon welche, z.B. von [Helmuth] Schwabe „Der Gerichtstag“ [Aufzeichnungen eines Richters, Berlin, 1940], oder „Der Richter Wiechura“ [von Georg Langer, Oberschlesischer Roman aus der Zeit von 48, Breslau 1928].

MinR. Dr. Haag: Es sollten sich die örtlichen Männer dafür einsetzen. Es gibt überall auf dem Lande Richtertypen, die man herausstellen könnte.

OLGR. Dr. Scheffler: Denken wir an eine Persönlichkeit wie Deinhardt.

LGD. Dr. Wogatzky: In Hamburg war und ist ein Richter Schmid sehr volkstümlich, sodass es immer heißt: „..., secht Richter Smit".

LGR. Dr. Zeller: Das wäre schon ein Titel.

SenPr. Dr. Bergmann: Man könnte auch Dichter für diese Fragen des Richterberufs interessieren. Da hat z.B. einer einen Auftrag zu einer Novelle über den Atlantikwall bekommen, der wurde überall herumgefahren.

OLGR. Dr. Scheffler: Das wäre z.B. etwas für Wilhem Schäfer.

MinR. Dr. Haag: Die Chefpräsidenten müßten doch am ehesten solche Köpfe finden.

KGR. Deynet: Merkwürdig ist, dass die Dichter unter den Richtern keine guten Juristen waren.

MinR. Dr. Haag: Könnte man nach Kochem auch einmal die künstlerischen, schriftstellerischen Männer einladen und dort behandeln: Liebe zur Wahrheit im Richterberuf, Nachwuchswerbung ...

MinR. Dr. Grussendorf: Es wäre eine Aufgabe für die Verbindungsmänner, solche Leute und solchen Stoff zu finden.

LGR. Dr. Zeller: Fehlt es da nicht in der Justiz woanders? Weil bei den Ärzten das von selbst so wächst, während wir bei den Richtern das erst von Amts wegen anregen müssen.

SenPr. Dr. Bergmann: Der Richter stellt eben seine Person nicht in den Vordergrund. Es ist auch schwer, das Problem des Richter-Seins darzustellen. Meistens wird der Richter als persönlich beteiligt dargestellt.

OLGR. Dr. Scheffler: Als sehr werbend empfunden habe ich ein Bildnis des Reichsgerichtspräsidenten im Ornat.

LGD. Dr. Wogatzky: Es gab auch aus den 70er Jahren ein gutes Bild „Er wurde freigesprochen".

OLGR. Meinhof: MinR. Dr. Haag hat darauf hingewiesen, dass uns besonders an dem Nachwuchs liegen muß, der aus Neigung und Tradition zu uns kommen will. Beides wird häufig bei Juristensöhnen zusammentreffen. Tatsächlich ist die juristische Begabung mit manchen anderen Begabungen verknüpft. Nicht immer ist das so. Aber eine Reihe von akademischen Begabungen laufen parallel. Die juristische Begabung ist erbbedingt. Es gibt ganze Juristen-Familien, z.B. Ihering-Bacmeister. – Wir müssen darauf sehen, den Nachwuchs nicht nur für uns zu gewinnen, sondern ihn überhaupt zur Welt kommen zu lassen. Wenn auch juristische Begabung nicht ausschließlich bei den Juristen selbst liegt, so läßt doch der Kindermangel bei den Juristen die Begabungen immer mehr verschwinden. Wir stellen Zahlen auf über Nachwuchsfragen aus dem ganzen Volk, während die typisch juristischen Begabungen immer weniger werden. Wir müssen darauf sehen, dass die Kinderlosigkeit der Juristen beseitigt wird, um die juristischen Begabungen zu erhalten.

Zwei Maßnahmen sind wichtig: Wir müssen überhaupt auf diese Probleme achten, auch auf Veröffentlichungen über Juristenfamilien (Dissertation!). Aber auch die finanzielle Seite darf nicht zu kurz kommen, Gehaltsreform, Kinderzuschläge (20 RM sind unzureichend). Man wird auch die Armen-Anwalts-Gebühren etwa entsprechend abstufen müssen. Die Ärzteschaft hat seit Jahren solche Maßnahmen. Sie garantiert jungen Ärzten, die sich im Osten niederlassen ein Netto-Mindesteinkommen von 600 RM monatlich und gibt Kinderbeihilfen für alle Ärzte, ohne Rücksicht auf die Wirtschaftslage, für das 1. und 2. Kind nichts, für das 3. monatlich 40 RM, für das 4. monatlich 50 RM, für jedes weitere noch einen um 10 RM höheren Betrag.

II. Arbeitstagung des Amtes für Nachwuchsfragen vom 6.-8.7.1944 in Leitmeritz

Anwesend:
OLGR Dr. Scheffler,
LGR Dr. Zeller,
folgende Mitarbeiter und Gäste:
GenStA Dr. Jung, Dresden, (am 6.7.)
aus Abteilung I: MinR Dr. Grussendorf, MinR Dr. Haag (am 6. und 7.7.), OLGR Kuhbier (am 7.7.),
aus Abteilung II: ---
aus Abteilung III: KGR Dr. Creifelds,
aus Abteilung IV: MinR Mielke
aus Abteilung V: ---
aus Abteilung VI: SenPräs. Dr. Bergmann (am 6. Und 7.7.) SenPräs. Hornig, KGR Deynet, OLGR. Meinhof (am 6.7.),
aus Abteilung VII: ---
aus Abteilung VIII: MinR Dr. Anders.

6. Juli 1944

9.00 Uhr	Begrüßung durch OLGR Dr. Scheffler
9.10 – 11.00 Uhr:	*GenStA Dr. Jung: Kriminologische Schulung der Studenten, Referendare und Assessoren.*
11.00 – 12.00 Uhr:	Aussprache
14.15 – 16.00 Uhr:	*OLGR Meinhof: Rassen-, erb- und kriminal biologische Schulung der Studenten, Referendare und Assessoren.*
16.00 – 17.00 Uhr:	Aussprache
17.00 – 18.30 Uhr:	*SenPräs. Dr. Bergmann: Beschäftigung des Assessors im Justizdienst.*

7. Juli 1944

9.10 – 09.50 Uhr:	*MinR Dr. Grussendorf: Beschäftigung des Assessors im Justizdienst.*
9.50 – 10.35 Uhr:	*SenPräs Hornig: Beschäftigung des Assessors außerhalb des Justizdienstes, insbesondere bei Rechtsanwalt und Notar.*
10.35 – 11.20 Uhr:	*MinR Dr. Haag: Beschäftigung des Assessor außerhalb des Justizdienstes, insbesondere bei Rechtsanwalt und Notar.*
11.20 – 12.15 Uhr:	Aussprache
12.15 – 17.45 Uhr:	Aussprache

8. Juli 1944 [weggelassen]

09.00 – 09.45 Uhr:	*KGR Deynet: Nachschulung von geprüften Assessoren, die durch den Kriegsdienst dem Beruf entfremdet sind.*
09.45 – 10.20 Uhr:	Aussprache.
10.20 – 10.50 Uhr:	*MinR Dr. Anders: Wirtschaftliche Förderung der Referendare und Assessoren.*
10.50 – 11.00 Uhr:	Aussprache.

GStA Jung: Zusammenfassung: Kriminologische Schulung der Studenten, Referendare und Assessoren (Zusammenfassung)

1. Die kriminologische Schulung betrifft an sich ihrem Namen nach nur das Problem der Sachverhaltsfeststellung nach modernen Methoden auf dem Gebiete der Strafrechtspflege. Das Bedürfnis nach einer solchen Sachverhaltsfeststellung ist aber auf dem ganzen Rechtsgebiet, also namentlich auch im Zivilrecht und in der Freiwilligen Gerichtsbarkeit vorhanden. Demgemäß halte ich es für geboten, die mir gestellte Aufgabe in diesem weiteren Sinne zu behandeln.

2. Bereits vor jetzt sechs Jahren habe ich in meinem Gutachten zum Kriminalbiologischen Kongreß in Rom die Notwendigkeit der kriminologischen Schulung bejaht und deren Verteilung auf die Universitätszeit, den Vorbereitungsdienst und die ersten Jahre der Praxis vorgeschlagen.

3. Diese Verteilung erscheint mir grundsätzlich auch heute noch zutreffend. Da jedoch z.Zt. es nicht erreichbar ist, den Besuch einer mindestens dreistündigen Vorlesung über die Grundzüge der kriminologischen Wissenschaften zu verlangen, so kann dem Studenten lediglich der Besuch einer solchen Vorlesung und die Teilnahme an einem Kriminologischen Seminar oder Praktikum empfohlen werden.

Im Hinblick auf diese Lage während des Universitätsstudiums muß praktisch nunmehr die kriminologische Ausbildung im wesentlichen auf die Referendarzeit und die ersten Jahre der Praxis verteilt werden.

4. Als Grundlage für diese Verteilung werden sowohl in der Referendarzeit wie in den ersten Jahren der Praxis je drei Abschnitte vorgeschlagen. Es umfassen *im Vorbereitungsdienst:*

der 1. Abschnitt: die Grundzüge der Kriminologie,

der 2. Abschnitt: den Personalbeweis,

der 3. Abschnitt: die Täterpersönlichkeit sowie die Grundzüge der Spurenlehre (Realbeweis) und des Sachverständigenproblems;

in den ersten Jahren der Praxis:

der 1. Abschnitt: die Spurenlehre und das Vorgehen am Tatort,

der 2. Abschnitt: das Sachverständigenproblem,

der 3. Abschnitt: eine Überholung, Zusammenschweißung und Ausrichtung auf dem gesamten kriminologischen Gebiet.

5. Die Unterrichtung kann nicht in Selbstausbildung oder durch Teilnahme an Arbeitsgemeinschaften neben der Tagesarbeit erfolgen, sondern ist mit Erfolg nur denkbar, wenn hierzu die jungen Rechtswahrer für einen gewissen Zeitraum

besonders und ausschließlich zusammengefaßt werden. Die Gesamtdauer der Ausbildung möchte mindestens ½ Jahr dauern und jeder Abschnitt sowohl im Vorbereitungsdienst als auch in den ersten Jahren der Praxis sich auf einen Monat belaufen. Von den drei Abschnitten der Vorbereitungszeit soll einer in der Amtsgerichtsstation, der zweite in der Landgerichtsstation und der dritte während der Beschäftigung bei der Staatsanwaltschaft und beim Rechtsanwalt abgeleistet werden. Die drei Abschnitte der Ausbildung in der Praxis erfolgen in den drei ersten Jahren derselben.

6. Die Ausbildung erfolgt in sechs Gebietslehrstätten und einer Reichslehrstätte. Die drei Abschnitte des Vorbereitungsdienstes und die beiden ersten Abschnitte der Praxis werden auf den Gebietslehrstätten abgeleistet. Die Unterrichtung im dritten Abschnitt der Praxis erfolgt auf der Reichslehrstätte.

7. Der Reichslehrstätte wird eine Kriminologische Reichssammelstelle sowie ein Kriminologisches Untersuchungs- und Forschungsinstitut angegliedert.

8. Die Ausbildung der bereits in der Praxis stehenden Rechtswahrer erfolgt in drei Abschnitten, und zwar umfaßt

der 1. Abschnitt: die Grundzüge der Kriminologie und den Personalbeweis,
der 2. Abschnitt: die Täterpersönlichkeit sowie die Spurenlehre (Realbeweis),
der 3. Abschnitt: die Kriminalphänomenologie und das Sachverständigenproblem.

9. Bei der Ausbildung ist überall auch das Gebiet des Zivilrechts und der Freiwilligen Gerichtsbarkeit einzubeziehen. Eine getrennte Ausbildung der Rechtswahrer der verschiedenen Sparten findet weder während der Vorbereitungszeit noch während der Praxis statt.

10. Demgegenüber läßt das Problem der Fortbildung der auf dem Gebiete der Sachverhaltsfeststellung ausgebildeten Rechtswahrer eine Trennung je nach der Beschäftigung auf den einzelnen Rechtsgebieten möglich und zweckmäßig erscheinen.

11. Die Aus- und Fortbildung auf dem Gebiete der modernen Sachverhaltsfeststellung möchte sich auch auf die Rechtsanwälte und die Amtsanwälte erstrecken.

Aussprache zu: Kriminologische Schulung der Studenten, Referendare und Assessoren

OLGR. Dr. Scheffler: Es ist unsere Aufgabe, eine Synchronisierung zwischen rechtswissenschaftlicher Ausbildung und praktischer Lebenserfahrung herbeizuführen. Das Gewicht unserer Arbeit wird sich auf die Seite des Tatsächlichen legen. Dabei wollen wir die Rechtswissenschaft nicht vernachlässigen. Aber das Tatsächliche ist bisher zu kurz gekommen. Hier muß etwas Zusätzliches geschehen. Dafür sind die Fragen der kriminologischen Schulung vielleicht das zentrale Problem. Wir müssen alle Erfahrungen sammeln und unseren jungen Leuten zugänglich machen. Mir hat z.B. schon ein Besuch des Dresdner Kriminalmuseums [heute: Dresdner Polizeimuseum] ungeheuer viel gezeigt. Wir bitten Sie, Herr Generalstaatsanwalt, noch um eine Liste der Persönlichkeiten, die Sie als befähigt auf diesem Gebiet kennen gelernt haben, auch über die Universitätsinstitute. Wir wollen ja auch die Professoren in unserer späteren Ausbildung mit heranziehen. Wir wollen sie nicht ausschalten, sondern mehr und mehr einbeziehen. Die Verhandlungen über die neue

Studienordnung haben die Aufnahme der Kriminologie nur in die empfohlenen Vorlesungen gestattet. Wir mußten natürlich auf die Verwaltung Rücksicht nehmen. Auch dort zeigt sich das Streben, Rechtstatsachenforschung zu treiben. Ist es wirklich nötig, besondere Institute zu errichten? Haben wir die Kräfte dazu?

GenStA. Dr. Jung: Es sind zwei Probleme: Das Problem der Lehrkräfte und das Problem der Lernenden. Lehrkräftemäßig läßt es sich machen. Was die Lernenden betrifft, so müssen es meines Erachtens wenige sein. Lehrgänge von mehr als 40 Mann sind nicht tragbar. Die Leute müssen sich kennen, um die Aussprache förderlich zu gestalten.

OLGR. Dr. Scheffler: Sie denken also an Lehrgänge von 1 Monat Dauer, also im Jahr etwa 10, vielleicht je 30 Mann, im Jahr somit 300, und zwar ständig im Betrieb?

GenStA. Dr. Jung: Ja, nur mit Sommerpause. Die Professoren können das leisten. Sie sind gewöhnt, von uns in der Praxis sehr stark herangezogen zu werden. Sie unterscheiden sich von den normativen Professoren. Sie ziehen aus den praktischen Fällen ihre wissenschaftlichen Erkenntnisse. Auch die Assessoren müssen ja mitgeschult werden und die Praktiker.

MinR Mielke: Ich sehe die Schwierigkeit woanders. Grundsätzlich stimme ich zu. Bei Studenten und Referendaren läßt es sich so verwirklichen. Aber bei Praktikern? Weil man nicht nur Strafrechtler, sondern auch Zivilrechtler schulen will. Wenn wir auf besondere Gebiets-Lehrstätten kommen, dann kommt vielleicht die Strafrechtspflege zu kurz. Auf die strafrechtliche Schulung legen wir natürlich größten Wert. Man müßte daher wohl zunächst besonders intensiv die strafrechtliche Seite durchführen, Strafrichter und Staatsanwälte schulen, dann bekommen wir eine Menge Kräfte unter uns selbst, die wir einsetzen können.

GenStA Dr. Jung: Das Anlaufen ist schwer. Zunächst Strafrichter und Staatsanwälte schulen, die Zivilrichter erst in zweiter Linie. Es gibt dafür bei den Universitätsinstituten eine Reihe fähiger Assistenten. Im übrigen haben wir an allen Universitäten Psychiater, Kriminologen, ihre Assistenten und gute Sachverständige. Für jede Gebiets-Lehrstätte 5–6 Lehrkräfte, darunter vielleicht 1–2 Praktiker, später dann mehr und mehr Praktiker.

OLGR Dr. Scheffler: Wichtig ist es, das Problem in seiner ganzen Breite zu sehen. Aus praktischen Erwägungen werden wir beim Strafrichter beginnen. Beim Zivilisten ist das Problem noch nicht so klar sichtbar geworden.

GenStA Dr. Jung: Auch die Frage der Einrichtung wird sich nicht so schnell regeln lassen. Was wir jetzt mit unseren Wochenendschulungen und den Kursen auf der Reichsburg Kochem machen, ist keine systematische Ausbildung, sondern nur flüchtiger Einblick. Die Kurzschulung soll nur Anregungen geben. Wir sollten es machen mindestens wie in Straßburg, 14 Tage lang. Es kommt natürlich auch auf die Veranlagung an.

MinR Mielke: Könnten wir nicht für die Justiz mehr Anschauungsmaterial bekommen?

MinR Dr. Haag: Wir müssen unterscheiden zwischen dem, was wir sofort tun können und dem, was das Endziel ist. – Zunächst beginnen mit Wochenendkursen. Wenn dann die Abteilung II die Einführung dieser Lehrgänge auch für die

Referendare durchsetzt, dann haben wir einen weiteren guten Ansatzpunkt. Ich würde die Kurse auch für die Amtanwälte befürworten, bei der 3monatigen theoretischen Ausbildung, wo eine Woche für grundsätzliche Grundlegung anzuschließen wäre. Dann kämen die weiteren jungen Kräfte. Staatsanwälte sind es vielleicht 300 jährlich, mit Strafrichtern vielleicht 1000 jährlich. Aber auch die Rechtsanwälte müssen wir berücksichtigen.

Wir brauchen dazu eine zentrale Stelle zur Beschaffung von Material. Wir müssen die Universitätsinstitute mit einbeziehen. Diese können Einzelaufträge und Forschungsaufträge bekommen. Wir brauchen dazu eine zentrale Stelle, die uns personell und sachlich die Mittel an die Hand gibt, die sich mit allen Neuheiten befaßt. – Notwendig also eine systematische Schulung innerhalb der Referendarzeit, weiter bei den jüngeren Richtern und Staatsanwälten, schließlich bei den Amtsanwälten und dazu die Einrichtung einer zentralen Stelle.

OLGR Dr. Scheffler: Wenn wir allerdings die führenden Männer aus der Unterrichtsverwaltung herausholen wollen, wird das ein Problem. Die Frage ist, ob diese zusätzlich eine laufende Schulung machen wollen. Noch schwieriger ist die Frage, ob sie ganz zu uns kommen wollen.

GenStA Dr. Jung: Ich vertrete die Ansicht: Der Sachverständige muß näher an die Justiz herangeführt werden. Zur Zeit lassen wir noch jeden Sachverständigen sich selbst entwickeln. Viele von ihnen kennen darum die Justiz-Probleme gar nicht. [Gottfried] Baestrup, [Ferdinand von] Neureither, [Ernst] Seelig sollten der Justiz näher stehen, nicht nur zufällig im Einzelfall herangeholt werden. Sie sollten auch bei Gesetzesentwürfen herangezogen werden und bei Beratungen wie der heutigen.

MinR Dr. Anders: Schwierigkeiten entstehen auch auf sachlichem Gebiet. Woher wollen wir das Material für das Kriminalmuseum nehmen?

GenStA Dr. Jung: In den Akten ist schon so viel Material, dass wir die Sammlungen bei allen Gebietslehrstätten einrichten können. Im übrigen helfen uns die Professoren dabei auch sehr gerne. Sie sind geradezu unglücklich darüber, dass sie gerade bei der Justiz so wenig Anklang haben.

MinR Dr. Haag: Wir müssen aber erst eine Übersicht haben, um dann Ansprüche stellen zu können. Die faktische Entwicklung von unten ist entscheidend.

MinR Dr. Anders: Die Ausbildung geht anscheinend mehr und mehr auf die einzelnen Reichsressorts über. Die Universitäten haben das Gefühl, dass sie allmählich überflüssig werden. Die Entwicklung drängt dahin. Wir müssen natürlich darauf Wert legen, dass unsere Leute so geschult werden, wie wir es für nötig halten.

GenStA Dr. Jung: Ich habe die Professoren zum größten Teil kennen gelernt, sie besucht, sie herangezogen. Ich weiß, dass sie gerne kommen. Sie haben außerdem ein ungeheures Material. Bei der Polizei sieht man nur den kriminalistischen Teil. Der menschliche Körper aber ist dort nicht da, weil die Polizei nicht die ärztlichen Kenntnisse hat. Wir bekommen dagegen die Präparate. Es muß das eine Reichsstelle zusammenfassen. Ich wollte das schon in Dresden für mich machen. Ich habe mich an die anderen Generalstaatsanwälte gewandt und hatte schon 500 Akten zusammengebracht. Das hätte bereits eine wunderbare Sammlung ergeben, aber ich mußte es wegen Mangels an Sachbearbeitern unterlassen.

OLGR Dr. Scheffler: Es sind 2 Probleme, grundsätzliche Erneuerung der Rechtsschulung und Heranbekommen der Professoren. – Die erste Frage: Dass die Rechtsschulung in den vergangenen 10 Jahren erneuert worden wäre, müssen wir verneinen. Man müßte das Rechtsgebäude umdenken. Das haben die Professoren seit 10 Jahren versucht. Die Ergebnisse sind erschütternd. Nur einzelne Probleme sind gelöst. Wir wollen das nicht besser können als die Professoren. Aber dazu kommt das Tatsächliche, das wir machen wollen. Wir wollen die Ausbildung nicht auf justiz-eigene Schulen übertragen, sondern nur praktisch ausgestalten. – Die andere Frage: Bekommen wir die Leute personell, auch haushaltsrechtlich? Wir könnten z.B. unsere Referendare einfach für einen Monat zum Arbeiten in die Universitätsinstitute schicken.

GenStA. Dr. Jung: Das wäre einseitig. Wir wollen ihnen doch den ganzen Kreis der Probleme zeigen.

OLGR. Dr. Scheffler: Dann müssen wir die Professoren hauptberuflich eingliedern.

GenStA. Dr. Jung: Die Professoren tun das gerne.

MinR. Dr. Anders: Aber die Unterrichtsverwaltung wird Schwierigkeiten machen.

GenStA. Dr. Jung: Die Universität bekommt doch durch solche Aufträge auch neuen Nachwuchs.

OLGR. Dr. Scheffler: Die Unterrichtsverwaltung müßte natürlich zustimmen, dass diese Leute auch bei uns tätig sind.

MinR. Dr. Anders: Haushaltsrechtlich macht das keine Schwierigkeiten.

MinR. Dr. Haag: Wir müssen natürlich allmählich auszuweiten beginnen.

SenPräs. Dr. Bergmann: Wenn wir gleich von 10monatigen Kursen sprechen, wird die Unterrichtsverwaltung Widerstand leisten. Also vielleicht 6 Monate vorsehen. Daher nicht nur ein Reichsinstitut, wo auch die persönliche Fühlungnahme zu gering ist. Bei den Gebietslehrstätten läßt sich das machen: nicht nur unterrichten, sondern auch als Sachverständiger herangezogen werden, dadurch intensive Fühlungnahme und allmähliche Entwicklung.

MinR. Dr. Haag: Es war bisher keine Zentralstelle da, die den Antrieb gegeben hätte.

SenPräs. Dr. Bergmann: Natürlich ist außerdem das Reichsinstitut nötig. Es soll eine Justizstelle sein.

GenStA. Dr. Jung: Auch die Gebietslehrstätten sollen justizeigene Lehrstätten sein, vielleicht im Vorort eines Universitäts-Instituts-Sitzes. Der Professor kommt dann jeweils dorthin. Die jungen Leute können dort auch wohnen.

OLGR. Dr. Scheffler: Das Internatsproblem bekommt dadurch einen vernünftigen Grund.

OLGR. Meinhof: Wir müssen dabei auch daran denken, Fortbildungsschulen für die voll ausgebildeten Leute zu schaffen. Bei den Ärzten ist es doch schon so, dass sie alle 5 Jahre solche Kurse mitmachen müssen. Dagegen kann doch das Unterrichtsministerium nicht einwenden.

OLGR. Dr. Scheffler: Ja, nur lassen sie sich nicht die Professoren ausspannen.

OLGR. Meinhof: Wir brauchen nicht die Professoren ausschließlich verwenden, sondern nur zusätzlich, im übrigen weitgehend Praktiker.

GenStA. Dr. Jung: Es soll natürlich nicht nur auf die Professoren zurückgegriffen werden. Leiter der Anstalt muß ein Mann der Justiz sein, wenn es auch schwer ist, die richtigen dafür zu finden. Der Lehrkörper setzt sich zusammen aus dem Leiter, der vielleicht mehr das Praktische lehrt, dem Professor des Universitätsinstituts, einem Psychiater, einem Kriminalbiologen, der vielfach schon nicht mehr an der Universität ist, Leuten aus den Sachverständigen-Kreisen, die meistens keine Professoren sind, z.B. Schießsachverständigen, Chemikern, Buchsachverständigen. Es wären also nur etwa die schwierigsten Teile in der Hand der Professoren.

OLGR. Meinhof: Man sollte aber doch den Zusammenhang mit der Universität wahren.

OLGR. Dr. Scheffler: Bei solcher Zusammensetzung würde auch kein Professor zu sehr beansprucht werden.

OLGR. Meinhof: Sollen wir rein kriminologische Schulen einrichten oder Schulen für alle Ergänzungsfragen, die überhaupt geschult werden müssen, darunter auch die kriminologische Seite?

GenStA. Dr. Jung: Die Rechtspflegerschulen muß man davon getrennt halten.

MinR. Dr. Haag: Alle empirischen Wissenschaften sind wichtig.

GenStA. Dr. Jung: Das kann alles sehr schön hereingenommen werden, z.B. Buchhaltungsfragen sind genau so wichtig.

MinR. Mielke: Bei dem Aufbau, der gerade entwickelt wurde, läßt sich das auch sehr leicht machen.

SenPräs. Dr. Bergmann: Ist das aber die Schulung, die man für den künftigen Richter haben will? Oder soll es nicht auch eine rechtliche Schulung sein? Z.B. über den neuen Stand des Arbeitsrechts? Also ein generelles Institut für künftige Richter?

OLGR. Dr. Scheffler: Ich denke hier an die empirischen Ergänzungswissenschaften. In den Arbeitsgemeinschaften dagegen würden Professoren über Rechtsgebiete sprechen, für die ganze Justiz ähnlich in der Justiz-Akademie, in der vielleicht auch das Zentralinstitut für die empirischen Wissenschaften errichtet werden könnte.

OLGR. Meinhof: Man muß trennen: Ausbildung und Schulung. Was wir in Kochem machen, ist Schulung, Ausrichtung, Mitteilung, Lenkung: So ist das, so sollt ihr es machen, so verstehen. Die Ausbildung aber ist etwas ganz anderes: Die jungen Leute instandsetzen, kritisch an eine Sache heranzugehen, sich auf die betreffende Sache zu spezialisieren. Es sind also auch andere Methoden nötig. In einem Wochenendlehrgang kann man ausrichten, aber nicht ausbilden. Eine Woche, zwei Wochen sind das mindeste für eine Ausbildung.

OLGR. Dr. Scheffler: Diese Schulen wären also Ausbildung. Auf der Justizakademie kann beides nebeneinander laufen.

MinR. Dr. Anders: Schulung darf nur für Lehrgänge der Partei gesagt werden.

OLGR. Dr. Scheffler: Sagen wir Ausbildung auf der einen, Ausrichtung auf der anderen Seite.

SenPräs. Dr. Bergmann: Auch die Ausrichtung soll doch nicht nur in Wochenendkursen erfolgen, sondern auch in mehrwöchigen. Dies allein ist also kein Gegensatz zwischen Ausbildung und Ausrichtung.

OLGR. Dr. Scheffler: Man kann natürlich auch während längerer Zeit ausrichten.

SenPräs. Dr. Bergmann: Die Ausrichtung ist eben eine Notlösung.

MinR. Dr. Haag: Besser: Ein Ansatzpunkt.

OLGR. Dr. Scheffler: Bei dem Ausrichten handelt es sich um große richtunggebende Gedanken, die durch wochenlanges Behandeln zerredet würden. Aber hier dreht es sich um kriminologische Ausbildung.

OLGRat Meinhof: Rassen-, erb- und kriminalbiologische Schulung (Einleitung und Vorschläge für Studenten, Referendare und Assessoren)

Einleitung: Die Bedeutung der Begriffe Rassenbiologie, Erbbiologie und Kriminalbiologie.

„Rassenbiologie" und „Erbbiologie" haben eine doppelte Bedeutung. Im weiteren Sinne sind sie identisch und geben die Grundlage für eine erb- und rassenbuiologische Grundeinstellung zum Recht. „Kriminalbiologie" im heutigen Sinne des Wortes ist eine Wissenschaft, die sich nur mit Tatsachenfeststellung beschäftigt und sich für Auslesewirkungen bisher nur wenig interessiert.

I. Allgemeine Erb- und Rassenbiologie

A. Warum bedarf es einer Erb- und Rassenpflege?

1. Die bevölkerungspolitsche Notlage. Das deutsche Volk droht durch Unterwanderung von Artfremden, durch Überhandnehmen der Minderwertigen und durch Geburtenschwund zugrunde zu gehen.

2. Ursache und Bekämpfung der Notlage. Über die Ursachen der Notlage herrschen meist unrichtige Vorstellungen. Sie ist durch das Eindringen der liberalen Weltanschauung und deren heutige Nachwirkungen veranlaßt.

a) Was ist Auslese? Auslese ist differenzierte Fortpflanzung verschiedener Bevölkerungsgruppen.

b) Wie läßt sich die Auslese beeinflussen? Auslese wird durch bewußte Veränderung der materiellen und geistigen Umwelt beeinflußt.

c) Aufstellung eines menschlichen Zuchtziels. Züchtung von Menschen ist nicht unmoralisch. Sie ist politisch notwendig und enspricht nationalsoziaistischem Ideengut. Die notwendige Gleichrichtung der Auslesewirkungen ist nur durch die Aufstellung eines Zuchtziels möglich. Dies geschieht durch Herausstellen des Typs eines gesunden, leistungsfähigen, anständigen Volksgenossen, seiner körperlichen und charakterlichen Eigenschaften sowie seiner Lebensgewohnheiten und seines Verhaltens in allen Lebenslagen.

B. Recht als Auslesefaktor

1. Nachweis der Auslesewirkungen des Rechts.

a) Hexenprozeß als auslesende Wirkung einer Rechtsvorstellung ohne sachlichen Hintergrund,

b) Auslesewirkungen im Strafrecht,

c) Auslesewirkungen im Familienrecht,

d) Auslesewirkungen im Vermögensrecht,

e) Auslesewirkungen im Verwaltungsrecht.

2. Die rassenbiologische Rechtsauffassung trägt nichts Justizfremdes in das Recht. Der Endzweck des Rechts ist die Erhaltung des organischen Lebens unseres Volkes. Von diesem Endzweck her wird auch das Gerechtigkeitsgefühl bestimmt. Der Führer bezeichnet in „Mein Kampf" den Staat als Mittel zum Zweck und zwar als ein Mittel, dessen Zweck in der Erhaltung des rassenmäßigen Bestandes des Volkes liegt.

II. Rassen-, Erb- und Kriminalbiologie als Sondergebiete

1. Rassenbiologie im engeren Sinne,

2. Erbbiologie im engeren Sinne,

3. Kriminalbiologie.

B. Rassen-, erb- und kriminalbiologische Sonderausbildung ist nicht erforderlich. Erforderlich ist nur eine allgemeine erb- und rassenbiologische Ausbildung des Nachwuchses. Wenn sie nicht, wie es an sich für erforderlich gehalten wird, für das ganze Rechtsgebiet durchgeführt werden soll, so ist sie jedenfalls für das Strafrecht, das Familienrecht und die Behandlung aller Art- und Volksfremden unerläßlich.

III. Erb- und rassenbiologische Grundausbildung (volksbiologische Ausbildung) des Rechtswahrernachwuchses.

A. Heutiger Ausbildungsstand. 1. Die Justizausbildungsordnung vom 4.1.1939, 2. Die bisherigen Ausbildungsmöglichkeiten

B. Das Ausbildungsziel

C. Die Lehrmöglichkeiten

1. Hochschullehrer

2. Praktiker: a) Reichsschulungsburg Kochem, b) Lehrgänge bei den Oberlandesgerichten

3. Politische Schulung: a) Das Rassenpolitische Amt, b) Der NSRB.

D. Vorschläge

1. Den Studenten ist nahezulegen, neben der Rechtswissenschaft Erb- und Rassenbiologie zu studieren, soweit sie auf diesem Gebiet besonders interessiert sind. Allen Studenten ist zur Pflicht zu machen, Vorlesungen über allgemeine Erb- und Rassenkunde für Hörer aller Fakultäten zu besuchen.

2. Den Hochschullehrern der juristischen Fakultät ist nahezulegen, sich mit den Auslese- und Zuchtwirkungen des Rechts möglichst eingehend zu beschäftigen, insbesondere Doktorarbeiten auf diesem Gebiet anzuregen.

3. Es sind auf der Reichsburg Kochem und bei geeigneten Oberlandesgerichten Lehrgänge für Richter, Staatsanwälte und Gemeinschaftsleiter einzurichten, in denen die Teilnehmer auf volksbiologischem Gebiet fortgebildet werden. Sie sollen diese Ausbildung an die ihnen anvertrauten Referendare und Studenten weitergeben, ihr Wissen in der Praxis anwenden und nach Möglichkeit auf Veröffentlichungen bedacht sein.

4. In dem Maße, wie sich die zu 3 erwähnten Lehrgänge bewähren, wären sie auszubauen und auch Assessoren zu ihnen heranzuziehen. – Eine Sonderfachausbildung von Studenten, Referendaren oder Assessoren auf den Gebieten der

besonderen Rassenkunde, der besonderen Erblichkeitslehre, der Erbpathologie oder der kriminalbiologie im engeren Sinne, halte ich nicht nicht für zweckmäßig.

Aussprache zu: Rassen-, erb- und kriminalbiologische Schulung der Studenten, Referendare und Assessoren.

OLGR. Dr. Scheffler: Meinen Sie, dass man die Referendar-Gemeinschaftsleiter zu Ausbildern heranbilden kann?

OLGR. Meinhof: Ja, es ist möglich, es ist aber eine sehr sorgfältige Auswahl nötig.

OLGR. Dr. Scheffler: Das wird also den Gedanken ausschließen, es einfach als ein Arbeitsgebiet der Arbeitsgemeinschaft anzusehen. Wie ist es mit dem Anschauungsmaterial auf diesem Gebiet?

OLGR. Meinhof: Das Anschauungsmaterial wird sich erst aus der Arbeit der Praktiker ergeben. Soweit es sich um bildhaftes Material handelt, ist es schon vorhanden. Aber die Anwendung der rassenbiologischen Grundhaltung auf das Volksbiologische ergibt sich erst aus der Praxis. Es wäre das eine Form der Referendar-Ausbildung.

MinR. Dr. Haag: Es ist das eine zusätzliche Seite der Rechtsbetrachtung.

OLGR. Dr. Scheffler: Darum ist die große Frage, ob man das nicht zweckmäßig in Referendararbeitsgemeinschaften behandelt.

MinR. Dr. Haag: Hier ist schon mehr Wertung enthalten.

SenPräs. Dr. Bergmann: Aus dem Tatsachenmaterial lassen sich erst die Grundsätze entwickeln.

OLGR. Meinhof: Die Kriminalbiologie ist ein Teil der Sache.

OLGR. Dr. Scheffler: Man müßte die Ausbildung in den Gebietsschulen mit hereinnehmen und außerdem in den Referendararbeitsgemeinschaften Fälle von besonderer biologischer Bedeutung behandeln.

SenPräs. Dr. Bergmann: Die Gebietsschule ersetzt gleichsam die Universität, die Arbeitsgemeinschaft bietet die Anwendung auf den einzelnen Fall.

OLGR. Meinhof: Ich würde mir vorstellen, dass der Professor bereits das Recht biologisch lehrt, dass in den Arbeitsgemeinschaften der Referendare das auch in gleicher Weise behandelt wird und dazu eine laufende Fortbildung der Praktiker durchgeführt wird. Mit dem letzten kann man anfangen und damit die Voraussetzungen für die anderen schaffen. Also zuerst Praktiker und Gemeinschaftsleiter in Lehrgänge zusammenfassen und ihnen das Grundwissen vermitteln. Die Voraussetzungen sind schon geschaffen, Lehrkräfte, Lehrpläne, Material vorhanden.

GenStA. Dr. Jung: Es handelt sich hier nicht um kleine Gebiete für Spezialisten, sondern um allgemeines Wissen. Die Kriminalbiologie ist eine Angelegenheit aller Rechtswahrer, auch der Zivilrechtler, der Vormundschaftsrichter usw.

OLGR. Meinhof: Gerade im Zusammenhang mit dem geplanten Gemeinschaftsfremdengesetz zeigt sich der Mangel an Kenntnissen.

KGR. Creifelds: Die Begriffe sind jetzt noch viel zu unsicher, als dass man schon Lehrgänge dafür einrichten könnte.

OLGR. Meinhof: Ich möchte ganz unabhängig von dem Gemeinschaftsfremdengesetz über die Gruppe der Gemeinschaftsfremden belehren, die es auch jetzt schon gibt, gleichgültig wie das Gesetz sein wird.

KGR. Deynet: Ist aber die Behandlung praktischer Fälle darüber in den Referendargemeinschaften zweckmäßig? Das sind doch Fragen, die in erster Linie den Praktiker interessieren, nicht den erst Auszubildenden.

GenStA. Dr. Jung: Ja, ich habe auch Bedenken, diese Dinge schon in den Referendarsarbeitsgemeinschaften zu behandeln. Wir haben noch gar nicht einen Stamm an Könnern und Kennern. Sonst gibt es Dilettanten. Die Probleme sind sehr tief. Wir müssen erst selbst den Weg zu ihnen finden. Man sollte dabei nicht den Mediziner ganz herauslassen. Der Mediziner liefert hierbei die Grundtatsachen. Die Schlüsse helfen wir mitziehen. Am besten könnten Praktiker und Mediziner zusammenarbeiten. Es gibt schon viele Mediziner, die nebenbei auch andere Gebiete studiert haben, z.B. Chemie. Das sollten auch Juristen tun.

OLGR. Dr. Scheffler: Wenn wir in den Arbeitsgemeinschaften so etwas behandeln wollen, dann muß natürlich der Gemeinschaftsleiter genügend ausgebildet sein. Wenn der Leiter Fälle erbbiologischen Einflusses hat, soll er sie natürlich in der Gemeinschaft behandeln.

SenPräs. Dr. Bergmann: Wir beschreiten damit einen völlig neuen Weg. Wir betrachten z.B. im Strafrecht regelmäßig nur die gegenwärtige Umwelt, während die Gedanken Meinhofs in die nächste Generation hineinführen. Das kann zu einer völligen Revolutionierung unseres ganzen Rechtslebens führen. Das ganze Wissensgebiet muß aber erst erarbeitet werden. Bis es so weit durchgearbeitet ist, dass damit Fälle geübt werden können, ist noch ein weiter Weg. Er kann allerdings auch dazu führen, das Ansehen der Justiz erheblich zu heben.

GenStA. Dr. Jung: Das kann vor allem zur Anerkennung durch die Bewegung führen. Wir müßten von solchen Gedanken aus z.B. die bisherige Handhabung des § 51 I StGB völlig umwerfen. Gute Psychiater sagen allerdings jetzt schon, dass nur ein kleines Randgebiet von ihm erfaßt würde, nämlich die angehende oder abklingende Psychose, niemals die Psychopathie.

OLGR. Meinhof: Das ist die Frage der Abgrenzung der Verantwortlichkeit für Charakterfehler und der Nichtverantwortlichkeit für Krankheit.

SenPräs. Dr. Bergmann: Die Anwendung auf den einzelnen Fall setzt eine große wissenschaftliche Arbeit voraus. Wir müssen die Leute dafür erst schaffen.

OLGR. Sr. Scheffler: Wir sehen ein notwendiges Gebiet und haben keine Leute dafür. Ich sehe jetzt deutlich, dass die Gemeinschaftsleiter nicht ohne weiteres darin tätig werden dürfen. Der Gemeinschaftsleiter wird aber gut tun, seinen Leuten einmal dafür passende Bücher zu empfehlen.

MinR. Dr. Anders: Es ließe sich daran denken, auch Arbeiten aus diesen Gebieten finanziell zu unterstützen.

GenStA. Dr. Jung: Man sollte unsere Männer anregen, auf diesen Gebieten zu arbeiten. Gerade auf dem Gebiet der Tatsachenfeststellung. Ich würde daran denken, Dissertationen darüber in unserer Anstalt in Waldheim zu drucken. Wir drucken dort zur Zeit eine Dissertation.

OLGR. Dr. Scheffler: Ob allerdings die Professoren geneigt sind, solche Themen anzunehmen, weil sie doch selbst darin nicht zuhause sind?

OLGR. Meinhof: Z.B. Professor Ruttke, Jena.

GenStA. Dr. Jung: Oder Seelig, Graz, der Jurist ist, Bonn in Köln, der Jurist und Mediziner ist, Mezger, München, Exner, München usw.

SenPräs. Bergmann: Beschäftigung des Assessors im Justizdienst (Zusammenfassung)

Mit dem Vorschlage einer stufenweisen Heranführung des Gerichtsassessors an die volle richterliche Aufgabe und der Möglichkeit selbständiger richterlicher Tätigkeit auch schon des Gerichtsassessors befinde ich mich in Übereinstimmung auch mit den Vorschlägen von MinRat Fechner und OLGR. Dr. Scheffler. Abweichungen bestehen insofern, als MinRat Fechner den Gedanken des unselbständigen richterlichen Hilfsbeamten und OLGR Dr. Scheffler den Gedanken der Zweiteilung der Assessoren stark betonen. Dazu tritt bei OLGR. Dr. Scheffler der Gedanke eines längeren Internats zu Beginn der Assessorenzeit. Insoweit kann ich auf meine obigen Ausführungen verweisen. Ich bin der Überzeugung, dass die Beschäftigung des Assessors als Rechtspfleger, Staatsanwalt, Rechtsanwalt, in der Justizverwaltung und außerhalb der Justiz, sowie die aufgezeigte allmähliche Steigerung der richterlichen Geschäfte und die zwischenzeitlichen Lehrgänge vollauf genügen, um einen Zeitraum von 4 bis 5 Anwärterjahren sachgemäß auszufüllen.

Der Gedanke des unselbständigen Hilfsbeamten, der Zweiteilung des Nachwuchses und des längeren Internats ist neu. Läßt man ihn fort, wie ich vorschlage, so ist die Frage zu erwarten, ob meine ganzen Ausführungen nicht darauf hinauslaufen, alles beim alten zu belassen und es scheint, als ob schon die Möglichkeit dieser Fragestellung eine vernichtende Kritik meiner Gedankengänge enthält. Ich glaube das nicht. Einmal ist die LaufbahnVO schon in der nationalsozialistischen Gedankenwelt entstanden. Zum zweiten halte ich es für einen Irrtum zu glauben, der Nationalsozialismus müsse grundsätzlich alles anders organisieren als bisher. Es kommt auf den Geist an, der in der Organisation lebendig wird. Von hier aus enthalten die Vorschläge wesentlich Neues. Sie sind getragen von der Vorstellung einer weltanschaulich geschlossenen, von einem starken Berufsethos erfüllten, nationalsozialistischen Richterschaft und einer hohen Richterpersönlichkeit.

Darauf beruht:

a) die Betonung des Auslesegedankens, für den finanzielle Maßnahmen nur die Voraussetzungen schaffen, indem sie einen den Bedarf übersteigenden Zustrom von Bewerbern sichern, der allein die Auslese ermöglicht.

b) die Auffassung der Assessorenzeit als einer Zeit stufenweiser Steigerungen der Anforderungen und Leistungen und damit ständiger Entwicklung der Persönlichkeit in fachlicher wie charakterlicher Beziehung, in möglichst selbständigem Einsatz.

c) der Einsatz der persönlichkeitsbildenden Kräfte der Richterschaft unter persönlicher Verantwortung des Gerichtspräsidenten für die Gesamtentwicklung des Assessors.

Die Justizkrise kann mit organisatorischen Änderungen nicht überwunden werden. Änderungen des materiellen Rechts sind notwendig, aber nicht allein entscheidend. Die Reform ist eine Frage der Menschen und Ideen. Sie ist daher eine Frage der Auslese und der Erziehung. Dabei steht entsprechend unserer heutigen Anschauung, dass das Persönlichkeitsbild in erster Linie durch die Erziehung bestimmt wird, der Gedanke der Auslese und damit der Nachwuchs an erster Stelle.

MinRat Dr. Grussendorf: Beschäftigung des Assessors im Justizdienst (Zusammenfassung)

1. Gerichtsassessoren im Justizdienst sind selbständig und verantwortlich mit richterlichen Aufgaben zu beschäftigen.

2. Die volle Ausübung der richterlichen Gewalt steht ihnen im allgemeinen noch nicht zu.

3. Die Tätigkeit soll ein organisches Wachsen und Reifen fördern. Sie führt vom Einfachen zum Schwierigen. Ein wichtiges Element ist die Wissens- und Erfahrungsübermittlung durch persönlichen Kontakt.

4. Die Gerichtsassessoren werden als Sachbearbeiter bei der Staatsanwaltschaft, als Alleinrichter in kleineren Sachen und Aufgaben der freiwilligen Gerichtsbarkeit bei den Eingangsgerichten und als Hilfsrichter bei besonders ausgewählten Richtern verwendet, daneben in Justizverwaltungssachen und in erstinstanzlichen Kollegialgerichten.

Ein bestimmter Beschäftigungsgang ist nicht vorgeschrieben.

5. Die Tätigkeit auf einer Geschäftsstelle und als Rechtspfleger scheidet aus.

6. Die für den Richterberuf geeigneten Assessoren werden als Gerichtsassessoren übernommen. Diese werden etwa zu dem gleichen Zeitpunkte, zu dem andere Verwaltungen ihre Beamten anstellen, als Gerichtsräte planmäßig versetzbare Beamte.

7. Die Ernennung zum Richter setzt ein Mindesalter von 33 oder 35 Jahren voraus.

8. Die Fortbildung erfolgt durch Kurse wie bei der Richterschaft allgemein. Eine besondere Schulung der Gerichtsassessoren oder der längere Besuch einer Akademie sind nicht zweckmäßig.

Mit diesen Vorschlägen würden wir den Gerichtsassessor davor bewahren, etwa gegenüber dem jetzigen Zustand sich wesentlich zu verschlechtern. Die Höhe und Würde des richterlichen Amtes wird auch ihm zuteil. Die Interessen der rechtsuchenden Volksgenossen werden nicht durch Experimente gefährdet. Die geplante Hebung des Richters, die Voraussetzung für den ganzen Plan ist, wird, so glaube ich, auf diesem Wege im Personellen organisch vorbereitet.

SenPräs. Hornig: Beschäftigung des Assessors außerhalb des Justizdienstes, insbesondere bei Rechtsanwalt und Notar

[...]III. *Zusammenfassung*

1. Eine Auswahl des Richters aus anderen Berufen ist zwar erwünscht, praktisch aber nicht allgemein, sondern nur in Einzelfällen durchführbar.

2. Bei der Heranbildung des justizeigenen Nachwuchses ist auf eine Beschäftigung außerhalb der Justiz grundsätzlich Wert zu legen. Sie schließt sich in der Regel an einen Einjährigen (widerruflichen) Dienst bei Gericht oder Staatsanwalt an und dauert im allgemeinen 2–3 Jahre.

3. Vorzugsweise kommt eine Beschäftigung beim Rechtsanwalt oder Notar in Betracht. Der Anwärter wird zu diesem Zweck als Anwalts- oder Notarassessor einem Rechtsanwalt oder Notar zugewiesen, den er sich grundsätzlich selbst auswählt.

4. Nach einjähriger Tätigkeit als Anwalts- oder Notarassessor wird ihm die Stellung eines Rechtsanwalts ohne Zulassung bei einem bestimmten Gericht oder die Stellung eines Notars ohne bestimmten Amtssitz verliehen. Die Verleihung ist widerruflich. Anzustreben ist vor allem eine Beschäftigung als *Vertreter* von Rechtsanwälten und Notaren, als *Anwaltsverwalter* und als *Notarverweser.*

5. Der Anwalt steht während der Beschäftigung beim Rechtsanwalt, oder Notar unter der Aufsicht der Justizverwaltung und unter der staatlichen Dienststrafgerichtsbarkeit. Die Justiz garantiert ihm bestimmte Mindestbezüge.

6. Anstelle der Beschäftigung beim Rechtsanwalt oder Notar kann der Anwärter mit Zustimmung der Justizverwaltung auch eine Beschäftigung in einem anderen freien Beruf, in einer Parteidienststelle oder in der Wirtschaft wählen. Er bleibt auch dann unter der Aufsicht und der Dienststrafgewalt der Justiz. Die Einkommensgarantie fällt jedoch weg.

7. Nach 2 bis 3jährigem Außendienst kehrt der Anwärter zum Justizdienst zurück. Er wird nunmehr zum Gerichtsrat oder Staatsanwalt ernannt. Ein Ausscheiden aus dem Justizdienst ist nur mit Genehmigung der Justizverwaltung zulässig.

8. Der Außendienst ist nicht obligatorisch, soll aber die Regel bilden und insbesondere Voraussetzung für die Ernennung zum „Richter" sein.

Ich bin bei meinen Darlegungen von der Verteilung der richterlichen Aufgaben auf den „Gerichtsrat" und den „Richter" ausgegangen. Die Beschäftigung außerhalb der Justiz in der von mir vorgeschlagenen Weise würde sich aber ebenso durchführen lassen, wenn diese Aufteilung unterbleibt. Eine längere Außenbeschäftigung würde mir dann – angesichts der langen Dauer des „Anwärterdienstes" – sogar in besonderem Maße erwünscht und notwendig erscheinen.

IV. *Verhältnisse in der Übergangszeit*

Das Bild, das ich zu entwerfen versucht habe, ist ein *Zukunftsbild.* Wir müssen uns im Klaren darüber sein, dass an eine Verwirklichung derartiger Pläne erst geraume Zeit nach Kriegsende herangegangen werden kann. In der nächsten Zukunft werden uns die Verhältnisse zu anderen Lösungen zwingen. Es bedarf keiner Begründung, dass *während des Krieges* an eine systematische Außenbeschäftigung des Anwärters für den Richterberuf nicht zu denken ist. *Nach dem Kriege* wird der Nachwuchs während 10–12 Jahren zum größten Teil aus Männern bestehen, die jahrelang in soldatischem Einsatz standen. Sie sind in einer Lebensschule besonderer Art gereift, haben bereits viel Zeit verloren und kommen daher für eine Beschäftigung außerhalb der Justiz in der Regel nicht in Betracht. Vor allem aber werden wir längere Zeit unter dem Druck eines ernsten *Nachwuchsmangels* stehen. Das ist aus allen bisherigen Untersuchungen bereits mit Gewissheit zu erkennen.

Wir müssen damit rechnen, dass uns dieser Nachwuchsmangel dazu zwingen wird, alle einigermaßen geeigneten Kräfte in der Justiz zu behalten und möglichst früh als Richter anzustellen. Eine mehrjährige Abordnung in andere Berufe wird sich die Justizverwaltung unter dem Druck dieser Verhältnisse nicht erlauben können.

Dringendes Gebot der Stunde daher, dass wir zunächst den Nachwuchsmangel bekämpfen. Erst dann, wenn uns geeignete Kräfte in genügender Zahl zur Verfügung stehen, kann an eine allmähliche Verwirklichung der grundsätzlichen Ausbildungsreformen gedacht werden.

MinRat Dr. Haag: Beschäftigung des Assessors außerhalb des Justizdienstes – Zusammenfassung

1. Steigerung des sachlichen Vermögens und Charakterbildung sind beim werdenden Richter nicht zu trennen; von diesem Gesichtspunkte muß sich die Beantwortung der Frage nach der Beschäftigung außerhalb der Justiz leiten lassen.

2. Die Bezeichnung „Lebensschule" ist bei der Beschäftigung des Gerichtsassessors außerhalb der Justiz schon deshalb unangebracht, weil er sich nicht in einem alle Kräfte beanspruchenden Lebenskampfe verbrauchen, sondern auf den Richterberuf vorbereiten soll.

3. Die Beschäftigung außerhalb der Justiz ist nützlich, da sie in der Regel die Anschauung von der Gegenständlichkeit des Lebens bereichert. Die größte Bereicherung dieser Anschauung, die größte Lebensgewandtheit aber kennzeichnet nicht die Geeignetheit zum Richter. Der Schwerpunkt seines Vermögens muß im Ethischen liegen, in der Erfassung der Wahrheit, Gerechtigkeit und mutigen inneren und äußeren Unbestechlichkeit. Was hier der Hauptberuf erfordert, muß in der Vorbereitung geübt werden.

4. Schon aus diesen sachlich personellen Gründen kann eine obligatorische Beschäftigung des Gerichtsassessors außerhalb der Justiz nicht empfohlen werden. Eine dahingehende Verpflichtung würde auf die praktischen Naturen, die keiner Umschau außerhalb der Justiz bedürfen, oder eine solche bereits hinter sich haben, keine Rücksicht nehmen. Überdies würden einer obligatorischen Verlängerung des Weges bis zur richterlichen Tätigkeit Gründe der Nachwuchswerbung entgegenstehen.

5. Denjenigen Gerichtsassessoren, die den Wunsch der Umschau außerhalb der Justiz haben, oder die einer solchen bedürfen, mag dies anheimgestellt werden mit der Möglichkeit, je nach Bewährung bis zu 3 Jahre auf das richterliche Dienstalter anzurechnen. Eine feste beamtenrechtliche Bindung zur Justiz ist angesichts der Nachwuchslage schon während dieser Zeit erforderlich. Die Umschau muß daher nach der Übernahme liegen.

6. Die Beschäftigung des Gerichtsassessors bei einem Rechtsanwalt entspricht am besten den doppelten Belangen, im Leben Umschau zu halten und sich gleichzeitig in der Rechtstätigkeit zu üben; hier müßten 5 Jahre angerechnet werden können. Im übrigen ist nur eine solche Tätigkeit außerhalb der Justiz zu empfehlen, die zentralen Überblick über wirtschaftliche und soziale Zusammenhänge (z.B. bei

Treuhändern der Arbeit oder Gauwirtschaftskammern, Allgemeine Verwaltung) oder Auslandserfahrung vermittelt.

7. Die Beschäftigung bei einem Rechtsanwalt, der zugleich Notar ist, erscheint besonders am Platze; dagegen dürfte die Beschäftigung des Gerichtsassessors bei einem Nur-Notar zu eng sein.

8. Der Ruf nach der Lebensschule außerhalb der Justiz entspringt im wesentlichen ihrer eigenen sachlichen und personellen Unzulänglichkeit. Sachlich hat sie an Zuständigkeit, personell u.a. infolge Einwirkung von außen an Persönlichkeiten verloren. Wenn beides wieder gewonnen sein wird, ist die Lebensschule außerhalb der Justiz gesichert.

9. Aus der nach nicht abgeschlossenen politischen Gestaltung des Reiches ergeben sich für die Justiz heute noch nicht übersehbare Gestaltungsmöglichkeiten (z.B. in der kontinentalen, konsularischen und kolonialen Rechtspflege).

10. Es erscheint angebracht, sich auf den Nachwuchs des nächsten Jahrzehnts vorerst zu beschränken. Das aber sind überwiegend Kriegsteilnehmer, für die ein Umweg zum Richter über eine Beschäftigung außerhalb der Justiz nicht in Betracht kommt.

Aussprache zu: Beschäftigung des Assessors im Justizdienst, Beschäftigung des Assessors außerhalb des Justizdienstes.

OLGR. Dr. Scheffler: Anscheinend wird die Zweiteilung der Assessoren (hochqualifizierte und geringere) abgelehnt. Ich wollte damit einen Anreiz im Augenblick nach der 2. Staatsprüfung bieten. Ich glaube nicht, dass dadurch Spätreife benachteiligt werden. Auch die Gefahr, dass nur schulische Leistungen zugrundegelegt würden, sehe ich nicht so groß. Wir wollen doch qualifizierte Leute bekommen.

MinR. Dr. Grussendorf: Ich glaube nicht, dass wir dieses Ziel mit diesem Vorschlag erreichen werden. Die größere Masse der guten Kräfte fühlt sich so als Menschen zweiter Klasse behandelt. Die Unterscheidung hätte also keine anziehende Wirkung.

OLGR. Dr. Scheffler: Die Zahl der mit gut und besser Beurteilten ist aber sehr gering und davon wieder kommt nur ein Bruchteil zu uns.

MinR. Dr. Grussendorf: Es genügt, wenn die Leute wissen, dass sie bei gutem Ergebnis schneller befördert werden. Es muß sich eine stabile Praxis dahin entwickeln.

MinR. Dr. Anders: Bei den guten Leuten, die absolut nicht kommen wollen, wirkt das auch nicht. Wenn einer nicht zur Justiz will, läßt er sich durch keine Aussichten beeinflussen.

OLGR. Dr. Scheffler: Der Vorschlag will diejenigen guten Kräfte werben, die noch schwanken.

MinR. Dr. Haag: Man soll jedem die besten Möglichkeiten eröffnen. Das ist der beste Wettbewerb. Ich habe mich gewundert, wie viele alte Herren mit mäßigen Prüfungen in hohen Stellungen sind, also erst eine Spätreife.

OLGR. Dr. Scheffler: Man müßte feststellen, ob Leute mit guten Prüfungen später versagen.

MinR. Dr. Grussendorf: Bei Prüfungen mit überdurchschnittlichem Erfolg besteht ein größerer Aussagewert als bei Prüfungen mit durchschnittlichem Erfolg. Bei durchschnittlichem Erfolg ist noch eine späte Reife möglich, bei überdurchschnittlichem war bisher kein Absinken zu beobachten.

OLGR. Dr. Scheffler: Interessant also zu untersuchen, wie weit der Ausreichende sich später entwickelt hat, wie weit der Gute später versagt hat.

MinR. Dr. Haag: Die Neigungsgebiete der Allgemeingebiete heben den Menschen.

OLGR. Dr. Scheffler: Also bringt das die Frage der Änderung der Prüfung für die Allgemeinbildung mit sich, dass nicht nur politische Geschichte geprüft werden sollte.

SenPräs. Dr. Bergmann: Leute, die gut gewesen waren und dann später versagt haben, sind mir nicht bekannt, hingegen solche, die zuerst weniger gute Prüfungen abgelegt hatten, aber in der Praxis Beachtliches geleistet haben.

MinR. Dr. Haag: Man muß wohl fragen, ob die Leute mit „gut" und besser in der Praxis in gleicher Weise Erfolg hatten und ob die mit „ausreichend" später bessere Leistungen gezeigt haben. Man kann nicht sagen, dass das Prüfungszeugnis keine geeignete Grundlage für die Beurteilung sei. Ich habe immerhin festgestellt, dass viele mit weniger guten Prüfungen später in den fachlichen Leistungen gestiegen sind, besonders am Reichsgericht.

SenPräs. Dr. Bergmann: Man hat also die rein fachlichen Kenntnisse überschätzt und den menschlichen Wert unterschätzt.

OLGR. Dr. Scheffler: Ich lasse meinen Vorschlag fallen. Man kann die Übernahme im übrigen auch bei „ausreichend" nicht ohne weiteres verneinen, bei „befriedigend" wird man sie ohne weiteres zulassen. Damit hängt die Frage zusammen, ob ein größerer Teil in den Gerichtsratsstellen sitzen bleiben soll.

MinR. Dr. Grussendorf: Einen Mann, der „ausreichend" hat und auch im Vorbereitungsdienst nichts Besonderes leistet, würde ich nicht nehmen. Er muß mehr aufzuweisen haben. Stellt sich dann in den 2 Jahren Berufsarbeit heraus, dass er die Voraussetzungen nicht erfüllt, dann wird er entlassen. Wenn er Gerichtsrat wird, kann er nicht mehr versagen.

OLGR. Dr. Scheffler: In den 2 Jahren Praxis sind die Fehlerquellen genauso möglich.

SenPräs. Dr. Bergmann: Die Justiz hat ja noch andere Möglichkeiten. Wir übernehmen einfach Leute, die nach ihrer bisherigen Entwicklung versprechen, etwas zu bieten. Wenn sie das nicht rechtfertigen, kann man sie in weniger selbständiger Tätigkeit verwenden, etwa bei der Staatsanwaltschaft oder im Strafvollzug.

OLGR. Dr. Scheffler: Woher kommen überhaupt künftig die Staatsanwälte?

MinR. Dr. Haag: Nicht etwa die weniger Tüchtigen zur Staatsanwaltschaft, das wird absolut abgelehnt.

MinR. Dr. Grussendorf: Herr Minister hat neulich abgelehnt, dem Richter den Staatsanwalt gleichzustellen.

MinR. Dr. Haag: Alles soll durch die Staatsanwaltschaft durchlaufen, ein gewisser Stamm soll bleiben.

OLGR. Dr. Scheffler: Das allgemeine Durchlaufen ist sehr vernünftig, aber man braucht auch einen Stamm. Wie soll dann das Verhältnis von Gerichtsrat und Staatsanwalt sein?

MinR. Dr. Haag: Ich persönlich lehne den Gerichtsrat ab. Man entwertet dadurch das Wesen des Richters.

SenPräs. Dr. Bergmann: Angestellt wird der Mann als Gerichtsrat, befördert zum Richter.

MinR. Dr. Grussendorf: Berufsziel ist aber die Ernennung zum Richter, nicht zum Gerichtsrat.

OLGR. Dr. Scheffler: Die Gerichtsräte sollen kleine Sachen machen. Diese kann man in einem Katalog feststellen oder jeweils durch den Hochrichter feststellen lassen. Wenn der Hochrichter gehoben werden soll, darf er es nicht schon mit 30 Jahren werden, andererseits soll er nicht immer als Assessor herumlaufen.

SenPräs. Bergmann: Ich würde es als sehr gefährlich ansehen, wenn 6.000 Gerichtsräte bleiben und 2.000 Hochrichter werden. Der Gerichtsrat soll ja nur Durchgangsstelle sein. Nur wenige Fehlentwicklungen können sitzen bleiben.

MinR. Dr. Anders: Es scheint mir völlig ausgeschlossen, eine große Zahl in die Gruppe A1a zu bringen. In niederer Stufe aber hat er keine gehobene Stellung. Bei einem Kreisgericht mit 5 Richtern kann doch nicht jeder die Stellung eines Landrats haben.

SenPräs. Dr. Bergmann: Die große Masse bleibt Gerichtsräte. Beim Eingangsgericht sitzt dann ein Gerichtspräsident, ein Hochrichter und die Gerichtsräte. Wie sollen sie sich unterscheiden? Entweder handeln die Gerichtsräte nicht weisungsfrei, das wäre der Tod des Richters, oder der Hochrichter hat höhere Zuständigkeit, warum gibt man dann das Landgericht auf, oder der Hochrichter verteilt die Sachen, das ist mit dem Gesetz nicht vereinbar, oder der Hochrichter übernimmt, was ihm die einzelnen als zu schwierig für sie zuweisen, das ist auch nicht befriedigend. Ich sehe keinen Grund dafür, warum alles reformiert werden muß, nur um zu reformieren. Wir haben dann als „Vereinfachungs“-Maßnahmen: Dorfrichter, Rechtspfleger, Gerichtsräte, Hochrichter, also 4 Typen des erstinstanzlichen Richters.

OLGR. Kuhbier: Man wird wohl kaum 8.000 Richter brauchen, vielleicht 5.000-6.000. Man soll nach der Prüfung diejenigen übernehmen, bei denen das Ergebnis kein Hindernis ist, auch wenn die vielleicht etwas versagt haben in der Prüfung selbst, nach 2–3 Jahren gibt man ihnen den Titel Gerichtsrat und die Aussicht, Richter zu werden. Aber den Gerichtsrat mit bestimmten Zuständigkeiten auszustatten, wäre verfehlt. Er ist eben einfach Richteranwärter.

MinR. Dr. Haag: Eine Organisation mit 2.000 Hochrichtern scheint mit nicht durchführbar.

OLGR. Dr. Scheffler: Das Gehaltsaufkommen für die Justiz kann nicht gigantisch erhöht werden.

SenPräs. Dr. Bergmann: Wir haben doch bisher 15.000 Planstellen, künftig etwa 8.000. Das Gesamtaufkommen würde also eine Hebung ermöglichen.

MinR. Dr. Anders: Man kann das aber doch nicht in einen Topf werfen und dann verteilen. Die Innenverwaltung wird das niemals zulassen, dass eine Abteilung junger Leute gigantische Aussichten hat. Der Landrat ist praktisch in A1a eingestuft.

SenPräs. Dr. Bergmann: Wir brauchen jährlich etwa 320 Leute. Wenn so viele mit gut und befriedigend vorhanden sind, ist alles in Ordnung. Wenn diese aber nicht genügen, müssen wir auch mit ausreichend nehmen. Wir brauchen sie doch als Richter.

OLGR. Kuhbier: Man soll doch nicht die Richtertätigkeit mit anderen vergleichen.

SenPräs. Dr. Bergmann: Das tun aber die anderen. Wenn es uns gelingen sollte, den Eingangsrichter auf die Landratsstufe zu heben, dann ist etwas Großes erreicht. Wenn man einen Mann mit 35 Jahren aus der Wirtschaft holt, der sich dort schon eine Stellung geschaffen hat, kann man das begründen, aber nicht bei unserer Laufbahn.

OLGR. Kuhbier: Mit der Gleichwertigkeit hat es soch nichts zu tun, dass die Tätigkeit der Richter eben auf mehrere verteilt werden muß.

SenPräs. Dr. Bergmann: Es ist Sache der Staatsführung, wie sie die Tätigkeit der Richter einschätzen will.

MinR. Dr. Haag: Es fehlt uns eben bisher für unsere Betrachtungen an der Grundlage.

OLGR. Dr. Scheffler: Es müßte dann jetzt schon jeder zweite Mann ein hochqualifizierter Mann sein.

SenPräs. Dr. Bergmann: Wir haben geglaubt, dass wir mit der Dreigliederung, mit Rechtspfleger und Volksrichter eine erheblich größere Zahl von Richtern einsparen könnten, aber das ist ein Irrtum.

OLGR. Kuhbier: Ich hoffe, in wenigen Monaten die Zahlen zu haben, wie sehr der Rechtspfleger den Richter entlastet.

MinR. Dr. Anders: Die Innenverwaltung erstrebt, an Beamten nur einen kleinen Kreis zu haben und daneben die große Masse der Staatsdiener.

KGR. Deynet: Selbst wenn wir von 6.000 Richtern ausgehen, wird der größere Teil davon nur die Geschäfte machen, die auch der Rechtspfleger vornehmen kann. Die anderen Ressorts werden darum sofort sagen: Das sollen Hochrichter sein, die über uns stehen? Wenn wir die Richter herausheben, brauchen wir weniger Hochrichter und eine große Zahl der niederen Gerichtsbarkeit. Das aber wünschen wir nicht. Man müßte höchstens alles, was Verwaltungstätigkeit ist oder zur Freiwilligen Gerichtsbarkeit gehört, ausscheiden.

OLGR. Dr. Scheffler: Ich glaube, dass es unerläßlich ist, einen Teil der Leute als Gerichtsräte weiter zu beschäftigen. Wir können nicht 8.000 hochqualifizierte Leute aufstellen.

SenPräs. Dr. Bergmann: Das hängt davon ab, welche Stellung man diesen 8.000 Richtern geben will. Wenn auch von anderen Laufbahnen gute Kräfte dadurch angezogen werden, dann geht es, sie hochzustellen. Die aktiven gehen ja jetzt gerade in die anderen Verwaltungen über.

OLGR. Dr. Scheffler: Ich habe seit 1936 mit Referendaren gearbeitet. Der Prozentsatz der Erstklassigen war klein.

SenPräs. Hornig: Ich habe schon die Zweiteilung der Richteraufgaben vertreten. Wir wollen doch den Hochrichter. Wenn wir ihn nicht wollen, brauchen wir den Gerichtsrat nicht. Der Richter entscheidet über Leben und Tod, über das Schicksal einer Ehe, über die Freiheit eines Menschen, Entscheidungen, die sich von denen eines Verwaltungsbeamten erheblich abheben. Wenn wir den Hochrichter aber haben wollen, können wir dann alle Richter in diese Stellung einsetzen? Nein, nur einen Teil:

1. weil es gar nicht möglich ist, 8.000 Richter mit so hohen Gehältern zu haben,
2. weil wir auch nicht so viele hochqualifizierte Kräfte haben, es müssen ja außerordentliche Begabungen sein.
3. Die richterliche Tätigkeit ist ihrem Gegenstand nach auch nur zum Teil gegenüber anderen Tätigkeiten hervorgehoben: Es ist ein großer Unterschied, ob ich jemanden zum Tode verurteile oder in einer Privatklagesache zu 10 RM Geldstrafe verurteile.

Männer, die nur einfache Tätigkeiten verrichten, kann man nicht zu Hochrichtern machen. Weil es nun nicht möglich ist, alles andere an den Rechtspfleger und Schöffenrichter abzugeben, muß man eben den Gerichtsrat einführen. Wir heben damit nur einen Teil der Richter heraus. Die anderen setzen wir damit gar nicht herab. Das scheint mir die einzige Möglichkeit, um einen Teil der Richter höherzustufen.

OLGR. Kuhbier: Wir wollen doch den Richter um seiner Funktion willen heben. Es gibt Unzufriedenheit unter den einheitlich gedachten Richtern. Wir wissen heute noch gar nicht die Zahl der Richter, die wir brauchen werden. Ist es von der Gesamtheit des Volkes gerechtfertigt, für Dinge, die 20 Jahre lang der Rechtspfleger gemacht hat, einen Richter anzusetzen? Oder können wir nicht Kräfte ansetzen, die einen billigeren kürzeren Ausbildungsgang haben? Wenn der Volksgenosse damit genau so zu seinem Recht kommt, dürfen wir keine Richter dafür ansetzen. Die dann verbleibenden Richter soll man insgesamt heben. Es gibt sonst einen Richterproletarier, der der Gestalt des Richters sehr schädlich sein könnte.

MinR. Dr. Grussendorf: Wenn die Zahl der Richter, die wir als Hochrichter auswählen können, geringer ist, brauchen wir nur das Mindestalter vielleicht auf 40 Jahre hinauszusetzen, dann haben wir 12 Jahrgänge = 4.800 Gerichtsräte. Für die Richter hätten wir dann nur einen geringen Bedarf. Es läßt sich bei einer Stellung ähnlich der eines Senatspräsidenten sogar ein Alter von 45 Jahren vertreten. Es wäre das ein elastischer Plan, der sich nach den Anforderungen der Zeit richtet.

OLGR. Dr. Scheffler: Wir hätten so eine große Kräftereserve, aus der wir nach Bedarf nehmen können. Einen Anspruch dürfte man nicht verankern.

MinR. Dr. Grussendorf: Nein, keinen Anspruch.

KGR. Deynet: Bekommen wir dadurch nicht einen Richter, regelmäßig bis zu 45 Jahren in verwaltender Tätigkeit als Grundbuchrichter, Zwangsversteigerungsrichter usw., erst dann hineinwachsend in die Straf- und Zivilgerichtsbarkeit. Man sollte ihn aber auch schon vorher darin beschäftigen, nicht erst mit 45 Jahren. Es würde ein großer Teil der richterlichen Tätigkeit auf diese andere Tätigkeit entfallen. Aber was sagt der Nachwuchs? Mit dem Hochrichter könnt Ihr uns nicht locken, wenn wir vielleicht einmal mit 45 Jahren soweit kommen sollen.

MinRat. Dr. Grussendorf: Wenn es nur wenige Hochrichter geben wird: Das ist das sicherste Abschreckungsmittel für den Nachwuchs. Ich vertrete nicht 45 Jahre, sondern meine, das könnte nur ein Notweg sein.

SenPräs. Dr. Bergmann: Bisher haben wir eine einheitliche Richterlaufbahn, Amts- und Land-Gerichtsrat gleichwertig. Wenn wir sie zweiteilen wollen, müssen wir Gründe haben. Es heißt: Der Richter soll höher bezahlt werden, es geht nicht, so viele hochbezahlte zu haben, also 2 Gruppen. Warum denn höher bezahlt? Um die Justiz zu heben? Was hilft es denn, wenn wir ¼ der Justiz heben und ¾ belassen? Ist denn die Justizkrise gerade an den schweren Rechtsfällen entstanden?

SenPräs. Hornig: Zweifellos.

SenPräs. Dr. Bergmann: Gerade da hat man aber doch schon jetzt die besseren Richter hingesetzt. Das Ziel der Reform ist nicht, einen Teil der Richter zu heben, sondern nach Möglichkeit die gesamten Richter, die gesamte Justiz. Was die Justiz tut, muß sie mit guten Kräften machen.

SenPräs. Hornig: Der Gerichtsrat macht nur Freiwillige Gerichtsbarkeit, Registersachen, Grundbuch, Zwangsversteigerung, Zwangsverwaltung usw.

SenPräs. Dr. Bergmann: Dann müßte der Dorfrichter und Rechtspfleger wieder weg. Dann kann man gleich Amts- und Landgerichte belassen. Wenn wir nur 1.000 Hochrichter haben können, nehmen wir einfach die 1.300 Landgerichtsdirektoren her. Wenn es sich um eine Zuständigkeitsverteilung zwischen zwei gleichwertigen Richtern handelte, wäre es einfach. Aber hier ist ein Wesensunterschied zwischen dem Hochrichter und dem anderen. Dann werden die anderen Verwaltungen sagen, dass da kein Richter zu sitzen braucht.

OLGR. Dr. Scheffler: Wir wollen ja nicht den Nachwuchs schlechter stellen, sondern nur den Richter wie bisher und dazu den gehobenen Stand des Hochrichters, statt des LG.-Direktors und OLGRats gleich den Senatspräsidenten. Gegenüber dem Dorfrichter hat der Gerichtsrat den Vorzug, dass er rechtlich ausgebildet ist.

SenPräs. Dr. Bergmann: Soll der Gerichtsrat genau so Richter sein wie der andere, weisungsfrei, wirklich Richter? Warum soll man dann die anderen nicht heben? Dass der Präsident des Eingangsgerichts höheres Gehalt bekommen soll, die anderen geringeres, hebt doch nicht den Richterstand.

OLGR. Kuhbier: Wir müssen den Funktionsträger um seiner Funktion willen herausheben.

MinR. Dr. Grussendorf: Wir müssen natürlich erst abwarten, dass die Leute in die gehobenen Stellen hineinwachsen.

SenPräs. Dr. Bergmann: Die Frage der Richterhebung können wir hier nicht behandeln, das ist Sache des anderen Amtes, wir behandeln hier den Assessor. Die Idee ist folgende: Wir heben die Stellung und bekommen dadurch ein so großes Angebot, dass wir daraus die tüchtigsten auslesen können.

MinR. Dr. Anders: Die Zahl muß aber ganz erheblich herunter, wenn wir die ganzen Richter heben wollen. Wir müssen mindestens bis auf 2.000 heruntergehen.

MinR. Mielke: Zwei Fragen: Welche Geschäfte muß unbedingt ein Richter machen? Wieviele Richter brauchen wir dafür? Erst dann können wir sagen, ob wir diese Richter zu Hochrichtern machen können.

OLGR. Kuhbier: Wenn es Geschäfte gibt, die ebenso der Rechtspfleger machen kann, dann ist es nicht vertretbar, den Richter dafür einzusetzen. Wenn wir, soweit vertretbar, alles dem Rechtspfleger übertragen und dazu den Richteranwärter weitgehend heranziehen, kommen wir mit der Richterzahl von vielleicht 2.000 aus. Der Gerichtsrat ist dann nur eine Durchgangsstation.

MinR. Dr. Anders: Dann müssen wir aber auch sehr wenige Gerichtsräte haben.

SenPräs. Dr. Bergmann: Es kommt also darauf hinaus, nicht 2 wesensgleiche Personen nebeneinanderzustellen, sondern einen Hochrichter und einen Gerichtsrat, der den Titel Richter überhaupt nicht verdient, weil er unselbständig ist oder Geschäfte verrichtet, die nicht Richterqualität erfordern.

OLGR. Kuhbier: Man kann sie ja auch Hilfsrichter nennen.

MinR. Mielke: Da kommt doch keiner mehr zur Justiz.

OLGR. Dr. Scheffler: Der Gerichtsassessor soll also selbständig sein.

MinR. Dr. Grussendorf: Hilfsrichter kann man als Alleinrichter für kleine Sachen und als Assessor für Vollsachen verwenden.

OLGR. Kuhbier: In etwa 3 Monaten können wir sagen, wie viele Richter durch die Rechtspfleger eingespart werden können.

SenPräs. Dr. Bergmann: Wir können das Problem nicht hier im Rahmen des Assessors lösen.

OLGR. Dr. Scheffler: Wir stellen also fest:

1. Weitestgehend selbständige Beschäftigung der Assessoren; sie können zuerst auch als Hilfsrichter und als Assistent verwandt werden.

2. Von der künftigen Zahl der Richter soll ein möglichst hoher Prozentsatz zum Hochrichter werden.

3. Der Rest müßte aber sichergestellt sein, vielleicht auf der Stufe der Oberamtsrichter, dass nicht der Anreiz für den Nachwuchs verloren geht.

SenPräs. Dr. Bergmann: Die Frage ist dann noch, ob der Nicht-Hochrichter den Titel Richter haben soll, nur um das Gehalt zu unterscheiden.

OLGR. Dr. Scheffler: Richter sind ja auch der Dorfrichter und der Rechtspfleger.

SenPräs. Dr. Bergmann: Warum nicht Richter und Oberrichter?

OLGR. Dr. Scheffler: Über die Frage, ob der Mann in der Eingangsstellung zwangsläufig zum Hochrichter kommt, besteht Meinungsverschiedenheit. Leichter schiene das, wenn der Gerichtsrat mit dem Gehalt schon über die bisherigen Gerichtsrats-Gehälter hinaussteigen würde. Gegen das allgemeine Aufsteigen sprechen 2 Gründe: Wir haben nicht so viele Hochqualifizierte und wir können nicht 8.000 derartige Stellen bekommen. Dafür spricht: Der optische Gesichtspunkt von außen, da man sonst sagt, die anderen seien gar keine richtigen Richter, die Notwendigkeit, die gesamte Justiz zu heben, nicht nur einen Teil, und das Vermeiden abschreckender Wirkung.

SenPräs. Hornig: Für die Zweiteilung spricht, dass nur die Richter, die wirklich wichtige Geschäfte versehen, eine hohe Stellung bekommen können.

SenPräs. Dr. Bergmann: Auch bei den gegenwärtigen Richtern würde es etwas abschrecken. Das Sitzen-lassen in der Eingangsstufe erschwert es, den Geschäftsbereich des Eingangsgerichts regional aufzuteilen und verschiebt so das ganze Bild.

OLGR. Dr. Scheffler: Über die Dauer: etwa 5 Jahre mindestens bis zur Anstellung als Richter, bis zur Eingangsstelle 2 Jahre.

MinR. Dr. Grussendorf: Das muß offen bleiben, eben wie in anderen Verwaltungen.

OLGR. Dr. Scheffler: Bei geringem Bedarf an Hochrichtern kann die Zeit von 5 Jahren überschritten werden.

SenPräs. Dr. Bergmann: Soll die Zeit von 5 Jahren gesetzlich vorgeschrieben sein oder mag es möglich sein, dass Hochqualifizierte auch schon vorher dazu kommen?

OLGR. Dr. Scheffler: Normalzeit, aber Ausnahmen möglich. Nach außen soll die Zeit nicht bekannt werden, sie soll nur Richtschnur sein. Nun zur Frage der Verwendung: Soll man den Assessor als Rechtspfleger verwenden?

OLGR. Kuhbier: Rechtspfleger ist nur der Beamte des höheren Justizdienstes, also nicht der Assessor. Der Assessor soll allerdings diese einfachen rechtlichen Geschäfte einmal machen, aber nur kurze Zeit im Registerwesen, im Nachlaßwesen, in Vormundschaftssachen, im Grundbuch. Ob man ihm aber nicht einen weiteren Spielraum geben soll, z.B. ohne Vorlegungspflicht? Aber in Vormundschafts- und Nachlaßsachen nicht die schwerwiegenden Geschäfte.

OLGR. Dr. Scheffler: Also nicht sagen: Er soll als Rechtspfleger arbeiten, sondern einen Katalog dieser Sachen aufstellen.

KGR. Deynet: In Vormundschafts- und Nachlaßsachen wird der Assessor zu sehr das Rechtliche sehen statt des Tatsächlichen und dabei wird deshalb der Fiskus häufig ersatzpflichtig. Wenn der Assessor zu seiner weiteren Ausbildung beschäftigt werden soll, soll man ihm schon das übertragen, was er später als Richter macht, nicht was der Rechtspfleger macht.

OLGR. Kuhbier: Der Rechtspfleger erledigt viele Geschäfte auch als Urkundsbeamter, z.B. Hinterlegungssachen. Das muß m.E. einmal jeder Assessor gemacht haben.

OLGR. Dr. Scheffler: Wenn man überhaupt den Assessor im Bereich des Rechtspflegers verwendet, dann soll das nicht zu lange dauern. Auf jeden Fall soll er im Grundbuch arbeiten.

LGR. Dr. Zeller: Man muß sich aber aufs schwerste hüten, dabei von Ausbildung zu sprechen, es soll doch ja nicht das Referendar-Dasein verlängert werden.

KGR. Deynet: Doch, er soll alles kennenlernen.

SenPräs. Dr. Bergmann: Ich habe den Eindruck, dass die Referendarzeit hier ganz verschwindet.

LGR. Dr. Zeller: Man kann nicht Leute, die an der Front standen und dort Kommandeure waren, wieder erst lernen lassen wie Referendare.

OLGR: Kuhbier: Der Assessor soll ja selbständig tätig werden. Es wird immer ein Teil Sachen bleiben, den der Assessor nicht machen kann.

OLGR. Dr. Scheffler: Die Jugend ist grundsätzlich dagegen, dass ein Assessor Rechtspflegergeschäfte macht.

LGR. Dr. Zeller: Das würde das ganze Assessor-Dasein entwerten.

OLGR. Kuhbier: Man muß ihm diese Geschäfte in seiner Eigenschaft als Assessor selbständig übertragen, ohne Rücksicht darauf, dass auf diesem Gebiet auch Beamte des gehobenen Dienstes tätig werden.

OLGR. Dr. Scheffler: Man könnte überlegen, ob der Gerichtsvorstand einzelne Sachen oder ganze Kategorien übertragen soll.

MinR. Dr. Anders: Man soll eine Gruppe von Geschäften übertragen, darunter auch die, die sonst dem Rechtspfleger übertragen werden.

OLGR. Dr. Scheffler: Also ½ Jahr entweder in Grundbuchsachen oder in Nachlaßsachen oder in Registersachen.

MinR. Dr. Grussendorf: Er soll grundsätzlich richterliche Geschäfte bekommen. Wenn das nicht ausreicht, dann dazu noch Rechtspflegergeschäfte. Am Anfang aber soll längere Tätigkeit bei der Staatsanwaltschaft stehen.

LGR. Dr. Zeller: Dann verzichten wir auf die Hälfte des Nachwuchses.

OLGR. Kuhbier: Im 1. Jahr eine Art Gehilfentätigkeit beim Kollegium.

KGR. Deynet: Die meisten meinen, sie kommen von der Staatsanwaltschaft nicht mehr weg, aber wenn sie wissen, sie kommen wieder weg, dann ist das kein Hindernis.

OLGR. Dr. Scheffler: Grundsätzlich also Staatsanwaltschaft, wenn einer nicht will, dann nicht.

MinR. Mielke: Wir wollen also anscheinend den Ausbildungsgang in ein Schema pressen?

LGR. Dr. Zeller: In Bayern konnte man es sich leisten, die Anwärter zwangsweise in die Staatsanwaltschaft zu stecken, denn einmal dauerte die Assessorenzeit nur ½ Jahr, zum anderen war ein großes Überangebot an Kräften vorhanden und vor allem wußte jeder, dass er nach 2–3 Jahren Richter werden konnte.

OLGR. Dr. Scheffler: Wir wollen keine zwangsläufige Reihenfolge, nur sagen, wie er beschäftigt werden kann.

SenPräs. Dr. Bergmann: Wir wollen kein System aufstellen.

MinR. Dr. Grussendorf: Er soll aber einer Reihe wechselnder Arbeitskreise durchlaufen, um Lebensreife zu bekommen.

OLGR. Dr. Scheffler: Wir werden also sagen: Zu empfehlen ist die Beschäftigung in folgenden Gebieten, je nach Neigung, Eignung und Geschäftslage.

SenPräs. Dr. Bergmann: Es handelt sich um einen künftigen Richter, also nicht sagen: Du sollst, du sollst nicht. Man sollte nur intern die Vorgesetzten anweisen, sie in gewissen Geschäften nicht zu verwenden.

MinR. Dr. Grussendorf: Man soll auf die Beschäftigungsmöglichkeiten positiv abstellen.

SenPräs. Dr. Bergmann: Es soll möglichst vielgestaltig sein, der eine geht zur Staatsanwaltschaft, der andere zur Rechtsanwaltschaft, wieder einer will ganz hinaus aus der Justiz.

MinR. Dr. Grussendorf: Aber eine gewisse Empfehlung aufstellen, es wird doch sonst auch alles gelenkt.

OLGR. Dr. Scheffler: Man sagt: Empfehlenswerte Beschäftigungen sind folgende: ... Die Reihenfolge richtet sich nach der Geschäftslage, den Wünschen, zweckmäßig aber in folgender Reihenfolge ...

MinR. Dr. Anders: Ist dieser Katalog notwendig? Kann man nicht einfach sagen: Alles, ausgenommen ...

SenPräs. Dr. Bergmann: Der Assessor ist doch fähig zum Richteramt. Wenn bekannt wird, dass er 5 Jahre Anwärter sein soll, davon 2 Jahre Rechtspfleger, so wird das abschrecken.

MinR. Dr. Grussendorf: Wir müssen sagen, dass die Voraussetzungen so hoch sind, dass er noch nicht die volle Reife hat.

SenPräs. Dr. Bergmann: Man sollte einfach die Chefs anweisen, sie allmählich an die schwierigen Geschäfte heranzuführen.

OLGR. Dr. Scheffler: Sie sollen langfristig beschäftigt werden.

OLGR. Kuhbier: Sollte man nicht Stufen einführen?

MinR. Dr. Grussendorf: Gehilfentätigkeit am Schluß, aber nicht so bezeichnen, sondern als Hilfsrichter, Assistenten.

OLGR. Dr. Scheffler: Also etwa als Dienstanweisung für die Beschäftigung der Richteranwärter mit Aufgaben des Staatsanwalts und Richters folgende Möglichkeiten ... Die Wahl der einzelnen Beschäftigungsmöglichkeiten richtet sich nach dem Wunsch des Assessors und der Geschäftslage.

SenPräs. Dr. Bergmann: Dazu: Das Ziel ist die möglichst baldige Hinführung des Assessors an die volle richterliche Reife.

OLGR. Dr. Scheffler: Damit können wir beginnen: Ziel ... ist seine Hinführung an die volle richterliche Reife.

SenPräs. Dr. Bergmann: Das ganze Übel kommt von der Zweiteilung und von dem höheren Gehalt.

MinR. Dr. Anders: Mit 30 Jahren ist einer u.U. schon Gauleiter.

SenPräs. Dr. Bergmann: Der Assessor muß einfach die volle richterliche Reife erlangt haben. Keine wesensmäßigen Unterschiede in seiner Arbeit. Er kann zum Rechtsanwalt, ins Leben hinaus, zur Staatsanwaltschaft, aber ja keine Stationenfolge.

OLGR. Dr. Scheffler: Wir wollen nur die Möglichkeiten aufzählen.

MinR. Dr. Grussendorf: Der Assessor soll ja alles tun, aber nicht schlagartig alles.

SenPräs. Dr. Bergmann: Bei der Ernennung zum Richter bekommt er eine feste Stelle. Der Anwärter wird eben verschieden beschäftigt.

OLGR. Dr. Scheffler: Der Assessor soll mit 30 Jahren nicht Todesurteile fällen und Ehen scheiden.

OLGR. Kuhbier: Der Nachwuchs wird sich darauf einrichten, dass er bei einem hohen Amt entsprechend lang warten muß.

MinR. Dr. Grussendorf: Das tut er nicht.

OLGR. Dr. Scheffler: Es soll also grundsätzlich kein Unterschied sein zwischen Assessor und Gerichtsrat in der Funktion, nur die Stellung ändert sich.

LGR. Dr. Zeller: Warum dafür aber Vorschriften? Bisher wurde das ohne Vorschriften im wesentlichen schon so gehandhabt.

OLGR. Dr. Scheffler: Es gibt schon Vorschriften, dass die Assessoren hier und da nicht verwandt werden dürfen. Wir müssen uns darüber Gedanken machen. Wie weit wir es in ein Gesetz schreiben, ist eine andere Frage.

SenPräs. Dr. Bergmann: Man kann ja die Präsidenten anweisen, sie nicht in bestimmten Sachen zu verwenden.

OLGR. Dr. Scheffler: Ich bin nicht für negative Definitionen. Es gibt doch keine anderen Möglichkeiten als Staatsanwalt, Beisitzer, allmähliche Heranführung zur Einzelrichtertätigkeit. Den Rechtspfleger kann man vielleicht herauslassen. Es soll ja auch der Referendar nicht zu viel Stationen haben. Was er aber dort nicht mitmacht, muß er als Assessor sehen.

MinR. Dr. Grussendorf: Man sollte bei jedem Eingangsgericht ein Hilfsrichter-Dezernat vorsehen.

MinR. Dr. Anders: Man kann auch ein Referat so ausgestalten, dass es sich für diesen Mann eignet.

MinR. Dr. Grussendorf: Man kann da alle Tätigkeitsarten zusammen hineinnehmen, weil ja nicht zu viel für ihn zu tun bleibt.

OLGR. Dr. Scheffler: Aber als Rechtspfleger nicht beschäftigen.

SenPräs. Dr. Bergmann: Der Assessor soll wie ein Richter beschäftigt werden, abgesehen von bestimmten Geschäften, für die ihm die Reife fehlt.

OLGR. Dr. Scheffler: Nachlaß- und Vormundschaftssachen mögen schon in der Referendarzeit gründlich bearbeitet werden. Grundbuchrecht dagegen nicht, dafür in der Assessorenzeit.

LGR. Dr. Zeller: Muß er denn alles haben? Warum denn unbedingt eine universelle Ausbildung, wenn er sich dann doch spezialisiert? Er kann sich dann immer noch in sein Gebiet einarbeiten.

OLGR. Dr. Scheffler: Er soll das aber wissen.

KGR. Deynet: Das ist auch die Frage eines Wechsels im Dezernat. Viele Richter sträuben sich gegen jeden Wechsel und sind dann gar nicht mehr in der Lage, sich umzustellen. Das ist umso gefährlicher, wenn schon der Assessor einen Teil nie kennengelernt hat.

MinR. Dr. Grussendorf: Das ist immer wieder das Hereinbringen der Ausbildung in die Assessorenzeit.

KGR. Deynet: Wenn er nun schon in der Assessor-Prüfung über Grundbuchrecht gefragt wird?

OLGR. Kuhbier: Man könnte für den Assessor aus dem Grundbuch einen Teil nehmen, vielleicht regional, auch Nachlaßsachen, sodass die einfachen und die schwierigen Sachen getrennt sind.

OLGR. Dr. Scheffler: Dann müssen wir aber ein Schema haben.

MinR. Dr. Grussendorf: Er soll wenige, aber grundlegende Sachen haben.

OLGR. Dr. Scheffler: Das Hereinnehmen von Rechtspflegergeschäften macht anscheinend die größten Schwierigkeiten.

SenPräs. Dr. Bergmann: Die Frage ist durchaus noch nicht entschieden, dass die Geschäftsverteilung bei den Gerichten regional sein soll.

OLGR. Dr. Scheffler: Fest steht also: Der Assessor soll beschäftigt werden bei der Staatsanwaltschaft, auch als Beisitzer. Streitig ist, ob als Beisitzer in der 1. Instanz (das ist an sich nur für besonders wichtige Sachen vorgesehen, dann Assessor noch nicht), oder in der Berufungsinstanz (es fragt sich, ob das gut ist, wenn er über den erstinstanzlichen Vollrichter gestellt wird). Jedenfalls immer als Richter mit voller Stimme.

SenPräs. Dr. Bergmann: M.E. soll keiner beim Eingangsgericht sein, der nicht zuerst die Rechtsprechung bei seinem Obergericht kennengelernt hat. Ich bin für volles Stimmrecht. In den ersten 2 Jahren gibt es genügend andere Beschäftigung z.B. bei der Rechtsanwaltschaft.

KGR. Deynet: Es macht für den erstinstanzlichen Richter nichts aus, wenn der Assessor im Berufungsgericht Stimme hat.

SenPräs. Dr. Bergmann: Natürlich würde ich 2 Anwärter als Beisitzer nicht gestatten.

OLGR. Dr. Scheffler: Gewiß. Der Assessor kann dort mit Leuten von großer Erfahrung zusammenarbeiten. Gut ist also die Beschäftigung beim Staatsanwalt, beim Kollegialgericht. Ob auch beim Berufungsgericht, wird überwiegend für möglich für einen späteren Zeitpunkt. Aber immer mit Stimmrecht. Selbstverständlich auch außergerichtliche Beschäftigung, insbesondere bei der Rechtsanwaltschaft.

SenPräs. Dr. Bergmann: Ich sehe hier die Rechtsanwaltschaft als Gegenstück der Staatsanwaltschaft.

OLGR. Scheffler: Der Referendar ist ja auch schon beim Rechtsanwalt.

SenPräs. Hornig: Man sollte diese Zeit beim Referendar lieber anders verwenden.

KGR. Deynet: Gerade für den Referendar ist das aber wichtig.

OLGR. Dr. Scheffler: Mindestens wünschenswert. Von der Beschäftigung in einer Einzelfirma ist nicht viel zu halten. Die Persönlichkeitsentwicklung ist nicht günstig, noch stärker als schon beim Anwalt. Wertvoll ist Einsatz im Parteidienst, Arbeitsfront, bei Wirtschaftsverbänden, z.B. der Gauwirtschaftskammer. Der Assessor soll wählen, natürlich nicht alles zusammen.

SenPräs. Dr. Bergmann: Solche Möglichkeiten sollte auch der Richter in späteren Jahren einmal ergreifen. Er soll von Zeit zu Zeit aus der Richtertätigkeit herauskommen.

KGR. Deynet: Ob man das nicht durch Kurse erreichen soll?

OLG*R. Dr. Scheffler:* Es bleibt noch die Frage, ob der Gerichtsrat als Einzelrichter verwandt werden soll.

SenPräs. Dr. Bergmann: Soll nicht auch der Assessor in der Justizverwaltung beschäftigt werden?

OLGR. Dr. Scheffler: Ja. Auch als Streitrichter einschließlich der Vollstreckung soll er beschäftigt werden, aber ihn nicht überall durchschleusen.

SenPräs. Dr. Bergmann: Darum mein Vorschlag, negativ zu fassen.

OLGR. Dr. Scheffler: Konkursrichtertätigkeit ist nicht erwünscht. Vertragshilfe ist zu schwierig. Wie soll die zivil- und strafrechtliche Streitrichtertätigkeit abgegrenzt werden?

MinR. Dr. Grussendorf: Welche Möglichkeiten gibt es, um ihn als Streitrichter zu beschäftigen?

OLGR. Dr. Scheffler: Wenn als Streitrichter, dann erst Zuteilung einzelner Sachen.

KGR. Dr. Creifelds: Das ist nicht zweckmäßig. Er soll ein selbständiges Dezernat haben, nicht etwas Zugeteiltes. Er soll ja auf seine Stellung als Vollrichter vorbereitet werden, nur sachlich beschränkt auf die einfacheren Gebiete.

OLGR. Dr. Scheffler: Was bleibt aber für die Assistenz?

MinR. Dr. Grussendorf: Unterstützung des Vollrichters für schwierige Sachen.

OLGR. Dr. Scheffler: Also nicht selbständiges Dezernat in kleiner Straf- und Ziviljustiz.

MinR. Dr. Grussendorf: Nein, nach meiner Ansicht nicht. Eine Frage allerdings entsteht: Was ist, wenn der Assistent anderer Ansicht ist als der Hochrichter? Er soll eigenes Stimmrecht haben.

OLGR. Dr. Scheffler: Wir wollen doch auch ein Dezernat von einfachen Sachen bilden.

KGR. Deynet: Gerade in Bagatellprozessen, die keine Rechtsmittel mehr kennen, ist es gefährlich, wenn ein Nicht-Vollrichter entscheidet. Wohl am besten, erst in Spezialsachen, dann beim Obergericht und dann erst als Einzelrichter in Zivil- und Strafsachen.

OLGR. Dr. Scheffler: Zu einer Reihenfolge wollen wir ja nicht kommen.

KGR. Deynet: Nein. Aber es ist nicht nötig, wenn schon so viele Möglichkeiten für die ersten 2 Jahre bestehen, überhaupt zu fragen, ob er als Prozeßrichter verwandt werden soll.

OLGR. Dr. Scheffler: Was wollen wir den Gerichtsrat sonst machen lassen?

SenPräs. Dr. Bergmann: Warum soll der Mann nicht Einzelrichter sein? Immer wieder hört man hier jetzt: Der Mann kann noch nichts. Warum denn? Jeder hat immer wieder als Richter Schwierigkeiten, ob er nun mit 29 oder 31 Jahren Richter wird.

OLGR. Dr. Scheffler: Der künftige Richter beim Eingangsgericht wird aber größere Schwierigkeiten haben.

KGR. Deynet: Der Mann soll künftig selbständig die Verhandlung leiten und Prozesse entscheiden, die von größerer Bedeutung sind als heute. Er muß zuerst gesehen haben, wie man das beim Obergericht anfaßt.

MinR. Dr. Grussendorf: Wir könnten das auf den Streitwert abstellen und den Gerichtspräsidenten ermächtigen, ihm etwas zuzuweisen.

OLGR. Dr. Scheffler: Das Hilfsdezernat wird als Kindergarten, als Schulungslehrstätte empfunden werden. Das Durcheinander von allem verwirrt den Mann.

MinR. Dr. Grussendorf: Dafür hat er nur wenige Sachen.

OLGR. Dr. Scheffler: Man sieht dabei aber nicht, ob er etwas kann.

KGR. Deynet: Er kann sich dabei auch in keine Sache richtig hineinfinden.

OLGR. Dr. Scheffler: Das Spezialdezernat halte ich für zu schwierig.

MinR. Dr. Grussendorf: Aber wie sonst?

KGR. Dr. Creifelds: Wechseln: Erst Grundbuch und Vormundschaftssachen ... dann Prozeßgericht.

KGR. Deynet: Es ist aber schwer, die Geschäftsverteilung voraus festzustellen.

MinR. Mielke: Das wird örtlich verschieden sein, in größeren Gerichten leichter möglich. Ich habe keine Bedenken, einem solchen Richter selbständig ein Referat zu geben, wenn er schon 33 Jahre alt ist.

MinR. Dr. Grussendorf: Bei manchen Gerichten wird es nötig sein, alle Sachen zusammenzutragen. Bei anderen Gerichten wird man nur einzelne Sachen zuteilen können.

KGR. Deynet: Soll dann jedes Eingangsgericht einen Hilfsrichter bekommen, auch die kleinen? Mit weniger als 4 Richtern auch? Die größeren können leicht solche Dezernate schaffen.

SenPräs. Dr. Bergmann: Hat man denn mit der bisherigen Ausbildung so schlechte Erfahrungen gemacht?

OLGR. Dr. Scheffler: Man kann auch sagen, der Mann bekommt ein gewöhnliches Dezernat und muß die schweren Sachen abgeben.

SenPräs. Dr. Bergmann: Psychologisch viel besser, als wenn man ihm nur einzelne Sachen zuweist.

OLGR. Dr. Scheffler: Viel besser so. Nur besteht die Gefahr, dass er nicht schwach erscheinen will und dann die schwierigen Sachen nicht vorlegt, sondern selbst entscheidet.

KGR. Deynet: Der Anfänger sieht auch gar nicht, was schwierig ist.

SenPräs. Dr. Bergmann: Wenn wirklich so ein besonderer Prozeß auftaucht, erfährt das sofort der Gerichtspräsident. Er kann dann den jungen Richter betreuen.

OLGR. Dr. Scheffler: Also auch als Streitrichter in Straf- und Zivilsachen. Strafsachen soll er vorlegen bei schweren Straftaten, Zivilsachen bei besonderen wirtschaftlichen Schwierigkeiten, mit besonderem Streitwert oder biologisch interessante Sachen. Er ist also selbständig, hat aber doch das ganz Heikle nicht. Nun noch die Frage der Rechtspflegertätigkeit und der Reihenfolge.

SenPräs. Dr. Bergmann: Ich möchte vorher noch erwähnen: Für die Fälle, dass ein Vollrichter zu seiner Unterstützung in umfangreichen Sachen einen Richter beiziehen will, der ihm hilft, könnte man einen Assessor vorsehen.

KGR. Deynet: Das könnte auch der Gerichtspräsident von sich aus anordnen.

KGR. Dr. Creifelds: Damit könnte man auch den Gedanken des Ersatzrichters verbinden, wenn der Hauptrichter ausfällt.

OLGR. Dr. Scheffler: Vom Grundsatz des Stimmrechts braucht man dabei nicht abgehen.

SenPräs. Dr. Bergmann: Die Hilfsrichter beim Disziplinarhof machen Aktenauszüge und Urteile, ohne Stimmrecht.

OLGR. Kuhbier: Weil die Verwendung an einem derartig hohen Gericht so anreizt, dass man das fehlende Stimmrecht in Kauf nimmt.

MinR. Grussendorf: Es gibt 2 Möglichkeiten: Einmal, Beisitzerschaft im Obergericht, oder einem Hochrichter zuweisen, selbständig oder unselbständig. Die Assistenz ist nur eine innigere Form der Zusammenarbeit.

KGR. Deynet: Der Vorsitzer würde also allein entscheiden. Das wäre doch sehr ähnlich der Stellung des Referendars.

MinR. Grussendorf: Nein, der Assistent hat Stimmrecht.

OLGR. Kuhbier: Am Anfang beim Obergericht als Beisitzer scheint mir besser zu sein als Verwendung als Assistent.

SenPräs. Dr. Bergmann: Ein 28jähriger will nicht mehr 1 Jahr lang beim Obergericht Urteile schreiben.

OLGR. Dr. Scheffler: Wir haben also gefunden: Verwendung als Staatsanwalt und Rechtsanwalt, für den Assessor. Für den Gerichtsrat zunächst: Beisitzer oder Streitrichter in kleinen Sachen.

SenPräs. Dr. Bergmann: Ob aber die Obergerichte ausreichen, alle unterzubringen.

OLGR. Dr. Scheffler: Bleibt noch die Rechtspflegertätigkeit zu prüfen. Die Bildung eines besonderen Hilfsrichterdezernats kann man auf die Freiwillige Gerichtsbarkeit beschränken.

MinR. Dr. Grussendorf: Wenn aber streitige und freiwillige Gerichtsbarkeit später vereinigt werden sollten?

OLGR. Dr. Scheffler: Wir müssen von dem jetzigen Stand ausgehen. Also: Beim Obergericht nicht gerade den krassen Anfänger; den Gerichtsassessor als Staatsanwalt und Rechtsanwalt; den Gerichtsrat als Beisitzer im Obergericht mit Stimmrecht, als Richter der Freiwilligen Gerichtsbarkeit in besonderem Dezernat, als Richter der streitigen Gerichtsbarkeit.

MinR. Dr. Grussendorf: Die letzte Tätigkeit erst nach 3–4 Jahren.

OLGR. Dr. Scheffler: Aber nicht so festlegen.

MinR. Dr. Grussendorf: Ob nicht auch schon für den Gerichtsassessor die Tätigkeit als Richter der freiwilligen Gerichtsbarkeit vorgesehen werden sollte.

OLGR. Dr. Scheffler: Das könnte man machen. Also: Staatsanwalt und Rechtsanwalt immer als Gerichtsassesor, Richter der freiwilligen Gerichtsbarkeit als Gerichtsassessor oder als Gerichtsrat. Außergerichtliche Tätigkeit soll nicht obligatorisch sein, die Zeit muß auf die Dienstzeit angerechnet werden.

MinR. Mielke: Wo bekommt aber nun die Staatsanwaltschaft ihren Nachwuchs her? Für Leute, die dortbleiben wollen, müßte doch die Möglichkeit bestehen, aber sie sollen nicht ausgeschlossen werden von der Möglichkeit, Richter zu werden.

KGR. Deynet: Wenn der Assessor nicht unbedingt bei der Staatsanwaltschaft sein muß, falls er Richter werden will, sollte er auch nicht bei Gericht sein müssen, falls er Staatsanwalt werden will.

OLGR. Dr. Scheffler: Wie soll aber der Staatsanwalt eingestuft werden? Staatsanwalt = Gerichtsrat? Der Oberstaatsanwalt könnte einmal Hochrichter werden.

OLGR. Kuhbier: Der Oberstaatsanwalt muß doch gleich dem Hochrichter sein.

OLGR. Dr. Scheffler: Jedenfalls muß der Staatsanwalt die Möglichkeit haben, Hochrichter zu werden.

OLGR. Kuhbier: Dann nimmt man aber die besten Leute der Staatsanwaltschaft weg.

MinR. Dr. Grussendorf: Darum gleichstellen. Im übrigen den Gerichtsrat zeitweilig zur Staatsanwaltschaft versetzen.

OLGR. Dr. Scheffler: Der Gerichtsrat darf keinen Anspruch auf den Hochrichter haben. Letzte Frage: Akademie. Ob man den Mann, bevor er Hochrichter wird, nochmals dorthin schickt, viellcicht ½ Jahr, erstklassige Unterbringung und dazu geistige Auffrischung, es treffen sich dort die Köpfe der Nation.

MinR. Dr. Grussendorf: Aber nur 3–4 Wochen.

LGR. Dr. Zeller: Vor allem nicht schulmäßig, nicht kaserniert, sondern als Belohnung.

MinR. Dr. Grussendorf: Für alle Richter, nicht nur für Assessoren.

OLGR. Kuhbier: Nicht Zwang, sondern freiwilliger Besuch, der gewünscht und entsprechend bewertet wird.

OLGR. Dr. Scheffler: Grundsätzlich, bevor er Hochrichter wird, keinesfalls aber gleich nach der Prüfung, mehrfach im Leben als Richter.

Sachregister

Quellennachweis

S. 1–232	BA Berlin R 3001/20218
S. 233–254	BA Berlin R 3001/20230
S. 255–268	BA Berlin R 3001/24165
S. 269–323	BA Berlin R 3001/24449, 24450

RECHTSHISTORISCHE REIHE

Die nachfolgende Liste führt die Titel der "Rechtshistorischen Reihe" ab Band 400 auf.
Eine vollständige Übersicht aller bisher in der Reihe erschienenen Bücher finden Sie auf
www.peterlang.com

Band 400 Thomas Simon (Hrsg.): Hundert Jahre allgemeines und gleiches Wahlrecht in Österreich. Modernes Wahlrecht unter den Bedingungen eines Vielvölkerstaates. 2010.

Band 401 Dörte Mentz: Die Beweislastumkehr in der Rechtsprechung des Reichsgerichts. 2010.

Band 402 Werner Schubert (Hrsg.): Oberster Gerichtshof für die Britische Zone (1948-1950). Nachschlagewerk Strafsachen – Nachschlagewerk Zivilsachen. Präjudizienbuch der Zivilsenate. Eingeleitet und herausgegeben von Werner Schubert. 2010.

Band 403 Yong Lei: Auf der Suche nach dem modernen Staat. Die Einflüsse der allgemeinen Staatslehre Johann Caspar Bluntschlis auf das Staatsdenken Liang Qichaos. 2010.

Band 404 Andreas Schwenk: Die Formbestimmung des § 313 BGB a. F. (§ 311 b Abs. 1 BGB n. F.) bei Verträgen über Grundstücke in der Rechtsprechung des Reichsgerichts. 2010

Band 405 René Schorsch: Eberhard Georg Otto Freiherr von Künßberg (1881-1941). Vom Wirken eines Rechtshistorikers. 2010.

Band 406 Ulrike Köbler: Werden, Wandel und Wesen des deutschen Privatrechtswortschatzes. 2010.

Band 407 Björn Florian Faulenbach: Rolle und Bedeutung der Lehre in der Rechtsprechung der Internationalen Gerichtshöfe im zwanzigsten Jahrhundert. 2010.

Band 408 Guangyu Fu: Das Causaproblem im deutschen Bereicherungsrecht. Eine rechtshistorische Untersuchung. 2010.

Band 409 Andreas Kimmelmann: Die Folter im Beweisverfahren der Leges Visigothorum. Chindasvinths Gesetzgebung im Spiegel der westgotischen Rechtsentwicklung. 2010.

Band 410 Jacqueline Schmaltz: Die Entwicklung der Industrie- und Handelskammern. Zwischen Pflicht und Kür. 2010.

Band 411 Hermann Nehlsen: Bayerische Rechtsgeschichte vom frühen Mittelalter bis zum 20. Jahrhundert. 2011.

Band 412 Kathrin Spoerr: Recht und Revolution. Deutsche Ökonomen und ihr Einfluss auf das Recht der Weimarer Republik – eine Zeitschriftenschau 1917-1920. 2011.

Band 413 Moritz von Köckritz: Die deutschen Oberlandesgerichtspräsidenten im Nationalsozialismus (1933-1945). 2011.

Band 414 Annika Lillemor Lara Rabaa: Die Ehe als Rechtsinstitut im Badischen Landrecht von 1810. Unter besonderer Berücksichtigung der gesellschaftlichen Entwicklungen im 19. Jahrhundert. 2011.

Band 415 Christian Hattenhauer / Klaus-Peter Schroeder (Hrsg.): 200 Jahre Badisches Landrecht von 1809/1810. Jubiläumssymposium des Instituts für geschichtliche Rechtswissenschaft der Ruprechts-Karls-Universität Heidelberg und der Heidelberger Rechtshistorischen Gesellschaft vom 23. bis 26. September 2009. 2011.

Band 416 Tobias Alexander Krammerbauer: Die Ministerverantwortlichkeit und die Vorformen sonstiger Verfassungsgerichtsbarkeit in Württemberg zwischen 1815 und 1918. 2011.

Band 417 Werner Schubert (Hrsg.): Quellen zur GmbH-Reform von 1958 bis zum GmbH-Änderungsgesetz von 1980. Eingeleitet und herausgegeben von Werner Schubert. 2011.

Band 418 Gisela Emling: Johannes Heckel. Leben und Wirken (1889-1963). 2011.

Band 419 Jochen Kirschbaum: Die Etablierung der Historischen Rechtsschule an der Ludoviciana (1814-1824). 2011.

Band 420 Sören Koch: Unaufgeforderte Hilfeleistung in Notsituationen. Eine rechtshistorische und rechtsvergleichende Studie zu den zivilrechtlichen Aspekten der Nothilfe mit besonderer Berücksichtigung des Rechts der Geschäftsführung ohne Auftrag. 2011.

Band 421 Friedrich Carl von Savigny: Die Prinzipienfragen in Beziehung auf eine neue Strafprozeß-Ordnung. Ausgearbeitet im Justizministerium für die Gesetzrevision. Eingeleitet und herausgeben von Werner Schubert. 2011.

Band 422 Stephan Faulwetter: Von der Zunft zur Handelskammer. Zur Entwicklung des Gewerberechts in thüringischen Staaten. 2011.

Band 423 Moritz Eisenhardt: Sanierung statt Liquidation. Die Geschichte des Vergleichs zur Abwendung des Konkurses unter besonderer Berücksichtigung der Vergleichsordnung von 1927 und 1935. 2011.

Band 424 Gerd Kleinheyer: Beiträge zur Strafrechtsgeschichte. Herausgeben von Franz Dorn, Mathias Schmoeckel und Jan Schröder. 2011.

Band 425 Ralf Maertens: Das Landgericht Altona (1879-1937) und die Anfänge des Landgerichts Itzehoe (1937-1945). Unter besonderer Berücksichtigung ihrer Tätigkeitsberichte und rechtspolitischen Stellungnahmen. 2011.

Band 426 Mark Friedrich: Ferdinand von Martitz (1839-1921). Rechtshistoriker, Staatsrechtler und Völkerrechtler zwischen dem Ende des Deutschen Bundes und dem Beginn der Weimarer Republik. 2012.

Band 427 Sebastian Krusche: Die Bundesrechtsanwaltsordnung vom 1. August 1959. Vorgeschichte und Entstehung. 2012.

Band 428 Marju Luts-Sootak / Sanita Osipova / Frank L. Schäfer (Hrsg./eds.): Einheit und Vielfalt in der Rechtsgeschichte im Ostseeraum. Unity and Plurality in the Legal History of the Baltic Sea Area. Sechster Rechtshistorikertag im Ostseeraum, 3.-5. Juni 2010 in Tartu (Estland) / Riga (Lettland). 6th Conference in Legal History in the Baltic Sea Area, 3rd-5rd June 2010 Tartu (Estonia) / Riga (Latvia). 2012.

Band 429 Margret R. I. Bootz: Die Hamburger Rechtsprechung zum Arbeitsrecht im Nationalsozialismus bis zum Beginn des 2. Weltkriegs. 2012.

Band 430 Heiko Zech: Die soziale Frage im Konkursrecht 1879-1900. 2012.

Band 431 Jan C. Lorenzen: Das Bundesnaturschutzgesetz vom 20. Dezember 1976. Die Entwicklung des Naturschutzrechtes in Deutschland von den Anfängen bis zur Neukodifikation des Bundesnaturschutzgesetzes von 1976. 2012.

Band 432 Ulrike Ingrid Bernhardt: Geschichte des Weinrechts im Deutschen Kaiserreich (1871-1918). Mit einem Überblick zur Vorgeschichte und Weiterentwicklung bis zur Gegenwart. 2012.

Band 433 Elisabeth Otto: Das Verwaltungsrecht in der SBZ / DDR bis zur Verwaltungsneugliederung im Jahr 1952. 2012.

Band 434 Werner Schubert: Zur Geschichte der Justizverfassung in Schleswig-Holstein im 19. und 20. Jahrhundert. Quellen und Studien. 2012.

Band 435 Stefan Ellenberg: Herrschaft und Reform. Zur Diskussion um die Aktienrechtsreform und den Konzern in der Weimarer Zeit. 2012.

Band 436 Jasmin Sonntag: Gesetzgebung und Verwaltung im Dalbergstaat 1802-1810. 2012.

Band 437 Martin Komusiewicz: Die Diskussion um das Verhältnis von Rechtsanwaltschaft und Notariat seit dem Ende des 18. Jahrhunderts bis zum Erlass der Bundesnotarordnung. 2012.

Band 438 Henriette von Breitenbuch: Karl Neumeyer – Leben und Werk (1869-1941). 2013.

Band 439 Günter Baranowski: Russische Rechtsgeschichte: Texte und Erläuterungen. Teil 1: Von den Anfängen bis 1612/13. 2013.

Band 440 Werner Schubert (Hrsg.): Staatsanwaltschaftsrecht (1934-1982). Quellen zu den Reformprojekten (Organisation – Innerer Dienstbetrieb – Ermittlungsverfahren – Verhältnis der Staatsanwaltschaft zur Polizei) und zur Anordnung über Organisation und Dienstbetrieb der Staatsanwaltschaft (OrgStA). Eingeleitet und herausgegeben von Werner Schubert. 2013.

Band 441 York Zieren: Das Schiedsverfahrensrecht der ZPO (1877-1933) unter Berücksichtigung der Genfer Übereinkommen von 1923 und 1927 sowie der Rechtsprechung des Reichsgerichts. 2013.

Band 442 Stefan Wolf: Das Jenaer Studium der Rechte im Dritten Reich. Zwischen Tradition und nationalsozialistischer Ideologie. 2013.

Band 443 Bernhard Klose: Das Verblassen eines Makels. Das Nichtehelichenrecht der DDR als Teil der gesamtdeutschen Entwicklung. 2013.

Band 444 Peter Opitz-von Bardeleben: Das Generalgouvernement Niederrhein. 2013.

Band 445 Nadine Göppner: Vorgeschichte und Entstehung des Atomgesetzes vom 23.12.1959. 2013.

Band 446 Frank L. Schäfer / Werner Schubert (Hrsg./eds.): Justiz und Justizverfassung / Judiciary and Judical System. Siebter Rechtshistorikertag im Ostseeraum, 3.-5. Mai 2012 Schleswig-Holstein / 7th Conference in Legal History in the Baltic Sea Area, 3rd-5th May 2012 Schleswig-Holstein. 2013.

Band 447 Sandy Schenker: Gegen Täuschungen und Gesundheitsgefährdungen durch schlechte Nahrung. Zur Entwicklung des Nahrungsmittelrechts durch Rechtsprechung und Gesetzgebung zwischen 1871 und 1927. 2013.

Band 448 Youn Seok Choi: Der Besitzerwerb des Erben. Historische Entwicklungen, die Lösung des § 857 BGB und ihre Anwendungsprobleme. 2013.

Band 449 Johannes Kalb: Die innerstädtische Auseinandersetzung in Regensburg am Ende der Reichsunmittelbarkeit. Eine historische und rechtliche Untersuchung. 2014.

Band 450 Thomas Habbe: Lastenausgleich. Die rechtliche Behandlung von Kriegsschäden in Deutschland seit dem 30jährigen Krieg. 2014.

Band 451 Günter Baranowski: Russische Rechtsgeschichte: Texte und Erläuterungen. Teil 2: Von 1613 bis 1682. 2015.

Band 452 Wilhelm Brauneder (Hrsg): Landrechtsentwurf für Österreich unter der Enns 1526. 2015.

Band 453 Maximilian Elsner von der Malsburg: „Arisierung" von Privatbanken am Beispiel des Bankhauses E. J. Meyer in Berlin. 2015.

Band 454 Tanja Claussen: Johann Julius Wilhelm Planck (1817-1900). Leben und Werk. 2015.

Band 455 Werner Schubert (Hrsg.): Das Reichsjustizministerium und die höheren Justizbehörden in der NS-Zeit (1935-1944). Protokolle und Mitschriften der Arbeitstagungen der Reichs-justizminister mit den Präsidenten der Oberlandesgerichte, des Volksgerichtshofs, des Reichsgerichts sowie mit den Generalstaatsanwälten. Eingeleitet und herausgeben von Werner Schubert. 2015.

Band 456 Christian Vahl: Die gesetzliche Regelung des Seefrachtvertrags im deutschen Recht. Eine rechtshistorische Betrachtung unter besonderer Berücksichtigung der Beratungen des Seerechtsausschusses der Akademie für Deutsches Recht (1934-1942). 2015.

Band 457 Ruomeng Yang: Die Rezeption der europäischen Privatrechte in China und die konfuzianische Tradition. Das Beispiel des Deliktsrechts im frühen 20. Jahrhundert. 2015.

Band 458 Piotr Wittmann: „Der da sein Practic auß Teutschen Tractaten will lernen". Rechtspraktiker in deutschsprachiger Praktikerliteratur des 16. Jahrhunderts. 2015.

Band 459 Georg Rasche: Richter, Sachverständige, Handelskammern. Preußische Justizverwaltung und kaufmännische Interessen zwischen 1879 und 1907. 2015.

Band 460 Daniel Hupe: Von der Hierarchie zur Egalität in den Zivilrechtskodifikationen des 19. Jahrhunderts vor dem BGB. 2015.

Band 461 Wilhelm Brauneder (Hrsg.): Landrechtsentwurf für Österreich unter der Enns 1573. 2015.

Band 462 Tunay Sürek: Die Verfassungsbestrebungen der Tanzimât-Periode. Das *Kanun-i Esasî* – Die osmanische Verfassung von 1876. 2016.

Band 463 Takashi Izumo: Die Gesetzgebungslehre im Bereich des Privatrechts bei Christian Thomasius. 2016.

Band 464 Werner Schubert (Hrsg.): Quellen zum Bau- und Enteignungsrecht (1940-1958). Entwürfe zu einem Reichsbaugesetz (1940/41) – Vorentwurf zu einem Deutschen Baugesetzbuch von 1942 – Entwürfe zu einem Baugesetzbuch (1949/50) – Baulandbeschaffungsgesetz vom 3.8.1953 – Entwurf zu einem Bundesenteignungsgesetz von 1958. Eingeleitet und herausgegeben von Werner Schubert. 2016.

Band 465 Daniel Bischof: Geschichte der Wald- und Forstgesetzgebung im Bundesland Schleswig-Holstein. Unter Einbeziehung der Entwürfe zu einem Reichsforstgesetz von 1940/42 und der Entstehung des Bundeswaldgesetzes von 1975. 2016.

Band 466 Lena Darabeygi: Die Causa „Blinkfüer" und die Grundrechtsdogmatik zur Pressefreiheit in Weimar und Bonn. 2017.

Band 467 Werner Schubert (Hrsg.): Quellen zum Aktiengesetz vom 18. Juli 1884. 2017.

Band 468 Manfred Josef Thaler: Die Domkapitel der Reichskirche vom Wiener Konkordat bis zur Säkularisation (1448-1803). Grundzüge ihrer Verfassung im Vergleich. 2017.

Band 469 Philipp Eckert: Entstehung und Bedeutung des Landesverwaltungsgesetzes Schleswig-Holstein. 2017.

Band 470 Julia Christine Klix: Privatrechtstheorie und Wirtschaft von 1967 bis 1982. Unter besonderer Berücksichtigung der Kartellrechtsgeschichte. 2017.

Band 471 Thorsten Thielen: Friede und Recht. Studien zur Genese des frühmittelalterlichen Herrscher- und Tugendideals in der lateinischen Literatur der römischen Antike und des frühen Mittelalters. 2017.

Band 472 Werner Schubert (Hrsg.): Das Reichsjustizministerium unter Otto Thierack (1942-1945). Teil 1: Amt für Neuordnung der Deutschen Gerichtsverfassung (Berichte von 1943/44 über den Besuch von 13 Oberlandesgerichten). Amt für Nachwuchsfragen (Juni/Juli 1944). 2017.

www.peterlang.com

www.ingramcontent.com/pod-product-compliance
Ingram Content Group UK Ltd.
Pitfield, Milton Keynes, MK11 3LW, UK
UKHW022104051026
15623UKWH00003B/674

9 783631 735305